文庫

カトリックの信仰

岩下壮一

筑摩書房

原本編者序

一九四九年は、聖フランシスコ・ザビエルがはじめて日本にキリスト教を伝えてから四百年目にあたる。このザビエルを保護の聖人と仰ぐ岩下壮一師が、これもまたザビエルの祝日にあたる十二月三日（昭和十五年）、富士山麓神山の復生病院で逝《い》かれてから、早くも数年はすぎ去り、師もまた、そのために一身をささげた国難も今は去って、暗黒の底からようやく光がさしかかろうとしている。

編者は、師によって「カトリックの信仰」を知り、数年をへて入信し、この入信の機縁ともなった師の講義の集録たる『カトリックの信仰』（上巻、公教要理第一部解説、昭和五年、カトリック研究社発行）の索引を作り、本書の延長ともいうべき雑誌「カトリック研究」に連載の師の巻頭論文を毎号校正し、これをのちに『信仰の遺産』（昭和十六年、岩波書店発行）として出すなど、師および特に本書とは浅からぬ因縁をもつものである。

この『カトリックの信仰』の冒頭に師自らつけ加えられた序によって、本書の成立を少し考えてみよう。「そもそも本講義は、直接教師について公教要理を学ぶことのできぬ知識階級の研究者のために執筆したもので、初号以来すでに四星霜を閲《けみ》し、その間に種々の変遷あり、読者の種類も漸次《ぜんじ》推移せる結果、論述の精疎、考証の難易、処によって同じからず、杜《ず》撰《さん》のそしりを免れがたきは著者自ら認めて、切に読者の宥恕《ゆうじょ》を乞わねばならぬ点である。」

ここにいう種々の変遷の中、著しいものは、雑誌「カトリック」（これは「カトリック研究」、現在は「カトリック思想」と呼ばれるものの前身で、師がこれを引き受けられてから「カトリック研究」と改題したものである）から、頁《ページ》数の制限の問題のために離れたことと、読者（または聴衆）の変化したこととがあげられる。「都下の諸大学および専門学校における、いわゆるカトリック研究会の勃興《ぼっこう》に応じて講義も自然その会員達を目標とすることになった。本書の大部分は、その講演の筆記であり草稿であり、またこれらの会合の席上でなされた質問に対する回答でもある。読者幸いにかかる事情を考慮して本書を繙《ひもと》き給わば、時として公教要理の本文と離るること遠く、順序同じからず、文書冗長《じょうちょう》に流れ、措辞《そじ》整わず、論難の調激越《げきえつ》に失するをとがめ給わざらんか。すべてこれら不備の点は、改版に際して訂正せんことを期すものである。」

この改版は、ついに師によっては行なわれなかった。その代り公教要理第一部の下巻は、教会篇まで講義録という分冊の形で師は続けられ、それと同時に、野田時助師による第二部、戸塚文卿師による第三部の解説も、同じ講義録の形で、これもまた岩下師の経営していたカトリック研究社から出されている。右の多くの分冊から成る講義録の中、岩下師自身の筆に成る公教要理第一部の解説は、早くから絶版となっており、信者のみならず一般知識階級からぜひ再版してくれとの熱望に応じて、ここに分冊発行するわけである。

公教要理は、神の智恵への人智の参与であり、いわば真理の永遠不朽の貯水池とも言えるもので、現在世界の混乱も、この真理の源泉を汲むことによって、解決の曙光《しょこう》ははじめてさしかかってくるとと言えるであろう。特に岩下師のこの解説は、左のような特長を備えていると言えよう。一つは、比類稀なる知性をもち、我が国でも最も優れた哲学者の一人なる師が、日本の知識階級の教養や心理を十分心にたたんだ上で、これを相手として説かれた点であり、いかに優秀な欧米の公教要理解説書にも到底のぞめない特長が、ここにあるのである。ことにややもすれば中世に立てこもり、近代をいたずらに白眼視しがちな神学者の中にあって、師は早くより近世哲学の研究に力を注ぎ、文芸復興や啓蒙思想の洗礼をうけて育った近代人に深い同情をもちつつ、これとの対決をはかられた点で、師こそ、近代哲学にのみ立てこもらんとする日本の思想界に、カトリック真理を開示しうるほとんど唯一の橋渡しなのである。

「カトリックの信仰の根拠は、常にそれが真理なるが故に、という一点に存する。彼には決してそれが単に、人間の心情的要求を満足せしむるは、真理なるが故である。」（『信仰の遺産』六八頁）教的要求を満足せしむるは、真理なるが故に、とは言わない。それが吾人の宗

本書の特長の二は、その大部分が学生相手の講義の草稿や筆記から成っている点に求められよう。そこには生ける師と道を求める青年との、直接の接触の体温が感ぜられる。岩下師の学問は深い信仰に根ざすと共に、愛にまで発展せずんばやまぬものであった。この愛は各方面に発露された。復生病院の患者への愛、ついにはその命まで捧げた日本への愛、ことに本書の成り立ちと直接の関係のある学生への愛。諸大学高専でのカトリック研究会、この公教要理解説をはじめ、自宅を「カトリック研究社」としての出版活動、聖フィリッポ寮の建設と経営など、いずれも求道学生への愛の導きにほかならず、この愛の活動は師に一番つら

い犠牲、つまり研学の暇さえそのためになくしてしまうほどであった。しかし幸《さいわ》いにして本書の成りし頃は、師の帰朝早々でまだいくらか読書の暇を有《も》たれた頃であり、この解説には師のそれまでの読書研学の全重量が、ある程度までのしかかっているのである。この知と行との結び付きがまた、本書に独特の魅力を与えているから、いま再版に当っても、なるべく原形をそのままに残し、ただ句読点などの工夫で、幾分よみ易《やす》くするぐらいにとどめた。

本書の第三の特長は、これが師の人柄を最も躍如《やくじょ》とさせていることである。本当に師こそ現代日本で最も知って倣《なら》うべき価値ある人物である。ルソーの言うように「自然に還れ」ということではなくて、日本の再出発は、むしろ「超自然に還る」ことからはじめられなければならない秋《とき》にあたって、超自然というカトリック独特の世界が、いかに自然をそのままで完成し昂揚《こうよう》するかの生きた実例が、師においてみられるのである。足跡は世界にあまねく、その視野はいつも世界大、しかも天と地とを合わせた立体的世界大にひろげられ、しかもキリストの愛の命ずるところ、自ら司祭となってまずキリストに倣い、また大学教授以上の知力を以て父君の遺志をついで小学校（裾野の温情舎小学校）をも経営し、復生病院の院長として不幸な患者達から「オヤジ」と慕《した》われ、その関係から癩者の使徒ダミアン師の遺跡をたずねて単身モロカイ島に赴き、さらに事変の勃発するや当局の懇請黙《もだ》しがたく華北の教会事情視察の壮途につかれ、ついにその帰途病を得て、再び立つ能《あた》わざるに至ったのである。蒲《ほ》柳《りゅう》の質、ことに片足を幼時より小児麻痺で不自由にされた身で、実に寧日《ねいじつ》なき献身的な活動は、その動機を超自然的愛から汲んでこられたのである。

父母に対する孝行――師の母堂は八十余歳の老齢で、生前師の経営にかかる不二農園で数年前なくなられた。母堂に対する師の孝養は格言的にまでなっていた。また父君清周氏に対する師の孝心は、父君葬儀の際の師の会葬者への挨拶に明らかである。この挨拶の中で師は、「父に罪があったとすれば、自分はカトリック司祭として祈りと善業《よきわざ》とを以て、その償いをするつもりである」という意味の孝心をのべておられる。

祖先にかわっての贖罪《しょくざい》は、つまりキリストの贖罪に倣ったものであり、師の孝心も、かくキリスト教的に深化《しんか》昂揚《こうよう》されていた――友人に対する親切、後進学徒の指導、世にすてられたものの慰め、日本に対する愛など、これらの自然的徳がそのまま超自然によって、どんなに完成されていくかが師においてよく示され、そこに全《まった》き日本人なるが故に、また日本人ばなれのした雄大さが、師の一挙一動にすら感ぜられた所以《ゆえん》がある。人間は十分に人間的たるためには、少し人間以上のものとならなければならない。日本に欠けていたのは、この十二分なヒューマニズムであり、師こそ、この先駆者の一人である。この意味の師のヒューマニズムが、本書に一番躍如として脈打っているところに、本書の第三の特色がある。

カトリシズムをして日本の思想界に市民権を得させること――これが、師の文筆・講演的活動の目標であった。この市民権を得させることは、カトリシズムのためではなく――日本そのもののために必要なのである。本書によって、再建日本にこの師の生前の目標が達せられんことを。

一九四九年七月

小林珍雄《よしお》

凡例

一、本書は『カトリックの信仰』（ソフィア書院、昭和二十四年刊）に稲垣良典氏の校訂を加えたものである。

一、新約聖書の引用はラゲ訳を用い、旧約聖書やその他の古典の引用は岩下師の引用の原形を留めることとした。

一、本書の編集にあたり、原文をすべて新かな、新漢字に改めた。また一部の漢字をひらがなに改め、文意をくんだ上で適宜改行等をほどこした。なお、固有名詞の一部を現代の表記に改めた。

一、明らかな誤記・誤植と思われる箇所は、適宜訂正した。増刷にあたっては、さらに遺漏等不備の修正を施して本文の一層の正確を期した。

一、本文中、現在では不適当な表現が見られるが、作品の時代背景を鑑み、すべてそのままとした。

（ちくま学芸文庫編集部）

目次

カトリックの信仰

緒言——宗教とは何か

一　宗教の必要

公教要理

緒　言

第一課　宗教の必要の事

1　人に最も肝要なものは何であるか。
人に最も肝要なものは宗教であります。

2　宗教とは何であるか。
宗教とは神に対する人の道であります。

3　なぜ宗教は人に最も肝要であるか。

宗教が最も肝要な理由《わけ》は、宗教によらなければ、人の道を全《まつと》うすることができません。また真の幸福《さいわい》を得られないからであります。

この「公教要理」の一番初めに、人に最も肝要なものは何であるか、という質問に対して、人に最も肝要なものは宗教なり、と書いてある。その宗教というものを定義して、宗教とは神に対する人の道であるといっている。何故宗教が人間にとって肝要であるか、という理由としては、宗教によらねば人の道を全うすることを得ぬ、またその結果真の幸福も得られない、こういう説明を与えている。

宗教の定義

その宗教というものは、神に対する人の道だという定義は、まことに適切な定義であって、世間では宗教というものは感情なりとか、あるいは証明のできぬ哲学的の人生観であるとか、または人間の理性で解することのできぬ自然の神秘の力に対する畏怖《いふ》であるとか、または祖先崇拝の形式なりとか、その他社会的制裁の神格化であるとか、まだいろいろの説が行なわれているけれども、それらはいずれも適切な定義でないのみならず、あるいは宗教心の本質を誤解したり、あるいはその一面ばかり捉えたにすぎないものである。

この「道」という字は、もちろん外国語にも道徳的の意味において用いられ、例えば聖書の中にキリストは、「我は道なり」とおっしゃった言葉があるが、外国語の道という言葉は、漢文でいう道という言葉ほど含蓄《がんちく》に富んだ言葉ではない。我々は幼少の時から絶えず「人の道」ということをきかされている。人道とか道徳とか道心とかいう熟語は、演説一つするにもなくてはならぬほど人口に膾炙《かいしゃ》した言葉である。「子曰く、朝《あした》に道を聞かば夕《ゆうべ》に死すとも可なり」などの『論語』からの引用を修身の時間にきかされなかった人は、恐らく一人もあるまいと思う。外国語の「道」という語をきくと、まず第一に歩く道を想い浮かべるが、道という漢文をよむと、我々はむしろ最初から道徳的の観念を呼び起こす。

かくのごとく道という字が、道徳的の意味に用いられるようになった経路は明らかである。すなわち一つのところから目的地に行くのに、通らねばならぬのが道であって、もしも平地を行くのなら、歩いて行くものは遠廻りをする覚悟さえきめれば任意にその方向を選ぶことができるかもしれぬが、山歩きをする時にはそうはゆかぬ。そこで我々はこの道というものの有難さをつくづく感ずるのである。いかに羊腸《ようちょう》たる小径《こみち》であっても、谷や滝の間を縫うて踏《ふ》み馴《な》らされた跡をたどって行けば、自ら絶頂を極《きわ》めることができる。もしも近道をしようなどという心を起こして不案内の山の中に迷いこんでしまうと、たとえ頂上は自分のすぐ目の前に聳《そび》えていて、まっすぐに登りさえすれば、一足飛《いっそくと》びにそこまで行きつけそうに思われるけれども、思わぬところに絶壁があったり、または渉《わた》ることのできぬ渓流《けいりゅう》があったり、もしくは自分の身の丈を没してしまうような茅《かや》だの熊笹だのが繁っていたりして、せっかく近道をしようと思ったものが、却《かえ》って廻《まわ》り道《みち》になったり、あるいはついに前進することができなくて元の小径にもどって漸《よう》や《や》く目的の山頂に達し得るというようなことは、よくある経験である。

これは山登りばかりではなく、道徳的のことにおいてもまた同じで、ちょうど大変遠廻りであるように見える曲りくねった小径が、よくその筋道を研究してみると、結局最捷径《さいしょうけい》の方向を辿《たど》っていることがわかるのである。それは長い年月の間その山を歩いた人達が、いろいろな方向をとって峯を窮《きわ》めようと試みた結果、それらの貴重な経験が相寄って現在の細いまた曲りくねった一見遠廻りのように見えるその小径ができ上ったのである。であるから後に来る者は、彼等先行者のいろいろな努力や試みを繰り返さずして、道のできた由来に信頼をおき従順にその道を辿って行けば、最も労少なくして目的を達し得るわけなのである。

この同じような経験の長い伝統によって保証された社会の道徳や習慣を、向《む》う見《み》ずに破壊しようとすることは、新時代の青年達によくあることなのである。もちろん天変地異があって山の形や水の流れが変った時には、その結果、昔から踏み馴らされた一条の路が、必ずしも峯を窮める一番よい道ではなくなることも考え得ない訳ではない。同様に、社会組織の改変や時代の推移で、在来の道徳の形式が新時代の精神に適応しなくなるということも考えられるが、しかしながらここにいうところの道というものは、時代や国によって変化のある形式的の道ではなくて、人の人たる所以《ゆえん》の道である。すなわち『中庸』に、「その性に従うこれを道と謂《い》う」といってある通り、人の本性《ほんしょう》に正しく従って行くところの筋道のことで、これを人の道というのであるからして、人の人たる所以が、換言すれば人の本性が変らぬかぎり、ここに述べるところの道なるものは変化するはずのない性質のものである。

宗教と人の道

その人の道というのは申すまでもなく、宗教にかぎらず道徳一般を含むもっと広い意味をもっている。そこでこの人の道ということは、決してキリスト教ばかりが説くところのものではなく、日本にも中国にも、昔からそれについて立派な教えが聖賢によって説かれていたので、我々はこれを強《し》いて改変する必要を認めない。のみならず、その大体においてキリスト教の説くところも、我々のよく知っている東洋の聖賢の教えと一致しているのであるが、ただ一つ大きな差別がある。

それは、すなわち人間には仁義《じんぎ》礼智《れいち》信《しん》のいわゆる五常という徳が自ら備わっていて、邪欲邪心に迷わされずにこの天賦《てんぷ》の善き性を発揮してゆけば、いわゆる五倫の道、すなわち君臣、父子、夫婦、兄弟、朋友間の道徳というものが完全に行なわれて、従って人の道は全《まっと》うされるというのに対して、キリスト教はもう一つ、儒教が全く忘れていたか、あるいは気付いていてもそれをどう取り扱ってよいかについて確信をもたなかったところの人の道、すなわち神に対する人の道、宗教というものを付け加える。いや、ただ付け加えるのみならず、これが人間の道の中で一番大切なものである、何故《なぜ》ならばこれが人間の道の他の部分すなわち五倫の根本になるものだと教えるのである。

それだからして、人に最も肝要なものは何かという問に対しては、それは宗教である、この大切な人の道を怠っては、人間の務《つと》めが全うされない、従って総ての存在物が、その天与の性質に従って正しく働く時に到達するところの状態、すなわち幸福を得られないと結論するのである。

この間貝原益軒《かいばらえきけん》という学者の書いた『五常訓』という本を偶然開いて見たところが、人は天地の大徳によって生れ出ずるものである。この天地の大徳というものは、すべて生を亨《う》けるものを孚み育《はぐく》てる徳であると書いてあるが、しかしこの我々の存在を与えるところの、益軒のいわゆる天地の大徳に対して、我々が直接尽すべき務めがあるということは言っていない。五倫の道を全うすればそれで、我々に生命を授けてその命を孚み育てるところの天地の大徳に対する務めが、全うされるがごとき書きぶりである。自分は不審に思ってその理由を穿鑿《せんさく》すると、天地に心が無いと書いてある。なるほどそう考えるなら、我々は心の無い天地の大徳に対して別に尽すべき道のないのは、ちょうど路傍《ろぼう》の無心の石に対してなんら道徳的に尽すべき務めをもっていないと同様で、少しも怪しむに足りないが、然《しか》らば心の無い天地の大徳がいかにして我々に生を与え、また我々のみならず天地間に存在する万物にその各々に適応した性を与え、これを孚み育てるかということになると、我々の研究心を満足させるような解答はついに得られないのである。孔子も固《もと》より天ということは言っているけれど、孔子のいわゆる天なるものがどんなものか、またこの天なるものに対して、我々が尽すべき道を有《も》つかどうかということに対して、今日まで我々は明確な解答を儒教の立場から聞き得ないのである。

4　なぜ宗教に依《よ》らなければ人の道を全《まっと》うすることができないか。

宗教に依らなければ、人の道を全うすることができない理由《わけ》は、人は学問があっても、霊魂上の道理を知らなければ足りません。また人間相互の務めを尽しても、神に対する務めを怠っては、人の道に欠ける所があるからであります。

5　なぜ宗教に依らなければ真の幸福を得られないか。

宗教に依らなければ、罪を赦宥《ゆる》される道がなく、また来世《のちのよ》の幸福を得られないからであります。

宗教はすべての人の道の根底

従って現代人の総ての心の奥にある叫び、すなわち何故にあることが善であり、もしくは悪であるか、さらに何故に善なりと肯定することを我々が行なわねばならぬか、また悪なりと認定されるものを行なってはいけない責任があるか、一言にて言えば、道徳の根底に対する解答は聞くを得ないのである。

かつて欧洲のあるところで各国の教育家の会合のあった席上で、日本の代表者は、日本では宗教というものを全く教育より離している。しかしながら道徳には少しも不便を感じない。それには教育勅語《きょういくちょくご》という立派な教えがあるから、と言って西洋人を感心させたという得意な報告を自分は読んだことがあるが、それは恐らく日本の代表者が、その言うことがあまりに突飛《とっぴ》であるために外国の代表者が驚いたのを、感心したのだと考え違いしたのではあるまいか。

こういうような考え方を以て得意としていた日本の教育界は、事実の論理の前に、今日では譲歩せねばならぬ状態に陥っている。驚くべき少年犯罪の増加、また青年の間に横溢《おういつ》する破壊的思想、それが具体化された悲しむべき幾多の労働争議や政治的擾乱《じょうらん》、かくのごとき事実の前に宗教を離れた道徳の権威すなわち五倫の道ばかりを説いて、神に対する道に言いおよばない無宗教な儒教というものの権威が、はなはだ疑わしくなってくる。

ここにおいて神話を歴史化して、日本の国民的伝統の中心である皇室を擁《よう》し、神道の復興によって国民道徳の危機を脱しようとする努力が始まって、これがために宗教とは全く絶縁していた小学校生徒が団体的に神社に参拝することが奨励《しょうれい》されたり、田舎《いなか》では児童の遊戯時間に氏神《うじがみ》様の境内を掃除させたり、また仏教の中では最も国本的な立場から出発した日蓮宗の鼓吹《こすい》等が行なわれるようになったけれども、しかし、すべてこれらの試みが解放されたる現代人の批評的精神を満足するに足りないということはすでに明らかになっており、今後もますます明らかになるに相違ない。結局、道徳の根底を科学的批評の前に樹立し得る宗教が必要になって来るのである。我々はその宗教はキリスト教であり、しかもキリスト教中唯一の正統な歴史的伝統を有するカトリック教会であると主張するのであるが、この公教要理の説いた宗教の定義、すなわち神に対する道ということについて、我々はさらに考えてみる必要がある。

正しい信仰と迷信

まず第一に神に対する道ということを言い得るためには、その道の対象になる神というものが存在しなければならぬということは誰しも気付くことである。のみならず、よしんば神なるものが存在するにせよ、それはいかなる性質のものであるか、唯一つのものか、あるいは多数あるものであるか、ことに神なるものの人間に対する関係如何《いかん》ということが重大な問題となってくる。

何故ならば、ちょうど天子様に対する道が忠義であるごとく、また父母に対する道が孝行であるごとく、神に対する道が宗教であるとしたならば、ちょうど忠義や孝行というものが各《おのおの》の与えられた場合において色々異なった形をとってあらわれて来ると同様に、宗教というものも神のいかなるものか、また人間の何物であるかによって規定されて来るのは当然である。であるから宗教とは人の神に対する道なりという簡単な定義を詳しく了解するのは、まず第一に神が何ものであるか、また人がいかなるものであるかということについて、明らかな、かつ正しい考えを持った上で初めていえることなのである。ここにおいて我々はいわゆる宗教と迷信ということの問題に、自然触れて来なければならない。総ての宗教はみな迷信であるというような考えを持つ人も今の世に少なくない。

結局宗教というものは信仰である。科学のごとく証明のできるものではない。であるから、どの信仰が正しいとか、どの宗教が間違っているとかいうようなことは、客観的に決定し得るものではなくて、むしろ信仰する人の態度によるので、科学者からみればいかに荒《こう》唐《とう》無稽《むけい》のものであろうとも、信仰者その人が真面目《まじめ》にそれを信じているかぎりは、我々はその信仰を許さねばならぬ。少なくともこれに干渉する必要がないというような論を立てる人もある。すなわち信仰の境地に一旦《いったん》入ると、迷信とか、正しい信仰とかいうものに客観的標準というものはないというのである。

かく宗教というものを主観的なものにしてしまう思想の根底には、近代思潮を貫くところの認識の対象のない認識論が横たわっておるので、その思想界における勢力は侮《あなど》るべからざるものがある。彼等のある者は「宗教のみならず形而上学までが推論的の理性の支配を超越した体験の世界に生まれるもので、個人的の意識を離れた一般意識という神秘的な雰囲気の中に醸成《じょうせい》される超越的なものである」というのであるから、永世とか神の本性とかいうような、カントが目して現象界の彼岸に唯意志の欲求を辿って到達し得るものとした事柄に理性的の批判を加えるというがごときは、いわゆる蟷螂《とうろう》の車轍《しゃてつ》に当るがごとき類《たぐい》で、最も愚《ぐ》なる企《くわだ》てである。それ故、かかる方面での代表的思想家であるシュライエルマッハーのごときは、「宗教とは人間の神に対する絶対帰依《ぜったいきえ》の感情である。従っていわゆる信条のごときものは、信仰の変り得べき形式であって、本質そのものではない」と言うのである。かくのごとく迷信と正しい信仰との区別が、かなり有力な哲学的の立場から破壊されて来る次第である。

強《し》いてこれらと思想家にその区別を求むれば、それはいわゆる聖書の「悪しき樹は良き実を結ぶことはない。豈《あに》、茨《いばら》より葡萄《ぶどう》を取り、薊《あざみ》より無花果《いちじく》を取ることができようか」という句にあるごとく、信仰の生む道徳的結果によって、信仰の良否を論ずることができるというのである。しかしながら彼等のいわゆる信仰の良否ということは、信仰の対象が真理であるか誤謬《ごびゅう》であるかということとは、必ずしも同一義ではないようにみえる。これは一応もっともらしい説ではあるが、しかしながらこの説から一寸人《ちょっと》の目を眩惑《げんわく》させる哲学らしい衣を脱がしてしまうと、宗教というものは人間に悪いことをさせないための一種の方便ないしは道具であるというような露骨《ろこつ》な形にも成り得るので、世の政治家等が自らは信じない教えでも人民には国家統治上有益だから、何か信仰させようというような偽善的な立場にも移って行くことが容易にできるのである。それで宗教とは愚夫愚婦のことであるという世間有りがちの考えも、それとは余り遠くない立場で、要するに知識の進んだものは宗教はなくともいい、しかしながら民衆には方便として宗教を信じさせる。ニーチェの言葉をそこにあてはめれば、超人には宗教は必要がないけれども、奴隷には鞭が必要であるごとく宗教が必要であるというような暴論にも導かれ易《やす》いのである。

すなわち最初は理性の科学的批判から宗教を救おうとして宗教のため信仰を高調し、感情または意志の名をかりてこれを理性から解放しようとした企ては、その発案者自身においてそういう結果に陥ったというのではないが、最後には理想主義とは極めて縁の遠い功利的なものに終っているというのは、一種の皮肉ではあるまいか。

信仰と理性との関係

この皮肉はたまたま出発点が謬《あやま》っていたことを示すもので、聖書の「神様が初め人間を造ってこれに生命の息を吹き入れ、人はすなわち生ける霊になった」という立場、すなわち人の心には理性が宿った、この理性あるが故に人は神の像のごとくに造られたという、大胆《だいたん》に理性の価値を肯定した立場の方が、遥《はる》かに健全なものである。で我々はキリスト教の立場をとる以上は、信仰をいかに高調しても、これがために理性を軽蔑《けいべつ》することはどうしてもできない。信仰が神の賜物《たまもの》であるごとく、理性も神より我々に賦与《ふよ》された貴重な賜物である。もしも信仰と理性とが真に矛盾するものなら、その矛盾は我々の心の中の矛盾であるばかりではなく、神自身の矛盾となるわけであるから、それはキリスト教の立場の壊滅《かいめつ》でなければならない。

信仰というものの性質およびその理性との関係ということはこれを後の章に譲って、今ここでは正しい信仰と迷信との間の審判者は、まず第一歩においてあくまでも理性である、従って明らかに理性と矛盾する信仰は迷信であると断定できるというに止めて、話を進めて行こうと思う。理性の光のとどかぬ範囲における信仰の是非は、もちろん理性によって定めることができぬ点であるが、それは後に「啓示」ということを論ずる際にその問題を究《きわ》めることにして、今しばらく前に帰って、道というものについて、もう少し考えてみよう。

道の内容

我々は君に対する道を忠といい、親に処するの道を孝と呼んだ。この忠孝の道は何であるか。それは単なる感情であろうか。もしくは我々自身が気分次第で勝手に改変のできる主観的の形式であろうか。誰しも忠孝の道とは、単なる感情や勝手に改変しうべき形式よりも遥かに広い、また複雑なことを意味することに気がつく。たとえば南北朝時代に北朝に尽した武士はこれを忠臣ということができるだろうか、またここに一人の愛国的熱狂者があって、外国に対する反感からその国の大使館でも襲撃して外交問題を惹起《じゃっき》するような暴挙を敢《あえ》てしたとする時、これが国に忠なりといえようか。たとえその人自身の心の中では国を思い君をあがむるの念がいかに切なるものにせよ、その行ないは正しい判断を欠いておるが故に、世人はこれを忠義の人なりと呼ばない。

子供の親に対するも同じで、親を愛し敬わねばならぬということに議論はないけれども、ここに老衰した親があって医者の命ずる摂生《せっせい》の方法を守らぬとしたら、子たるものは時には親の意に逆《さか》っても、健康の安全をはかるの処置をとらなければ真の孝行の道に適《かの》うたとはいい得ぬであろう。人の道には宗教でも忠孝でももちろん感情をともなうが、そこには正しき判断や実行がなくてはならぬ。どの宗教にも信条や祭祀や戒律があるのはこのためである。

人の道に順序あり

しばしば繰り返される平重盛《たいらのしげもり》の物語におけるごとく、「忠ならんと欲すれば孝ならず、孝ならんと欲すれば忠ならず、重盛が進退ここに窮《きわ》まれり」云々のごときばあいにおいて、ただ感情を指針とするならば、この問題は解決し得ざるものとなるが、しかしこれを正しき理性の判断に訴えるなら、問題は父と君と、家と国といずれが重いかということになるので、君に忠なる所以《ゆえん》がよしんば父清盛《きよもり》の意に反しても、同時に親に孝になるということを認めることができるであろう。この重盛の逸話において、我々は人の尽すべき色々の道には、上下の秩序があるということに触れた。すなわち忠も孝も各の人の道ではあるけれども、忠は孝よりも重い。

で人の色々の道徳的義務の順序については、実際生活において判断に苦しむような困難に遭遇《そうぐう》することがしばしばある。その解決は各人のもっている道徳的の理想、つまり宗教上の信念が最も影響するので、しばしば提出される問題すなわち夫はまず親を救うべきか、あるいは妻を先にすべきか、あるいは子を助くべきかというような際に、恐らく大多数の日本人は親を先にすべしと答うるであろうが、多数の西洋人はあるいは妻であるというかも知れぬ。また近代的をもって誇る人は、親でも妻でもなく、最も将来あるまたそれに対して自分が保護せねばならぬ義務ある子供であるというかもしれぬ。かかる仮設的の問題の解決は暫時《ざんじ》後日に譲って、とにかく人の色々の道にも順序があり、そしてその中で神に対する道というものが一番上位におかるべきもので、それは神が人より上に位するということの外に、いわゆる五倫の道は、神に対する道、すなわち宗教を根拠にして初めて確乎《かっこ》たる根底を得るのだということについて、注意をひいておくに止めよう。

要点総括

上述の議論の要点をまとめると、宗教は神に対する人の道であるという以上は、まず第一に神の存在ということを仮定して言えることで、その道というのは何であるかということは、神とはいかなるものか、人とはいかなるものかということについての正しい見解が前提とならなければならぬ。神の存在およびその性質如何《いかん》、また人の本性如何は後に詳論しなければならないことで、ここでは宗教以外の人の道、すなわち忠孝のごときことから類推しただけでも、宗教というものは決して単なる感情とか意志とか主観的のものではなく、客観性を帯びた行為となってあらわれなければならず、それには正当なる判断ということが必要であるから、宗教は決して理性の敵ではなく、また信仰というものは理性破滅の上に樹立さるべきものではない。ことに理性を有《も》つが故に我々が神に型どられて造られたのだというキリスト教の立場からは、理性の価値や権利を無視する宗教観はどうしても採ることができない。したがって正しい信仰と迷信とについても、批判ができる。これだけのことは我々が認めなければならない。

6　どんな宗教に依《よ》ても、人の道を全《まっと》うし、真の幸福《さいわい》を得られるか。
人の道を全うし、真の幸福を得るには、必ず真の宗教に依らなければなりません。
7　真の宗教は幾つもあるか。
真の神は一つ、真理は一つ、人の道は一つであるから、真の宗教も唯《ただ》一つであります。

真の宗教

それで迷信と正しい信仰とを区別できることになれば、ここに自ら真の宗教という問題が起こってくる。真の忠孝の道と誤れる忠孝の道とがあるということを許せば、神に対する道すなわち宗教においても、真の宗教と誤れる宗教とがあることを認めなければならぬ。それで真の宗教とはどんなものであるかということを、既成宗教や、あるいは将来成立するかもしれない宗教について、まず抽象的にそれがいかなる性質を具《そな》うべきやについて考えてみると、

第一に、その宗教はよしんば理性を超越することはあり得ても、理性と矛盾してはならないこと。

第二に、その宗教を奉ずるがために、人間の宗教以外の道すなわち五倫の道に、抵触《ていしょく》するようなことがあってはならぬこと。

第三には、それが昔でも今でも、西洋でも東洋でも、時と場所の如何《いかん》を問わず、根本においては変化のない人の本性に基づくものである以上、その道も根本において、時代や国によ

って変化のあるべきものでないという三つのことは、容易に了解し得られることである。それであるから公教要理には、どんな宗教でも人の道を全うし真の幸福を与うるものではない、ただ真の宗教のみがこれを全うするもので、その真の宗教なるものは、真理は一つ、人の道も一つであるから幾つもあるはずがないという結論になって来ているのである。いかなる時代でも、いかなる国においても、君に忠を尽すことが悪かったり、親に孝行をしないですむという道徳のあった例はない。それはここに言ってある通り、真理は一つ、人の道も一つであるからである。

二　真の宗教

第二課　真の宗教の事

8　真の宗教はどれであるか。

真の宗教は公教（カトリック）であります。

9　公教とはどんな宗教であるか。

公教とは、天主すなわち真の神が、人の救霊《たすかり》のために授け給うた教えであります。

10　天主は何時《いつ》教えを授け給うたか。

天主はまず人祖に教えを授け、次にモーセに之《これ》を顕《あらわ》し、更にイエズス・キリストを以て、これを全うし給うたのであります。

真の宗教は公教であるというのが第二課の内容であるが、もしも我々が厳密に論理的な歩みを続けなければならぬとすれば、まず第一に、既成宗教の総てを研究して、その中で前述の三つの条件を備えたものがあるか、またその既成宗教中この条件に適《かな》うものがないとしたら、我々が造らねばならぬ真の宗教とはどんなものであるかを研究すべきである。けれどもその方法は科学的ではあるが、普通の人にはあまりに多くの時間と、また考察とを必要とする不便なものであり、かつ公教要理を研究せんとする人は、少なくとも公教がいかに上述の要件を満足させるか、すなわち自ら称して唯一の真の宗教であるという主張をいかに立証するかということを見んと欲する人なのであるから、以下カトリックの教えはどんなものであるか、またそういうふうに教えるのは、いかなる根拠によるかということを述べるわけになるのである。

それで公教はどんな宗教であるかという定義をまず第一に挙げているが、それは真の神様が人の救霊のためにお授け下さった教えであって、その教えはまず人祖に与えられ、次に旧約の聖人であるモーセによって明らかにされ、さらにイエズス・キリストによって完成されたというのである。

この定義は簡単であるが、そこに説明を要する幾多の問題がある。

神の問題

まず第一に注意すべきは、真の神という言葉である。我々は先に言ったとおり、宗教は神に対する人の道であるから、その道の存在し得るためには、道の対象となる神というものの存在を確立しなければならぬということ、これは第三課において詳論さるべき根本の大問題である。

キリストの問題

第二に公教は言うまでもなくキリスト教であるから、これを完成したというイエズス・キリストとはどんな方であるかという問題。それも第九課において詳論される点であるが、ここにキリストについての問題の中心点を一言注意しておかなければならない。

それはカトリック教がまず人祖に授けられ、モーセによって明らかにされ、イエズス・キリストによって完成されたという歴史的の沿革の中で、一番大切なのはこのイエズス・キリストその方である。このキリストがいかなる方であるかということの解釈の仕様如何《いかん》で、カトリック教の立場はあるいは証明され、または破壊されるのである。すなわちカトリック教会は、イエズス・キリストは神から送られた人類の救主《すくいぬし》で、彼はもちろん我々と同じ人間であったけれども、ただの人間ではない、人となった神の独子《ひとりご》である。神にして同時に人なる方である。だからその教えは絶対の権威を帯びるものであるというこの点に一切のことがかかっている。ここにモーセとキリストとを並べてあるけれども、それは決してモーセとキリストとを同じ平面に置いていうのではなく、モーセは神に選ばれて旧約時代の道を明らかにした単なる人間であるに反して、キリストは聖書の言葉にあるとおり「権威を以て、その教えを教えた」神人である。いわんやキリストを以て、その他の宗教の開祖、もしくは中国やギリシャのいわゆる聖賢、すなわち孔子、孟子とか、ソクラテス、プラトン等と同格に看做《みな》すべきではない。

よしんばキリストを目《もく》して、近代の自由神学派の学者のごとく、地上にかつて現れた最上の宗教的天才なりとしようとも、またはルナンの、より詩的なる言葉を借りて人の子の最も美しきものと目《もく》そうとも、カトリック教会は決してそれで満足するものではない。カトリック教会は断乎《だんこ》としてキリストは人となった神であると宣言する。したがってその教えは絶対の権威を帯びて万人に迫るもので、その間のなんらの批評をも妥協《だきよう》をも許さない。それであるからして、キリストの神性ということが第二の根本問題になるのである。

救霊の問題

第三に、人の救霊《たすかり》のために授けられた教えという言葉である。これは最も説明を要する点である。宗教と安心立命とは離れぬ言葉であるが、しかしながら人の神に対する道である宗教が、同時に必ず救いの道でなければならぬということは、抽象的には言われないのである。ショーペンハウアーがその著書のどこかで、もしも人間が完全に幸福であったならば、哲学も宗教もいるまい、というようなことを言っているが、この宗教という言葉を、救いの道という意味に解するならば、彼の言ったことは無条件に正しいといえる。しかしながら、我々が定義したように、宗教を神に対する道というならば、ショーペンハウアーの言葉は正しいとは言い得ない。

なるほど苦しい時の神頼みという言葉はあるが、それは人間の自己の無力を自覚した瞬間に神の救いを求むるの念が切になる心理を言いあらわした言葉としては適切であるが、決して宗教の本領でないことは、国が乱れるか、家が貧乏であるかでなければ、忠臣孝子があらわれぬということの間違っているのと同様である。忠義は臣下の君に対する道なので、平和の時はそのように、乱世にはまたこれに応じて異なった形式をとるだけなので、平時にあって忠義の道がないわけではない。また厳寒の候に氷の上にねて親の求める鯉を漁《と》ったというがごとき中国の二十四孝式の孝行は、特別の場合に処した孝道であって、それは決してその精神以外には孝行の本領を示したものとはいえない。いかなるばあいにあっても、よしんば父母が裕福で満足に暮していても、これに対して子供が敬愛を尽すという点は少しも変らないのである。であるから、人間が完全に幸福であって求むるところがないために、神に対する道を尽す必要がないということはできない。

人に煩悶《はんもん》があろうがあるまいが、いやしくも神があってこれに造られた人がある以上は、その間に宗教は成立するのである。しかしながら事実歴史的にはどの宗教をとってみても、それはみな救霊の道として我々に臨むのである。その説明は第八課の「原罪」の章において明らかになるであろうが、とにかくここには、人間の現在の有様《ありさま》というものは、神の理想であった在《あ》るべきはずの状態ではなく、堕落《だらく》した不幸な状態である、そしてその原因は人間の犯した罪である。その不幸から救って下さるのが神のお送りになった救主イエズス・キリストである、というのが簡単に説明したキリスト教の立場なのである。

であるから人祖の堕落以来人類の宗教は同時に救いの道になったのであって、宗教は救いの道であるという定義と、神に対する人の道であるという広い定義とは、決して矛盾してはいないのである。

11　天主の教えを学ぶ義務があるか。

天主の教えを自ら学び、また我が子にも学ばせるのは最も大切な義務であります。

12　公教の教えは幾部に分けるか。

公教の教えは三部に分けます。第一、信ずべきこと、第二、守るべきこと、第三、聖寵《こう》を蒙むる方法《みち》であります。

公教の内容

最後に公教の教を三部に分けて、

第一　信ずべき事、すなわち信条。

第二　守るべき事、すなわち戒律。

第三　聖寵を蒙《こう》むる道、換言すれば神と人との交渉を具体化した祭祀の説明。

となるのであるが、この三つは決して本質的に相離れ、または独立するものではなく、信仰という基礎の上に戒律が立ち、また信仰と戒律とが相俟《あいま》って神と人との具体的の交渉である祭祀が成立つので、この祭祀ということを除いては、戒律もまた全《まっと》うされないのである。信仰は律法を否定しないのみならず、かえってこれを完全に守る力を与え、信仰もまた徳の実を結んで生きた信仰になるのである。このことは後に至って明らかになるであろうが、世のいわゆるキリスト教の道徳のみをとって信仰を顧みないような実用主義者や、信仰を高調するのあまりに戒律を無視する極端論者、ないしは人間が霊の他に肉をも具えるところの社会的動物であることを忘れて、具体化された礼拝を否定しようとするいわゆる無教会主義者の立場が極めて偏狭《へんきょう》なものであることを、あらかじめ注意しておく必要がある。

第一章　天主

第一部　信ずべき事

第三課　使徒信経の事

13　信ずべきことを約《つづ》めて書いたものがあるか。

信ずべきことを約めて書いたものがあります。使徒信経と申します。

14　使徒信経とはどんなものであるか。

使徒信経とは十二使徒の伝えた教えを約めたものであります。

15　使徒信経はどう誦《とな》えるか。

我は天地の創造主、全能の父なる天主を信ず。またその御独子《おんひとりご》我等の主イエズス・キリスト、すなわち聖霊に由《よ》りて孕《やど》り、童貞マリアより生れ、ポンシオ・ピラトの管下にて苦しみを受け、十字架に釘《くぎづ》けられ、死して葬《ほうむ》られ、古聖所に降りて三日目に死者の中より蘇《よみが》えり、天に昇りて全能の父なる天主の右に坐し、彼処《かしこ》より生ける人と死せる人とを審《さば》かんために来り給う主を信じ奉る。我は聖霊、聖公会、諸聖人の通功《つうこう》、罪の赦免《ゆるし》、肉身の復活《よみがえり》、終りなき生命《いのち》を信じ奉る。アーメン。

カトリック教会の信条を約めて書いたものを「使徒信経」といって、それは左のごとし。

我は天地の創造主、全能の父なる天主を信ず。またその御独子我等の主イエズス・キリスト、すなわち聖霊に由りて孕り、童貞マリアより生れ、ポンシオ・ピラトの管下にて苦しみを受け、十字架に釘けられ、死して葬られ、古聖所に降りて三日目に死者の中より蘇えり、天に昇りて全能の父なる天主の右に坐し、彼処より生ける人と死せる人とを審かんために来り給う主を信じ奉る。我は聖霊、聖なる公会、諸聖人の通功、罪の赦免、肉身の復活、終りなき生命を信じ奉る。アーメン。

これはキリストの弟子のなかから特に選ばれて、教会の最初の柱石となった十二人の弟子――聖書にはキリスト教を述べるために諸方に遣わされた使いという意味で、この十二人の弟子は使徒と呼ばれている――の教えを縮めて書いたものである。

第一条　我は天地の創造主、全能の父なる天主を信ず。

第一項　天主の事

16　第一に信じなければならぬことは何であるか。

第一に信じなければならぬことは、天主の在《まし》ますことであります。

神の信仰は宗教の根底

その第一条は、「我は天地の創造主、全能の父なる天主を信ず」ということである。すなわち本書の宗教の定義に関する部分において注意したところの、宗教の第一の対象になる神の存在を信ずるということである。それでこれを信じなければ、もとより宗教なるものが成立するはずがないのは、贅言《ぜいげん》する必要のないことである。神の存在ということを直《ただち》に受け入れることのできる人には、この最初の問題はもちろん存在しないけれども、科学の進歩が従来の宗教心の時としてはかなり大きな部分を占めていた迷信を打破したということや、また物質的文明の顕著《けんちょ》なる発達が人間の物的要求を拡大し、その要求の満足に人間が日夜奔走《ほんそう》するというようになって来たことなどにより、また、なかんずく近代のみに限ったことではないが、神の存在を認むることに依《よ》って起こる道徳的責任を回避《かいひ》しようとする不道徳漢は、容易に証拠《しょうこ》なしには神の存在を承認しようとはしない。

17　何に依って天主の在すことが知れるか。

天主の在すことは、天主の啓示《しめし》に依り、また道理を推《お》し究《きわ》めても知れます。

神を知る二つの道

そこでこの項における第二の問題、すなわち何に依って神の存在を知るかという質問に答えることが必要になって来るのである。

ここに注意すべき重大なことは、第十六問において、第一に信じなければならないことは神の存在である、といって特に信ずるという文字を用いてあるが、これに反して第十七問の答には、神の存在は道理を推し究めても知れます、と書いてあって、道理を推しても信ぜられます、と書いてない。これは決して無意味に言葉を弄《もてあそ》ぶつもりで書いたのではなくて、そこに信仰と理智との関係という大問題に触れているのである。我々は神の存在の証明ということを前に、我々がどうしてもここで使わねばならない理性の働きに依って知るということと、理性と矛盾しないどころか理性の批判を前提としながら、しかも最後の決断を意志に仰ぐ信仰との区別および関係を明らかにしてかからねばならない。

ついでに説明しておくが、公教要理においては神という日本在来の言葉を用いる代りに、特に「天主」という文字を使っている。普通カトリック教会は訳語の公教会という名称によってよりも天主教という名称で日本では世間に知れ渡っているようであるが、この天主という言葉の起源はもとより日本ではなく、中国より伝わったものである。キリスト教の中国における最初の伝道者は、カトリック教会の教えるところの神が偶像教の神と混同されることを厭《いと》うて、ラテン語またはラテン系統の言葉の神という語、すなわちデウスとかジオスとかその他の言葉と音が相通じ、同時にそれが唯一で全智全能のものたることを字義の上から想像されるような天主という言葉を借り、これをもって神の字に換え、爾来踏襲《じらいとうしゅう》されてきたものである。

理智と信仰との差別

それで我々がその天主の存在を信ずるという時と、その存在を知るという時と、どんな差異があるか。

およそ信ずるとは何の謂《いい》であるか。人が友達に向かって、君を信ずる、もしくはその言葉を信ずるという、あるいは商売上に信用で取引するというその意味を考えて、それを宗教上のことに移すと、意味は自ら明らかになるであろう。そのいずれをとっても、要するに信ずるというのは、ある事柄を理性が承認することであって証明することではない。君を信ずるという時には、貴方が虚言を言わぬとか、あるいは間違ったことをしないということを認めるということであって、果して相手が絶対に確かな者であるか否かについて、明らかな証拠を摑《つか》んだというわけではない。それ故、彼は君を信用しないが、僕は君を信ずるというようなことが、友達の間で言い得るのである。

もしそれがすぐ目につく皮膚の色とか顔貌《がんぼう》とかであったなら、そう人によって判断の違うことを許し得ないのである。相手が黒目であるのに、僕は君を黒目であると言うのに彼は茶目だと言うというようなことは、直に第三者の判断が誤っていることを暴露する所以《ゆえん》である。

これに反してお互いに長年交際して、その「ひととなり」を知っている朋友《ほうゆう》の間柄で、なんらの証書もなしに金銭の授受をしても問題なくすむようなことでも、これをまだよく知らぬあるいは初対面の人々の間でやれと要求したところで、それはもとより無理な注文であろう。たとえ相手が実際はいかに真面目《まじめ》な人であろうとも、初対面匆々《そうそう》多額の金銭の貸借をなすようなことをしたなら、世人は決してその人を分別ある人だといわず、むしろ軽率な人と解するであろう。

この前後の例において、先のばあい黒目を茶目と言うことは、相手と日常交際している者でも初対面の者でも、一目みればすぐ間違いであることがわかるから問題はすぐ解決する。これに反して後のばあいには、友達の間で許されることが、初対面の第三者に対して許されぬというのはなぜか。その理由は極めて簡単で、黒目の場合は一見してそれがわかる、すなわち直接の証明がある。後のばあいは長く交際をへてさえも、人間の自由意志あるがために、相手に対する信用がいかなるばあいにも無条件に絶対であるということはできないからである。すなわち前者は直に知ることができるので、後者は信ずるに止まるのである。それで理智とは理性の承認が正しいということを直接に証明し得るばあいに言い得ることで、総ての科学的命題（仮説ではないところの）のごときがそれである。信仰という時にはその直接の証明を欠くばあいで、それが合理的であり得るためには、その事柄の承認について直接の証明ではなくて、相当の保証のあることを必要とする。

友達間の金銭授受という例を再び借りて説明すれば、その友達が確かな者であるという認定に対しては、過去の長い交際が保証となっており、また紙幣や手形のごとく物その物にはなんらの価値がなくとも、額面《がくめん》通りの用をするもののばあいは、その紙幣や手形を日本銀行または関係銀行に持って行けば相当する正貨を得られるという、政府または銀行の保証を信用するのである。

正しき信仰と迷信との区別

ここにおいて冒頭に述べた正しい信仰と迷信という問題に対して、新しい光明が与えられる。正しい信仰とはその信仰に対して確かな保証のある場合の謂《いい》で、迷信とはその保証の欠けたるにもかかわらず信ずる時にふさわしい言葉である。それで「ただ信ずる」ということは、時として徹底せる宗教的態度のごとく見えるけれども、事実はそうでなく、信仰というものは直接その対象を知的に証明できない点においては理智とは異なっているけれども、保証を要するという点においては合理的でなければならず、またその保証が確かであるかどうかという判断は、理性の働きを借りねばならないから、結局論理的には、理性を全く離れて正しい信仰というものはあり得ないのである。

さてここにいう保証ということを宗教についていうと、いわゆる「教権」ということであって、その教えを権威をもって教えるだけの保証を持たぬ宗教は、教権において欠くるところある、我々の信任するに足らぬ宗教といわねばならぬ。

信仰の確実性は絶対

これで信仰と理智との区別はやや明瞭になったと信ずるが、普通、科学的の真理はその証明を伴うが故に絶対であり、宗教的信仰はこれを伴わざるが故に確かでない、というような感を人に与える傾きがあるが、事実はそうではなくして、信仰の保証は自らを謬《あやま》ることができず他人をも欺《あざむ》くことのできない神から与えられるのであるから、その保証の出処が神自身であるということさえ確立できれば、その保証による信仰は絶対に確かなものとなるのである。カトリック教会の信仰の立場はすなわちこれである。科学的の真理と言わるるものの中でさえ数学的命題を除いたあとのものは、恐らくこれほどの確かさをもって人間に迫るものはあるまいと考えられる。これがカトリックでいう「信仰の確かさ」で、一旦《いったん》合理的の道程を経て信仰にはいった者は、確かさという点においてその信仰は、謬りやすき人間の判断を根拠とするいわゆる信用などの比ではない。彼は神の絶対の権威に即して安心立命の境に入り、此《これ》は人生幻滅の悲哀をいまだ超越し得ぬ無常の域を彷徨《ほうこう》しているにすぎない。なお信仰そのものに内在する確かさについては「信徳」の条に詳説するはずで、ここでは論理的に入信の経路について説明したにすぎぬ故、信仰の神秘的領域を究《きわ》め得ぬのは、順序として已《や》むを得ない。この点は読者の諒察《りょうさつ》と忍耐とに訴えねばならない。

信仰は自由意志の選択に基づく

もう一つ注意しなければならぬことは、その証明を伴う理智は、それ自身の明らかさによって承認されることを強制するものである。たとえば最も簡単な例として、二二が四ということは、自家撞着《じかどうちゃく》なしに否定し得ない誰でも承認せざるを得ぬことである。より複雑な科学的命題に至っても、証明が推理の結果になるだけの差で、承認を強制する点はかわらない。しかるに宗教の信仰に至っては、それに対する十分なる保証を認めつつも、さらにかかる保証ある以上はこれを承認せざることは不合理なりと判断しつつも、しかもその対象が直接の証明を伴わず自明ならざるが故に信仰せざるを得る可能性をのこす。さらに第二の理由は、信仰上の事柄は単に理性の承認だけですむ科学上の抽象命題と異なり、その事柄を認めるか認めないかによって非常な道徳的責任を生ずる事柄であり、その道徳的責任を引き受けることは場合によっては本人の我儘《わがまま》には非常な不便になるために、自己の利害と全く離れては信仰することができないことである。ここに理智の承認において見られぬ自由意志の作用が信仰では加わってくる。信じ得るためには自由に信ずることを欲せねばならぬ。

信仰は神の賜物、祈りの必要

聖書に、信仰は神の賜物《たまもの》である、また神の恩寵《おんちょう》がなくては信仰にはいれぬ、というような意味の文句があるのは、ここを指したのであって、神の恵みはよく人をしてこの難関を切り抜けることを得しめるのである。真理に対して頑強に抵抗するという罪から、我々が神の力によって解放されるのでなくては、真の信仰にはいり得ない。だから祈り――少なくも神いまさば信仰を与え給え、という仮定的の祈り――が絶対に必要であり、また跪《ひざまず》いて祈るために心は謙遜《けんそん》にならねばならぬ。キリストはつとに「汝等幼児のごとくならずば天国に入る能《あた》わず」と戒《いまし》めて、這般《しゃはん》の消息を明らかにし給うた。また「求めよ、さらば与えられん」ということは、信仰について最も真なる所以《ゆえん》である。さればこそまた学者が一番信仰に篤《あつ》いのでなく、救わるる者にかえって無学文盲の篤信者《とくしんしゃ》があるという現象をも、これによって説明することができる。

かくのごとく、信仰と理性との異なった性質、またその相互の関係というものは、普通に人が想像するような簡単なものではなく、これを明瞭に頭に入れておかぬと、信仰の尊きことも理性の忽《ゆるが》せにできぬことも、十分了解するわけにゆかぬ。そこで、ここに通俗的な説明を加えた次第である。

神の存在の認識と信仰

さて神の存在ということは、信仰の対象にもなるし、また理性の推論の結果、到達し得る認識でもあり得る。換言すれば、神の存在の承認に理性の力で到達もできれば、また神の啓示によってこれを信ずることもできる。しかしながら、問十六の答にある通り、第一に知らなければならないのではなくて、信じなければならないのが神の存在である。信じなければならぬと書いてあって、知らなければならぬとは書いてない。第一に要求されることは信仰であって、知識ではない。それはいかなる理か、また同一人が同時に同じことを、一方では信じ、他方では理智の対象として認めることが可能であろうか。この問に以下簡単に解答を与えてみよう。

絶海の孤島の譬《たとえ》

それには一つの譬話《たとえばなし》をもってするのが早わかりであろうと思う。その譬喩《ひゆ》というのは、大海の中に孤島があって、そこの住民は未だかつて自分等の住む以外の陸地を見たこともなければ、また他に自分等以外に人というものが居るかどうかを知らないのである。ところがその島の住民の間に、昔からその島以外に陸地があるかどうか、またもし陸地があるとすれば、そこには自分等のような人間が住んでいるかどうかが問題であった。それについての議論が闘わされ、長い間結着しなかった。島の学者等は言うに、「我々の島以外に陸地があろうはずもなく、従って我々以外に人間がいる道理もない。我々は探険船を出して、島の周囲を廻ってみたが、どこまで行っても水は雲に続いて、陸地を認めることはできなかった」と。

ところがやや考えの深い者は反対して言うには、「なるほど探険船の捜索というものも考えに入れなければならんが、この縹渺《ひょうびょう》たる大海原《おおうなばら》の涯《はて》もない広がりを、隅から隅まで探し尽したわけでもなく、探し尽そうとして探し尽せるものでないから、外の陸地や人が地球の上にないと考える証拠にはならぬ」と反駁《はんばく》する。

それに対して実際家達は、「それほど研究するのに難しい問題を、我々が頭を悩まして議論する必要がどこにあろうか。そんなことは、とても人間にわかることではないのである。要するに外に陸地や人類があるという証拠もなければ、また無いという証拠もない。それは結局我々の智慧では知ることのできぬ問題であるから、これについて議論するのは無駄なことであろう」と。

この議論に対して、少数の常識に富んだ者が反対して言うには、「我々は未だかつて外の陸も、そこに住む人類の姿にも接したわけではないが、そういうものは必ずなければならない。なぜならば時たまこの島の荒磯に波に打ち上げられた不思議な植物を見ることがある。それは水生のものとはどうしても思われぬ。陸上に繁茂《はんも》する樹の枝かあるいは葉としか思えぬものである。しかるにそれと同じような植物はこの島の隅から隅まで探しても見出すことができぬ。そうするとその珍らしい植物は、天から降ったものでもなく、地から涌《わ》いたものでもなく、必ずや我々の島以外のどこかの陸地から、潮と風とに送られて漂着《ひょうちゃく》したものと考えるより仕方がない。のみならずかつて暴風のあった後に、不思議な木片が海岸に打ち上げられた。それには我々の未だ見たこともないような不思議な彫刻があり、また文字と考えられるような記号もあった。それはどうしても自然の力、水とか風とかの作用で出来たものとは一見して考えられないからして、これも必ずや我々のごとく智慧のある者が造ったのに相違ない。それがこの島の人の作品ではないのだから、やはりどこかさきのような植物の繁茂《はんも》する陸地があって、そこに智慧のある我々のような人類が生存しているというより考えようはない。であるから我々はこの絶海の孤島の外にたしかに陸地があり、その陸地には人類が生存していると断定せねばならぬ」と述べたところ、一同その説のもっともなのに感服したが、さればとてこの島の大問題が解決するところまでには至らなかった。すなわちどうも眼で見、手で触れないところの物はなんとなく不安心で、この説に信をおけぬ人が多かった。ところがある時、この島で有史以来の大事件が起ったのである。というのは外《ほか》でもない、島人の未だかつて見たことのない一艘《そう》の船が帆に風を孕《はら》んで島に向って来た。そうして驚歎《きようたん》のあまり口を開くことさえできない島民の驚きの間に、未だかつて彼等の見たことのない一人の人が上陸して来た。

その人の衣服は異様《いよう》であったけれども、とにかく彼等の了解のできる言葉でもって言うには、「自分は大陸から来たものである。地球上の陸地はあなた方の島に限らぬ。しかも私の故郷なるその大陸には、何千万の人類が生存していて、その有様《ありさま》は斯々《かくかく》」と詳しく物語ったので、ここにおいて初めて、有史以来島民の間に議論されて解決されなかった問題が、決着したという話である。

譬喩の応用

これはもちろん寓話にすぎぬが、これを神の存在の問題にあてはめると、なかなかうがったところがある。

唯物論を奉ずる科学者等は、物質と物的運動との外には何物もない、探険船を出した島人のように、我々は自然の隅から隅まで研究したけれども、神などというものは見つからないと言っている。

また懐疑論者は、我々の理性の力は一歩も現象界の外に出ることができぬから、自然科学者の無神論もあてにならぬ、しかしまた我々は現象を超越した神というようなものの存在を理性が肯定し得ようはずがないと思う。それでこういう問題には触れないで、所詮《しょせん》人間では解決できぬものとして、諦めなければならぬという不可知論的態度をとる。

これに対して、素直《すなお》に理性を働かせる人達は、譬話の孤島の汀に流れついた植物や木片にあたる眼前に厳存する宇宙の有様《ありさま》から推論して、神の存在を認めぬわけにゆかぬと言う。ルソーだかが言ったように、時計師を考えずに時計の存在を許し得ぬと同様に、一箇の時計よりは無限に精巧な宇宙の運動や秩序の前に、自らそれを造り、またそこに働く偉大なる智慧を認めるのである。これが動かし得ぬ有神論の根拠である。

宇宙の秩序は神なくば説明する能わず

因果律の誤った見解から出発して、神の存在の論理的証明の価値を否定し去った哲学者カントですらも、我が心の中なる道徳的法則と、頭上の星斗との二つの事実の前には、やはり神の存在を認めざるを得なかった。よしんば物質が永遠で、物的運動は古往今来《こおうこんらい》止むことがないというような(それは科学的に証明できぬことであるが)口実を設けても、我々の目前に絶えず展開される秩序の前に、宇宙を主宰する智慧を認めぬわけにはゆかぬ。それは人間の智慧でもなければ、心のない物質の智慧でもなく、宇宙を超越し、しかも宇宙の中に絶えず働いているところの、宇宙とは同一ではあり得ぬところの智的存在物である。

我々はそれを神というので、この我々の目前に展開するいろいろの法則、たとえば水は低きにつくというがごとき物質界の単純なる法則から、結晶の法則、さらに進んでは生物界における同化作用とか、精神界の知覚より認識現象に入って、そこに動かすことのできない法則を見出す時に、そして微小なる電子のごときものより、我々の住む地球の何十倍何千倍もあるような厖大《ぼうだい》なる天体、さらに太陽系のごとくほとんど我々の想像も及ばぬ組織、しかもそれがただ一つではなく何千何万と際限《さいげん》なき多数であるにもかかわらず、秩序整然と運行しているのを見る時に、または我々が自ら顧みて、自らの中に自身を超越するところの良心の叫びに耳を傾ける時に、どうして宇宙からその美しい崇高なる秩序を抹殺《まっさつ》して、一切を迷妄《めいもう》だとか、あるいは物質の集団と物的運動の錯雑《さくざつ》にすぎぬなど、言い得ようぞ。

宇宙は偶然の結果にあらず

秩序ということは、理性の働きを意味するので、偶然と反対であるからして、この秩序ということから出発して前述の智的存在物、すなわち神にどうしても到達せねばならぬ。よく自然の秩序は偶然だと言うがごとき議論を吐く人がある。彼等が言うには、この宇宙を形成する要素は無限であるが、その無限の要素が無際限の時間の流れの中において、千差万別の組み合わせを造って行く間に、現在の有様《ありさま》のごとき一見智的働きの結果のごとく見ゆる秩序の状態を構成することは可能である。故に現在の宇宙に秩序があるということは、無際限の可能なる組み合わせの一つの状態にすぎぬと見ることができるから、宇宙の秩序は必ずしも神の存在を証明しない、と。しかしこれは極めて幼稚なる詭弁《きべん》であって、第一ある事柄が可能であるということから、すぐに現にその通りであるという証明は出てこぬのみならず、学問の対象になるところの秩序というものが瞬間的の現象であるならば、そういう議論も認められるか知らないが、その秩序が瞬間的のものでなく、永続的なものであり、なかんずく生物界において著しく顕《あらわ》れるごとく、その秩序を破壊せんとする外部の圧迫に対して、生物が戦いつつこの障害を打ち破って秩序を整えて行くのを詳細に見るとき、偶然なる言葉は全くなんらの説明にもならない。

そもそも偶然という言葉を少しく分析してみれば、これは原因が不明であるということにすぎぬので、偶然出来たということは、換言すれば、どうして出来たかわからない、説明できぬという、智慧に限りある人間の言い分であって、絶対に原因がないとか、より高き立場よりしても説明できぬというのではない。

たとえば私が散歩に出て、十年来離れていた友達に会ったとする。そうしてA君に偶然会ったという時に、偶然とは友達との邂逅《かいこう》を予期しなかったということであって、自分の予期しなかった心持《こころもち》を離れて観察すれば、邂逅したという事件が原因なしに起こったという意味では決してない。私は一定の時間に家を出て、ある方向へ某なる街を通って、行きたいところへ進んで行く。友達も同じようにしたのである。もしも両者の行動をあらかじめ知っているか、あるいは高いところから目撃し得る第三者があったとしたなら、その人は二人がどこで邂逅するということをちゃんと知っていたであろう。その人にとっては、私と十年来遭わなかった友達とのいわゆる邂逅というのは、決して偶然ではなく、そうなるのが当然な出来事で、私と友達と予期に反して会ったところで、この出来事が原因がないとは決して言われたものではない。すなわち偶然なる語は、二つまたはそれ以上の互いに独立した因果関係によって結びつけられる現象が、我々の予期しなかった点で交叉《こうさ》される時に使われる言葉で、さきほどの例において、私は私で一定の行動をとり、それには各《おのおの》の理由がある、友達も私も独立の行動をして、両方とも思い設けぬ邂逅を生み出すということを意識しなかったというだけで、邂逅が原因なしに起こったのではもちろんない。すなわち双方に意識されなかった秩序の結果で、秩序を予想こそすれ、決してこれを否定することにはならない。

宇宙の秩序が偶然の結果だとか、もしくは地球上の生物が偶然に無生物から生まれたとか、劣等動物の知覚作用が偶然発生してそれがさらに進化して抽象作用になったとかいう議論は、いずれもその事柄を説明できないという以外に、なんらの積極的意味のない説であって、唯物論的進化論を奉ずる者には、宇宙とその中にある生命や意識や理性の出現ということは、デュ・ボアー・レーモンが『七つの世界の謎』という有名な本の中に言ったように、永久に Ignorabimus（我々はわからないのであろう）に終らなければならぬ。

科学と宗教

自然科学者の間においても、ヘッケルのごとく唯物的一元論を奉ずる人は、今日ではほとんどなくなってしまった。そういう方面で最も興味あるは、最近に（一九二八年の夏）フランスの日刊新聞フィガロが、全国著名の科学者達に「宗教心と科学」という問題について回答を求めた結果である。

十九世紀においてありがちであった、科学者の宗教に対する反感を留むるがごとき回答は極めて少数で、その最も代表的のものは匿名《とくめい》で発表されたが、その人の曰く、「科学は（ここに科学というのは、理論科学の全体を意味するのであるが）、精神的方面とは全く懸《か》け離《はな》れた方面に働くものであるから、宗教心に反対するがごとき根拠ある結論に達することは、疑いもなく不可能だが、その科学はまた宗教心に有利な結論にも到着し得ないことをも附言したい」と言ったにすぎない。

さらに積極的に宗教心を肯定した代表的の宣言は、ソルボンヌの教授でありアカデミー・フランセーズの終身書記なるエミール・ピカール氏によってなされた。氏は言うのに、「これは実に大問題であって、今から五十年前には、多数の学者は科学が総てのものの最後の謎を解き得ることを疑わなかった。彼等のあるものはもはや不思議なものは存在しないと説き、科学的精神は彼等にとっては人智の最高の発展とされた。しかしながらその時以来、科学の価値に関する考えは多少変って来て、科学万能論は減退しつつある。科学の歴史は廃墟《はいきょ》に満ちており、学説は書籍のように流行の時期を持つものである。この五十年間に自然法則に関する我々の観念は驚くべき変化をなした。我々は科学を偶像化する人達に、彼等の独占席を委《まか》しておこう。科学の根本になるところの概念は多少任意的のもので、科学的知識に帰し得ない多くのことがあるように見える。宇宙は我々にとって依然として謎であるという感情は、その最も広い意味における宗教心と云い得べきもので、科学のダイヤグラムは、宗教心と科学的精神との間に衝突があるという主張を認めない」と。

次にその地質学上の発見をもって有名な鉱山視察長官ピエール・テルミエー氏は答えて、「科学が宗教心に反対すると主張するがごときは、科学的精神について不完全な、従って不正確な観念を有することを示すもので、宗教心は科学的精神を十分顧慮《こりよ》せねばならぬことは事実であるが（それを否定しようとするのは子供のような者であろう）、その代り科学は必然的に限定されており、それが解くよりもより多くの謎を生むところの科学は、人を誘って科学の限界を超え、神の存在の証拠を受け入れるように人の心を準備するようにみえる」と言っている。

もう一つの興味ある返答は、コレージュ・ド・フランスの教授である大化学者のシャール・モルー氏のそれであって、この人は、人の知るごとく戦争中、毒ガスに対してフランス軍の防備を組織する大任に当った人である。曰く、

「あなたの私に提出されたこの最高の最も重要な質問にお答えするために、私は過去現在にわたって素直に自分の心の中を顧みて、次のごとき発見をした。私の若い時には、確かに言

うことはできないが、科学は宗教に反対するものだと考えていたかもしれない。知識に飢えた私は科学に没入して、やがてその勝利に酔ってしまった。

私は科学が解き得ぬ何物もないとほとんど考えていた。生命の本質も、物の起原もまた終末も学問の把持《はじ》を脱するものではないと。私は当時恐らくは神とか霊魂の不滅とかいう考えは無智な人の考えで、真に解放された人の心からは退けられるものと信ずる唯物論者であったと思うが、やがて自分は眼前にどちらを向いても無限を見出したのである。それは私があの多数の遊星の運行する無窮《むきゅう》の空間に、沈黙の中に私自身を没入したのみならず、無限に小さい原子を熟視した時においても。一切のものが相関連し、一切のものが外の物と連結されてあるこの宇宙は実に無限である。いかに研究しようが、観察しようが、点検しようが、また比較しようが！　そして理性の力はとうていそれに及ばず無能であるのみならず、かえって圧倒される時に、その偉大さが君を魅惑《みわく》し粉砕《ふんさい》するところの偉大なる謎の前に起る卑下《ひげ》の感情を、もし君ができるものなら退けてみ給え。もしもそれができないならば、その時には結論がどうしても必要であることを認め、君の乱れた心の最も深き要求に従って、ある全能にして完全であり、物質世界と道徳界とを造り、これに法則を与えた超越的存在物の観念を胸に抱かざるや否やを自問自答し給え。かくのごときは、この偉大なる問題の見地から見たる私の考えの変遷である。それで私の理解するところの宗教は、人心の要求を満足させ、人生に詩と美しさとを与うるもので、これを受け入れる者は科学のとどかぬ最高問題に対する解答を持ち得るものである」と。

最後に、無線電信の原理を発見したブランリー教授は「宗教を伴った科学は為《ため》になるが、無宗教の科学は危険である」と言っているし、また土木専門学校教授ブロンデル博士は「時代遅れの幼稚な人達を除いては、宗教と科学とが矛盾するなどの考えは、どこにももはや存在していない」と断言した。

近代思想の宗教への復帰

かくのごとく、科学そのものの進歩が科学的立場の絶対でないことを明らかにして、宗教に本来属すべき正しい地位を与えたことは、十九世紀末の科学万能主義から醒《さ》めた現代人の一つの誇りであるけれども、その誇りはいわば無経験の若者が、伝来の宝物を陳腐《ちんぷ》な物として投げ去り、世の中の風波に揉《も》まれてのち漸《ようや》くその真価を認め、愚《おろ》かなことをしたと気づいたまでのことで、先の寓話において絶海の孤島の荒磯に流れよった植物や、彫刻された木片を見て、大陸とそこに住む住民のいることを推論した極めて単純な、しかし動し難い考え方を、人間の高慢《こうまん》のために眩《くら》まされたという悲しむべき、しかし、しばしば繰り返される歴史を物語るにすぎない。

さればこそ使徒聖パウロは遠き昔にそのロマ書の冒頭において言っている。「神の怒りは、真理を不義に圧《おさ》うる人々の、すべての不敬不義の上に顕《あらわ》る。蓋《けだ》し神に就《つ》きて知られたる事柄は彼等に顕然《あらわ》なり、其は神既《すで》に彼等に之《これ》を顕し給いたればなり。すなわちその見得べからざる所、その永遠の能力も神性も、世界創造以来造られたる物によりて覚られ、明らかに見ゆるが故に、人々弁解する事を得ず。蓋し既に神を知りたれど、神として之に光栄を帰せず、又感謝せず、却《かえ》って理屈の中《うち》に空《むな》しくせられて、その愚かなる心暗くなれり。すなわち自ら智者と称して愚者と成り、朽ちざる神の光栄に易《か》うるに、朽つべき人間、鳥、獣、蛇等に似たる像を以てせり。（科学も偶像化された！）是《これ》によりて神は彼等をその心の欲、すなわち淫乱に打ち任せ給いて、彼等は互いにその身を辱しめ、神の真実を虚偽に易え、造物主を措《さしお》きて被造物を拝み、之に事《つか》うるに至りたればなり」（ロマ書第一章一八―二五）と。

すなわち人が明らかなる理性の光を拒む動機は、あるいは高慢《こうまん》か、あるいは肉欲のために迷わされるためであって、これ故にもしも神が人をただ理性の光に委《まか》せてお置きになったならば、世界の宗教の歴史が明らかに示すように、初期にあってむしろ純粋で正しかった宗教的観念が、時代の推移によって洗練《せんれん》され浄化《じょうか》されるかわりに、かえって正反対に堕落《だらく》して行ってしまったにちがいない。

神に関する天啓の必要とその事実

この点において旧約聖書に物語られたイスラエルの歴史は、確かに人類の歴史に対する神の干渉を明らかに示す驚天動地《きょうてんどうち》の出来事であって、人間の神に対する道がどうでなければならぬかということを神は哲学者に教えないで、まずモーセによって準備し、預言者によって明らかにし、最後にキリストによって完《まっと》うされたということは誠にさもあるべきことである。キリスト教が神の存在を主張するのは、前掲のパウロの言葉によって明らかなごとく、決して理性の証明を無視するものではない。けれどもまずそれよりも先の寓話において、最後に問題の大陸を自ら見たそこの住民が来て島人の謎を解いたと同じように、神自身が人となってこの世に降り、神の何ものであるかを言いあらわして下さった啓示《けいじ》に基づくのである。

されればこそ福音史家のヨハネは言っている。「誰も曾《かつ》て神を見奉りし人はあらず、父の御懐に在《ましま》す独子《ひとりご》の自ら説き顕《あらわ》し給いしなり」(ヨハネ聖福音書第一章一八)と。

寓話の最後の適用

前章において、信仰の確さということを論じた時に、人間相互間の信用というものは、我々の予測することのできない自由意志が人に具わっているがために絶対であり得ぬが、もしも自らも謬《あやま》ることができず、人をも欺《あざむ》くことのできない神様との間のことであれば、我々は絶対に信用が置けることを述べた。これ実にキリスト教の信仰の立場である。だからもしもキリストの神性が認められなければ、キリスト教はその根底を失って、絶対権威を以て我々に迫ることができないと言った訳も、ここに至って明らかになったであろう。我々がキリストによって教えられるのは、彼自身が理屈で考えたことでなく、自らの見た(霊的に)そのこと自体である。ちょうど島人に大陸とその住民の存在を知らせた者が、目撃者であったのと符節を合するがごとく当てはまるのである。

認識の神と信仰の神

以上が前述の寓話の大体の意味であるが、最後に注意しておかねばならぬ重要なことは、我々は理性の光明を辿《たど》って神の存在を認め得るけれども、それは単に創造者または主宰者たる神であって、未だキリストの説きあらわしたところの「天に在す我等の父」という考えには達していない点である。すなわち理性の力だけでは神の愛の啓示には到達し得ないので、そこまで我々を導いて下さるのは、神の我々に対する正義の働きではなく、愛の発現である。

これを人間の関係にあてはめては勿体《もったい》ないが、譬《たと》えてみると、ここに配偶者を求めている青年があるとする。相手の存在や年齢身分その他は間接に調べてわからぬことはないが、その人がはたして自分と結婚する意志があるか、真に自分を愛しているかどうかに至っては、本人がその意志を発表してくれぬ限りどうして推知し得よう。

人間の神に対するもまたかくのごとく、理性は神の業《わざ》をみて、その存在と属性とをある程度まで知り、その被造物に対する摂理を感得できるが、「神のこの世（人間のことなり）を愛し給えるはその御独子を賜う程にして」とは、神自ら説きあらわし給わずしては、人いかにしてこれを知り得ようぞ。我等はこの無限の愛が十字架上の犠牲として発現する時に、始めてパウロと共に「嗚呼《ああ》高大なるかな、神の富と智慧と知識と。その判定の覚り難さよ、その道の極め難さよ。誰か主の御心《みこころ》を知り、誰か之と共に議《はか》りたるぞ。誰か先之に与えて報を得ん者ぞ」と呼び、また「いかなる被造物も我が主イエズス・キリストにおける神の寵より我等を離し得るものなき」ことを悟り得るのである。

我等は人間の本性とその程度にふさわしきこの客観的具体的の神の啓示に現れたその言葉

を、神の権威に対して持すべき謙遜《けんそん》と信頼とをもって受け容れることにより——すなわち信仰により——哲学が結び得ない単なる造物主被造物という正義の主従関係ではない父子の愛の絆によって神と結ばれて、とこしえにその懐に抱かれるのである。

自然神教は畢竟《ひっきょう》架空論のみ

抽象論としては、天啓はなくとも理智による神人の関係は前述のごとく考え得られる。従って天啓と信仰によらず、ただ神についての認識のみに基づいた宗教を考うることは可能である。十八世紀にヴォルテール派のデイストの主張した宗教がそれである。しかしながら、かかる宗教は書籍の中に見出されても、現実に実践された例がない。キリスト信者とは言いかねるロマンチックのルソーまでが、神秘を要求する人間の性情を無視してその固有の宗教心になんら満足を与えぬ乾燥無味なこの教説に堪えかねて、かの有名な「サボアの副牧師の信仰告白」をデイストの面前に叩《たた》きつけたのは人のよく知るところである。

パスカルの炯眼《けいがん》はつとにこの間の消息を見抜いて、「人間の偉大とそのミゼールはあまりに顕著《けんちょ》であるから、必ずや真の宗教によって、人間の裡にひそむ偉大とミゼールの深い根底を教えられねばならぬ」と言って、天啓教の必要を内心の事実から出発して認めようとした。

ギリシャ思想とキリスト教

かくのごとくであるから、キリスト教の信仰はあるいは哲学的瞑想《めいそう》ないしは体験三段論法の結論ではなく、神の恩寵《おんちょう》による天啓に対する信仰でなければならぬことも了解し得られるのである。父なる神という観念に人間の理性の到達し得ないことは、恐らく世界最大の哲学者であったかもしれぬアリストテレスの神観をみれば明らかである。このギリシャの大哲学者は、今日もなお動かすことのできない確実な論法を辿って、一切の可能性を超越《ちょうえつ》した、他から存在を受けないで自ら存在する絶対に完全なもの、すなわち神の観念に到達したけれども、その完全無欠の神が有為転変《ういてんぺん》の下界の事柄に干渉するのは、その円満を損《そこな》うものとして許さなかった。すなわち彼の神は我々とは辛《から》うじて論理の細い糸をもって結ばれた超越的の観念で、なんら我々の生命と実際的の交渉があるものではなかった。

世には自ら学者と号して、キリスト教はギリシャ思想の所産だなどという愚論を臆面《おくめん》もなく吐《は》く輩《やから》がある。私は彼等の学者的良心がどこにあるかを疑わざるを得ない。彼等がキリスト教の信仰を解せざるは、もとより当然で怪しむに足りないが、かかる非歴史的の所説を公にする以前に、あえて福音書とアリストテレスとは言わず、すべからくプラトンの対話篇とパウロの書簡とを精読して三思すべきではあるまいか。私はよろこんで彼等のヘラクレイトスよりフィロンに至るまでのロゴス観念の発展の歴史を傾聴するであろう。しかしながらギリシャの哲学者ないし詩人の誰が「かくて御言は肉と成り我等の中に宿り給えり」と言い得たであろうか。いわんや「我等はその光栄を見奉りしが、其は父より成れる独子のごとき光栄なりき」と証するをや。彼等にして真にキリスト教を研究したのであるならば、少なくもコリント前書冒頭のパウロの獅子吼《ししく》をきいたはずである。曰く、

「蓋《けだ》し世〔の人〕はその智慧を以て神の全智〔の業〕において神を認めざりしかば、神は宣教の愚を以て信者を救うを善しとし給えり。すなわちユダヤ人は徴を求め、ギリシャ人は智慧を探ぬるに、我等は十字架に釘《つ》けられ給えるキリストを宣《の》べ伝うるなり。是ユダヤ人にとりては躓《つまず》くもの、ギリシャ人にとりては愚なる事なれども、召されしユダヤ人およびギリシャ人にとりては神の大能、神の智慧たるキリストなり。其は神の愚なる所は人よりも敏《さと》く、神の弱き所は人よりも強ければなり」（コリント前書第一章二一―二五）と。

18　天主とはどんな御方であるか。
天主とは、限りなき徳を備《そな》え給う霊に在《まし》まして、天地万物を創造《つく》り、また之《これ》を主宰《つかさど》り給う御方であります。

天啓による神の定義

しからば聖書に記された神自身の啓示による神の観念はいかなるものかと言うに、それは天主がモーセにイスラエル人をエジプトから救い出す使命を授けた時、自ら言われた御言葉につきている。すなわち曰く、「我は在る所の者なり」（出エジプト記第三章一四）。この句の意味は、自分は他から存在を受ける者ではない、存在を自分自ら持っておる、もしくは絶対独立の存在であるという意味である。

神の本性についての哲学的考察

この言葉の意味をよりよく了解するためには、存在を他から与えられているものの方から考える方が容易であると思う。この世の中に在《あ》るいかなるものをとってみても、存在を自分自身に与えるものは一つも見出すことはできぬ。一切《いっさい》の物に始まりがあって、その存在し始める時は、必ずや外の物の力によるものである。それはまず生物の世界を見れば一番わかりやすいことであるが、一切の生物は他の生物より生まれる。すなわち今日の生物学において動かすことのできぬ原則の一つは、「一切の卵は他の卵より、また一切の細胞は他の細胞より生ずる」ということである。さらに無生物学に至っても、一切の物に始まりがある。

何時《いつ》かその時まで持っていなかったものを与えられた瞬間があるということは、明らかである。それはその物自身にせよ、またはその物の属性ないしは性質にせよ、ある瞬間に存在し始めたとしたならば、その以前はそれらのものはなかったのである。Ex nihilo nihil（無よりは何物も生ぜず）、存在しないものが自ら存在することは不可能ゆえ、いやしくも始まりのあるものが自分自身に存在を与えることはあり得ぬ。

かく言わば、物質の存在は無始無終で永遠ではないかという疑問がすぐ起こる。しかし物質が他から存在を受けているものであるという最も明らかな証拠が、我々の目の前に不断に繰り返されている。それは物質界の変化である。この変化という語を、私はここではその最も広い意味に用いるので、物質が変化するというのは、物質が一つの状態から他の状態に移りかわって行くことを意味する。

物質の本体を追究して、分子より原子に至り、さらに原子より電子に至るとも、その電子に運動があれば、もはやその電子は変化しないものとは言われない。少なくも空間における地位が絶えず変っているのである。でここに言う変化という意味の中には、もとより空間における変化、すなわち運動をも含むものであって、ここにAなる位置にある電子が一瞬間後Bなる位置に変化したとすれば、最初のAなる位置にいた時の電子がBなる位置に移り変った時には、少なくもAなる位置にあった時にはまだ働かなかったある要素が取り入れられて、Bへの移動という現象が起こったと考えるより外はない。それは新しい力の働きなしに出来うることではないのである。少なくともAなる位置にあった時の電子が、あるいは他からその新しい力を得たか、あるいは自分自身の中にあった潜在《せんざい》のエネルギーが、働きのエネルギーに変化したというより外はない。ところが他の働きのエネルギーなしには、独《ひと》りでには潜在のエネルギーは働きのエネルギーに変化しない。すなわち慣性の法則によって考えると、簡単なる電子の運動の例をとってみても、やはり電子が運動する以上は、その運動の各瞬間に変る新しい存在の状態を自ら己《おのれ》に与えたとは言えなくなる。

変化の概念の分析

要するにかかる具体的の例をとるまでもなく、変化という概念の分析より出発して、いやしくも前述の広き意味における変化をするものは自ら存在するものでなく、なんらかの意味で他から存在を与えられたものであることを了解するのは容易である。変化する以上は、以前とは違ったものになるのである。変化した後の新しい存在は、以前になかったものである。以前にはただ実現され得る可能性として存在したに止まる。ところがその可能性が実現されたからこそ、変化して以前とは違ったものになるのである。ところがその先在した可能性が一定の時期に実現された――すなわちそのものが変化した――と言うからには、ちょうどその時に可能性実現の条件が充《み》たされたからで、その時以前にはその条件が欠けていたと考えざるを得ない。

万一最初から可能性実現に必要なすべての条件が具《そな》わっていたとしたら、その可能性はとっくの昔に実現されてしまっていたはずで、ちょうど変化の起こったその時まで実現を延期していた訳は全くわからなくなる。だから一定の時期に変化したものは、その時始めて変化するに必要な条件を他から充たしてもらったからで、変化に必要なすべてのものを、最初から自分自身にことごとく具えていた訳ではない。

変化は神の存在を要求す

さて世の中における総てのものは、なんらかの意味で変化しつつあるものであるから、換言すれば、なんらかの意味でその存在を他の何物かから受けているものと言わねばならぬから、畢竟《ひつきよう》最後に、すべてそれらの存在を与えるものがなければならぬことになる。存在を受けるものと与えるものとの連鎖《れんさ》をいくら無際限につづけても、究極の説明を得られないから

——それはちょうど連鎖を支えるのに、釘にかけずに宙にぶら下げようとする愚かなる試みに似ている——アリストテレスの言えるごとく、どこかで止まらなければならない。すなわち変化するものの根底には、自らは変化せずしてすべての存在を自分自身に持つ絶対に完全なもの、すなわち「自ら在る神」に到着せざるを得ない。

もとより総てのものが直接に総ての存在を神より与えられているという意味ではないけれども、その間にいかに無数の仲介物を仮定しようとも、最後に他のすべてのものに存在を与え、自らは何物からも受けぬものに到達するにあらざれば、目前の変化しつつある、従って存在を他より受けつつある万物を説明することができなくなる。であるから、聖書にある「我は在る所の者なり」という神自身の御言葉は、哲学的にも極めて正確な定義であって、これから発して公教要理の第十八の答が、通俗的の言葉の中に、神の定義に必要なすべての要素を含んでいることを容易に認め得られよう。すなわち「天主とは、限りなき徳を備え給う霊に在《まし》して、天地万物を創造《つく》り、また之《これ》を主宰《つかさど》り給う御方であります。」

神の完徳、創造と主宰

神は今述べた通りに、あらゆるものにその存在を与え給う方ゆえ、一切の徳を御自身にお具えになった完全円満なる存在であるのは当然である。何故《なぜ》ならば、誰も自ら持たぬものを与えることは不可能であるから。天地万物を創造されたということは、一切のものに存在を与え給うたということと同じことである。

そして前述のように、その御創造なさった宇宙の中には、どこを見ても天上の星斗から下一塊の土壌に至るまで、一定の法則によって支配されているので、その法則というのは、結局神がすべてのものにそのものの固有の本性を与えて、その本性に従って動くように創造られたことを意味するのであるから、かくのごとくにしてその無限の力を以て万物をお主宰りになるということは、それ程わかりにくいことではあるまい。

19　霊とは何であるか。

霊とは色も形もなくて、智慧と自由のあるものであります。

神は霊なり

いまここに「霊」という言葉があるが、それを説明して色も形もなくて、智慧と自由とを備えたものだと説明してあるが、これは人間が自らの精神また霊魂がいかなるものであるかを内省する時に、ほぼ明らかになって来ることである。神は物質ではなく、物質を支配するものである。従って色とか、形とか、物質固有の性質を具えるものではない。しかしながら、さればと言って一種の虚無に近いものと考えるのは、はなはだ大いなる誤りで、それは力と生命とに充《み》てるものである。

ところで霊的の働きというものは、とりもなおさず我々自身においてそうであるごとく、智慧と意志とである。認識する能力と、その認識に従って自由に働く力である。ただ人間にあっては霊というものは何時《いつ》でも肉体に制限され、かつ肉体を通じて外界に働くに反し、神は肉体というがごとき不完全なる媒介を経て働くような有限な霊ではない。人間の智慧や意志は有限であるけれども、神は限りなき徳を具え給う霊であるから、その智慧も意志も完全無欠であり、その働きは無《む》碍《げ》無障であって、なんらそこに欠けたるところがあり得ない。これを絶対の完全というのである。

神について言う完全の意義

ここに言う完全の意味について、少しく説明を要する。我々は有限なるものについてもまた完全なる語を用いる。これは完全な機械だ、と言うことはもちろん可能である。かかる場合において何を意味するかと言うに、神の絶対の完全のごとくあらゆる好《よ》き性質を備えているという意味でなく、その機械がそのために造られた目的を遺《い》憾《かん》なく達するように出来ておるという意味で、例えば一台のピアノがどの鍵をたたいても正しい音を出せば、それは完全なるピアノであって、そのピアノの用材が貴重のものであろうと、あるいは普通のものであろうと、もしくは装飾に金を用いてあろうと、あるいは銀を使っていようと、それは楽器としてのピアノの完全さとは無関係のことであって、たとえ貴重な材料で作られたピアノでも、正しい音を発しなければ、それは完全なピアノというわけにゆかぬ。

これでみれば、ピアノの完全さとは普通楽器として用いられる時に言われることで、他の目的の場合に言われるものではないことがわかるであろう。すなわちその完全の意味はその目的に相対している完全さであって、神におけるごとき絶対の完全ではないのである。

20　天主は始めがあるか。
天主は始めもなく、終わりもなく、永遠に在《まし》ますものであります。

神は時間を超越す

次に神に始めがあるかということは、以前の神の定義、すなわちそれ自身に存在して他より存在を受けるものでないということをよく呑みこんでおいたならば、自ら答えられる問である。

神に始めがあると言えば、これは存在を他から受けた、そして受ける前には存在しなかった、ということであるから、もとより神の本性と撞着《どうちゃく》する。また終わりがあるとすれば、神の存在は限られた存在であるから、これを絶対に完全のものとは言えなくなって来る。それで無始無終《むしむしゅう》であると言うより外《ほか》はない。これを永遠と言う。

永遠の意義

神について言う時、永遠という言葉は普通使う場合とは異なった特殊の意味を持って来る。それは全く時間を超越しているという意味である。時間というものは物的運動を予想して初めて言えるものである。しかるに神は純粋の霊であり、かつその神には前に説明した意味での変化があり得ないから、神に「時間」という範疇《はんちゅう》をあてはめることは全然不可能なことである。それ故、それは天地は永久であるとか言うような場合の意味とは違う。時間の流れをどこまで溯《さかのぼ》っても、また下っても、いつでもあるというような無際限な悠久《ゆうきゅう》を意味するのではない。また数学の無限級数の場合におけるがごとき意味でもない。これらは厳密に言えば、infinite と言うより indefinite と言わるべきである。すなわちこれを延長すればどこまでも延長できるが、しかし事実無際限に延長されてあるということではない。これに反して神の永遠は時間を超越し、しかも時間を支配し得るところの存在を意味するものである。そこには過去も未来もなく、一切がすべて同時に存在するのである。「すなわち主においては一日は一千年のごとく、一千年は一日のごとし」（ペトロ後書第三章八）とはこの謂《いい》である。

21　天主は何処《いずこ》に在《まし》ますか。

天主は天にも、地にも、何処にも在す、在さない所はありません。

神は空間を超越す、遍在

同様なことが、空間についても言える。すなわち神は天にも地にもいずこにも在し、在さぬところはない。これを遍在と名づけるが、これも空気が空間を満たすがごとき意味で空間的に遍在するのではなく、その存在が空間を超越しており、これに支配されないということである。もしもこの遍在という語を空気が空所を満たし、あるいは水が器に盛られたがごとき物質的な状態に用いるならば、神はその意味において空間の何処にも在さぬということもできる。この神の遍在の観念は、全く空間という範疇《はんちゅう》を超越した観念である。

その一番よい類似の例としては、はなはだ不完全ではあるが、人間の精神が肉体を支配している様式に譬《たと》えるにある。人間の精神は全体にわたって手の先から足の先まで働いていて、肉体のある一部分にその所在を限るわけにはゆかないのに似ている。しかしこの精神の働き方は、神経組織に依って制限を受けておるから、その中枢の頭脳に重きをなすが、神の造られしものに遍在し給う様式には、かかる制限はないのである。神がいずこにも在すということは、かくのごとき意味において言われるのである。

22 天主は知り給わぬことがあるか。

天主は知り給わぬことが、一つもありません。人の心の底までも知り給うのであります。

神の全智

神が全智であって、知らざることがない、人の心の奥底までも見抜かれるということも、一切のものが神によって造られ、神から存在を受けており、この存在が取り上げられる瞬間に一切のものは無に帰してしまう、ということを思えば当然のことであって、不思議のことでもなんでもない。機械を造った技師が、その機械の最も細かい部分をよく知っているのと同じことである。いわんや技師の智慧は機械の中には存在せず、これを外より認識するに止まるに反し、神は万物の中に遍在するにおいてをや。

23　天主は為《な》し得《え》給わぬことがあるか。

天主は為し得給わぬことが一つもありません。これを全能と申します。

神の全能

最後に、神の全能、為し得給わぬことが一つもないということも、決して難解のことではない。我々が何事かをなし得ぬというわけは、或《あるい》は自分の力が足りないか、もしくは力があってもこれを邪魔するものがあるかどちらかである。神についてこの二つの仮定は不可能の仮定である。神は絶対に完全なるが故に、力が及ばないということはもとよりあり得ない。また障碍《しょうがい》があるとは、より強いものがあるということであるが、神以上に強いものがあり得ようはずがなく、また神の働きの障碍になるものが、神の許しなくして存在するはずもないからである。しかしながらこの神の全能は、神の完全と抵触《ていしょく》することを神がなし得るという意味ではない。神は悪をなし得ない。否、なし得ないというのは当らない。なすはずがないのである。

例えばやはり不完全な例ではあるが、高徳の人が罪悪を犯さぬということは、いかなる聖人にあっても断言出来ぬが、神は生ける道徳律そのものであるから、道徳律以外に踏み出すはずがないのである。それを弱点であるかのごとく思うのは、人間の儚《はかな》い考え方であって、子供が活動写真で色々の乱暴を働く悪人の仕業《しわざ》を見て、偉い人として崇拝するような幼稚な考えにすぎない。

また神といえども、三角にして同時に円なるものを造ることはできぬ。それは矛盾であるからである。何故《なぜ》矛盾ができぬかと言うに、それはそのことをして矛盾たらしむる最後の理由は神自身の法則にあるからで、「彼は絶えず真実にて在す、其は己に違い給う事能《あた》わざればば」（チモテオ後書第二章一三）、神は人間のごとく自殺することはできないものである。

神と偕《とも》なる生活

神は昔パウロがアテネ人に説教したごとく、「世界とその中に在る一切の物とを造り給いし天地の主に在し、「自ら万物に生命と呼吸と一切の事とを賜えば……我等面々を離れ給う事遠からず、蓋《けだ》し彼に在りてこそ、我等は且活《かつ》き且動き且存在する」（使徒行録第十七章）のである。されば旧約の詩人は歌って曰く、「我いずこにゆきて汝の聖霊をはなれんや、我いずこに往きて汝の前をのがれんや、われ天にのぼるとも汝かしこにいまし、我わが榻《とこ》を陰府《よみ》にもうくるとも視《み》よ汝彼処にいます。我あけぼのの翼をかりて海のはてにすむとも、かしこにて尚《なお》汝の手《みて》われを導き、汝の右の手《みて》われをたもち給わん」（詩篇第百三十九篇七―一〇）と。

けだし我等のうくべきは、更におそれを懐く奴隷たるの霊ではなく、神の子とせられて父よと呼ぶ愛の霊である。我等は決して、アダムその妻のごとく、神の面を避けて園の樹の間に身を匿してはならない。またカインのごとく「我が罪は大にして負うこと能わず、我、汝の面をみることなきに至らん、我、地に吟行う流離子とならん」と叫んではならない。どちらへ転んでも、所詮は神様のお膝の上である。ただその母親が傍にいてくれるが故に嬉々として戯れる無邪気な小児の群に学んで、我等の心は野の花の天日に向ってほころび咲くがごとく神の愛の眥《まなじり》を仰いで、開きかつ成長せねばならぬ。

第二章　三位一体

認識の限界を超えて天啓へ

以上われわれは認識と信仰および理智と天啓《てんけい》の別を常に念頭におき、また宗教が抽象的知識ではなくて神による救いであることを力説しつつも、神の本性と属性とに関する説明をなるべく理性の光に訴えて試み、かくのごとくにしてキリスト教の神観が、よく哲学的考察によってても是認せられ得る所以《ゆえん》を明らかになし得たことと信ずる。しかしながら理性の光は闇夜の提燈《ちょうちん》のごときもので、その光の及ぶ範囲ではたしかに誤りなく真理を我等に教えることができるけれども、「一寸先は闇の世の中」の諺《ことわざ》に洩れず、有限の理性の光をもってして無限の神の世界を隅から隅まで照らしつくすことは、もとより力及ばぬことであり、哲学的思索に耽《ふけ》り、特にこれを正しく遂行する能力と余裕とは、人類の大多数に拒まれた恩恵であるから、救いの道としての宗教には天啓は是非必要である。もちろん我等は飽《あ》くまでその妥当なる範囲内において、理性の権威を主張せねばならぬ。それは自然の秩序において人間に神から賦与された最高最貴の賜物《たまもの》であり、人間はこの神の息によって特権づけられた王族として物質界に君臨するのであるが、その理性はまた謙遜《けんそん》に自己の限界を知って、神の啓示の前に跪《ひざまず》く時に最もその偉大さを発揮する。

ただ跪くのが偉大なのではない。それだけならば禽獣《きんじゅう》も敢《あ》えてする。跪くべき所以を知って、強制によってでも恐怖によってでもなく、自由の意志によって跪くから偉大なのである。これ実に理性的動物なる人間の特権であり、この認識に基づける態度が、信仰により挙揚せられ、さらに愛によって徹底する時、人は単に自然界に君臨するのみならず、霊界の市民、否《いな》、神なる天父の愛子としてその永遠の家督《かとく》をつぐにふさわしき者となる。

三位一体はキリスト教の根本信条

三位《さんみ》一体《いったい》の玄義《げんぎ》は、天父がその愛子に、理智の境を絶した神の完全無欠なる生命そのものの何なるかを、示さんとして垂れた教えである。天父は、その円満にして永遠なる生命の営《いとな》みの内に、彼を摂取して、彼を限りなく幸福ならしめんと欲し給う。永遠の生命とはこのことで、信仰によって救われたる我等が、神の創造に現れたる自然の生命にはあらで、神の内在的生命の営みそのものに参与する、超自然的生命の謂《いい》である。かくて聖三位一体の啓示は、キリスト教を口にして、しかもこの何物たるを知らざる浅慮短見《せんりょたんけん》の徒《やから》が空論するがごとく、我等の宗教的生活と没交渉なる信条では決してなく、かえって真の霊的生命の根源であり帰《き》趣《しゅ》である。いわんやキリストの神の子たる理由はここに発するにおいてをや。三位一体の信仰なくんば神の子キリストなく、キリストなくんば救いもなく、従って永遠の生命もなし。三位一体は実にキリスト教信条の根本である。

第四課　第一条の続き

第二項　三位一体の事

24　天主は数多《あまた》あるか。

天主は唯《ただ》一つあるばかりであります。

唯一の神

三位一体の玄義は神の唯一性に基づく。絶対自存の神が、もとより二つとあり得ようはずはない。二つあれば矛盾である。唯一神の信仰は、キリスト教がその完成であるユダヤ教伝来の根本信条である。イエズスの啓示はこれになんらの改変を加えたのではない。「イスラエルよ、聴け我等の神エホバは唯一のエホバなり、汝心を尽し精神を尽し力を尽して汝の神エホバを愛すべし」（申命記第六章四－五）、「汝我が面の前に我の外何物をも神とすべからず」（出エジプト記第二十章三）という旧《ふる》き誡《いましめ》は、イザヤ書の「我は始めなり我は終わりなり、我の外に神あることなし」（第四十四章六）という託宣とともに、新約においても等しく肯定せらるるところであり（マテオ聖福音書第二十二章三七－三八。黙示録第一章八等参照）、パウロはこれを強調して「一同の上に在し一同を貫き、一同の中に住み給える一同の神および父は一のみ」(エフェゾ書第四章六)と録している。

イスラエルの唯一神教

その文化において遥かに優越せる多神教の諸民族に囲繞《いにょう》せられ、政治的にしばしば征服せられたるのみならず、内部よりも絶えず唯一神の信仰を偶像崇拝によって冒瀆《ぼうとく》せんとする誘惑に陥りつつ、しかも一神教の信仰を全人類のために保有し得たるイスラエルの歴史は、世界宗教史上の驚嘆すべき奇蹟的事実である。近時の宗教史家は、環境種族等の二次的原因によってこの古今独特の異例を説明し去り、人類歴史に対する神の超自然的干渉を否定しようと汲々《きゅうきゅう》としているが、同様の理由を有する近隣の諸民族がことごとく多神教を奉じた反証を如何《いかん》ともすることができない。もとより古今東西を問わず、何《いず》れの多神教の内部にも、多くの神々のうちのあるものをその首長とすることによって、一神教的傾向を生じ来るは自然の勢いであるが、これをもってイスラエルの唯一神観と同視するか、もしくはこれに向っての推移の経路と看做《みな》すは、頗《すこぶ》る真相をあやまる議論と言わねばならぬ。

ギリシャ宗教思想との対照

なるほど八百万《やおよろず》の神々のなかにも秀でたる独化の大御神《おおみかみ》のましますは、ホメロスのイリアス中に歌えるゼウス大神が「蒼穹《そうきゅう》に黄金の鎖を吊れ、鎖にまつわる諸々の男神女神等いかに力を協さんも我を地上には引き卸し得じ、されど我は思いのままに鎖をも地をも海をも引き上ぐべし、我これをとりてオリュンポスの峯にかけつけもせん、わが力の神々と人々に勝ることかくの如し」と傲語《ごうご》せるに似たものがあろう。さるにしてもこれらは皆同位の多数中の優越者であって、首長たる神も従属する神々も、同列中の優劣を争うにすぎぬ。エホバに至ってはone among manyにあらずしてuniqueである。その一なるは二、三、四……に対する一ではなくて、超越的の唯一性《ユニタス》による。エホバの他に絶対に神あることなく、一切《いっさい》はその御手《みて》の造るところであり、これと対比すべき何ものもないから唯一《ユニーク》なのである。

　アブラハムの神、ヤコブの神、イザクの神、ホレブの山にもゆる棘《いばら》の中よりモーセを召し、シナイ山頂雷と電と密雲の裡に律法を授け、昼は幕屋の上の雲となり、夜は火の柱となって、沙漠《さばく》の中にイスラエルの子等を導き給いし生ける神であって、ギリシャ神話におけるごとき詩人の想像の描ける美や力の表徴ではない。この根本的の相違は、イスラエルとヘラスの宗教史に著しい対照をなして現れる。イスラエルが偶像崇拝に陥れる時、預言者らは火のごとき峻烈《しゅんれつ》な語調をもって、彼等の迷妄を打破し、譴責《けんせき》し、かつ鞭撻《べんたつ》してその良心に訴え、罪を犯せる民を正道に立ち帰らしめ得たのである。

「かれらの偶像はしろかねと金にして人の手のわざなり、その偶像は口あれどいわず目あれどみず、耳あれどきかず鼻あれどかがず、手あれどとらず脚あれど歩まず、喉より声を出すことなし、此をつくる者とこれに依頼《たの》むものとは皆これにひとしからん」（詩篇第百十五篇四—八）と。

ギリシャの哲学者等が民衆の多神教的信仰を痛罵《つうば》せる峻烈さと皮肉とは、決してこの旧約詩人の語に劣らなかった。キリスト紀元前五七〇年の頃、イオニアのコロフォンに生まれたクセノファネスは、「ホメロスとヘシオドスとは、人間の恥辱とし不面目とする凡《すべ》ての罪悪――窃盗《せっとう》と姦淫《かんいん》と詐偽《さぎ》とを神々に帰せり……然《しか》るに人々は、神々は彼等の如く生まれ、彼等の如く装い、彼等の如き声と形とを有すと思えり。……さればもし牛馬や獅子にして、手ありて画を描き、人の如く芸術品を作り得ば、馬は神々を馬の形に、牛は牛の姿に描きてその体を已の類の面影《おもかげ》に作るべし……エチオピア人は彼の神々を獅子鼻の黒人に作り、トラキア人は神々は碧眼紅毛《へきがんこうもう》なりと言う」と。

アナクサゴラスは太陽は燃ゆる塊にして月は地球のごときものなりと言ったがために、不信の徒《やから》として刑せられ、ソクラテスもアテネの神々を敬わざる者とされ毒盃を仰いで死んだ。それにもかかわらずヘラクライトスの所謂《いわゆる》「ゼウスと呼ばれることを欲し、又欲せざる一切を通じて万事を支配するロゴス」、又は宇宙の秩序をオリュンポスの神々と円融相即《えんゆうそうそく》せしめんとする後代のストア学派や新プラトン派の宗教復興運動は、ことごとく画餅《がべい》に帰し、ユダヤ民族がキリスト降生の時代に最も峻厳《しゅんげん》なる一神教的の信仰によったに反して、ギリシャ世界はもはや収拾しがたき現代の日本を髣髴《ほうふつ》させる宗教的混乱に陥ったのは、実に意義深長な事実と言わねばならぬ。

25　天主には幾位《いくい》（いくつのペルソナ）あるか。

天主には三位があります。第一位を聖父《ちち》、第二位を聖子《こ》、第三位を聖霊と申します。

三位一体の信条の内容

（一）　神の本性は前述の意味で唯一独特のものであって、数の一のごとくふやすことの絶対にできぬものであるが、この唯一の神性に三つの区別されたペルソナが具わり、この三つのペルソナは相異なる相互の関係に立つにもかかわらず、各《おのおの》この唯一の神性を己のものとして完全に所有するが故に各真の神であること。三つのペルソナ、すなわち父も子（あるいは神の言とも称せらる）も聖霊も、同じく神として同様に絶対無限に完全なるものであるということ。

（二）　次に唯一の神性を完全に所有するこの三つのペルソナの区別は、その相互発生の関係に根拠を有すること。すなわち子は永劫《えいごう》のはじめより父より生まれたるものであって、聖霊は父および子より発すること。この時間を超越せる発生の関係を除いては、父も子も聖霊も前後上下の差別なきこと。

アタナシウス信経

以上が三位一体に関するカトリック教会の信条であって、これを最も力強く言表した、世に「アタナシウス信経」と呼ばれている信仰告白を、参考のためにここに訳出してみる。（最近ブルウェルはこの信経の作者が聖アンブロシウス〔三九七年歿〕であるとの有力な主張をなした。何《いず》れにせよギリシャ訳もあるが、最初はラテン語を以て綴られたこと、また聖アタナシウス〔三七三年歿〕の作にあらざることは明らかである。)

カトリックの信仰は、そのペルソナを混同することなく、またその本体を分つことなく、唯一の神を三位において、また三位を一体において礼拝することこれなり。何となれば父と子と聖霊との神性は一にして、その光栄は等しくその稜威《みいつ》は共に無窮《むきゆう》なればなり。子は父の如く、聖霊もまた同じ。すなわち父も子も聖霊も造られたる者にあらず、共に宏大にして永遠なり。然《しか》れども三つの永遠なる者あるにあらずして、永遠なる者は一なり。しかも三つの造られざる者および宏大なる者あるにあらずして、造られざる者と宏大なる者との一なるが如し。同じく父も子も聖霊も全能なり。されど全能なる三者あるにあらずして、一の全能者あるのみ。かくの如く父も子も聖霊も神なれども、三つの神あるにあらずして、神は一なり。また父も子も聖霊も主なれども、三つの主あるにあらずして、主は一なり。何となればキリスト教の真理は、各のペルソナを個々に神および主なりと告白することを我等に強《し》いると共に、三つの神および主ありと言うことも、カトリック教の禁ずるところなればなり。

父は何者よりも成らず、造られず、且《かつ》生まれず。子は唯父より生まるれど、成りしにも造られしにもあらず。聖霊は父および子より発すれども、成りし者にも造られし者にもあらず。故に父は一にして、三つの父あるにあらず。子も一にして三つの子なく、聖霊も一にして三あるにあらず。またこの三位において前後なく、大小なく、三つのペルソナは皆互いに同じく、永遠に且等し。されば前に言えるごとく一切を通じて、三位において一体を、また一体において三位を拝すべきなり。救われむと欲する者は三位についてかく信ずべし。

三位一体の信仰とギリシャ思想

新約の啓示において、各神として現るる父と子と聖霊との三つのペルソナ（子と聖霊との神性については後章において詳説するであろう）が、いかにして唯一の神性に具り得るかの問題は、キリスト教がギリシャ思想の世界に侵入した時に当然起こらねばならぬ問題であった。当時の地中海を囲繞《いにょう》する文明界を腐敗の底に陥れた多神教偶像崇拝に反対して、キリスト教を哲学的に極めて優越せる地位に立たしめたところの一神教的主張を、一見覆《くつがえ》すかの観ある三位論は、ギリシャ哲学の洗礼を受けたキリスト信者には、とかく躓《つまず》きの石となりがちであったのも無理はない。彼等の先入主を裏書きするかのごとく読める聖書の文句さえあるように思えた。「われとわが父とは一なり」と宣したキリストも、常に父の意志への従属を標《ひょう》榜《ぼう》したではないか。然《しか》らば父は子より大にして同位ではあるまい。子はプラトンの哲学におけるデミウルゴス（絶対神には非《あら》ざる造物主）のごとく、また新プラトン派やフィロンの体系におけるロゴスのごとく絶対神ではないが、これに最も近き神的存在物と考え得ないか。かかる思索は聖霊についてなさるるに先だち、第一にキリスト教の中心問題たる子の神性について試みられたのは、もとより当然の成行《なりゆき》であった。

アリウスとアタナシウス

三一八年の頃アレキサンドリアの司祭アリウスが、言《ことば》（子）は造られし者にして従って永遠なるものにあらず、その本性において父と異なり変化する者なりとの異説を樹《た》つるに及んで、全キリスト教会を論争の渦中に投じ、教会は権威を以て天啓の真義を明確に宣言するの必要に迫られた。当時未だアレキサンドリアの助祭たりし若きアタナシウスは、不退転《ふたいてん》の正統信仰擁護者としてアリウス派に反対し、ニケア公会議（三二五年）の「父も子も同じ神性を有す」との宣言の貫徹のために戦った。彼の戦は実にアリウスの代表せるギリシャ哲学思想、換言すれば人間理性が神の啓示の上に審判者の権威を振《ふる》うことに対しての戦いであって、パウロの言えるごとく「神の知識に逆らいて驕《おご》る計略と堡塁《ほうるい》とをことごとく壊し、凡《すべ》ての理性を虜《とりこ》にしてキリストに服従せしむ」るためであった。

アリウスおよびその徒党の、聖霊を以て子に造られしもの、天使とただ階級を異にせる優れたる霊とせる異説は、当初世人の注意を引かなかったが、三六九年頃に至ってようやく問題を惹起《じゃっき》するに至った。この問題は三八一年の第一コンスタンチノープル公会議によって正統的の解決を得て、「父より出で、父と子と共に礼拝され、光栄を帰すべき主にして活かす聖霊」の神性が明らかにされ、かくて三位一体の信条はギリシャ思想との接触により明確に定義せらるるに至った。

いわゆる「ドグマの発展」

しかしこれは決して以前に存在しなかった信仰ができたのではない。教会は異端《いたん》に対して自己の立場を闡明《せんめい》する必要上、使徒伝来の信仰を、同じく使徒より継承せる教権により、誤解のないように、権威を以て、より精密に定義したにすぎない。カトリック教会において言う「ドグマの発展」は、以前に存在せざりし信仰は後にできること、もしくは使徒伝来の信仰がその本質を変更するの意味でなくて、万世不易《ばんせいふえき》の信条が、あるいは異説の反駁《はんばく》により、あるいは神学者の研究ないしは全教会の信仰生活による宗教的体験の集積により、徐々に、より明確に、且《かつ》より深く意識されて行く過程を言うのである。カトリックのドグマは天啓であり、神より与えらるるものであって、人はこれを受け容《い》るるもので、作り出す者ではない。発展は与えられたる客観的真理にあるはずがなく、ただこれを人が受け容るる過程（それは時間的のものなるがゆえ）にのみ存し得る。それは万世不易の客観的真理を人がその知識的および道徳的生活に取り入れて、己にとって生けるものとして行く道程であって、決してプロテスタント自由神学派や近代主義者の唱うるがごとき人心内在の主観的要求にのみ基づく宗教的体験の過程を意味するのではないことを、ここに注意しておく必要がある。

不易の真理とドグマの発展

かく天啓《てんけい》によって与えられた信仰の対象を、人が受け容れる上に歴史的の過程があり、その信仰が各人の知識的道徳的生活に働く生ける力となるに至る道程がある以上、教会全体としての団体的信仰意識にも信者個人の信仰生活にも、深さにおいて進歩がなくてはならぬ。すなわち受け容れるものが人間である以上、天啓を受け容れる形式も人間的であるのは言うまでもない。その過程は漸次的《ぜんじ》であって、理性と意志との働きがその道程を作りなす。受け容れらるる真理がたとえ理性の捕捉し得る境を超えようとも、万一矛盾であったならば、どうしてそれが吾人の生活の力となり得よう。また不道徳のものであったならば、どうしてそれが吾人をより自由になし得よう。そうして受け容れらるる真理の内容が深ければ深いほど、理性の了解を離るること遠ければ遠いほど、理性はいささかなりともこれを捕捉せんと努力して已《や》まないであろう。これは決して冒瀆《ぼうとく》的の企《くわだ》てではなく、人間本性の当然の欲求である。またこの努力が吾人の宗教的体験を深めてゆくのである。後に説明する神学の領域はここにある。

要するにカトリックがドグマの不変を説くのは、信仰の対象たる真理の客観性に即して論ずるので、その発展という時には、客観的真理を受け容れる個々の信者およびその集団たる教会全体の信仰意識についてのみ許すのである。この客観的真理の源泉は天啓であって、それは聖書と聖伝とによって後代に継承され、教権はこの天啓の二つの根拠が、正しく解釈され応用されて、岐路《きろ》に陥らぬように監督指導する職能を有するもので、決して新しきドグマを作り出す力のあるものではない（後章教会の条に詳説するであろう）。カトリック教会が客観的真理に即して、しかも固定沈滞せず、常に潑剌《はつらつ》たる生命を内に湛えて、以《もっ》て新陳代謝《しんちんたいしゃ》する世俗的環境をその懐に包容し、浄化し挙揚してゆくのみならず、不断の反抗と迫害とに打ち克つ理由はここにある。プロテスタンチズムには伝統はあり得ない。それは各の個人が繰り返す主観的の宗教体験にすぎない。教会としての当然の運命は分裂による消滅である。ギリシャ教会は伝統を固守してこれを生かす教権を否《こば》んだ。その凝結は自然の約束である。

天啓に対する理性の職能

天啓は神の権威に基づくものゆえ、理性はこれに対して批判者の地位を占めることを許されない。天啓の事実に対して理性の問うべきは、そが果して神より来るや否《いな》やの問題であって、一旦《いったん》神より来ることが明らかにされた以上、人間理性はその本源たる絶対智の権威の前に謙遜《けんそん》に跪《ひざまず》いて、これを受け容れねばならぬ。これカトリック教会が「真の道義的礼拝」とよぶ信仰である。

天啓の内容が理性の了解を絶することに関して、理性は故障を申し立てる権利を持っていない。人間の本性にそなわる光でわかることなら、天啓は必ずしも必要ではないのである。神にまた己の有限性を忘れて、人間理性の捕捉できぬ真理のあることに躓《つまず》いてもならない。神に関することに対しては、我々の理性は「梟の眼の日光に対するがごとし」とアリストテレスも言っている。さればと言って理性は天啓の提示する信仰の対象を唯々諾々《いいだくだく》として受け容れる以上に、これに対してなんらの職能を有せず、天啓は理性の破滅であるかのごとく考うるは、人間理性万能の仮定から出発した近世哲学と正反対な誤謬《ごびゅう》であって、感情的な宗教の往《おう》々《おう》にして陥り易《やす》き信仰哲学《フィデイスム》の弊である。スコラ哲学がその天上界と地上界とを包括《ほうかつ》する雄大な立場から、「恩寵《おんちょう》は自然を破壊せず反《かえ》ってこれを完成す」と主張したことは、その最も驚嘆すべき応用を信条の哲学的考察において見出す。天啓の前に一度謙遜《けんそん》に跪ける理性は、そのまま惰眠《だみん》を貪《むさぼ》ってはならぬ。さらに蹶起《けっき》して信仰内容を検覈《けんかく》し、少なくもそれが神より来る以上、そこになんら矛盾を包蔵し得る理由なき所以《ゆえん》を内容につき明らかにし、信者の信仰を固むると共に、求道者入信の経路を平坦容易にするの任に従わねばならない。神学の領域はここにおいて無際限に展開して来る。

天啓と神学との関係

しかしてこれは決して異教思想の侵入でも膠合《こうごう》説でもなく、キリスト教の本質から要求されることである。「今我等の見るに鏡を以てして朧《おぼろ》なれども、彼時には顔と顔とを合せ、今我が知る所は不完全なれども、彼時には我が知らるるが如くに知るべし」（コリント前書第十三章一二）、我等の信仰はある日神の直観となるべき約束を有す。この究極目的へ向っての理性の努力を、誰か異教的なりとなすや、天啓と離れたる思想体系としてのギリシャ哲学はキリスト教と相容《あいい》れざるものであるが、ギリシャ哲学を作り出せる人間理性は神が自然人に賦与《ふよ》せる最高の賜物《たまもの》であって、それは異教的ではなく単に人間的なものである。キリスト教の真の宗教たる所以は神的なると同時に人間的なる点に存し、決して人間性の否定に基づくのではない。

世の聖書主義を高調する者の中に往々人間理智のあらゆる努力を冒瀆視《ぼうとくし》して、カトリックの信条あるいは神学を異教的膠合説として排斥する者あるを見る。彼等にして徹底的に恩寵《おんちょう》と自然とを隔離し、神の智と人間の智とを没交渉にし、天啓と理性とを分割せんと欲せば、すべからくキリストの托身を否定し、十字架上の犠牲を無視し、新約聖書中よりキリスト教会最初の神学者とも称すべきパウロの書簡を抹殺《まっさつ》すべきではあるまいか。これ決して天地を創造して「善と観たまえる」神が「正気を嘘《ふき》入れて」人を「生霊」とし給える所以を解せる者でもなく、律法と預言者とを廃せんとて来れるにあらず、これを全《まっと》うせんがために来れる者の精神でもない。我等はパウロとともに「神の多方面なる智慧が、教会を以て、天における権勢および能力〔者〕に知られん為《ため》」、すべての人が「愛に根ざし且《かつ》基きて、凡《すべ》ての聖徒と共に、広さ長さ深さの如何《いかん》を識《し》り、又一切の智識を超絶せるキリストの寵愛を識ることを得て、総て神に充満《みちみ》てるもの」(エフェゾ書三章)にならんことを望み、また「神〔を識る〕の知識を増」(コロサイ書第一章一〇)さんことを祈らざるを得ない。

人間における本性とペルソナ

私が学生であった時代に、日本の哲学界で名高かった大学教授から、三位一体とは矛盾である、三が一であるはずがないという講義をきいたことをまだ覚えている。かかる類《たぐい》の誤解は今日といえどもしばしば繰り返さるるところであるが、カトリック教会は決して神は三つあるけれども同時に一つであると教えた例がない。神の本性は一つであるが、ペルソナは三つあると主張するのである。従ってそれが矛盾であるかどうかを決する前に、本性とは何か、ペルソナとは何を意味するかを、明らかにしてかからねばならぬ。

今ここに甲乙丙丁……数人がいるとすると、甲も人間であれば乙も人間、丙丁……以下ことごとく然《しか》りで、人間なるの本性にはかわりはない。その理性的動物たる点はみな同じである。しかし人格に至っては各、別々である。甲が刑法に触れたからとて乙が懲役《ちょうえき》にゆくわけでもなく、丙の負債を丁が返却せねばならぬはずのものでもない。責任の主体たるペルソナは各、別である。みな同じ人間だとは言えるが、人格の高さは等しいとは必ずしも言いかねる。刑法にふれて懲役にゆく甲は聖人ではあるまいが、これに反して乙は君子かも知れない。借金した丙は放蕩者《ほうとうもの》であり得るが、丁は清廉《せいれん》の士かも知れぬ。

とにかく人間の例でみると、本性とペルソナとは甲乙丙丁以下の各人において、不可分的に結合しているにかかわらず、同一なものを指すのでないことだけは明らかである。人間において本性は各同じであるが、ペルソナは各異なる。しかしてその異なるペルソナを有する数人は、一体をなしてはおらぬ。甲乙丙丁……は一体ではない。異なるペルソナが別々に同じ人間性を具《そな》えているのだ。ペルソナの具有する人間性は、抽象的には理性的動物という同一概念で言い表わされるものであっても、具体的には各異なっている。男女長幼の別、賢愚貧富の差、挙ぐれば数限りなし。とにかく人間においては、かかる関係にある本性とペルソナが、神においては如何《いか》なるものなるかを、以下考えてみよう。

人間より神への類推

前にも述べたごとく、われわれは神について直接の知識を有しておらぬ。神における本性とペルソナとの関係を了解するためには、人間の知るもののうちで純霊である神に一番近いもの、すなわち人間の霊魂から類推《るいすい》するよりほかに道はない。それは極めて不完全な方法ではあるけれども、この問題について人間の採用し得る最上の方法として、それで満足するよりほかに致《いた》し方《かた》がない。

まず第一に、神において人間のペルソナに該当《がいとう》するものがあるとして、そうしてそれが一つではないとしたら、それらのペルソナは神の唯一性を傷つけぬ性質のものであらねばならぬことだけは明らかである。従って三つのペルソナを三柱の神と考えることはまず除外さるべきである。人間の甲乙丙が各独立した人格を具えて、しかも何かの団結をしているように考えられてはならない。従って類推の根拠を相独立せる数個の人格に求めるのは、誤りである。むしろ単一の人間の霊魂中に包括《ほうかつ》せられる、異なった、しかし相分離独立してはおらぬ要素から出発すべきである。

そうすると我等は、そこに直《ただち》に理性や意志のごときものを見出す。ただ注意すべきは、人の霊魂にあっては智意は何《いず》れも心に具われる能力であって、ペルソナそのものではない。その手近い証拠は、人間のペルソナは無意識に昏倒《こんとう》しても熟睡しても、中絶しないに反して（万一絶えるとすれば、借金をしても一晩熟睡すれば高利貸に責められる理由がなくなり、窃盗《せっとう》しても一寸《ちよつと》麻酔剤を嗅いでおけば懲役《ちようえき》にゆかずにすむこととなる）、能力である理性や意志の作用は、覚醒《かくせい》状態においてすら常に継続してはいない。人間においてはこれらはペルソナを形造る要素ではあっても、決してペルソナそのものではない。のみならず、たとえば人間の理性が働いて認識する時、その認識は極めて不完全なものである。自分自身を内省する時すら、部分的にしか己を認識できない。自分は何ものかという問に答えるためにすら、断片的な認識を綜合してこんなものだという。外界の事業を知るより己を識る方が遥かに困難な場合すらある。自我の本質の直観が人間に与えられていない一番明らかな証拠は、霊魂はないなぞ主張する人さえあることである。

神におけるペルソナ

しかるに今人間における内省の作用を神に持って行って考えてみると、そこに人間の場合とは余程《よほど》異なる種々の事情が生じてくる。

（a）　神は絶対に単純なものであるから、異なれる可分的の要素より成立するものではない。だからその智慧は人間の理性のごとく本性から派生する能力とは考え得られない。神は絶対智そのものであって、我等が神の本性と属性とを区別するのは、全体を部分的にのみ認識し得る我等の理性の不完全に基づくので、対象たる渾《こん》一体の神において我等の概念に該当《がいとう》するものがないわけではないが、かかる区別そのものが対象たる神に実在するためではない。我等は「神の智慧を有す」とか、「意志を有す」とか、人間にあるままの智慧と意志とになぞらえて言うけれども、それは厳密な表現ではなく、むしろ「神は智慧である、意志である」と言うべきである。

（b）従って前述の人間の場合におけるごとく、無意識の間にも人格を存続するが、理性は働かぬとか、意志は働かぬとかいう区別は神において無意義になる。円満無欠の神の生命は、智意の絶えざる働きである。神の智意は永劫《えいごう》より永劫にわたって絶えず働く。神の智意は絶えず生ける神の本性そのものである。かくて人間における能力の概念は、これを神に移すとペルソナの観念に肉迫する。

神の御言、ロゴス

神は己自らを認識する。それは永遠不断にして、かつ完全なる自己認識である。認識の極致は主観と客観との対立を没却《ぼっきゃく》せずに、認識の対象と完全に一致合体することであるから、神における認識は人間におけるがごとき不完全な、かつ断片的な、しかして認識者の主観中にのみ存する抽象的観念ではなく、神自らの円満無欠なる生き写《いうつ》しそのものでなければならぬ。我等の主観的の観念すら、言《ことば》となって表現せらるる時には一種の客観的実在性を帯びてくる。言に表現することによって、一つの脳裡《のうり》より他の胸底に思を交す翼が与えられる。認識する神に対立する、認識された神をヨハネが言と称したのは真に故あるかな。

「元始《はじめ》に御言あり。」神の認識に始めも終わりもない。「御言神の御許《みもと》にあり。」そは認識する父なる神と別なものであるが、離れたものではない。「御言は神にてありたり。」それは人間におけるごとく、ただ脳裡に宿る抽象的観念ではなく、父の生き写し、父と共に父と同じく完全に神性を具備する、父より霊的にかつ永遠に生まるる子である。

父と子の愛、聖霊

父は己の生き写しなる子を、無限の愛を以て愛する。子も元始より己を生める父に完全なる愛を以て報いる。この父と子との愛の関係――「父の許《もと》より我が遣わさんとするパラクレトス、すなわち父より出ずる真理の霊」（ヨハネ聖福音書第十五章二六）――が聖霊である。我等は自己の醜悪なる姿をすら愛せざるを得ない。我等の自愛は往々《おうおう》にして正当なる評価を逸するが故に、しばしば道徳的悪の原因となるけれども、円満無欠の神が己の絶対完全なる生き写しをいかほど愛すればとて足りようはずもなく、悪かろうわけもない。また神の意志が無限の生ける愛でなかろうはずもない。

昔、ミケランジェロは己が創作せる塑像《そぞう》の真に迫れるを見て、槌《つち》をとってこれを打って、"Parlate!"（語れ！）と叫んだと伝えられている。巨匠の脳裡の理想が具体化せる刹那《せつな》の真情の発露《はつろ》である。しかし木石《ぼくせき》には語るべき口はない。我が子について抱いた理想の実現をまのあたりに見る父の喜びこそは、父なる神が己が生き写しなる子なる神に対する愛の関係を、最もよく髣髴《ほうふつ》せしむるものであろう。

神の自己認識と自愛、神の内在的生命の生ける対立関係こそ、キリスト教の信条がペルソナと呼ぶところのものである。

26　聖父《ちち》も聖子《こ》も聖霊も各自《おのおの》天主にて在《まし》すか。

27　聖父も聖子も聖霊も各自天主にて在すのであります。

聖父と聖子と聖霊は各自天主にて在すならば、三の天主ではないか。

聖父と聖子と聖霊とは三の天主ではありません。三位であっても一体に在すから唯《ただ》一つの天主であります。

28　三位の中には後前《あとさき》、上下《かみしも》の差別があるか。

三位は同じく天主に在すから、後前、上下の差別がありません。

三位と神性の区別

されぱフィレンツェ公会議（一四四一年）の議定にある通り、神の内在的生命における対立関係の区別を除いては、父は全然子に等しく、聖霊もまた父と子に等しくなければならぬ。神の自己認識と自愛とはその本性の外に一歩も踏み出すものではなく、言わば神の心の内の出来事であり、神の生命の営《いとな》みそのものである。神においては、人におけるがごとく、本性とそれから派生する能力というがごときものの区別なき所以《ゆえん》を了解した以上には、父も子も聖霊も各自同じく完全に神性を具有すること、しかも三つの離れて相独立せる神の存するに非《あら》ずして、三つのペルソナたる父と子と聖霊とは、一体の神における内在的生命の生ける対立関係を意味することをも、理解すべきはずである。

しかしてこの生ける対立関係は時間を超越せる神の永遠の懐に始めにありしごとく、今も、いつも、世々に至るまでやむことなき、絶対円満の不断の生命の営みであるから、もとより時間的の前後や、尊厳の上下を差別する余地がない。子なくしては父なきごとく、父と子とあって聖霊なしと考えることも不可能である。神の生命の流れが永劫より永劫にわたって絶えぬ以上、父も子も聖霊も絶えずあるのである。父は絶えず子を生み、父と子との間にはとこしえの愛が——聖霊が——漲《みなぎ》っている。「現に在し、かつて在し、かつ来り給うべき全能の神にて在す主曰く、我はアルファなり、オメガなり、始めなり、終わりなり、と。」(黙示録第一章八)

29 三位一体の理義《わけ》は暁《さと》ることができるか。
三位一体の理義は、人間の智慧では暁ることができません、唯《ただ》天主の啓示《しめし》に由《よ》りて之《これ》を信じます。

30 暁り得なくとも信ずべきことを何と言うか。
暁り得なくとも信ずべきことを玄義と申します。

31 天主が一体にして、三位なることを何と言うか。
天主が一体にして、三位なることを、三位一体の玄義と申します。

三位一体の玄義

以上の聖書と聖伝とに基づく哲学的考察によって、三位一体の信条が一即三という卑近《ひきん》な矛盾を意味するにあらざることは説明し得たと思うが、しかしこれでこの信条の内容そのものを闡明《せんめい》し尽したなどと考えては、非常な誤解である。

我々は有限な自分の心の中だにわかり尽さない。隣に坐っている人の心ですら、告げられずにはわかりかねる分際《ぶんざい》で、どうして神の心の中を忖度《そんたく》し得よう。三位一体なりとは徹頭徹《てっとうてつ》尾《び》神の啓示による信仰で、この特別な啓示なくば、人間は自然に自己を神に投射して一位一体と考えるか、または神の属性や完徳の各をペルソナ化してX位一体と論じたかも知れぬ。神の啓示はこれに反して、三位一体と教えた。それを概念的に矛盾なしに如何《いか》に考うべきかについて、人類は幾百年を費した。そうしてそれには人間の浅《あさ》ましさを露骨《ろこつ》に表す幾多の論争が伴った。カーライルはアリウス対アタナシウスの論争を、双方の標語 homoiousios（子は父に似たる本質を有す）と homoousios（同じ本質を有す）とに因《ちな》んで、たった一つの二重音（diphthong）についての論争と罵倒《ばとう》したが、実はキリスト教の根本信条の興廃は、このたった一つの二重音にかかっていたのであった。カーライルも晩年に至ってその意義を認め、万一アリウスが勝ったならキリスト教は作り話になり終わったであろうと言った。

この三位一体とキリスト論を中心として、本性とペルソナとに関する哲学は異常な発達を遂げた。これ人類の思想がキリスト教によって如何《いか》に豊富になったかを示す適例であるが、それにもかかわらず玄義は依然として玄義である。三位一体について、聖トマス・アクィナスに至る以前において、最も深遠《しんえん》な思索をめぐらした聖アウグスチヌスについて人口に膾炙《かいしゃ》せる次の一挿話が物語られている。ある日、この教父が三位一体の玄義を釈《と》かんとして沈思しつつ海辺を逍遥《しょうよう》すると、一人の子供が汀の砂に穴を掘って、貝殻で海水を注いでいる。そうして大海の水をことごとくその穴に注ぎ込むのだと、問わるるままに答える。そうして子供の愚かなる試みを笑う聖者に向って、「汝の三位一体の玄義をわかり尽そうとする企てよりは容易である」と告げて姿を掻《か》き消してしまう。

三位一体の啓示の意味

かかる崇高なる真理を、神がわれらに示し給いしは何故か。これ己が心の底を、愛する子等に打ち明けねばやまぬありがたき親心である。三位一体の啓示は、神の人類に対する打明け話とでも言ってよかろう。神語り給わずば人間にはとうていはかり知られぬ奇《くす》しき生命の秘密を打ち明けて、いとしき愛児を聖父聖子《ちちこ》相愛の大歓喜に与《あずか》らしめ給わんとの摂理《せつり》にほかならぬ。ただ罪を赦《ゆる》さるるのみでは、救いの大業は、その消極的の前半を了したにすぎぬ。その積極的後半、すなわち義とせられてキリストの兄弟、天父の愛子となり、天国の家督《かとく》を嗣《つ》ぐとは、とりもなおさず我等が聖三位一体の久遠《くおん》の神的生命の営みの中に摂取せられて、有限の霊の能《あた》う限りこれに参与するの謂《いい》に他ならない。神の円満無欠の愛と認識とに参与することによって神化さるること、聖ペトロの所謂《いわゆる》「神の本性に与る者」(ペトロ後書第一章四)たることが、我等の光栄ある帰趣《きしゅ》なることを教え給わんための啓示である。されば我等は愛と感謝とに満てる心もて、常にかく誦《とな》うべきである。

「願わくば父と子と聖霊とに栄光《さかえ》あらんことを。始めにありし如く、今もいつも世々に至るまで。アーメン。」

第三章　創造と主宰

これまでは神それ自身が如何《いか》なるものであるか、特に聖三位一体の神の内在的生命の営《いとな》み如何《いかん》の説明であった。これからは神の生命が如何に神以外に働くかの問題に移る。三位一体の神の生命の営みは、円満具足《えんまんぐそく》そのものであって、それ自身に絶対に完全なものであり、己以外の働く必要のあるものではない。神はとこしえにその円満無欠の生命を営んで己以外のものなき状態に止まり得たのである。しかし神は自由に——なんらの内的もしくは外的必然に迫らるることなく——己以外のものを造り出すことを欲し給うた。これすなわち創造で、聖書に「元始《はじめ》に神天地を創造《つく》り給えり」と録され、信経に「天地の創造主を信ず」とある所以《ゆえん》である。

第五課　第一条の続き

第三項　創造および主宰の事

32　なぜ天主を天地の創造主と申すか。
天主を天地の創造主と申すのは、天地万物を何もない所より造り給うたからであります。

創造とは何か

創造とは無から有を造り出すことである。ただし無からということの「から」を、由来を表す言《ことば》――たとえば菜種子《なたね》から油を採るという場合のように――と解してはいけない。もとより無というものが存在するはずがない。「無から」というのは、先在する者から造り出されるのではないという義である。

創造は全能者の業《わざ》

無から有を造り出すことは、独り神の全能のみがよくし得る業《わざ》である。如何《いか》なる被造物も――それはいかに力強き者と想像されても――キリスト教でいう意味の創造する力を持っていない。すべての造られたものは、それの持つかぎりの有をことごとく造り主から与えられているのであるから、その持つ力がいかに大きいと考えようとも、それは結局与えられた力で、自分が絶対的の意味で本来有している力とはいわれない。すなわちその力は有限なものである。

有限なる力は有限なる結果を生む。無限の業を成就し得ない。しかして創造はすべての有限なる力の働き方とは全然異なり、先在せる材料も、これを形成する道具もなき造り方を指してというのであるから、創造された者の有する限りの存在は全然何もなきところより造り出されることになる。無より有への無限の隔《へだた》りをうずめるには、無限の力を必要とする。すなわち創造は必然に全能者の業でなければならぬ。信経の「天地の創造主、全能の父なる天主を信ず」という語には、哲学的に動かし得ぬ一貫せる論理がふくまれている。創造主は全能でなければならぬ。また全能者の業は必然的に創造の形をとって現るべきはずである。

創造の概念は矛盾せず

しかし「無よりは何物も出てこない」(ex nihilo nihil)。上述の無から有を造り出すことという創造の定義は矛盾せる概念ではあるまいかと。答えて言う。もちろん絶対の無ばかりから何物も生まれようはずはない。その意味において ex nihilo nihil という原則は無条件に肯定さるべきであるけれども、創造の場合に「無から」という意味は、先在する材料と道具のないことを意味するので、それらのない代りに神の全能が原因としてあることを忘れてはならない。すなわち最高最大の原因を予想しているわけである。だから問題は、無限なる者(神)があるとしたら、そのものが己の観念を自分以外に実現することが可能かどうかということになる。

すなわち原因となる無限なる者(神)と、そのものとは別なもの(被造物)が原因者以外に先在するものなくして造り出されるということ、これらの概念が矛盾するかどうかを考えればいい。しかるにわれわれはそこに矛盾を発見し得ない。

創造は神の働き方

矛盾を発見し得ぬのみならず、神の存在を許す以上は、神に創造力を認めることは当然と思われる。なぜならば、働く力はその働き方が自由であればあるほど、完全だと言わねばならない。無碍無障《むげむしょう》の働き方は最も完全な働き方である。しかるに働き方は何によって限定されるか。その力の働きが制限されるのは、力自身が不足である場合もあれば、力は余っていてもこれを施す術のないこともある。現実界のすべての力は、すべてこの種のある制限をうけている。それは独自に無制限の境に働かぬからである。すべてこれらの限定のない働き方こそ、最も完全な働き方と言わねばならぬこともうなずかれるであろう。無より有への無制限な働き方――造らんとする意志の外には先在せる材料も道具も要らぬ無碍無障な造り方――、創造は当然神について許さるべきことであって、矛盾ではない。言行の不一致、理想実現の不可能、または困難に基づくわれらの悩み、かくのごときものが神にあろうはずはない。絶対にその意志即行であることが、神においては当然ではないか。

創造の偉大は結果の大小と無関係

神の全能を説く時、世人はしばしば宇宙の大と、そこに現るる雄大なる規模と、微妙なる秩序とを指してその証拠とする。これは最も人間の想像に訴えやすき方法であるが、論理的には不十分な議論である。

我等は現に知る以上の、宏大かつ美妙なる宇宙を想像することができるから、現在の宇宙を造るに必要であったと考えらるる以上の智慧や力を想像し得る。だから単に上述の議論だけならば、ギリシャ流に絶対神にはあらざる造物主（デミウルゴス）を仮定すれば、宇宙の成立は説明できるわけである。しかし一度キリスト教的意味での創造が肯定さるるや否《いな》や、創造主は必然に全能者でなければならなくなる。創造の偉大さは無より有が出現する点にあって、造られた有の大小とは無関係である。たとえ宇宙が芥子粒《けしつぶ》のような小さな物でも、無より造られた以上は、これを造った者は全能者でなければならぬ。神よりすれば、今日ありて明日炉に投げ入れらるる一輪の野辺の花を作り給うのも、無辺の空間を億万年にわたって遊行する尨大《ぼうだい》なる日星を造り給うのも同じことで、難易の差別はあり得ない。「神光あれと言い給いければ光ありき。」彼《かれ》も此《これ》もただその全能なる意志の単一の働きによるのである。

創造は時間を超越せる観念

また創造には時間的の過程がない。超時間的出来事である。無と有との境には間髪《かんはつ》を容《い》るる余地すらない。「あれと言い給いければありき」という聖書の言《ことば》は実に精確である。従って、継続を前提とする進化に、超時間的の創造を配して「創造的進化」というがごときは、自《じ》家撞着《かどうちゃく》といわねばならぬ。ベルグソンの哲学によって世に喧伝《けんでん》されたこの語は、もちろんキリスト教神学において定義せらるる創造の概念とは異なるもので、進化の次に来るべき道程が、人間理性の立場より全然予知し得ざる自由なものであることを主張した語であるが、かくのごとき意味においての進化が成立し得るためには、その形而上学的《けいじじようがく》根底として或《あ》る不変なものと、人間理性には窺知《きち》し得ずとも進化道程の圏外《けんがい》よりこれを指導する目的とが当然要求されることが、指摘されねばならぬ。けだし、すべての変化は不変なるものを前提とし、目的なき変化はこれを進化と称し得ないから。

かくて形而上学の否定の上に築かれたこの世界観は、その主張を飽《あ》くまで論理的に貫かんとする時は、再びその出発点において否定せるところに復帰せざる得ない。また本来超時間的なる創造と、継続を前提とする進化とを結合することにより成立せるベルグソン哲学の根本観念は、最も露骨《ろこつ》にその弱点と欠陥とを表示するものと言わねばならぬ。

創造と進化論と物質不滅論

これを要するに、境を異にする創造と進化とを同じ平面で結合せんとする企画の撞着《どうちゃく》なると同様に、進化論を楯《たて》にして創造を否定せんとする徒《やから》の如何《いか》に哲学的素養を欠くかも、ここに至って明らかになったであろう。創造と進化とは全然別個の概念で、創造せられたものが進化することは可能であるが、進化は如何なる場合にも断じて創造ではあり得ぬのみならず、却《かえ》って進化する主体の起原の説明として、創造が当然要求されてくる。物質とエネルギーとが永遠不滅であるから創造は不可能だなどと言うのは、たまたま論者の無智と浅薄《せんぱく》とを表明する議論にすぎない。創造は実験科学の手の届かぬ境地の出来事である。従って実験的に創造を認め得ぬということによって、創造的第一原因の存在を否定せんとするは、盲人が色彩を否定せんとすると同一轍《てつ》を踏むものにすぎない。

創造は神の自由の業

キリスト教の信条の対象たる創造は、全能なる神の自由の業《わざ》である。絶対の神の円満無欠の生命は、己以外の何物をも必要としない。必要とする瞬間に、その神は相対の境に堕してしまう。キリスト教の神観は、必然に創造の自由を肯定せねばやまない。

創造と汎神論とは相容《あいい》れず

また、創造された物は、神の有する何物かを材料として造られたものでもない。宇宙であたかも光線が太陽より流出して太陽を離れて存在せざるごとく、神の本質もしくは無尽蔵《むじんぞう》なる完徳が溢《あふ》れ出して出来たと考えられてはならない。神と被造物との間には、有の階梯《かいてい》において絶対と相対とを隔つる無限の距離がある。この点において創造説は、汎神論と氷炭相容《あいい》れぬ立場にある。被造物は神に依存するけれども、神自身ではない。神の全能の意志によって、その有するすべての存在を賦与《ふよ》せられ、理性を有するものは自由と恩寵《おんちょう》とにより、理性を具《そな》えざる被造物は理性を有するものの救いを通じて、神の生命に参与し、神化さるべきもの（ロマ書第八章一九以下を見よ）ではあるけれども、そうしてこの神化の程度に際涯《さいがい》はあり得ないけれども、どこまで行っても神と被造物とは同一にはなり得ない。元来、本質的に異なるものであるからである。この点は真に重要な点であって、かくあればこそ宗教も道徳も可能になる。神と人とおよび各の人が本質的に同一ならば、人の神に尽くすべき道たる宗教も、相独立せる人格の関係たる道徳も、存在し得ない。汎神論は宗教と道徳との根本的否定を意味する。その立場にあって宗教や道徳を云々《うんぬん》するは、矛盾の極とはいわねばならぬ。

「創造は永遠なり」との意味

創造が神の自由の業ということは、神がなんらかの必要に迫られて創造したということを否定するけれども、神が盲目的に創造したというのではない。神の意志は、神の智と離れたものではない。神の智は己の完全性を識《し》ると共に、その完徳を己以外に向って発揚《はつよう》するすべての可能なる実現をも識る。その無尽蔵《むじんぞう》なる可能的表現のあるものを自由に撰んで、これに存在を賦与した。かくて宇宙は出現したのである。ゆえに宇宙は神の智慧において、観念として先在したといえる。もとより論理的の意味での先在で、時間的に材料として先在したというのではない。また神の観念として先在し、それが神の創造的意志の対象となったという意味において——すなわち神の側から見た時には——創造は永遠だといえる。何となれば、神は時間の中にあるものではなく、永遠に生けるものであるから、その一切の働きも、もとより超時間的なものである。

宇宙の時間的起原

しかし、この超時間的の神の創造意志の結果として出現した宇宙は、存在し始めた時があるのである。神の創造意志は永遠の境に発するが、その働きの結果は相対の境に、時間の流れの裡《うち》に、現れる。キリスト教の啓示によれば、我等が時間の流れを溯《さかのぼ》る時に、その第一瞬間に到達するというのである。創世記巻頭に「元始《はじめ》に神天地を創造《つく》り給えり」といい、キリストも「父よ世界の存在に前《さき》だちて我が汝と共に有せし光栄を以て、今汝と共に我に光栄あらしめ給え」（ヨハネ聖福音書第十七章五）と祈った。我等の世界は時間的の始めがあったのである。天啓は一歩すすんで、この世の終わりのあることを告げる。

キリスト教と歴史哲学

かくて宇宙の発展は歴史の対象となった。一定の目的に貫かれた首尾《しゅび》ある世界観をもたらすことにより、キリスト教はギリシャ思想の作り得なかった唯一の哲学の部門、歴史哲学を可能ならしめた。これもまた、見逃すべからざるキリスト教の偉大なる文化的貢献の一つである。

ギリシャ人は宇宙形成説《コスモゴニー》を有したが、そこには創造の観念を見出し得ない。一切は何ものかから成り、また何ものかに変化してゆくので、アリストテレスのごときも宇宙が過去にも将来にも永劫《えいごう》なるべきを説いた。しかして、その永劫なる宇宙の生命は、一定の目的へ向う進化ではなく、ただ絶えざる盲目的運動に支配される変化なのである。それは一種の運命劇であって、キリスト教におけるごとく主人公の自由の意志が産み出す性格劇——神曲ではなかった。もしもキリスト教の信条がヘレニズムから生まれたものならば、創造の信仰はどこから来たか。ここにもまた、キリスト教を内より説明せんとして、外より来れるものなることを否定せんとする徒の躓《つまず》きの石がある。

創造の目的と人間の帰趣

創造が神の自由の業《わざ》であるということは、さらに創造の目的如何《いかん》という疑問を産む。神は造らずにすんだ宇宙を、なぜ、また何のため造ったか。特にその宇宙間に特殊の地位を占むるようにみえる我等人間の運命と創造の目的とはどう関係するか。

神は絶対のものであるが故に、己自身以外のものを目的として働くことはできない。神の働きの目的としてふさわしきものは、完全無欠の神以外にあり得ない。その他のあらゆるものは、何《いず》れも相対的の不完全なものであるから、万一神がかかるものを目的として働いたとすれば、自ら己の尊厳を傷つける矛盾の行といわねばならぬ。神は己の光栄を発揮《はっき》するために、世界を造ったのである。しかしながら、神はその内在的生命をもって円満具足《えんまんぐそく》し、創造より来る外的の光栄を必要としない以上、それにもかかわらず宇宙をつくった所以《ゆえん》は、さらに何かなくてはならぬ。神学者は答えている。"Bonum diffusivum sui"と。善はこれを他に及ぼさざればやまぬものである。万全の源なる神は、己のあり余る善《よ》きものを、己以外の者にも分たんと欲し給うた。かくて被造物は、神の無尽蔵《むじんぞう》の善と完徳とを、おのおのその分限に応じて享《う》け、神の福楽に参与せんがために出現した。創造の目的は神の光栄以外にあり得ないけれども、その光栄は同時に、すべての被造物がそれぞれの本性を完《まっと》うして、神の大歓喜に与るあずかことである。被造物はおのおのその性に従って、創造の目的たる神の外的光栄に貢献することによって、神の聖旨は成就《じょうじゅ》する。人間の目的たる幸福は直接に創造の目的ではないけれども、神の光栄を求むることにより、己の帰趣《きしゅ》たる幸福を完うするが故《ゆえ》に、神の光栄はすなわち被造物の幸福であって、この二者は実際において相離れ得ないものである。

聖アウグスチヌスはこの事実の深き体験に基づき、有名なる讃美録の冒頭《ぼうとう》において、「主よ、汝は我等を汝のために造り給えり、我等の心は汝に息《いこ》うまで安きこと能《あた》わず」と叫んでいる。

33　天主は天地万物を創造《つく》り給うたばかりであるか。
天主は天地万物を創造り給うたばかりでなく、常に之を保ち、また主宰《つかさど》り給うのであります。

万物は神に保たれる

神が万物の創造主であるということを解して、一旦《いったん》万物が造られた以上、その後は自力で存在しつづけられるものと考えてはならない。すべての有と、その存在と、その存在の形式までが、無より神の全能によって造り出され賦与《ふよ》されたのだから、それら凡《すべ》ては己自身に有と存在との理由を有していない。従ってこれらを支持する神の力がなくなる瞬間に、再び無に帰すべきものである。すべての被造物は存在しつづけるために、不断の神の支持を必要とする。「汝之《これ》を欲し給わずば如何《いか》なる物か存続し得べき、また汝の召し給わざりし者いかでかながらえ得ん」と智書（第十一章二五）に録されたとおりである。

神はすべての運動の原因

神はまた、被造物のすべての運動と行為との裡に働く。神はすべての物の本質の底に遍在《へんざい》して、そのすべての動作の裡に働く。神の合力なくしては宇宙の微塵《みじん》だも動き得ない。しかし、この神の被造物における働きは、操人形《あやつりにんぎょう》が人形師に操らるるがごとく、外部からくる機械的の干渉になぞらえて考えられてはならない。神はその造れるもののおのおのに、その固有の本性と、それに適応せる特有の働き方とを賦与し、その内部からそのもののあるがままの形式に従って働くことを可能ならしめる。それは決して第二次原因（神以外の原因）を消滅せしむるがごとき粗野な干渉ではなくて、かえって第二次原因の存在を可能ならしめる内部よりする微妙な作用である。パウロがアテネにおける説教中に、神は「我等面々を離れ給う事遠からず、蓋《けだ》し彼に在りてこそ、我等はかつ活きかつ動き、かつ存在するなれ」（使徒行録第十七章二七―二八）といった語は、この事実を最も雄弁に物語るものである。

無神論者の滑稽な主張

この真理を捉え得た者は――この自覚こそすべての宗教生活の根底である――パウロがロマ書の冒頭において神を認めざる者に加えた痛撃猛打《つうげきもうだ》を、まことに尤《もっと》もなことと思うであろう。踏台《ふみだい》の上に立ちながら、俺は宙にぶら下っているのだと主張してやまぬ者があったら、我等は馬鹿と一喝《いっかつ》するか、その人が気違いだと考えるよりほかに途《みち》はあるまい。神の存在を会得《えとく》せる者よりみれば、無神論者とはかくのごとき者である。

キリスト教の立場と汎神論

このキリスト教の立場は汎神論とは異なる。神は我等に内在するけれども、そのために我等の我等たる所以《ゆえん》は消滅せず、人間乃至《ないし》他の被造物と神との間には、常に絶対と相対との無限の間隔がある。神は宇宙に内在すると同時にこれを超越せる存在を有し、造られし物によって限定されていない。キリスト教の神は内在神であると同時に超越神でもある。この二つのことは矛盾するものではない。この故に理性を具《そな》えてこの事実を認める者には、神に対する道たる宗教は至上命令の権威を帯びて迫ってくる。神、我に在《まし》まし、かつ我と神と同一にあらざるが故に神人の関係たる宗教は成立する。また成立せざるべからざるものとなる。

汎神論者は、自我すなわち神なり、絶対なりと言う。(みじめなミゼールに充満せる人間の口より出る言として、これほど悲惨にも滑稽な言はない!)従って人格的対立を予想する宗教などというものの成立しようはずがない。宗教上の実際的結果において、汎神論も無神論も撰ぶところがない。むしろ無神論の方が粗野でも、あっさりしている。汎神論はしばしば宗教を玩《もてあそ》んで、その責任を回避せんとする高慢かつ卑怯《ひきょう》な態度である。専門学校の哲学概論の講義さえ修了しないうちから、臆面《おくめん》もなくわかりもせぬスピノザとかヘーゲルとかを振り廻すこの種の青年の今の世に多きは、実に唾棄《だき》すべきではないか。

創造と保存と主宰との別

神は万物を無より造り出し給える同一の創造の働きによって、被造物が存在しつづけることを欲し給う。創造と保存とは神において異なれる二つの働きではない。デカルトが creatio continua（持続された創造）と言ったのは、この間の消息を表現し得て妙である。しかし、この二つのことは同一事と解されてはならない。そのすべての有と存在とを神より与えられた被造物が、自己存在の理由を己の裡に有せざることは、その存在の第一瞬間においても、第二あるいは第三等々の瞬間においても同様である以上、創造された上にその存在を支持されることが、同様に各《おのおの》瞬間において必要であるはずである。たとえば一つの塑像《そぞう》は一旦《いったん》芸術家によって創作せられた以上は、その手を離れても存続し得るが、それは芸術家から与えられたものは形のみで、塑像の材料は独立の存在を有して形に先在したからで、この例は一切の有を無から造り出された被造物の場合にあてはまらぬ。被造物は創造主に対して絶対依存の関係につながれる。これをみても無より造り出されるということが、宗教的に如何《いか》に重大事だかが想像できよう。

34　天主は特別人の身の上を計《はか》い給うか。

天主は特別人の生命《いのち》、健康、衣食住を初め、凡《すべ》て霊魂と肉身に係《かか》わる事を計い給うのであります。これを天主の摂理《せつり》と申します。

摂理とは何か

かくて神はその造り給えるものを保存し、かつ摂理を以て主宰し給う。摂理とは神の主宰の遂行である。それは二つのことを含む。

（一）各被造物に特有の目的を賦与《ふよ》すること、である。

（二）この目的に向かってそれらを指導すること。

聖書はしばしば神の摂理について録している。「神小さき者をも大なる者をも造り給い、凡《すべ》てこれらを等しくはぐくみ給い、」（智書第六章七）、「その智は力もて極《はて》より極に亘《わた》り万物をやわらかに整え給う」（同第八章一）。しかして目に見ゆる被造物の階級の最上に位する人間に関しては、特にそれが高調されている。「二羽の雀は二銭にて売るにあらずや、しかも汝等の父によらずしては、その一羽だも地に落つる事あらじ、汝等は毛髪までも皆算《かぞ》えられたり、ゆえに怖るることなかれ、汝等は多くの雀に優《まさ》れり。」（マテオ聖福音書第十章二九―三一）

35　されば人は天主に対して何を為《し》なければならないか。

人はつねづね天主の恩恵《めぐみ》をありがたく思い、万事に超えて天主を愛し、之に孝行を尽さなければなりません。

摂理は神の愛の発現

かく神が被造物中、特別に人の身の上を計い給うて、彼等をその目的に向って指導さるるは、本項の最初にも述べたごとく傀儡師《くぐつし》の役を演ずるによってではなく、各自にその特性を賦与することによって、内部より自主的に行くべきところへ帰趣《きしゅ》せしめ給うのである。神の摂理《せつり》は口やかましき姑の干渉ではなくて、その子らによき教育を施《ほどこ》せる賢明なる父親の慈愛である。すべての第二次原因はかかる意味において、神の理想の実現の手段として与えらるることにより、その比類《ひるい》なき価値と意義とを帯びて来る。神の摂理の正しき理解により、我等を囲繞《いにょう》するすべてが光栄に輝いてくる。それは何《いず》れも我等を神に導くために備えられたのを見るからである。パウロは夙《つと》に神を愛する者には「万事共に働きてその為に益あらざるはなし」（ロマ書第八章二八）と教えた。世には宗教信者熱心家と号して、神様のお告《つげ》を捜し廻っている者がある。いずくんぞ知らん、神は不断に一切万事を以て彼等に語り給うのに、彼等には不幸にして信仰の活眼が欠けているのである。

36　天主は特別人の身の上を計い給うのになぜその禍《わざわい》を除き給わぬか。

天主が人の禍を除き給わぬ理由《わけ》は、主に三つあります。すなわち禍はあるいは試練《ためし》となり、あるいは罪の償《つぐな》いとなり、あるいは後の世の幸福《さいわい》の種《たね》となるからであります。

悪の問題と哲学の蹉跌《さてつ》

しかし、ここに描き出された神の慈愛の懐に抱かれる光輝ある世界のヴィジョンを暗くする恐しい悪という事実がある。悪の存在は神の摂理を覆《くつがえ》しはせぬか。神の全智と全善の、まがいなき反証ではないか。古往今来《こおうこんらい》この問題につまずかぬ人は稀《まれ》である。哲学はこの問題を解かんとして、ついにその目的を達しなかったように見える。旧約の詩人すら「誰か罪を解し得んや」と叫んだ。プラトンの晩年を暗くした悲観説、苦悩する無垢《むく》の幼児を見て煩悶《はんもん》せるアウグスチヌス、いやしくもあるがままの人生に直面して真面目に考えた者、誰かかつては天道是か非かの叫びを発しなかった者があろう。悪の問題は実に、論理的にも実行上にも、信仰の試金石《しきんせき》である。この問題は後に詳述する原罪の信仰をはなれては、とうてい満足な解答を得られない。この信仰のみがよく悪の問題を説明するということは、この信仰の消極的の保証にはなり得るが、これとても天啓に基づく歴史的事実の信仰である以上、人間理性が悪の問題につまずいたのはもとより当然であった。

シェイクスピアの「この世には汝の哲学の夢想する以上のことあり」の語が、ここ以上に適用さるる場合は他にはあまり多くあるまいと思う。しかし究極の解釈は信仰に譲るにしても、考え得られるだけは考えてみねばならぬ。カトリックは理性を棄権するような臆病者《おくびょうもの》ではない。悪の存在が矛盾でないということを了解できるつもりでいる。

道徳的悪の存在は摂理と矛盾せず

以下、問題を道徳的悪にかぎって簡単に述べてみる。

（一）神はもとより道徳的悪（罪悪）そのものの原因であり得ない。神が罪悪を犯すとは明らかに矛盾である。神が罪悪を犯させるというのは、犯すというのと、人間的にみて直接間接の差はあっても、結局同じことである。神が犯させるので、人は与《あずか》り知らぬなら、人間の責任はあり得ないから。これは先天的にあり得ないことで、神が実際罪悪を犯したという有り得ぬ実例を示さるるまで、答弁は差し控えてよいことである。

（二）問題はそれではなくて、神が罪悪の可能な、しかして現にその可能性が実現されている世界を造ったことが、摂理の観念と矛盾せぬかどうかにある。換言すれば、神自ら罪悪を犯さずとも、被造物がこれを敢《あ》えてすることを許すは矛盾ではないか。罪悪の行為そのものすらが、前述のごとく神の合力なしにはなし得ぬにおいてをや。

（三）甲がピストルで乙を殺す。正当防衛《せいとうぼうえい》なら罪悪にならぬが、無辜《むこ》の殺人なら言語《ごんご》道断《どうだん》である。この同じ行為に、前後二つの場合、異なった道徳的意味を与うるものは何か。前者の意志は正しく、後者のそれは誤っておるからである。罪悪の本質を構成するものは悪《あ》しき意志で、罪悪行為を形成するその他のものは、それ自身道徳的意義を有せぬ事柄である。これらの事柄の実現に神が合力することは、問題たり得ない。従って問題は歩をすすめて、神は何故に悪しき意志を許すやということである。

(四)　悪しき意志は自由を前提とする。自由意志を具《そな》えた者を造る以上、神は罪悪の可能とその実現とを覚悟せねばならぬ。自由意志を具《そな》えた人間を造れる時、神は悪しきことをしたか。したとは言えまい。赤ん坊の生まれた時の喜びは、人形師が人形を作った時の比ではない。その生児が将来必ず善人になる保証はなくとも、お互いにめでたいと言う。必ず悪人になるはずもないからである。誕生はそれ自身めでたいことという人情は健全なる常識に基づくので、抽象家の理屈の如何《いかん》ともしがたいところである。

(五)　しかし人間の誕生の場合とは違って、神が人を造った時、善人になるか悪人になるか予《あらかじ》め知っていたはずだから訳《わけ》が違う。悪人になるを知りつつ造るのは怪しからんではないか。キリストもユダについて「生れざりせばよかりしものを」と言ったではないかと。それでは今、試みに神が造らんとせる人が、罪悪を犯すべきを予知して造らなかったと仮定してみよう。聖ヨハネス・ダマスケヌス(七五〇年頃歿)は、つとにこの難問に答えている。

彼等人間が神の慈愛により存在に呼ばれんとする時に当って、彼等が自由の選択により将来悪に陥るべきことが彼等の存在することを妨げたとしたら、悪が神の慈愛に勝ったことになる。(『正統信仰論』*De Fide Orthodoxa*, IV, 21.)

絶対なる神の意志が、まだ存在せぬ有限なる可能的意志により制限さるべきであるという矛盾を支持する勇気のある人は、神の悪人創造を怪しからんと言うがよい。

（六）　神は人間の自由を尊重しつつも、その自由が濫用《らんよう》されないような世界を作ることができなかったか。勿論《もちろん》、それは矛盾ではないから可能であったに違いない。可能なら何故《なぜ》そうしなかったか。答えて曰く、君の主張が通るためには、神はそうせねばならなかったことを証明する必要がある。現実の世界は唯一の可能な世界ではなく、可能なる多くの世界のうちの一つである。この世界ができたのは、神の絶対的自由の選択による。それが悪ければ悪いことを証明してくれ給え。

（七）　神は完全無欠なものであるから、この世に悪を許し給う以上、その全智と聖徳とにふさわしき理由を有し給うに相違ない。しかしその理由を我等が知り得るためには、まず（a）この神の完徳そのもの、（b）神の創造の計画全体と、個々の被造物に対する摂理の詳細とを完全に知悉《ちしつ》することが必要である。しかるにその何《いず》れも我等の到達し得ぬ知識である。これらを有せずして神の世界を批議するは、参謀本部の作戦計画を知らずして主将の用兵法を批評せんとする兵卒の愚を学ぶものにすぎぬ。主宣《のたま》わく、「わが思いは汝等の思いとことなり、わが道は汝等の道と異なれり」（イザヤ書第五十五章八）と。人間の無智がこの問題を解釈し得ぬとせば、この玄義の前に跪いてパウロの言を繰り返してなぜ悪かろう。「嗚呼《ああ》高大なるかな、神の富と智慧と知識と。その判定の覚り難さよ、その道の極め難さよ。誰か主の御心を知り、誰か之と共に議《はか》りたるぞ。誰か先《まず》之に与えてその報いを得ん者ぞ。蓋《けだ》し万事は彼に倚《よ》りて彼を以て彼の為に在り、光栄世々彼に在《あ》るなり、アーメン。」（ロマ書第十一章三三―三六）

第四章　天使

第六課　第一条の続き

第四項　天使の事

37　天主の創造《つく》り給うた物は、ただ目に見える物ばかりであるか。
天主は目に見える物のほかに、なお無数の天使をも創造り給うたのであります。

天使の創造

神が目に見える物質の世界のほかに、目に見えぬ純霊の世界をも作り給いしことは、キリスト教の根本信条の一つである。

その明らかな表白を、我等はすでに三二五年のニケア信経に認めることができる。使徒信経の「天地の創造主」という簡単な句は、ニケア公会議で「一切《いっさい》の見ゆる物と見えざる者との造主」と敷衍《ふえん》せられ、さらに三八一年のコンスタンチノープル公会議は、これを説明して

「天地および一切の見ゆる物と見えざる者との造主」とし、誤解の余地なからしめた。「見えざる者」とは大地に対する蒼空、または古代人のいわゆる九天《エンピレウム》を指したのではなく、肉体に繋がれざる純霊の世界を意味したのである。

天使崇拝と迷信

人間以上の善悪両様の霊的実在を、何らかの形において認めるのは、人類全体に共通する信仰であって、キリスト教がローマ帝国内に伝播《でんぱ》しはじめた時代は、東方の宗教思想の侵入につれて、かかる信仰が最も猖獗《しょうけつ》を極めた世紀であった。

この極めて人間的な、かつ、しかるが故《ゆえ》に、最も迷信に堕しやすい信仰、特に一方これらの霊的実在の信仰が、民衆的には多神教の形を帯びて神の唯一性を覆《くつがえ》さんとすると同時に、他方宗教哲学的には知識階級の間に、最高神より本質的に流出せるものとして汎神論的に考えらるることに対して、教会は絶《た》えずその立場を明確に定義し、信条を純粋に保持する必要に迫られた。なかんずく、民衆が善《よ》き神々の敵であり、かつ何らかの方法――呪《まじな》い、守札、供物の類――をもってこれを宥《なだ》むることによって、己に危害を及すことを避けねばならぬと信じた悪霊共を、善き神々とは独立せる存在を有する者と考え、哲学者もまた善の原理に本質的に同等の権利をもって対立する悪の力を認め、現世の矛盾を釈かんとすることに対して、初代のキリスト教も最も頑強に反対せねばならなかった。

すでに使徒パウロはコロサイ人に書を送って、「誰にもあれ、故《ことさら》に謙遜《けんそん》〔を装い〕、天使崇拝をもって汝等の褒美《ほうび》を取るべからず。斯《か》かる人は、見ざる事に立入りていたずらに肉的思念に誇り、頭《かしら》たる者（キリスト）に属せざるなり」（コロサイ書第二章一八―一九）と言って、かかる迷信に陥らざるよう信徒を警戒している。

キリスト教は本質的悪を認めず

キリスト教の世界観においては、本質的に悪なる者は存在の余地を与えられない。全能にして創造主たる唯一絶対の神に対して、独立を主張し得る何者もあり得ない。すべての霊はその存在と生命とを神より受ける。全善の神の御手《みて》より出ずるままのすべての物は、皆善である。悪とは、本質的に善なるものの不法なる働き、自由の濫用《らんよう》にすぎぬ。賦与《ふよ》せられたる自由は、これを濫用し得ても、それは神より予見せられ限定された範囲内のことである。被造物の自由そのものが、すでに有限なものであって、あたかも孫悟空《そんごくう》がいかに一瞬に千里を飛び觔斗雲《きんとうん》に乗じても、釈迦《しゃか》の掌中を出ることができぬようなものである。悪すら神の宇宙計画の中に予見せられた職能を尽すにすぎない。

しかしてその結果は、悪を犯せる者には不幸でも、全体にとってはその悪以上の善が産み出される機縁となり、神の光栄がますます発揮されるほど神は全能にましますのである。

善悪二元論の沿革

この善悪両様の神霊の根本的対立から出発する宗教思想の淵源は、実に遠いものである。

すでにバビロニアのエヌマ・エリスの叙事詩において、善神マルドゥックは悪神チヤマに囚《とら》われた諸神の救主として現れる。同一思想は古代ペルシャの暗黒の悪神アリマンに対する光の善神オルムズ——それは後代において勝利者なる太陽神ミトラの形をとって現れる——の不断の戦において繰り返され、マニ教に至っては、この二元説はキリスト教的要素と膠合《こうごう》して教会内にまで侵入せんとした。アウグスチヌスが改心以前に一時この説に迷ったのは、周知の事実である。

かかる危険に対して、教会がすぐに警戒の態度をとった最も明白な典拠の一つは、五六一年スペイン、ブラガの地方公会議の宣言である。曰く「もし人あってマニ教徒およびプリシリアヌス（三八〇年頃スペイン国アビラの司教たりし異端者）の輩《やから》のごとく、あるいは悪魔は最初善《よ》き天使として神より造られしにあらずと言い、あるいは悪魔は本来神の造りしものにあらずと教え、暗黒より生じこれに存在を与えし者なく、自ら生じ悪の本質なりと主張する者あらば、破門せらるべし」と。

この善悪対立の根本的二元論は、決してこの時代に絶えたのではなかった。中世に至ってすら、ブルガリアのパウリシアヌス派を経て、南仏のカタリ派またはアルビジョアの異端《いたん》として、一時絶大の勢力を振《ふる》った事蹟は史上に顕著である。

キリスト教的立場の道徳的意義

かかる希望なき矛盾せる教説に対して、教会の天使および悪魔に関する健全なる信仰は、そもそもいかにして悪が可能なるか、また何故《なにゆえ》に現世において悪が実在するか等の問題に関して、矛盾なき解答を与えてくれる。また無際限《むさいげん》な道徳的努力と欠陥とに対する苦悩から、人間が最後に解放されるという慰めに満てる保証を提供してくれる。悪は決して本質的の存在を有しない。そうして神の意志に背馳《はいち》する悪の力は、ただ全体の道徳的秩序完成への道程を織りなす一要素として働くことを許されるのである。いかなる悪の力も、自由の意志によって神にまで向上せんとする者を阻《はば》むことはできない。しかしながら、一方拒《こば》むことのできぬ悪の実在は、我等の道徳的態度に無限の厳粛さを与える。我等の自由意志の働く各瞬間に、我等は右して神に行くか、あるいは左して悪魔に従うかの岐路《きろ》に立つのである。そうしてこの二つの道は同じ峯に辿《たど》りつくべき山路ではなく、進めば進むほど無際限に相遠ざかり、相離れて正反対の方向に走るものなのである。道徳的責任の解除、もしくは軽減に帰着する根本的二元論に反対するキリスト教的信条の道徳的意義は、ここにもまた認められねばならぬ。キリスト教は罪と恩寵《おんちょう》との対立により、経験的二元論を最も深刻に肯定するけれども、それはたまたま善の終局の勝利をますます光輝《こうき》あらしむる前提にすぎない。我等の前途《ぜんと》には曇りなき光明が常に輝いている。

被造物界の階梯《かいてい》と人間の位置

唯一にして真なる神は、その全善と全能とをもって、自由の議定により、時間の始より霊物両界——すなわち天使界と物質界、次《つ》いで霊肉より成りて、いわば両界に跨《また》がる人間

——を等しく無より創造し給いしが、これ御自《おんみずか》らの福楽を増進または獲得し給わんがためにあらずして、被造物に賦与し給う善によりて御自らの完徳を現し給わんがためなり。

このヴァチカン公会議（一八七〇年）の信仰告白（Const. de fide cath. C. 1）によって、下は物質より上は純霊に至る被造物の広汎《こうはん》にして多種多様の世界が、無限なる神の完徳の有限的表現であり（キリスト教的象徴主義の根拠はここにある）、その雄大にして美妙なる世界において、人間が霊物両界の連鎖《れんさ》たるべき特殊の地位を占めていることを教えられる。果然《かぜん》、人間は汎神論者の夢想するがごとき独立不羈《どくりつふき》の存在ではないと共に、悪神悪霊の絶えざる脅威の下に戦慄《せんりつ》しつつ、霊肉の苦悩に対して無際限な奮闘努力を強いられたり、あるいは不可測の物力とその因果律《いんがりつ》とに囚われて永久に流転すべき運命に支配せられたりせねばならぬものでもない。彼は神の子として霊物両界をその小さき自己の裡に映し出す宇宙の鏡——小宇宙《ミクロコスム》である。その肉体の足は大地を踏んで離れぬが、その霊の飛躍によって、神の玉座にまで近づき得るものである。人は神の秩序を守る限りにおいて、自然界に万物の霊長として君臨し、天使をその友とし伴侶《はんりょ》とする。

唯物論の寂寞《じゃくまく》とカトリックの世界観

自然科学の発達につれて、人間知識の限界は前人未到《ぜんじんみとう》の域にまで拡大せられたけれども、望遠鏡裡に映ずる天界の偉観も、顕微鏡下に発見する微生物界の秘密も、吾人の支配の領域を拡張する代りに、いたずらに新しき危険と脅威とを教うるに止るなきを保し難い。自然科学は、吾人の生存がいかに外界に支配せらるるかを認識せしむることにより、風前の灯《ともしび》に等しき運命に対する絶望と落胆《らくたん》とに人類を導くかも知れぬ。これに反して信仰は、これらすべてを神の慈愛と全善の玄義《ミステリー》に転換する。しかして無辺際《むへんざい》の物界の上に、さらに幽玄《ゆうげん》なる純霊の世界を展開する。この神の大なる世界の中に、いかに小さき者なりとも、我等はいずれの力をもってしても、動かし難き特殊の地歩を占めている。我等のしか欲する限り、「死も、生も、天使も、権勢も、能力も、現在の事も、未来の事も、（力も、）高さも深さも、他のいかなる被造物も、我が主イエズス・キリストにおける神の寵より、我等を離し得るものなし」（ロマ書第八章三八―三九）である。しかし物界の上に霊界の存在を指示した信仰は、同時に自然科学の知らざる危険と戦いとを我等に教える。我等の敵は、肉体の生命を破壊せんとして迫る自然界の力のみではない。同じパウロの言を借りて言えば、「汝等主においてまたその大能の勢力において気力を得、悪魔の計略に勝つことを得んために、神の武具《ぶぐ》を身に着けよ。それは我等の戦うべきは血肉に対《むか》いてにはあらず、権勢および能力、この暗黒の世の司等、天空の悪霊等に対いてなればなり」（エフェゾ書第六章一〇―一二）と。

唯物の世界に跼蹐《きょくせき》し胸に無限の欲望を抱きて苦悩する者よ。すべからく汝の眼を高くあげて、カトリック世界観のいかに雄大にして、深刻なるかを見よ。キリスト教徒と名乗る者よ。汝等は「全世界、天使達にも人間にも観物とせられ」（コリント前書第四章九）しことを思え。

理性より見たる天使の存在

天使と悪魔との存在は、もとより人間理性の証明を超越せる天啓の真理である。しかし、造られし世界が神の完徳の相対的表現であるというキリスト教の根本観念より出発すれば、被造物の階梯が人間に止《とど》まらずして、人間のより貴き部分たる霊を肉体より解放した状態にある純霊の存在に想到するは自然である。人間の霊魂すら死後かかる状態において存在し得べしとする信念は、人類一般にわたっている。人よりも智慧も能力も優《すぐ》れた霊の存在は、理知的に証明し得ずとも、なんら矛盾を含む信念ではなく、天啓なしとするも、極めてもっともらしき臆説であり得る。現になんらかの形において、かかる信仰を有せざる民族は一つもないことは、各国の古伝説、お伽噺《とぎばなし》、民謡が最も雄弁に物語っている。

38　天使とは何であるか。
天使とは人よりも智慧と能力《ちから》の優《すぐ》れた霊であります。

天使の階級と数

天　使《アンゲロス》というギリシャ語原の語は、神の聖旨を人間に伝える使いの意味で、聖書中にしばしば物語られた彼等の職能から生じた名称であるが、キリスト教の信仰は必ずしも彼等がことごとく神の使者であるのではない、ダニエル書（第七章一〇）のまぼろしに「彼（神）に仕うる者は千々彼の前に侍《はべ》る者は万々」とあり、その他黙示録中のヨハネのまぼろしをみても、天使の無数にしておのおの異なれる職能を有することが暗示されている。その他神前に近侍すると信ぜらるる神の愛に燃ゆるセラフィム（熾天使）、神の光に輝くケルビム（智天使）、神の稜威《みいつ》の座たるトロニ（座天使）の三階級の下に、神の宇宙統治に参与すると称せらるる主天使、力天使、能天使、権天使、大天使、天使の六階級の別が聖書中に録されている（コロサイ書第一章一六、第二章一〇、エフェゾ書第一章二一等参照）。

また個別名としては、天軍の頭《かしら》なる大天使ミカエル（誰か神のごとき者その意）、小トビアスをみちびける大天使ラファエル（神の薬）、御托身告知の大天使ガブリエル（神の力）があり、悪魔の頭はサタン、ルシフェル、ベエルゼブブ、アスモデ等の名をもって知られている。これら聖書の記事に基づく古来の神学者の臆説について、ここに詳細を物語る必要はない。ただ天使の無数にして、その間に階級と異なれる職能とのあることを記憶すれば足りる。

しかしてそれは彼等が肉体を有せず、従って物質の限定をうけぬ点から考えて、実にさもあるべきことである。人間にしても、相互の肉体的差異よりは、精神的能力の優劣とその特徴の差別の方が遥《はる》かに大きい。おのおのの天使は相互に、人間相互間にあり得るよりも、遥かに異なった存在を有し得るはずである。神の完全に近づくべく霊の向上に際限のないように、神の無限の完徳をおのがじし最も自由に表現し得べき純霊の階梯《かいてい》に制限のありようがない。彼等の群は実に千々、万々であるべきである。

39 天使はどんな状態《ありさま》に造られたか。
天使は聖にして、また幸福な状態《ありさま》に造られました。
40 天使はみなその状態《ありさま》を保ったか。
天使の中には、天主に背《そむ》いて地獄に堕《おと》された者も多くあります。これを悪魔と申します。

天使の堕落

神はすべての被造物を善《よ》きものに造り給えり。そは彼等は最高善によりて造られしものなればなり。されど彼等は無より造られたるものなるが故に、また変化し得べきものなり。

この一四四一年、フィレンツェ公会議の宣言は、天使の堕落《だらく》に関して、すでに教父時代からの定説であった。

教皇レオ一世（在位四四〇－四六一）が、アストルガの司教トリビウスに贈れる書中に曰く、「まことのカトリックの信仰は、霊肉一切の被造物の本質は善であり、本性から悪なるものは存在しないことを告白する。万物の創造主なる神は善きもののみを造り給うたから。であるから悪魔とて、造られしままに止ったならば善であったのだ。しかし彼は本来善なる賜物《たまもの》を濫用《らんよう》し「真理に立たなかった」（ヨハネ聖福音書第八章四四）から、たとえ正反対の本質（悪）にまで変化したのではないが、彼がそれに依《よ》り縋《すが》らねばならなかった最高善（神）から背《そむ》き離れてしまった。下のごとき説をなす者もまた、同様に真理より虚偽に陥るものである。すなわちその人等は天使等が自由意志により犯し、その自由の悪なるがために罪せらるる罪を、（悪なる）本性の責に帰せんとする。自由に犯し、そのために罰せらるることこそ、彼等にとって悪であるが、悪そのものは自存する本質にあらずして、却って神に背《そむ》ける本質的存在者の罪である」と。

天使の幸福と高慢の罪

善に造られたる天使等は、自由の意志をもって神の絶対権を認め、愛をもってこれに服従すべきであった。彼等には最初から神の生命と福楽とに参与し得るための聖寵が与えられた。しかし彼等の一部分は試練に堪え得ないで、己の分際《ぶんざい》を忘れ、自ら神のごとくならんとせしルシフェルの高慢に荷担《かたん》して堕落した。

人間より明らかな優れた智慧の持主たる彼等が、元始の幸福なる状態にありながら、いかにしてかかる愚かなることを企てたか。被造物として、神に依存することが、その特徴である分際で、神のごとくなること、すなわち本質的に独立不羈《どくりつふき》であることは不可能な矛盾であるのに、それをあえて企てたというのは何故か。我等はここにおいて後章原罪の条におけると同様、自由意志の玄義に直面する。

彼等はもとより、本質的に神のごとく絶対であることができぬのを知悉《ちしつ》していたに相違ないが、神に服従すべき自由なる意志を道徳律より解放し、我意我執を神の座に置き換うることにより、神の絶対性を真似《まね》ることは可能であった。ルシフェルとその麾下《きか》の天使等の罪は、正しくこの高慢なる自己欺瞞《ぎまん》、すなわち謙遜《けんそん》なる服従により聖寵の与うる神の豊かなる福楽に参与し、神の生命に摂取される代りに、自由意志の叛逆的独立により神の絶対性を模倣せんとするにあった。黙示録の著者が椽大《てんだい》の筆をもって描いた、この霊界の謀叛の叙述を引用すれば、「かくて天に大いなる戦い起これり、ミカエルおよびその使い等、竜と戦い、竜もその使い等も戦い居りしが、竜勝を得ずして天にその跡すらも遺《のこ》らざりき。而して彼大いなる竜、全世界を惑わせる蛇、いわゆる悪魔又はサタンなるもの投下されたり」（第十二章七―九）と。

教父等はまた好んで歴史的にはバビロニア王の没落に関するイザヤ書第十四章を引用する。「あしたの子、明星《ルシフエル》よ、いかにして天より隕《お》ちしや。もろもろの国をたおししものよ、いかにして斫《き》られて地にたおれしや。汝さきに心中におもえらく、われ天にのぼりわれ位を神の星の上にあげ、北の極なる集会《つどい》の山に坐し、たかき雲漢《くもい》にのぼり至上者《いとたかきもの》の如くなるべしと。されど汝は陰府《よみ》におとされ坑《あな》のいやしたにいれられん」（一二―一五）。かくて「神は罪を犯したる天使等を赦《ゆる》し給わずして、これを地獄の暗黒《くらやみ》に繋ぎ置き、苦に委《ゆだ》ねんとして審判を待たせ給」（ペトロ後書第二章四）うのである。

45　悪魔は何をするか。

悪魔は天主を怨み、人を悪に誘うのであります。

人類に対する悪魔の誘惑

神の絶対性は本質的に独立不羈《ふき》であることを意味するほかに、当然その被造物に対する完全なる支配権を含むものである。

悪魔は自由意志の叛逆的独立によって、神の独立を模倣せんとしたと同時に、その仲間をも同じ叛逆に引き込むことによって、もろもろの霊の上に神の支配権をも私せんと欲した。これ竜とその使い等が共に戦い、共に地上に投下されし所以《ゆえん》であった。天における悪魔の叛逆がその投下されし地上にも継続され、人間の自由意志を神に叛逆せしめ、終始一貫してその簒奪《さんだつ》せる支配権の拡張をはかるのは、けだし当然である。黙示録が前掲の章句に付加して、「禍《わざわい》なるかな地よ海よ、其は悪魔己が時の唯《ただ》暫時なるを知りて、大なる怒りを啣《ふく》みつつ汝等に下りたればなり」(第十二章一二)と言い、聖ペトロが「汝等節制して警戒せよ、其は汝等の仇たる悪魔は、吼《ほ》ゆる獅子のごとく、食い尽すべきものを探しつつ行き廻ればなり」(前書第五章八)と、その信徒を警戒した理由はここにおいて明らかである。

46 人は悪魔の誘《いざな》いを防ぐことができるか。

人は天主の祐助《たすけ》に縋《すが》れば、必ず悪魔の誘を防ぐことができます。しかもこれを防ぐのは功《いさおし》となります。

誘いに対する保証

しかし人間精神争奪戦《そうだつせん》において、人間の自由意志の内応のないかぎり、悪魔の支配はもとより成立しようはずがない。このみじめな人間までが、悪魔の誘惑と内心の高慢《こうまん》にそそのかされて神のごとくならんとする時に、彼等は竜とその使い等と運命を共にするに至る。我等は悪魔の誘惑に対しては、「神は真実にて在《まし》せば、汝等の力以上に試みらるる事を許し給わず、かえって堪うることを得させせんために、試みと共に勝つべき方法をも賜うべし」（コリント前書第十章一三）という保証を有している。

41　忠実であった善《よ》い天使の状態《ありさま》はどうなったか。
　　忠実であった善い天使の状態は、いよいよ聖にまた幸福《さいわい》に確定《きめ》られました。

善き天使

天使の堕落によって、人間の道徳的向上を妨害する予期されなかった力が策動《さくどう》してきた。生れ持った欲の重みと断ち切ることのできぬ浮世の絆《きずな》になやむ人の子の運命は、ますます困難になったと言わねばならぬ。しかし、天父の慈悲の深さは、我等を囲繞《いにょう》して内からも外からも働く善悪の力の衝突が激しくなればなるほど、いよいよ痛感せられるのである。我等を悪と叛逆に誘う悪魔の攻撃に対して、神は我等を助くべき善き天使の群を用意し給うた。我等が神への奉仕の伴侶《はんりょ》として、常に身辺に我を護《まも》る潔き霊を有すとの信仰は、いかに慰め多きものであろう。

かつて一修道女が、守護の天使についてのカトリックの教理を説明するのを聞いて、一婦人は眼を瞠《みは》って、「あなたはほんとうにその通り信じていらっしゃるのですか」ときいた。修道女が「ええそうです」と答えると、その婦人は「まあ、なんて詩的なのでしょう」と叫んだ。これは実話である。私はこの話をきいて、この婦人の心根《こころね》のゆかしさを思った。この一挿話でも、この婦人が今の世にあり余る浅薄《せんぱく》な新しがりやの唯物論者ではなくて、趣味の豊かなたしなみの深い人であることがわかる。私はこの人が神の現実——それがほんとうの現実である——が人間の詩より遥かに麗しいことを悟る日の来らんことを祈っている。

42　善《よ》い天使は何をするか。

善い天使は恒《つね》に天主を見、これに仕え奉り、また人間を守護するのであります。

善き天使の職能

げに「天使は悉《ことごと》く役者となる霊にして、救霊の世嗣《よつぎ》を受くべき人々のために役者として遣わされる」（ヘブレオ書第一章一四）のである。善き天使は我等のために祈り、また我等の祈りを神の玉座にまで捧げる。「汝の祈りし時、……われ（大天使ラファエル）汝の祈りを神にささげたり」（トビア書第十二章一二）、「かくて香の煙は、諸聖人の祈と共に天使の手より神の御前《みまえ》に立ち昇りしが」（黙示録第八章四）ともある。

彼等はまた我等に善をすすめる。信心深き百夫長コルネリオに、救いの福音《ふくいん》をきくべくペトロを招けと命じたのは、神の使いであった（使徒行録第十章）。天使はまた人を守る。すなわち同じペトロを牢獄より救い出し（同第十二章）、小トビアの旅路を守り、その老父の視力を恢復《かいふく》し、ロトを導いて、ソドムの危険から免れしめた。「そは至上者《いとたかきもの》汝のためにその使者達におおせて汝があゆむもろもろの道に汝を守らせ給えばなり。かれら手にて汝の足の石にふれざらんために汝を支えん」（詩篇第九十一篇一一―一二）と録されたるがごとし。キリストは孩児《がいじ》の最も小さき者の一人をも軽んずることなからんようその弟子等を警《いまし》め、彼等の守護の「〔天〕使等天に在《あ》りて、人に在《まし》ます我父の御顔を常に見るなり」（マテオ聖福音書第十八章一〇）と申された。

43　人毎《ごと》に守護の天使があるか。
人毎に守護の天使があって、善を勧め、悪を避けさせるのであります。

44　守護の天使に対して何をしなければならないか。
守護の天使を敬い、愛し、これに祈り、その勧奨《すすめ》に従わなければなりません。

守護の天使の信仰の意義

この一句は、私が田舎で経営する小学校の子供を相手にする時に、常に私の念頭に浮ぶ。

青渫をたらした垢だらけな、そうして気の毒ではあるが、正直に言えば勉強のできない彼等を教えることは、それ自身はそんなに張合《はりあい》のあることではない。彼等に読本や日本歴史を教えるより、理知の閃《ひらめ》きが眼に輝く都下諸大学の秀才を相手にして、談論風発《だんろんふうはつ》する方が愉快には相違《そうい》ない。しかしそれは決して神の前に、より大なることではない。天父はかれにもこれにもキリストの血に値する救わるべき不朽の霊魂を与え、常に神前に近侍して神の御顔を拝する純霊をして等しく護《まも》らしめ給う。

かく思う時、信仰のある人の眼には、赤ん坊を背負って稼ぎ廻る裏長屋《うらながや》のおかみさんにも、また今の世にとうてい食ってゆけぬと言われている幼稚園の保母や、小学教員の頭上にまで後光《ごこう》がさしてくる。彼等には日本銀行はおろか全世界の黄金の塊を積んだよりも、無限に貴重なものが委託されている。ペスタロッチにならって、「揺籃《ようらん》を動かすものは世界を動かす」と言うのではまだ足りない。彼等は実に神の協力者、天父の摂理の実現者である。小さき者を愛し給う神は、天の王国において必ずや彼等のためによき住家《すみか》を用意し給うであろう。よりしばしば活動写真館に出入りし、自動車を駆り得んがために、人種的自殺をあえてしても、産児制限を叫ぶ現今の若き文化的夫婦は、これを顧みて、神の前に自己の責任を三思《さんし》すべきではあるまいか。

君等はまた、パリの栄華をあとに、健気《けなげ》にもうら若き身を修道の粗服に固めて、黒人子女の養育に一生を献ぐべく故国を旅立つ名門の令嬢らを、マルセイユの埠頭《ふとう》に見送ったことがあろうか。彼等の現世的将来は、炎熱瘴癘《えんねつしょうれい》の未開の地で原住民のために働き通したあげく、骨をアフリカの土に埋めるだけのことである。されど彼等のために袖を絞るをやめよ。彼等は神の使いの団欒にありて、磔《はりつ》けられ給える主キリストに日夜咫尺《しせき》しているのである。カトリックの信仰と唯物史観との距離はこれほどにも遠い。

人類史上における悪魔の干渉

人間の地上における使命は、内的には霊の修養によって、己と他人との心に刻まれた神の像を発揮し、外的には自然界の征服によって、物質を理知的秩序に従わしめ、神的計画の実現――神の国を招来するにある。しかして、これらすべての活動は神を中心とし、かつ結局の目的としてなし遂げられねばならぬ。キリスト教の立場より見たる文化的努力とは、実にかくのごときものである。しかるに、この事業の偉大さと成功の誇りと、また努力自身に伴う快楽に眩惑《げんわく》されて自失せる人類が、その中心たり目的たる神を忘却する時、悪魔がその魔手をのばし羽翼を張るべき時機が到来する。彼は巧みに高慢に囚われた人の心に囁《ささや》いて、己をもって神の地位におき替えよと誘う。

世界歴史を通観するものは、幾多の文明の興亡の跡を辿《たど》って、結局すべての文明の自滅したことに気づく。すべての文明の勃興《ぼっこう》には、必ず偉大なる道徳的理想が伴っている。この理想に鼓吹《こすい》せられて努力向上した民族なり世紀が、一度爛熟《らんじゅく》の境に達し、いたずらに理想の形骸をあまして自己本位の享楽と主観的放埒《ほうらつ》に陥る時、崩壊の時期は到来したのだ。この同じことがより高き平面において、人類の霊的向上の道程において繰り返される。その文化的努力が神を中心としてなされる間は、悪魔はこれに与ることができないが、一度この終局の目標を見失うや否《いな》や、否定と紊乱《ぶんらん》の霊が働きはじめる。「この世の長《かしら》（悪魔）」（ヨハネ聖福音書第十四章三〇）は、自失せる文化的努力を糾合して、これを健全なる道徳宗教思想と、その柱石なるキリストの教会に敵対せしめ、人類精神の争奪戦を挑む。

初代教会と悪魔との戦い

彼は初代教会に対して、己を神の座におき換えたローマ帝国とその伝統的文化と信仰との名によって、迫害を送った。キリスト教とほとんど時を同じゅうして、ローマ帝国内に東方より侵入せる他のすべての密儀宗教が寛容せられ、そのあるものに至っては公然政権によって保護せられたに反して、キリスト教のみは毫《ごう》も仮借《かしやく》せられなかった。民衆は「キリスト者を獅子《しし》に投げ与えよ」と怒号したけれども、吾人はミトラやディオニソス信者を迫害した例をきかぬ。哲学すらこれらの宗派と握手した。プロティノス以後の新プラトン派のごときは、意識的にキリスト教を己の競争者と看做《みな》し、これに反抗してきた。相互には争っていたこれらの宗派すら、キリスト教に反対する時に限って一致団結《いっちだんけつ》した。かくてキリストの「この世の長《かしら》は我に何の権をも有せず」といった言は明らかに実現された。キリスト教を東方の密儀宗教とユダヤ思想とヘレニズムの膠合物《こうごうぶつ》と見る学者等は、初代教会のこの特殊の位置をどう説明する気か。

キリスト教の勝利と悪魔の教会侵入

コンスタンチヌス大帝の即位とともに、教会は社会的には勝利者の側に立ったけれども、政権の保護によって、確信のない信者共が神の家をみたし始めた。彼等は神を求めたのではなかった。帝王の恩恵と国教の利益に均霑《きんてん》せんことを冀《こいねが》ったにすぎぬ。教会司牧者のある者は、社会の木鐸《ぼくたく》たることを忘れて宮廷の席次を争った。彼等の中心も目的も、もはや神ではない。コンスタンチヌス大帝自らがなせしごとく、現世においてあらゆる快楽を味わい、残虐をほしいままにした後、死期に及んで洗礼を受くることにより、まんまと天国の福楽を盗みとらんとする不届者《ふとどきもの》が輩出した。今や外部よりの攻撃に破れた悪魔が、内応者を通じて教会を覆すべき好機が到来した。教会内には必然の結果として、数えきれぬほどの内訌《ないこう》と異端《いたん》とが続出した。

教会はどうしてこの難関を切り抜けたか。そうして、やがて雪崩《なだれ》のごとくローマ帝国内に乱入した蛮族共を教化して、古代文化の廃墟の上に、中世のキリスト教文明を建設する力を見出したか。教会の反対者が、キリスト教を構成する要素としてあげたすべてのものが破壊され滅亡したあとに、カトリック教会のみが残ったのみならず、彼女はその懐にかつては彼女自身の敵ですらあった古代の、すべてのよきものを抱擁し保存した。それに対して、この世の長が何の権をも振うことのできぬキリスト自身とその真の弟子らが、彼女の正体でなかったとしたら、どうしてこの奇蹟を説明し得よう。

文芸復興と近代文化の悪魔性

やがて文芸復興期が来た。神に己を置きかえた人文主義は、文芸復興を可能ならしめたものが教会であったことを忘れて、その産みの母に向って弓をひいた。背教者ユリアヌス帝が蘇《よみがえ》らすことのできなかった神々が復活した。しかしそれはアポロでも太陽でもない。天において神のごとくならんとしてミカエルと戦い、エデンの園で禁断の果実を喰えと人祖をそそのかした霊が、再び「汝神のごとくなるべし」と言って、人類を誘ったのである。悪魔は再び自失せる文化を糾合《きゅうごう》し来って、キリストの体たる教会に当った。我等は今日に至るまで、この霊的混乱の惹起《じゃっき》した渦中に生きている。

カトリック教会によって体現せらるる秩序と服従との精神は、科学と哲学の名をもって、主観的宗教体験の名によって、国権もしくは無産階級の名によって、そうして最後に意識せる高慢と肉欲の要求とを楯《たて》として拒否され、これらすべてのものが相背馳《はいち》せる主張を有するにかかわらず、教会攻撃に関しては一団となって相呼応《あいこおう》する事実は、考えれば考えるほど不思議ではないか。吾人は「蓋《けだ》し不義の奥義は既に活動せり」(テサロニケ後書第二章七)という句を想起せざるを得ない。

神の国と地上の国

神の国と地上の国との戦いは、この世の続くかぎり絶えるはずはないのである。われらは黙示録において、霊の高みより観察せられたる世界史の鳥瞰図《ちょうかんず》を見出す。アウグスチヌスの大作『神国論』は、決して世人がしばしば誤解するごとく、目に見ゆる教会と国家との争闘史ではない。聖者の烱眼《けいがん》はより高きところより、より深く世界史を大観した。原書を精読するの労をとった者は、何人《なんぴと》も明らかに認めねばならぬごとく、神の国と地上の国との争いは可視的教会の内部にすら行われる。可視的教会を構成するおのおのの信者の胸底に、まず戦われねばならぬ戦いである以上は、教会内部にそれが発現するのに何の不可思議があろう。地上の国とはヨハネのいわゆる「この世の長《かしら》」の支配する国である。

教会といえども地上の団体たることは国家と異ならない。たとえば四世紀頃の教会を紊乱《ぶんらん》せしめたドナチストの争い、メレトスの離教、アリウスとその徒党の擾乱《じょうらん》、これらはみな教会をその内部より覆えさんとした「この世の長」の叫びであった。すべての国家と文化とは、神の秩序の支持者実現者であるかぎり、アウグスチヌスの意味においての「地上の国」に属するのではなくて、「神の国」の一部を構成する。彼の立場は全然道徳的、霊的であって、政治的ではない。その晩年に異端鎮圧《いたんちんあつ》のために俗権の力を借りようとしたことを矛盾として咎《とが》める批評家があるけれども、これは皮相《ひそう》な見解であって、アウグスチヌスの神国観——国家が地上の安寧秩序《あんねいちつじょ》を維持する職能を有し、この職能の遂行により地上における神国は実現される——よりしても矛盾どころではなく当然であり、また当時の実際の事情からみても、肯定され得ることとである。アウグスチヌス自身の立場と、中世紀の末葉《まつよう》において俗界のことについてすら、国家を教会に隷属《れいぞく》せしめんとせるアウグスチニズムの名をもって知られた極端な政治論とは、峻別《しゅんべつ》せられねばならぬ。

いわゆる近代文化の矛盾

「キリスト者の自由」の名をもって、教会と国家との有機的関係を破壊せる風潮の中より宗教革命が生まれ、これらの「自由なるキリスト者」が逸早《いちはや》くも国教会を所在に作り上げた皮肉を考えて見よ。今日彼等はカトリックは世界的で国権を侵害するからいかん、と平気でうそぶいているではないか。原始キリスト教や中世紀の研究が進むにつれて、宗教革命の歴史的主張が漸次《ぜんじ》消滅してゆく。それにもかかわらず、日本では相変らず浅薄な翻訳的《ほんやくてき》知識が臆面《おくめん》もなく横行している。最も滑稽《こっけい》なのはアウグスチヌスの名を借りて、ルターを弁護せんとする試みである。彼等は深き宗教的体験や、神およびキリストに対する生々《いきいき》した人格的関係は、カトリック教会とは一致せぬものとの奇妙な確信を有している。恰《あたか》も毎日祝っても記念しきれぬほどの多数の聖者らは彼等のもので、カトリック教会が産出したのではないかのごとき口吻《こうふん》である。彼等は好んでアウグスチヌスを引用するけれども、この教父をその著書について研究する勇気がない。いわんやその精神を汲むことにおいてをや。

アシジの聖フランシスコを謳歌するけれども、その徳を実行するものは彼等の団体中には見出されない。『キリストの模倣』を愛読すると称しているが、あの深い敬虔《けいけん》な教訓を可能ならしめたドグマは要らないという。キリストの教えはかくかく、信仰はかくあらねばならぬと、聖会の教父のごとき権威をもって各自の独断で十人十色の教えを説く。彼等こそパウロのごとくキリストより直接の啓示を得た者でもあろう！

その他、自らはなんらの確信をも有せず、何の主義もないくせに、しきりに宗教や道徳を説いて、自ら新人と称する生学者《なま》がいる。彼等の説は、大衆の嗜好《しこう》と社会の流行につれて変ってゆく。宗教的信念の対象などは、もとより客観的には存せぬものであるが、その文化的価値は認めてやらねばならぬといって超然たる態度をとる。ニーチェが流行すれば超人をもって任じ、ベルグソンが景気のいい時には創造的進化を叫び、ギリシャ思想が喧伝《けんでん》されれば速成の古典研究家となる。彼等に聞くに、キリスト教などは紀元前後の東方密儀宗教とヘレニズムとを研究すれば、その淵源は掌《たなごころ》を指《さ》すがごとくわかるそうだ。彼等はヘブライ語を解し、ギリシャ、ラテンに通じ、高等批評に熟達し、その著書は長たらしき標題の外国語文献にみちている。

知識欲の旺盛《おうせい》な青年学生が、旧式な宗教家などは辟易《へきえき》して三舎《さんしや》を避けねばならぬ。は二十歳前後で学校を卒業する前に、翕然《きゆうぜん》としてこれに赴《おもむ》くのは理の当然である。その結果、彼等は二十歳前後で学校を卒業する前に、最も花々《はなばな》しき成績をもって宗教や道徳を卒業してしまう。彼等は純粋体験とかによって何《いず》れも小さな絶対になってしまう。これらのみじめな小ルシフェル共も「われ我が位を神の上にあげ至上者となるべし」と歓呼する。そうして高慢の陰府《よみ》におとされ、肉欲の坑《あな》のどん底に沈んでゆく。

いわゆる文化に眩惑《げんわく》するなかれ

かくのごときものが現代日本のいわゆる文化である。それは必ずしも意識的に反キリスト教的もしくは反カトリック的ではないが、神の真理と秩序とに対して人間を叛逆せしむる点において、不思議な共通性を帯びている。悪魔は常にその正体を暴露するような愚者ではない。かれは光の天使に扮装《ふんそう》して人類を惑わす。現代のいわゆる文化なるものは、変幻《へんげん》常なき舞台面に活躍する立役者《たてやくしゃ》共の眼には見えぬメフィストフェレスによって、巧みに操縦されている。彼等は「空中の権を有して今もなお不信の子等の中に働ける霊の君（悪魔）」（エフェゾ書第二章二）に従って歩んでいる。かく観ずる時「悪魔の計略に勝つことを得んために神の武具を身に着けよ」というパウロの警告が、新しい意義を帯びて我等に迫って来る。

「然《さ》れば起て汝等、腰に真実を帯し、身に正義の鎧《よろい》を着け、足に平和の福音に対する奮発を履《は》き、凡《すべ》ての場合において悪魔の火箭《かせん》を消すべき信仰の楯を執《と》り、救霊の兜《かぶと》と神の御言なる〔聖〕霊の剣とを執《と》り、なおかつ凡て祈禱および懇願をもって、いずれの機会においても聖霊に由《よ》りて祈り、忍耐をもって聖徒一同のために懇願する事に注意せよ」（エフェゾ書第六章一四―一八）。かくて至上者の使者輩、我等が歩むもろもろの道に我を守り、我等の足の石にふれざらんため、手にて支うるであろう。主曰く、「視《み》よ我天の使いをつかわして汝に先だたせ途にて汝を守らせ汝をわが備えし処に導かしめん、汝等その前に謹みおりその言にしたがえ、これを怒らするなかれ、彼なんじらの咎《とが》を赦《ゆる》さざるべし、わが名かれの中にあればなり、汝もし彼が言にしたがい凡《すべ》てわが言うところをなさば、我なんじの敵の敵となり汝の仇《あだ》の仇となるべし。」（出エジプト記第二十三章二〇―二二）

第五章　人間

物界の創造とその意義

純霊の世界に対して、無心の物質の世界がある。天地には心がないが、やはりそれなりに神の完徳をある程度まで現すもので、天と地は至上者の光栄に充《み》ち満《み》ちている。神六日の間にこれを造りて「善《よし》と観たまえり。」物質の世界はまた、物心両界の連鎖《れんさ》たる人間のためにも造られた。地と海と空との中に生息する凡《すべ》ての生物は、万物の霊長の支配に委《ゆだ》ねられた。「神彼等に言いたまいけるは、生《う》めよ繁殖《ふえ》よ、地に満盈《みて》よ、これを服従《したがわ》せよ、また海の魚と、天空の鳥と、地に動く所の諸《もろもろ》の生物を治めよ」（創世記第一章二八）、「地の諸の獣畜、天空の諸の鳥、地に匍《は》う諸の物、海の諸の魚汝等を畏《おそ》れ汝等に慴《おじけづ》かん、これ等は汝等の手に与えらる」（同第九章二）と。

自然は人に神を語る

自然科学の発達につれて、人類はますます自然の秘密を究《きわ》め、地上の征服より始めて、今や水底《みなそこ》と天空との王ともならんとしている。かくて創造の暁に人祖が神より享《う》けた支配権は、日毎《ごと》に拡張されてゆく。これ人類の特権であり光栄であるが、同時にわれらの君臨する物界は、神への向上の手段として与えられたことを忘却してはならぬ。

天地の偉観は、人の心を自ら神に導く。頭上の星辰《せいしん》を仰いで神の存在を肯定した哲学者カントを引用するまでもなく、旧約の智者は遠き昔において、「目に見ゆる善《よ》きものによりて自ら存在する者を認め得ず、その業《わざ》を考えて造主を識《し》らず、神を無視する凡《すべ》ての人は生来愚なる者なり」（智書第十三章一）と無神論者を罵倒《ばとう》した。パウロはこれを布衍《ふえん》して「その見得べからざる所、その永遠の能力も神性も、世界創造以来造られたる物によりて覚《さと》られ、明らかに見ゆるが故に、人々弁解する事を得ず」（ロマ書第一章二〇）と異邦人の罪を譴責《けんせき》した。

造化の妙は、自ら人を礼拝にまで導かねばやまぬ。しかして悪人にも善人にも日を照らし、雨を降らし給う天父に対する敬愛の情は、時あって油然《ゆうぜん》として湧き出ずるものである。礼拝と祈りとは人間において自然なものであって、この最小限度の宗教心を有せぬ者は、たしかに精神的な欠陥があるか、あるいは生学問の産んだ高慢か、純粋な心を曇らす肉欲の汚れに禍《わざわ》いされた哀《かな》しむべき霊的盲目者である。

パウロが前掲の章句について、「蓋《けだ》し既に神を知りたれど、神としてこれに光栄を帰せず、また感謝せず、かえって理屈の中に空《むな》しくせられて、その愚なる心暗くなれり」(ロマ書第一章二一)と言ったのは、今では時代おくれとなったヘッケルの『宇宙の謎』や、人々にもてはやされたウェルズの『文化史大系』のごとき書の代表する世界観に、いかにも適中している。これらの唯物論者の主張は科学の仮面を被《かぶ》って、その実極めて非科学的なものである。十九世紀来の自然科学の発達と成功とに眩惑《げんわく》された人々には、創世記に録された天地創造の記事は躓《つまず》きの石となった。

今日でも日本には、星雲説と進化論とによって耶蘇《ヤソ》教は葬られてしまったと確信している無邪気《むじゃき》な先生方が所在にある。我等は彼等の無邪気な確信を感嘆する機会を幾度与えられたことであろうか。彼等には、真面目《まじめ》にわれわれを相手にすることができぬほどの深遠なる学識と確信とがある。それももっともである。白髪の老エホバが長髯を撫しながら、ちょうど陶器師が土を捏《こ》ねて人や獣のいろいろな形を作り、それをお伽噺《とぎばなし》にでもありそうな一種の魔法で生かして、とんだりはねたりさせたと考えている耶蘇教信者だもの。大先生等はカント、ラプラスに始り、ダーウィンを経てド・フリースに至るまでの広汎《こうはん》な知識を傾けて、我等の蒙《もう》をひらいて下さる。しかもその寛厚なるや、しばしば科学の肯定するところを宗教が否定するのは、人心の要求として已《や》むを得《え》ずして許して下さることすらある。ただアメリカの頑《がん》迷《めい》なるファンダメンタリスト等のごとく、公立学校にて進化論の教授を法律で禁止するがごときことは、つつしめ位のところで説諭《せつゆ》放免《ほうめん》になることも珍しくない。

唯物的世界観の害毒

とにかく、これらの大先生によって唯物的進化論は、日本の教育界の隅々《すみずみ》まで行きわたっていることだけはたしかである。日本全国の諸学校では、しばしば神社崇拝と唯物的進化論とが、同じ教室で教えられる。その結果、「先生、それでは神武天皇の御先祖は猿ですか」という質問が、無邪気な児童の口から発せらるるようなことになる。かくのごとくんば、偏《へん》狭《きょう》でもむしろ進化論教授禁止案の賢明なるにしかずと思う。

先日もある地方の青年が「どうか進化論が嘘だということを証明してくれ。われわれの先祖が猿で、アダムとエバでなければ信仰は空《むな》しくなる。私は信じたい。幸福であるために信じたい」という趣意の手紙をよこした。失礼であったが、この手紙を読んだ最初の瞬間に、私は失笑を禁じ得なかった。しかし自分も二十年前、丘博士の進化論講話なぞをよんで、「はてな」と思った頃のことを想起して、決して笑いごとではないと思った。私の無邪気な信仰は、かかることではゆるがなかったが、これらの問題について充分な解決を得るまでに、幾多の苦心と読書と歳月とを要したことを回顧《かいこ》して、この青年の真剣な煩悶《はんもん》に対する同情とともに、科学的根拠なき想像説を、科学の名をもって臆面《おくめん》もなく若き頭脳に注入する無責任な先生等に対する憤慨の、胸中に燃ゆるを禁じ得なかった。

いわゆる宗教と科学との衝突

もっとも公平に言えば、これらの先生たちの大多数は決して自ら虚偽と知ることを故意に教授するのではなく、生学者の説を無邪気に盲信しているにすぎぬこと、またキリスト教諸国において起こった科学と宗教との衝突の一半の責任は、偏狭《へんきょう》なる神学者にもあること、特に聖書一点張《いってんば》りで、これをなんでも文字通りに解釈せねば承知のできぬ宗教家等や、教養なき一般信徒の意識せざる頑迷等に基づくことが挙げられねばならぬ。

これらの諸原因が相《あい》まって、科学者が僭越《せんえつ》にも哲学の領域に侵入したり、宗教家がキリスト教の信仰とまるで関係なき事柄に科学との矛盾を見出して、自らその資格もないのに自然科学の批評をしたりするために、問題はますます紛糾し、一般人をして科学と宗教とは相互に一致せぬものとの、甚《はなは》だ誤れる考えを抱かせるに至る。しかしかかる風潮は、泰西《たいせい》先進国においては、近来非常に緩和された。その一例として、本書第一章「天主」の「科学と宗教」のところに、一九二八年仏紙フィガロの蒐集したフランスの知名の科学者の宗教観をのべておいた。現代日本の青年の、より真面目《まじめ》な分子はカント哲学に影響さるること多きため、人生問題に対する科学的解釈というがごときものによっては、前代の人々ほどには煩《わずら》わされぬらしい。彼等はむしろヘッケル式の思想に対して軽蔑《けいべつ》と反抗とを感じ、信仰の権利というがごとき言葉に共鳴するらしい。しかし前掲の青年の手紙によっても明らかであるごとく、中等教育程度の求道者には、彼等の想像する科学との衝突が、かなり重大な躓《つまずき》になっているらしい。

残念ながら日本ではまだ、フランスの有名な化石学者マルスレン・ブールがその近著『化石人』（*Les hommes fossiles*, p. 440.）の中に皮肉にも付記しているように、「人間が猿の子孫であるという命題は、科学に門外漢の著述家か二、三の田舎《いなか》の坊さんの説教以外には見出し得ない」といった時代が到来したとは言えない。

不完全な解決

すなわち現代日本では一般に科学と宗教との衝突は、宗教家側の妥協的な一種の言い抜けか、あるいは科学の肯定することを信仰が否定してもいいという知情二元論的世界観によって解決されるのが常である。しかしこれはとうてい徹底せる融和ではない。真面目《まじめ》な宗教家はよしんば信仰を救うためであっても、言い抜けなぞしてはならない。また真のカトリックは、知情二元論のごとき統一なき世界観に甘んずる卑怯者《ひきょうもの》ではない。カトリックが真に安心立命を与え得る宗教ならば、統一徹底せる世界観を提供し得ねばならぬ。それでこの問題に充分なる光明を投ずべく、須《すべから》くまず偏見と誤解とを一掃して、カトリックの立場を明白にする必要がある。

創世記の天地創造説

そもそもこの宇宙の形成および生物の進化に関する、いわゆる自然科学者の躓《つまず》きの石が、旧約聖書創世記中の世界創造の記事に存するは、前述せる通りである。われらはそこに、神が元始に天地を六日にして創造したと告げられる。まず最初に形なく空しき混沌《こんとん》があって、その暗黒を通じて奇《くす》しき光が漸次《ぜんじ》輝きそめる。次に穹蒼《きゅうそう》が現れ、濛気《もうき》と雨をふくめる雲は立昇って下なる大洋と分れ、地は海中より浮み出でて青草が萌え出る。やがて空には日月星辰《せいしん》が輝きそめる。魚は水に躍り、鳥は青空に翼うってあまがけり、地の面には昆虫と匍《は》う物と野の獣と家畜とが、各その類に従うて生じた。かくて最後にこれら凡《すべ》てに君臨すべき人は土にてその体を作られ、神のかたどりなる生気《いのちのいき》を鼻より吹き入れられて、生霊《いけるもの》として出現した(創世記第一―二章参照)。

創世記と科学的知識

この記事に対してまず考えねばならぬことは、創世記が数千年の昔に、当時のユダヤ人のために、彼等の言語をもって、彼等に理解せらるるように書かれたという常識で、充分わかる極めて簡単明瞭《かんたんめいりょう》な事実である。旧約聖書は宗教上の聖典であって、科学的著述ではない。しかも自然科学の黎明期《れいめいき》よりも遥かに遠き昔に書かれた。この書の趣意は、天地万物が唯一神ヤーヴェによって作られ、人は神に対して他の被造物とは異なれる特殊の関係に立つが故に、当然特殊の義務を有することを教うるにあって、天地形成の天文学的、地質学的乃至《ないし》は生物学的階梯《かいてい》順序を説明せんためではなかったのは言うまでもない。試みにそこに地層とか進化とか星雲とかいう語があったと想像せよ。創世記は何千年間不可解の書であったであろう！

神の言として聖書は謬《あやま》り得ぬという信仰の結果は、決して創世記中に宇宙生成の科学的知識を求め得られるということにはならない。元来神がそこで教えんと欲したのではない事柄を、そこにどうして学び得よう。また聖書に録されたる言は、種々雑多の意味に解し得られる。たとえば六日にして天地が造られたという「日」とは、何を意味するか。二十四時間の一日ではないにきまっている。太陽のできぬうちに、すでに三日たっているではないか。それから太陽のできぬうちに青草が発生している。昔は光は太陽からばかり発すると信じきっていたので、日の出ぬ前に「光ありき」は怪《あや》しからんと、学者達はいきまいた。光はエーテル（われらはそれが実在しているや否《いな》やすら知らぬ！）の波動だという説になって以来、この難詰《なんきつ》は声をひそめた。しかるにおせっかいな神学者共は、十年ごとに変ってゆく学説を一々真《ま》にうけて、その時々のいわゆる科学と聖書の記事とを調和せんと苦心した時代すらあった。折角《せっかく》苦心惨憺《さんたん》の結果、つくろいあげた調和説ができ上る頃には、学説の方はどしどし進歩して、旧説は古本屋の教科書にばかり残る位なものである。ファウスト博士が「あらずもがなの神学」と慨嘆したのは、恐らくかかる種類の神学を指して言ったのであろう。

教会の伝統的解釈

中世紀の真の神学者等は、はるかに見識《けんしき》が高かった。たとえばトマス・アクィナスはその『神学大全』中に言う。

聖アウグスチヌスがわれらに教うるごとく、かかる種類の問題については二つの注意すべきことあり。一は確乎《かっこ》として聖書の真理を支持することと、二は聖書が相異なれる解釈を許す時にはその一つを固執《こしつ》せぬことなり。もしも聖書の真意なりと考えた説を誤れりとする充分なる理由あらば、何人《なんぴと》もこれをあえて固執すべからず。聖書を不信者の嘲笑の的《まと》となし、かれらの信仰に入る道を閉ざさざらんためなり。(I. q. 68, a. 1.)

トマスはアウグスチヌスの *De Genesi ad litt.* その他を引用しているのだから、これはもちろん彼一個の私見ではなく、カトリック教会の伝統的見解なることは明白である。現代カトリック聖書研究の権威たるフォンク師（教皇直轄ローマ聖書研究所長）の言えるごとく「ここにおいて、神は親がその子らに対するごとく、子供の単純な言葉をもって語り給う」ので、「いかなる程度までに、これら（天地創造）の描写が宇宙の現実の階梯《かいてい》的進化に該当《がいとう》するかは、本文中には言明されていない。」(Fonck: *Moderne Bibelfragen*, S. 75.)

だから自然科学者は、各自己の諸分科の領域内にある問題について、なんら聖書の記事によって拘束《こうそく》されることなく、研究して学説を立てる絶対の自由を保有するのは当然であると共に、自己の主張を聖書によって裏書せんとするは極めて愚かなことである。たとえば聖書に生物がおのおの「その類に従いて」造られたという言葉をとって、進化論と相容《あいい》れぬと考えるがごときは頗《すこぶ》る浅見である。たとえ種《しゅ》の進化が証明されても、結局神の定め給える進化の法則によって、現在の種別的生物に到達するだけのことである。いくら極端な進化論者でも、馬と牛とは同一だという訳にはゆかないであろう。

神が創造の記事によって人に教え給わんとするところは、以下詳説するごとく、いずれも自然科学の問題ではなく、宗教道徳に関することであり、科学もまたその厳密なる方法を忠実に遵守《じゅんしゅ》して、実験も証明もできぬ想像説を科学的真理なりとする欺瞞《ぎまん》をあえてせざるかぎり、真の宗教や道徳と衝突する憂いはないのである。

宇宙起原の根本問題は科学の領域外

我等はすでに創造ということは超時間的の出来事であるから、哲学の問題にはなり得るが、自然科学の領域には属せざることを学んだ（第三章参照）。宇宙形成に関するすべての臆説は、いずれも物質と物的運動の存在とを前提している。物質と物的運動とはどこから来たか？ の問題に対しては、科学は口を緘《かん》して語らない。また語る権利がない。それは科学の領域外の問題であり、より高き学にその解答を求めねばならぬ事柄である。

ラプラスの星雲説と創造

ナポレオンが、ラプラスの著書に神について録するところのないのを怪しんで詰《なじ》った時、彼は「そういう仮説を必要としない」（Citoyen premier consul, je n'ai pas en le soin de cette hypothèse.）と答えたのは、人口に膾炙《かいしゃ》せる逸話であり、星雲説によって創世記が打破せられたと盲信する徒《やから》は、好んで宣伝《せんでん》するが、「この話は何も確実な証拠が無いのみならず、かえって我々が彼について識っている他の事項と符合しない。彼が世間から、その行動および著作が非教会的である、と見られている事は確実だが、その臨終の病床で信仰ある公教信者たる事を表白し、二人の公教司祭に守られて逝去した。その葬式は現に日本内地で伝道に従事しているフランスの海外宣教会員によって、そのパリ本部の聖堂において執行されたのである。」（東京帝大講師オーヴェルマンス博士著『近世大科学者の宗教観』四五頁）

ラプラスの学説は原始星雲の存在を仮定している以上、彼のごとき偉大なる頭脳の持主が、この星雲の起源について考えなかったはずがない。彼はこの問題についてその著 *Exposition du système du monde* 中に、もちろん解答を与えてはいない。現世の栄華に迷っている間の彼の行動がどうあったにしても、死に直面した時の彼の解答は、「われは天地の創造主、全能の父なる天主を信ず」以外にはなかった。

カントの星雲説と神の存在

ラプラスの学説がカントのそれから脱化してきたものであることは、人の知る通りであるが、ラプラスの宇宙大系論に先だつ四十一年前（一七五五年）に書かれた、カントの天才的著述 *Allgemeine Naturgeschichte* を繙《ひもと》く人はまれである。前述の唯物論者等が、少なくもその序論（レクラム版で二十頁を超えないほどの短いものである！）だけでも読む用意があったら、この哲学者の名によって創造説を嘲笑するがごとき冒瀆《ぼうとく》は、あえて出来なかったであろう。

カントはこの書中に、アルキメデスのひそみに倣《なら》って「われに只《ただ》物質を与えよ、然《しか》らば汝等に宇宙を作って見せる」と叫んでいるが、これをもって神の存在や創造を否定したものと考うるに至っては、笑止千万《しょうしせんばん》である。彼は現在の宇宙が物質に内在する力と法則とに従って、混沌《こんとん》より発展せしことによって、神の全能がますます発揮せらるべきことを論じ、「自然がその混沌状態においてすら、規則正しく順序を守って動かざるを得ないことの故に、神は存在す」と考えぬわけにゆかぬと結論し、機械論より無神論に陥れる者の浅見を指摘している。カント哲学の詩人シラーの次のパラドックスは、同じ思想を歌ったものである。

Ein Gott? sagt er; Die Welt ist sich genug.
Und keines Christen Andacht hat Ihn mehr
Als dieses Freigeistes Lästerung gepriesen.

神ありと？　彼は言う、世界は自ら足れり。
されどいかなる信者の祈も神をこの不信者の
冒瀆以上にはたたえざるなり。

自由思想家は、宇宙は自足しているから神なぞ要《い》らぬと言う。しかし宇宙が秩序整然と運行して一見自足するがごとく見ゆるそのことが、神の全智全能を物語らずして何であろう。

自由思想家の冒瀆を可能ならしめたのは、宇宙の秩序の認識である。従ってその冒瀆自身が、実はかえって神の讃美に帰するのである。

カントと生命の神秘

のみならず、この宇宙には物質とエネルギーばかりでは説明し得ぬ生命の神秘がある。カントは因果律《いんがりつ》の世界の背後に目的の世界を認めて、自問自答する。「われに物質を与えよ、然《しか》らば汝等にいかに一匹の蛹《さなぎ》が発生し得るかを示さんと言うことを得るか……。一本の草または一匹の蛹の発生を機械論的に明白にかつ完全に説明し得る以前に、むしろ一切の天体の構造とその運行との原因、一言にして言わば現在の宇宙構造の全体の原因を洞見《どうけん》し得よう」と言って、その不可能を教えた。

最初に星雲があったという Urstand（原始状態）は、いかにそれが存在し始めたかを説明する Ursache（原因）ではない。物語の「昔々翁《おきな》ありけり」というのと同じことで、「昔々大きな星雲があった」と言っても、翁の由来がわからぬと同様に、宇宙の最初の起原は説明されない。

カントの観たる人間の帰趣《きしゅ》

私はなお唯物論者諸君に、物質的には大海の一滴にもしかざる人間が、その不死の霊と理性との故に、いかに神の宇宙において優越せる地位を占めるかを、この書中に論ぜるカントの雄大な文字と、三十三年後（一七八八年）に公《おおやけ》にせられた『実践理性批判』中の有名なる一節「頭上の星空と内心の道徳律云々」が、そこから胚胎《はいたい》した巻末の左の句を熟読していただきたい。

実にかかるまた前述のごとき省察をもって念頭をみたす時、冴《さ》えた夜の星の空を仰ぐと、ただ高尚な心を持つ人のみが感ずる一種の愉快を覚える。自然の静寂と感覚の休止の裡《うち》に、不朽の霊のかくれたる認識能力は名状しがたき言を語り、感ずべくして描く能《あた》わざる紛糾せる観念をもたらす。かくのごとき偉観が、彼等の心に喚起し得る一切の感激にも関せず、虚栄の奉仕を固執して動かざる底の卑劣漢《ひれつかん》が、この地上の人間中にあるとせば、かかる不幸なる被造物をはぐくめる地球は、いかに呪わるべきであろう。しかしながら一方において、凡《すべ》ての天体において自然の作り得る最も好都合な状況の下に到達し得るよりも、無限に優れた幸福と向上とへの道が、最も受《う》け容《い》れがいのある条件の下に備っている故に、それはまたいかに幸いなるところであろう。

しかしてカントのここに言う幸福とは、「理性があえて希求することすら許されぬものであるが、（神の）啓示が確信をもって希望する事を教える幸福」（レクラム版一一七―一一八頁を見よ）なのである。

カント＝ラプラス星雲説の弱点

これに加えて、現今諸学校において、証明せられたる科学的真理であるかのように教授せらるるカントとラプラスの学説は、決して専門家の無条件的承認をかち得たものではない。ラプラス自らが「実験または計算の結果でない凡《すべ》てのものが感じさせる不安」をもって、この仮説を提出したことを忘れてはならない。

第一、原始星雲の状態について、余りに多くのことが先天的に取りきめられている。この学説の成立するためには、星雲の内部は濃厚で、その核心は非常な高熱を帯び、しかもその中心を通ずる軸のまわりに、全体が同一方向に回転せねばならぬ。数学者等はまた遊星の環の形成について、種々な解決しがたい難問題を持ち出した。それに加えて天文学の発達につれ、すべての遊星とその衛星とが同一方向に太陽の周囲を廻る、と信じていた十八世紀の末には、まだ知られていなかった新事実――たとえば天王星、海王星、また木星と土星の衛星が、逆の方向に回転していることなどが発見されたのみならず、ラプラスの説明は宇宙の一小部分たる太陽系以外に及んでいない。無窮《むきゆう》の空間には重星や渦状《かじよう》星雲のような、太陽系とは組織を異にする幾多の天体系統がある。かかる系統の形成について、ラプラス説はなんらの光明を与えない。そこでこれらの欠陥を補わんとして新しい仮説が絶えず案出されている有様《ありさま》である。

専門家でない我々は、これらの新説の詳細を知る資格も余裕もないが、唯物論者等の参考のためにこの方面に貢献《こうけん》せる学者中 Herve, Faye, Edouard Roche、また未《いま》だ生存せる Belot や Abbé Moreau（この人はもちろんカトリック司祭である！）のごとき錚々《そうそう》の士は、いずれもその信仰を天下に告白するを恥《はじ》ないカトリック信者であることを付記しておこう。

ポアンカレの宇宙形成説批判

アンリ・ポアンカレは、彼の宇宙形成説についてのソルボンヌ大学講義"Leçons sur les hypothèses cosmogoniques" 1911中に、これらの諸説を批評して、「いずれも人を引きつける一面があり、その中のあるものは若干の事実の極めて満足な説明を与え、他のものはより多数の事実を包括《ほうかつ》するが、説明はその包括力において得るところを、精密の度において失うか、あるいは又これに反して精密にすぎて架空的な、かつ細工のすぎたものになる」と言い、また「宇宙の起原問題は、いつの時代にも考え深い人の頭を悩ませた。人は星空を仰いでそれがいかにしてできたかを訝《いぶか》らざるを得ない。その解答を求めるためには、それを得る根拠のある希望の生ずるまで、我々はあるいは辛抱《しんぼう》強く材料の蒐集をまつべきであるかも知れぬが、もしも我々がもっともらしくせかずに好奇心ばかりを持っていたのだったら、決して科学を建設しなかったろう。そうして平凡な日常生活に満足していたであろう。我等の理性はそれが未だ円熟せず、それを捕捉するよりは摸索することができるに止る底の微《かす》かな光明を有するにすぎぬ時にすら、すでに有無《うむ》を言わせずこの解答を要求したのであった。それだからこそ、宇宙形成に関する仮説がかほど沢山《たくさん》あり、かつおのおの異なっており、毎日のように新説が出るが、いずれも旧説と同様に不安でもあり、またもっともらしくもある。かくて新説は旧説の間に伍するが、旧説を忘れさせることには成功しない」と。

キリスト教を葬ったと信ぜられている星雲説の正体は、第一流の学者の眼から見ると、かくのごときものなのである。

進化説の批判

吾人は更にすすんで、生物進化に関する真面目な専門家の意見を叩いてみなければならない。以下は現代植物学の泰斗《たいと》ラインケ（Reinke）博士の近著『自然科学と世界観と宗教』の第十一章の大意である。ラインケ氏は哲学と医学の両博士号の所有者で、最近までキール大学の教授であった。なお進化論批判としては別に *Kritik der Abstammungslehre*（Leipzig, 1920, Barth）があるから、この抜萃《ばっすい》で満足できぬ篤学者または唯物的進化論者は、宜《よろ》しく参考すべきである。

遺伝の神秘

「動植物の形体の微妙は、その構造の秩序あることと進化とに現れる。形体の起原たる生殖細胞には、有性的でも無性的でも母体の組織から与えられた原質を細胞や繊維や器官に造り上げ、遂にその先祖の形体を再現せしむる可能性が具《そなわ》っており、この遺伝性を発展させてゆく進化の過程は、我等が日常目撃する最も手近な不可思議である。この現象に関する満足な説明は、まだ与えられていない。その進化発展は、顕微鏡的の生殖細胞から始まり、おのおのその類に従って、厳密に規定された限界内を進行する。この遺伝の過程は目に見えぬものであり、その主なる主体とせらるる細胞核のクロモゾーメンの研究のごときも、未《いま》だに謎の中に彷徨《ほうこう》している。人間の生殖細胞中には、成人後に現れる凡《すべ》ての精神的・肉体的の特性が、不可視的・可能的に潜在すると考えられる。たとえてみれば、それは一大オーケストラを組織する諸楽器のようなもので、指揮者の合図の下るまではいずれも沈黙を守っているが、一度演奏が始まると最初は嫋々《じょうじょう》として訴うるがごとく緩かであるが、生命の充実に伴って怒濤《どとう》のごとき旋律となり、最後に絶え入《い》るようなフィナーレがくる。この間一つの楽器が調子を外《はず》しても演奏は失敗に終るごとく、時を違《たが》えず順序よく発展すべき心身の素質に少しの障害が起こっても、典型的な進化の過程は不可能になってしまう。

進化論の出発点と一般的興味

同一種《しゅ》に属する個々の生物は、ことごとくその種の典型的形体を具《そな》えているにかかわらず、従属的の特性においては無限の差異が認められる。同じ種に属しながら、個々の生物はおのおの個性を具えていて、甲は乙でなく、乙もまた丙と異なる。すなわち同一種内にある限度の差異が現にあること、またその差異の可能性を認めることから、結局種《しゅ》そのものも、より大なる見地からは、同一種内の個々の生物の有する特性のごとく変化し得べきものではないか、との考えに到達し、ここに進化論が生まれた。すなわち、各種の有機体に共通の類似点を根拠として、これらの諸生物の種類は、相互に系統的に連絡して進化してきたと主張するようになった。一般にダーウィンによって祖述されたとせられるこの考えが、自然科学の専門家でない素人《しろうと》の間に過当な興味をそそったわけは、人間の起原までがこの考えの中に取り入れられ、多数の人は自分らが文明化した猿猴《えんこう》類であると考えることを喜んだからである。

種の起原の問題とその非科学的解答

生物界において多くの種《しゅ》の存在すること、そうしてそれらの間に差異と類似のあること、同一種が繁殖に際して執拗《しつよう》にその典型を保持してゆくにもかかわらず、個々の生物の特性に著しき隔《へだた》りの現れることなどは、たしかに幾多の重大な問題を生物学者に提供する。これらの問題に関して決定的な科学的解決をもたらすには、今後なお多くの細心な研究を必要とするが、今日においては次の一事だけは疑いを容《い》れない。すなわち種の起原の問題を解決するには、想像的の思索ではなく、ただ実験によらねばならぬことで、これに関するスペキュレーションは、残念ながら特にヘッケルの努力のお蔭《かげ》で、公衆の間に非常識の極端にまで押しすすめられ、その主張が大胆になって、科学的見地を離れれば離れるほど、彼等の喝采《かっさい》を博《はく》した。

それについてはマックス・シュタイネルが、彼の才気《さいき》煥発《かんぱつ》せる著述『ダーウィン説の究極』(*Die Lehre Darwins in ihren letzten Folgen*) 中にこう言っている。

自然主義が中世紀的迷信の灰色な濛霧《もうむ》を払う呪文は進化という語だ。進化はわれらに宇宙の真相を認識させ、われらが今日まで摸索したところに光明を投げ、人類により幸福な将来、すなわち生物の階梯《かいてい》における無限の向上を開展する。存在は無心の物質から、理性ある脊椎《せきつい》動物にまで完成されたのだ。炭素と水素と窒素瓦斯《ガス》とが、単純な原形質の塊にまでかたまる。これが生命の最初の形である。そうして徐々《じょじょ》に数百万年の間に、数限りない種類を経て、生命は人間にまで向上してくる。かくて人間の霊魂は、その禽獣なる祖先の嘲笑《ちょうしょう》の下に不死を断念し、意志の自由をも棄権《きけん》せねばならなくなる。何となれば人間は一つの長い系統の最上に位するが、最後のものではない。生命は太陽の軌道にまで無限に向上してゆく。

仮説としての進化論の価値

これらの皮肉な言葉の後に、現代ドイツの最も卓越《たくえつ》せる生物学者の一人なる E. K. v. Bare の語を添えるがよかろう。曰く「仮説としては、進化論は最も顧慮に値するものと私は考える。自然の研究は異なる生命の形がそれを通じて生成したであろう過程について、いかなる決定した観念をも与えない。それらがある時期に生成したこと、しかもそれは同時ではなく相次《あいつ》いで生成したことは疑いない」と。

広義の進化論はまず第一に地球の歴史に根拠して起こってきた。なぜかというと地球の初期には、現在のとは異なる動植物が生息したことは事実だし、また天文学説によれば、地球は太陽のようにかつては灼熱《しゃくねつ》しており、生物の生活は不可能であった時代があったのだ。生物中水の沸騰《ふっとう》点に達するほどの温度中に生息し得るものはごく少数で、これらは最も劣等な生物バクテリア類に属する。すべてのより高等な動植物は、遥かに低温中にも死滅する。進化論によると、今では多く死滅してしまった前世紀の動物が生まれ出てきたというのだが、残念なことには化石として見出される前世紀の動物と現在のものとを結び付ける連鎖は、知られていない。それだから進化論信者にとっては、この学説は疑うべからざる一種の公理《アクシオム》であって、それはすべて公理同様証明できぬものである。これに反して懐疑論者にとっては、進化論は研究用の臆説に止《とど》まり、その功過は議論し得べきものである。現在動植物の異なれる種類の発生系図について言われることは、疑いもなく実験的の知識の範囲に属するのではなくて、科学的信仰であるため、学者の意見は区々として一致せず、ラマルク、ダーウィン、ネーゲリ、キューリケル等いずれも異なれる臆説を出している。

エンペドクレスとダーウィン

古代においてギリシャの哲学者エンペドクレスが、人間や高等動物の起原を説明して、四肢《しし》五官《ごかん》が別々に発生していたものが、幾多偶然の結合を重ねるうちに人や獣になったと言ったのは進化論の諷刺画《カリカツール》ともみるべきで、今日何人《なんぴと》もかかる想像を真面目《まじめ》に受《う》け容《い》れるはずはないが、彼の名は決して閑却《かんきゃく》されてはならない。と言うのは、ダーウィンの淘汰《とうた》説も偶然を現在の動植物の種類の原因とする点において、軌を一にしているからである。有機体の変種は偶然の戯れであり、この変種中ただ「生存競争」に勝てる適者のみが生存し、他のものを圧迫し、かかる偶然に基づく適者たる変種が数百万年間重複した結果、新種が旧種から進化してくる。かく考えることによりダーウィンは、より不適当な部分の排置《はいち》から有機体の合目的的構造ができる過程を説明し得たと信じた！

いわゆる生物の発生系図

それでダーウィンに特有なこの自然淘汰説は別としても、その他の進化論とても、一つとして科学的成果と言い得るものはなく、いずれも多少は人を眩惑《げんわく》する底の観念たるに止《とど》まる。進化論信奉者の多数は、ただ学者が言ったからというほかに理由を有しない。有機体の発生系統という観念は、今日の多数の生物学者（余もその例に洩《も》れない）の理論的自然観の要素となり終ってしまった。かるが故《ゆえ》に、なおさら妄想的にまでなったこれらの学説の不純分子を除去することを、今や猶予《ゆうよ》し得ぬ時期となった。ヘッケルの著書等に見出さるる生物発生の系図や詳細な描写のごときは、実にこの類で、一般に植物学者はかかる妄想に対しては、動物学者より慎重であった。

当時イェナ大学の動物学教授であったヘッケルが、同僚の植物学者プリングスハイムに系図の下書きを示した時、プリングスハイムはまさか公刊するつもりではあるまいと念を押した。ヘッケルは公刊するのだと答えた。プリングスハイムは言下に「そんならクラデラダチ（滑稽新聞）にでも掲載したらよかろう」と、たしなめたとは本人の直話である。

自然淘汰説の没落

その他ダーウィンにより準備され、後にワイスマンによって特に力説された生存競争における自然淘汰《しぜんとうた》万能論《ばんのうろん》からも、生物学者は漸次《ぜんじ》遠ざかりつつある。エ・フォン・ハルトマン、アルプレヒト・ヴィガント、グスターフ・ヴォルフ、ハンス・ドリーシその他多くの学者は、このいわゆる淘汰説の極《きわ》めてもっともらしくないことを証明した。ダーウィン自身すら研究が進むにつれ、単に生存競争における自然淘汰説のみならず、その他の彼の学説の重要なる部分に関して、だんだん不安になった。その証拠には、「もしも無数の小さな変化によらずに組織されたなんらかの器官の存在が証明され得たら、その時余の学説は疑いもなく瓦解《がかい》せねばならぬ」と、かつて言ったことすらある。

ところがグスターフ・ヴォルフは、かかる不可能とされた多くの実例を鋭き論理をもって証明した。有名な生理学者のアドルフ・フィックは、次の語をもってダーウィンの淘汰説の批判をまとめている。「生存競争の特定の条件からは、決して現存する有機体の性質をその原因に溯《さかのぼ》っても、あるいは機械的にも、説明し得ない。ただある種類の有機体は存在し得ぬことが推論し得らるるにすぎぬ」と。

ダーウィンの独断の数々

独断的進化論は、動植物の種類は唯一の元始生体から、あたかも一つの幹から枝葉が簇生《そうせい》するように発生したと想定するから、最初から多数の相異なれる原始生体があって、それから現在の種類が発展してきたという同様にもっともらしき想定に、耳を傾くることを好まない。

これだけでも進化論の立脚点がいかに不安定であるか、かつダーウィンが実験的には、たしかに限定せられている種《しゅ》の変化可能性から出発して、実験を超越した種の限界の相対性を主張したことの大胆《だいたん》さが思い遣《や》らるるであろう。とにかく彼の学説の中心は、生存競争による自然淘汰にあるが、これはたとえ何億万年の歳月をかしても、ありそうもない仮定である。いつまで待とうと三角形が四角形になるわけがないように、偶然の結合が目的性を作り出そうはずはない。ダーウィンはまたすべての有機体が、より完全な生命の形に向上しつつある、という自然の法則が彼の学説に現れると信ずるが、それも誤りである。何となれば、顕微鏡的のバクテリアは、かえって二十日鼠《はつかねずみ》や小鳥よりも生存競争裡の適者であり得るから。彼はまた用心深くも、精神の起原については、口を緘《かん》して語らなかった。

進化論の濫用を警《いまし》む

かかる次第であるから、進化論が「理性の思い切った冒険」(Ein gewagtes Abenteuer der Vernunft)と呼ばれたのは、怪しむに足りぬ。惜《お》しむらくは、その研究が学者の冷静な調査をはなれて、信じがたきほどの誇張をもって市井《しせい》に科学的成果として喧伝《けんでん》せられたことである。なぜなれば前掲の愚なる試みのほかに、有機体の系統的連絡を少なくも理論的に了解しやすからしめようとした真面目な努力もあるからである。

「ダーウィン説はこれら（の真面目な努力）に対して、ディレッタントの誇大妄想《こだいもうそう》的態度をとる。それはすべての生物の細かい末に至るまで仕上げられた器官を、相互に無意味に飛躍している部分の偶然な邂逅《かいこう》に帰せしめようと欲する」と、現代生物学の泰斗《たいと》J. J. v. Uexküll が言っている。かくのごとくダーウィンの偶然説が、批評家のために遠き昔において葬られてしまっておるにもかかわらず、通俗著述家らは相変らず一般公衆に向って、それを科学的真理であるかのように吹聴《ふいちょう》しているのは、何と嘆かわしいことであるまいか。」(Johannes Reinke: *Naturwissenschaft, Weltanschauung, Religion*, 1925, Herder, SS. 66–74 参照)

ウェルズの世界観とカトリック

ラインケ教授が上述の言を公にしたとほとんど同時に、英国の科学小説家ウェルズが『文化史大系《じょうとう》』を著して、この専門的学者によって見捨てられた自然淘汰《しぜんとうた》説や、その他の唯物論者の常套論を相変らず金科玉条《きんかぎょくじょう》であるかのごとく平気で主張したがために、手痛き批評を蒙《こうむ》ったことは人の知るところである。日本ではその『文化史大系』が北川某氏によって翻訳《ほんやく》され、普及版までできて、人類知識の宝庫であるかのごとく広告された。かくのごとき媒介物によって反キリスト教的偏見《へんけん》が、徒《いたずら》に知識欲のみ強き無批判的な人々の間にひろまってゆく。

私がカトリック研究社を経営するの故をもって、カトリック教会の科学に対する頑迷《がんめい》な反抗を筆誅《ひっちゅう》すべく、高価な郵税をも吝《お》しまず、再三書を地方から寄せられる篤志家《とくしか》さえある。しかしお気の毒なことには、かかる篤志家の金科玉条とするところを冒瀆的《ぼうとくてき》にも破壊したのは、カトリック教会ではなく、自然科学者自身なるを如何《いかん》せん。『文化史大系』に盛られたような、安価ないわゆる科学的知識によって、カトリック教会の基礎が覆《くつが》えされたと信ずる人達は、最後の断案を下す前に、すべからくベロックの『文化史大系伴侶』(H. Belloc: *A Companion to Mr. Wells' Outline of History*) や、ベロックとウェルズ両人の間に取《と》り交《か》わされた論戦の小冊子 (Wells: *Mr. Belloc Objects* と Belloc: *Mr. Wells still Objects*, Sheed & Ward, London, 1926)、そうして彼等がもし少しでも哲学的に思考し得る人達であるならば、最近カトリック教会に帰正した文豪チェスタトンの『永久の人』(G. K. Chesterton: *The Everlasting Man*) のごとき書を読んで、真の科学と哲理とがいずれの側に属するかを熟慮したらよかろう。少なくもこれらの書が、人と呼ばれる被造物とキリストと呼ばれた人とについて、ウェルズ輩のなし得る以上に深きことを物語ってくれることは、公平なる何人《なんぴと》も認めざるを得ぬところであろうと思う。

人間の動物的祖先

ラインケ博士はさらに語を継いで言う。

「専門家以外の一般公衆がダーウィンの進化論に異常の興味をそそられるのは、この説が人類起原の問題にふれるところがあるからである。そもそも今日知られている最古の人骨は洪《こう》積層《せきそう》時代のもので、それ以前の第三紀の数ある化石中、人間のそれは一つも発見されない。

その時代に人間の製作した石器として論じられたものは、それ以外の説明を与え得るものである。（訳者註、この問題に関しては、たとえば近年物故《ぶっこ》せるフランスの有名なる地質学者にして同時に敬虔《けいけん》なるカトリック信者なるド・ラパラン De Lapparent 著 *Les silex taillés* を見よ。）それより古き時代、白亜紀《はくあき》、ジュラ紀、三畳紀《さんじょうき》、石炭紀、デボン紀、シルリア又はカンブリア紀中には、人間の痕跡《こんせき》だに見出されない。胎盤《たいばん》のある哺乳類《ほにゅうるい》がようやく第三紀に至って出現するのである。

かかるわけであるから、人類の動物的祖先に関しては、極めて不確かな類推をもって論じ得るに止まり、たとえば現在の白黒黄各人種が共同の祖先に溯《さかのぼ》るや否《いな》やのごとき問題すら、科学的には全然不確定である。特に人間が黄猩々《しょうじょう》、猩々、手長猿《てながざる》等のいわゆる類人猿から進化したという説は、精密な研究が重ねられるに従って、ますます怪しくなってきた。人間の動物的起原を主張するのに最も熱心な研究者でさえ、現代においては、たかだか彼等を人間の祖先の従兄弟《いとこ》ぐらいに考えるに止まり、我等の直系の祖先は全然未知に属すると断言して憚《はばか》らない。余のみるところでは、人間と、最も人間に近似する他の諸動物との一番重要な差異は、精神的方面であって、すでに人間の足が猿の手とは質的に異なるものであるから、いわんや人間精神は疑う余地もなく、ただに量的のみならず本質的に最高の禽獣《きんじゅう》のそれを凌《りょう》駕《が》すること遠きものがある。しからばいかにしてダーウィン先生の処方によって前者を後者より拈出《ねんしゅつ》し得ようか。

人間は文化的に向上し得るのみ

動物の分際《ぶんざい》は自然界を出《い》でぬが、人間はその精神によって自然と文化との両世界に属するものである。人間精神はその肉体と相関連して発展するが、その初期において肉体が主たるごとく、後期においては精神が重きをなすのである。現在の人間が、進化論的の意味でさらに高い生物的発展をなすなどいうは、純然たる妄想《もうそう》にすぎない。少なくも人間の肉体は無際《むさい》限《げん》に発展し得ないことを、歴史が確証している。ただその精神的文化に至っては、歴史前の黎明期《れいめいき》より層一層光輝《こうき》をまして、ただその精神的能力と知識とにおいて人は進展し得るが、しかも各個人は生まれて後、祖先の精神的遺産を学習により修得し、かつこれを増殖することを条件とする。かのいわゆる「超人」への進化というがごときは、もとより論外《ろんがい》である。自然界の一員としては、人間は永久に人間として止まるべく、ただ文化の世界においてのみ進歩発達は可能である。しかして最初の人間の動物的起原が不確定で、かつ同時に考え得られぬことであると同様に、文化の終局も未来の暗き懐に包まれている。

進化論的世界観

いま試みに現今専《もっぱ》ら唱えられる進化論的教説を繰《く》り返《かえ》すと、まず充分に冷却した地殻《ちかく》の上に、生命は顕微鏡的の微小なるアメーバもしくはバクテリア類の形で出現したとせられる。これがいわゆる原始細胞（Urzellen）である。この原始細胞から、今日の生物界において生殖細胞から生体が形成される過程になぞらえて、吾人には全然知られていない経過――すなわち常に同じものを作り出す普通の繁殖形式とは異なった道をたどって、植物動物人間と漸次《ぜんじ》高等な生物が出現したという。しかしながら、かく考える以上は、すべての生物が唯一の原始細胞から出たと想像するよりは、最初から多数の原始細胞があって、そのおのおのが現在の生物類の出発点となったと考える方がもっともらしい説である。もちろんこの仮説においても、途中で系統が分派することは可能であって、たとえばすべての猫属や猛禽《もうきん》類は、共同の祖先に溯《さかのぼ》ると考えられても差《さ》し支《つか》えないのである。いずれにせよ、これもそれが可能であると想像し得るに止まって、なんらの確証なきことを忘れてはならない。のみならず自然科学者にとってさらに興味があるのは、原始細胞がいかにして無機的地殻《ちかく》より発生せるかの問題である。

生命の起原の問題

実験によって証明された原則は、すべての生物発生は一種の分離の過程であるところの出生《ゲブルト》により、動物は動物から、植物は植物から、細胞さえも他の細胞から出ずるもので、かつ吾人の知るかぎりでは、その母体からは、ただ同一種のもののみが出生するのであって、進化論者のいわゆるヘテロゲネシス、すなわち母体と全然別種のものが出生することは、まだ実験によって証明されぬ臆説に止まる。いわんや原始細胞がかつて母体なくして地球上に出現せりとすれば、これ実に解きがたき謎として吾人に提供されるものである。

原始発生説

この奇蹟をひとは原始発生（Urzeugung）とよんだ。エーベルハルド、リヒター、ケルヴィン卿、最近にアレニウス等多くの学者は、原始細胞が他の天体より、または天体間の空中より地球上に降下せるものならんとの仮説を提出して、この奇蹟を説明せんと試みたが、それはもとより根本的の解決ではなく、生命の起原を地球の表面から他の場所へ移動させるにすぎないから、リヒターやアレニウスは、さらに宇宙間には微塵《みじん》のごとき細胞が瀰漫《びまん》しており、生命は物質とともに悠久《ゆうきゅう》であるとの臆説《おくせつ》を考案した、このいわゆる生命瀰漫説（Panspermie）はあまり賛成者を得なかった。

一九一〇年にフランスの物理学者ベッケレルは、天体間における紫外線の作用は、かかる生命種子を死滅せしむる結果をもたらすべきことを指摘し、余もまたこれらの生命の種子が遊星の雰囲気内を通過する際に、その質量の微細なるにもかかわらず、隕石《いんせき》が空気の摩擦《まさつ》により赤熱すると同様に、燃焼を免るること能《あた》わざるべき点に、学者の注意を喚起《かんき》した。

いずれにせよ、たとえ地球の表面へ無事到着したと仮定しても、これらの生命の種子は、互いに類似せる現在の動植物の種子が、極めて多種多様な有機体に各発展するのと同様に、発展する性質を有するものと考えねばならず、しからば万一種子が皆一様であったならば、何億万年の間同一種——たとえばトカゲ——を繰り返し繁殖するに止まるか、あるいはいかなる生物にも発展する可能性をこれに許せば、ダーウィン説によって要求または冀求せられたるすべての生物の血属関係も成立しなくなるであろう。何となれば一部の種子は魚類に、他のものは鳥類に、第三のものは哺乳類になり、その中でもあるものは海豚《いるか》に、次のは獅子に、しかして他の種子は猿に、それから黒人にも白人にも進化し得るから。さらにすすんで白皙《はくせき》人種が数多《あまた》の生命の種子の生命にまで溯《さかのぼ》り得ることすら可能になってくる。

科学は生命の起原を説明し得ぬ

かかる次第であるから、やはり地殻の無機物から生命が出現したという原始発生論が大多数の進化論者によって歓迎されている。これに対しては、もちろんかかる発生は実験の範囲内にはいってこないことが指摘されねばならず、自然科学は飽《あ》くまですべての生物体に先在せる生物体より出生することを知るのみである。しかし生命瀰漫論者《パンスペルミー》をのぞく他の何人《なんぴと》も、かつて一度は地球の表面で生命が出現したことを疑う者はない。ただこの原始発生の事実たるや、自然科学にはとうてい了解のできぬ奇蹟として残る。何となれば地殻の冷却直後において、現在もはや存在せぬ原始細胞の発生条件が具わっていたと考え得るためには、その後自然法が変化したことを許さねばならぬから、この説に対して吾人は十分懐疑的であり得るし、また物質に今日働いているような力がいつもあったことを許すかぎり、原始発生の臆説は生物と無生物との間に橋をかけてくれるものではない。近頃成功した炭水化合物や蛋白質的有機物の合成も、少しも人為的に生物体を作り出せることの証明にはならない。これらの有機化合物が化学者の智慧の干渉なしに、偶然に地殻の無機的構成物から出来たなどいうことは、いやしくも化学の知識を多少なりと有する者のとうてい肯《うべな》い得ないことであり、従って唯物的原始発生説の最も重要な前提は、これで消滅してしまうわけである。

かかる次第で、地上最初の有機体の由来は自然科学者にとっては深き暗黒に閉されている。「過去はわれらにとりて七つの封印をもって閉じられた書である」という言は、これらの不思議な出来事についても真である。ただ簡単な有機体のみが恐らく無機的の物質から「進化」し得たであろうなどいう説は、お伽噺《とぎばなし》の世界に属すべきことで、無生の物質に内在する力から生命の原始発生を説明せんとするがごときは、現在知られているすべての物理化学的事実を無視する想像にすぎない。それは「それ自身には盲目でもの言わぬ物質が、時を経るに従って理性を具えるようになった」（Lasson: *Der Leib*, S. 69.）という仮定を許すのと、結局同じことになる。

原始発生を偶然の出来事と考えようとした試みはもちろんあるが、それらについてガス体運動論の創説者として物理学界の泰斗《たいと》たるクレーニッヒ（A. K. Krönig）の批評を引用すれば、「理性と離れた偶然の能率について現代の唯物論者の説を叩くと、それは有機体を造り出す点に関しては、人間理性のそれに比して遥かに高く、機械を作ることについてはとうてい及ばないとの意見を有している。しかもただ最初の生ける細胞の発生にのみ特に有利な境遇が必要で、その後の細胞は容易に最初のものから進化し得るのだそうだ」（『神の存在と人間の幸福』四〇一頁、ベルリン、一八七四年版）と。

生命の起原は哲学の問題

自然科学者が生物について言い得ることは、ちょうど水素や窒素や黄金が存在すると同様の意味で、ただ与えられているということのみで、一度生命の起原の問題に踏み込む時、彼は科学の領域を超えて哲学のそれに進み入るのである。無生物からその内在せる力によって生命が発生したというのは、最ももっともらしくない説で、我等は物質の有する純化学的性質を勘考《かんこう》して不可能と断ぜねばならぬから、原始発生説を採用するのは疑いもなく創造説を奉ずるより非科学的である。自然科学の限界を超越している点に関しては両説とも撰ぶところがない。

吾人の日常目撃する奇蹟は、一頭の馬なり一本の柏樹なりが、すでにその顕微鏡的の生殖細胞中にその特性を保有し、受精により特定の形体にまで発展する事実である。従って「奇蹟は科学を亡《ほろぼ》すものとしてこれを却《しりぞ》ける人たちは、秩序のない運動の単なる偶然性から典型的な生物を著しき特異な結果として導き出している以上、すでに奇蹟を与えられたる事実として認めているのだということに気付かない。」（ラッソン）

ベール（K. E. v. Baer《ゆえん》）は動物の種類を、彼等に内在する物質の働きによって説明することが不可能な所以をしばしば指摘し、それらは直接に与えられたもの、粗野なる物質を独特の律呂《りつりよ》と調和とをもって化合形成する創造観念の地上に実現せられたるものなりとする。しかしこの主張は、もはや科学の境を超えて形而上学の領域に入れるものである。

節度ある進化論を推奨す

すでに暗示せるごとく、余はダーウィンの自然淘汰《しぜんとうた》による進化の説明には賛成せざるも、自身一種の進化論信奉者であるのだ。生存競争は不適者を除去し得るが、合目的的構造を有する新種を造り出し得るものではない。しかしながら動植物の形態の比較的検考は、各種相互間の発生関係を許容《きよよう》せしめねばやまぬ。しかして動植物界における多くの実例は、種《しゅ》の変化の証拠として常に反覆引用せらるるであろうほどに、この点に光明を投ずるものがある。植物界においては余自身の研究せる地衣類や、動物界においてはエーリヒ・ワスマン（訳者註、氏はイエズス会員なるカトリック司祭なり）の独創的研究により明らかにせられたる「アリマキ」のごとき事実を挙げることができる。一の種が他の種より進化し得《う》るや否《いな》やの問題を決定するに、比較形態学以上に重きをなすは、生物自身についての実験である。グレゴル・メンデル（訳者註、この人もオーストリアにおける一カトリック修道院の司祭であった）の植物変種の研究に基づいて、現代において盛んに行わるるに至った実験遺伝学は、今日までにすでに重要なる結果を収め、実験的に異なれる品種を作り得ることを証明した。多くの人はかかる実験において品種《ラッセ》の観念に代うるに種《アルト》または亜種《ウンタアルト》のそれをもってするが、しかる時は極めて近似せる種についてのみ言い得るのである。しかし属との溝渠《こうきよ》をも実験的に埋め得るという見込みはまだ立たないし、さらに動植物界の多種的起原ももっともらしきこととして肯定せられねばなるまい。ただ同一類中に多くの種が相互発生したのであろう。」（ライ

ンケ博士著、同書七四―八一頁）

宗教対科学問題の結論

以上引用せるところによって、科学の進歩がキリスト教を打破せりとか、科学に対するカトリック教会の頑迷なる反抗というがごとき演説的文字が、いかに軽率なる観察に基づくか、特に教養ある人士が自己の威信《いしん》を傷つくることなしに口にし得ざる偏見《へんけん》なるかが、明白になったであろう。余はすべてこれらの諸問題に関して、決定的の答弁を与えている最もよき小冊子として、上述のラインケ博士の著書のほかに、ラプラスの条下に引用せる東京帝大講師オーヴェルマンス博士の著書『近世大科学者の宗教観』（カトリック研究社出版）を重ねて読者に推薦《すいせん》しておきたい。

人間の地上出現の時期

その経路はともあれ、人間が自然界の王として諸生物の最後に地上に出現したという点に関しては、自然科学者も神学者もその説を同じゅうしている。但《ただ》しその年代に至っては、科学も聖書もなんら確実な知識を我等に与えない。これは学者が自由に研究して勝手に決めるべき問題である。

第七課　第一条の続き

第五項　人間の事

50　天主は何の様《よう》にして人を造り給うたか。

天主は土を以て人の身体を造り、これに霊魂を合せて人祖を造り給うたのであります。

人間の創造

「神土の塵を以て人を造り生気《いのちのいき》をその鼻に嘘入《ふきい》れたまえり。人すなわち生霊《いけるもの》となりぬ」（創世記第二章七）。「神その像《かたち》のごとくに人を創造《つくり》たまえり。」（創世記第一章二七）

この単純素朴な創世記の叙述は、土の塵すなわち物質から造られた人間の肉体が、いかなる過程を経て完成されたであろうとも――カトリックの信条は聖書同様、それが完成した形において直接に創造されたか否かについて明言しない――人間の品位は彼が神の像に基づくことを教える。フランツ・ザウィキのいうように「人間の肉体が禽獣的階梯《きんじゅうてきかいてい》を経て現在の形を具うるに至りしや否やのごときは、道徳的宗教的には無意義である。聖書は人体が神により土より造られしを物語るが、それは必ずしも人体がより低級な生物的階梯を経過してきたことを除外しない。」（『キリスト教の真理』第二版、一五九頁）

我等は皆、母の胎内において、驚くべき複雑なかつ微妙な成育の時期を経て、始めて天日を仰ぐに至りし所以を思い、かつ地球の表面にある相異なる諸人種、諸民族がことごとく、ただ一対の祖先から出でたことをキリスト教が主張する点に鑑《かんが》みても（それは前述のごとく科学的には肯定も否定もできないことなのである）、節度ある進化論と信条とが、氷炭相容《あいい》れぬものであるかのごとく考えることのいかに浅薄《せんぱく》であり、かつ人体起原の生物学的説明によって人間の宗教的道徳的理想が覆《くつがえ》され得ると信ずることが、いかに哲学的素養の欠陥を暴露するかをも反省し得べきである。

47　人とは何であるか。
人は肉身と霊魂とを合わせたものであります。

霊肉の両面とその関係

人とは肉身と霊魂とを合わせたものである。人体の生理的現象が、それが生理的現象であるかぎりにおいて、他の禽獣《きんじゅう》のそれと等しく説明され得ることに何の不思議も、差《さ》し支《つか》えもあろうはずがないと同時に、本能的衝動のままに生くる彼らと、理性の指導に従って多くの場合に本能的衝動を支配すべき義務と力とを賦与された人間の生活とを混同するがごときは、科学的方法の初歩すら無視した議論である。

軌道を走る電車の運動が、力学的に説明できるということから、軌道を敷設した者も、運転手もないと結論する者があったらどうだろう。人間の生活を生物学的にのみ説明せんとする徒《やから》は、これと同じ愚を演ずる者である。人間においては、一面において他の動物と共通な生物学的なことすら、禽獣のそれとは質的に異なる精神生活と不可離に結びつけられている。神の像たる生霊となった人は、理性によって自己の目的を認識し、自由の意志によって目的遂行の手段を撰択する。その行動は外観的には純本能的作用と全然同一であっても、内面的には雲泥《うんでい》の差がある。前者は自主的の能動であり、後者は必然的の受動である。あたかもブレーキの破損した車台が傾斜面を自然にすべり落ちる時と、運転手に操縦《そうじゅう》されて下る時と、それが運動であるかぎりにおいて、なんらの差異はないが、運動の意義は全然別であるようなものである。いわんや人間の生活においては、車台と運転手とは相離れた別箇のものではない。霊魂と肉体とは異なれるものでありながら、相互の本質的一致によって人間を形作っているのであって、霊だけでも肉ばかりでも人間とは申されない。従って肉体に主たる霊魂は啻《ただ》に精神生活の根源であるのみならず、同時に肉体的生命そのものの根底でもある。

真に人間的なる霊肉関係

されば人間の肉体生活の尊厳は、実にここに萌《きざ》すのである。すなわち人間には精神生活と全然離れた純肉体的の生命の営みがあり得ぬごとく、有機的運動を伴わぬ精神作用もあり得ない。肉体は直接でなくとも少なくも間接に、理性と意志の目覚《めざ》めぬ以前の生命の営みにおいてすら、禽獣《きんじゅう》のそれと同一視することのできぬものがある。これ特に児童心理学と動物心理学との同一ならざる所以《ゆえん》である。真に人間的とは、唯物論的の享楽《きょうらく》主義でも、唯心論的の理想主義でもなく、霊に支配されたる肉の生命をこそ言うべきで、この霊肉の主従関係を無視せる今の世にいわゆる「霊肉の一致」——実際的にはしばしば霊の美名にかくれて肉の放恣《ほうし》を弁護せんとする口実にすぎぬところの——などでないことに注意せねばならぬ。

我等は禽獣でないと同時に、純霊たる天使でもない。肉を霊によって道徳的に生かすところに、人間の真面目《しんめんぼく》がある。だから手足ばかりで労働して禽獣に堕してもならず、頭だけで働いて悪魔になってもならない。ここにおいてか、また「天使の真似をせんとする者は、結局禽獣の真似をする」というパスカルの深い言葉が味わわれねばならぬ。この意味においてアナトール・フランスの小説『タイス』のごときは、最も皮肉に肯綮《こうけい》に当っているが、それは決してキリスト教の立場でないことを特に指摘しておく必要がある。何となれば現代の道徳的訓練なき青年は、理想に憧《あこが》るるの余り、かかる似而非《えせ》神秘主義に禍さるることが最も甚《はなはだ》しいから、一層《いっそう》の警戒を必要とするのである。

『出家とその弟子』や一燈園が道徳的蹉跌《さてつ》の機会になった青年男女の数は、そもそも幾何《いくばく》であろう。倉田氏の「恋愛は信心の門」という句が禍をなして、北海道トラピスト修道院では失恋男女の入院申込に応接のいとまがないとまで噂されている。実に迷惑至極《めいわくしごく》な話である。肉に囚《とら》われた世間はまた、カトリックの献身生活に入る篤信者《とくしんしゃ》を数奇を極《きわ》めた小説の持主ででもあるかのごとく、好奇の眼を瞠《みは》って眺めている。これはなお恕《ゆる》さるべしとするも、かかる臆測が実際であるかのごとき題材を玩《もてあそ》んで、カトリック文芸家をもって任ずる徒《やから》があるに至っては、実に言語道断と申すの他はない。我々にはそんな余裕はない。もっと平凡であると同時に、より遥かに真剣である。神を相手に太刀打《たちうち》をしているので、人間相手の芝居を演じているのではないことを了解しておいて貰わねばならぬ。

霊魂の存在

物質に即して、しかも物質を支配する、事実支配せぬまでも少なくも支配すべきであると考える。これが人間の人間たる所以《ゆえん》である。吾人の道徳的努力において日常体験するこの事実は、何を物語るか。これ吾人の中に物質以外のものがあって、その霊は物質の中に働くとも、本質的に物質を超越せる実在なることを教えるのでなくて何であろう。物界においては量的により大なる力が必然的により小なる力に勝つ。しかも量的優劣が左右するこの勝敗は、どこまで行っても機械的運動の世界の外には脱出することのできぬプロセスであって、その勝敗からは永久に価値の世界は生まれて来ない。すでに価値の世界に住んで善悪の区別を認め、事物の質的優劣の評価をしている我等は、その事実そのものによって霊の存在を許しているのである。唯物の世界では、霊の存在を否定するそのことすら——それはもはや少なくも論理的評価であるから——不可能である。霊を否定する唯物論者の存在そのことが、最もよき霊の実在の証拠ではないか。貧乏人は贅沢《ぜいたく》をする余裕はない。

贅沢は力余りある者の遊戯である。物質には、その本来与《あずか》り知らざる霊の実在を肯定したり否定したりするような余裕はない。ただ存在するだけで、自己の存在を論理的に肯定する能力すら欠けている。霊の存在を否定する唯物論の主張のごとき酔狂《すいきょう》は、自ら霊であって始めてあえてし得る贅沢である。かれらはあり余る霊の力を、あらぬ方向に濫用《らんよう》しているにすぎぬ。従ってこれらの人々を相手に、霊の存在について無意義な議論を上下する代りに、我等は霊なるものの性質について、さらに考察する方が賢明であると思う。

48　霊魂とは何であるか。
霊魂とは天主に象《かたど》られた霊であって、人の生命《いのち》と智慧の本《もと》であります。

霊とは何であるか

カトリックの信仰は、人間の魂は霊であるという。しかも最高の霊ではなく、神と天使の下に位する霊であると教える。しかし下位の霊であるということは、決して霊として不完全だという意味ではなく、その能力において劣るというのみで、「それが霊である」と言うかぎりにおいては、神についてまた天使に関して言わるる時と同一の意味である。すなわち人間の魂は、その霊たるにおいて神と天使より劣ってはいない。神も天使も人間の魂も、物質でない点において、全然共通している。本質的に物質の法則を超越している点において、神も人の魂もかわりはない。人間の魂は下位の霊なるがゆえに、多少物質的であるとか、あるいは純霊と物質との中間に位する者として考えられてはならない。人間の霊魂に関するすべての誤謬《ごびゅう》は、かかる不正確な観念より出発するがために起こるので、霊とは本質的に物質とは異なり、物質の法則に支配されぬもの、霊と物質との差は、決して量的ではなく質的であることを、あくまでも力説しておく必要がある。

試みに神と人の魂とのへだたりと、魂と物質との差と、いずれが大きいかと質問して見給え。たいていの人は神と魂との方がへだたっていると答える。しかしながら正確にいうと、これは青色と赤色とのへだたりと、東京大阪間の距離とを比較してみろというがごとき難題である。同じ霊なる神と魂とを比較する標準をもってしては、質的には違う霊なる魂と物質との差をはかりようがない。神と魂との能力の差は無限であっても、同じ範疇《はんちゅう》に属する。魂と物質とは本来全然境を異にする実在で、その働きはしばしば相矛盾する。物質はいかに微妙な構造を実現しても、霊にはなれない。霊は物質ではないものである。かくのごときはもちろん否定に基づける消極的の概念にすぎぬが、しかしこの定義の当然の結果として、霊が時間と空間とに制限されぬこと、霊の生命は有機体のそれと根本的に異なること、従って超感覚界の実在であることがただちに肯定されねばならぬ。

霊は時空を超越した実在

霊の通俗的観念の中にすら、いつも敏捷《びんしょう》に運動するものということが含まれている。しかしいくら敏捷でも迅速《じんそく》でも、運動する以上はまだ空間を予想しているのであって、超越しているのではない。時間についても同然である。カント哲学の語をかりて言えば、霊は時空という「直観の形式」を超越した実在として考えられねばならぬから、霊の問題を正しく解決するためには、極度の抽象能力を必要とする。なかんずく時間よりの超越は、最も考えにくいことである。すべての神話において、宇宙開闢《かいびゃく》の物語が時間を超越せる創造に始まらずして、いつも単に連続せる生成の過程の繰り返しであり、最高最大の神々すら生滅流転《しょうめつるてん》を免れないのも、これがためである。

されぱといってカトリックの神学は、もちろん霊の持続（Duration）を否定するのではない。霊の活動は、ただ智意のそれであって、その存在は天体運動の多少ではなく、認識と意志の連続と強弱とによって測られる。昨日、今日、明日というような時の刻みは、霊には無意義である。

"Not so with us in the immaterial world:
But intervals in their succession
Are measured by the living thought alone,
And grow or wane with its intensity."

Newman; *Dream of Gerontius*.

われらの霊の世界にてはかくはあらず、
相続く時のへだたりは
生けるおもいに測らる、のみ
その深さ浅さに従いて盈《み》ちつ虧《か》けつ。

この詩の句はニューマンの筆になるだけに、さすがに巧みに霊界の消息を伝えている。

霊は量の範疇を超越す

かかる次第《しだい》であるから、霊の階級はその智能の強弱によって形作られる。しかしてその強弱の差は、すでに質的の差となる。この点に関してベルグソンの主張と、カトリック神学とは全く一致している（*Essai sur les données immédiates de la conscience* 第一章および第二章の鋭き心理的分析は、最も暗示に富むものなれば篤学者の参考せられんことを望む。ベルグソン哲学の語をかりて言えば、霊にとっては普通の意味の時空は存在せず、ただDurée réelleあるのみ。同書九二頁以下参照）。そこには量（Quantity）という範疇は、もはや通用しない。すでに量的差異の認められぬ世界であるから、量的分解などということも考えられない。

49　霊魂は滅《な》くなるものであるか。

霊魂は始めこそあるが滅くなるものではありません。

霊は不滅なり

従って一般に人間霊魂不滅の信仰を裏切る唯一の根拠とされる肉体の死は、魂の存廃には全然無関係な事柄になってくる。何となれば、肉体の生命が肉体の潰滅とともに消し去る所以《ゆえん》は、その生命が肉体の存続を条件としていたからであるに反して、霊魂の生命に至っては全然肉体の存続とは独立したものであるから。科学者は世界の生滅現象は、ことごとく元素（原子または電子その他何と申しても差《さ》し支《つか》えない）の混合分離乃至《ないし》は化合分解の作用であって、物質そのものは決して生滅しないという。しからば肉体の死においては、これを構成した各部分の有機的関係の瓦解《がかい》こそあれ、構成部分そのものの消滅するがためではないことは明らかである。肉体の死は肉体が異なれる部分より構成せられたものであって、その構成関係が永久的なものでないからこそ可能なのである。肉体は量的に分割し得べき部分――すなわち物質――から成立しているから、死――量的分解――が可能なのである。物質でない霊は、分解し得ない。死によって霊は肉から分離するが、霊そのものは死するはずはない。死は決して肉体を生かす霊の消滅の結果起こるのではなく、霊によって肉が生かされるに必要な条件である物質の有機的関係の瓦解《がかい》に基づくので、医学が肉体の死の原因を物質的方面から研究し得るのはこれがためである。

　死の原因は、霊の側にはなくて、肉の方にある。かく考うるは独断ではなく、実験的にしかる所以《ゆえん》が証明され得る。母の胎内で、極めて単純な細胞から最も複雑な過程を経て人間を作り上げる力は何であるか。これは決して細胞を構成する物質ではない。それに宿る生命であり、その生命の源なる霊の力である。生命を物質にて説明し得ざる所以は、本章前半において詳述したから、ここにはこれを反復しない。

　しかしここに見逃してはならぬ点は、霊の力が肉体の完成されるに従ってますます発揮されることである。人間の胎内生活は他の哺乳動物のそれと大差ないように見えるが、一度脳髄が発達して、理性がこれを通じてその能力を発揮するに至るや、人間は嶄然《ざんぜん》としてすべての動物の上に頭角《とうかく》を現す。しかして年を経て肉体の衰退してゆくにつれて、人間の霊能も衰退するかと言うに、必ずしもそうでない。衰退すると見えるは、霊のそれを通じて作用する有機組織の衰退にわざわいされるためで、霊そのものの衰退とは言い難い。ちょうど電話機に故障が起これば、通話者は依然として変りなくとも、彼の声は相手に到達せぬのと同様な関係になる。これらの点に関して最も暗示に富むのは、睡眠、麻酔、昏睡《こんすい》、失神状態とその前後の覚醒《かくせい》状態との比較研究である。意識の断絶は、意識の主体たる人格の断絶ではなく、単に意識の条件たる有機組織の疲労または障害を指示するものである（この点に関してはベルグソンの記憶に関する研究 *Matière et mémoire* を参考せよ）。死はすなわちこれを更に一歩すすめたものと言い得ないだろうか。肉体的生命の条件であった有機体の瓦解《がかい》によって、生命現象は消滅する。しかし生命現象の根底であったもの、すなわち霊はそれがために消滅するとは言えぬ。

霊の単純性

かく考えることがすでに不合理でない上に、吾人は霊の概念の闡明《せんめい》によって、それが量的時間や空間を超越せる実在であり、従って量的にのみ考え得る物質とは質的に異なるもので、物界の生滅の原因たる部分の結合分解というがごときことはあり得ない単純なものであることを学んだ。霊の単純性は、その能力の分析によって最も明らかに立証することが出来る。理性の特徴たる抽象作用と、その結果たる抽象概念は、最も雄弁に霊の単純性——非物質的なることを物語る。感覚の提供する具体的個別的の材料から抽象概念が出来上るプロセスは、その成果が普遍的なものであることにより、霊の超感覚的実在たることを明示するのである。万一霊が単純なものでなかったなら、具体的個別的の感覚を整理綜合して全然非物質的な抽象概念を構成し、進んでは概念相互の純抽象的関係を認識することなど、どうして出来よう。

霊の不滅はその単純性に基づく

すべての腐敗滅亡は分解である以上、分解することのできぬ単純な霊の消滅は、奇蹟なしには考え得られない。霊は本質的に不死なものである。その存続は肉体の死によって左右される性質のものではないから、不滅でなかったら、かえって不思議なのである。要するに霊の単純性についての深い哲学的洞察にまで達したる人にとっては、霊魂の不滅は当然であって、寸毫《すんごう》も疑いを容《い》れる余地がない。問題はかえってそこにはなく、かく物質とは全然別種の実在であり、その働きが物質のそれと背馳《はいち》する霊が、いかにして肉体と結合し得るやにある。哲学者を悩ますこの与えられたる事実の完全なる説明は、霊の直観が許される日まで、とうてい得られないであろう。

人は霊魂が死滅する肉体にかくまでも密接に結合しているために、ちょうど唯物論者が物質の働きと、これとは全然別種な生命とを混同して、原始発生説を唱えると同様な錯誤をあえてして、肉体の運命と霊のそれとを同一視しがちである。この故にカトリック神学の定義する霊の何物《なにもの》なるかを了解して、不正確な通俗的概念にとらわれざることが大切である。本解説においては出来得るかぎり専門的概念や術語を用いることを避け、一般読者の常識に訴えねばならぬため、霊の単純性の説明のごとき頗《すこぶ》る隔靴掻痒《かっかそうよう》の嘆きなき能《あた》わず。篤学者《とくがく》は宜《よろ》しく足らざるところを、専門書によって補うの用意あるべし。とにかくこの霊の単純性に立脚する時、霊魂不滅の問題は始めて満足な解決を得ることをここに指摘しておきたい。

人の霊魂は神の像

人の魂は神が霊であると同様の意味で霊であるということがわかれば、聖書にいわゆる「神の像」という語が自ら明らかになるであろう。人の肉体も、禽獣も、植物も、全世界をあげて神の全善と全能の表現であることは前に述べたが、これらは神に似るものとは言い難い。人の霊魂はこれに反して有限ではあるが、文字通り霊なる神の生き写しである。人の霊魂は非物質的であり、それ自身には全然感覚的の生命を超越している点で、神とその軌を一にしている。かくあればこそ、人は神の霊を己に受けて神の子となり、超自然的恩寵《おんちょう》により神との相似の境にも達し得る。人間が肉体を有しながら、他の被造物の達し得ざる超自然的神的生命に生き得る根底は、実にその魂が霊であるによってである。

であるから問四十八の答「霊魂とは、天主に象《かたど》られた霊であって、人の生命と智慧の本でありますー」という何でもないような一行は、考えれば考えるほど意味深長であって、決して軽々しく看過《かんか》し得ない文字なのである。

霊魂不滅は人類一般の信仰なり

前述のごとき哲学的根拠によらずとも、意識的にも無意識的にも人類一般にわたっている霊魂不滅の観念は、実にあくまでも自己の存在を肯定せんとする生命の根本要求であって、牢乎《ろうこ》として抜くべくもない。これに対しては、いかなる似而非《えせ》哲学も如何《いかん》ともし難きところである。古《いにしえ》から無神無霊魂論を唱えて世を騒がせた人は数うるに遑《いとま》なく、そのうちには随分傑出《けつしゅつ》した思想家もあったが、これらの主張は決して人類をより幸福にも、またより善良にもしなかったのみならず、死に直面せる良心の叫びと、無神無霊魂論者自身の死者に対する態度とが、すべてこれらの冷酷な主張を裏切りつつある。従って我等はこの人類一般の信念をいわゆる Consensus gentium として、そこに霊魂不滅の保証を認めることは不可はないが、ただ人類一般がかく信ずるというだけでは、やはり不安であるために、自ら何故《なにゆえ》に人類の一般がかく信ずるかという、より根本的な議論になって来る。だから万一、自己保存の欲求が肉体的生命の幻滅の悲哀に堪えかねて、その彼岸にまで己の生命を延長せんとする事実以上に、霊魂不滅の信念を支持する何ものもないとしたら、我等の将来は極めて暗いものであったであろう。

道徳的要求に基づく来世の肯定

人はさらに内心の道徳的要求に基づいて、来世を肯定する道を発見した。善悪応報《おうほう》の理は厳然《げんぜん》動かすべからず、また現世においてこの理想が明らかに実現されておらぬがために、来世は必ずなくてはならぬという。肉体は死して土に帰るが故に、道徳的責任の主体たる霊魂は、必ずや来世にまで存続すべきだと。

　これももちろん人の心に訴える議論には相違ない。かくのごときは哲人カントにおけるごとく、高尚《こうしょう》な理想を抱く人々には不可抗力をもって迫る見解である。しかし今ここに、少なくとも自己一人については、現世において善悪の応報が完全に実現されている、と信じ得る人があったとしたら、かかる人に対しては、この論法はあまり有力なものではあるまい。世には天は公平だという確信を有している現世的に恵まれた人々もある。彼等は現世の不公平をもって、むしろ不公平と感ずる徒《やから》の不明不徳に帰している。

　我等はこれらの人士に対して、その自己批評の浅薄と同胞に対する同情の狭隘《きょうあい》なのを責めるにしても、道徳的要求に基づく霊魂不滅の肯定は、人心に訴える割合に確信を喚起する力に乏しい事実を見逃してはならぬ。すなわちそれが社会一般について言わるる限り誠にもっともと感ずるが、自分一個の利害問題となると、甚《はなは》だ不都合になりがちであるから、自分の善が酬《むく》いられることを冀《こいねが》う人の数より、自分の悪が罰せられぬことを欲する人の方が、遥かに多いのではあるまいか。そうして単に自己の善が酬いられぬことを痛感する人は、必ずしも道徳的に高尚な人ではない場合がかなりあり得る。事実は道徳的要求から霊魂不滅を確信するに至る場合は稀《まれ》で、来世の信念ゆえに道徳心が確立されるのではないか。かつ来世の願望は単に善悪応報というがごとき一面の要求からのみではなく、その他に有為転変《ういてんぺん》の世界よりの解脱《げだつ》を冀う心と、永遠常住なるものへの憧憬《しょうけい》とよりなる全人的欲求ではないか。そうして最後に、来世が単に現世における道徳的正義の不完全に基づくのなら、他日来世において完全な応報が成就した際に、霊魂はどうなるのか。その時はもはや霊魂は消滅してもいいのではないか。要するに道徳的要求一点張りでゆくと、霊魂の存続はむしろ善悪応報の不完全の故《ゆえ》に保証され、この意味での要求がみたされた日には、もはや霊の生命の永続の根拠がなくなってしまう観がある。

カント哲学の名にかくれて、永生問題を単に道徳的にのみ解決せんとする人々は、かかる幾多の困難を解決し得る用意ありや、頗《すこぶ》る疑わしいのである。

51　天主が人を造り給うたのは何のためであるか。

天主が人を造り給うたのは、天主を認め、愛し、これに仕え、終に天国の幸福を受けさせるためであります。

人類創造の神意

この論証は前述の形而上学的論証の後に、これを追証するものとして有力であるが、完全に有効であり得るためには、人間の主観的要求に止《とど》まらず、そこから出発して道徳的意識の根拠を神の正義と全善とに結び付けなければならない。そうせぬ限り、この論証にはすべて要求本位の主観主義哲学を累する不安が最後まで絡《から》まりついてしまう。絶対の確実性に達するためには、どうしても主観を棄てて客観につき、形而上学の領域に入らねばならぬ。恰《あたか》もいくら霊魂不滅の体験を主張しても、「天主が人を造り給うたのは、天主を認め、愛し、これに仕え、終に天国の幸福を受けさせるためであります」（答五十一）という客観的な啓示に基づく信仰が欠けては、結局動揺を免れないのと同様である。霊魂不滅の認識が、霊の形而上学的考察によって可能であるごとく、来世の信仰は、神によって人間が創造され、その魂が霊なるがゆえに神の円満な福楽に参与する光栄ある運命を与えられたという信条から出発せぬと、しばしば道徳的意義の頗《すこぶ》る少ない、いわゆる「後生願《ごしょうねが》い」の宗教に終ってしまう。以下、人間創造のカトリック信条が、単に霊魂不滅の信念を通じて、人間の希望と向上心とを神自身の道徳的高さにまで引き上ぐるのみならず、いかに現世における文化的努力をも神聖化するかを詳説しようと思う。

創世記と文化的努力の意義

「神その像《かたち》の如くに人を創造《つく》りたまえり、すなわち神の像の如くにこれを創造《つく》りこれを男と女に創造《つく》りたまえり。神彼等を祝し神彼等に言いたまいけるは、生《う》めよ繁殖《ふえ》よ、地に満盈《みて》よ、これを服従《したがわ》せよ」（創世記第一章二七―二八）。「第七日に神その造りたる工《わざ》を竣《おえ》たまえり、すなわちその造りたる工を竣《おえ》て七日に安息《やすみ》たまえり」（同第二章二）と。

地上において人間は神の模倣者として、その業《わざ》を継続する。その創造の未完の計画を実現する使命が、これらの言によって与えられている。すなわち精神的にはその心に刻まれた神の像をますます発揮して、霊的向上に努力すると同時に、社会的には地上に繁殖して自然界を開拓する重任を負わされたのである。

まず第一に人類の目指《めざ》さねばならぬのは、霊の成育である。人は神ではないけれども、その能力によって無限に神に近づく召命を受けている。神とその業《わざ》の認識、万有に働く神の法則を理解して、自由の意志によってこれに服従し、理想へ到達する手段に利用し得ることがそれである。彼は意識せる神の事業の協力者として、光栄ある地位を、宇宙において与えられている。しかしその心持は、一切が神によりて与えられ、神のために用いられねばならぬことを知るが故に、謙遜《けんそん》であらねばならぬ。服従と依存との上に、彼の尊厳が築きあげられる。

彼の認識するものは神の永遠の観念で、その自由に服従する法則は、神の聖旨そのものである。人はこれらを時空の間に実現せられた創造の業を通じて知り、自己の観念の世界において抽象的に再現し、自己の意志によって外界に実現し得るのである。かくて人間のあらゆる文化的努力は、みじめな自己中心のもがきではなく、神より賦与せられたる使命と特権とに基づくことが明らかになる。

神の安息の意味

「神七日に安息たまえり」という意味も、ここにおいて自ら明らかになってくる。神の生命は絶えざる働きである。ここにいう安息とは、その否定ではない。神のこの安息は、第二次原因の存在と作用とを可能にする安息であって、神の安息日は今なお続いている。もしも神が六日の工を永久に継続し給うたならば、すなわち神の宇宙への絶えざる直接の干渉——吾人はそれを奇蹟と呼ぶ——が今なお行われていたならば、人は眼前に展開する驚異を唯々《いい》傍観することができるにすぎないであろう。彼は地上における神の協力者である代りに、無限の威力に圧倒せられた見物人になってしまったであろう。自然界の推移が認識できる一定の法則によらぬ限り、人はそこに何らの計画をも立てることができない。また予見された目的に向って、遂行の手段を自由に撰択する余裕がない。ひたすらに次に現るべき意表に出る出来事の期待に緊張し続けた揚句《あげく》は、神の全能に威圧されて全然受動的な存在に陥ってしまうであろう。

心のひろい天の父は、かかる無為の子等を持つことを欲しない。功《こう》成り名遂げた親が、後は息子に譲って仕事を続けさせようという形で、見て見ぬふりをしながら七日目には隠居したのだ。さあ子供達出来るだけはやってごらん。お父さんはただ見ているから……。かくて神は人間を祝して宣《のたも》うた、「育てよふえよ！」と。さすがに天父は子煩悩《ぼんのう》でも大きいところがある。

社会生活と婚姻の神聖

年頃《としごろ》の息子には嫁をさがしてやらねばならぬ。それに天父の家は無際限にひろい。夫婦二人きりでは、とてもきり廻しきれるはずがない。神これを「男と女に創造《つく》りたまえり。神彼等を祝し神彼等に言いたまいけるは、生めよ繁殖《ふえ》よ、地に満盈《みて》よ」と。

　神の像とはいえ、人はいずれも有限な存在を享《う》けたにすぎぬ者である。神の懐にある無限の宝と富は、一つの小さな心には盛りきれない。地球の開拓も一世一代にはやり切れぬ大事業である。一つの心に映りきらぬ神の姿は、十の心の鏡にうつせば、やや完全に眺められよう。一代の力に及ばぬ自然界の征服は、これを子孫に継続して完成できる。ここにおいてか霊的にも文化的にも、人類の共同生活が根本的に肯定されねばならなくなってくる。人間は自分ひとりでは事実活《い》きることができず、また道徳的にもひとりで生きてはならぬ者である。そこでこの共同生活の基本となる家族制度が、非常に重要な価値を持つわけになる。婚姻に召されたる者が、子孫を繁殖して地をみたすことは、実に神聖なる使命である。同時に精神的に父母の役を務める献身生活に呼ばれたる独身者にも、正当なる地位が与えられる。彼もこれも人類の教育者として文化生活に最高の意義ある天職を有している。いずれも地上に神の像なる人の子等をふやし育て、天上に聖者の群を作る協力者であり、この協力そのものが、また彼等自身をも神の前に聖たらしめるのみならず、社会に対しても意義ある貢献となるのである。

　かかる信仰を有すればこそ、カトリック教会が童貞を尊び修道生活を高調すると同時に、婚姻を七つの聖奠の一つに数え、道徳の埒外《らちがい》に逸せる人種的自殺に頑強に反対するのである。婚姻は夫婦の性的満足を中心とする制度ではない。快楽を恣《ほしいまま》にして責任を回避する手段を、キリスト教は是認することができない。経済的の理由は唯物論者にとっては至上命令であるかも知れないが、性欲浄化の原理とその実行を可能ならしむる霊能を有するカトリック教会の眼には、それは顧慮すべきことではあっても、道徳律を覆《くつがえ》す権利あるものとは認められない。これがまたカトリック教会のみが人類の性的教育に成功した所以《ゆえん》である。この成功はまた彼女が頭を飾る最も麗わしき宝冠であり、彼女が真に神によって建てられ、その霊能が信者の間に働く、まがう方なき印章である。人類の性的教育は、これをカトリック教会に一任するがよい。彼女は現時において、この人類の悩みに打ち克って自由の意志で不犯《ふぼん》献身の生活を営む三十何万の聖職者と、これに三倍する男女修道者を有している。加うるに二千年間人類を教育し来った経験を積んでいる。これに反して、今日唱えられる露骨《ろこつ》な性教育のごときは、現代婦人雑誌の恥ずべき通弊《つうへい》となり終った挑発的知識供給と撰ぶところなきに至るを保し難い。まず第一に、いかに少数者のみが、かかる教育を施し得る十分な修養あるかを反省してみるがよい。彼等はかかる科目について検定試験も免状もないのを、仕合《しあ》わせと感ずるであろう。

カトリック信仰の社会的意義

創世記を荒唐無稽《こうとうむけい》の書と速断して、人間を猿の子孫にするばかりでなく、猿の真似までさせようとする唯物的進化論者諸君は、すべからくドイツで有名な本になったミュンヘンの衛生学者フォン・グルーバーの出産率減少論や、フランスにおける各地方人口増減の統計と当該地方の宗教状態の比較、また最近にイギリス労働党がカトリック労働者の離反を恐れて、産児制限をその政綱に加えなかった事実などを参考して、人間創造の信仰が少なくも社会的見地から軽蔑《けいべつ》すべからざる所以《ゆえん》を学ばれんことを望む。

グルーバーは「余はいかにして出産率に対する教会の信条的信仰の意義あることを拒み得るやを知るに苦しむ。ライン地方やバヴァリアのある部分、チロルやブルターニュのごとくカトリック教会の信仰が人心に根ざし、これを支配するところでは出産数が多く、これに反して唯物論や自己中心主義、個人が一切の標準であるとの説、またラサールのできるだけ多くの生活要求をみたすのが文化的義務だという主張の勢力を得る地方、換言すれば自由主義と社会民主党の跋扈《ばっこ》するところでは出産率が減少するのは決して偶然ではない」と言い、「道徳的頽廃《たいはい》に与《くみ》せぬ唯一の社会的勢力としては、やがてカトリック教会が残るばかりになるだろう。Discite moniti!（注意されし者は学べ）」と警告している（Max v. Gruber; *Ursachen und Bekämpfung des Geburtenrückganges im Deutschen Reich,* 1914, S.44, 76, Anm. 1）。

人類共同礼拝は文化の根本

以上述べ来たれるところにより、キリスト教の信仰の立場よりすれば、論理的にも実際的にも、全人類共同の天職として神より与えられた文化的努力の根底は、創造主たる神の権威の承認であり、かつその承認の結果文化的価値階梯の最上位に自他における神の姿を実現することが置かれるようになる。従って人類の文化的努力の第一義は、まずこの神と人間との関係を如実に肯定する礼拝の形において現るべきはずである。しかもその礼拝たるや、個人的のものであっては不十分である。人間の文化的天職も文化的努力も、決して個人的のものではなく全人類に課せられたものである以上、単に個人的の礼拝は文化的意義の頗《すこぶ》る乏しきものとなる。人間は人類全体として、この神との根本関係を承認する義務がある。

近時デュルケーム一派の社会学者が宗教の社会性を高調したのは、けだし当《とう》を得たものというべきであるが、実証主義に累《わずらわ》された彼らは不幸にして、さらに溯って社会性の根底を探ることを忘れ、相対主義に陥った。宗教を文化生活の根本とする代りに、かえってその成果と看做《みな》すに至れるは、皮層にとらわれ本末を誤れるものである。彼等のいわゆる宗教の社会性は、決してその権威を高める根拠にはならない。

世界的教会と文化生活

読者は人類の共同礼拝を中心として世界的教会の必要が、すでにこの点より胚胎《はいたい》し来るを看過してはならない。またキリスト教に立脚するかぎり、結局一人一教会の主観主義に堕し、人類共同礼拝の義務の否定に終るプロテスタンチズムが、決して真の文化的意義を主張し能《あた》わざる所以《ゆえん》をも忘れてはならぬ。さらに世界的教会の破綻《はたん》を意味する対立的国教会のごときものが、この立場においては極めて不徹底なものとなるのも見やすき道理である。それは文化的国家が孤立することのできぬと同様であり、この点において悲しむべき過去の歴史に囚《とら》われて世界的教会より分離した後も、なお自ら世界的教会の一部たる主張を有する似而非《えせ》カトリック諸教会（ギリシャ諸教会、聖公会）の深い悩みがある。

文化的国家と宗教との関係

この立場よりして、文化的国家が宗教を無視すること能《あた》わざる理由も頗《すこぶ》る明白である。いわんやその社会性に乗じて、これを統治の手段に供せんとするをや。文化生活の根本たる宗教は、本来文化的国家の理想を指示すべき地位を占めるのである。かくて始めて、国家は神の国に摂取せられ、地上における人類の幸福と安寧《あんねい》とを維持するその職能が神聖化され、また同時に真に可能となる（東大法学部教授田中耕太郎著『法と宗教と社会生活』を参照せよ）。

かく観じ来ることによって、本章前半に詳述した近代文化の悪魔性と余の呼べる事実が、ますます明らかになったことと思う。個人の体験と自由を叫んで、人類共同礼拝の具体化たる世界的教会に対して叛逆せるにはじまり、次第に文化生活より宗教を駆逐《くちく》して、これを偏《へん》狭《きょう》な主観裡にとじ込めた近代思潮は、神中心の真の霊的生活より自我偏執に堕落して、分裂と混乱と、これに伴う不安と闘争とを産み出したのである。

すべての原因は結局「蓋《けだ》しすでに神を知りたれど、神としてこれに光栄を帰せず、また感謝せず、かえって、理屈の中に空《むな》しくせられて、その愚かなる心暗くなれり」（ロマ書第一章二一）というパウロの一句に尽きている。

文化生活と道徳

真の文化生活において、宗教に次《つ》いで上位を占むべきは、もちろん道徳である。道徳は宗教の源泉より流れ出るものである。この点においても近代文明は非常な錯誤に陥っている。道徳を宗教より分離せんと欲したがために、結局自立せしめんとした道徳を破壊した結果に陥っている。近世において宗教と道徳とのこの有機的関係の破壊は、宗教家側からもその反対者からも双方より行われた。人間中心の人文主義に淵源する自律道徳観は、全然正反対の方向より起こったルターの救済説と結局においては握手し得るものである。ルターによれば神への帰依信頼によって、とうてい罪を犯さざるを得ざるまでに堕落せる人類は救われる。本質的にはあくまで罪に汚れているが、信仰によりキリストの義を着せられることにより彼は神の子となる。彼の義は、癩病患者がその腫瘍を蔽《おお》いかくす美衣のごときものである。救いと聖徳とは、もはや必然的関係を有しない。ルターはその青年時代の修道僧としての理想を実現し得なかったが故《ゆえ》に、その体験の名によって聖書を曲解して、「大いに罪を犯せ、されどさらに深く信仰せよ」とのパラドクサルな叫びを上ぐるに至った。

　かくて信仰はその道徳的意義を失いはじめた。一方、自我を絶対の座に上げた哲学は、神に対する道としての倫理を否定した。従って道徳が宗教に従うのではなくて、宗教が（もし認められるとすれば）道徳に属するのである。宗教は遂《つい》に純粋理性の埒《らち》内に監禁された。*Die Religion innerhalb der Grenzen der blossen Vernunft*『純粋理性の限界内における宗教』というカントの一七九三年の著書は、題目からしてすでに代表的である。一方、新カント派が道徳意識の裡に規範《きはん》を認めて、道徳を主観の専横《せんおう》より解放せんともがいている間に、ニーチェは彼のいわゆる奴隷道徳（勧善懲悪《かんぜんちょうあく》の道徳を指す）を蹂躙《じゅうりん》して善悪の彼岸に超人たらんことを期せと叫ぶ。ツァラツーストラの門下に集れる現代の青年は、道徳意識の規範などを顧《こ》慮《りょ》する余裕は有しておらぬ。千百の小ニーチェは、頻々として大ニーチェの末路《まつろ》を追うてゆくではないか。文化の声がいたずらに高きにかかわらず、挙世《きょせい》滔々として道徳的頽廃《たいはい》に陥りつつあるは何故か。これ実に「神人をその像に造り給えり」の一句を抹殺《まっさつ》せるの罪に坐したがためではないか。宗教と道徳、すなわち我等の霊に刻まれた神の姿を完成するための努力と戦いとが、すべての人類に最高かつ共通の文化的価値であることを没却した罰にあらずして何であるか。我等はカルジナル・ファウルハーベルの喝破《かっぱ》せるごとく「文化の霊は霊の文化」(Die Seele der Kultur ist die Kultur der Seele) であることを牢記《ろうき》せねばならぬ。

職業の神聖化

共同文化生活に対する正しき理解から、各個人の文化的貢献、換言すれば各自の天職の問題に対する解決が自ら与えられる。日傭労働者でも雑役婦でも、その仕事は社会的に評価の低い職業だが、当事者が神への奉仕の精神をもって働く限り、その人類共同の使命に対する貢献は、自我本位の最も洗練された芸術的創作または最高の学術的研究に勝《まさ》りて貴しとせられねばならぬ。この信念のみが、人をして自己の職業に安住し、その熟練を志し、その境に満足せしめ得る力を有する。かくのごとき信念は、現時の社会のごとく生存競争激甚にして、最も生活の必要上各人はしばしばその欲するところに就《つ》くの自由を拘束されがちな時代には、最も必要なものである。信者は自己の意志に反して撰択せざるを得ざりし職業を、盲目的な運命の強制として反抗的乃至《ないし》は悲観厭世《えんせい》的態度をもって見ず、現世的には如何様《いかよう》に評価されても、自己の努力が永遠の価値に還元せられつつあるを知るの慰藉《いしゃ》をかち得られるのである。

職業の階梯についての問題

余は先日某高等学校に講演せる後、生徒の有志と座談せる際、ふと「大学教授の職と車をひくのとでは、誰だって大学教授の方が高等な仕事だと思うでしょう」という言を洩らしたのに対して、列席の面々が一斉《いっせい》にどうしてそんなことが言えますか、との質問を浴びせかけた。これは一見つまらぬことのように見えるが、現代の青年の思想を窺うに足る意味深長《しんちょう》な質問であると思う。余の誤解でなくば、彼等の平等観は二、三の宗教的信念を有する者のほかは、意識的にまた無意識的に社会主義的思想の影響を受けたのであろうと思う。

もちろん実際大学教授か車夫かを撰ばねばならぬ場合に遭遇《そうぐう》した際に（これはもちろん極端な例であるが、より懸隔の少ない撰択問題には誰しも日常出会うものである）、その平等観を徹底させる確信が彼等にあるのではなく、車夫よりも大学教授の地位を貴しとすることが一種の階級的偏見に基づくのではないか、そんな旧式な考えに支配されたくないという青年に有りがちな理想的な見方、もしくは低い方（但《ただ》し今日では車夫の方が恐らく大学教授よりは生活上の適者であろう）に味方しようとする一種の騎士的気分から、教授と車夫とを同一の水平線に置いてみたいのであろうと思う。その方が何だか痛快でもあり、現今の思潮の傾向から打算しても、味方の多い安全な側につくような感もあるであろうが、なかんずく彼らをして、かかる見解を持たせる最大の原因は、いざ教授職の方が車夫より貴いという常識的立場をとった際に、その主張を支持する理由を発見するに苦しむがためではあるまいか。余はこの点に特に教育者諸君の注意を促したいと思うのである。彼等の先生達は人間はみな同胞であるとか、人格の価値だとか、生存権だとか種々の概念を吹き込んだ。しかし誰ひとり、これらの一つ一つ取り離してみた時には一々もっともな観念が、相互にいかなる関係を保つか、これら種々の思想をいかに統一ある人生観に纏《まと》め上ぐべきか、価値の階梯《かいてい》をいかに定むべきか等の根本問題について、なんらかの暗示すら与えてくれない。

職業平等観のうむ悲劇

その結果彼等は、かかる混乱せる頭脳を持って実社会に出る。若き純なる者の理想は見事《みごと》にふみにじられる。昨日の理想主義者は、今日は社会に対する反抗児に早替りする。唯物史観とか、直接行動とかいう文字が、さらぬだに勃々《ぼつぼつ》たる彼等の不平を煽《あお》り立てる。当局者はその直轄する学校において、将来のいわゆる危険思想家の生まるる素地を遠き以前から作っておきながら、いざ事面倒と見れば容赦《ようしゃ》なく彼等に圧迫を加える。若い者にはもとよりわけがわからない。ことの論理はわからないが、力の圧迫だけは焦眉《しょうび》の事実である。その時、彼等がよしわかった、力だ、ものを言うのは力だけだ。それならこっちも覚悟がある。やっつけろと叫んだとしたら、それは若い者の方ばかりが悪いと言えようか。かくのごとくば、結局双方とも力ずくでことを決しようとするに至るのは当然ではあるまいか。

ただ力ずくの、理想も主義も何もない利益のための争闘ならば、一本の骨を争う犬の喧嘩《けんか》とどこが違う。人間だけになおさら悲惨であるだけの違いではないか。道徳的には、資本家が勝とうが、無産者が支配しようが、いずれにしても暴力の天下で、悪いことは同様である。どこまで行っても際限《さいげん》なく、双方ともいよいよ鎬《しのぎ》を削って渡り合うのは見やすい道理で、その結果、はたの者がますます迷惑することになるばかりだ。なぜ教授の方が車夫より貴いか。質問は簡単だが、返答次第でそれを押してゆくと、社会はどうにでも変る。哲学的にも宗教的にもなんらの確信のない先生方は、この一問をどう処置して下さる気か、少しく考えていただきたいと思う。

職業に上下あり

かかる無分別な職業平等観は、二種の危険を伴う。道徳的に見たる各人の文化的貢献の価値は、職業の種類とは無関係なりとの真理を唯物史観的平等に転換する結果、一には根本の道徳的意義を喪失し、二には精神的価値を蔑視《べっし》することになる。かかる平等観は一見人格を尊重するように見えて、実は人格を無視するも甚《はなは》だしきものである。何となれば人格は高下あって決して平等たり得ぬものであるから。要するに人生の究極の目的について確信のない以上、統一ある価値の階梯が成立しようはずがない。価値の世界の否定を意味する唯物史観の立場からは、もちろん教授も車夫も同じことである。

これに反して、人類の文化的努力の究極目的について定説を有するカトリック信者においては、問題は難《なん》なく解決する。おのおのの個人的貢献の神の前における道徳的価値に関しては、もとより職業の高下などはあり得ない。事は一に当事者の意志の道徳的高下によるのみである。しかし人を離れた職業自身については、その仕事が究極の目的に直接に貢献すればするほど高き地位を占める。すべて直接に精神の陶冶《とうや》にたずさわる職業は、肉体の要求をみたすためのそれよりも高尚というべきは論をまたない。大学教授は疑いもなく車夫よりは高き地位を占めねばならぬ。故に我等はパウロが霊的賜物について勧告せるごとく、職業についても常によりよきものを撰べという（コリント前書第十二章をみよ）。しかし人の才能もまた聖霊の働きのごとく、面々に賜わりたる量に応ずるもので、いかに教授が車夫に勝《まさ》れりとて、智能なき者は先生たり得ない。天分はすなわち職業の撰択の分野を明らかにするものである。しかし豊かに受けた者も誇ること能《あた》わず、乏しきも失墜落胆《しっついらくたん》するの要なし。おのおの天父の家にて定められし役に就《つ》けばいいのである。そこには不平なく、嫉妬《しっと》なく、争いもないはずである。流俗に傑出せんと欲せば、すべからくより大なる奉仕によって、その権利を購《あがな》わんことを要す。百年とは享楽し得ぬこの世の宝を争うのも愚であれば、元来不平等に生まれた人間に、共産的平等を強いるはさらに一層不公平である。一切は天父のもので、その子等が賜わりたる量に応じて受け、かつ働き、かつ相助くればいいのである。

文化の国際的協力と世界教会

この分業観は単に個人の間のみならず、国際間にも応用され得る。各民族がその固有の国民性を保存しつつ、暴力や金権の圧迫によらず、人類文化の発展のために共同の理想に指導される国際聯盟を結ぶのは、キリスト教の世界観の当然要求するところである。この点からまた正しき戦争の権利が肯定される。この文化的協力が脅威される時、必要に応じて武器を執《と》ることは許されねばならぬ。キリスト教と絶対非戦論とは混同されてはならない。

これは単なる空想ではなく、不完全ながらも中世の欧州において、ある程度まで実現された理想で、いわゆるChristendomなる語がこれを現している。不完全な人間性の産み出す幾多の暗黒面にもかかわらず、中世の文化は道徳的には遥かに近代文化を凌駕《りようが》していた。貴賤貧富の別なく社会の上下こぞっての寄進によって建立された所在のカテードラルと、国籍の差別を超越して学徳ある者は、どこの誰でも教壇に立った中世紀の大学とは、その最もよき表徴である。この遺風は、今日でもなおローマのカトリック神学大学に保存されている。

余の通学せしアンジェリコ大学では、三百人ばかりの学生は二十三カ国から集っていた。余の師事した定理神学の先生は、ハンガリア人、倫理神学のはフランス人、旧約聖書のはアイルランド人で、新約の方の受持がベルギー人、基礎神学はスペイン人で、教会史はイタリア人が講義していた。そのほかにオランダ人やスイス人の教授もいた。そうしてすべての講義は徹頭徹尾《てつとうてつび》ラテン語で、討論も試験も論文も同じ言語で行われ、いささかの不便を感じない。困ったのは日本人たる私ばかりであった。休息時間にはバベルの塔の昔そのままに、学生間には地上のあらゆる国語が勝手に語られる。それでもわれわれは何らの不快なく、同国人のごとく相親しんだ。この種の大学はローマにはまだ五つ六つもある。かくのごとき雄大なる普遍性（Catholicity）は、ひとりカトリック教会においてのみ見出し得ることで、これとても中世紀の文化同様世界共通の信仰の賜物《たまもの》である。

54　聖寵を蒙《こうむ》るのは人の本性に依る当然《あたりまえ》のことであるか。

聖寵を蒙るのは人の本性に依る当然のことではありません。それでこれを超自然の恩恵《めぐみ》と申します。

超自然の世界へ

以上創世記に基づく人間創造の信仰が、いかに実生活に対して重要な意義を帯びているかを詳説した。一切を実際的価値から判断せんとする現代人にとっては、かかる説明が必要であったと思う。しかしながら今まで述べたことは、カトリック信条の最も崇高かつ神秘的なる方面への入門であって、この信仰が人の思惟を遥かに超越せる所以《ゆえん》は、さらに深きところにある。

神は人に霊を賦与して、理性によって造物主《つくりぬし》の永遠の創造計画を認識せしめ、自由なる意志によってその協力者かつ継続者たるの特権を授けたが、これはまだ人間の本性によって然るので、神が人間を理性的動物として造る以上は、当然かくあらねばならぬことなのである。神は人間をかくのごとくに造り、その結果人が眼に見える世界に君臨するに至ったのは、もちろん神の恵みであるが、それは譬《たと》えて言えば、親が子供に学問をさせようと決心してこれを学校に入れたようなものである。

子供は物心のつく前から教育をうける。親の志は有難《ありがた》い、勉強せねば相《あい》すまんと感ずる頃には、もう学校の生徒として自分自身を見出す。学校の生徒だから一生懸命に勉強して親の期待に背《そむ》くまいとする。その際、親の方から学問に必要な学資の供給を断ったらどうだろう。たとえ最初は子供を学校に入れる義務はなかったにせよ、一旦《いったん》入学させた以上は、そんな可哀相なことは、やむを得ぬかぎりできたものではない。人間の親でさえそうだとしたら、まして神はたとえ理性を具えた我等を造る必要に迫られて造ったのではなく、自由に人間を創造したにせよ、一旦理性的動物として造った以上は、かかる者としてその運命を完《まっと》うするに必要なすべてのものを供給せぬはずはない。すなわち前述の文化的使命の遂行を可能ならしむるのは、神の側において当然すべきことであり、人間の側においてその本性に基づくこととして要求して決して無理のないことなのである。恰《あたか》も親の自由な決定から学校へ入れられた子供が、当然必要な学資を請求して差《さ》し支《つか》えないのと同様である。

しかるに今、学資のほかに子供が夢想だにせぬ娯楽乃至《ないし》は嗜好《しこう》趣味の満足のために、金を豊かに供給したと仮定してみる。親がこれを与えたのは、子を思う深き情のあらわれとして子は感謝すべきであるが、かかる必要以上のものは与えずとも、子は親に対してその不当を鳴らすわけには参らぬ。もしも人間の本性に基づく当然のこと以上を、神が人間のためにしたとすれば、これひとえに神の慈愛であって、人はこれを感謝すべきであるが、当然のこととして要求するわけにはゆかないのである。かくのごときものがカトリックが超自然の恩寵《おんちょう》と称するものであって、カトリック信仰の本領は、実にこの超自然の恩寵の境にあるのである。

キリスト教はヴァチカン公会議の宣明（Constitutio de Fide C. 2）中に録されたごとく、「神はその無限の慈愛により人間に超自然的の目的を与えたり。すなわち人間の思惟を全然超越する神の福楽に参与することこれなり。「神がこれを愛する人々に備え給いし事、目もこれを見ず、耳もこれを聞かず、人の意《こころ》にも上らざりしを、神己が霊を以《もっ》て我等に顕わし給いしなり」（コリント前書第二章九―一〇）」という事実から出発する。

52　人祖の名は何と言うか。

人祖の名は、男をアダム、女をエバと言います。

53　人祖は天主から特別の恩恵《めぐみ》を蒙《こうむ》ったか。

人祖は、聖寵すなわち天主の御寵愛を蒙りました。その聖寵に依て終りなき幸福を得られる身となったのであります。

人類の超自然的目的、聖寵《せいちょう》

アダムとエバと呼ばれた人類の祖先は、単に理性的動物として造られたに止まらず、その本性以上の境地に神の慈愛によって引上げられた。彼等は前述せる地上における文化的使命に加え、天使達がそれにまで召されたと同様な高き境地に引上げられ、その霊は直に神の生命そのものに参与するものとなり、かつ現世的生涯を終えた後には、神の永遠なる福楽そのものの享受者となるべきはずであった。その恩寵がすなわちカトリックの信条において聖寵と呼ばれるものであって、これによって人は人たるを失わずして神化され、その霊は神自身の生命に活《い》くるに至るのである。ここに特に神自身の生命という。なぜなれば天地の呼吸も自然の律呂《りつりょ》も、広義の神の生命といえぬことはない。パウロの言えるごとく「蓋《けだ》し彼に在《あ》りてこそ、我等はかつ活《い》きかつ動きかつ存在する」(使徒行録第十七章二八)のである。

しかしこれは神自身の生命ではない。汎神論者はこの有限の世界に現れる生命も、その絶対の本源も同一であるという。これは絶対を相対の境に引きおろし、永遠を時間の流れに溶かし、無限を有限の中に包括せんとする矛盾をあえてするものであって、神は宇宙に働きつつも同時にこれを超越せる実在なることを認むる人格神論《セイスム》の許し得ざるところである。自然界にすら植物の生命あり。動物のそれあり、さらに秀でたる人間の生命あり。いずれも生命には相違なきも、同一の生命には非《あら》ずして、量的の多寡《たか》によらぬ質的差異の存するものである。植物にして動物の生を営むは本性に背《そむ》き、禽獣にして人間の命を有するは本然《ほんぜん》ではない。同様に神自身の生命が被造物のそれとは質的に異なるものたるは、多言を要しない。しかも神の生命たるや被造物の生命を超越すること、動物的生命が植物的生命を凌駕《りょうが》するの比ではない。

従って人間が人間たるを失わずして神自身の生命に参与するは、本性に基づく当然なことではなくて、神の愛の生み出せる霊界の奇蹟である。神の全能の手が人を引上げずしては、とうていできぬことである。なおここに参与という字を注意せられんことをのぞむ。カトリックの信条は、人が神の生命を己のものにするとも神になるともいわず、ただこれに与《あずか》る(participare)という。有限なる人間は、もとより無限なる神の生命を我物《わがもの》とするわけにはゆかない。ただ養子が養父の家の団欒《だんらん》に連なるがごとくに、これに与《あずか》り得るのである。聖寵とは実にかくのごときもので、本性のままの人間は神の像であっても、まだ神の子ではなかった。聖寵により、創造主なる神の僕であったものがその御寵愛を蒙って養子とされ、服従の関係を愛が温めて、本来の卑賤の身分から一躍して天国の家督を継ぐ果報者《かほうもの》となったのである。

55　人祖は聖寵の外にも何か恩恵《めぐみ》を蒙ったか。
人祖は楽園に置かれて、大《おお》いなる幸福《さいわい》を得、智慧明かに、心正しく、苦しむことも、死ぬこともないはずでありました。

人祖の義にして聖なる状態

この最初の人祖の恵まれた境遇に関して、トリエント公会議の議定は、アダムが「聖にして義なる状態におかれた」といっている。この聖寵の齎《もたら》した聖徳と正義との結果、人祖の霊は神の聖旨に完全に服従一致していたのである。神の愛に燃えていたアダムの心には、失楽園後のわれら人間にみるがごとき理性に抗う肉的欲望や利己の念は起こる余地がなく、超自然的な神との交際、まことに父とその子の間におけるがごとき親しき交りがあったのであった。「主なる神その人をとりて彼をエデンの園に置きこれを理《おさ》めこれを守らしめ給えり。主なる神その人に命じて言いたまいけるは……アダムとその妻は二人ともに裸体にして愧《はじ》ざりき」（創世記第二章一五―一六、二五）等の単純素朴な言によって、彼等の幸福が物語られている。彼等には苦しみ悩んで神を求める必要はなかった。「彼等園の中に日のすずしき時分歩みたまう主なる神の声を聞」（創世記第三章八）くことができたのであった。

彼等はまた地の塵《ちり》より造られし死すべき肉体を有しながら、特別の恩寵によってこの世の試練を終った後に死を味わわずして天堂に入るはずであった。苦しみも病も悲しみも知らなかった。そうしてその智慧は神の生命への参与の結果として、超自然的の光に照らし強められ、一切の鳥獣にその名を与え得る賢さを与えられた。「主なる神、土をもって野の諸の獣と天空の諸の鳥を造りたまいて、アダムのこれを何と名《なづ》くるかを見んとてこれを彼の所に率いいたりたまえり。アダムが生物に名けたる所はその名となりぬ」（創世記第二章一九）。アダムの知識は学修によって得たものではなく、神より注入されたものであった。

現世的文化の欠陥

人類がその存在の始まりにおいて、かく神より超自然的境地に引上げられ、それに相当する帰趣を与えられたということは、実に重大な結果を生んだ。すなわち本章の前半に詳説された人間の自然の本性に基づく文化的努力は、その超自然的目的の遂行と相離れてはならないこととなった。この超自然的目的の無視あるいは否定は、取《と》りも直《なお》さず父なる神の慈愛の無視またはこれに対する反抗であり、必ずやその罰を伴うものである。人類はかく神より背離した状態において、人間的に偉大なる文化的貢献を成就し得ようとも、その偉大は一時的の偉大にすぎず、永遠の相から見て価値あるものではない。またかかる不完全な立場に立つ文化的貢献は神の祝福を欠くがゆえに、決して真に人間の福祉を増進するものではなく、道徳的には、しばしば善悪両様に利用し得るものである。これ『キリストの模倣』の著者をして「神を愛してこれにのみ仕《つか》うるほか一切ことごとく空《くう》の空なるかな」と叫ばしめた所以《ゆえん》であり、この深遠なる真理を覆し得る何物《なにもの》もないのである。試みに燦爛《さんらん》たるギリシャ文化がその裏面にいかなる醜悪《しゅうあく》をつつみ、糜爛《びらん》せるローマの文明がいかなる腐敗にまで堕落し、華美を極めた文芸復興が何たる放縦《ほうじゅう》を産みしかを思え。人類はもはや自ら好んで自然の運命に甘んずることを許されない。我等はすべて神の愛の規定に応じて、超自然界への飛行をあえてせねばならぬものである。もとの大地に強《し》いて戻らんとすれば、空中より飛び下りる軽業《かるわざ》をあえてするよりほかに途《みち》はない。この冒険をあえてして幸いに一命を取留《とりと》め得たにしても、挫《くじ》かれた手足は彼等を一生身体の不自由な者として地上に跼蹐《きょくせき》せしめねばやまぬ。かくてすべての現世に限られた文化は、詩人の詠えるごとく「げに人は天より墜落せる神々なり」の嘆きを抱かしめねばやまぬ。神は今日も、昔のイスラエル人と契約を結び給いし時のごとく、人類に告げ給う。「我今日天と地を呼びて証となす、我は生命と死および祝福と呪詛《じゅそ》を汝らの前に置けり、汝生命をえらぶべし」（申命記第三十章一九）と。

されば生命の道を選び、「神を愛する者すなわち規定に応じて聖徒と召されたる人々には、万事共に働きてその為に益あらざるはなし」（ロマ書第八章二八）という保証が与えられる。神の愛の無視と否定とが、一切を空虚たらしむると同じく、その肯定と遂行によって一切の価値が復活する。

以下述べんとするキリストの救いとは、罪によって失われた超自然的恩寵《おんちょう》の回復と、その回復による一切の文化的価値の復興にほかならない。カトリックの信仰は実に天上界と地上界とを遍照《へんじょう》する一大光明である。

第六章　原　罪

人祖の堕落とその結果

「一人によりて罪この世に入り、また罪によりて死の（此世に）入りしごとく、人皆罪を犯したるがゆえに死総ての（人の）上に及べるなり」というロマ書第五章一二節の語によって、人類の地上における揺籃時代に起こった恐しい堕落と、その悲惨な結果とが物語られている。

この世界的悲劇の重大な意義を了解するために、想像に訴えてここに一つの対照を描くことを許していただこう。話は遠い何万年かの昔にかえる。人類創造の暁にエデンの園の上をさまようた天使があったと考え給え。彼はそこに何を見たであろうか。神の手から出でたばかりの天地は、栄光に輝いていた。鳥は歌い花は咲く楽園に、典型的の男アダムとその妻エバが、すべての人の子の憧憬《しょうけい》の的《まと》そのままの幸福な生活を営んでいた。いかなる詩人の句も画工の術も写し得ぬ肉体美に包まれていた人間の霊の麗わしさは、天使の眼をも眩《くら》ましたことであろう。天使の心眼には神の像がそのままに映じたであろう。そこには何の汚れも煩いもなかった。霊の直観を与えられている天使は神をまのあたりに見、また悪魔の堕落を実見したによって、罪の恐るべき汚れをも知っていたから。なかんずく人祖の霊を飾っていた成聖の聖寵の美しさに恍惚《こうこつ》たらざるを得なかったであろう。それは神の生命そのものであり、天使の群の装いとてもこれ以上には麗わしくはあり得ないものであった。肉体を具《そな》えた人間にはもちろん情も欲もあったが、理性が完全にこれを支配していた。彼等の理性はまた神の光に照らされて、豊かなる知識に充《み》ちていた。心の悩みも肉の苦しみもなかった。死はこの光の世界にその黒き影を投ぐる余地すら見出し得なかった。一切が平和な幸福に包まれている。天と地と人とは「主なる神善《よし》とみたまえり」という宇宙創造の旋律のリフレーンに呼応するかのように、高きに向って讃美の叫びを放っていた。天使は万軍の主を祝福しつつ、天の住家へと帰った。

　倏忽《しゅっこつ》として数万年がすぎる。一夜その同じ天使が現代の大都市の街路を彷徨《さまよ》うたとする。その心眼に映じた光景は、そもそもいかなるものであろうか。一人の男と一人の女から、人類は何億万に殖えている。眩《まぶ》しいほど明るい灯に照らされた劇場がある。活動常設館がある。音楽堂がある。綺羅《きら》を飾った男女は、際限《さいげん》なく絶《た》え間《ま》なく自動車を駆って歓楽の巷《ちまた》へと急ぐ。粉黛《ふんたい》を施《ほどこ》した婦人は、その肉をひさいでいる。新聞社は大活字で最近の最もセンセーショナルな醜聞を、最も敏捷《びんしょう》に世間に流布《るふ》するのにあせっている。詐欺《さぎ》、収賄《しゅうわい》、離婚、情死、殺人、強盗、そうして讒言《ざんげん》と誹謗《ひぼう》と反対党の攻撃に紙面はみちていた……。

天使は驚いて、面《おもて》を背《そむ》けて暗い横道へ避けた。バーから二人の酔っぱらいが出て来る。何か女のことで争っている。お互いに罵詈誹謗《ばりひぼう》しあいながら、一軒の家に入った。喧嘩《けんか》はますます烈しくなったらしい。一人はいきなりナイフを振るって相手の胸をつく。一度、二度、三度、鮮血は迸《ほとばし》って倒れた死屍《しし》のめぐりを流れる。巡査がかけつける。一人は監獄へ、他は病院に送られる。天使は恐しさに打たれつつ後を追う。監獄も病院も一杯であった。そこには社会を呪う怨嗟《えんさ》の声と、苦痛を訴うる呻吟《しんぎん》とにみちていた。天使は逃《のが》れて学問の最高の府と呼ばれる大学に赴《おもむ》いた。一人の学者が実験室にこもって、深夜孤灯のもとに研究している。彼はおもむろに試験管を手にとって、すかし見ながらほほえんだ。「これが成功すればおれは一生楽に暮せる。一度に数万人が鏖殺《おうさつ》できるんだからな」と。この学者は新しい毒ガスを発明しつつあった。

その他港の入口の造船所では、近き将来の侵略に備うべく何千万円もかかる超弩級艦《ちょうどきゅうかん》が建造中であった。砲兵工廠《こうしょう》は殺人の器械を作るために夜業をしている。そうしてこの恐しい社会が成り立ったために、何百万の人間が奴隷のように強制的に働かされていた。その生活の有様《ありさま》は禽獣のそれに近かった。その仲間のリーダーらしいのが広場で演説している。「万国の無産者は一致団結せよ。資本階級を倒すのだ。富も女も我等が共有すべき、新しき世界を建設するのだ。そのためには、まず旧きすべてのものが破壊されねばならない。我等の圧制者と、彼等を支持する政府と、阿片《あへん》のように民衆を麻痺《まひ》させる宗教とを亡ぼしてしまえ」と赤旗を振りながら叫んでいる。どこを見ても、人の心は憎悪と嫉妬《しっと》と歓楽の際限《さいげん》なき追求にみたされていた。地は「すでに悪魔の住処《すみか》となり、すべての穢《けが》れたる霊の巣窟となり、すべて汚れて憎むべき鳥の巣となれり。蓋《けだ》し万民はその姦淫《かんいん》が起こさする怒りの酒を飲み、地上の国王等は彼と姦淫を為し、地上の商人等は彼が奢《おご》りの勢いによりて富豪と成りたるなり」という黙示録（第十八章二―三）の一節をまのあたりに見たのである。天使は面を蔽うて「禍《わざわい》なるかな、禍なるかな。かのバビロンの都会、かの堅固なる都会よ」と唱えつつ天上高く逃れ去った。

人生の矛盾

そもそも人類はいかにしてかくも変り果てたのか。失楽園《しつらくえん》後に生まれた我等は、人祖の幸福を自ら味わったわけではない。しかし心の底には言い尽し難《がた》き幸福に対するあこがれがある。

求めて与えられざる悩み、無限の希望に対する現実の裏切りが、絶えず我等を苦しめている。幸福を冀《こいねが》わねばならぬように造られていて、しかもその幸福は追えば追うほど遠ざかってゆく。愛するための心を与えられながら、我等の心は常にみたされない。かえって愛せんと欲するが故に絶えず傷つくのである。何たる堪えがたき矛盾であろう。

第八課　第一条の続き

第六項　原罪の事

56 人祖は聖寵を保ったか。

57 人祖は悪魔の誘惑《いざない》に随い、天主の誡《いましめ》に背《そむ》いて聖寵を失いました。

人祖は聖寵を失ったばかりであるか。

58 人祖は聖寵を失ったばかりではありません。その上智慧昏《くら》み、心乱れ、楽園から逐《お》い出されて、苦しむことも死ぬことも免《まぬ》かれないようになりました。

人祖のこの罪は人祖ばかりに留まったか。

人祖のこの罪は子孫にも伝わったから、人は生れながら、この罪とその害とを負うているのであります。

キリスト教の解答

このいたましい人生問題の解決を、公教要理は最も平易な言葉をもって吾人に提供する。人祖は悪魔の誘惑に陥って神に背《そむ》いた。叛逆者となった人間は当然神の子たる特権、聖寵を喪失した。また罪の罰として楽園を追放されたのみならず、その智慧はくらみ、心は乱れ、死と苦しみを免かれぬ者となった。しかもこの罪と害とは人祖に止まらず、その子孫たるわれらすべてに伝わったと。

創世記の言を藉《か》りれば「主なる神の造りたまいし野の生物の中に蛇最も狡猾《さか》し。蛇、婦に言いけるは、神真《まこと》に汝等《なんじら》園の諸々の樹の果は食うべからずと言いたまいしや。婦、蛇に言いけるは、我等園の樹の果を食うことを得。されど園の中央にある樹の果実をば神、汝等これを食うべからず、またこれに捫《さわ》るべからず、恐らくは汝等死なんと言い給えり。蛇、婦に言いけるは、汝等かならず死ぬる事あらじ。神汝等がこれを食う日には、汝等の目開け汝等神のごとくなりて善悪を知るに至るを知り給うなりと。婦、樹を見れば、食うに善《よ》く目に麗わしく、かつ智慧《かしこ》からんがために慕わしき樹なるによりて、ついにその果実を取りて食い、またこれを己と偕《とも》なる夫に与えたれば彼食えり。ここにおいて彼等の目は倶《とも》に開けて、彼等その裸体なるを知り、すなわち無花果《いちじく》樹の葉を綴りて裳を作れり」（創世記第三章一―七）と。言葉は素朴でも、何という深刻な描写だろう。実に峻烈《しゅんれつ》骨に徹する心理解剖だ。

創世記解説

自己の叛逆によって喪失せる幸福が新たに創造された人類に与えられたのを見て、堕落せる天使である悪魔は、嫉妬の炎を燃やす。彼の誘惑はいかにも巧妙である。狡猾《こうかつ》にも己の正体をかくして、まず弱き者、変りやすき者、女に近づく。そうしてその弱点である虚栄心を唆《そそ》る。彼は決してまず肉欲をもって誘うような下手《へた》なことはしない。「神の如くなりて善悪を知らん」と言って、高慢《こうまん》と好奇心を煽動《せんどう》する。女は容易にその手にのって禁断の果実を眺める。そうして神の戒を軽んじたるがゆえに、すでに心にはらんだ欲望が樹を目に麗わしくし、かつ、かしこからんために慕わしきものに見せる。ついにその果実を取って食い、夫にも与える。夫は愛する妻のゆえに同じ罪に陥る。彼等は悪魔の約束通り善悪を知ったのだ。霊の叛逆の罰は立ちどころに彼等の内心に現れた。今まで霊に従っていた肉は、勃然《ぼつぜん》として、霊に逆《さから》いはじめた。霊の肉を支配する権威は、神への服従にあったのだ。これをすてた霊は、もはや肉を支配する力を失った。「彼等の目は倶《とも》に開けて、彼等その裸体なるを知り」の一句は、実に鋭くかつ、深いではないか。蛇がどうしてもの言うことができたかなどいう愚問を連発して得意がる馬鹿者共は論外として、いやしくも自己の心をかえりみる者は、人祖の誘惑が時の流れを通じて、いつも随所に繰り返されていることを気付かぬものがあろうか。人祖の堕落はすべての人の子の堕落のプロトタイプである。すべての罪は霊の神への叛逆——高慢——にはじまって、肉欲の勝利に終る。エデンの樹陰《こかげ》にひそんでエバを誘った蛇は、今も吾人の身辺を彷徨《ほうこう》している。以来彼はエバの子孫を通じて、そも幾人のアダムを堕落せしめたことであろう。そうして彼らは堕落の当初いつでももっともらしき口実を有せしこと、古往今来その軌を一にしている。

現代文明と禁断の果実

意識的に神から離れた泰西の近代文明は、如実にエデンの園の活劇を繰り返したものにすぎぬ。キリスト教の信仰に背《そむ》いた現代人は、人間は神のごとくなるべきものだという。試みにロンドンの銀座通りなるオクスフォード・ストリートを歩いて見よ。目下、日本で流行のウェルズの小説 *Men Like Gods*(『神のごとくなれる人』)が "No Clothes, No Marriage"「裸体で結婚のない世界」という挑発的な大文字で、仰々《ぎようぎよう》しく広告されているのを見るだろう。この空想家はいわゆる人道主義の理想の成就した境を描いて見せる。人間はついに自由を獲得した。彼は戦って勝った。キリスト教的迷信の旧套《きゅうとう》を脱して、人間は神の奉仕ではなく、人間の奉仕に自己の幸福を発見した。他人が幸福なるがゆえに自身も幸福であり、前代は後代へと相継いでその受け継げる幸福を殖してゆく。そこにはかつて野蛮人共が「結婚」とよんだ桎梏《しっこく》は、もはや存在しない。優生学は人類の難病や望ましからぬ多くの部分を淘汰《とうた》しつくした。オリュンポスの神々のごとく典型的の肉体美を有する男女は、裸体でこの天空海濶《てんくうかいかつ》の理想郷を闊歩《かっぽ》しつつ自由恋愛をたのしむ。この新天地の描写の中から、これらのアポロやヴィーナスのような父母の（彼等をよぶにこれは適当なる語ではあるまい）、まだ生まれぬ幸いなる赤子《あかご》達の歓呼の声までが湧き出ずるかの概《おもむき》がある。

この小説中に人道的ユートピアの敵としてのキリスト教を、ウェルズが一カトリック司祭をもって代表せしめているのは、最も意義深長なる事実として指摘されねばならぬ。悪魔がエデンの園で人祖をたばかる好餌《こうじ》として授け与えた「汝等神のごとくならん」という誘惑の言をそのままに代表する似而非《えせ》人道的理想の不倶戴天《ふぐたいてん》の仇として、カトリック教会が名指されるのは、決して怪しむに足りない。彼等は人間崇拝に立って人間至上主義を説き、我は神の奉仕に基づく天の王国を教うるからだ。「十字架を取りて我に従え」と命ずる代りに「地の子等はその征服せる大地を闊歩しつつ天の星にまで冒険をあえてする」と叫ぶ。吾人は疑いもなく多芸多能なこの小説家の空想に対して、単に芸術的鑑賞の態度をもって対し得んことを欲する。

しかしながら、この期待はウェルズの文化史大系によって裏切られる。ウェルズがこの大著を志したのは、決して公平なる歴史家もしくはディレッタントとしてではなかった。彼の文化史大系がいわゆる人道主義の新約聖書だとすれば、「神のごとくなれる人」はたしかにその黙示録である。もちろん、この皮相《ひそう》極まる歓楽主義ですら、幸福にあこがれている人間は、いか様《よう》でもあれ理想なしに生きられぬということを物語るものとして有意義であり、かつまたその理想は誤ったものであっても、理想のために戦う勇気あるものとして、著者の努力を私はペトロニウス式の享楽論よりはよきものと思う。シェンキエウィッチが小説『何処へ行く』中に描けるこの人物は、闊達《かったつ》な通人である。彼は言う。「タルソのパウロは、余に向ってキリストのために薔薇の花環や宴会や逸楽をも棄てねばならぬといった。その代りわしにほかの幸福を約束してくれたが、わしは答えた。他の幸福を受けるにはもう年をとりすぎているし、わしの眼は相変らず薔薇の花をめでる方が好きで、スブーラのうすぎたない隣人の臭気よりは、やはり菫《すみれ》の香の方が好ましい、……でわしはたった二人の哲学者より外は、認めたくはない。その一人の名はピロンで、他の一人はアナクレオンだ」と。

裸体を恥じざる文明とギリシャ思想

享楽の詩人アナクレオンと懐疑哲学者ピロンの名によって、酒宴の席上で情人と抱擁しながら自殺したこの耽美生活の主人公は、けだし現代意識とはあまりにかけ離れた詩境に沈湎《ちんめん》せる者であろうが、現代の人道論者もローマ時代の快楽主義者も、いずれも自ら裸体なるを知って、これを恥ずる良心の鋭さを失える点においては撰ぶところがない。吾人はさらにより深きところより発する叫びに耳を傾くる必要がある。世人は往々にしてギリシャ思想をかざして、霊と肉と、主観と客観との分離以前の幸福なる世界を表徴するものとする。彼等はギリシャ人が外界の観照の中に小児のごとき純真の驚異と歓喜とを見出しつつも、心の底には常に一脈のやるせなき悲哀を包んだのを忘れている。春のたそがれの哀愁にも比すべきこのギリシャ人のロマンチシズムは、プラトンのアポロ的の額《ひたい》をすら曇らした。彼はつとに人生の無常を感じていたが、この感じが年を追うてその心の全面にひろがって行った有様《ありさま》が、その著作のうちに窺われる。

すでに中年時代に、人は手足を縛されたまま洞窟に住むがごとき者で、肉体は霊の牢獄であり、哲学は死という解脱《げだつ》の準備にすぎぬと論じた。『テアイテトス篇』に至っては、悲観主義の色彩がますます濃厚になっている。「悪は、滅することのできぬものである。悪は地上において、われらの可死的の肉体に附纏《つき》う必然であるから、人はできるだけ速かに現世より彼岸に避難すべきである」と言い、『法律篇』ではこれを強調して「人事一切はわれらの関心事たり得ぬ」と自棄し、「神々は戯《たわむ》れに人を作りしや、確乎《かっこ》たるあてどのありしにや我等は知らず……人は神々の玩弄物《がんろうぶつ》である」と断じ、自然の美をうたえる詩篇にも比すべき『チィマイオス篇』においてすら、人間の霊は誤謬《ごびゅう》に捕われ、辛《かろ》うじて神の智に与りうるのみとの厭世観《えんせいかん》をのせている。彼が死に直面せるソクラテスを拉《らっ》し来って、霊魂不滅を討論せしめた雄篇『ファイドン』中の左の語句に較《くら》ぶべきものがまたと世にあろうか。彼はソクラテスの弟子シミヤスをして、その疑問を携えて師に肉迫せしめる。

「先生も御同意でありましょう。かかる問題について確実に知ることは、現世においていかに困難なことであるか。あるいは不可能であるかとも思いますが、霊魂不滅問題についての所説を出来るだけ論証しようと努めぬか、あるいはあらゆる方面よりこれを吟味せぬ前に落《らく》胆《たん》するような人は、私は卑怯者《ひきょうもの》だと思います。なぜなれば彼は真理を人から学ぶか、あるいは自ら発見するか、この二者中の一つに達するまでやり通すべきでありますから。しかしもしこれも不可能ならば、人生の大海を筏《いかだ》に乗って冒険するつもりで、人間の臆説中の最善かつ最も論破しがたきものを採用するより他に途《みち》はありません。もしもより安全なかつ危険のない堅固な根拠、換言すれば神の言に拠って浮世を渡り得ぬ限りは」と。

解決の鍵は原罪の信仰にあり

人生のあらゆる矛盾の解決の鍵である永生の問題についてのプラトンの深遠なる思索は、ついに神の言、天啓の必要を告白せしむるに至った。かくて吾人はパスカルの「キリスト教が余に原罪堕落《だらく》の教えを説くや否《いな》や豁然大悟《かつぜんだいご》して、随所にこの真理の証左《しょうさ》を認むるに至った。何となれば、全世界は失われたる神と堕落せる本性とを物語っているから」という『思想録』中の一句の淵源の、遠くかつ深きを思わざるを得ないのである。

元始における人類堕落の信仰は、種々の形において諸国の神話乃至《ないし》は伝説の中に現れる。それはまた東方の宗教思想を通じて霊の物界への堕落、または執着の形でギリシャ哲学に取り入れられ、さらにキリスト教を通じて本質的悪《ラジカール・ベーゼ》の観念となって、カント以後のドイツ哲学を通じて今日に至っている。眼前の世界と人生は、吾人の理性と意志の要求通りのものではない。ここにおいてか進んでこの世はあるべきはずの世界ではないと言うか（すなわちなんらかの形で堕落を認めるか）、退いて智意の要求そのものを不当なるものとして否定するか（すなわち懐疑論《かいぎろん》に陥るか）の、二者何《いず》れかを撰ぶより他に途《みち》はない。しかし懐疑的の立場から智意の要求を否定するにせよ、それは要求と実際との齟齬《そご》の肯定から出発するのであるから、これ取《と》りも直《なお》さず否定せんとする理性の権利の肯定に基づいて、さらにその同じ理性の権利を否定するもので、明らかな自《じ》家撞着《かどうちゃく》といわねばならぬ。けだしこの事実の認識は、吾人の理性を離れては不可能なものである。従ってこの第二の立場を徹底させて行こうとすれば、一切を迷妄《めいもう》に閉じこめる仏教的の立場まで進んで行かざるを得ない。

かくのごとく要求と実際との齟齬《そご》という事実の確認から一切を迷妄の世界に閉じこめんとする矛盾せる道を取らざらんとせば（一切が迷妄ならば、最初の出発点たる事実さえ確実なるものとしてこの迷妄より除外さるべき理由はない）、この世の中はなんらかの理由で当然あるべきはずのものではなくなったと考えるのが自然である。そうならば人間の要求は、単に眼前の事実と矛盾するという理由では否定されずにすむ。インドと東洋が否定の立場をとったに反して、あくまでも生を肯定せんとした西方は、この後の道を辿った。

この信条は統一ある世界観を可能ならしむ

哲学が二千五百年の昔イオニアの沿岸に生まれて以来、西洋思想はこの問題を概念的に解決せんとして煩悶《はんもん》に煩悶を重ねた。しかも前掲のプラトンの告白以上の、なんらの解決をももたらさなかった。かくてギリシャ思想がその論理的に可能なすべての道を廻りつくして行き詰まった時、キリスト教は忽然《こつぜん》として曙光《しょこう》のごとくユダヤの一角から全世界を照らしはじめた。あの時代の人達にとっては、キリスト教は思想的にも救済であった。

それはプラトンの冀求した「神の言」であった。かかる基礎の上に「恩寵《おんちょう》は自然を破壊せず、かえってこれを完成す」という中世の世界観が、徐々《じょじょ》に築き上げられて行った。人生の矛盾の説明は、これを過去の歴史的の出来事に求められねばならぬ。その矛盾は被造物の当然の権利としてではなく、神の側よりは全く自由なる慈愛に基づいた超自然の恩寵として与えられた秩序を、人間の側からもまた自由に破壊した出来事に由来する。どの側から見ても自由に基づく過去の出来事である以上、理性の捕捉し得る因果《いんが》関係をいかに辿ろうが、そこまで到達し得ようはずはない。原罪の信条はすべての歴史的知識と同様に、その事柄の性質上教えられて始めて知り得ることで、理論のごとく推理の結果認識し得るものではない。ここにおいてか、原罪ゆえに必要となれる救いを説くキリスト教が、神の言としてあくまでも権威をもってわれらに臨む所以《ゆえん》が明らかに了解せらるるであろう。また原罪による人類の堕落が事実である以上（キリスト教は論理的にも自家撞着の愚を演ぜざらんとせば、あくまでも原罪説を固持せねばならぬ立場にある）、これを度外視《どがいし》して統一ある世界観の成立しようはずがない。この純理の学たる哲学のみをもってしては、人生問題のとうてい解決し得ざる所以《ゆえん》である。

近世哲学の反抗とその末路

原罪の事実は、完全なる世界観としての哲学のプリテンションを根本より破壊する。また実際神の言を無視せるすべての哲学は、悪の問題についてことごとく蹉跌《さてつ》している。この人間理性の屈伏を潔《いさぎよ》しとせざる者が、絶えず原罪の信条とその吾人の道徳生活に及ぼすすべての結果とに対して反抗するのは、自然の勢いである。神の智慧と人の智慧との戦い（それは人祖が禁断の果実を食った時に始った）は、今に至るまで絶えない。近世哲学はこの人間理性の叛逆戦における巨人的な努力であった。それは一切を主観内にとじ込め、一切を主観より造り出さんとする凄《すさ》まじき努力であった。

ヘーゲルに至っては、歴史すら主観内の弁証的プロセスとなった。しかし近世哲学もちょうどキリスト教出現前のギリシャ思想のように、一方論理的にはもはやあらゆる可能な立場を廻りつくして結局認識の対象なき認識論に行き詰まると同時に、実際的には古今未曾有《みぞう》の大戦の産み出した世界的変動の試錬に対して全然無力なることが、人々によって痛感されてきた。この点に関して、私は昨年末（一九二六年）来朝されたドイツ、フライブルク大学教授クレブス博士が上智大学でされた、「現今ヨーロッパにおける精神生活の転向」と題する最も暗示に富める講演（雑誌「カトリック」第七巻一号および二号所載）を、心ある読者に推奨《すいしょう》したい。博士は言う。

私は大戦中に、バーデン派新カント主義の頭目《とうもく》にして、ハイデルベルクにおけるクーノー・フィッシャー及びヴィンデルバントの教職を受け嗣いでいるハインリッヒ・リッカートの許《もと》を訪ねた。その時のことを今もはっきり思い起こします。その時リッカートは私に打ち明けて、「自分は自分の観念論の哲学をもってしては、戦争の恐るべき事件になんらあずかる術を知らない」と申しました。現実すなわち戦争や革命という圧倒的な出来事は、対象を自ら産み出して形作るという底の認識論をもってしては、とうてい制御《せいぎょ》されないのであります。この時代の恐るべき出来事は、カントやフィヒテにのみ固執しているところの一価値哲学の中に入れて、整理すべくもなかったのでありました。我等の成長しつつある青年、塹壕《ざんごう》の艱難《かんなん》から精神的の糧《かて》を眺める青年は、別個の智慧を要求致しました。かくしてこそ我々はマックス・シェーラーの難解なる書物が戦地の掩蔽《えんぺい》において熟読されたこと、帰依《きえ》した青年がディートリヒ・フォン・ヒルデブラントやフッサールや新しく変ったナトルプ、ニコライ・ハルトマン等に熱狂して与《くみ》したことに充分納得が行くのであります。

（雑誌「カトリック」第七巻一号、五一–六頁）

哲学的に空虚な日本

かかる試錬を経ていない日本の哲学界は、今日もなおクレブス教授のいわゆる「カントやフィヒテにのみ固執しているところの一価値哲学の中に」跼蹐《きょくせき》して、飢えたる現代に精神的の糧《かて》を与え得ざるのみか、無自覚にもパンの代りに石を与えて恬《てん》として恥ずるを知らない有《あり》様《さま》である。日本の諸専門学校の課目中に哲学概論が編入された結果、幾十人かの若き文学士が哲学研究のため海外に送り出された。私自身もこの新学制の結果として、第一着に文部省より海外留学を命ぜられた者の一人であることをここに告白しておかねばならないが、彼等は留学とはいわれぬ一、二年の匆忽《そうこつ》たる海外旅行より帰朝して、その滞欧中に認めたる数冊のノートと雑然と購入せる数架の参考書に基づいて、現代青年男女の知識欲をみたす職能をつとめている。

かくて明治の末期より大正の初年にかけて、就職難に悩みつづけた哲学科出身の幾多の文学士が救済されたという社会的効果はあったけれども、この新課目が日本の思想界に及ぼす影響を慎重に考慮する時、実に寒心すべきものがあるのではなかろうか。哲学的素養を作るには、日本現在の状態においては是非有せねばならぬ外国語の知識さえ不十分な学生に向って、自家の引用する参考書を十分咀嚼《そしゃく》して、その思想体系における地位に対し正鵠《せいこく》を射たる評価をなし得るまでには、なお少なくも十年の研鑽《けんさん》を必要とする先生が講義するのである。生徒は生意気《なまいき》になるばかりで、教師は絶えず学者的良心に無理をする必要に迫られる。哲学概論のごときは、円熟せる大家によって始めて完《まっと》うせらるる課目である。哲学という課目が、真に専門学校程度の学生に必要であるのなら、これも過渡期の現象として已《や》むを得ないが、然《しか》らずとせば、これ果たして国民の思想を善導し得る所以なるや、頗《すこぶ》る疑わざるを得ない。私は真理はもっと鄭重《ていちょう》に取り扱わるべきものと思う。

しかしかく言わば、当局者は恐らく傲然《ごうぜん》としてピラトの口吻《こうふん》そのまま「真理とは何ぞや」

という皮肉な反問を浴せかけたまま、返答をもきかずに手を洗うことであろう。彼等は神社は宗教に非《あら》ずというがごとき明白なる矛盾をも、権柄《けんぺい》ずくで主張するほど勇敢な人達である。かかる事情と、かかる指導者とのゆえに、哲学的素養の欠陥を如実《にょじつ》に暴露する唯物史観が勢いを逞《たくま》しゅうするのである。何となれば、上述のごとき哲学概論の授業をうけた学生は、哲学的素養の第一義の職能たる思想問題を批判する力を与えられていない。これに加うるに、書斎に籠《こも》って字引と首っ引きして作り上げたノートから講義し給う先生の懐疑《かいぎ》ずくめで確信のない態度や、自家の真理に対する不誠実がはぐくみ育てたいわゆる危険思想を圧迫するをもって能事おわれりとする当局者に比較すれば、理論としてはともあれ、実際的には白熱化してきたマルクス主義の宣伝は、とうてい青年の心を動かさずにはやまぬ状態にある。

新時代のドイツの青年は幸いにしてマックス・シェーラー等のカトリック的思想家によって、真理の客観性の認識とこれに対する服従とを教えられ、主観主義の迷妄より目覚めつつある。彼らにとってマルクスは、もはや過去の思い出にすぎない。現実の凝視は人を真面目《まじめ》にせずばやまぬ。これ欧州大戦後、到るところにカトリックが台頭してきた所以《ゆえん》である。人間の作れる一時的のものが亡びて、永遠なる神の業《わざ》が廃墟の上にひとり残ったのである。精神なき形式をもって日本の思想問題を解決せんとする徒《やから》はよろしく反省すべく、この解決の鍵を神から賜わりて有する日本のカトリックは、須《すべから》く奮起すべきの秋《とき》ではないか。

原罪の信仰と小児受洗問題

人類堕落の信条は、かくのごとく重要なもので、キリスト教人生観の根底をなすものである。さればカトリック教会が、このドグマを擁護するために常に戦ったのは当然であった。五世紀の始め頃、ペラギウスによって唱えられた説、人は救わるるために必ずしも神の恩寵を必要としないという自力本願説は、当時の教会の第一人者であったアウグスチヌスの激烈なる反駁《はんばく》をうけた。自己の閲歴《えつれき》からしても神の恩寵を高調せずにはいられない立場にあった偉大なる教父が、その深き体験に基づいてペラギウス反駁を機会に、この方面に関する最も豊富なる文献を後世に残してくれたのは、我々がこの異端者にも感謝していい点であろう。

またこの異説出《いで》たがために、カトリック教会の立場が非常に明白に定義された点も見逃してはならない。宗教革命の際、ルターを自家撞着《じかどうちゃく》の窮地に陥れた幼児洗礼の問題のごときも、つとにこの時代に明らかな解決を与えられていた。すなわち教皇ゾシムス（在位四一七－四一八）によって認可せられた、四一八年のカルタゴ公会議の議決は、「新たに生まれたる小児は洗礼を必要とせず、または罪の赦《ゆる》しをうくるため洗礼をうくるにせよ、この再生の水洗により贖《あがな》わるべきアダムより伝われる原罪を有せずと教うる者」に対して破門を宣言し、前述のパウロの言「然《さ》れば一人によりて罪この世に入り、また罪によりて死の入りしごとく、人皆罪を犯したるがゆえに死総ての上に及べるなり」（ロマ書第五章一二）を引用して、この句は「到るところに弘布《こうふ》せるカトリック教会が常に解釈せしところと異なりて解釈せらるべからず」とした。

この公会議を去る一千百余年の後、一修道僧ルターはローマ教会の腐敗を改革し、初代教会の純真に復帰することを標榜《ひょうぼう》して、すべての秘蹟はただこれをうくる者の信仰により効果を生ずとの異説を唱えた。これは教会の秘蹟信仰を覆すには極めて都合《つごう》よき主張であったが、ルターの最も熱心な讃仰者《さんぎようしや》も、この原則とかの小児洗礼の教説とをいかに矛盾なしに調和せしむべきやについて、全然途方《とほう》にくれている。物心《ものごころ》のまだつかぬ小児が、どうして信仰を持てよう。信仰がなければルターの立場では秘蹟は意味をなさない。ルター自身もこの矛盾を意識していた。しかし彼はそれしきのことで当惑するような男ではなかった。ガラチア書の註釈中にいっている通り、信仰のゆえにあくまで理性を叩きつぶしてしまわねばならないのだ。彼は平気で小児等に洗礼をうけさせせんとする人々も、教会の信仰ゆえに赦《ゆる》されると言った。しかしこれは受くる人の信仰とは別に、秘蹟そのものの効果を説くカトリック的立場への復帰にほかならない。この矛盾を避けんがために、小児洗礼を否定する風が漸次《ぜんじ》プロテスタント諸教会に生じたが、これらの見解の是非《ぜひ》は論外《ろんがい》としても、すべてかかるいわゆる改革は、決して初代教会の福音的単純さに帰るゆえんでも何でもないことは確実である。教会史に関する極度の無知を表白せずには、とうていそんな主張が出来たものではない。

原罪の結果、アラウジオ公会議

カルタゴ公会議の後約百年、五二九年ガリヤのアラウジオすなわち現今のフランス、オランジュ市に開かれた公会議は、原罪の信条をさらに精密に定義した。その議定の一半はアダムの犯罪が本人に及ぼせる結果に関し、後半はその全人類に及ぼせる影響についてであった。アダムとエバの罪は、神のごとくならんとせし叛逆の罪であった。この秩序攪乱《こうらん》のゆえに、彼等の理性は晦《くら》くなり、自由は弱くなった。自ら撰んで罪の奴隷となった。「そは人、物に勝れたるればその奴隷となればなり。」（ペトロ後書第二章一九）

この叛逆者等に対して一切《いっさい》の神の秩序は報復する。主なる神「また婦に言いたまいけるは我大いに汝の懐妊の劬労《くるしみ》を増すべし。汝は苦みて子を産まん。また汝は夫をしたい、彼は汝を治《おさ》めん。またアダムに言いたまいけるは、汝その妻の言を聴きて我が汝に命じて食うべからずと言いたる樹の果を食いしによりて、土は汝の為に詛《のろ》わる。汝は一生のあいだ労苦《くるしみ》てそれより食を得ん。土は荊棘《いばら》と薊《あざみ》とを汝のために生《は》やすべし。また汝は野の草蔬《くさ》を食うべし。汝は面に汗して食物を食い、終《つい》に土に帰らん。そはその中より汝は取られたればなり。汝は塵《ちり》なれば塵に帰るべきなり」（創世記第三章一六―一九）と。

人祖の罪が産める呪《のろ》いは、彼等の一代に止《とど》まらず子孫にも伝わった。原罪の玄義《げんぎ》はここに始まる。アラウジオ公会議の議決にいう。「アダムの叛逆がただ自身を害せしのみにて子孫に及ばず、もしくはただ罪の罰たる肉体の死のみが一人より全人類に及び、霊魂の死なる罪は伝わらずと主張する者は、使徒（パウロ）の言に背《そむ》き、神を正しからずとする者なり」として、再び前掲のロマ書第五章一二節を引証している。

トリエント公会議の議定

さらに一千年を経て、宗教革命の後にトリエント公会議（一五四五―六三）はアラウジオ公会議の後を承《う》け、さらに精密に説明して曰く、「人祖アダムが楽園において神の誡に背《そむ》ける時、直に彼がその中に置かれたる聖にして義なる状態を失い、この叛逆の罪により神の憤怒を買い、そのゆえに神が彼に予《あらかじ》め警告せる死に値する者となり、また死により、その時より死の支配を有せし者すなわち悪魔の権能に囚《とらわ》れ、この叛逆罪のために全アダムが肉体的にも霊的にも以前より悪《あ》しき状態に陥れりと告白せざる者」は破門せらるべく、さらにまた「アダムの叛逆は彼独《ひと》りのみを害し、その子孫に及ばずと主張し、神より賜われる義と聖徳とを己に関してのみ失い、我等に関してもまた失えりと言わざるか、または不従順の罪により汚れたるアダムは死と肉体の罰をのみ全人類に伝え、霊魂の死なる罪をも共に伝えしに非《あら》ずと言う者は、呪《のろ》わるべし」と。さらにこの罪の全人類への伝播《でんぱ》は「摸倣によらず繁殖により、すべての人に亘り各人に己のものとして内在する」ことが明らかにされた。

この人祖より伝わり、小児すら母の胎内より有する原罪と呼ばれた罪は「真に罪の性質を有するもの」で、ただキリストの救いによりてのみ赦《ゆる》され得る。従ってその赦罪《しやざい》の水洗たる洗礼の聖奠《せいてん》は小児にも施さるべきものとの信仰を、カトリック教会は終始一貫して固持した所以《ゆえん》が繰り返し力説せられている。

59　人祖から伝わった罪を何というか。

人祖から伝わった罪を原罪といいます。

原罪の本質

かくてカトリック信条の主張は明白にされたが、次に人が生まれながらにして身に負うこの真の罪たる原罪と、自由の撰択の結果犯す意識せる自罪とは同じものかとの疑問に逢着《ほうちゃく》する。公教要理問答二百八十二において「罪は知りながら天主に背《そむ》く事」と定義している。しからば原罪は、この意味での罪とはいい得ぬわけである。しかしこの疑問に対する権威ある解答は、一二〇一年の教皇インノケンチウス三世の教書中につとに与えられている。曰く「罪に二種類あり。原罪および自罪これなり。人は原罪を自己の同意なくして蒙《こうむ》るも、自罪は同意のゆえに犯す。原罪の罰は神の直観より除外さるることなれども、自罪の刑は永遠なる地獄の苦なり」と。この語によりて、原罪は決して吾人の積極的の意志または行為にあらずして、神より退けられし状態、聖徳と義との欠如、天国の家督《かとく》相続権の剝奪《はくだつ》、神の最初の人類に対して持せし愛憐の態度に離背《りはい》せる立場たることが了解される。この欠陥ある状態が、神の前に我等をして汚れある者たらしむるのである。かくてトマス・アクィナスが「原罪の本質は原始の義の欠如なり」(Formaliter est defectus originalis justitiae. I, IIae, q. 83, a. 3) といえる定義は、最も当《とう》を得たるものとなる。

神の正義と慈愛のアンチノミー

この聖にして義なる状態よりの堕落の深さは、その現世および来世における結果が、いかに恐るべきものであるかを見ればわかる。理性の光は暗くなり、善に向う自由はせばめられ、悪に陥りやすく、労病苦の人生の悲惨は死に至ってその極度に達する。試みに地上における最初の死の光景を想像してみよ。そがいかなる驚異かつ恐怖であったかは、想像に余りある。死が日常の経験となった我等さえ、これと直面する毎《ごと》に粛然《しゅくぜん》として襟《えり》を正さざるを得ぬではないか。

しかも原罪の害はこの世に止《とどま》らず、さらに我等の彼岸《ひがん》における運命にまで及ぶ。原罪あるがために、すべての人の子は、彼等の究竟《くっきょう》の目的であった永遠の生命への参与と神の直観より除外されるのである。これらの結果は、それ自身に恐しきものたるに止まらず、この神の正義の報復をその全善、慈愛等と対照する時、人は解《と》き難《がた》き矛盾に逢着《ほうちゃく》せるの感なき能《あた》わず、吾人がさきに叙述し来れる神の観念が果して現実を裏切らざるや否や、またかかる観念に根拠する信仰が想像の産物にすぎざるにあらざるや否《いな》やを疑わしめる。実に悪の問題は、しばしば言えるごとく曇りなき信仰の世界に不安な陰影を投ずるものである。

罪よりの救い

しかしながら、真の信仰は悪の問題に直面して始めて生まれる。我等は獅子《しし》の仔《こ》のごとく、父なる神の啓示と母なる聖会の信条の容赦《ようしゃ》なき原罪肯定により、一度は暗黒の谷底に投げ込まれ、そこから信仰によって這《は》い上らぬうちは、真のキリスト教へははいれないのである。何となればキリスト教の核心《かくしん》たるキリストの救いは、実にそれより救わるべき罪悪を前提として始めて意義をなす。救わるる必要なき者には、救主《すくいぬし》は不必要である。自力で救済されるならば、十字架は無用《むよう》の長物《ちょうぶつ》だ。キリストが果たして全人類の救主ならば、全人類は彼によって救わるることを必要とせねばならぬ。全人類の救いの要求に根ざして、全人類の救主は始めて意義あるものとなる。アウグスチヌスが奮然としてペラギウスの自力本願に反対した所以《ゆえん》はここにある。

救いは善業《よきわざ》によるか信仰によるか

カトリック教会が善業ゆえに救われるとするのは、ファリザイの徒が律法の遵守《じゅんしゅ》を救いの条件とした旧約に帰って十字架の救いを空《むな》しゅうするというプロテスタント的偏見については、そもそも何をか言わん。かかる愚論を吐く徒は、トリエント公会議が一千余年を経た後にいわゆる宗教改革者等の所説に反対して、再認し力説したる前述のアラウジオ公会議の議定書を、三拝九拝して熟読するがよかろう。義とせらるることの根底（Radix）および基礎（Fundamentum）となるものが信仰なることは、六世紀におけるこのカトリック教会の信仰告白（カノン五）に明記してある（ルターがこの真理をキリスト降生後一千五百何年かに発見したのだそうだ！）と共に、最初の恩寵《おんちょう》は信仰ではないことも同じところに説明してある。「けだし汝等が信仰をもって救われたるは、恩寵に由《よ》るものにして自らに由《よ》るに非《あら》ず、すなわち神の賜《たまもの》なり」（エフェゾ書第二章八）との引証まで添付されている。義とせらるる信仰によるとは、信仰が必然的に義を産み出すためではない。「救われたるは、恩寵に由るものにして」と明らかに録されているではないか。所詮《しょせん》人間の行為たる信仰に原因するのではない。

信仰は義とせらるるプロセスにおいて一条件であるが、これとても神の賜《たまもの》である。信ずるまでには、もはや吾人の善意を助けて信仰に至らしむる恵みに浴しているのである。だから義とせらるるは、飽《あ》くまでもキリストの苦難の功徳《くどく》によるのである。善業《よきわざ》にまれ、信仰にまれ、原罪により堕落せる我等の業《わざ》には由《よ》らぬ。また我等の業に由《よ》り得ようはずがない。神の前に義とせらるるは、超自然的の恩寵である。カトリック教会は終始一貫して未《いま》だ自ら信仰を有《も》つ能《あた》わざる小児は、そのままキリスト苦難の功徳を施す秘蹟たる洗礼を原罪の赦免のために受くべきであり、またこれを受くることにより、未だ信仰を有《も》つ能《あた》わざる小児の将来の信仰の種子が、聖寵と共にその霊魂に蒔《ま》かれると教えてきた。ルターの不完全なる神学的教養は、その高慢と反抗心と相まって、彼を駆ってカトリック信条のこれらの根本的区別について全然盲目ならしめた。

彼はまた義とせらるることを、極めて皮層的《ひそうてき》な意味での赦《ゆる》しと考えた。しかし罪の赦しは義とせらるることの前提で、その消極的要素であるが積極的の本質ではない。義とせらるるとは如実に神の生に与《あずか》って聖化せらるることで、病者が美衣をもって飾らるるがごとき形式的のことではない。ルターは義を所詮《しょせん》人間の業たる信仰（信仰するのはみじめな人間が信仰するのである、従ってその人間のすべての不完全を伴う）に依存せしめたから、その義たるや人間の信仰そのもののごとく極めて不安定な浅薄なものとなった。この場合ファリザイズムはルターの側にあって、カトリック的見地にはない。プロテスタントの常套語《じょうとうご》は、実に彼我顛倒《ひがてんとう》の好適例である。真のキリスト教の義はそんな曖昧《あいまい》なものではない。それ自身においては、人間の協力を必要としない超自然的な神の自由な愛の業《わざ》である。

アダムは決してまず信仰して然《しか》る後《のち》に義とせられたのではなかった。聖にして義なる超自然の境地へ、最初から引き上げられていたのだ。キリストの救いは彼等をして再びこの境地に引き戻す。従ってかかる境地にあっては、罪悪はとうてい容《い》れられぬ出来事である。善業は水の泉より湧くがごとく生ずべきはずである。その善業の果を結ばずば、これ義とせられたる恩寵を空《むな》しゅうする不届者《ふとどきもの》であって、天堂にはいる資格を失うに至るは当然である。善業ゆえに救わるるのではなく、義とせられた以上は善業を行うのが当然であるのだ。録して「今は既《すで》に罪より救われて神の僕《しもべ》となり、その得る所の好果は聖となる事にして、その終《はて》は永遠の生命《いのち》なり」（ロマ書第六章二二）とあるがごとし。義とせられて善業を行わず、いわんや罪悪を犯すに至っては、言語道断ではないか。万一パウロの真意がルターの曲解せるごとき義にすぎなかったとしたら、使徒の書簡に反復さるる道徳的勧告は、そもそも何を意味するのか。信仰一点張《いってんば》りの自称クリスチャン諸君よ、卿等の主張は自己の我儘《わがまま》を蔽うに、あまりに都合よき外套《がいとう》ではないか。少しく反省せられよ。

61　天主は人を棄て給うたか。

天主は人を憐《あわれ》んで、救世主《すくいぬし》を遣《つか》わすことを約束し給うたのであります。

救世主の約束

パウロはロマ書中に、神の救いの御手《みて》の絶妙なる摂理を叙し来って「これ衆人を憫《あわれ》み給わんが為《ため》に、神がこれを不従順に籠《こ》め給えるなり」（第十一章三二）と言っている。これもとより神が人祖の堕落を欲し給うたわけではない。その堕落を機縁にますますその愛が発揮し得らるるがためにのみこれを許し給うた。かの恐るべき失墜とほとんど同時に、呪われたる人類に救いが約束される。神蛇に言いたまいけるは「我汝と婦の間および汝の苗裔《すえ》と婦の苗裔の間に怨恨《えんこん》を置かん。彼は汝の頭を砕《くだ》き汝は彼の踵《かかと》を砕かん」（創世記第三章一五）と。聖会の教父等が原始福音《プロトエヴァンゲリオン》とよんだこの最初の救主の約束によって、曇りなき信仰の空を蔽いかくさんとした罪悪の陰影はまず薄らぐ。悪の玄義が海より深ければ、救いの秘義は天よりも高い。かくて「蓋《けだ》し一人の不従順によりて多くの人が罪人《つみびと》とせられしごとく、また一人の従順によりて多くの人は義人とせらるべし。律法《りっぽう》入り来りて罪増ししかど、罪の増しし処には恩寵弥《いよいよ》増せり」（ロマ書第五章一九―二〇）というに至って、我等は遂に神の愛の凱歌《がいか》をきく感があるのである。

60　人は自分で罪を贖《あがな》うことができるか。

人は自分で罪を贖うことができません。限りなく聖《とうと》き天主に背《そむ》いた罪であるから、これを贖うことは限りある人の力には及ばないのであります。

救いの論理、神曲

人間は自力ではとうてい到達できぬ超自然的の高みにまで神の慈愛により引き上げられ、そこから自由の意志で堕落した。神の救いの手を待たねば、再び元の幸福なる状態へは復帰し得ないものである。キリスト教のいう聖と義とは、普通世間でいう「正直に活《い》きる」などとは遥かに異なったことである。のみならずアダムとその子孫が原罪以来犯した罪の数々は、浜の真砂《まさご》のそれよりも多く、またそれが神の無限の稜威《みいつ》の冒瀆《ぼうとく》である限りにおいては、無限性を帯びるものである。罪の行為そのものが無限だと言うのではないが——有限なる人間に、無限なる何物《なにもの》をもなし得ぬは理の当然である。——その犯罪行為の対象が無限の尊厳であるがゆえに、その悪《にく》むべき罪状は有限の贖《あがな》いをもって抹殺《まっさつ》し得ぬ汚れを人の心に残す。恰《あたか》も同一の無礼が、身分高き人に対して行わるる程重くなるのと同様である。罪の叛逆は同輩や目下に対する無礼ではない。一天万乗《いってんばんじょう》の君の上に位し給う御者へ対しての謀反である。その至上の尊厳を犯せるがゆえに、いかなる有限の力をもってしても贖《あがな》い得ざる兇悪さを具《そな》うるに至る。この罪の深き意識に基づかねば、救世の玄義《げんぎ》はなかなかに暁《さと》り尽せぬ。救いの了解と冀求とは、罪の意識に比例する。「俺は何も悪いことをした覚えはない。ヤソになる奴は大《たい》抵《てい》悪いことをした奴だ」など言う偽君子ほど済度《さいど》しがたい人間はない。

これに反して罪の無限性をしみじみと身にしみて覚える者には、キリストの神性は当然なる解決として肯《うべな》わるるであろう。キリストがいかに神の御心《みこころ》に叶《かな》い給う御方であろうとも、よしんば古今独歩の宗教的天才または聖賢であろうとも、唯《ただ》の人間ならば救いの問題に関しては、われわれと五十歩百歩の差あるにすぎぬ。公教要理にいうごとく、人類の贖罪《しょくざい》は所詮《しょせん》「限りある人の力には及ばぬ」業《わざ》なのである。神であってこそ、我々を救い得るのである。しかし単に神であって人でなかったら、キリストの贖いは人類の救いにはならぬ。神は救世主を送る代りに、無代償で人類の罪を簡単に赦《ゆる》せば足りる。しかしかくては神の慈愛は満足されても、その正義の要求はみたされない。神の正義は、涙脆《もろ》き愛に溶かされてしまうようなものではない。愛の要求も絶対なら、正義のそれも同様に寸毫《すんごう》も仮借《かしゃく》せぬ底のものである。神の愛と正義とは同様に徹底せねばならぬ。この神の心の中のいわば葛藤《かっとう》の解決として、ゴルゴタ丘上の十字架が肯定されるのである。

神は人となれるその独子《ひとりご》（聖三位の第二位）を、救主《すくいぬし》としてこの世に遣《つかわ》す。キリストは人であるがゆえに、全人類に代って十字架上の犠牲を捧げることが出来る。しかして神性を具うるがゆえに、その贖いは無限の功徳《くどく》を有するものとして天父に嘉納《かのう》される。罪と救いの宇宙的ドラマ――神曲――は神にして人、人にして神なる主人公キリストによって大団円《だいだんえん》を告げる。キリストにおいて神と人と、有限と無限と、永遠と時間が円融相即《えんゆうそうそく》し、彼により、彼を通じて、天地創造の暁に、「あれよ！」の一言をもって神の外に生まれ出でたる万物は、再びその由《よ》って来《きた》る天父の永遠の生命の流れの裡に摂取《せっしゅ》される。かくて十字架は正義の要求であると同時に、愛のミステリーである。神において正義と愛とが無限完全であって相離れぬごとく、十字架上においても正義の遂行すなわち愛の成就である。神の永劫来の議定は、吾人の意表に出ずる道を辿って完成された。パウロは勝ち誇って叫ぶ。「蓋《けだ》し十字架の言は亡《ほろ》ぶる人には愚なる事なれども、救わるる者すなわち我等には神の大能なり。録して、「我は智者の智慧を亡ぼし賢者の賢さを傷《そこな》わん」とあればなり。この世の智者何処《いずこ》にか在《あ》る。律法学者何処《いずこ》にか在る、論者何処にか在る。神はこの世の智を愚ならしめ給いしに非《あら》ずや」(コリント前書第一章一八―二〇)と。

思うてここに至れば、去勢せられたる現代のいわゆるキリスト教に対する吾人の憤慨は、その極度に達するを覚える。原罪を嘲笑し、キリストの神性を否《いな》み、超自然的愛の実行を、ほとんど実行不可能な、あまりにも理想的な、否《いな》むしろ空想的な形式的社会改造論に堕落せしめ、神の正義の徹底的遂行に代うるに、己の怯懦《きょうだ》を蔽うに便なる無抵抗主義の美名をもってする。神を礼拝すべき場所なる会堂は、演説場か感傷的な青年男女の相思の情を温むるに適するミュージック・ホールに変質しているではないか。かるがゆえにまた真の福音は世人の軽蔑《けいべつ》の的《まと》となっている。パウロをして今の世に再来せしめば、かくのごとき教師も会堂も一炬にして焼き尽したるや未《いま》だ計り知るべからずである。

救いの要求は堕落に萌す

しかし我等はここにもまた、原罪の齎《もたら》せる咀《のろい》を認めることができる。であるから、我等の救いを求むるの念は、いよいよ切なるものがあるのである。原罪の状態は救いを要求する状態である。この状態の自覚は、我等をして救いを求めしめねばやまぬ。「苦しい時の神頼み」ということが、良い意味にて肯定される。アダムのごとく自ら聖にして義なる境地におるがために、慢心して己を神に等しからしめんとするがごとき気遣《きづか》いはなく、とうてい逃れ難き死の期待のゆえに、地上の歓楽に無際限に執着する迷いから醒される。現実暴露の悲哀は、我等をして謙遜《けんそん》に神の前に跪《ひざまず》くことを容易ならしむるものである。かくて我等の責なくして我等に伝われる原罪の詛《のろい》のゆえに、天父の懐を慕い永生を冀《こいねが》うの情をしてますます深からしめる。これカトリック教会が聖土曜日の序誦中に「かかる偉大なる救世主を与えたる罪は幸いなるかな」と歌わしむる所以《ゆえん》である。この慰藉《いしゃ》なくしては、悪の玄義《げんぎ》はあまりに恐しきものであるであろう。謙遜《けんそん》に跪くことを知る者には、この暗黒の裡から救いの光明が輝いてくる。これに反して、神の智慧の前に己の小さき理性を屈することを欲せぬ傲慢《ごうまん》な者には、人生は徹頭徹尾《てっとうてつび》不可解な謎となる。

理性の生む矛盾

我等の理性は何故《なにゆえ》にかくも暗いのか。いかなる懐疑論者も、人間社会には日常生活の基礎たる我人共に疑わず真理として認められるものの存在することを許す。常識ある者はさらに吾人の知識に限界あるにもかかわらず、真理の探求の可能なることをも肯定する。しかし知識の領域の拡大するに従って、自然と人生との神秘は、いよいよ深くなるばかりである。しかしてこの感は、学者であればあるほど深い。それだけならばまだしもであるが、人はお互いに自ら知ると確信しながら、その実全然無知なる多くの事柄に逢着《ほうちゃく》する。世に己の無智を自覚せぬものの数はつきぬ。現世における一切の争論は、少なくとも一方のかくのごとき錯誤に基づくのである。相争う者が双方共誤れる実例すら、一にして足らざる有様《ありさま》である。しかもかくのごとき争いや不和は、吾人が人生において最も重要かつ貴重なりと思惟する問題に特に多いのは、何というみじめなことであろう。宗教や主義の差異が、どれだけの血を流し人を殺したかを思え。

人間は最も了解し合うべきはずのお互い同志——そうして最も親密なるべき者——を理解し得ない。同心一意たるべき夫婦すら、一生了解する機会がなくて、何十年の同棲の末、ひとりびとり別々に淋しい胸をいだいて死に別れる実例すらある。所詮《しょせん》人生はひとり旅だ。誰も相手を理解しつくせない。文化の発展は人智を啓発するに相違ないが、またそれだけ生活を複雑にするから、人間相互の理解を必ずしも促進しない。現代における相矛盾せる人生観世界観の対立と、その宣伝性がこの事実を明らかに証明している。そうして批判力のない大衆は、結局事理の是非は措《お》いて声を高くして叫ぶ者に耳を傾ける。最善者の支配（これが語原的にはアリストクラシーの意味である）の代りに、新聞と普選とによって支配される社会が出現した。かくて見解の相違は家族の分立から政党の争いとなり、ひいては国と国、民族と民族、進んでは人種間の戦争になる。これを歴史に顧《かえり》みても、いかに無駄な犠牲を払った戦争が幾度か行われたことであろう。人をして万物に君臨する生ける霊たらしめた神の賜《たまもの》なる理性は、人類相殺の具となるに至る。「神は万有をその敵に対して武装せしめ給うた」という旧約の智書（第五章一七）のいうところが成就したのだ。原罪の信仰をほかにして、誰かこの人生の矛盾を解くことができようか。

人間の意志の生み出す矛盾

こればかりではない。人間の意志も数限りなき矛盾を生み出す。唯物論者や宿命論者が何と申しても、人間の心は飽《あ》くまでも自由を肯定する。自由という二字ほど、人間に貴重かつ重大に響く文字はあるまい。自由のために人は死を賭《と》して戦うと同時に、自由の名の下にあらゆる不道徳や不義が行われる。いかに自由を否定する者でも、大道を闊歩《かっぽ》している際に突然鉄拳《てっけん》を喰わされて、これを宿命と観念してそのまま相手を立ち去らしめる人はあるまい。相手がいくら「君をなぐったのはやむを得ない。僕は自由でないから責任はない」と弁明しても、納まりっこはない。しかしながら一方では、かほどに明々白々な事実である自由が、道徳的努力として働く時にいかに弱くかつ限られたものであるかを痛感せぬ人があろうか。我等はこれがために、自分が果たして真に自由であるや否《いな》やは、疑わざるを得なくなることがしばしばある。ローマの詩人オヴィディウスが恋に悩むメデアの口をかりて言える言葉は、すべての人の心に共鳴を起こさねばやまぬ。

Video meliora proboque

Sed deteriora sequor.

われ善き道を知りこれを認むれど
悪《あ》しき道をば辿るなり。

パウロすら自己心中の二元的の悩みを告白して、「蓋《けだ》し我が行う所は我これを知らず、其《そ》は志す善はこれを為《な》さずして、厭う悪はこれを為せばなり」(ロマ書第七章一五)と嘆じた。義人も日に七度躓《つまず》く。もし我等罪なしと言わば自ら欺くものにして、真理は我等の中にないのである(箴言第二十四章一六およびヨハネ一書第一章八)。しかして現世的文化の進歩は、理性の場合におけると同じく、この人類の悩みを如何《いかん》とも致し難い。犯罪と風紀の廃頽《はいたい》とは、いわゆる文明の進歩と歩調を同じゅうして甚《はなはだ》しくなる。ある場合には加速度をもって進むかの観がある。原罪の信仰をほかにして、誰かこの矛盾を解き得ようぞ。

人間の本能の生む矛盾

理性と意志の生み出す矛盾の根底に、本能の叛逆がある。人間においては自己および種族保存の本能が、その目的とする個人と種族とを亡ぼしてゆく。動物はこれによってその運命を完《まっと》うしてゆくに反して、人間はこれあるがゆえに病みかつ苦しむのである。地上の病院の大部分は、口腹の欲と性欲とを擅《ほしいまま》にせる結果、病める人のために存在していると申しても過言ではない。動物においては秩序あり自然に制限される本能は、人間においては無際限な欲望であって、あらゆる罪悪や過度の原因になる。人間は皆欲のために苦しんでいる。動物は本能をそのまま満足させれば事足《た》りるに反して、人間は飲食の欲を節しなければ、それによって養うべき五体を損なってしまうし、種族保存を目的とする性欲を自制できぬ結果は、花柳病《かりゅう》で家族や国を亡《ほろ》ぼす破目《はめ》に陥る。なかんずく動物にはその類を見ざる不自然な遂情や変態性欲（ある種の産児制限法はこれに他ならない）に至っては、何をか言わん。人類のみじめさ、その一切の高慢を挫くべきこの事実の前にも、なお人類の堕落を肯定し得ないだろうか。

しかしながら原罪の呪詛《じゅそ》の極致は、最も恥ずべき淫乱に沈める者が、真理に対して最も高慢なる態度を執る点に現れる。節度なき本能の満足を弁護するために案出されたすべての哲学とイズムほど、人類の狂乱を証するものはない。「罪の値は死なり」という一語は、実に千鈞の重みがある。彼等は自己の非を蔽《おお》わんがために、もしくは自己の醜行を対照的に指摘せらるるかの観あるがために、殊更《ことさら》にカトリック教会の貞操観に対して反対する。

我等が神への奉仕のために童貞や不犯《ふぼん》を尊重する点に関して、彼等は最もファナチカルな憎悪を覚える。我等が同一の原則に基づいて修道生活を高調すると共に、一夫一婦の結婚をも厳守する所以《ゆえん》が了解できない。婚姻を秘蹟の一つに数うるのは矛盾で、離婚を許さぬのは偏狭《へんきょう》で、カトリックの独身者は皆偽善者《ぎぜんしゃ》だという。真理が人を自由にし、神の霊能がよく肉の悩みに打ち克つ力を与えることを体験し得ぬ彼等としては、この言い分はけだし当然であろう。

霊的に死せる者に、霊の命はわかりようがない。罪の値はまことに死である。彼等は霊的に死せるのみならず、まさにその乱行ゆえに、肉体的にも徐々《じょじょ》に、しかし確実に死に近づいてゆく。彼等の精神的盲目に対して、理を尽《つく》し情を述べんとするも、結局徒労《とろう》に終るのは見易《やす》い道理である。かかる類は主の宣《のたま》えるごとく「祈禱と断食《だんじき》に由《よ》らざれば逐《お》い出すこと能《あた》わざる」ものである。

人間のミゼールとその尊厳

しかしながら、我等のミゼールは人間の尊厳を前提として始めて言えることである。元来ミゼラブルの者ならば、ミゼールは当然である。そこから堕落した最初の境地が高ければ高かったほど、ミゼールは深いのだ。ミゼールの深さは、それだけ人間の偉大を物語る。だからパスカルの言えるごとく、人間にその偉大さを物語らずして禽獣《きんじゅう》との相似《そうじ》を数うるのは危険であり、そのミゼールを指摘せずして単にその尊厳をのみ物語るは、なおさら危険であるが、その偉大をもミゼールをも知らしめぬに至っては、最も危険である。人類をしてその堕落を意識せしめよ。これ人間を卑下する所以《ゆえん》でもなく、また自暴自棄せしめるためでもなく、罪の自覚に基づいて救いを求め、本来の面目を克復《こくふく》せしめんがためである。人生の解決が十字架であるごとく、個々の人にとっても、自己否定に基づく自己肯定たる、この十字架の道が救いの道なのである。

62　その約束の後、救世主《すくいぬし》は間もなく来給うたか。
救世主が来給うまでには数千年の準備がありました。その間を旧約時代と申します。

旧約時代、ノアに至るまで

神は人類に罪の罰と救いの必要を痛感せしむるために、救世主をば直《すぐ》に遣し給わなかった。この数千年の救いの成就するまでの準備の時代が、イエズス・キリストの福音による永遠の生命《いのち》の新しき約束の時代に対して、旧約時代と呼ばれ、その歴史は旧約聖書中の歴史書に物語られている。

今ここにその梗概を約説すると、失楽園後第一の惨劇がアダムの二子カインとアベルの間に起こる。カインは嫉妬《しっと》のゆえにその弟アベルを殺し、大地は始めてその口を開いて人間の血を吸った。カインはその罪のために地に吟行《さまよ》う流離人《さすらいびと》となり、救世主の約束はアダムの第三子セツに託される（創世記第四―五章）。神はセツの子孫を祝して、真の神を否《いな》み悪に陥れる他の族と交ることを欲し給わざりしも、神の子等、人の女子の美しさを見て、その好むところの者を取って妻とし、悪に感染する。その罰として大洪水があり、ノアの一族のみが方舟《はこぶね》にのって助かる（同第六―八章）。ノアの子孫も漸次偶像崇拝に陥って正しき伝統を守らなかったが、その一子セムの宗族は忠信にしてアブラハムに至った（同第九―十一章）。

太祖アブラハムよりモーセに至る

太祖アブラハム、神の召命により故郷カルデアを出で、その子孫にして選民たるべき族に与うることをエホバの約し給いしカナアンの地に導かれ、妻サライ一子イザアクを生む。イザアクはヤコブの父で、ヤコブの十二子はイスラエルの十二族の先祖となった。この一族が将来有力な民族となる素地を作ったのは、エジプトにおいてであった。ヤコブの一子ヨゼフは数奇の運命を経てエジプト宰相となり、そこでゲセンの地を得て一族を呼び寄せる。ヤコブは臨終に当ってユダの子孫中より救世主が出ることを予言する（同第十二―四十九章）。

四百年の後には、アブラハムの裔《すえ》はすでに堂々たる一大民族となった。レヴィ族の出たるモーセが神に選ばれてその民をファラオの圧制より救い、これを導いてエジプトを脱出する。その後の沙漠における四十年の歴史は、奇蹟の連続である。エホバはシナイ山で十誡を授け、その民と契約を結び、モーセはこれがために律法を制定する。この間エジプトより来れる者は漸次死亡し、ただ日夕神の大能を実見せる者のみが残る。いよいよイスラエルの建国の準備が完成したのだ（出エジプト記参照）。

カナアンの攻略より両王国滅亡まで

モーセの死後、エフライム族のヨシュアの統率の下にカナアンの攻略が行われる（ヨシュア記参照）。これキリスト降世前千四百五十年の頃である。その後三世紀余りイスラエルは士師等によって支配され、近隣の諸族と干戈《かんか》を交え、時に勝敗があったが（士師記参照）、紀元前一九一五年頃ベニヤミン族のサウルが擁立されて王となり、預言者サムエルに注油され、王国の基礎が定まった。ユダ族のダビデその後を襲うてエホバの約束を受け、イスラエルの国運はその頂上に達する（サムエル書参照）。

勃興と隆盛の後に分裂がきた。統一された全国に君臨した王は、ダビデとその子の賢者ソロモン二人きりで、それも紀元前一〇五五年から九七五年までの百年足らずの短い期間であった。ソロモンの死後、その子イエロボアムに付ける北方の十族は二百五十四年間（紀元前九七五―七二二）独立してイスラエル王国と称し、政策としても本来の傾向からも正統のユダヤ王国に反してモーセの伝統から離れ、偶像崇拝に陥って選民たる使命に背《そむ》き、アッシリア王サルマナサル四世に亡ぼされ、人民は捕虜《ほりょ》となってメソポタミヤに移され、サマリヤはペルシャ人やメデア人の植民地となった。

ユダおよびベニヤミンの両族より成立していた正統ユダ王国は、ソロモンの子ロボムより二十代を経て紀元前五八七年セデシヤス王に至るまで存続したが、これもついにバビロニア王ナブコドノゾルに亡ぼされた。聖都イエルザレムの陥落は、サマリアの殁落後まさに百三十四年目である。ユダ王国でも、真の神の教えはしばしば亡びかけた。歴代諸王の半数は偶像崇拝の味方であったが、その都度《つど》エリヤやイザヤ、エレミアのごとき大預言者が興ってこれと戦い、救世主降世の希望を新たにした。しかしイスラエルを真に覚醒《かくせい》したのは、亡国の悲運とメソポタミアへの逐謫《ちくたく》とであった（列王紀略および歴代志略参照）。

イスラエルの復興と滅亡

約半世紀にわたるバビロニア逐謫の間に、ユダヤ人は不思議な活力を維持して、諸方面に発展した。啻《ただ》にユーフラテス河畔に繁栄したのみならず、商工業者としてそこからギリシャ、ローマ、世界の諸都市へ分散し、到るところに自国民の信仰と習慣とを保ち、後世のいわゆるDiaspora（本国外に分散せるユダヤ人の団体）の基を形作り、キリストの福音伝播《でんぱ》の地盤をつくり、また一神教をもってその先駆を務めたのは周知の事実である。かかるわけであるから、紀元前五三六年にペルシャ王キュロスが彼等の帰国を許した時、故郷へ帰ったものはその一少部分にすぎなかった。

　ゾロバベルの率《ひき》ゆる第一班は、大司祭ヨシュアと協力して、約二十年を経て小規模ながらイエルザレムの神殿再興に成功したが、紀元前四五九年、モーセの兄弟アアロンの末裔《まつえい》なる祭司エズドラの統率せる第二班の帰国するや、大いに紀綱を振興して国民精神の喚起《かんき》に努め、次《つい》でネヘミヤは聖都の城壁を復興し、聖書を校訂し、人民をして律法を厳守せしめた。その後の国運の浮沈《ふちん》は、主に近隣の強国の興亡によって支配された。最初はペルシャ王国の一属領たりしものが、紀元前三三一年にマケドニア王アレキサンデルに征服され、紀元前三二〇年にはエジプト、次《つい》で紀元前一六六年まではシリアの配下にあった。その後マカベ一族の奮起によって辛《かろ》うじて独立を恢復《かいふく》し得たのが紀元前一四二年であったが、間もなく紀元前六三年にローマの大将ポンペイウスに征服されてローマ帝国の一州となり、最初はヘロデ家の諸王、後には総督《そうとく》の下におかれた。

メシア思想の発展とその実現

キリスト降生前のこの最後の五世紀間は、ユダヤ人の宗教思想発展の上に最も重大な時期であった。現世における希望を絶たれた国民の心は、自ら古《いにしえ》より約束せられた救世主の期待へと向った。彼等の宗教思想は、神の託宣の書たる預言書の諸篇を中心として動きはじめた。しかしこれらの預言を解釈すべき生ける預言者は、遠き以前から跡を絶っていたために、救世主の来臨は、とかく現世における彼等の政治的思想に彩《いろど》られがちであった。すなわちメシアは、昔の大王ダビデまたはソロモンのごとくイスラエルを再興して、鉄の杖をもって異邦人共を治むべき国民的英雄の出現として彼等の脳裡に映じたのである。イザヤ書や詩篇が、キリストを苦の人、屠所にひかるる羊として描き出せるにかかわらず、彼等はただダニエルの幻におけるごとき栄光のうちに世界に君臨する人の子のみを夢みた。この謬想《びゅうそう》が使徒の母親等をして、一人はキリストの右に、一人はその左に坐することを冀わしめ、十字架にかかれるイエズスの信仰より民衆を遠ざからしめた。

しかしこのユダヤ人の誤解までが、神の絶妙な摂理によって非常な意義を帯びてきた。万一イエズスが民衆の希望通りの人物であったならば、キリストは環境と国民意識の産物として論じ得られたであろう。現実の救世主は全く意表に出でた行き方をして、容赦《ようしゃ》なく彼等の期待を裏切った。彼等はその最も痛いところをつかれたのだ。だから「我が国はこの世のものにあらず」としてカエサルに貢を納めることを禁ぜざりし柔和謙遜《けんそん》なるガリレア人を許容し得ずして、これを十字架に釘つけた。かくて彼等の憎悪によって、救いは成就した。アブラハムの昔からユダヤ民族の期待の的《まと》であったメシアは、出現するに及んで己の民から見棄てられた。それもまた決して悪いことではなかった。万一キリスト教が最初からユダヤ人一般の信仰を得たら、国民的思想や習慣から解放されることは至難であったろう。実際は僅《わず》か一部分の信仰をつなぎ得たにすぎなかったが、それですら初代教会が真に世界的の態度をとり得るまでには、パウロの必死の奮闘を必要とした。キリストとその事業は、かくのごとく常に時流に逆行して出現し、かつ成就した。

勿論《もちろん》キリストもその事業も現世での出来事である以上、全然現世的の条件を離脱してはいない。しかしそれらの条件が神の業《わざ》の成就に資する道は、人間の事業の場合と全然趣《おもむき》を異にしている。これ人の智慧を、神の智慧の前に屈伏せしめんための摂理である。しかるにユダヤ人はこれに甘んずることができずに、思い通りでないからとてキリストを殺して怨を晴らさんとした。彼等の亜流は今の世にも絶えない。あらゆる唯理的文明批評を超越するイスラエルの世界史上におけるユニークな地位と、その一神的信仰と、キリストおよび教会成立の歴史は、超自然を否定せんとする彼等の躓《つまずき》の石であり、間断なき曲解の的《まと》となっている。彼等はエジプトの象形文字やメソポタミアの楔形文字《くさびがたもじ》が、旧約聖書の歴史を覆《くつがえ》し得ると信じた。言語学や考古学が、メシア思想を裏切るであろうと期待した。あらゆる我儘勝手《わがままかって》な想像を科学であるかのごとく衆愚に思い込ませるために、高等批評という体裁《ていさい》のいい文字を作り出した。しかしその結果は上述の事実を明らかにしただけで、環境や先行文明をもってしては、とうていこれを満足に説明することはできない。

これらの学者の中にも、西洋にはその主張の是非は別として、尊敬に値する学術的貢献や研究をしたものが多数ある。しかるに近時日本では、これらの問題の根源たる典拠に溯《さかのぼ》って研究する能力すら有せざる青年学徒が、いたずらに欧文を翻訳して新説を発見せるかのごとき口吻《こうふん》を弄《ろう》し、得々《とくとく》たるはむしろ憫笑《びんしょう》に値する。これらの現代におけるファリザイの徒をして、好むがままに聖書を抹殺《まっさつ》し、思う存分キリストを磔刑《たっけい》に処せしめよ。それも若い時の悪戯として、誰しも一度はやってみたいことなるべし。神の御手《みて》はより大きく働いて、これらの過失のうちよりも救いを成就し給うべし。ただ彼等の将来のために、その学者的良心を覚醒する方法を講じておくことは必要であろう。

旧約天啓の発展と救主出現の準備

かくのごとくイスラエルの歴史を概観すると、その国民としての生い立ちにも、その宗教思想の発展にも、大なる摂理を認めずには説明し難い秩序と階梯《かいてい》とのあることが明らかになる。この神の選民に託された天啓教は、民族の発展に伴ってその内容を充実して行った跡が、旧約の諸篇を通じて窺《うかが》われる。ずっと初代の啓示中には、唯一神の存在とその完徳および絶対支配権、宇宙の創造および主宰、人間における霊魂と肉体の別、悪魔の誘惑による人祖の堕落と善悪の応報《おうほう》、しかして人類を惑わせる悪の力を征服して人間を救うべき者の来臨等が、極めて素朴な輪郭《りんかく》で描かれているが、それらは時代の推移と共に漸次《ぜんじ》明瞭な観念となってくる。なかんずくメシア思想についてこの発展が著しいことは、前述のごとくである。

預言者は相次いで来るべきキリストの面影《おもかげ》を、鮮かに描き出してゆく。各色彩を異にする新しき一抹《いちまつ》を加えながら、後に来る者は期せずして先行者の構図を完成してゆく。

来るべき者はもはや単に漠然《ばくぜん》とアブラハムの裔《すえ》でなく、ユダ族中のダビデの家より出で、ベトレヘムに誕生すべきことが告げられる（アモス書第九章一一—一二、イザヤ書第十一章一、エレミア書第二十三章五、同第三十三章一四—一八、エゼキエル書第三十四章二三—二四）。

彼は処女の子であり、イスラエルのみならず万民を共に照らす光である（イザヤ書第七章一四、同十一章その他）。

彼は小児のごとく優しき者であるが、地上の諸王よりも強く、卑賤《ひせん》と偉大と貧苦と福楽とを一身に集め、神の子、世の救主でありながら己が民に捨てられ、手足を貫かれて刑場で死する（イザヤ書第五十章六、同第五十三章、詩篇第二十二篇一六—一八）。しかも彼の死はその支配の原因であり、異邦人は改心してその治世は終りなきものとなる。

これらの一見矛盾するがごときメシアの諸相を綜合し、これをイエズスの一生とその事業とに対照すると、そこに紛《まが》う方なき暗合が見出される。個々の預言の句はしばしば曖昧《あいまい》であり、幾様かの解釈を許すにせよ、メシアの面影《おもかげ》は時を経るに従ってますます明細に描かれ、それはもはや概念的な人物ではなく、その特徴によって彼の出現を認定し得る程度の精確さを帯びてきた。その他にも後代に至って明らかに意識され始めた幾多の信念がある。例えば創世記の最初の部分に予想されている善悪の純霊、すなわち天使と悪魔との信仰は、バビロニヤへの逐謫により、ペルシャ人やメデア人の精霊信仰に接触して発達したものである（トビア書およびヨブ記参照）。来世や霊魂不死の観念についても、ユダヤはエジプト人に遠く及ばなかった。ヨブ記に現るるごとく、現世的な彼等は悪の問題の解決に当惑《とうわく》した。罪は必ず現世的の罰によって酬《むく》いられるとした彼等には、義人の不幸は解き難き謎であった。また現世の不幸は、必ずやその人に罪あるによると考えた（ヨハネ聖福音書第九章二参照）。永世と彼岸《ひがん》における応報《おうほう》は、紀元前二〇〇年頃より漸《ようや》く明らかになってきたように見える（マカベ後書第十二章四三―四六）。しかしこれらの信仰の明記された智書はユダヤで書かれたものではなく、エジプトのアレキサンドリアのユダヤ人の間に出来た経典であった。

　道徳観念の向上浄化にも同じ道程が認められる。善悪を賞罰の打算的見方から解放し、神に対する義務の形にかえ、エホバに対する忘恩と感謝、忠信と背信の関係に帰したのは歴代預言者の功績であった。神はもはやシナイ山で電光と雷鳴の裡《うち》に律法を授けた恐るべき全能者としてのみは現れずして、愛の対象たる愛憐《あいれん》の主としてその民に臨み、その求むるところは犠牲《ぎせい》ではなく憐みとなった。外部的の律法の儀式に囚われずして、これらが表象する心情が主たるものであり、神の御前《みまえ》に汚れなき心もて生くることが真の宗教生活なることが強調されてきた。もちろんかかる傾向は、ユダヤ教の内部では決して完成されたものではなかった。「蓋《けだ》し律法は何事をも完全に至らしめず」とヘブレオ書に録されている通りである。それにもかかわらずイエズス・キリストによって成就せられた霊と真実とにおける礼拝の準備は、その出現に先だって整えられたことは争われない。しかして時期盈《み》つるに及んで、彼は果して来たのである。彼がいかにして天父の永遠の議定を実現し、万民の期待を全《まっと》うしたかは、次章において詳説されるであろう。

第七章

御托身（その一）

第九課　第二条と第三条

またその御独子《おんひとりご》我等の主イエズス・キリストすなわち聖霊に因りて孕《やど》り童貞マリアより生れ

第一項　御托身の事（その一）

63　天主が救世主として遣《つかわ》し給うた者は誰《どなた》であるか。

天主が救世主として遣し給うたのは、その御独子イエズス・キリストであります。

救主イエズス・キリスト

かくて「慈悲の父、諸《もろもろ》の慰《なぐさめ》の神」（コリント後書第一章三）なる天父は、律法以前および律法の時代に多くの聖祖に告げられ、かつ約束せられたる御子イエズス・キリストを、かの祝すべき時期盈《み》つるに及びて人類に送り給えり。これ律法の下にありしユダヤ人を贖《あがな》い、「義を追求せざりし異邦人等は義を執《と》え」（ロマ書第九章三〇）、すべての人が神の子とせられんがためなり。神は我等の罪のために彼を「宥《なだめ》の犠牲《いけにえ》に供え、その御血における信仰を有《たも》たしめ」（ロマ書第三章二五）給い、「啻《ただ》に我等の罪のみならず、全世界の罪に対してもまた然《しか》るなり。」（ヨハネ一書第二章二）

これトリエント公会議が、原罪とその恐るべき結果との力強き肯定の後に、これらの不幸よりの救いの成就を教えた言葉である。原罪が神によって予見せられた事柄であると同様に、救いもまた永劫来の神の議定であった。しかしてその絶妙なる遂行は、神の自由なる愛憐《あいれん》の発現にほかならない。「蓋《けだ》し神のこの世を愛し給える事は、御独子《おんひとりご》を賜う程《ほど》にして、これ総てこれを信仰する人の亡びずして永遠の生命を得んためなり」（ヨハネ聖福音書第三章一六）と録されたるごとくであり、パウロもまたローマ人に書き贈って、「人々の義とせらるるは、功《いさお》なくして唯《ただ》神の恩寵に由《よ》り、キリスト・イエズスにおける贖いに由《よ》りてなり」（ロマ書第三章二四）と言った。

救われし人類と神との関係

昔、人祖が彼等の罪ゆえに敵対者となれる荒涼たる自然の懐《ふところ》に楽園から追放された時、かの痛ましき堕落《だらく》の最後の記憶は、怒れる正義の神の恐怖ではなくして、来るべき救いの希望であったことを顧《かえり》み、幾千年の人類の悩みが遂《つい》に癒さるる時期がみちて、救世主が世に降ったまでの長い旧約の歴史を回想して、誰か感慨無量ならざる者があろう。

しかしてその遣《つか》わされし救世主が、天父の独子であり、その托身の玄義が徹頭徹尾《てっとうてつび》愛と慈悲の発現たるを知る時、長き勘当《かんどう》より赦《ゆる》されて天父の家にかえれる我等の感謝と歓喜も、また尽きざるものがある。原罪によりて神に叛逆し、キリストの贖いによりて救われた人と神との関係は、もはや失楽園前の神人の関係ではあり得ない。それも美しきものであったに相違ない。それは完全無垢《むく》な子と、その賜物を吝《おし》まぬ大まかな父との親しき間柄であった。いわば素直に育った何一つ不足のないおっとりした坊ちゃんと、善良なる家父との楽しい団欒《だんらん》であった。有名なる放蕩《ほうとう》息子の譬《たとえ》(ルカ聖福音書第十五章一一―三二) 中の長子の場合である。

彼は父が放蕩息子の弟の帰宅を喜んで祝宴を張ったのを憤り、家に入るを肯《がえ》んじないので「父これに謂《い》いけるは、子よ、汝は恒に我と共に居りて、我が物は皆汝の物なり、然《しか》れども汝の弟は、死したるに蘇《よみがえ》り、失《う》せたるに見出されたれば、我等愉快を尽《つく》して喜ばざるを得ざりしなり」(三二―三二) と。人類は長い間天父の家から背《そむ》き離れて、放蕩生活を続けてきた。かくて遂に豚の喰う豆莢を以て己が腹を充《み》たさんことを望んだけれども、それさえ与えられなかった。理智の傲慢《ごうまん》から神を捨てた人類は、肉欲の放縦《ほうじゅう》に安住せんと欲して遂に得なかった。「すなわち起ちて、父の許《もと》を指して行きしが、未だ程《ほど》遠かりけるに、父はこれを見て憫《あわれ》を感じ、趨《はしり》行きて、その頸を抱き、これに接吻《は》せり。……父は僕《しもべ》等に向い、疾《と》く最上の服を取り来りてこれに着せ、その手に指輪を嵌め、足に履《くつ》を穿かせよ。また肥えたる犢《こうし》を牽《ひき》来りて屠《ほふ》れ、我等会食して楽しまん。それはこの我が子死したるに蘇《よみがえ》り、失せたるに見出されたたればなり」（二〇、二二―二四）と。

これ実に贖《あがな》われたる人類と神との関係を叙して、言々句々真に迫るではないか。罪なかりせば、我等は己のミゼールを自覚して謙遜《けんそん》に跪《ひざまず》くことを容易に学ぶまい。また十字架の犠牲による罪の赦しを受けざれば、我等の曇れる心眼には天父の慈愛はなかなかに映るまい。救世の玄義によって、神の智と憐みについての我等の知識は、哲学者のとうてい企て及ばざる深さにまで達するのである。「蓋《けだ》し神は愛にて在《ましま》す。神の愛の我等において顕れしは、神が我等をしてこれによりて活《い》きしめん為《ため》に、その御独子を世に遣わし給いしを以てなり。愛とは斯《これ》なり。すなわち我等が先に神を愛し奉りしにあらずして、神御自ら先に我等を愛し給い、我等の罪の為《ため》に御子を贖《あがな》いとして遣わし給いしなり。」（ヨハネ一書第四章八―一〇）

64　イエズス・キリストとはどんな御方であるか。

イエズス・キリストとは、人となり給うた天主の御子《みこ》すなわち三位（みつのペルソナ）の中の第二位であります。

イエズス・キリストとは誰か

我等は今やこの神の愛の体現である救主《すくいぬし》イエズス・キリストのいかなる御方であるかを、明らかにせねばならぬ時となった。救いを完《まっと》うし得る者はただ神ばかりであることは、前章において述べた。しかもただ神であるばかりでは足りない。彼が人類の贖主《あがないぬし》たる資格は、これを人類の一員たる点に求められねばならない。カトリック教会がダビデの裔《すえ》なるその創立者イエズス・キリストにおいて、人として現れたる活《い》ける神を認めるのは、論理にも伝統にも忠実なる所以《ゆえん》である。

「キリストも肉身上よりすれば彼等（イスラエル人）より出で給いしなり。すなわち万物の上に世々祝せられ給う神にて在《まし》ます、アーメン」（ロマ書第九章五）とは、パウロのキリスト観信条であった。これ実に原始教会の特徴たる根本信条であったことは、ピチニヤ州の総督小プリニウスが時のローマ皇帝トラヤヌス（在位九八－一一七）に書を呈して、キリスト教徒は「日を定めて夜あけに集会し、キリストに向って神に対するがごとく讃美歌を唱う」と報告したによっても明らかである。このキリスト神性の信仰を、ストア派や新プラトン主義のロゴス観念を中心とする宗教哲学の錯綜《さくそう》を通じて、教会は絶えず固守してきた。かくしてこれらの哲学的冥想《めいそう》の影響の下に、アリウスの異端が生ずるに及び（第二章「三位一体」の「アリウスとアタナシウス」の条下を参照せよ）、三二五年ニケア公会議はキリストが「神より（生まれたる）神、光よりの光、真の神よりせる真神」なることを厳に宣言して、キリストの神性が天父のそれに全然同一なることを、「父と同じ本体を有す」という歴史的になれる一句を追加することにより、疑いを容《い》れる余地なからしめ、子は父に劣ると主張せし従属主義を一掃し去った。

復活後八日目に不信の使徒トマが、蘇《よみがえ》れるイエズスの出現に会して「我が主よ、我が神よ」（ヨハネ聖福音書第二十章二八）と叫びたるに対して、主は「汝は我を見しによりて信じたるが、見ずして信ぜし人々こそ福なれ」と宣いて、その信仰を承認し給うた。その同じ神としてのイエズスの信仰は、宣教の第一歩に「汝等聖なるもの義なるものを否みて、殺人者《ひとごろし》を赦《ゆる》されん事を求め、却て生命の造主を殺ししに、神はこれを死者の中より復活せしめ給えり」（使徒行録第三章一四―一五）といえるペトロの説教中に宣言せられて以来、ベトレヘムに生まれ、ナザレトに住み、ガリレアの湖畔に伝道し、聖都イエルザレム城外の刑場でローマ総督ポンシオ・ピラトの管下に十字架に釘付《くぎづ》けられて死せるダビデの裔《すえ》なるイエズスは、父なる神と同じ本体を有するその独子《ひとりご》なるが故《ゆえ》に真の神なり、とは教会の確乎不抜《かっこふばつ》の信条として今日に至っている。

イエズスは実に人となれる神である。教皇大レオが言えるごとく、神はキリストにおいて「その自らにおいては見得べからざるところのもの（神性）が、我等の本性（人性）において可視的になり、それ自らにおいては了解し得ざるものが、我等によりて了解せらるることを欲し給うた」のであって、我等は神の心を読むことが出来るのである。三位一体の章に説明した神の内的生命の営みは、神人イエズスを通じて吾人に具体的に啓示される。主自らも「父を我等に示し給え」と求めた弟子のフィリッポに向いて、「我を見る人は父をも見るなり」（ヨハネ聖福音書第一四章九）と宣うた。かくてまた敬虔《けいけん》なユダヤ人等の宗教的理想であった、神を識《し》り己もまた神に識らるる幸福――預言者等の書に録して「皆神に教えらるる者とならん」（ヨハネ聖福音書第六章四五、イザヤ書第五十四章一三）とあることが成就されたのであった。

65　天主の御子《みこ》が人となり給うたとは何であるか。

天主の御子が人となり給うたとは、童貞マリアの胎内に、肉身と霊魂とを受けて人に生れ給うたことであります。

人となれる神、マリアの子イエズス

かくのごときはまた神を超越化するのあまり、これを人間の思惟のとうてい及ばぬ境地に封じ込みたる古代哲学に対しても、あるいは現時のいわゆる文化哲学の「我等いかにして表現し得ざるものについて語ることを敢《あ》えてせんや。……何となれば、我等はただ神に向っての傾向の裡に神を持つ。しかしながら、そは単に神に向っての「傾向《リヒツング》」にすぎざるが故に、我等は神自身を捉えてはいない」（Jonas Cohn『現代文化の意義』二八七頁）というがごとき思潮に対しても、著しき対照を形作る立場である。パウロはアテネ人に向って、神は「我等面々を離れ給うこと遠からず、蓋《けだ》し彼にありてこそ、我等はかつ生き、かつ動き、かつ存在するなれ」（使徒行録第十七章二七―二八）と説教したが、それはキリスト教の初歩にすぎなかった。この新しき教えの秘義は、神おん自らまことにすべての人の子のごとく、母の胎内に宿り、孩児《がいじ》としてこの世に生まれ給うたというのである。

「然《さ》て六カ月目に当り、天使ガブリエル、ガリレアのナザレトといえる町に、ダビデ家のヨゼフと名《なづ》くる人の聘定《いいなずけ》せし童貞女に遣わされしが、その童貞女名をマリアと言えり。天使彼の許《もと》に入来《いりきた》りて言いけるは、慶《めで》たし、恩寵に満てる者よ、主汝と共に在《まし》ます。汝は女の中にて祝せられたる者なり、と。マリアこれを見てその言に由りて大いに心騒ぎこの祝詞はいかなるものぞ、と案じ居るを、天使言いけるは、懼《おそ》るる事なかれマリア、汝神の御前に恩寵を得たればなり。然て汝懐胎して一子を生まん、その名をイエズスと名《なづ》くべし。彼は偉大にして、最高《いとたか》き者の子と称えられん。また主なる神これにその父ダビデの玉座を賜いて、ヤコブの家を限りなく治め、その治世は終りなかるべし、と。マリア天使に言いけるは、我夫を知らざるに、いかにしてかこの事あるべき。天使答えて曰く、聖霊汝に臨み給い、最高《いとたか》き者の能力の蔭汝を覆わん、故《ゆえ》に汝より生るべき聖なるものは神の子と称えらるべし。それ汝の親族エリザベトすら、老年ながら一子を懐胎せり。斯《かく》て石女《うまずめ》と呼ばれたる者、今既に六カ月目なり。蓋《けだ》し何事も神には能《あた》わざる所あらじ、と。マリア言いけるは、我は主の御召使なり、汝の言のごとく我に成れかし、と。是《ここ》において天使彼を去れり。」（ルカ聖福音書第一章二六―三八）

66　天主の御子は何の様にして、童貞マリアの胎内に孕《みごも》り給うたか。

天主の御子は聖霊の奇特によって、童貞マリアの胎内に孕り給うたのであります。

67　天主の御子が人となり給うたことを何と申すか。

天主の御子が人となり給うことを、御托身の玄義と申します。

処女懐胎の奇蹟、御托身の玄義

いかなる人間の言葉も、この単純素直な福音書の言以上に、御托身の玄義を物語ることはできない。また「蓋し何事も神には能《あた》わざる所あらじ」の一句をもって、理智のあらゆる質疑を封じて、人をしてただただ信ずるか信ぜぬかの二つに一つを選ばざるを得ざる瀬戸際《せとぎわ》に立たしめる。アダムを地の塵より造りしキリスト教の神にとっては、処女マリアの胎内にキリストの人性を宿らしむることは、決して人祖創造以上の奇蹟ではない。イザヤはキリスト降生七百余年前に「視《み》よおとめ孕《はら》みて子を生まん、その名をインマヌエル（我等と倶《とも》なる神の義なり）と称すべし」（イザヤ書第七章一四）と予言した。

読者はこの福音書の一節に対して、マリアを試験管の中に入れて、科学的に事の真偽を実験せんことを欲するいわゆる科学者となるも、高等批評の名によって事実を否定し、しかも寛宏《かんこう》にもこの宗教的想像のうめる信仰の文化史的意義は認めると称して、得々たる確信なきディレッタントの態度をとるも、はたローゼッゲルその他のごとく、マリアはメシアの母たらんとの希望に燃えていたが故《ゆえ》に、そのいかに母となりしかのごときは彼女にとりても我等にとりても関心事にあらず、少なくとも心理的には彼女の心持は教会の信仰と同じく福音に描かれし通りなりと説明しても、それはもとより各自の勝手である。いずれにしても卿等の小さな頭脳では、この神の真理は評価できっこない。かえって卿等の態度によって、卿等の目方が、神の真理の秤《はかり》で量られることになるだけである。自然科学の実証を楯《たて》にして処女懐《かい》胎《たい》を否定する人は、同じ自然科学の結論として、人類がある時期に地上に出現したことをも認めねばならぬ。またさらに溯《さかのぼ》って、地球の無生物時代をも肯定せねばならない。しからば最初の生命の出現、しかして少なくもその劣等なる生命より高等なる人間への進化を許さねばならぬ。それは処女懐胎以上の奇蹟ではないか。

現代の科学はまた、単性生殖（Parthenogenesis）の事実を認めることをも忘れてはならない。処女懐胎ということは、決してそれ自身に矛盾を含む事柄ではない。日常経験には背《そむ》いても、科学的には無条件に不可能だとは言われない。いわんや、哲学的偏見によって先天的に否定するをや。これ科学も哲学も、それ自身に肯定も否定もできぬ事柄に属する。たやすく信仰できぬことであると同時に、無下《むげ》に却くべきことでもないのである。ただ信憑《しんぴょう》するに足る権威のみが、かかる事柄を吾人の信仰にまで提供することが出来る（第五章「人間」の「原始発生説」の条を参照せよ）。カトリック教会はその天賦《てんぷ》の教権により、終始これをもって神の啓示の最も重要なる一部分として肯定し、この信仰により過去二十世紀間を通じて、幾億万の霊が慰められ救われた。なかんずく、中世紀の芸術はこの信仰にインスパイアされ、ここに好個《こうこ》の題材を得て、詩歌に彫刻に絵画に千古の名作を作り上げて、受胎告知《じゅたいこくち》を礼讃した。

宗教的想像の文化史的意義について

私はいまだに一九二三年の秋イタリア、フィレンツェ市の昔の聖マルコ修道院、今日のフラ・アンジェリコ美術館を訪うた時のことを思い出す。

物静かな内庭や回廊のあちこち、昔の修士の食堂や集会所を廻った後で、薄暗い二階に上って中程《なかほど》まできて目をあげた時、思いも設けず自分の行手《ゆくて》の上り口に出現したのが、あの有名な受胎告知の壁画である。写真では幾度も見たことがある。いずれどこかの立派な画廊に金縁の框《わく》でもして飾ってあるんだろうと想像していたものが、薄暗い階段の上り口に、無雑《むぞう》作《さ》にしかも忽然《こつぜん》と湧出したのだ。私は物に襲われたかのようにハッとした。それも一瞬間、後はあの物さびて落着いた穏やかな色彩と、ゆるやかな線と、天使とマリアの顔から放射される敬虔《けいけん》そのものの雰囲気の中に、恍惚《こうこつ》として身も魂も浸り込んでしまった。私は立っているべきか跪《ひざまず》くべきかに惑いつつ、じっとそこへ止ってしまった。それから親しき者の頸に抱きついて接吻したいようななつかしさを感じて、一挙に階段をとび上ってその前に立った。

ああ、これだ、これだ！　東方遠来の巡礼の魂の飢えを医《いや》すべく、汝はここに我を待っていたのか。前に佇《たたず》んでと見こう見、右からのぞき左から眺め、近づいて見たり遠のいてみたり、心ゆくばかりに味わって、生まれて初めて画を見たという感がした。画の下には銘がある。"Virginis intacte cum veneris ante figuram praetereundo cave ne sileatur ave."「汝汚れなき童貞の面前に来れる時、祝詞を述べずして行き過ぎざらんよう心せよ」と。

真に誠にフラ・アンジェリコの精神はここにあるのだ。彼はいたずらに形式の美を玩《もてあそ》んだ者ではない。彼の画は信仰告白であったのだ。私はこの聖徳高き修道士であった聖画家の魂に、のりうつられたような心持になって、独房から独房へとその筆になれるその他の壁画を訪ねつつ、その前に跪《ひざまず》いてかつ祈りかつ眺めた。

これに反して、同じフィレンツェのウフィツィの画廊で、ボッチチェリのヴィーナスの誕生——ただ美しさという点において、この画以上に私の感官に訴えたものはない——を見た時は、私は全く異教的な誘惑を感ぜざるを得なかった。そこに画がかれた美の精神は如何《いか》に麗しくても、どこかで自分の世界観と抵触するものを含んでいた。私は私自身を失わずには、これと融和できなかった。芸術のための芸術論者——それは換言すれば無理想ということになる——はこの私の言を了解することを欲しないだろうが、私が今ここにかかる経験を物語るのは、決して芸術論を戦わさんがためではない。また決して名画の前に立って、これはキリスト教的か異教的かなどと、形式的な尺度を当《あ》て嵌《は》めることを言っているのでもない。ただ無心にこれを眺め入っている境地にも、世界観の根本的差異が自然に鑑賞者の心に働きかけてくる事実を言っているのである。

　これは画家の側から言っても同様でなければならぬと思う。フラ・アンジェリコは多分聖画以外に筆を染めることを潔《いさぎよ》しとしなかったであろうが、仮に筆を染めたとしたら、そこにも彼の信仰は現れたに違いない。彼がヴィーナスの誕生を描いたら、如何《いか》にそれが不調和なものであったであろうか、想像するに余りある。かくのごとく、絵画ですら精神を離れて描けるものではない。その絵としての価値は、技巧よりはむしろ、結局画家の心の中にある最も深いものをどこまで表しているかによって定まるのだ。従って確信が深ければ深いほど、画家の作品は他人の追随《ついずい》を許さない特徴を帯びてくる。人生観世界観が深遠《しんえん》であればあるほど、鮮やかな特徴を帯びた芸術——私はもちろん特徴という言葉を、色彩とか題材とかに限られた形式的の意味に用いているのではない——が生まれるのは当然である。精神を離れて名画のないごとく、真実を離れてすぐれた文化的価値のある信仰のあろうはずはない。

そこで私はキリスト教の根底になる事実の歴史性を否定して、その文化史的意義を認めるという徒に反問しなければならない。君等のいわゆる文化史的意義とは、そもそも何を指すか。フィレンツェあたりの博物館から画廊へと自動車を疾駆《しっく》させて、何時間で全部見てしまったと得意がる人たちが、どやどやとフラ・アンジェリコの壁画の前に押し寄せてきて、ポケットの中で銀貨をジャラジャラやりながら一体いくら出したらこれが買えるだろうと囀《さえず》り合うのと、一体どこが違うのだ。彼等の一切の評価の標準はすべて金――すなわち、最も容易に人間の高等でない欲望を満足させるものであって、真善美などということとは全然没交渉なものなのである。彼等はフラ・アンジェリコを金で買うつもりなのである。

日本の精神文明の代表者をもって自任する新人等は、宗教的真理をいわゆる文化史的意義に換算して売買しようとする。それでは日本の文化の相場が下落する恐れはないか。彼等によれば童貞であって同時に母であるということは、理性の権利と自然科学の実証とに反するが、それにもかかわらずその意義を失わないという。なぜなれば、それは人間の要求を満足させるからである。それがいわゆる文化史的意義というものだと見える。キリストを無理にも神の子にするためには、母は処女でなければならぬ。また母と子の関係を、父と子の関係以外に独立に価値づけたいという心情の願いを遂げ、かつは処女の神秘的な魔力に神が撰ぶのは清浄な処女でなければならぬというような理由も加わって、限り知られぬ古い時代から人類は、かくのごとき女神を要求し、その人類の憧憬《しょうけい》を、初期教会の信者の想像力が、彼等の教祖の母親に結びつけたのだそうだ（和辻哲郎著『原始キリスト教の文化史的意義』の末尾童貞聖母篇を見よ）。

私はかかる主張を福音の内容から証明せんとする、いわゆる高等批評的論拠の、いかに勝手放題な独断であるかを、ここには論ずるつもりはない。また淫猥《いんわい》極まる東方宗教のいわゆる童貞母神から、聖母崇拝を導き出さんとする試みが、これこそいかに無理な想像と歴史的無知を表白するかを追及すまい。またかかる立場における論者に向って、受胎告知の真実を主張する愚をも演じまい。ただ何故《なにゆえ》にかかる輩が他のすべて同様な問題の批判において執《と》る態度を、キリスト教の起原の問題についてのみは執り得ないのか。何故《なにゆえ》にそれは価値のない迷信ではないのか。その理由は簡単である。キリスト神性の信仰と聖母崇拝の結果が、ミトラやディオニソス信仰や小アジアまたは東方諸国に栄えた母神崇拝のそれと全然趣《おもむき》を異にするものであることを、彼等といえども認めねばならぬからである。

神人イエズスと童貞母マリアは宗教的情熱の所産としても、どうしてイエズスのみが世界的価値顚倒運動に成功し、ミトラとディオニソスはこれに失敗したか。また何故《なにゆえ》に東方宗教の母神崇拝が淫猥のどん底に陥ったのに、聖母マリアの信仰は清浄と潔白《けっぱく》を産み出したか。万一同じ要求の下に前者が後者を生んだのなら、何故にかく両者は趣を異にする結果を生じたかとの根本的疑問に対して、あくまでもその原因は「他から」来たということを欲しないがために、如何《いか》なる無理をしてもこれを「内から」説明せんともがくのである。これ単にキリスト教の優越性を認めざらんとするもがきにすぎない。

「福音書の真実を攻撃するのは、歴史的の理由に拠《よ》るのではなく、その吾人に負わする道徳的帰結の故《ゆえ》であり」（Strauss: *Das Leben Jesus*, Bonn, 1835, XXII）、従って「いかに確実なる証拠あるも、キリストの復活を歴史的事実として認むることを欲せざるべく」（Zeller: *Vorträge u. Abhandlungen*, 1. Sammlg.）、「福音書の物語る奇蹟を否認するは、福音史家が絶対に信用できぬことがまず証明されたに由るのではなく、かえって福音書が奇蹟を物語るが故に、これらは作り話にすぎぬ、またそれは歴史を含むかも知れぬが確かにすべてが歴史的ではないと断言する。」（Renan: *La Vie de Jésus*, préface, VI）

しかるにキリスト教に対して内心の要求から去就を迫られるのでもなんでもなく、さりとてまたその起原に関する典拠について真に学者的に批評し得る能力もないくせに、人の尻馬《しりうま》に乗ってとやかく言って得意がるに至っては、実に言語道断《ごんごどうだん》と申さねばならぬ。青年学徒が学問研究の途上において、過《あやま》つことあるはもとより赦さるべきであるが、学問を玩ぶに至っては、これ実に赦すべからざる罪を犯すものである。

68 イエズスというは、何の意味であるか。

イエズスというは、救う者という意味であります。

聖名イエズスの意味

「主の使彼が夢に現れて言いけるは、ダビデの裔《こ》ヨゼフよ、汝の妻マリアを納《い》るることを懼《おそ》るる勿《なか》れ。蓋《けだ》し彼に胎《やど》れるものは聖霊によれり。彼一子を生まん、汝その名をイエズスと名づくべし。其は自己《みずからおの》が民をその罪より救うべければなり、と」（マテオ聖福音書第一章二〇―二一）。また「孩児《おさなご》の割礼《かつれい》を授かるべき八日目に至りて、未《いまだ》胎内に孕《やど》らざる前に天使より言われし如く、名をイエズスと呼ばれ給えり」（ルカ聖福音書第二章二一）と録されたるごとく、その出生に先だって定められた名は「救う者」という字義を有っている。旧約聖書中にもイエズス（Jehovah. Joshua. Jeshu）――ヨシュアの名は一度ならず現れる。しかして何《いず》れもイスラエルの救主であった。ヌンの子ヨシュアはモーセの後を襲うて選民を統率し、カナアンを攻略してイスラエル人に安住の地を与え、ヨセデクの子大司祭ヨシュアは、バビロンの逐謫《ちくたく》の後にゾロバベルと協力して神殿を廃墟の中から再興した（ヨシュア記、エズラ書参照）。しかしこの名は人類の救世主たるべきマリアの子にこそ、最もふさわしきものであった。

何となれば、「その他の者によりては救霊《たすかり》ある事なし、其は我等が依《よっ》て救《たす》かるべきものとして人に与えられし名は、天下に復之《また》あらざればなり」（使徒行録第四章一二）。「是故に神もまた之を最上に挙げて、賜うに一切の名に優れる名をもってし給えり、すなわちイエズスの御名に対しては、天上のもの、地上のもの、地獄のもの、悉く膝を屈《かが》むべく、また凡《すべ》ての舌は父にて在《まし》ます神の光栄のために、イエズス・キリストの主に在せる事を公言すべし。」（フィリッピ書第二章九―一一）

69　キリストというは、何の意味であるか。

キリストというは、聖油を灌《そそが》れた者という意味で、救主《すくいぬし》が預言者、司祭、王に在《まし》ますことを示すのであります。

キリストの字義

イエズスというヘブレオ語の固有名詞にそえて、我等は救世主を呼ぶにギリシャ語原のキリストという語をもってする。これは油を塗られた者という意味の字で、固有名詞ではない。だからたとえばフランス語の le Christ のごとく、冠詞を有する国語では定冠詞をつけて用いられる。ユダヤの風習に従って聖油を頭に灌がれて、神聖なる職務のために聖別せられし者なることを示す。灌油は特に聖霊の与えらるることを表象し、新約の秘蹟なる堅振《けんしん》、品級等にも用いられる。旧約聖書中この聖別式を受けた実例は、王と司祭と預言者についてある。預言者サムエルは「膏《あぶら》の角《つの》をとりてその兄弟の中にてこれ（ダビデ）に膏をそそげり。此日よりのちエホバの霊ダビデにのぞむ」（サムエル前書第十六章一三）とあり、モーセがアアロンを司祭職に就かしめし時も、「また灌膏をアアロンの首にそそぎ、これに膏をそそぎて聖別《きよめ》たり」（レビ記第八章一二）。神はまた預言者エリアに命じて「往《ゆ》きて汝の途に返りダマスコの広野に至り、往きてハザエルに膏を沃《そそ》ぎてシリアの王となせ。また汝ナムシの子エヒウに膏を注ぎて、イスラエルの王となすべし。アベルメウラのシャパテの子エリゼオに膏をそそぎ、爾《なんじ》に代りて預言者とならしむべし」（列王記略上第十九章一五―一六）と宣《のたも》うた。

王としてのキリスト

新約のキリストは、実に一身にこの三者を兼ねる者であった。彼の王位はその懐胎に先だって天使の口ずからマリアに告げられる。「主なる神これにその父ダビデの玉座を賜いて、ヤコブの家を限りなく治め、その治世は終りなかるべし、と」（ルカ聖福音書第一章三二―三三）。啻《ただ》にその肉身に王統の血をうけついだのみならず、ダビデもソロモンも得る能《あた》わざりし無終の支配を与えられ、その領土は地中海とチグリス・ユーフラテスの流れに限られず、北はヘルモンの山を越え、南はシナイの峯よりも遠く、地の極より極にわたりて多くの島々にまで及ぶ。「彼は鉄の杖をもって諸民を治め給うべく……衣の上股の処にその名記されて、諸王の王、諸主の主、とあり」（黙示録第十九章一五―一六）、「天においても地においても、一切の権能は我に賜われり」（マテオ聖福音書第二十八章一八）とは、御昇天に先だって使徒に残し給いし訣別《けつべつ》の御言であった。しかし彼は、地上に諸王等の武器を執って争奪するがごとき支配を欲せなかった。カエサルのものはカエサルに返すべく、神のものは神に返すべきである。パンに飽かされた民衆が、彼を捕えて王とせんとせし時、彼は独《ひと》り山に逃れて寂寞《じゃくまく》の裡に天父に祈った（ヨハネ聖福音書第六章一五）。

彼がピラトの法廷に立った時、その訊問《じんもん》に対して己の使命と精神的支配の紛《まご》う方なき宣言をしている。「イエズス答え給いけるは、我が国はこの世のものに非ず、もし我が国この世のものならば、我をユダヤ人に付《わた》されじとて、我が臣僕は必ず戦うならん。然《しか》れど今我が国は茲《ここ》のものならず、と。かくてピラト、イエズスに向い、然《しか》らば汝は王なるか、と言いしにイエズス答え給いけるは、汝の言える〔が如し〕、我は王なり、我之がために生れ、之がためにに世に来れり、すなわち真理に証明を与えんためなり。総《すべ》て真理に拠《よ》れる人は我が声を聴く、と」（ヨハネ聖福音書第十八章三六－三七）。すなわち彼はその創立せる世界的教会の頭《かしら》として、爾来地の極より極に至るまで、終りなき治世を天父より賜わったのである。

聖会は王たるキリストの祝日（十月最終の日曜日）にミサ聖祭中にうたっていう。

（入祭文）「屠《ほふ》られ給いし羔《こひつじ》は、権威と富有と、叡智《えいち》と能力と、尊貴と光栄と祝福とを受くるに堪え給うものなり」（黙示録第五章一二）、「神よねがわくは汝のもろもろの審判を王にあたえ、なんじの義を王の子にあたえたまえ。」（詩篇第七十二篇一）

（序誦）「またその政治《まつりごと》は海より海にいたり河より地のはてに及ぶべし。……もろもろの王は其に俯伏しもろもろの国はかれに仕えん」（詩篇第七十二篇八－一一）。アレルヤ、アレルヤ、「その権は永遠《とこしえ》の権にして移りさらず、またその国は亡ぶることなし」（ダニエル書第七章一四）。アレルヤ。

（奉献文）「われに求めよ、さらば汝に諸々《もろもろ》の国を嗣業《ゆずり》としてあたえ、地の極を汝の有《もの》としてあたえん。」（詩篇第二篇八）

（聖体拝領誦）「主は宝座《みくら》に坐して永遠に王なり。……主は平安《やすき》をもてその民を祝し給わん。」（詩篇第二十九篇一〇－一一）

司祭としてのキリスト

イエズスの新約における司祭職に関しては、ヘブレオ書の著者が詳細なる論証をもって、そのいかに旧約の司祭職に勝るかを力説している。「すなわちキリストは肉身に在《ましま》し時、己を死より救い給うべきものに対《むか》いて、祈禱と懇願とを献ぐるに、大いなる叫びと涙とをもってし給いしかば、その恭しさによりて聴き容《い》れられ給えり。かつ（神の）御子に在しながら、受け給いし苦によりて従順を学び給い、然《しか》して全うせられ給いて、従い奉る凡《すべ》ての人に永遠の救霊の原と成り、神よりメルキセデクの如き大司祭と称せられ給いしなり」（ヘブレオ書第五章七―一〇）。「然《しか》れば我等は、天に入り給いたる偉《おお》いなる大司祭、すなわち神の御子イエズスを有するが故に、堅く（信仰の）宣言を保つべき」（同書第四章一四）であり、また神の御約束の希望は「イエズスが限りなくメルキセデクのごとき大司祭と為《せ》られて、我等のために先駆として入り給いし幕屋の中までも、［この希望は］入るもの」（同書第六章二〇）である。「また他の司祭は死をもって妨げられて、絶えず司祭たる能《あた》わざるが故に、立てられし者の数多し、然《しか》れどイエズスは限りなく存し給うによりて、不朽の司祭職を有し給う。故《ゆえ》に人のために執成《とりなし》を為《な》さんとて常に活き給い、己によりて神に近づき奉る人々を全く救うことを得給う。」（同書第七章二三―二五）

彼はまた「他の大司祭の如く、日々まず己が罪のため、次に民の罪のために犠牲を献ぐるを要せざる者」（同書第七章二七）であり、旧約の礼拝者をしてその良心をも完全ならしむる能《あた》わざる供物と犠牲（同書第九章九）を廃して、「イエズス・キリストの御体が一度献げられしに由《よ》りて、我等は聖と為《せ》られ」（同書第十章一〇）たのである。しかして聖会は、最後の晩餐に際しての御遺言「わが紀念として之を行え」（ルカ聖福音書第二十二章一九）の意を体して、この十字架の犠牲と異ならざる無血祭を、マラキの預言（マラキ書第一章一〇―一一）そのままに、日毎《ごと》に朝毎に、日出ずる処より没る処まで列国《くにぐに》の中に、何処にてもいつにても潔き献物として天父にささげるのである。かくのごとく一身に司祭と犠牲とを兼ね給う主は、「限りなく神の右に坐し、斯《かく》て敵の己が足台と為られん事を待ち給うなり。」（ヘブレオ書第十章一二―一三）

預言者としてのキリスト

キリストはまたすでに遠い昔モーセによって預言者として告げ知らされていた。すなわち曰く「汝等の神なる主は、汝等の兄弟の中より我がごとき一人の預言者を汝等に起し給わん、その汝等に語らん程の事は、汝等悉《ことごと》くこれを聴くべし」（使徒行録第三章二二、申命記第十八章一五参照）と。しかして人民もまたイエズスの生存中、彼において永く絶えていた預言者の再来を認めた。「ある人は洗者ヨハネなりと言い、ある人はエリアなりと言い、ある人はエレミア若《も》しくは預言者の一人なり〔と言う〕、と」（マテオ聖福音書第十六章一四）。サマリアの婦すら、「君よ、我観るに、汝は預言者なり」（ヨハネ聖福音書第四章一九）と告白せざるを得なかった。パンに飽かされたガリレア人等は、「実に是《げ》ぞこの世に来るべき預言者なる」

（ヨハネ聖福音書第六章一四）と感嘆し、イエルザレムの癒されし生来の盲人は、その恩人に神の子を認むるに先立って、まず「彼は、預言者なり」（ヨハネ聖福音書第九章一七）とファリザイ人の面前で放言して憚《はばか》らなかった。しかして彼等ファリザイの徒の不信仰の理由すら「預言者はガリレアより起こるものにあらず」（ヨハネ聖福音書第七章五二）というにあった。

そもそも預言者の職能は、啻《ただ》に神の霊によりて将来の出来事を予告するに止《とど》まらず、人間と万軍の主エホバとの仲介者として神の意志を告げ、選民の国民的生活と霊的向上の指導者たるにある。天父の秘められし議定の具体的啓示者として、また救いの道の教師として、更《さら》にイエルザレムの滅亡や現世の終末や教会の使命とその将来の、文字通りの預言者として、イエズスはすべての旧約の大預言者にも勝《まさ》りてこの資格を完全に具え給うた。何となれば「神はナザレトより出でたるイエズスに、聖霊と能力とをもって注油し給いしなり」（使徒行録第十章三八）。イエズスの注油はすなわち彼に充《み》ち満《み》てる神性がそれであった。

70　なぜイエズス・キリストを天主の御独子と申すか。

イエズス・キリストを天主の御独子と申すのは、イエズス・キリストばかり固《もと》より神性を備え給う天主の御子に在《まし》ますからであります。

神の独子《ひとりご》と子とせられし我等

それはヨハネがその福音書の冒頭に「斯《かく》て御言は肉となりて、我等の中に宿り給えり、我等はその光栄を見奉りしが、それは父より来れる独子のごとき光栄なりき、すなわち恩寵と真理とに満ち給いしなり」（第一章一四）と証したごとくであり、イエズス・キリストのみが文字通りに神の御独子――父なる神より出ずる神的な言葉であって、われら人間が神の子であるのとは意味が異なる。われらが子とされるのは「すなわちその名を信ずる者、血統《ちすじ》に由《よ》らず、肉の意に由らず、人の意に由らず、神に由りて生れたる者」（同書第一章一二―一三）たるにより、彼によりて「各神の子となるべき権能を授け」（同書第一章一二）られしによる。「蓋《けだ》し神は予知し給える人々を、御子の状《すがた》に肖似《あやか》らしめんと予定し給えり、是御子が多くの兄弟の中に長子たらんため」（ロマ書第八章二九）で、キリストは天父の家督《かとく》を当然生来の権利によりて受嗣《うけつ》ぐべき実子で、われらは彼故に引き取られて、その家督を分けて貰う養子の分際《ぶんざい》にすぎない。このことはイエズス御自身もニコデモに向かって宣言された。「蓋《けだ》し神のこの世を愛し給える事は、御独子を賜う程にして、これ総てこれを信仰する人の亡びずして永遠の生命を得んためなり」（ヨハネ聖福音書第三章一六）。パウロもまた神は「我が御子をすら惜み給わず、却《かえ》って我等一同のためにこれを付《わた》し給いたれば、争《いか》でかこれに添えて一切を我等に賜わざらんや」（ロマ書第八章三二）と前掲のロマ書の語の後に追加しており、ガラチア書中には「然《さ》れど満期の時至りて、神は御子を女より生《な》りたるもの、律法の下に生りたるものとして遣わし給えり。これ律法の下に在《あり》し人々を贖い、我等をして子とせらるることを得しめ給わんためなり。斯《かく》て汝等が子たるによりて、神は、アバ、父よ、と叫び給える御子の霊を、汝等の心に遣わし給えり。然《さ》れば最早《もはや》奴隷に非《あら》ずして子たるなり、子たる上はまた神によりて世嗣《よつぎ》たるなり」（第四章四―七）と録した。

ヨハネの書簡も同じことを教える。「神の愛の我等において顕《あらわ》れしは、神が我等をして是《これ》によりて活《い》きしめんために、その御独子を世に遣わし給いしをもってなり」（ヨハネ第一書第四章九）といい、さらに次の語をもって同書簡を結ぶ。「神の御子が我等に真の神を識《し》らしめ、我等をその真の御子に在らしめんために、来りて智慧を与え給える事は我等また之を知れり。これぞ真の神にしてまた永遠の生命にて在す」（第五章二〇）と。主に愛されしこの弟子が福音書を著した目的も、同じ真理を伝えんがためであった。「是等の事の書載せられたるは、汝等がイエズスの神の御子キリストたる事を信ぜんため、信じて御名によりて生命を得んためなり」（ヨハネ聖福音書第二十章三一）。しかしてこれら使徒達のすべての証言を隻語の裡に括約《かつやく》して尽しているのは「我と父とは一なり」（ヨハネ聖福音書第十章三〇）の一句である。

71　なぜイエズス・キリストを我等の主と申すか。

イエズス・キリストを我等の主と申すのは、我等の神また救主に在すからであります。

我等の主イエズス・キリスト

カトリック教会に聖霊降臨以来、金輪際《こんりんざい》動かばこそと叩き込まれたこの信仰あればこそ、われらはイエズス・キリストを、彼のみをわれらの唯一の救主と崇め、これを呼ぶに「我等の主」という言をもってする。

「またイエズス・キリストより、恩寵《おんちょう》と平安とを汝等に賜わらん事を。すなわちイエズス・キリストは忠実なる証者、死者の中より先《さき》ちて生れ給いしもの、地上の王等の君に在し、我等を愛し給い、御血をもって我等を罪より潔め給い、我等をもってその父にて在す神のために国と為《な》し祭司と為し給いしものにして、光栄と権威と是に在りて世々に限りなし、アーメン。」(黙示録第一章五―六)

第八章　御托身（その二）

第十課　第二条と第三条の続き

第一項　御托身の事（その二）

72　イエズス・キリストは真の人であるか。

イエズス・キリストは肉身と霊魂を具え給うから、真の人であります。

キリストの人性についての問題

公教要理は問答四十七において「人とは何であるか」という問に対し、「肉身と霊魂とを合わせたもの」と定義している。しからばイエズス・キリストが真の人であるという時、人間の肉体のみならず、霊魂をも具え給うというのは当然である。この一見わかり切ったような主張が、実はキリストの神性の主張と関連して非常に重大な点になっている。

人間が自然を支配するのが現世の特徴だといわれる一面には、物質をその欲望の満足に利用する、より多くの力を与えられた結果として物欲の増長をきたし、その物欲の増長の結果はかえって人間がこれに支配されて、折角《せっかく》理性の努力で獲得した物界の支配が、欲ゆえに矛《ほこ》を逆にして人間を征服してしまうような有様《ありさま》の現代では、キリストの人間性のごときはもとより問題にするまでもないわかりきったことである。形而下《けいじか》に囚《とら》われて形而上の事象に盲目になった現代人には、神までが人間、しかも物欲に支配される人間になってしまっているのだから、キリストの神性は問題になっても、その人性のごときは問題にするだけ滑稽《こっけい》であるように見える。しかし敬虔《けいけん》な初代の信者にとっては、キリストの神性よりも、人性の方がかえって疑問になったことがあった。ただキリストが偉い人間であったというだけでは、宗教的信仰の対象にはならない。ギリシャの賢哲も東方の聖者も、皆偉かったのだ。しかるに一旦《いったん》キリストは神の子なる救主《すくいぬし》であると信じた人達には、彼がわれわれと同じく卑しい欲求と弱点との塊であり、かつ多くの苦悩の原因である可死的肉身を具えたということが、頗《すこぶ》る不思議になってくる。

ギリシャ思想における肉体観

特にギリシャ思想では、物質とそれから出来上っている肉体というものは、決して善《よ》きものとは考えられなかった。ギリシャ人は最初小児のごとき素朴な驚異をもって外界を眺めた。しかし彼等は曇りなき青い空の下、透明な光の中に麗しき形体の数々を見出して歓喜した。しかしそこにはさらに大なる驚異の対象が潜んでいた。それは変化生滅の事実である。かれらの肉眼に映じた世界は、時々刻々変化してゆく。旧《ふる》き形は廃《すた》り新しき姿が生まれ、新陳代謝《しんちんたいしゃ》して寸時もやまない。彼等はすべての小児のごとく、飽《あ》くまで見んことを欲した。心の眼をもって視《み》ることは、とりも直さず了解することである。聡明なギリシャ人はあくまで変化する外界を理解せんことを欲した。理解の道は観念の力をかりるより他にはない。理解せんがためには観念的に対象が分析されねばならぬ。しかるに普遍のものは観念化され得ても、個別の具象は観念の把握《はあく》を脱する。ソクラテスという具体的の人間には、成程《なるほど》人間という観念は当てはまるには相違ないが、活《い》けるソクラテスは人間という抽象的観念では表し尽せない。そこでこの理智の捕捉しきれぬ実在に対して、心眼をもってあくまでも見んとするギリシャ人の知識欲は、満足される道を失った。理智を捨つるにはあまりに聡明であった彼等は、その対象となり得ぬものを「非有《メオン》」であるとした。

　これがすなわち物質である。物質は常に時空の間に限定されたものであって、普遍的な観念はソクラテスにもアルキビアデスにもその他の何人《なんぴと》にも当てはまっても、それが活ける某々になるや否《いな》や、もはや個々別々であって、ソクラテスはアルキビアデスではなく、アルキビアデスはアリストファネスとは全然別人である。なぜそうなるか。ギリシャの哲学者は言う。それは真の有なる普遍的観念が物界に堕落《だらく》して、個別的の非有になったからだ、と。かかる故に、物質は観念に対して有の階梯《かいてい》においては上位を占めるものにあらざるのみならず、実在としてはむしろ真の有の堕落であり、道徳的にいえば不完全なもの、さらにすすんで悪そのものである。従って肉体は観念の世界から堕落した魂の住家《すみか》、むしろ墳墓もしくは囹圄《れいご》である。プラトンの言えるごとく、そこから我等は一日も速かに解脱《げだつ》せねばならぬところのものである。

かくのごとき肉体に対する偏見《へんけん》は、古代文化の頽廃《たいはい》と淫蕩《いんとう》に反撥した真面目《まじめ》な人士の心に深く喰《く》い込んでいた。これらの人々が争って道徳的厳粛と清浄潔白そのものであった新しき救いの宗門に走ったのは自然であったが、罪と汚れの否定である救主が、神の子であるのは当然であっても——いな、それが当然であればある程《ほど》——罪と汚れの原因であり、かつその状態である肉身を彼が持ったということ、特に神でありながら自ら進んで女の胎内に宿ることを択んだということは、とうてい了解し得ぬ矛盾だと考えられてきた。この見地からしてアテネの哲学者等がパウロの説教に対してなせる批評、「死者の復活と聞きて、ある人々は嘲《わら》笑い、ある人々は、我等この事につきて復《また》汝に聴かん、と言えり」という使徒行録の一節（第十七章三二）の意味がよくわかるであろう。

またギリシャ哲学のロゴス観念と「肉となり給える」ヨハネのロゴスとの間に弁証論的の連絡をつけようとする論者（たとえばクーノー・フィシャー『近世哲学史入門』五版、三五―三九頁を見よ）の所説が、両者の間に多くの興味ある相似点あるにもかかわらず、実際の歴史とはかけ離れた思想的遊戯《ゆうぎ》にすぎぬことをも了解できよう。かくのごとき説はヘーゲルの弁証法を哲学史に応用した鮮かな手際《てぎわ》を見せるものとしては面白いが、結局観念では捕捉しきれぬ世界を非有としたギリシャ人の独断をそのまま繰り返すにすぎぬものである。我等はハムレットに倣《なら》って、かかる実際の歴史を離れた抽象論者に対して、「この世の中に、汝の弁証論中に夢みられざる多くのことがある」のを告げておきたい。

キリストは完全なる人性を有す

とにかく上述のごときギリシャ思潮の影響を受けて、初代教会内にキリストの肉体の否定がドケチズムと称する異端の形で現れてきた。彼等はキリストは肉体あるかのごとく見えた（ドケチとはギリシャ語にて「見える」の義）が、実際肉身を具えていたのではなく、結局一種の幽霊であったと考えた。従って「女より生まれた」ということは意味をなさない。ある者はキリストの肉身に限って悪しき物質ではない天来のより微妙なる原素より成り、処女マリアの胎内を水が管の中を通るがごとく通過したにすぎぬという折衷《せっちゅう》説を唱えた。いずれにせよ結局はキリストにおける人性の否定である。これに対して正統教会は常に、神の独子は完全なる人性を己にとったのだ、との主張を枉《ま》げなかった。完全なる人である以上は、彼は理性を具えた霊魂によって活かされた肉身と、人間の霊肉に具われるすべての能力とを持たねばならぬ。決して神のペルソナが、霊魂の役を代って務めて肉体を動かしているのではない。

イエズス自ら受難に先だって「我魂死ぬばかりに憂う」（マテオ聖福音書第二十六章三八）と宣《のたも》うた。かるが故にキリストには人間としての魂はないと主張したシリアのラオジケアの司教アポリナリスは、教皇ダマスス一世（三六六―三八四）によって、異端者として却けられた。我等の弱点を労り得んために「罪を除くの外、万事において、我等と同じく試みられ給える者」（ヘブレオ書第四章一五）なる救主《すくいぬし》は、原罪の結果たる労苦と死とを、自ら択んでその身に受け給うた。彼は我等のごとく飢え渇き（マテオ聖福音書第四章二、ヨハネ聖福音書第十九章二八）、道に疲れてヤコブの井戸の辺に息い《いこ》（ヨハネ聖福音書第四章六）、その愛せる友人ラザルの死に際して、家族の悲嘆に沈めるを見て「胸中感激して御心を騒がしめ給い……涙を流し給」（ヨハネ聖福音書第十一章三三―三五）えるのみならず、聖都イエルザレムを前にして祖国の滅亡を預言しつつ、これがために泣き給うた（ルカ聖福音書第十九章四一）。

遠き昔にイザヤの預言せるごとく「彼は侮られて人にすてられ、悲哀の人にしてなやみをしれり。……まことに彼はわれらのなやみを負い、われらのかなしみを担えり。……彼はわれらの愆《とが》のために傷つけられ、われらの不義のために砕かれ、みずから懲罰《こらしめ》をうけてわれらに平安をあたう。そのうたれし痍《きず》によりてわれらは癒されたり」（第五十三章三―五）。すなわちゲッセマネの園において「イエズス死ぬばかり苦しみて……汗は土の上に滴《したた》りて、血の雫のごとくに成れり」（ルカ聖福音書第二十二章四四）。ついに万人の嘲笑のうちに十字架の上に息絶え、われらは「その蒼白めたる傷痕によりて医《いや》された」（ペトロ前書第二章二四）のである。

キリストが人性の弱点を担える理由

トマス・アクィナスは、キリスト受苦の三つの主な理由として、次のごときものを掲げている。（IIIa p. q. 14, a. 1）

（一）人となれる神の独子のこの世に降れるは、罪を贖《あがな》わんがためである。贖いの身代りなるものは、犯された罪の罰を己に引き受くべきであるから、アダムの原罪の結果として、この世にはいった飢渇《きかつ》や労苦を、キリストがその身に受けたのは当然である。

（二）もしキリスト受苦の事実がなかったら、かくのごとく日常の経験を裏切る肉体の持主を、真の人として認めることが困難になったであろう。これ「彼は神の貌《かたち》に在《ましま》して、神と並ぶ事を盗とは思い給わざりしも、己を無きものとして奴隷の貌を取り、人に似たる者と成り、外貌において人のごとくに見え、自ら謙《へりくだ》りて、死、而《しか》も十字架上の死に至るまで従える者となり給いしなり」（フィリッピ書第二章六―八）。これまた不信の使徒トマスに傷痕《きずあと》を示して、汝の指と手をそこに入れよと宣《のたま》いし所以《ゆえん》である。

（三）キリストの受苦はさらに我等に忍耐の模範《もはん》を垂れ給うためでもあった。「蓋《けだ》し自ら苦しみて試みられ給いたれば、試みらるる人々をも助くるを得給うなり」（ヘブレオ書第二章一八）云々。

キリストの受苦は自由の選択に出ず

キリストはかく救世の大業に必要なる苦と弱点とをその身に負い給いしも、そは決してその受け給いし霊魂と肉身そのものの弱さによるものではない。最初のアダムが典型的な人であったごとく、第二のアダムたる彼もまた完全な人性の所有者であった。すなわち彼においては体質の不完全に基づく病気とか不具とか癈疾《はいしつ》、また精神の欠陥たる無智、邪欲等は考え得られぬところである。その受けた苦さえ決して外部より強制的に迫ったものではなく、自由の選択の結果として起こったものである。彼は生殺与奪《せいさつよだつ》の権を握れるピラトの法廷に立った時すら、「汝……我に対してなんらの権あらんや」(ヨハネ聖福音書第十九章一一)と放言して憚《はばか》らなかった。彼は生命を「棄つるの権を有し、また再びこれを取るの権を有」(同第十章一八)したからである。

73　イエズス・キリストは只人ばかりであるか。
イエズス・キリストは只人ばかりではありません。天主の性と人の性とを具え給うから、真の人、真の天主であります。

神人キリストについての問題

公教要理はキリストの人性を肯定した後に、さらにその神性をも主張する。しからばイエズス・キリストにおける完全なる人性が、その神性といかに結合されているか。両性を具うる彼には、人としてのペルソナすなわち人格があるか、またもしあれば神の独子《ひとりご》、三位一体の第二位としてのペルソナと如何《いか》なる関係を有するか、等の疑問が自然に起こってくる。

理智に鋭きギリシャ人等は、これらの問題の一つをも未解決のままでは残しておかなかった。イエズスの肉体と霊魂についての問題が片付いて、彼が完全なる人性の持主であるとのドグマが確実に定義されるや否や、今度はその神性を否定せんとするアリウスの異端が生じ、さらに神性と人性および性(Natura)とペルソナとの関係についての異説が踵《きびす》を接して起こり、教会をしてその立場を明らかにする機会を与えたのであった。

三二五年の第一ニケア公会議に始って、このキリスト問題の決着は、四五一年のカルケドン公会議にまで及んだ。その時イエズス・キリストの人性と神性とは、相離れもせず、混合することもなく、神の独子すなわち三位一体の第二のペルソナの中に一致しているというカトリック教会の信条は、ついに次のごとき精密な宣言となって現れた。

カルケドン公会議の議定

「されば聖教父等(の教え)に従い、我等一致して教う。すなわち同一の子にして彼等の主なるイエズス・キリストは、神性においても人性においても完全にして、真の神、真の人に在《まし》し、理性を具えたる霊魂と肉体とより成り給い、神性によれば父と本体を同じゅうし、人性に従えば我等と本体を同じゅうし給い、「罪を除くの外、万事において、我等と同じく」(ヘブレオ書第四章一五)、神性によれば、世々に先だちて父より生まれ給い、人性に従いては、末の日に及びて、我等と我等の救いのために、御母童貞マリアより生まれ給いしことを告白すべしと。また同一の御独子主キリストを、その二つの性において混同することなく、変化なく、分つことも離すこともなく、認め奉るべし。またこの結合の故に、二つの性の差異は除かるること決してなし。かえって両性の特質を保存し、相俟《あいま》って唯一のペルソナとヒポスタシス(Hypostasis)を成し、二つのペルソナに分離することなく、かえって同一の御独子、神なる言、主イエズス・キリストたること、先に預言者等が彼に就きて(告げ)、また主イエズス・キリスト御自ら我等を教え給い、かつ教父等の信経の我等に伝えたるがごとし。」

Hypostatic Union

この聖三位の第二位、神の子のペルソナにおいて神の性と人の性とが、そのまま混同することもなく、変化して、第三者になることもなく結合されることを、カトリック神学の術語では Hypostatic Union という。この語には未だ定訳なく、また訳語に累《わずらわ》されて誤解を生ずることを恐れ、暫時原語のまま使用しておく。この信条の意味をよく了解するためには、二、三の哲学的概念の理解を必要とするが故に、以下逐次、なるべく簡単にかつ出来得るかぎり通俗的にこれを説明してみよう。

Hypostatic Union はもちろん信仰の対象であって、理智の究《きわ》め尽《つく》すことの出来ぬ玄義ではあるが、三位一体の章においても説明した通り、すべてのカトリック信条にある玄義のように、少なくもそれが理智的に矛盾をふくむ概念でないことだけは明らかにせられねばならない。

本質とは何ぞや

本質（Essence）というのは、一つの物をしてその特種の物であらしめ、かつ他の異なれる種類のすべての物と区別する特質の全部を総括したもので、物の定義の対象となるものである。
「これはどんなものか」という問に対する答は、常にそのものの本質を言い表す。たとえば「人とは何であるか」と問えば、「理性的動物である」と答える。理性的動物という語は、人間の本質を言い表すのである。何故かというに、それが人たるの所以《ゆえん》であり、また理性を具えた動物であるかぎりにおいて人間は他のすべてのものから区別されているからである。「人間は動物である」というだけでは、未だその本質を表していない。なぜなれば、猿も豚も動物であるから。それだけでは人間と他の動物との区別が判然しない。またただ「理性を具えたもの」というだけでは、天使や神とも混同される。「理性的動物」というに至って、この定義は人間以外の何物にも当てはまらぬから、人間の本質を言い表すのである。

本質は種類の異なるものと共通に有し得る性質ではなくて、その種類のものに特有なもので、かつそのものの真髄《しんずい》を形成するものである。それはいわゆる特徴とは違う。特徴は、そのものを他のものから容易に判別させる印のようなものである。たとえて言えば、小学校の生徒の傘やカバンにつける名札のようなものである。特徴は時として、本質の一部を成しうるが、必ずしも常に本質を形作らない。名札は単に所有者を示す印で、傘の傘たる所以《ゆえん》でもなければ、カバンをカバンたらしむるものでもない。草履《ぞうり》につけても、弁当箱に結んでも、同様に所有者表示の用をなすことができる。それは烏の黒いのと同じことで、黒くない烏は多分ないと思うが、ただ黒くばかりあったって烏だとはきまらない。烏の他にも黒い鳥は沢《たく》山《さん》ある。これらは皆特徴で、本質ではない。本質はもっと根本的なもので、そのものをしてそのものたらしむる、より深きもので、他から付加したり、または引き離し得る底のものではなく、そのもの自体の根底をなすものである。

性とは何ぞや

次に、只今まで度々《たびたび》用いた人性とか、神性とかの性、または本性（Nature）とは何を指すか。これはやはり前述の本質のことであるが、ただ見方が違う。そのものの働きの根底としての本質を指すので、ただ本質という時はこれを静的に見、本性と呼ぶ際には、これを動的に観ずるだけの違いがある。「その性に従う、これを道という」との『中庸』の語は、よくここに当てはまると思う。物の本質はみなきまっている（ただしこれは人間がそれをみな知っているかどうかの問題とは別である）。きまっていればこそ、甲なる物は乙なる物ではなく、丙または丁と異なるのだ。物が違えば、その物の働き方も異なる。働きは本質に基づく。その働きの根底として考えられる本質を、性または本性と称するので、「その性に従う、これを道という」の語は、単に人間の道徳に関してのみならず、宇宙間の一切の物に及して真理である。われわれは時々、正しくないやり方をさして、「そうするのは道でない」という。つまりそのやり方、働き方が、その人なり、物なり、場合なりに適合しない、すなわちその性に従っていないことを意味するのである。「この仕事はあの人の性に合わぬ」などいうのも同様で、その人のその人たる所以《ゆえん》に適していないから、うまくゆかない。無理をしている。不自然である。従って幸福でもなければ、成功もしないというわけになる。

Nature という原語に、「自然」または「本然」という訳のあるのもここからくる。本質は人間が勝手に作るものではない。働く前に与えられ、働きに先在し、働きを可能ならしむるものである。働きより根本的なもの、働きの根底である。「自ら然るもの」、「本より然るもの」である。天地日月星辰《せいしん》山河草木を指して自然というのも同じわけで、人間が造ったものではないからである。人間より先に備わっている。特定な性を有している。そうしてその性に従っておのがじしの道を辿っている。自然は決してその性に背《そむ》かない。それだからまた自然なのである。不自然は自由を有する人間のすることで、それだからまた「道ならぬこと」をするのも人間だけなのである。性または本性は、すなわち働きの根本または原理で、その正しき働き方を、そのものの道と称するのである。

Hypostasis

次にここで一番大切なヒポスタシス（Hypostasis）の説明をしよう。ギリシャ語の語原からすれば、ヒュッポは下、スタシスは立つこと。ラテン語では直訳して同意義の Substantia または Suppositum という字を用いる。独自の基礎の上に立ち、存在するために他の補助を必要とせぬ自存体の義である。

前掲の本質や本性は、普遍的の概念の対象で、同一種類の個々の具体的な物の真髄を形成していても、決して個別的な実在の全部ではない。すなわち理性的動物たる本質は、すべての人間に共通に具わるものであるが、この根本的なものは、各人の異なれる性質および特徴によって千差万別され、我は汝でなく、汝は彼ではなくなるのである。しかるにヒポスタシスという時は、ただに同一種類のもの、たとえば人類中の万人に共通なこの本質または本性のみならず、現実のおのおのの人をして、その一切の特徴と性質とを合わせて、個々別々のものたらしめて、現実に存在するところのものを指すので、個別的具体的な存在であり、かつそれ自身において完全であって、その物として存在するために他の物の補助を必要としない独立自存体である。かかる個別的に自存して特定されたものであるからには、普遍的な本質が同一種類のすべてのものに共通であるように、一つのヒポスタシスは他のヒポスタシスと共通性を有し得ない。また自己のヒポスタシスを捨てぬかぎり、他のヒポスタシスの部分になったり、あるいはそれによって包摂《ほうせつ》されることも不可能になる。実例について説明すれば、物理化学的に定義される金は、すべての金に共通な本質であるが、一旦《いったん》十円金貨に鋳造《ちゅうぞう》された金は一個の定まったヒポスタシスを有し、他のすべての金塊、他のすべての十円金貨からさえも区別され、その特定の十円金貨として止る間は、他の何物《なにもの》とも混同できぬ独特の存在を持続するのである。

人格、ペルソナとは何ぞや

これを人間について言えば、各人が有する「われ」、自我すなわち独特の人格そのものになる。すなわち責任の主体たるペルソナであって、ペルソナとは理性を有する者のヒポスタシスに他ならない。ヒポスタシスは動物も植物も無生物も、いやしくも特定の独立せる存在物であるかぎり、現実に存在するいかなるものにもあるけれども、ペルソナは理性を有する人か天使か神にかぎって有し得るものである。一つのヒポスタシスは独立を失わぬかぎり、換言すれば、そのヒポスタシスであるかぎり、他のヒポスタシスと混合したり、同一物になることができぬように——先の実例について言えば、特定金貨はそれであるかぎり金の指環にも時計の金側にもなれぬごとく——一つの人格またはペルソナは、他の人格またはペルソナと混合したり摂取《せっしゅ》されたりすることは、決してできぬものである。責任の主体としては、僕はあくまで僕で、君もあくまで君である。

　人格は抽象概念としては凡《すべ》ての人に同様に具《そな》わると言い得るが、現実の人格としては各人のそれがみな違う。お互いの顔が違うように人格も千差万別で、特に道徳的には上下無限の階梯がある。人としての最小限度の権利を主張するのは正しいが、いたずらに形式的平等観にとらわれて、抽象概念としての人格という言葉を振り廻し、高尚なる道徳的努力の結晶たる聖者も、人の道すら踏まぬ卑《ひ》劣漢《れっかん》も、同等に取り扱わるべきであるなどと考えるのは、全く人格の何たるかを解せぬ暴論である。ペルソナなる語をもって表さるるものは、常に理性を具えた独自の実在で、天上天下二つとなきものである。本質や本性が、同一種類のすべての個別的実在に共通する真髄もしくは活動の根底を形成するのとは、全然趣きを異にしている。簡単に言うと、ヒポスタシスとは現実界に具体化された本質、もしくは現実に働きつつある本性であり、本質が「これは何か」という問に答えるものであるように、ペルソナとは「これは誰か」という質問の答弁に該当するものだと思えば間違いはない。

人間の霊魂はペルソナと言えるか

かかるわけであるから、ヒポスタシスは現実界に存在しない抽象概念、種とか類とかいうようないわゆる理念のごときものにも、また独立できぬ部分、たとえば現に水を構成している酸素や水素のごときものにも具わってはいない。同様に肉体から引離した人間の霊魂も、ペルソナとはいえない。本来独自に存在すべきものではなく、肉体と結合されて、理性的動物たる人間としてのペルソナを形作るべきものだからである。

この点もキリスト教的見解とギリシャ思想とでは、非常に違う。人間の肉体は、キリスト教ではあくまでも無くてはならぬ人間の要素である。だからキリスト教の救いはただに霊のそれのみならず、肉の救済でもあり、復活によって肉体もキリストにおけるごとく、最後には不死にされ、神化されるのである。これに反してギリシャ的に考えると、ペルソナとなるのは霊魂だけで、肉体はできるだけ速やかに脱ぎ捨ててしまわねばならぬところの、かえってない方がいい厄介《やっかい》な着物である。決して人間自我の必要なる要素とは看做《みな》されないのである。それからまた、責任の主体となるのはペルソナであるから、ギリシャ的に考えると責任の主体は霊魂ばかりで、肉体は与《あずか》らないことになる。しかるにキリスト教的哲学に従えば、人間行為するのはペルソナであるが、その働きは働きの根底または原理たる本性によるので、人間の本性は霊肉より成るが故に、善悪の賞罰に、霊のみならず肉も与《あずか》ると教える。またこれをキリストの問題に応用すれば、キリストはその人性を通じて苦しんだ。しかし苦しんだのは彼のペルソナすなわち神の独子《ひとりご》である。キリストの苦難はすなわち神の業《わざ》である。従ってその苦の功徳《くどく》は無限だと言い得るのである。

キリストにおける神性と人性との関係

イエズス・キリストにおいては「われ」、自我はもちろん一つより以上はあり得ない。しかしその唯一の「われ」は、神と人との二つの性を通じて働く。キリストの「われ」は、神の言たる聖三位の第二のペルソナである。このペルソナが神の性を具《そな》えるのはもちろんであるが、同時に人の性をも摂取した。すなわち人性が引上げられて、神の第二のペルソナリチーに与って、同一のキリストの自我を形作ったのである。この神のペルソナと人性との結合は、木に竹をついだような偶然的な結合でもなく、夫婦相和すといったような道徳的の一致でもなく、本質的なものである。はなはだ不完全な例証ながら、人間における霊肉の結合が一番それに近いものである。但《ただ》しこのたとえは、後に詳述する異端者ネストリウスや、近代において異説を唱えたギュンター等によって、おのおの誤れる自説の例証として利用された歴史があるために、正統神学者の用いることを好まぬところであるが、常識的には一番わかりやすい例であるから、ここにも引用しておく。

キリストにおいては、神性と人性とがおのおのその特性を失わず、また混同することなく、唯一のペルソナ――ヒポスタシス――において結合し、その神性は人性を離れて考え得られず、その人性もまた神性を別にしては存在しないのである。二つの異なれる神と人との性が、唯一同一のヒポスタシスにおいて結ばれること、これがカトリック信条にいう Hypostatic Union であり、正統信仰の枢軸《すうじく》である。かかる結合は、神人イエズス・キリスト以外に実例なき奇蹟であるから、頗《すこぶ》る人の意表に出で、これを哲学的に合理化せんと試みた結果、古来幾多の異端を生じた。教会はこれについて、なんらの解釈を下さない。イエズス・キリストはたしかに人であった。しかし普通の人ではなく、神性を具えて天父と一なることを宣言し、奇蹟をもってこれを証明し、またその宣言故に、殺された。このイエズスの証《あかし》を信じ、これを主張するに止るのである。

神人両性の結合は矛盾にあらざるか

しかし神学はそれだけでは満足しない。この信条を究めつくし得ぬまでも、そこに概念的矛盾のないことを明らかにせんと努力する。しかしてそれは前述の性とペルソナの観念の闡《せん》明《めい》によって、成就することが可能なのである。性はその性質上、独立自存するものではない。人性神性が三つのペルソナに同時に具有せらるることは、三位一体の章において詳説した。人性がすべての人間に共通なるは、証明を要せぬ点である。唯一のペルソナが、二つの異なれる――しかも無限に異なるとも言い得る神と人との性を具える点が、問題になる。キリストの人性は、何故《なにゆえ》に人格を具えざるか。また万一人格を具えるとせば、人格は独立自存するもので、他のペルソナと融和合一できぬ性質のもの故《ゆえ》、神のペルソナと一体になることは不可能であり、従ってキリストには二つのペルソナが出来、結局神と人とに分割されてしまうことになる。しからばキリストは二重人格の持主であるか。かつ神性と人性とを直接に結ばんとすれば、そこに幾多の矛盾に逢着《ほうちゃく》するを免れぬ。

解決の道は、神のペルソナが性を摂取する方面から考えるにある。神のペルソナに神性あるは当然だが、すでに神性を具える神のペルソナが、さらに人の性を摂取することが可能であるかどうか。いわば、その余裕を有するか。この点が肯定できれば、矛盾はとけ、然《しか》らずんば解決はない。人格は人性を予想するが、人性と異なれる性、たとえば猿の性を人性に加えて、しかもこれと混同することなく摂取し得るや、というに――換言すれば、人にして猿、猿にして人なる猿人なるものが存在し得るやというに、それは近代の非科学的進化論者を除いては、誰しも不可能と断ずるに躊躇《ちゅうちょ》しまいと思う。人間のペルソナリチーには、人性以外のものを容《い》れる余裕がなく、容れるや否や、もはや人間のペルソナリチーたるを失うに至るべきをもってである。

しからば神のペルソナリチーにおいても同様かというに、その点は大いに異なる。人格は人性を限定するが、神格は神性を限定するものではない。三位一体論中に詳説したごとく、それは神の内的生命の営みにおける生ける関係であって、三つの異なれるペルソナが唯一無二の神性に具わるのである。神性は人性のごとく現実に存在するために、ペルソナによって限定されることを必要とするものではない。性とペルソナとの関係は、人と神とにおいては非常に異なっている。人格の働きは人性の限定につきるが、神格は何物によっても満たし得ない無限の包摂《ほうせつ》力を有するものである。

たとえば人間でも、名優は舞台の上で満場の観客を陶酔《とうすい》せしむる程度に大星由良之助にも扮すれば、五郎十郎をも演じ得るのである。その際彼は決して自己のペルソナリチーを失うのではなく、技神に入れば入るほど名優としてのペルソナリチーを発揮するのである。どの俳優にも得意の役はあるものだ。しかし一生忠臣蔵ばかりやっていたのでは、名優とは申せまい。男形も女形も、甘ったるいのもピリリと利《き》くのも見事やってのけるところで、さすがは菊五郎だとか團十郎だとか言われるのだろうと思う。神様の引合《ひきあい》に役者を出しては恐れ多いことであるが、有限な人間のペルソナリチーが人性以外の性を摂取《アシューム》できぬからといって、人性そのものすらも無から造出した無限全能の神のペルソナリチーが、この人の性を本来具える神の性に加えて摂取できぬとは、誰が断言できよう。人格が人性以外の性を摂取し得ぬのは、その包摂力が限定されているためで、性ではなく役割ならば、ペルソナリチーの大きければ大きいだけ、多くのものをアシュームできるではないか。一人にして政治家と学者とを兼ねるグラッドストーンのごとき、また実業家にして科学者なるラボックのごとき、さらに芸術と科学と哲学に自由に徂徠《そらい》したレオナルド・ダ・ヴィンチのごとき人物がある。いわんや神格の無限なる包摂力を以《もっ》てするにおいてをや。神格の人性に対する人格の役割に対するがごとしで、少なくとも理性はそこに何らの矛盾を見出し得ない。

　カトリックの信条は、神性が人性に変化したとも、人性が神性になり上ったとも、あるいは神性と人性とが混合して、神でも人でもないある第三者になったとも言わぬ。また本来独立自存なる二つのペルソナが、一つになったとも言わぬ。かくのごときは、いずれも不可能な矛盾である。信条はただ、神のペルソナが人性を摂取したという。人性はあくまでも人性であり、神性はあくまでも神性で、混同も変化もない。この両性が、いずれも神のペルソナリチーに与ることによって、イエズス・キリストの唯一の自我の中に一致している、と言うに止まる。

74　イエズス・キリストは天主と人との二《ふたつ》の性を具え給うなら、天主と人との二のペルソナになるのではないか。
イエズス・キリストは天主と人との二の性を具え給うけれども、天主の御子のペルソナばかりであります。

キリストにおけるペルソナは一のみ

かかる次第であるから、イエズスの人性はこれに存在を与えている神のペルソナを離れて存在するとは考えられない。彼が十字架上で死し給うた時も、その肉体と霊魂とは分離したが、両者いずれもその存在を神のペルソナより得ていたが故に――換言すれば、それがキリストの肉体であり霊魂であったのは、神のペルソナに摂取されていたからであり、この関係の絶える瞬間に、それらはキリストのものではなくなるのであるから――両者とも、神のペルソナより離れたのではなかった。これ死せるキリストの肉体も霊魂も、礼拝の対象となり得る所以《ゆえん》である。またキリストの人性が、神のペルソナより存在を与えられているということは、この人性は他の我等の人性のごとく、人としてのペルソナすなわち人格を具えていない、独自の存在を有するヒポスタシスではなく、神のペルソナに属するものであるということになる。従ってキリストの二重人格問題は、自然消滅する。かくのごとく神のペルソナを通して神性と人性が結合されるので、決して神性と人性が相互に異なれる性として直接に結合されていると考えられてはならない。神のヒポスタシスを通しての結合であるから、この神人の結合を称して Hypostatic Union というは、頗《すこぶ》る当《とう》を得た呼び方である。

75　イエズス・キリストの御父は誰《どなた》であるか。
イエズス・キリストには御父天主があるばかりで、人たる父はありません。

キリストの父は誰か

かるが故に正統教会の信仰は、イエズス・キリストにおいては、性は神人の二つであるけれども、ペルソナは聖三位の第二位、神の言なる御独子のそれがただ一つ具わるのみという。しかしてこの人性は、童貞マリアの胎内に宿れるものであるから、マリアはキリストの真の母である。しかしその母となったのは聖霊の奇特によってであり、夫あったがためではないから、キリストの人性の父たる者は存在しないわけである。

現代人のキリスト観

以上の説明によって、神人の玄義の意味は明瞭にされたと思う。この信仰は、一にキリスト自身の証言と、その保証なる奇蹟に基づくのである。これによって、キリストについて吾人は何を信ずべきかが、精密に定義されたわけである。カトリック信者はイエズスの秘密——万人が認めて古《こ》往今来《おうこんらい》唯一無二のものとするその霊的体験——についての現代の学者や芸術家の十人十色の説明や議論に、耳を傾ける必要をもたない。

これらの諸説は、しばしばまことに敬虔《けいけん》なる心持より出ずるのではなくて、かえって「理屈のうちに空《むな》しくなれる」ものが多い。和辻哲郎著『原始キリスト教の文化史的意義』のごときは、その適例である。今の世の多くの人は、最近の劇作家のように「私は実在の尊厳を認めないことは出来ない。私は実在に対して極めて臆病である」と言いながらも、「要するに私は私のみたるキリストを強調して置いたにすぎない」と言う。「キリストの説いた天国はどんなものであるか、キリストの教理が果してどんなものであるか、それらの議論に至っては宗教家や哲学者に一任して可なり、私はただここに愛の絵巻物を展《ひろ》げたい。愛の群像を描きたい。凡《すべ》ての理屈を抜きにしても、愛の結晶だけは抜くことが出来ない。愛するもののために死んだのは事実である」(佐藤紅緑、「戯曲『キリスト』についての申分《もうしぶん》」)というような心持で、キリストおよびその事業という驚天動地の事実に対している。

彼等は何《いず》れもいわゆる「私のみたキリスト」を以て終始している点において、軌を一にしている。現実のキリストとそのメッセージに対しては、全然風馬牛《ふうばぎゅう》である。教会の信条は、初代信徒の情熱的想像の所産にすぎないという。彼等は、新約聖書の物語るキリストによって教えられることを欲しない。キリストの真理はすなわち、彼等自身がキリストについて勝手につくる真理（？）なのである。救主《すくいぬし》は自分自身である。まず「信仰のキリスト」と「歴史のキリスト」という対立を作っておいて、各自勝手にその間に自分に一番都合のいい説明をつける。ある時は歴史の名によって、また場合によっては高等批評をかざして、四福音書を勝手に改竄《かいざん》する。その結果は、キリストを最も愛した者がユダになったり、キリストの肉体に恋したマグダラのマリアがこれを復活させたりすることになる。

私がここでキリスト劇の作者の申分を引用したのは、決してそれを重大視したわけでもなく、なおさらのことそれを議論するためでもない。芸術家は勝手に、すきなように、キリストを取り扱うがよい。ただしキリストは過去の裡に葬り去られた単なる人間ではなく、彼は今日もなお生きているのだから、この生きた現実をどう取り扱ったかによって、本人のプリテンションがどうあろうとも、これらの人達に対する芸術的批判は自然定まってくるのは致《いた》し方《かた》ない。この現実を無視する点において、彼等の与え得るものは、彼等自身の有するもの以上には出られない。いくらキリストを題材にしても、単にその題材ゆえに何らの芸術的価値も生じて来ようがない。あたかも現代人のキリスト観において、これを作る者の有する以上に、何ものもその中に存在しないがごとくである。生ける現実あるがゆえに、これを無視した不自然が、全然想像の所産を取り扱う時よりも、著しくなるだけのことである。私はキリストを題材にして戯曲を書くのは冒瀆《ぼうとく》であるとの難詰《なんきつ》を作者に送ったというカトリック教信者は、よほど閑人《ひまじん》だったに相違ないと考えている。私はもちろんわざわざ本郷座まで出張して、キリスト劇を見物するような閑人ではない。そういう閑人の一宣教師から読んでみろといって渡された佐藤紅緑氏の申分を、旅行中に読んで非常に面白かったから、ここに引用したまでである。それも佐藤氏がこんなことを言うのが面白いのではなく、その言うところが現代人のキリストに対する態度を代表的に表しているから非常に面白いのである。

それでも、この「申分」の方が、筆の先で器用に纏《まと》めてあるほかには道徳的深さの少しもない、生硬なペダンチズムとひとりよがりのディレッタンチズムで一貫している和辻氏の著書より、遥かに心持のいいものであった。佐藤氏は「正しき人を見たい、正しき人を描きたい、多くの人に正しき人を紹介したい」と言っている。これを学者的良心の前に内心忸怩《じくじ》たらざるを得ないような和辻氏の自序に較べると、遥かに真面目《まじめ》な響きがする。真に正しき人を見たいという一念の徹底する時、佐藤氏は救われるであろう。そうしてその時、この世に復活した神を与えたのは、ヒステリカルな女の病的な想像ではなかったことがわかるであろう。万一、ルナンの小説が真実であったならば、マグダラのマリアの方が、キリストより遥かに偉大な宗教的天才であらねばならぬはずである。それでルナンの唯一の失策は、マグダラのマリア伝を書く代りに、イエズス伝を書いたことになる。

現代人も自分に都合のいいキリストを見ようとする空《むな》しき努力をやめて、心から謙遜《けんそん》に教えられたい心持で、ありのままのキリストに咫尺《しせき》することを努める方がよくはないか。ライマールスから最近に至るまでの高等批評の変遷を静かに考えたならば、この点に関してよき教訓が得られると思う。一生をキリスト研究に費した博学者は、銘々《めいめい》異なった結論に達している。君もその間に伍して恥じざる素養があって、一家言《いっかげん》を立ててみたいのならば格別であるが、君の説を明日後進の研究家が覆《くつがえ》すかも知れぬことは覚悟の前でやらねばならぬ。

いずれにせよ、それはキリストによって教えられたり、救われたりする道ではないことだけは確かである。所詮《しょせん》は君の脳裡から生まれる真理であるのなら、キリストを担ぐには及ぶまい。キリスト劇の演出者沢田正二郎君に倣《なら》って、「私は元来キリスト教も知らなければ仏教も知らない。従って浄土も天国も知らない。しかし唯《ただ》一つ地獄だけは知っている。だがこれこそ、実に浄土を知り天国を知ることではあるまいか。その意味で、私はこの際改めてキリスト教を研究する必要を感じない。ただ私自身いかにして劇界のキリストたらんとするか、この心のみである。そしてこの心こそ一切をリードする光ではあるまいか」と触れて歩く方が、よほど簡単でかつ正直である。

近代主義と高等批評

それであるから、自らはカトリック教会の信者だと称する近代主義者《モデルニスト》が、いわゆる「信仰のキリスト」と「歴史のキリスト」とを対立せしめて、歴史的にはキリストは単なる人間にすぎず、この歴史的人物を神格化したのは、初代信徒の情熱的冥想《めいそう》の作為だと主張するのは、結局キリスト教全部を何ら客観的現実に基礎を有せざる宗教的想像に帰するもので、教会から異端として排斥《はいせき》されたのは当然の運命である。

彼等はその心理的解釈のゆえに、自ら近代的と称するけれども、前掲カルケドン公会議の宣言せる同一の神人イエズス・キリストを分割する点において、以下述べんとする古代の異端者と全然趣きを同じゅうするものである。彼等のいわゆる歴史とは、福音書についての彼等の主観的解釈である以上、事実は歴史と信仰との対立ではなくて、正統的信仰と近代人の主観的解釈——これも要するに、少なくも無意識的に自己の哲学的観念に色づけられた信仰にすぎない——との衝突である。私がここに主観的解釈ということに不服ならば、モデルニストのいわゆる歴史とはどんなものかを、その主な代表者について研究してみるがいい。これが歴史だという点に一致のないことは、プロテスタントの間に、誰もかれもバイブルを担ぎながら、そこに含まれた神の言の内容については、まるで一致のないのと同様である。

今日の否定的な高等批評の祖は、決してライマールスではなくルターその人である。ルターはもちろん、信仰の立場をとったに相違ないが、天啓たる神の言の内容を定める規範を主観内においた点において、立派なライマールスの先駆者である。ルターが聖霊というところを、ライマールスは理性と言っただけの、言葉の違いである。実際においては、ルターの聖霊もライマールスの理性も同一物で、それはキリスト肯定にも否定にも、人間の都合《つごう》次第に使い分けのできる両刃《もろは》の剣である。ルターはこれを振って見事《みごと》キリスト教を両断し、その後継者等は両断された一半をさらに寸断しつくした。ライマールスと後進高等批評家等は、その寸断せられた一半をさらに粉砕《ふんさい》せずんばやまぬ勢いを示している。

人類の法廷に立てるキリスト

かくて千九百余年の昔、イエルザレムのピラトの法廷で見られたと同じ光景が、今日に至るまで絶えず繰返されている。キリストは今日もなお人類の法廷に立っている。しかして彼は、その創立せるカトリック教会を通じて、己の文字通り神の子たることを宣言している。事なかれ主義のピラトの徒は、民衆の満足をかわんがために、平気でバラバの代りに罪なきキリストを敵に渡して、十字架に釘付ける。「我豈《あに》ユダヤ人ならんや……真理とは何ぞや。」結局自分さえよければ、どうでもいいではないか。真理などいうものがあるか、あっても人間にわかるかどうか、誰か断言できようと、超然とディレッタントはいう。

モーセの律法の代りに、科学と歴史を標榜《ひょうぼう》する学者と偽善者のファリザイ人と、坊主と神主等は、民衆を煽動《せんどう》してキリストを殺さなければ承知できない。その口実までが、今も昔も同一である。キリストは偽預言者で、人民を惑わし、国体を損う。その弟子は非国民であると叫んでいる。そうして彼を信ずる弟子どもは如何というに、これもまた今も昔のごとく臆病者揃いで、いざという際には師匠をすてて四散し、声をひそめてしまう。

それにもかかわらず、誰もキリストを無視して、人生の行路を辿《たど》ることはできない。彼は余りに厳然として万人の前に立っている。武者小路君も和辻助教授も佐藤紅緑氏も、黙って知らん顔していられなかった。どうにかこの厄介《やっかい》な問題を片付けねばならない。彼等は恐らく片付けたつもりであろう。キリストを自分等の小さな秤にかけて計った気でいるに違いない。それは何匆かにすぎないと思っている。あにはからんや、キリストの重さと思ったのは、自分等の小さな頭の重さにすぎないのだ！　彼等はキリストを描かんと欲して、己を描いた。それがためにキリスト自身は、寸毫《すんごう》も変わらない。

「シメオン彼等を祝して、母マリアに言いけるは、この子は、このイスラエルにおいて、多くの人の堕落と復活とのために置かれ、かつ反抗《さからい》を受くる徴《しるし》に立てられたり……而して多くの心の念《おもい》顕るべし」（ルカ聖福音書第二章三四－三五）と、録された通りである。

ギュンターの異説

これら現代人の偏見の根底をなすものは、真理とは主観から主観が作り出すものだという近世哲学の根本誤謬《ごびゅう》である。それは単にキリスト問題にかぎらず、すべての宗教上の真理を神より啓示せらるるままに受け容れ、真理は客観的の権威を帯びて吾人に迫るものであると考えるカトリックの立場とは、正反対の傾向である。かかる傾向に累《わずらわ》された近代における謬《あやま》れるキリスト観の適例を、吾人はこれをドイツの哲学者ギュンターに見出す。

彼はデカルトの誤謬を追うて、ペルソナとは自己意識を有するものと解した。従って人としての意識と、神としての意識とを併《あわ》せ有したキリストは、必然二つのペルソナに分割されてしまった。彼はカトリック信者としての地位を保つ必要上、この神人両意識を、これらの存在を可能ならしむる唯一の Subsistantia を以て結ばんと試みたけれども、Subsistantia とは結局ペルソナを存在の相から眺めた時の異名にすぎないのであるから、ペルソナが二つあるとすれば、Subsistantia も一つでは間に合わない。彼の説明は2＝1という矛盾に陥らざるを得ぬことになった。

ペルソナは意識ではない。意識はペルソナの属性であるが、ペルソナそのものを構成していないことは、眠れる人が人格を失わぬに徴しても明らかである。心理学者はその後、潜在《せんざい》意識《いしき》という都合よき文字を作り出した。眠っていても潜在意識はあるという。潜在意識とはこの場合意識なき意識ということだから、もとより議論にはならない。吾人のいうペルソナすなわち自我の根は、遥かに深く形而上の世界に喰い込んでいる。いわゆる意識は、ペルソナの形而下に現れた枝葉にすぎない。

新カント派はまた、意識一般という便利な文字を発明した。あくまでも主観主義の立場に執着しようとするから、こんな無理も必要になってくる。意識一般とは抽象概念にすぎない。それが体験の境に入る時には、もはや意識一般ではなくて、すべての意識がそれであるように、個別的なものである。それは普通の体験ではない、純粋体験だという。それでも体験する人がなくて体験が宙に迷っているわけではないから、やはり体験は個別的な点だけは争われない。言葉は古くても、自分の本体はペルソナと言った方がいい。キリストにはもちろん、神としての及び人としての両意識があった。しかしギュンターの考えたように、それだから二つのペルソナを有したとは言えない。キリストのペルソナはあくまで一つである。

ネストリウスの異端

さらに昔に溯《さかのぼ》っては、キリストの唯一のペルソナを分割しようとした者に、有名なネストリウスがある。彼はコンスタンチノープルの司教であったが、四二九年の頃、神の子は義者の心に神が宿るがごとく、もしくは神殿に神の在《ましま》すがごとく、人間イエズス・キリストの肉体に宿っているので、彼における神人の一致は、夫婦相和するがごとき道徳的結合にすぎぬ。従ってキリストには二つのペルソナがある。神殿とそこに鎮座《ちんざ》まします神とは同一物ではなく、義人とその心に宿る神もまた別々であるがごとくであるから、マリアは人間イエズスの母ではあっても、神人イエズス・キリストの母ではない。マリアを呼んで「神の母《テオトコス》」と言うことのできぬのは、心に神の宿れる義人を指して神だと言えぬと同様であると主張した。彼の異説は四三〇年のエフェゾ公会議で斥《しりぞ》けられた。

正統信仰はキリスト問題解決の鍵

かかる次第で、神人両性が唯一の神の子のペルソナに具わるという正統教会の信条は、ますます明白に定義されていった。しかしそれがキリストと同時代の人々にとって玄義であったごとく、今日我等にも不思議として残る。長い間の論争が、辛《かろ》うじてこの信仰の内容に概念的矛盾を含まぬことを明らかにしたにすぎぬ。それすらスコラ哲学以外の立場を取らんとする人々には、不可解な謎である。結局、信者にとっては敬虔《けいけん》なる礼拝の目標となるけれども、不信者には躓《つまず》きの石である。それにもかかわらず、この正統信仰のみが、他のあらゆるキリストに関する臆説《おくせつ》以上に神人の言行と事業とを説明し得る事実は、看過《かんか》されてはならない。この信仰は、真偽は問わぬにしても、少なくも世界的価値顚倒《てんとう》運動という驚天動地《きようてんどうち》の出来事を説明する、最もまことらしき臆説たるを失わぬものである。

この立場に立てば、神としてのキリストの「我と父とは一《ひとつ》なり」（ヨハネ聖福音書第十章三〇）という言も、人としての「父は我より更に大いに在せばなり」（同第十四章二八）との宣言も、矛盾にはならない。神の独子としての意志は天父のそれと永劫《えいごう》同一でも、人としての意志は苦しき自制を経て始めて天父のそれに服従するのである。神として完全無欠なる彼は、人としては「智慧も齢も、神と人とにおける寵愛も次第に弥《いや》増《ま》し居給」（ルカ聖福音書第二章五二）うたのであった。

イエズスの人性を通じての一切の言行は、その責任の主体たる神のペルソナゆえに、無限の功徳《くどく》を帯びてくる。だからすべての人が、その無限の功徳ゆえに救われ得るのである。彼の人間としての行、すなわち神の業《わざ》ということが出来るのである。神の力に即しては奇蹟を行い、パンと葡萄酒とを己の肉と血とに変化せしめ得ても、人としては死の苦しみを忍び給うた。この神人の秘密をほかにしては、福音書の統一ある了解を得ることは不可能である。この玄義こそ、イエズス・キリストの一切の言行の基礎となるものである。

否定的高等批評の支離滅裂《しりめつれつ》なるは、決して学識の不足や、研究の不十分が累《わざわい》しているのではなく、福音書を了解し得る唯一の見地からこれを眺めることを欲しないがためである。キリストの問題には、満足な幾様かの解決があるのではない。この方程式をとくべき未知数の正しき値は唯《ただ》一つあるばかりであるのに、強《し》いてこれに他の値を附して解かんとするのである。いかに苦心惨憺《さんたん》しても、結局徒労に帰するほかはない。彼等は皆生けるキリストを寸断して、自分達の小さき脳裡にあるいは心底に当てはめようとする。大騒ぎして捕捉し得たところは、キリストでも何でもない、自己の幻影である。彼等は何《いず》れも己にふさわしき報いを受けたのだ。

高等批評の出発点が公平無私な見地だなどと思うのは素人《しろうと》考えであって、キリストの問題はすべての道徳問題のように、これと直面したが最後、無関心ではすまされない。取捨いずれかに迫られる。「積極的にも消極的にも、教会の束縛を受けていない自由さ」などいう言は、たまたまこれを口にする人がいかに浅薄《せんぱく》であるかを、最も明白に物語るものである。君は恋人に対して無関心であり得るか。その愛を受け容れぬことは、取りも直さず、これを傷つけることではないか。キリストは実に全人類とその各員を、死に至るまで愛した恋人であるものを。しかしてこの愛をほかにしては、キリストはもはやキリストではなくなってしまうのである。

神人キリストは霊的生活の理想

このキリストの秘密こそは、また我等の霊的生活に対して、測り知れぬ意義を有するものなのである。人間の帰依《きえ》信心に、目に見ゆる具体的の標的を与うるものとして、神人キリストは、我等の最も切なる要求を充《み》たし得るものである。

人間はその高慢《こうまん》と我執の深きにもかかわらず、崇拝と奉仕の対象を求めてやまない。己のすべてを捧げ得る何物かを見出さぬかぎり、人間は幸福ではあり得ない。人間は完全無欠の何ものかを追求してやまぬ要求において、また幸福を冀《ねが》わざるを得ざる心の不安において、未だ知らざる神を求めつつあるのだ。それがオリュンポスの峯の上でもなく、観念の空漠《くうばく》な世界の中にでもなく、はたシナイ山頂雷鳴と雷光の裡にでもなく、すべてにおいて我等と同じく歴史的に限定された時空の間に出現し、我等のために肉において生まれ、育ち、苦しみ、死し、さらに復活して、聖寵と聖体とによって、日夜我等とともに在《ましま》すということ、これ以上に切実に生ける神を生々と我等に啓示する道があろうか。

聖心の信心の意義

カトリック教会において行わるるイエズスの聖心に対する信心は、実に神の独子の御托身の妙理の意義を最も徹底せしめたものである。すなわちこの御托身の事なかりせば、仮令《たとい》神の愛の豊富と慈悲と一切に行き亘《わた》る摂理とは認識し得たであろうとも、その道徳的の力を髣髴《ほうふつ》するだに人間には至難な事であったろう。愛の尺度は犠牲である。富裕な不自由なき家庭に育ったものは親の愛を知り得ても、胸にひしひしと感ずる事は稀《まれ》である。親として子を思うの情は貧富によって異なるまいが、日毎《ごと》の糧をさえ節して自分の学資を郷里から送って下さる老いたる母上が、茅屋《ぼうおく》を掃き清めて息子の帰省を迎えて下さるその瞬間に、貧しき子には母の慈愛がいかに力強きものとなって臨むであろうか、想像に余りある。かくのごときは小遣《こづかい》にさえ不自由のない豊かなる学生には、とうてい窺い知ることのできぬ境地であろうと思う。

我等の胸に神の慈愛がひしひしと迫るのは、神人キリストの犠牲の一生、特にその受難と十字架上の死去あるが故である。すべての愛の業は、愛する者のために己《おのれ》を捨つる犠牲の決意は、一々肉なる心臓の鼓動となって全身に響き渡るのである。神の子がナイムの寡婦の独《ひと》息子《むすこ》の死を見給うて哀れを感じ、これを蘇《よみがえ》らせて返し給いし時、ラザルの墓畔に佇《たたず》んで涙を流してイエルザレムの滅亡を預言して泣き給いし時、またゲッセマネの園に死ぬばかり憂い給い、十字架上に「神何ぞわれを捨て給いしや」の大いなる叫びを発し給いし刹那《せつな》に、イエズスが御胸を騒がせ給わざりし事を誰か主張し得るものぞ。神の久遠《くおん》の愛の働きは、一つ一つ蒼茫《そうぼう》たる大洋の彼方《かなた》より寄せては返す汀の白波のごとくに、神人イエズスの御胸のあえぎとなって現れたのである。その心臓の鼓動に、無窮の神のなさけが波打ったのである。人としてのイエズスの肉の心は、すなわち神としてのキリストの見えざる愛を如実に具体的に表《ま》現したものである。我等は最愛の弟子ヨハネのごとく、主の御胸に倚《よ》りかかって、そこに目のあたりに神の愛の強さ深さを見ることができる。肉となり給える神の言に対する吾人の礼拝と奉仕と帰依《きえ》とは、人類に対する燃ゆる愛のかまどであったその聖心に、最も表徴的な目標を見出す。聖女ゲルトルードのごとき中世ドイツの神秘家等によって始められたこの信心は、フランスの修道女聖マルガレタ・アラコックによって全教会にひろめられた。

人類の贖《あがな》いのために死し給える受難のキリストの愛を、而《しこう》してその御死去の記念に己の血肉の秘蹟を制定し給える御いつくしみを、信者が至聖なる御心の表徴の下に、より信心深くかつ熱烈に礼拝し、その効果をより豊かに享《う》け得んがために、クレメンス十三世は一七六六年イエズスの聖心の祝祭を執行する允許《いんきょ》を二三の教会に与えたが、ピウス九世は一八五六年これを全世界の教会に及し、最後に教皇レオ十三世は一八八九年全教会の願望を容《い》れて、第一級の祝祭に昇格せしめた。(ローマ聖務日課イエズス聖心の祝日第六読文)

この典拠によって、聖心の信心が決してイエズスの肖像や聖書を中心とするものでない事は明らかである。それは愛の秘蹟であり、カトリック祭祀の中枢である御聖体と、離すべからざる関係を有するものである。我等は御聖体の裡に、愛に燃ゆる救主の聖心と、その愛ゆえに十字架上の死に至るまで献げられた主の御肉体を、我等のものとして持っている。カトリックの教会は週間は閉ざされ、日曜日の朝寝坊《ねぼう》にも都合のいいようにおそく開かれるいわゆる「会堂」ではなく、人となり給える神の言葉通り住み給う「聖堂」であり、その奥に燃ゆる常住の灯は、そこに人間の感覚にまで訴える礼拝の対象の存在を指示している。パンの形色のうちに籠《こも》れるキリストの肉体は、神性と不可分的に結合されているが故に、我等の驚嘆と愛と帰依にみてる礼拝の対象となり、この具体的な聖体という対象を通じて、見えざる神に対する「霊と実とにおける」礼拝が可能になり、また完《まっと》うされる。我等の神は、実に

「我等と倶に在《まし》ます神、エンマヌエル」であって、我等は日夕その祭壇の下に跪《ひざまず》き、彼と親しく語り得るのである。

カトリック宗教生活の誤解

我等のうちに活《い》けるキリストを持ち、彼との一致を以《もっ》て霊的生活の根本義とするにもかかわらず、頃日あるプロテスタント論者が、原始キリスト教徒の信仰がキリストに対する熱烈な人格的信頼であったものを、カトリック教会はこれを法的関係に堕落《だらく》せしめたと書かれたのを読んで、私は茫然《ぼうぜん》として自失せざるを得なかった。そもそもかかる論者はカトリックの宗教生活について一体何を知っているのだろう。我等は絶えずこの人格的感化に代うるに聖書の文字を以てする事の、愚と非とを鳴らしているのに！　トマス・アケンピスの『基督に倣《なら》いて』の訳者中山昌樹氏は、その序の中に「一般読者にとりては（第三篇、普通は第四篇）『聖餐に就《つい》ての聖訓』のごときは迚《とて》も通読する忍耐を有しないであろうと思われる」と言っておられる。プロテスタント的な一面的なキリスト観に囚《とらわ》れた現代の日本人について言えば、これは適評である。前述の論者のごときは、たしかに中山氏の名指す一般読者の代表的なものであろう。

しかるに頃日、新教界の錚々《そうそう》たる名士の兄弟である某氏が、トマス・アケンピスの原文よりの翻訳を持参して来訪せられ、「この書中第四篇は最も重要であって、これを度外視しては『基督に倣いて』の真価を知ることができぬ。要するにこの書はプロテスタント的に読んでは分からない、カトリックの立場から始めて理解できる」と申されたのは、大いに私の意を強うした。その御論旨《ろんし》は我々には分り切った事であるが、新教の雰囲気中に育たれた人の口から、かかる言をきき、またかかる人によって原文よりの翻訳が出来、それが近日、岩波書店から公刊される由を承るにつけても、うたた「天国は近づけり」の感を禁じ得ない。

神人の信仰は宗教生活の力

キリストにおける人性と神性との本体的一致結合の信仰は、すべての宗教生活の理想たる神と人との一致結合の活ける典型を提示する事により、この理想に向かっての精進努力を喚起せしめねばやまぬ。要するに、凡《すべ》てのまことの宗教的要求の目指す所は、人の霊と神との融合一致に他ならない。キリスト以外の人間は彼のごとく本体的に神と結合せらるる事は素《もと》よりできないが、この本体的に神と結ばれた人イエズス・キリストを通じて——彼の至福なる神の直観と、地上の生涯中に現れたる受難と死に至る迄《まで》天父に従順なりし犠牲的の愛とを通じて、いかばかりでも我等の心の欲する限り神に近づき得るのである。現世にのみ限られた人間の生涯は、喜びと悲しみとに織《お》り成《な》されているが、この二つの糸は交互錯雑はしても、苦しみは楽しみではなく、相互に排除して悲しみを喜びにかえるすべがない。宗教生活はこの堪えがたき限定から人間を解放する。キリストはその弟子に「われ汝等を楽しましめん」とは言わなかったが、「平安を汝等に与う」と言った。而《しこう》して「我がこれを与うるは世の与うるごとくにはあらず」(ヨハネ聖福音書第十四章二七)と付け加え給うた。最もつらい犠牲の生活を営んでも、耐え難い苦痛の中にあってすらも、神の御思召《おぼしめし》との一致という自覚によって、何ともいえぬ平安が心の底に湧き出てくる。苦痛の涙は転じて感謝の涙にさえなるのである。かくてキリストにおける神の至福なる生活と人間の受忍の生涯との円融相即が、その弟子たる我等においても模倣され得るのである。

またこの罪と汚れだらけな人間のうちに、我等の凡《すべ》ての悩みと煩《わずら》いとに完全に打《う》ち克《か》ったきよき一人があって、その人において人性は神性と一致して離れることができぬ迄に密接に結ばれたのを知るのは、人類一般にとって何たる光栄であろう、誇りであろう。絶対完全の神は、人を通じてその造り給える世界と接触したまい、人性を通じて一切が救われる、「蓋《けだ》し被造物の仰ぎて待てるは神の子等の顕れん事を待てるなり」（ロマ書第八章一九）。一切衆《しゅ》生《じょう》の一如たらんとする願い、父がその子に己の生写《いきうつ》しを見んと欲する心、母がその美しき娘にすべての望みをかくる情、また子供等がその両親を頼りとする無邪気な心持、更《さら》に一族の者共が族中の傑出《けっしゅつ》せる一人を家門の誇《ほこ》りとするならいは、いずれも移して多くの兄弟に長兄たるキリストに凡《すべ》ての人を牽《ひ》きつける心になりうるのである。我等の宗教生活の理想が単に理想に止らず、活きたる同類の一人により実現されたのを見るのは、何たる慰め、何たる力であろう。

キリスト出現以前にも、高尚なる理想や教訓は決してなくはなかった。しかしそれらは、いずれも人の心の単なる冀求か抽象的な瞑想《めいそう》にすぎず、それを説いた人達すら、あたら理想の実現しがたきを嘆かざるを得なかった。キリスト教の力とその他の凡ての宗教を凌駕《りょうが》する根本的の理由は、その教えの説く理想が活ける現実として与えられた点にある。神人イエズス・キリストを除いて、キリスト教はない。世人はややもすれば、その道徳はとるがドグマは要《い》らぬとか、その宗教的天才は認めるが教会的信仰はどうでもよいなぞと言う。キリスト教は、そう任意に分割しうるものではない。全部を受け容《うい》れるか、然《しか》らずんば君は徒《いたずら》に形骸を抱いてその精神を逸してしまうであろう。プロテスタンチズムはその適例である。その他福音書は歴史的人物を宗教的想像が彩色したものだなぞいう議論をする人は、その彩色をして福音書を作った人達が主人公のキリスト以上の人物である事を認めねばならなくなるという結果には気がつかぬらしい。

かくのごとくキリストは貶《けな》し得ても、キリスト教という世界的事実を説明するためには、これにかわるべき他の偉大なるものを認めなくてはならなくなる点は、どこまで行ってもかわらない。そうしてその偉大はどこからきたか。マテオといい、ルカと呼び、マルコと称し、ヨハネと言われる人、あるいはこれ等の名によって代表される多くの人々乃至《ないし》は初代教会の信徒全体の福音書に現れたイエズス信仰は、なぜ世界的価値顚倒運動を惹起《じやつき》するほどの驚くべき力を有し得たのか。私はこの疑問に対する徹底せる解答を、前述せるがごとき議論をする人の口からききたい。キリスト教は歴史的事実である。何人《なんぴと》もこれを無視したり、否定したりする事はできない。その根源に神人イエズス・キリストを認めれば、凡《すべ》ては難なく説明される。そうでないと一切、訳がわからなくなる。この点に関しては、遠き昔に聖アウグスチヌスが決定的な一言を言っている。曰く「万一その源に奇蹟がなくてキリスト教が成立したのなら、奇蹟なしにキリスト教が成立したという事自身が、すべての奇蹟以上の大奇蹟である」と。

76　イエズス・キリストの御母は誰であるか。

イエズス・キリストの御母は童貞聖マリアであります。

神の子より神の母へ

人となり給える神の信仰が、かくも重大なる意義を有する事は、これでほぼ明らかになったと思う。而《しこう》して、神の人となり給えるは、聖母マリアによってである。カトリックの信仰において、聖母マリアが重大なる位置を占むるのは当然である。そうして同じく人となり給える神なる主イエズス・キリストを認めながら、その御母マリアを抹殺《まっさつ》し去れるプロテスタンチズムは、最も不自然である。聖母に対する反動的な偏見においてプロテスタンチズムがその名の示すごとく反抗教であり、カトリックあってのプロテスタントで、それが己《おのれ》に独特な根拠を有する主義でも主張でもなく、その存在の唯一の理由をその反抗の対象たるカトリックの存在に得ている二次的のものであることが明らかになる。

ルターは、出来ればローマ教会を倒すつもりであったろう。しかしローマ教会が仮に倒れたとしたら、プロテスタント教会も共倒れになることは考えなかったらしい。これはプロテスタンチズムに限らず、凡《すべ》ての積極的内容を有せぬ主義主張の運命である。プロテスタントの有する凡ての積極的要素は、より豊かにかつ完全にカトリックが持っている。これ新教の積極的方面に即する敬虔《けいけん》な信者が、幸いにその偏見を捨て得る機会に接すると、しばしばカトリックに帰正する理由である。英国教会内に起こったオックスフォード運動とその今日に及べる結果は、この事のよき実例である。これに反して、その否定的傾向を徹底さしてゆく人は、無信仰になるか左傾運動に身を投ずるようになるのはよくあることである。

たとえば内村門下の右傾派からカトリックが生まれ、左傾派から「異端者」が輩出するのは、そこに明らかな論理がある。前者は、内村氏の権威の代りにローマ教皇の権威を認めるだけの事であって、彼等はレッシングの Anti-Goeze にあるように、「小さな法王は御免《ごめん》を蒙って、大きな法王にかえた」だけの事であるに反して、後者は内村氏からはじめて、反撥的に一切の権威を否定し去るのである。唯その中間に彷徨《ほうこう》する温順なる君子や、意志の方面にも智能の方向にも徹底的に進めぬ一群が、先生の強烈な人格に引きずられてゆく。彼等はプロテスタントと称し、福音的と自負するかは知らぬが、その実反抗的気分を除いては、宛然《えんぜん》小法王に統率せられたる似而非《えせ》カトリック教会である。真のプロテスタント教会には、自己の宗教的経験を提げて権柄《けんぺい》ずくで会衆に臨む法王はあり得ぬはずである。

ルターの聖母観

これらのプロテスタント教会における矛盾は、聖母についての信仰に関して、最も著しく現れてくる。この見地からルターの聖母観は最も興味あるものである。彼が一五二一年頃ヴアルトブルク滞在中に起草したマグニフィカト註釈（Auslegung des Lobgesanges Marias Magnificat）は、その実ローマ教会のマリア崇敬に対する宗論書でありながら「いとも祝せられたる童貞」、「主のやさしき御母」の讃仰《さんぎょう》、特にマリアの信仰（もちろんルター的意味での）と謙遜《けんそん》とに対する讃美の麗しき言葉を列《つら》ね、後に退けたる代禱をすら未だ拒んでいない。さらに使徒信経に従って、キリスト誕生後のマリアの童貞をも認め、一五二二年に出版した祈禱書中には天使祝詞を保存したのみならず、彼の破戒以前に属した聖アウグスチノ修道会の伝統を守って、一五二七年頃迄は（当時まだ教会のドグマとして宣明せられていなかった）「聖母の汚れなき御やどり」をすら信じていた。しかしこれらのカトリック的信仰は、「マリアは霊験《れいけん》あらたかな女神にあらず」（keine helfende Göttin）などいうような嘲弄《ちょうろう》的文句によって傷つけられている。麗しき聖母崇敬は単にローマ教会の特徴なるが故に、「改革せられたる教会」から駆逐《くちく》せられた。

聖母なき教会と人類の悩み

しかしイエズスのある所には母マリアがいなくては納まらぬ。子をまことに愛する以上、その母をも慕わぬ訳にはゆかぬ。マリアを求むる叫びは、果然空虚になったプロテスタント教会から起こってきた。私は英国滞在中、いわゆる改革者の熱心が破壊した古い教会のマリア像が新しく復旧されたのを見たのは、一再に止らなかった。左にまた、母を追出せる不孝の児等の代表的な叫びを訳出してみる。これは戦争終了後一九一九年十一月十九日の祈禱日《ゲベートタハ》に、マックス・ユングニッケルがベルリンの日刊新聞 *Die Post* に寄稿した論文から抜萃《ばっすい》したものである。

福音教会は冷くなった……誰がこれを温めてくれよう……我等は母マリアを連れ戻さねばならぬ！　これは決して大胆な希望ではない。ルター自身すらこれを認めてくれよう。彼はヴァルトブルクでマグニフィカト註釈を書いたのではなかったか。いとも祝福せられ給えるやさしき神の御母は、荒波を分けいった彼の心の方舟《はこぶね》の上の鳩のごときものではなかったか。我等は御母マリアを連れ戻さねばならない！　……而《しこう》して我等は、彼母の里帰りを祝おうではないか。然《しか》り御母は遂《つい》に我等の教会にも帰り給うた。我等は彼母に向って祈り、かつ歌わん事を欲する。また彼母の神々しき潔白を、教理問答の中にも編み込まん事を欲する。……我等に欠くるものは、御母マリアである。我等は彼女を連れ戻さねばならぬ。かくて彼女は、我等の教会の冷き石の中から、薔薇の花の様に咲き出ずるであろう。

Ich grüsse dich, holdselige Mutter!

もう一つカトリック教会外の人達の聖母信仰に対するあこがれを物語る、美しき挿話を訳出する事を許していただこう。

それは幾年かの昔、ローマはサン・ピエトロ大寺院側の物静かなピアツァ・デラ・ザグレスチャ（広場の名）、ドイツ人墓地の糸杉やユーカリプタスの老樹の茂る辺であった。私はちょうど小アジアから帰ってきて、その見聞を語りきかせてくれる一老人とそぞろ歩きして居《お》った。それはカトリック司祭の度々《たびたび》経験する事であるが、その時もそうであった。全く教会とは縁もゆかりもなく、漠然とした汎神論的世界観に生きていたこの男は、カトリックの司祭にその心の底を打ち明ける要求にせまられたのであった。仮令《たとい》その人がいかにみじめな人間的弱点の持主であろうとも、それに必要な冷静と沈着な心持さえあれば、カトリックの司祭には不信者や他宗の信徒に迄も不思議な信頼を感じさせる一種の超自然的な神聖さと品位が、その身分と生活に具っているものだ。私はそういう経験を、繰り返し繰り返しした事がある。また同じ司祭職にいる私の同僚等も、種々雑多な経験から、この事実を証明することができるだろうと思う。

それでその夕もこの信頼に勇気づけられて、世界を遍歴《へんれき》して歩いた汎神論者の彼が、年も遥かに下でかつカトリックの信者として、彼とは内面的には全く没交渉な私に、心の底を打ち明けてくれた。会話の間に、彼は突然こう言いだした。「私は信ずる事さえできれば、カトリックになる。なぜだか知っていますか？　汚れなきマリアの信条ゆえに！」と。私は全く意外だった。これだけは全く私の意表に出でた。一体何だって事もあろうに、天主の御母の汚れなき御やどりのドグマが、以前にカトリック信者だった経験もまるでなく、汎神論者になり終った北ドイツのプロテスタントをカトリック教会の愛好者にしたのだろう。私は露骨《ろこつ》に自分の驚きを言い表した。彼の返答はこうであった。「万一教会のドグマが真理を伝えるとしたら、この信条ゆえに人類のうちに嘗《かつ》て少なくも一度はキリストのごとく人間であって同時に神だというのではなく、単に人間であってしかも罪の汚れに決してふれなかった一つの霊があった、また現在でもあるという事を確かに知る事ができる。私はあなたにこう断言しても差支《さしつか》えあるまいと思う。私はかなり広く世の中を見て、人類の罪悪の汚れた流れを学び知ったと。我等の必要とするのは、この罪悪の濁流の一滴にだも嘗てふれず、汚されなかった一つの霊である。少なくもこの一つの霊――汚れざる清浄と神聖さにおける人間の霊の理想として、我等の仰ぎ見る事のできる罪なく汚れなき霊――を我等はほしい。我等が再び人間を信頼し得るために、あなた方カトリックが幸いに信ずる事のできる汚れなき聖母を我々は必要とするのである!」と(クレブス博士、*Dogma und Leben*. I. S. 477–479)。

聖母崇敬はカトリックの力

人間の宗教生活の究竟の理想である神人合一という事が、活ける現実としてイエズス・キリストにおいて与えられたのが、キリスト教の力と生命であると同様に、この老人によって言い表されたアダムの子等の心の奥底からの願いが、想像に止らずに、活ける母マリアにおいて実現されたという信仰は、カトリック教会の力であり、旧き教会をしてとこしえに若く、かつかほど迄《まで》に人間的に温かならしむる所以《ゆえん》である。キリスト教から旧き教会にはぐくまれて栄えた、この聖にして浄き母性愛を駆逐《くちく》してしまった新教会は、哀れむべき孤児で、マックス・ユングニッケルの告白しているように、冷たき石のかたまりにすぎなくなってしまった。彼の叫んだごとく、聖母の信仰はこの冷たき石の間から薔薇の花のごとく咲き出でて、哀れむべき孤児の心を温めるであろう。しかし聖母の家は昔ながらの旧き教会であって、新しき教会ではない。聖母を連れ戻す事は、結局ローマに連れ戻されることである。これドイツのホーホ・キルへ運動がルターに帰ると称しつつ、事実ローマへ戻りつつある所以《ゆえん》である。

聖母崇敬は、人となれる神なるイエズスの正統的信仰へ、而《しこう》して神人イエズスの信仰は、その自ら建て給える唯一無二の世界的大教会に対する信仰にまで人を導かねばやまぬ。この三者をつなぐ不可離不可分の関係は、さきに一言せるネストリウスの異端以来、正統教会内にますます深く意識せられてきた。カトリック教会は今日もなお聖母を祝し歌って言う、「汝ひとりにて凡ての異端を亡し給えり」（Tu sola interemisti omnes haereses）と。聖母に関する信条は決してあってもなくてもよいキリスト教の付加物ではなくて、これなくしては真のキリスト教は成立しない天啓の重要な一部をなすものである。キリスト教の根本信条に関する誤解は、必然的にひいては聖母に対する誤解になる。これに反して、聖母崇敬の正しき理解は、理論的にキリスト教の完全なる全体的把握《はあく》にまで人を導かねばやまぬ。母あっての子であり、神子あっての聖母である。

聖母と日本のカトリック教会

この消息は維新後の日本におけるカトリック教会復活の歴史の第一頁を飾る、左の麗しき挿話にも現れている。浦川和三郎師はその著『切支丹の復活』（カトリック刊行会出版）中に、慶応元年（一八六五年）長崎の天主堂で旧信者の後裔《こうえい》が発見された次第をかく物語っている。

三月十七日の金曜日午後零時半頃、老若男女打混ぜて十四、五名の参観者が天主堂の門前に立って居る。何やら態度が違っているようで、どうしても唯の好奇心で来たものとは思われない。プティジャン師は門を開いて内へ案内し、心窃《こころひそか》に神の祝福を彼の上に祈りつつ中央祭壇の前に跪《ひざまず》いた。主禱文を一篇誦える間ばかりも聖体を伏拝み、「参観者の心を感動させる程の力ある語を私の口に与えて、この中から主の礼拝者を出さしめ給え」と一心に黙禱して居ると、五十歳から六十歳位迄の婦人が三人、師の側近く跪いた。そしてそのうちの一人が胸に手を当て、壁にも耳あるかと曰わんばかりに声を低めてささやいた。婦人「此処《ここ》に居りまする私等は皆貴師と同じ心でございます」プ師「本統《ほんとう》？　何処《どこ》の御方ですか貴女等は？」「私等は皆浦上の者です。浦上の人は大抵《たいてい》私等と同じ心の者でございます。」婦人はこう云ってからすぐさま、「聖《サンタ》マリヤの聖像は何処？」と問うた。「聖《サンタ》マリヤ！」もういよいよ疑いない。全く旧信徒の後裔だと思えば、プティジャン師の心は言い知れぬ喜悦に溢れた。五カ年間の惨憺《さんたん》たる苦心もたちまち打ち忘れ、親に邂逅《かいこう》したと喜ぶ子女に取り巻かれつつ、聖母の聖像の前に跪いた。彼等も共に跪いて何か祈禱を誦えようとする様子であったが、余りの嬉しさに祈禱どころの話ではない。婦人「そう、ほんとに聖マリヤ様ですよ。あれあれ御子ゼズス様を抱いておいでになる」などと一たび信徒たることを顕わしてからは、心置きなく色々の物語をなし「デウス様」「ゼズス様」「聖《サンタ》マリヤ様」のことをかれこれと尋ねる。殊に嬰《おさな》いイエズスを抱ける聖母の御像を見ては、そぞろに御降誕の祝日を思い出して、婦人「私等は霜月の二十五日に御主ゼズス様の御誕生を祝います。御身様はこの日の夜半に馬屋の中に生まれ、難儀苦労の中に御成長なされ、三十二の御年に私等の霊魂《アニマ》の救かりの為に十字架《クルス》に掛って御死去なさいましたと聞いております。只今は丁度《ちょうど》悲の節でございますが、貴師等もそれをお守りになりますか云々。」（前篇二二五―二二六頁）

二百余年の迫害の期間を通じて彼等の悩める魂の憧憬《しょうけい》の的《まと》は、実にこの「御子ゼズス様を抱けるサンタ・マリヤ様」であった。虐《しいた》げられた彼等の心のひそかなる願いは、マリヤ観音となって現れた。この仏教的の形式で圧制者の眼をくらまして、辛《かろ》うじて心の渇仰《かつごう》をいやし得た彼等の心情のいじらしさは、思うだに涙ぐましい程である。

浦川師の直話によると、大浦の天主堂を見物にきた浦上の旧信者のある者は、大浦に天主堂が建つ数年前に、東山手の居留地内に建てられた新教の会堂をも訪れたのだそうだ。その屋根に聳《そび》え立つ十字架は、彼等の探険心を唆《そそ》ってやまなかった。会堂の扉は親切な牧師さんによって開かれた。併《しか》しそこにはサンタ・マリア様は居られなかった。のみならず彼等は、聖堂にいますべきマドンナが牧師館にいるから遊びにこいとの招待に接して、失望と驚愕のうちにそこから逃れ去った（同書三三〇―三三一頁参照）。彼等はどうして聖母なき教会へ帰れよう。四面楚歌《しめんそか》の裏に、ながきながき悩みと苦しみの期間を通じて、彼等の心を慰め、その涙を拭《ぬぐ》うて下されたのは、あの憐み深き御母ではなかったか。彼等の祖先はその聖《きよ》き御名を唱えつつ天国に行って、そのやさしい御腕に抱かれる日を冀《こいねが》いつつ暴虐《ぼうぎゃく》を極めた処刑にも甘んじて、従容《しょうよう》として死に就《つ》いた。ああ彼等がどうして母なき空虚な教会へ帰り得ようぞ!

聖母崇敬に関する誤解

この浦上旧信者の心は、そのままに全世界のカトリック信者の心である。我等の生活から聖母を取り除く事は、結局すべての信仰を破壊する事に終らねばならぬ。しかしながらマリアは和辻助教授の言うごとく「基督教の大いなる主神」であって、「この慈愛深き女神の信ぜられる通俗宗教においては、父なる神もまたイエス・キリストも全然うしろに退いている」のであろうか。「ここではもはやキリストが信仰の中心ではなく、キリストをもその付属物とするところの聖母マリアが信仰の中心なのである」のか。また「カトリックの教会では、父なる神への祈りよりも聖母マリアへの祈りの方が遥かに優勢である。のみならず聖母の神的誕生(!?)が数少ないカトリック教会の信条の内にさえ数え込まれている」(『原始キリスト教の文化史的意義』二三六—二三七頁)というのは事実であろうか。童貞聖母篇には著者はなんらの文献を付していないから、和辻氏のこの断定の根拠が何処《どこ》にあるか分らないが、これらの主張は氏の真面目《まじめ》な研究の結果でない事だけは明らかである。

カトリック信者の間には、マリアが神様だなぞ思っている者は一人もない。神様では聖母としての有難さはなくなってしまう。イエズスは人間であっても、ただの人間ではない。そこにどこかへだたりを感じさせる。マリアに至っては徹頭徹尾《てっとうてつび》人間である。しかもやさしい母である。神としてのキリストにはなくてはならぬ正義からは全然はなれて、唯々慈悲の眼で我等のすべての弱点に同情して下さる母の心ゆえに、かくも有難いのである。信者のキリストと聖母に対する感じの差は、簡単に言えば、子供が父親と母親とに対する情愛の差である。母に対する愛の故に父に対する尊敬が消滅すると考えるのは、あやまりである。またカトリック信者の誰も、聖母が自力で我等を助け得るなぞと考えてはいない。聖母の力は代禱の力である。逐謫《ちくたく》の身なる悩めるエバの子等は、彼女に向って「我等のために祈り給え」と叫ぶ。我等のために御子イエズスに、また神の子を通じて父なる神に祈り給えと求むるのである。これはカトリックの祈禱書を開きさえすれば、一目瞭然《いちもくりょうぜん》と分ることである。「基督教の大いなる主神」なぞいう言は、カトリック信者の聖母に対する信仰意識を傷つけること最も甚しいものである。

和辻君は通俗宗教について言っているので、カトリックの神学について言ったのではないと弁明されるかも知れないから、カトリック教会の最も通俗な典拠である公教要理と祈禱文と、すべての信者に共通な礼拝について説明しておこう。私がここに解説をかいている公教要理という小冊子は、全世界のカトリック信者が教理について知らねばならぬ最小限度の知識をふくむものなのである。実は私の解説の方が、本文の公教要理よりは遥かにむつかしいものなのである。本文が余り通俗的なので、生意気《なまいき》な青年なぞはつまらないと言う。しかしこの小冊子の中に、いかなる高尚な哲学や宗教の大冊よりも多くの人間に必要な真理がふくまれている。大学の教授なぞも、カトリックの信仰について何か書こうというような場合は、まずこの小冊子を読むのが一番早道である。和辻君にもこの用意があったら、前掲の様な勝手な断定はされなかったであろう。

　これらの教理問答は、全世界到る所大同小異で、信者の子供に暗誦《あんしよう》させるのに便利なように作られてあるために、やさしすぎて一寸《ちよつと》馬鹿らしく見えるが、少し謙遜《けんそん》な心持になってその内容をよく調べてみると、そこに人生問題の解決と、宗教的信仰の対象と、道徳生活の規範とが、最も簡明にのべてある事に気付くであろう。日本語の公教要理には、直接信仰箇条に関する最初の百七十七問答中、聖母に関するものは合計九問答（六五、六六、七六―七九、八六―八八）にすぎず、その他に聖母崇敬の意義や天使祝詞の解説等を加えて十問答（一九八、二八五、三六一―三六七、五一〇）があり、これを全体の五百二十問答に比較すると極めて少数と言わねばならぬ。これに反して神に関するものは信仰に関する部にて二十三問答（第三、四、五課）、戒律に関する部にて約二十問答（第二十五、二十六、二十八、二十九課）あり、キリストに関するものに至っては、第一部中にすら五十問答以上（第九―十六課）ある。それから普通の信者の日夕用いる公教祈禱文をみるに、朝の祈りと夕の祈りと合わせて、四十二頁中神に対するもの約十二頁、キリストに対するもの約十頁、聖母に対するもの約九頁、その他は信経十誡等であり、全冊三百頁中、直接聖母に対する祈禱は約二十五頁内外を占むるにすぎない。もっとも、天使祝詞等の反覆《はんぷく》を通算すると、普通の信者の直接聖母に献ぐる祈りの量は、この比例よりは多くなるであろう。

それにしても、カトリックの宗教的プラクチスの中心になるものは、聖母崇敬ではなくて、ミサ聖祭である。しかるに、私は今日に至る迄あの大部なミサル（聖祭用祈禱書）中にある無数の集禱文中、直接聖母に対するものを一つもまだ発見しない。たとえば「全能の天主、聖母マリアおよび今日祝う聖人の代禱をきこしめし、司祭の求むる恩寵を施し給え」とか「終生童貞なる聖マリア、使徒、殉教者、聖人等と心を合わせて、この祭の御意に適う者とならんことを願い奉る」というがごときマリアの名を挿《はさ》む祈禱はかなり多いが、何《いず》れも祈りを捧ぐる対象は神かキリストであって、聖母ではない。聖母信心の結晶と言ってもよいロザリオさえ、その目指す所はイエズス・キリストの御生涯の玄義の黙想であって、それが聖母に対する信心である所以は、たまたまマリアとイエズスが切っても切れぬ縁によって結ばれているからである。この深い因縁を理解せぬ教外者には、たとえば天使祝詞の反覆なぞが「父なる神への祈りよりも、聖母マリアへの祈りの方が遥かに優勢である」などと思わせるのであろう。

その他カトリック教国へ旅行する日本の観光客なぞが、夜はおそくまで遊び暮して朝寝坊をした上で、太陽が子午線に近づく頃のこのこ見物に出掛け、絵画や建築を見に教会へ入る。彼等はもとより祭壇が何の為にあるか、聖櫃《せいひつ》がどこにあるか知りもせず分りもせぬ。早朝行われるミサ聖祭は、とっくにすんでいる。彼等の眼につくのは、聖母や聖人の聖書や、聖像の前に祈るお婆さんや、そこに上げられたお灯明である。聖櫃の前に跪《ひざまず》く人があっても、そこで何をしているのだか彼等には分らない。そこでカトリックはマリア中心だなぞと、自分の無知には気付かずに、独断できめて得意になっている。況《いわん》や、「聖母の神的誕生」などという語は、カトリック信者には何の事か説明して貰わなくては少しも分らない。多分「汚れなき御やどり」の事であろう。これは恐らく筆者自身も何の事か分らずに書いたのだろうから、追及するだけ野暮《やぼ》である。とにかくカトリックの知識に関しては、京都帝国大学助教授和辻哲郎君は、小学程度の公教要理初年級の試験にも及第《きゅうだい》がむつかしい事だけはたしかである。学者は謙遜で真面目でありたいものである。

カトリック教会の聖母崇敬に関するこの種の誤解は、私等の想像にはとうてい及ばぬほど世間にひろまっている。カトリックは聖母を拝むからいけないという非難を、プロテスタントから聞かされた事は幾度だかしれない。この間も私の一親友に、岩下という男はマリアの像を拝んではいないかときいた帝大出身の文学士夫妻があった。二人ともアドヴェンチスト派か何かの篤信者で、私の改心のために祈っていて下さるそうであるから、私はその親友を介して感謝の意を致して貰ったが、その他の事柄に関しては別として、偶像崇拝から改心する必要だけはないと思うと伝言を頼んだ。

「天主の御母」という意味

かかる次第であるから、カトリック教会の聖母に関する信仰とその理由を、ここに一纏《まと》めにして掲げておくことは、無用ではあるまいと思われる。

（一）すべての人間のうちでのマリアの特殊の地位は、彼女が神性と人性とを唯一のペルソナに合せ持つイエズス・キリストの生母たるが故であるのは言うまでもない。その生み給える御子が前述の意味で神であると同時に人であらせ給うから、彼女は Theotokos（生神女）、「天主の御母」と称せられる。もちろん神様が彼女から生じてきたとの意味ではなく、「天才の母」などと言う場合と同様に、その胎内に人となり給える御方が神性を具え給うた御方であったというにすぎぬ。天才を生んだ母といっても、母が天才を作ったという訳にはならない。生まれた子がたまたま天才であったので、母は必ずしも天才とはきまっていない。カトリックはマリアを天主の御母とたたえても、女神だなぞとは思っていない。またキリストや天父よりえらいなぞとももちろん考えない。そう考えるのはカトリックの事を何も知らない大学教授や、偏見に囚われた一部のプロテスタントの事で、我々の与《あずか》り知らぬ所である。

聖母崇敬の道徳的意義

（二）マリアがキリストの母たるは、盲目な運命の結果でもなく、また彼女の意志とは無関係な神の摂理でもなかった。彼女の独特の地位の道徳的意義は、その自由意志によって救世の大業に貢献した点にある。御托身の玄義が神の永遠の予定通りに成就するや否やは、一にマリアの自由な撰択にかかったと言っても差支《さしつかえ》ない。彼女の意志は、神の救世の計画の成否に直接意識的に参与した唯一の人間の意志であった。天使のお告《つげ》をうけた時、童貞を誓っていた彼女は、決して無条件にこの光栄を受け容れなかった。「われ夫をしらざるに、いかにしてこの事あるべき」といぶかったが、それが何事も能《あた》わざるなき全能な神の聖旨による事を諭され、「われは主の婢なり、仰せのごとくわれになれかし」と諾《うべな》い給える瞬間に、彼女は神の子の母となり、御托身の玄義は成就した。天父はその御独子の御降世が、一童貞女の承諾によって成就する事を欲し給うた。人間はいかにかよわきみじめな汚れた者であろうとも、神はこれを自由に造り給い、その自由の撰択によって己の運命を決する事を欲し給う。ここがカトリック世界観とプロテスタント的見方の、根本的に分岐する重要な点である。

聖母に関する両者の態度の相違は、単に彼女を崇敬するのせぬのというがごとき皮層《ひそう》の問題ではない。遥かに深き根本観念の相違が、そこに現れてくるのである。ルターによれば、救いに関しては、人間は木石のごとく、全然これに協力参与する能力のなきものである。カトリックの主張はアウグスチヌスの言えるごとく、「汝（の協力）なくして汝を造り給える神は汝（の協力）なしには汝を義とし給わず」（Qui ergo fecit te sine te, non te justificat sine te）というにある。前者は道徳の否定にまで至る純他力主義で、後者は道徳を包摂する他力本願である。すべての分別の齢に達した人は、ことごとく神の恩寵《おんちょう》に自由に協力する事によって救われる。全人類の救いに関しても、神はこの協力を度外視する事を欲し給わず、処女マリアを撰んでこの光栄ある使命を托し給うた。第一のエバの禍を、転じて福となすのが、第二のエバの使命であった。第一のエバが亡びに至る人類の母となったように、第二のエバは救わるる人類の母とされたのである。かくも神は己の人類に賦与し給える自由を尊重し、道徳的品位の尊厳を保たしめ給うのである。

我等が罪より救われて義とせられ、アバ父よと叫ぶ子とせらるるは、一に神の恩寵によるのであって、決して自力の善業によるのではないけれども、罪といい、神への反逆という事も、神の子として天父と愛の関係によって結ばれる事も、「原罪」の条下に詳説せるごとく、自然に基づく状態ではなく、自由の撰択を基礎とする道徳的関係を前提とし、その上に恩寵の加わって始めて可能になる超自然的の摂理なのである。従って、罪より救いへの推移も、自然的にまたは魔術的に行われるのではなく、恩寵に人間意志の協力が少なくも代表的に加わって、始めて成就される道徳的のプロセスであるのは当然である。この根本原則の御托身の玄義における活用が、すなわち処女マリアの同意の形において現れ、この道徳的撰択の故に、処女マリアは聖母マリアとなった。従ってカトリックの聖母讃仰《さんぎょう》は、神の比類なき恩寵の讃仰であると同時に、その恩寵を木石のごとく無心にかつ無為に受け入れたのではなく、「いかにしてこの事あるべき」と訝《いぶか》りつつも、神への信仰と絶対帰依に基づいて「われは主の婢なり、仰せのごとくわれになれかし」の一言を以て、これを道徳的に活したマリアの人間性の讃仰でもある。

我等は、いと高き者がその婢のために大いなる事をなし給いしをほめたたうると同時に、その婢の純潔と信仰と謙遜とを人類の誇りとする。同じ人類の一員として、そのペルソナにおいて人性が神性と一致結合せるイエズス・キリストを持つ事が我等の光栄であるごとく、汚れなき処女にしてその胎内に神をやどせし母なるマリアを有することは、大いなる慰めである。第一のアダムとエバの罪と汚れは、第二のアダムとエバにより亡された。エバがアダムの躓きの原因であったに反して、マリアはキリストを啻《ただ》に肉体的のみならず、道徳的協力によっても生む事によって、救いを可能ならしめた。マリアは実に、神の恩寵により人類が永遠の生命にまで向上する途上における人間自由意志の参与協力を、一身に表徴するものである。かくて、聖母崇敬はカトリック世界観の基調にふれ、その超自然的道徳観の最も崇高なる発現となる。聖母の玉座は通俗信仰が築きあげたのではない。カトリック精神の真髄の流露《りゅうろ》である。

77　聖マリアは終生童貞であったか。
聖マリアはイエズス・キリストの御降誕のときも、その前後も、童貞でありました。

78　聖マリアは婚姻し給うたではないか。
聖マリアは聖ヨゼフと婚姻し給うたけれども、相共に童貞を守り給うたのであります。

79　なぜ聖マリアは婚姻し給うたか。
聖マリアが婚姻し給うたのは、天主の御思召に依るのであって、第一、世の疑いを防ぎ、第二、御子を養育し、第三、困難の時に助けを享《う》けるためであります。

マリアの婚姻と終生童貞

（三）　聖母の懐胎が、聖霊の奇特による事は前にのべた。彼女はまた終生童貞であったとは、正統教会の初代よりの連綿《れんめん》たる信仰である。これを典拠に徴するに、アンチオキアの聖イグナチウス（一一〇年頃ローマにて殉教）が一方マリアの真の母たる事を強調すると共に（エフェゾ人へ贈る書七ノ二）、頑強にその童貞をも主張した（同十八ノ二、スミルナ人へ贈る書冒頭）に始って、ユスチヌス（一六五年頃殉教）、聖イレネウス（二〇二年頃歿）よりオリゲネス（二五五年歿）に及んでいる。これ等の教父等の証言の一致を破る唯一の声は、有名なるテルトリアヌスの再婚反対論（de monogamia）中の Virum passam の一語である。彼がこの書を著した二一三年頃から、予《かね》てよりモンタヌスの異端に身を投じていたために公然と正統教会から離れ、その晩年については多く知られていない。

しかしながら前掲の諸教父は、マリアのヨゼフとの婚姻を否定しているのではない。彼等は、二人が互いに童貞を守りつつ相助け、相依り、兄妹のごとく神子の養育にいそしんだという伝統的信仰を固持した。そうしてこの不思議なる婚姻の理由として、公教要理の掲ぐる通りのことをあげている。モーセの律法は夫なき母に石を投げて殺す事を命じた。ヨゼフなきマリアの地位は、極めて危殆であった事は言う迄もない。特に婦人の独立が想像だにされなかった古代民族の社会では、マリアの独力を以てイエズスを育てる事は、不可能であったに違いない。しかしこれ等すべての理由のほかに、マリアが単に童貞なる母であるのみならず、同時に妻でもあった事は、現代のごとく家族制度が脅威《きょうい》される時代に当っては、聖母信仰の道徳的意義をますますふかからしむるものではあるまいか。カトリック教会はこの時代の危機と要求に鑑《かんが》みて、毎年御公現後の第一日曜日をもって聖家族の祝日と定め、全世界の教会において祝祭を行うべしと命じた。これマリアとヨゼフとイエズスより成る聖家族の中に、すべての人がその境遇に応ぜる師表を見出す事により、この道徳的秩序の乱れた時代に当って、人倫の根本義を確守するの勇気と力とを与えられんがためである。すなわち父も母も、夫も妻も、処女も青年も、ナザレトの団欒《だんらん》にその生活の範を求め得べく、かくてこの不思議なる一家族を地上に出現せしめ給いし神の遠大なる摂理の一つの新らしき意義が、明らかにされるようになった。

80 さすれば聖ヨゼフはイエズス・キリストのために何であるか。

聖ヨゼフはイエズス・キリストの養父であります。

ヨゼフの地位とその童貞

(四) マリアの地位の確立は、同時にヨゼフの位置をも精確に定めることになる。ヨゼフがマリアの夫であってもイエズスの父ではないという事は、一見彼の地位を引き下ぐるようであるが、その実、聖ヨゼフを聖母の浄配およびイエズスの養父として、天主の御母とその神子に対してすら家長の責と権とを帯びた、たぐいなき位置に据えるものは、取りも直さずこの特種な関係である。ナザレトにおける聖家族の保護者として、またイエズス・キリストの霊的撰裔《せんえい》たるあらゆる時代の信者から成立つ世界的家族、すなわち聖会の守護者として、はたすべての童貞者の守護の聖人として、時代のすすむにつれ義人ヨゼフの地位は、カトリック教会の信心生活において、ますます高まってきた。二、三の教父が福音書にいわゆる

「イエズスの兄弟姉妹」という言葉をマリアの終生童貞と矛盾せしめざらんがために、偽福音書《アポクリファ》の所説を採用して、ヨゼフの先妻の子だと牽強付会《けんきょうふかい》したにかかわらず、既に聖ヒエロニムス（四二〇年歿）の時代においてすら、ヨゼフの終生童貞は教会一般に認められた信仰であった事は、この有名なる聖書学者が、この信仰を否定した同時代のヘルヴィジウスの説に対して「偽福音書の妄想」（De irramentum apocripharum. *Comment. in Math.* XII）という酷評を下しているのでも明らかである。聖ヨゼフの終生童貞は、今日といえども厳密な意味での教会の信条《ドグマ》ではないが、尊敬すべき一般の信仰となっている。

プロテスタントはローマ教会はマリアの終生童貞に満足せずして、さらにヨゼフをも終生童貞に祭り上げんとしているという。聖伝と絶った人々の言い分としては一応御尤《ごもっと》もであるが、カトリック教会はヨゼフの終生童貞に関しても、その他のすべての信仰におけるごとくなんら新しき教義を作り出しているのではなく、偏《ひと》えに正しき聖伝を忠実に守って、その豊富なる内容を闡明《せんめい》してゆくにすぎないのである。聖ヒエロニムスのヘルヴィジウスへの駁論《ばくろん》は三八三年頃の事であるから、たとえ祭り上げたにしても、それは晩《おそ》くも四世紀の前半の出来事と仮定せねばなるまい。それを二十世紀の出来事のように騒ぐのは、尋常《じんじょう》ならぬ歴史的無知を表白するものにすぎない。異端者ヘルヴィジウスがヨゼフの終生童貞を否定したのは、素《もと》よりマリアの終生童貞を否定したからであって、これ等の問題に関して言い得るすべての事は、プロテスタンチズムの発生を去る一千余年以前に悉《ことごと》く言い尽されているという事は、恐らく現代プロテスタントの大多数にとっては新知識であろう。彼等は威《い》丈高《たけだか》になって、福音書には「ヨゼフ睡《ねむり》より起きて、主の使より命ぜられしごとくにしてその妻を納れしが冢子《ういご》を生むまで牀を偕《とも》にせ」（マテオ聖福音書第一章二四―二五）ざりきとあるではないか。

また「主の兄弟姉妹」という明文を一体どう片付けるかと難詰する。そう言う人達は、古代における聖書学者としては第一人者であったヒエロニムスの adversus Helvidium を、一応お読みになるがよかろうと思う。しからば「時代後《おく》れ」は、必ずしもカトリックの側にばかり当てはまる形容詞ではない事もお分りになろう。なおこの問題に関する聖書学的研究にも次回の講義においてふれてみたいと思うから、ここにはこれだけにしておく。

汚れなき御やどりと被昇天

（五）　聖母がすべての聖者のうちで最も徳高き方として崇めらるる理由は、啻《ただ》にキリストの母であるのみならず、この高き位の故に、その他にも普通の人間に与えられなかった特典が彼女に与えられたからである。その第一は、マリアがすべてのエバの子が生まれながらにして有する原罪の汚れを蒙《こうむ》らなかったという事である。やがてその胎内に宿り給うべき救主の予見された功徳ゆえに、信者が洗礼によって蒙る恩典を、彼女はその存在の第一瞬間に与えられたのである。しかも洗礼は単に原罪を赦《ゆる》すに止って、その害たる心の悪しき傾向や欠陥を癒さぬけれども、この「汚れなき御やどり」によって、マリアはかかる不幸から免れ得給うた。而《しこう》して人祖のごとく自罪によってこの類いなき恩寵《おんちょう》を喪失する事なく、終生罪なく汚れなき聖寵充ち満てるものとして止り給うた。その御生涯の各瞬間はこの恩寵によって聖化され、その助力によって、より高き完徳へ向っての連続的飛躍であったが故に、すべての聖者中の最高の聖徳にまで達し給えることを、カトリック教会は信ずるのである。教会は更《さら》に聖母が肉体の腐敗を見ずして、死後数日にして復活し昇天し給いし事を教える。これは未だ信条として正式に宣言されていない事ではあるが、この奇蹟を記念する八月十五日の聖母被昇天の祝日が全世界の信者の守るべき祝日である事実より推しても、動かすことのできぬ信仰であるのは明白である。聖母の昇天は、キリストのそれのごとく自力によれるに非《あら》ずして、救主《すくいぬし》の力と恩寵によるものであるから、特に被昇天と言われる。この信仰もまた古き聖伝に基づくのみならず、カトリックの信仰の論理上必然的に要求されねばならぬ事でもある。すなわち死は原罪の結果であってみれば、原罪を免れ給いし聖母が、キリストのごとく復活昇天し給うは当然であるからである。

聖母信仰と聖書

聖母マリアに関するカトリック教会の信仰の全部は、もちろん明白に新約聖書中には出ていない。聖書一点張りのクリスチャンがこれを咀嚼《そしやく》し得ないのは、教権によって保証される聖伝と絶ったからで、その考え方の出発点を誤っているからである。聖伝を否定する文句は、聖書のどこにもない。聖書はかえって聖伝を予想している。聖伝の一部が、ある時代に聖書に書き表されたのである。聖書に書き表されたのは聖伝の全部ではない事は、教理大系ではない聖書の性質上分り切った事であり、バイブル・クリスチャンすら彼等の実行によってこの事を証明している。たとえば日曜日を以て安息日とするがごときは、卑近なる一例である。旧約時代にはたしかに土曜日であった安息日が、なぜ日曜日になったのか、聖書にはなんらの明文がない。

これに反して、聖母に対する信心の確乎《かっこ》たる根底は既に福音書中に与えられている。受胎告知の承諾によって救主を我等に与えたのは彼女であり、ザカリア家訪問に際して洗者ヨハネが母の胎内に喜び躍ったのも、彼女の挨拶の声ゆえであった。御降誕の後に冢子《ういご》を聖殿に捧げたのは彼女の腕であり、カナの婚筵《こんえん》において、イエズス最初の奇蹟は彼女の伝達によって行われた。我等はまたこの喜びにみてるやさしき御母を、苦しめる強き御母として十字架の下に見出す。更《さら》に使徒行録はイエルザレムの最初の教会が「イエズスの母マリア……共に心を同じゅうして耐え忍びつつ祈禱に従事し」(第一章一四)た事を物語っているではないか。聖母は今日もなお、その愛子イエズスの建て給えるまことの教会の中に、我等と共に祈り給うのである。

第九章　イエズス・キリストの私生涯

プロテスタント的聖書観の誤謬

救主《すくいぬし》イエズス・キリストの御生涯は、福音書に録されている。カトリック信者がこの記録を誤謬《ごびゅう》なきものとして受《う》け容《い》れ、その教訓を信仰道徳の定規とするのは、この書が神感によって録された神の言なることを教会の権威によって保証されるからで、単に歴史的詮索《せんさく》に基づくのではない。この点は後章において詳説するが、福音書をその重要なる一部として含む聖書を神の言なりとするのは、神人イエズスの建設し給える教会なりとの明らかな証拠を有するカトリック教会の不可謬の教権を認めるからである。而《しこう》して教会にかかる権威を許すのは神人イエズスの証言を信ずるからで、聖書を信ずる事と教権に服する事とは、取りも直さずイエズス・キリストの神性を認むることになるのである。カトリック信者にとっては、この三者は論理的には離す事のできぬ関係において結ばれており、実際的には渾然《こんぜん》と統一せられたる信仰意識となって働いているのであるから、教会とキリストや聖書を対立させたり対峙《たいじ》させたりするプロテスタント的見方は、まるで意味をなさないのである。

従って、プロテスタントの常套《じょうとう》論法である、かかる方面よりのカトリック攻撃ほど、標的を誤ったものはない。かかる論法は、却ってプロテスタンチズムの最も薄弱なる一面を暴露することになるのである。多少でも教理に通暁《つうぎょう》するカトリック信者は、すぐ反駁《はんばく》するであろう。「君は聖書に基づいてカトリック教会はいけないとおっしゃる。しかし君の聖書をして、かく権威あるものにする根拠はどこにありますか。聖書が神の言を載せたものでそこに謬りのないと言う事、またその中に含まれている言葉を君の言うように解釈するのが正しいという保証を示して下さい。然《しか》る上でお話しましょう」と。

これに対してプロテスタントは結局「私が聖書をよんでみて、実にまがいなき神の言であると感じ信仰したのだ。そうしてこの句の意味はかくかくと、体験の上から信じている」と言う以上のことは申されない。聖書が神感によって書かれた誤りなき神の言だという聖書自身に内在する客観的の証拠は、見出されない。早い話が、新約聖書はこれだけでその他のものは悉《ことごと》く正典ではないなぞいう便利な目録は、どこにもついていない。現在の聖書についている目録は、後人が便宜《べんぎ》上つけたものにすぎない。況《いわん》やある部分は後人の加筆であるとかないとかいうがごとき細かい問題に至っては、どう処置する気か。

ここに至ると、プロテスタントはあくまで徹底して体験本位に押し通すか、あるいは高等批評の援助をかりるか、あるいは聖公会のように勝手な選好《えりごの》みをした聖伝に訴えるかせねばならなくなる。私は体験本位で押し通すのが徹底しようとするプロテスタントの唯一の逃げ路だと思うが、この道を辿るには相当に宗教的体験を豊かに持つ事が必要だし、自我本位に奮闘してゆく強烈な人格（それは気をつけぬと、しばしば征服的支配欲にも陥るものである――なぜならば伝道という形をとらぬ程の信念は、宗教的には無意義であるから――）の持主であることをも条件とする。これはプロテスタント的に選ばれた少数者（私は決して彼等の運命を羨《うらや》まない！）のことであって、普通の人にできる事ではない。しかのみならず斯《かか》る立場にある人は、カトリックに対しても、仏教徒その他いかなる信仰の持主に向っても、一言も攻撃はできぬはずである。

カトリック信者は、かかる攻撃に向ってすぐかく答えることができる。「私はカトリック教会が真の教会であると認めたから、カトリック信者なんですよ。認めたのは自由な私で、私はこの真理の体験に毎日活きているんです。私の体験が間違《まちが》いで君の体験が正しいという主張は、一体どうしてできますか。君は二つの個人的な体験の是非を判断する標準を何かお持ちですか。その標準が君のいわゆる「体験」の中に籠《こも》り切っている限り、他を律しうる程のなんら客観的価値を持たぬことにお気付きになりませんか」と。この論法はカトリックの口から出ても、仏教徒その他いかなる宗教の信者が用いても、体験本位のプロテスタンチズムに対しては完全に有効である。純体験主義者は自分の立場だけではどうにでも主張する事ができるが、個人的の体験に籠って客観的に権威あるものを捉えぬ限り、異なった体験の持主に対してなんら権威を有し得ない。幸いに追随者を得たとしたら、偶然にも彼等は主張者と同一の体験を有したがために共鳴したのか、然《しか》らずんば主張者の体験を偶像崇拝するの徒《やから》たるにすぎぬ。

而《しこう》してこの道を辿れるプロテスタンチズムの最後の立場は、ヴィルヘルム・ヘルマンによって最も勇敢に言い表された。

キリスト教徒はその信念において決して全《まった》き一致を得られない。すべて活ける者は、その特有の態を有するから。もしもまことに新約聖書から教訓を得ようと欲するなら、そこに現るる個人的見解の驚くべき豊さを明らかに認めねばならぬ。この多様性を共通の信条でまとめようとするのは、キリスト教会における聖書の粗野な濫用《らんよう》である。(Christlich-protestantische Dogmatik in *Die Kultur der Gegenwart*, I, IV, 2, S. 165.)

私はこの道を辿ってゆく気の毒なクリスチャンに「宗教はなぜキリスト教でなくてはいけないのですか。真宗では救われませんか、大本教でもいいではありませんか」ときいてみたくなる。すべての活ける者は、特種の体験を持っている！　結局彼等は聖書から出発して、実際的には宗教的真理は相対的なもの、換言すれば、相対的であるから絶対の真理として主張し得ぬもの、従ってキリスト教が「唯一の宗教」だなぞとは、とうてい真面目には主張し得ぬ立場に陥るのである。

高等批評に譲歩する新教徒の矛盾

カトリック攻撃に聖書を利用せんとするプロテスタント的論法の矛盾を、最も露骨《ろこつ》に暴露するのは、一方自家の主張には前述の体験主義に基づき、同時に対カトリックの否定には高等批評を採用する戦術である。

その最近における適例を、私は「聖書之研究」一月号所載塚本虎二氏の論文「真の教会」において見出す。氏はマテオ書第十六章のペトロの信仰告白と、それに対するキリストの教会建設の約束の箇所は、後人の加筆であるとするハルナック、ジャクソン、レーキ、オーマン等の批評家の説を引用して「大廈《たいか》の倒れんとするや、一木の能《よ》く支うる所にあらずである。過去二千年、教会主義者達の唯一の本拠たりしこの金城鉄壁《きんじようてつぺき》も、遂に開城の余儀なきに至りつつある。万年不動と思われし教会主義の大磐石《だいばんじやく》が揺ぎ始めた。まことや事実は磐《いわ》よりも頑固であり、真理は人間より強力である」と、教会主義者等が無教会主義を攻撃するに用いし唯一の武器(!?)が滅失せし事をよろこんでおられる。

さらに氏はキリストが「この磐の上に我が教会を建てん」と宣いしその磐は、ペトロその人を指したのではなく、ペトロの告白した信仰「ナザレの大工の子なる大工イエスを、来るべきメシヤ、キリスト、活ける神の子なりと信ずるその信仰」であって、これを礎石として、キリストの教会は建設せらるべしと言うのである。すなわち「私の信ずる所を言うならば、ここに「磐」とは、辞句解釈上はペトロを指すものであろう。しかし、それはペトロ個人またはその使徒たるの地位を意味するにあらずして、彼の告白せる信仰を意味するものであろう。私はこの平凡明白なる真理が、今日迄千数百年の永き間、大議論の種となりし理由を知るに苦しむ」との説を述べられた。「そうしてその史実性においても、またその解釈においても、かくのごとくに脆弱《ぜいじゃく》なる地盤の上に立てる教会は、それがカトリック教会たると、また新教教会たるを問わず、その影頗《すこぶ》る薄しと言わざるを得ない。我等は教会主義者が斯《か》かる危き基礎の上に立ちながら、無教会主義を称うるものを恰《あた》かも不信者にてもあるかのごとく攻撃する、その勇気に驚嘆する」と付言された。

今ここで塚本氏の聖書解釈の是非を論ずる必要はない。結局どうあっても、筆者自ら言うごとく「私の信ずる所」であって、それは塚本氏だけの価値しかないもので、神の権威に基づいて信仰するカトリック信者には、人間の主観が産み出す説や主張は、信仰問題に関しては全然無意義であるから。私の読者に指摘したいと思う矛盾は、前述のハルナック、ジャクソン、レーキ等の批評家に基づいて、マテオ書第十六章一七節以下の史実性を疑って、無教会主義のために凱歌《がいか》を揚げられた氏が、こんどは同じ論文の後半において、現代の新教諸教会がペトロの告白せる信仰を保持せざる事を責めて「第一我等の最も不可解とする所は、教会が最早《もは》や聖書に示すままのキリストを信ぜざるに至りしことである。あるいは少なくとも、これをその存在の根本義とせざるに至りしことである」と憤慨せられし点である。

氏は更《さら》に語を継いで「私は再び問う。現代教会から、キリストの処女懐胎と、十字架の血の贖《あがな》いと、有体的復活と、再臨というごとき信仰を取り去れば、現代教会は果して倒壊し去るであろうか、私はこれを取り去りても、あるいはこれを取り去りし方却って、安全に立ち居るであろうことを虞《おそ》れる。」「試みに見よ、内外幾多基督教雑誌において、教会の堂々たる神学者、牧師、伝道者、信者が公然キリストの神性を否定し、その血による贖《あがな》いを否定し、復活と再臨とを否定して憚《はばか》らず、而《しこう》して教会は少しもこれを意に介せざるもののごとくではないか。」と言って居られるから、氏はここに掲げられたこれ等の信仰をも保持せらるる方と察せらるるが、然《しか》らば塚本氏によって非難されたこれ等の新教諸教会の士が、同じ塚本氏がこれに追随してマテオ書第十六章一七節以下の史実性を疑い、更《さら》にその疑いに根拠して教会主義者を駁撃《ばくげき》せられたハルナック、ジャクソン、レーキ以下の聖書批評学の諸「権威」(但《ただ》し、塚本氏にとってである)を拉《らっ》し来り、矛《ほこ》を逆にして氏の正統的信仰を非議したならば、氏は何を以てこれに答え得るであろうか。

前掲の諸「権威」を引用せらるるからには、塚本氏はこれ等の諸家がキリストの神性、処女懐胎、贖罪その他に関して、いかなる説をなすかは御承知のはずである。これ等の諸家は、キリストの神性の証言または奇蹟を物語る福音の章句や、マテオ書およびルカ書の最初の二章等を、史実として認めているのであろうか。ハルナックに関してはその著『キリスト教真髄』は邦訳までありときくから、その内容をここに繰り返すまでもあるまい。ジャクソン、レーキ編著の二大冊に至っては(第三冊もあるそうだが既に公刊されしや否やを知らない)、塚本氏はその内容をもちろん知悉《ちしつ》せらるるはずである。同じレーキの著 *Landmarks in the History of early Christianity* に示された立場を、塚本氏は採用する勇気があるであろうか。

私は塚本氏の論文をよんだ翌日、偶然にもこれ等の諸書についてのヴェナール博士の評論を読んで、塚本氏の真意の奈辺《なへん》にあるかを知るに苦しむに至った。試みにその一節を訳出してみる。

レーキ氏にとっては、キリスト教は本来ユダヤ教とギリシャおよび東方の異教との融合せる融合宗教である。この融合のうちにイエズス自身の齎《もたら》した要素が一要素にすぎず、しかも最も重要なものではないことは、キリスト教の起原を論ずるこの大冊（*Landmarks* を指す）中、たった三十三頁がイエズスの生涯とその教えにささげられているにすぎぬに反して、ユダヤ教の叙述が百頁以上を占めているという簡単な事実からも明らかにされる。レーキ氏が第四福音書になんらの顧慮をも与えず、また氏が聖マルコ書から抽出《ちゅうしゅつ》した若干の要素とQ資料を保存するほか、共観福音書の内容を最も否定的な批評の篩《ふるい》にかけていることは言わずもがなである。

これ等の根拠によって、イエズスは神より黙示をうけ、神の権威によって語る預言者として現れるが、自ら「人の子」と称した事もなければ、猶更《なおさら》のこと自らメシアであるなぞ主張した事は断じてなかった。彼のメッセージは、徹頭徹尾《てっとうてつび》天国へ入る条件である悔い改めの説教にあった。その教えは大体、同時代のユダヤ教の博士等のそれであった。その主な相違は、彼がイスラエルの圧制者等に対する抵抗を奨励《しょうれい》せず、律法学士等の煩瑣《はんさ》な規定に服従する事を罪の赦《ゆる》しをうくるに必要なりとはせず、より寛大にして霊的な律法の解釈を与えた点にあった。この霊化されたユダヤ教が、いかなる力の影響の下にいかなる階梯《かいてい》を経て、その特有な組織と神学と聖奠とを有するキリスト教になったか、特にいかにしてイエズスがまずメシアとして、次いで偶像教の救神のように、人類を救う神として認めらるるに至ったかを、レーキ氏は余り独創のない臆説によって説明している。これ等の臆説は、キリスト教の超自然性のみならず、その独特性を否むすべての批評家により採用されているからと言って、決して根拠のあるものではない。

特に *The Beginnings of Christianity* 第一巻中の重要な一章（pp. 345–418）が、それに献げられているキリスト論の発展の論じ方に関しては、幾多の制限が付せられねばならぬ。この一章は編者自身（ジャクソンとレーキ）が書いたもので、使徒時代のキリスト教会でイエズスに与えられた種々の称号——メシア、人の子、神の子、神の僕、主——の意義を究めようと努めている。レーキ氏は更に重要なる説明を追加して、その講演中に（*Landmarks* を指す）この点を再論している。氏がそこでイエズスの神格化および救主としての役目が定義されるに至った点に関し、異教の密儀に重大な影響を許しているのは勿論《もちろん》である。（*Revue apologétique*; Novembre, 1927, pp. 613–615）

私は正統信仰の使徒たる塚本氏が唯理論者の軍門に降ったと考うることはできない。マテオ書第十六章一七節以下を「イエスの真実なる発言として認むるは困難である」「その非歴史的性質は共観批評の光に照らして明白である」と言うジャクソン、レーキ両博士は、塚本氏が勇敢に主張せらるるペトロの信仰についても同様のことを言う。氏はなぜ前者のみを採用して、後者を無視するのか。これ等の場合におけるジャクソン、レーキ両博士の判断を批評学的に区別して、一をとり他を排する用意が氏にあるのか。それともこの区別は、単に教会主義者に対していわゆる無教会主義の安価なる凱歌《がいか》を揚げんがための主観的錯誤に累《わずら》された結果か。その何《いず》れなるかは最近の機会に発表される由の氏の特別研究を拝見した上でなければ分らないが、私は今からその研究が聖書学者たる塚本氏にふさわしきものたらん事を祈ってやまない。

私は氏および氏の周囲の人々のキリスト教の根本信念のための勇敢なる奮闘を多とし、その成果を常に大なる同情を以てみている者の一人である。氏の門下にあったもので、この根本信念より出発し、既にカトリック教会に入りたる出藍《しゆつらん》の誉《ほまれ》ある者も一、二に止らない。ただ氏が現在のごとき「脆弱《ぜいじやく》なる地盤」の上に立ち、その奮闘がかくのごとき「殆《あやう》き基礎の上」に行われては、その金城鉄壁が、カトリック側と、氏に非難されたプロテスタント諸教会側からとの十字砲火の下に、壊滅しはせぬかを危ぶまざるを得ない。

高等批評に基づく立場の矛盾

幸いにして塚本氏の聖書学的博識と蘊奥《うんのう》が前述の難関を突破し得たとしても、氏の立場は結局、高等批評によってまず聖書の内容を検覈《けんかく》して、しかる上に史実性ありと認めた部分によって信仰を立てるという事になりはせぬか。氏は聖書学者であろうから、左様《さよう》な困難な問題も容易に片付ける才能を有して居られるかもしれぬが、救わるべき大衆は一体どうしたらいいのか。現代の律法学士たる高等批評家等にきいて、しかる後に信仰問題を決せねばならぬのか。しからばこれ等の批評家の間に、現に塚本氏とハルナック、ジャクソン、レーキ諸家との間に存するがごとき逕庭《けいてい》を見出した時には、何《いず》れに従うべきであるか。何故に塚本氏に従ってキリストの神性と、その処女懐胎と、その血による贖《あがな》いと、肉身の復活と、彼の再臨とを信じなければならず、而《しこう》して泰西の諸「権威」の否定説を奉じては悪いのか。

　塚本氏は頻《しき》りに「聖書に示すが儘《まま》のキリスト」を信ぜざるに至りし教会を非難して居られるが、氏のいわゆる「聖書に示すが儘」とは抑々《そもそも》何を指して言われるのか。現にマテオ書第十六章一七節以下に関しては「聖書に示すが儘」ではいけないのではないか。その他マテオ書第十六章のような問題のある箇所は、現にいくらもあり将来ますますできよう。その度毎《たびごと》に救わるべき大衆は、高等批評家の門をたたいてその意見をきいた上で、紛々たる諸説を取《しゅ》捨選択《しゃせんたく》せねばならぬとしたら、これ救わるべき大衆にファリザイの徒以上の重荷を負わせることになりはせぬか。イエズス・キリストは御弟子等に「お前達は解くヒレルと結ぶシャマイにまず律法の講釈をきいて、しかる上にどちらでもよい方を選べ」とでもおっしゃったのか。かくのごときが、果して「聖書に示すが儘《まま》のキリスト」およびその教えであるのか。私は塚本氏のみならず、氏と同じ立場を取る人達から、これ等の問題に関して明快なる説明をきき得ん事を冀うてやまない。

　而《しこう》して万一それを与え得ないならば、かくのごとき立場に内在する大なる矛盾を正直に認めて、こんどは塚本氏の論旨《ろんし》とは異なった意味において「まことや事実は磐石よりも頑固であり、真理は人間よりも強力である」と我等が言う事を許していただかねばならぬ。

真の教会は権威を以て教う

イエズス・キリストは、常に権威を以て教え給うた。神の権威を以て「まことにまことに汝等に告ぐ」と宣《のたも》うた。マルコ書に録された群衆のイエズスの説教に対する最初の印象は、「人その教えに駭《おどろ》き居たり。それは律法学士等のごとくにせずして、権威ある者のごとくに教え給えばなり」（第一章二二）と言うにあった。主の建て給える真の教会は、同じ権威によって今日も同じ事を教える。真の教会は、主イエズス・キリストは真に活ける神の子であると教える。「信じかつ洗せらるる人は救われ、信ぜざる人は罪に定められ」（マルコ聖福音書第十六章一六）るのである。信ずるか否かは、もちろん人間の自由であるが、これが真理である以上は、教会が動かすべからざる信条として、信者にその告白を要求するのは当然ではないか。塚本氏の友人なる一牧師は、あまりに純粋率直に聖書その儘《まま》のキリストを述べ、これをその教会の中心信仰としようと努力したが故に、遂にその教会から放逐《ほうちく》せられたそうだ。この牧師の信仰は正しかったのであろうが、彼には之を権威を以て教うる事ができなかったのである。彼の教会は、斯《かか》る信仰を以て信者の自由問題とした。私は信者のこの主張は、彼等の立場にあっては正当のものであったと思う。その牧師は、その信者等に斯《かか》る信仰を要求すべきなんらの権威をも有し得たはずがないから。

プロテスタントの立場では、聖書はどうにでも勝手に解釈のできるものである。聖書の明文が邪魔《じやま》になる時には、その史実性を疑えば足りる。而《しこう》してかかる疑問とその衒学的弁護とを、現代の否定的高等批評はいくらでも供給してくれる。これを遠くに求める必要はない。塚本氏のよんで「権威」とするハルナック、ジャクソン、レーキの諸家にゆけばいいのである。塚本氏は友人の牧師が前述の信仰ゆえに教会より放逐されたのを憤慨しておられながら、「これを信仰箇条として信者に対して律法的に強要せんとすることに正面より反対」しておられる。「律法的に強要する」とは何の意味であるか一寸《ちよつと》諒解できないが、恐らく三谷隆正君が『社会経済大系』第四巻中に公にされた論文「宗教と法律」中に出ている議論に類する意味ででもあろうが、もしも信仰すべきことを権威を以て教えてはいかんとでもいう意味であるならば、自己の勝手な聖書の解釈に基づいて、自分と同じ信仰を持たぬ人達を攻撃せられた氏としては、条理一貫していると言えようか。「活ける神の子キリスト」の信仰が、権威を以て教うることのできぬ信仰ならば、氏の攻撃の理由も自然消滅し、「かかる信仰は信者の自由問題」とした人々の言い分が、却ってもっともになりはせぬか。

私はペトロの告白せる信仰のために、塚本氏がかくも健闘さるるを多とすると共に、氏の論文に接する人の心に自然に起る疑問に対して、明快なる説明の与えられん事を繰り返し希望しておく。

正しき聖書観

これを要するに、かかる矛盾は聖書をそれが神の言なることを保証する教会の権威から引き離した罪に基づくのであって、これらの人々は皆パウル・ド・ラガルドが真率に言明した左の事実を無視したがために、収拾すべからざる混乱に陥りつつあるのである。ド・ラガルドはゲッチンゲン大学の古代博言学および歴史の教授であり、かつ、宗教的体験に豊かなるプロテスタント信者として知られているが故に、塚本氏のごとき人々の参考までにここにその言を引用しておく。彼はドイツのプロテスタントの聖書主義についてかく言っている。

一の明らかに限定され、かつそれ自身の確信ある教団によって提供される書籍の集成から、その集成に先だつ時代の教義を完全に知ろうとするのは、全然不可能な業《わざ》である。現に在る新約聖書が新約聖書として（als solches 普通の書としてではなく）出来上ったのは、カトリック教会の仕事であった。故に我等が一度彼女のこの作品をそのまま受け容れることにより、この教会に対して自らを隷属的地位におく以上、彼女の教権を他のすべての点においてもそのまま受け容れるに至るのは、当然であるにすぎぬ事となる……また新約聖書より教会教義の全体を導き出し得ざることは、恰《あたか》もドイツ商法法典よりドイツ国には刑法なしとの結論を為し得ざるがごとくである……しかるが故に、我等はこれらの諸書（新約聖書）に矛盾する事をキリスト教的と看做《みな》してはならぬと同様に、単にそこに書き録してないとの理由によって、その事を非キリスト教的と看做してはならない。（Paul de Lagarde: *Deutsche Schriften*, Gesamtausgabe letzter Hand, 2 Abdruck, [Göttingen, 1891] S. 43.）

読者はこの言に徴しても、カトリック教会の作品たる新約聖書を翳《かざ》してカトリック教会に当るの愚なる所以《ゆえん》と、新約聖書成立の歴史から推しても、カトリック的解釈を採用するのが合理的である所以をも、了解せられたことと思う。新約聖書の目録《カノン》が公に教権に基づいて確定されたのは四世紀頃で、この時代に先立ってカトリック教会は既に秩序整然たる組織を有していた事と、この目録確定までに幾多の論争があった事を記憶せねばならぬ。当時既に確定せる信条を有した統一ある教会が、教権を以て書目を規定するに当って、自家の立場と矛盾《むじゅん》するがごときものを採用したりしや否や、常識を以て判断しても分ることである。言う勿れ、古代人は聖書を研究していなかったと。全カトリック教会に対して権威ある聖書のカノンの最初の規定は、(少なくも現存する典拠のうちでは)三八二年の教皇ダマスス一世の司会したローマ公会議の議定であり、古代聖書学者の第一人者たるヒエロニムスは、当時この教皇の秘書役を務めていたのであった。彼がマルセルラ邸宅で、ローマ上流の貴婦人等を集めて行える大胆《だいたん》なる聖書講義が一部の反対を買い、三八四年教皇ダマススの死後、これを避けてその弟子パウフとユストキウムを率いてローマを去り、聖地へ移住したのは、周知の事蹟である。

誤れる聖書観の産む矛盾の数々

かかる次第であるから、聖書を信仰の定規とするプロテスタントは、当然その自由解釈をも主張せざるを得ない。自由解釈とは、もちろん非カトリック的解釈をする自由を指すので、万一各《おのおの》の信者にこれを許さずんば、ローマ法王の権威に代うるに幾多の小法王の権威を以てし、世界的大教会の教権の代りに群小教会の教権を樹立する滑稽《こっけい》な立場に陥る事になるからである。しかしながらプロテスタント教会の実状は、この滑稽な立場をよく克服し得たと言い得ようか。信者はやはり牧師の誨《おし》える所に従い、長老は事実教会を統率しているのではあるまいか。而《しこう》してローマ法王の権威や世界的教会の教権は、外部より規定し得ざる個人の体験のごとき独断的なものではなく、聖伝と教会法によって明らかに限定された言わば立憲的なものであるに反し、小法王等の権威と群小教会の教権に至っては、全然暴君の独裁専制にまで堕落し得るものである。カトリック信者は、これ等の小法王の統率の下にあるクリスチャンや群小教会の信者などよりは、遥かに自由なものである。

かくのごとくプロテスタントのいわゆる自由解釈は、カトリック信仰の立場より見ずとも、聖書成立の歴史的見地から眺めても、その矛盾にみてる実状より推しても、極めて不自然なものなのである。なかんずく聖書だけを採用して、聖書の基礎となった聖伝を捨つるに至っては、最も滑稽である。キリスト教の信仰が原始教会内における最初の著述に先立って既に説かれたのは、疑う余地もなき明白な事実で、新約聖書自身がそれを証している。福音書は使徒等のキリストの生涯と奇蹟と教訓とについての説教の一部を書いたものに過ぎず、かつ、これ等の事蹟は、文字に書き表さるる以前に一定の解釈を附されていた。そうしてその解釈は使徒の権威によって真なるものとして教えられ、かつ、受容れられていたことは、彼等の書簡がまた明らかに示している。

たとえば、パウロはロマ書中に福音は信仰によりて働く神の能力なることを長々しく説明しているけれども、その信仰の対象については冒頭において、「この福音は、曩《さき》に神が、その預言者等を以て聖書の中に、御子我主イエズス・キリストにつきて約し給いしものにして、この御子は肉体にてはダビデの裔《すえ》より生れり、聖徳の霊にては、大能を以て、死者の中よりの復活によりて、神の御子と証せられ給えり」（第一章二―四）と簡単に述ぶるに止まり、読者には既知の事柄としてそれ以上を言っていない。彼はまたガラチア人を責めて彼の福音を捨てたと憤慨しているが（ガラチア書第一章六―一〇）、その福音書は十字架に釘づけられたるイエズスの福音で、これあらば律法なくも足れりとする一点は詳細に論じているが、その内容に至っては何であるか説明していない。更《さら》にテサロニケ後書中にも「我等の福音」と言い、「兄弟等よ、毅然《きぜん》として我等のあるいは談話、あるいは書簡によりて習いし伝を守れ」（第二章一四）と戒めているが、その福音と伝の内容に至っては、もちろん世の終りに関する僅少《きんしょう》の事のほか、この短き書簡には何事も物語られていない。聖伝を認めずして、いかにしてこれ等の態度や事実が説明し得られようか。

　その他プロテスタントは、しばしばカトリック信者は聖書を知らぬとか読まぬとか言って非難する。事実我等は聖書について彼等のように神経質ではない。自分等の教会の作ったもので日夕常にその精神を呼吸しており、その内容は聖書のテキストによらずとも、教会の祈祷書や、説教や、教理問答によって絶えず教えられているからである。我等は霊的修養の書として聖書を読む。信仰は教会を通じて既に与えられているのだから、その信仰の光に照らして聖書をよみ、心の糧《かて》とするのである。我等が聖書をよむのは心読体読するので、本来同一なる信者の心にある信仰と、聖書を作り出した精神とが、以心伝心《いしんでんしん》的に交感するのである。決してこの語は複数だからこういう意味だろうとか、この章の史実性があやしいとかいうような、つまらぬ詮議《せんぎ》だてをして日を暮しているのではない。重要な点は教会にきけばわかる。細目に亘《わた》って研究したければ、自由に研究し、討論する。而《しこう》して教会の信条に抵触せぬ限り、できるだけ寛厚にあらゆる解釈を包容しておく。どれが絶対的にまたは排他的に真であるか、確かな保証がないからである。それをきめる必要が生じた場合には教権が発動してきめるから、それ迄は安心して、できるだけ大胆に、かつ自由に討究する綽々《しゃくしゃく》たる心の余裕がある。

事実教会が決定的に権威を以て解釈を決定した聖書の章句、いわゆる dogmatic text の数は、極めて少数である。私は数えた事はないが、ある聖書学者が総計二、三十にすぎないと言ったのを覚えている。私の今覚えているのでは、本講義で問題になったマテオ書第二十六章（二六、二八）の箇所、「これ我が体なり、我が血なり」という聖餐の一節、またヤコボ書第五章の一四、一五両節を終油の秘蹟の意に解すべしとせる位である。根本の大精神が同じなのだから、聖書の解釈をそう細かく規定してゆく必要がないのである。信仰の統一を、活ける教権に求めずして死せる文字に求むるがごときは、愚の極《きわ》みである。これ法典さえ作っておけば、司法権がなくとも国が自然に治まってゆくと思うがごとき、幼稚な考えである。要するに聖書を活用し得るは、これを作り出し、その内容の真実を保証するカトリック教会のみで、プロテスタントがいかにこれを研究しこれを己等のものと主張しても、それはお伽《とぎ》噺にある鳥が、孔雀の羽を拾って己の翼にさし、得意になっているのと大差ない。聖書が彼等の掌中に落ちるや否や、それを活かす精神なきが故に、真の福音は幹を離れたる花梢のように、早晩枯死してしまうにきまっている。我等はその事実を、各聖書を信仰の規矩とすると称する群小教会の分裂と争闘の痛ましき光景の裡に見出す。彼等のいわゆる「聖書のまま」とは、何たる情なき有様であろう。私は先に引用せるパウル・ド・ラガルドの公平にして賢明なる判断が、彼等を反省せしむるの期あらんことを祈ってやまない。

カトリック教権の根拠

以上の考察により、聖書に対するカトリック的態度とプロテスタント的見解の差違は、明瞭にされたと思う。しかしながら、次に聖書の真実を保証する教会の教権が何に基づくかが、自然問題になる。これはプロテスタントに対しても、先天的に超自然を否定する唯理論者に対しても、歴史的事実という共通の野に下って論ずるより他に道のない問題である。カトリックの立場は、その教会を建設し給える主イエズス・キリストの宣えるごとく「我もし我が父の業を為さずば我を信ずることなかれ、しかれども我もしこれを為さば、敢《あえ》て我を信ぜずとも業を信ぜよ、しからば父の我に在《まし》ます我の父に居る事を暁《さと》りて信ずるに至らん」（ヨハネ聖福音書第十章三七―三八）と言うにある。天啓の真理の証明は、奇蹟を措いて他にあり得ない。しかし、カトリック教会がその真の神の教会なることの証明として提示する奇蹟とは、啻《ただ》に二千年の昔イエルザレムやガリレア湖畔において行われた個々の治癒《ちゆ》とか不思議とかばかりをさすのではない。この点に関する教会の公の主張は、左のヴァチカン公会議の議定に明らかである。

蓋《けだ》し「信仰なくしては神の御意に適うこと能わず」（ヘブレオ書第十一章六）、また神の子たる位に与るに到り得ざるが故に、信仰なくして決して義とせらるる事もなく、また信仰において「終りまで耐《た》え忍《しの》ぶ」（マテオ聖福音書第十章二二、同第二十四章一三）事なくして永遠の生命を護る者もあらず。されば真の信仰を奉じ、またこれを終りまで保つ義務を我等が果し得んがために、神はその御独子をもって教会を建て給い、またこの教会が啓されし言の保持者および師たることを、すべての人によりて認め得られんがために、自らこれを建て給える事の明らかなる特徴をこれに賦与し給えり。さればキリスト教の信仰の信じ得らるべき証拠として、神によりてかくも多数に、かつ、かくも不思議に備えられたるすべての事柄は、唯カトリック教会にのみ属するものなり。加之《しかのみならず》教会はそれ自身――すなわちその感嘆すべき弘通と、卓越せる聖徳と、あらゆる善業における無尽蔵《むじんぞう》の豊さとの故に、またその普遍的の一致と克服し難き耐久性の故に――偉大にしてかつ恒久的なる信仰の根拠にして、かつその神的使命の破壊しがたき証明たるなり。（Constitutio de fide catholica. Cap. 3, Denzinger, No. 1793-1794.)

福音書の歴史的価値の問題

この点は公教要理第十八課の「真の教会の特徴」の条下に詳説せられるのであるから、差《さし》当《あた》っては我等の進みゆく方向をこの宣言によって予《あらかじ》め示すにとどめて、今は問題をイエズス・キリストの御生涯と御事業との記録である福音書のみに限り、一時仮りに信仰の立場を離れて、これを単に普通の史料と看做《みな》し、果して歴史的に信憑《しんぴょう》され得る性質を備うる書籍であるや否やを点検してみようと思う。この研究は、キリスト教の起原に関する諸問題に興味を有する信者にも参考になろうし、いわゆる高等批評に躓いている求道者の迷妄をさまし、これに対する吾人の態度を説明するにも役立とうと思う。

ただ予《あらかじ》めここに一言しておかねばならぬのは、カトリック信者の福音書に対する信仰は、かかる歴史的研究により強めらるる事はあろうとも、断じてかかる人間の学識に基づくのではない事と、またかかる歴史的研究は、すべてのこの種の研究と同じく、事柄の性質上歴史的確実性を与うるに止り、数学または論理哲学におけるがごとき絶対的の確さを齎《もた》らすものではないこと、特に総括的の結論には達し得ても、箇々詳細の疑問を徹底的に解決する鍵は、これを否定する側にも肯定する側にも欠けている場合がしばしばある点である。我々は原始キリスト教の諸問題を歴史的批評の光に照らして、唯理論者と共通の野に下って戦うことを少しも恐れない。事実は磐石《ばんじゃく》より頑固《がんこ》であり、真理は人間よりも強力であるから。

キリスト教の開祖であるイエズス・キリストがいかなる方であったか、いかなる事をなせしか。彼は果して神の権威を以てこの世に臨みしか。また果して然《しか》らば、自己のこの尋常ならぬ主張をいかに証明せしや。最後に、彼によりて建てられたと称する宗教の保証となるものをその言行の裡に見出し得べきや等の問題は、キリスト信者にとりて何《いず》れも重大なものである。而《しこう》してこれ等の重大な諸問題は、大体において歴史的の問題であるから、史料によって解決せらるべき性質のものに属する。従ってイエズスの言行録たる四福音書の歴史的価値如何《いかん》によって、これ等重大問題の解釈は異なり得るのである。

以下福音書の歴史的価値批判に関する重要なる点を、概括的に、しかしながら厳密なる歴史的方法に従って述べてみよう。

四福音書編纂《へんさん》の時代

史料の歴史的価値は、概してその書のかかれた時代が、その中に物語られた事蹟と相去ること遠からぬ程、増してくるものである。叙述される事蹟が、人間の想像や忘却や理想化によって真相をあやまった伝説に化してしまうには、相当な時代の経過を必要とするから、出来事と叙述との間に時間的の隔《へだた》りのない事は、歴史的精確という観念の明らかでなかった古代の史籍には、極めて重大な条件となるのである。四福音書はこの点に関してどうであるかと言うに、これ等の書が、一世紀の後半すなわちイエズスの地上を去り給える後余り遠からぬ時期に、その言行を収録したものであることが明らかに推知される。それは四福音書を引用したり、これに言及している古代著述家の証明からも、内容の吟味からも、分ることである。

古代著述家の証言

試みに思いを二世紀の末、一七五年から二〇〇年の頃に馳《は》せて、当時のキリスト教会の有様を概観してみると、この時代には地中海を囲繞《いにょう》するローマ帝国の要所々々に、既に重要な宗教的中心ができていたのを認める。そうしてこれ等の中心において書かれた聖書以外の幾多の著述があり、そのうち今日残存するものも尠《すくな》くない。而《しこう》してこれ等の著述によって、四福音書は当時既に各地のキリスト教会に普及しておったのみならず、古きものと看做《みな》されていたことを知り得るのである。

一七五年頃、シリアにおいてタチアヌス（Tatianus）はエデサの信者のために、四福音書の内容を年代的に排列して一冊にした有名な *Diatessaron* を著しているし、一九五年頃にはエジプトのアレキサンドリアのクレメンス（Clemens）は、その著書 *Stromateis* や *Hypotyposes* 中にしばしば四福音書の章句を引き、これ等の書は教会によって使徒または使徒の直接の弟子の著述とされ、四福音書のみ公認されたる正典であることを主張し、偽福音書を引用せる一異端者に向って「この言は聖伝の我等に伝えたる四福音書中にはよまれず、エジプト人の福音書中にあるものなり」（*Strom.*, III, XIII）と反駁《はんばく》している。

二〇〇年前後に亘って、北アフリカのカルタゴにおいて浩瀚《こうかん》なる著述をなせるテルトリアヌス（Tertullianus）によっても、四福音書が使徒時代より偽福音書と区別され連綿《れんめん》として教会の正典として用いられし事が疑いなき所と看做《みな》されていたのが、明らかに窺《うかが》われる（*De monogamia*; XI, *Adv. Praxeam* V; *Adv. Marcion*, IV, II, V 等を見よ）。彼の引用せる章句に至っては、実に無数である。

現今のフランス、当時のガリアのリオン府司教聖イレネウスは、一七七―一八九年頃、異端反駁の大著述をしたが、その中に引用せる福音書の章句だけを集めても、原書の内容の大部分を構成することができる程である。なかんずく注意すべきは、イレネウスは小アジア人であって、一三五―一四〇年頃にスミルナに生まれ、使徒ヨハネの直弟子《じきでし》なる同地の司教ポリカルプの教えを受けた人である点で、このイレネウスが四福音書のみが正典なるは決定的なりとし、テルトリアヌス、クレメンスと異口同音に教会における福音についての信仰と、その使徒時代に編纂されしことは、確実なる聖伝による点を高調した（*Contra Haereses*, III, I, 1; XI, 7-19.）。

これと殆ど同時代（一八五年頃）にローマにおいて、当時教会内で公に朗読せられていた新約の正典を列挙せる目録が作られたが、第三福音としてルカ書を、第四としてヨハネ書をその中に載せている。最初の部分は湮滅《いんめつ》しているが、第一、第二がマテオとマルコの両書なることは言うまでもない。これは一七四〇年にイタリアの碩学ムラトリによって発見せられたる、有名なるムラトリ目録である。

以上の史料を按ずるに、

（a）二世紀の末葉には、ローマ帝国内の各地方の教会では、四福音書は既に人口に膾炙《かいしや》せるのみならず、古典として教会の公式の際に朗読せられたこと。

（b）しかのみならず、これ等の書は各地のキリスト教会の建設者等によって聖なる遺産と看做され、かつ、偽福音書とは異なる使徒伝来の正典なることを、聖伝に準拠して高調されていたことが、明らかに知られるのである。

かくのごとき普遍的にして鞏固《きょうこ》なる信念、特にこれを以て異端者駁撃《ばくげき》の根拠となし、異端者もこの信念を強いて争わざる事実は、四福音が当時既に新しき書ではなかった事を証明せずして何であろう。その編纂《へんさん》が、二世紀の後半に先立つ少なくとも二、三代先なる一世紀の後半か、おそくも末葉にありしと推論せらるるは当然である。

この推論はまた、前に引用せる史料よりは古き典籍、すなわち一世紀末より一七五年頃迄のキリスト教文献によって確められる。これ等の文献を年代順に逆に列挙すると、一五〇年頃を中心として、殉教者ユスチヌスの著作「ユダヤ人トリフォンとの対話」（一五〇—一六〇）、「護教論」二篇（一五〇—一五二）があり、更に溯っては、いわゆる「聖クレメンスの第二の書翰」（一三〇—一五〇）、ヘルマスの「牧者」（一一五—一五〇）、聖ポリカルプの書翰（一〇八—一一八）、アンチオキアの聖イグナチウスの七書（一〇七—一一七）、いわゆる「聖バルナバの書簡」（一〇〇—一三〇）、「十二使徒の教え《ディダケ》」（八〇—一三〇）、而《しこう》して最後にローマの聖クレメンスの「第一書簡」（九五年）のごときものがある。

ユスチヌスの言うところによれば、キリスト信者は「使徒等の回顧録」とも「福音」とも呼ばるる貴重なる書簡を有し、主日には預言者等の書と併《あわ》せて集会において朗読せられる。

これ等が四福音書なることは、同じ著述中に散在する記述によって推察するに難くない。その他の文献によっても、福音書の存在と教会におけるその使用とが肯定され、章句そのままの引用またはその内容の暗示もしくはこれに言及せる箇所は多々ある。たとえば「バルナバの書簡」中に引用せられたるマテオ書の章句五、マルコ書一、「クレメンス第二書」にはマテオ五、ルカ三、「十二使徒の教え」中にはマテオ二十以上、ルカ五、「クレメンス第一書」中にはマテオ二、ルカ二、「ポリカルプ書簡」中にはマテオ四、ルカ一、ヨハネ一等があり、特にアンチオキアのイグナチウスに至っては、啻《ただ》にヨハネ書をしばしば引用するのみならず、その語句ヨハネの諸書に酷似せるもの多々あり、筆者がこれ等の書に親炙《しんしゃ》せるは疑う余地なき所であって、第四福音書が二世紀の初め以前に既に存した有力な証左を提供している。これ等の引証の詳細は、これを収録せる A. Brassec: *Nova Evangeliorum Synopsis*, Paris, 1922, pp. V–XXI を参照せられんことを篤学者におすすめしておく。

偽福音書の概説

正典たる福音書のほかに偽福音書《アポクリファ》の存在を知る人が少ないから、念のためにここにその概要を録しておく。総数約二十篇ばかりあるものを、便宜《べんぎ》上三部類に分けることが出来る。

(1)　年代的に最も古い二篇は、一世紀に既に編纂《へんさん》されたかもしれぬところの「ヘブレオ人の福音書」と、一四〇―一五〇年頃の「エジプト人の福音書」で、今日は断篇をあますのみであるが、古伝に基づける事は察するに難くないと同時に、奇妙な新説やいかがわしき要素の混入したことも否めない。
（2）　主に二世紀頃の異端派中に通用したもので、名の分っているものが十四篇ばかりであり、その中十篇は湮滅《いんめつ》してしまった。残る四篇は断片的であるが、大体の内容を再構してみることができる。「マルキオンの福音」、「十二使徒の福音」、「フィリッポ伝」、「ペトロ伝」が、これである。
（3）　三世紀から五世紀へかけての著作で、現存している六書よりなり、そのうち四篇は正典に詳細に出ていないキリストの私生涯、特に幼年時代を物語る「ヤコボの第一福音」（あるいは「マリアの誕生についてのヤコボの物語」とも称えられる）、「大工ヨゼフ物語」、「トマ伝」、「御幼年時代のアラビア福音」がそれであり、他の二篇はキリストの生涯の末期に関連せる「ニコデモ伝」（「ピラト行伝」と「キリストの冥府《めいふ》下りの物語」とを含む）および「マリアの永眠物語」であって、以上いずれも信心の産み出せる想像や教義の主張を主眼とせるもので、これを正典と比較すると、後者が断然と秀でていることが一目瞭然《いちもくりようぜん》と分る。

福音書の内容による証明

（1）　福音書の用語が、第一にその編纂の時代を物語る。
現存せる四福音書の原書は、いずれもギリシャ語でかかれているが、ギリシャ語はセミチック人種特有の思想や考え方、または表現法を覆いかくす薄絹にすぎない。イエズスの時代にパレスチナで話されていたアラメア語——コルバン（マルコ書第七章一一）、ラカ（マテオ書第五章二二)、エッフェタ(マルコ書第七章三四)、タリタ・クミ(同第五章四一)、エリ・エリ・ラムマ・サバクタニ(マテオ書第二十七章四六)等——が本文中に取り残されているばかりでなく、文章の構造とか前置詞のおき方、単語の位置等がセミチック語の影響を示すのみならず、ある言い表し方(たとえばマテオ第五章一八、第八章一二、第十六章一八以下、マルコ第二章一九等)は、ヘブレオ語やアラメア語を借りてこなければ説明のつかぬ箇所さえある。従って四福音書の著者が、これ等の国語を自ら親しく知れる人々であり、彼等がキリスト教会がユダヤ教の胎から生れ落ちたばかりの原始時代に改宗せるユダヤ人達であった事を推知するに難くない。

(2) 歴史的内容もまた同じ事実を物語る。

まず四福音書中のどこにも、第一世紀末以後の出来事を暗示するような記事の痕跡《こんせき》すらない。年代的に最もおくれた事蹟で、福音書中に言及されているのは、イエルザレムの滅亡で、これは七〇年の出来事である。この記事の預言的性質を度外視しても、七〇年後一世紀末に書かれたのだろうとの推測が許されるのみである。それすらこれらの記事が、イエズスの説教の一部として、世の終りの預言と混同して挿入せられている事実を無視しての話である。かくのごとく、七〇年以後の出来事に少しも触れていないのみならず、福音書中にあるパレスチナの社会の状態、政治宗教思想、聖都の有様の描写等は、これ等の書の出現が七〇年と相隔ること遠からぬことを、首肯《しゅこう》せしめねばやまぬ。それはイエルザレム没落という出来事が、第一世紀のユダヤ教やキリスト教会にとって、関東地方における震災が東京人に及した以上の、重大な影響のある回転期を形成しているからである。

首都の陥落と滅亡は、社会的宗教的旧制度の没落であった。パレスチナ全土はローマ軍の略奪に委せられ、ガリレア湖畔の繁華な諸市は荒廃し、聖都の諸建築や神殿は灰燼《かいじん》に帰した。ユダヤ教の宗教的儀式はその跡を絶ち、イスラエルの国民的生活の中心は消滅してしまった。しかるに福音の記事は、この旧制度の攪乱《こうらん》に少しも影響されていないそれ以前の社会状態を、最も自然に描き出している。ローマの主権と、ユダヤ人のこれに対する敵愾心《てきがいしん》や（カエサルに貢を納めるはよきや！）、イエズスの周囲に群るファリザイ派やサドカイ人、ヘロド党の錯《さく》綜《そう》せる利害関係と主義の衝突、また当時の総督と司祭長や衆議所の権限、さては神殿の詳細なる建築の部分に至るまで、目撃者でなくてはとうていかけぬ、活々《いきいき》とした、しかもなんら拘泥《こうでい》するところなき筆致で描き出されているではないか。考古的リコンストラクションなぞいう観念は、古人にはなかった。現在を抽象して過去を叙述するなぞいう術は、彼等の知らぬところである。七〇年以後に、それ以前の時代と密接に結ばれていない作家が、かくまで真に迫るまでに前代のパレスチナを描き出し、しかも新時代の影響のなんらの痕跡《こんせき》をもその叙述中に残さないということは、とうてい考えられぬところである。

福音に描かれた世界が、イエルザレム滅亡前のユダヤ社会の真相と精密に一致している事実は、これらの書の出現した時期を的確に指示する。特に福音書中のこれらの事情の描写たるや何《いず》れも折にふれての記述であって、著者においてなんら特定の意図なき断片的記事であり、そこになんら詮索《せんさく》の跡《あと》を認め難きにおいてをや。

最近の批評学の結論

これを約言すれば、古代史料によるも福音の内容よりするも、共観三書は五〇—七〇年の間に、ヨハネ書は八〇—一〇〇年の間に書かれたという正統的立場は、充分支持せられ得べきものである。四福音書を二世紀の末葉のものなりとしたシュトラウスの説のごときは、今日もはや顧《かえり》みられなくなってしまった。正統的信仰を有せざる高等批評家等の意見がいかに伝統的立場に近づいてきたかは、左の表によって窺うことができよう。

	マルコ書	マテオ書	ルカ書	ヨハネ書
ルナン（Renan）	A.D. 76	84	94	125
ホルツマン（H. Holtzmann）	68	67	70–100	100–133
ヴァイス（B. Weiss）	69	70	80	95
ハルナック（Harnack）	65–70	70–75	60–83	80–110
ツァーン（Zahn）	64	62–85	75	80–90

なおルカ書と使徒行録とが同一の筆者によることと、福音が第一の著作なることは、万人の認むるところであり、使徒行録がローマにおけるパウロの第一回入獄（六二—六四）の記事を以て急に終っている点より推して、ルカ書の編纂が六〇年頃、従ってマルコ、マテオは

それより少し以前という結論は、決して独断的のものではなく、前掲イグナチウスの書簡中の引用やポリカルプの書簡が、明らかにヨハネ第一書より引用されたと考えらるる章句を含むところより、ヨハネ第一書に先立って著作されたと思わるる第四福音書が、おそくも一〇〇年前後のものならんとの推論も、大体において動かし難きものである。

加うるにパウロの書簡の主なるもの、すなわちテサロニケ前書、ガラチア書、コリント書、ロマ書、フィリッピ書等が、四九年ないし六四年の間に真にパウロの筆により書かれたことは、ハルナック、ユリヘル等の認むるところであり、而《しこう》してこれ等の書は年代的にはより古くありながら、そのキリスト観は共観福音のそれより遥かに明白であるのを見れば、イエズスがメシアたり神性を具えたる神の子なりとの初代教会の中心信仰は、決して初期の高等批評の主張せるがごとき歴史の神話化であり得ぬことも、疑いを容れぬ点である。イエズスの没後二十年以内に、彼を親しく目撃せる反対者の生存中にかくまで発表せる信条が、それらの人々よりの反駁を喚起することなく成立し得たりとは、何人《なんぴと》も考え得られぬからである。

福音書の著者

四福音書の著者がマテオ、マルコ、ルカ、ヨハネの四人なることは、二世紀の後半において全教会の認むる所であった。リヨンの司教イレネウス（二〇二年歿）曰く「ペトロとパウロがローマにて伝道し教会を建てていた頃、マテオはヘブレオ人の間にあって、彼等の言語を以てその福音書を著した。彼等（ペトロとパウロ）の去れる後（ローマを）、ペトロの弟子にしてその通弁たりしマルコもまた、ペトロの教えしところを書籍にのせて我等に伝えた。パウロの伴侶《はんりょ》たりしルカも、彼（パウロ）の説ける福音を書にのせた。その後、主の御胸に息《いこ》いし弟子なるヨハネもまた、アジアのエフェゾに居りし時その福音を著した」（*Adv. Haer.*, III, I, 1）と。

カルタゴのテルトリアヌスも同じく「福音書は、主が福音を伝うる任を托し給いし使徒等を以て著者とすることを、まず第一に主張する。あるいは仮令《たとい》これ等の著者が使徒の弟子であろうとも、彼等は単独でこれを書くことなく、使徒等と共に、また使徒等に由って書いたのである。なぜなれば彼等が万一師匠等の、否むしろ使徒を師として立て給いしキリストの権威によって助けられなかったならば、その弟子達の説教は誇りの念のためにあやまり得たであろうから。帰するところ、使徒のヨハネとマテオは我等に信仰を与え、マルコとルカはこれを新たにするのである云々。」（*Adv. Marcion*, IV. 2.）

アレキサンドリアのクレメンス（一九五年頃）は同一の信仰を述べて、これを長老の権威により証している。「長老の言によれば、著述の順序から言えば最初の福音書は系図を含むもの（すなわちマテオとルカ）であり、マルコの福音の書かれた次第は次のごとくであった。ペトロがローマで公然と神の御言を伝え、聖霊によって福音を述べていた頃、その説教に列なった大勢のものが遠き以前からペトロに従っていて、彼の言った事を記憶していたマルコに、これを書籍にのせるようにと勧告した。マルコはこれを書いて、福音書を彼に求めた人達にやったが、これを聞いたペトロは、それをすすめも止めもしなかった。最後にヨハネが、これ等の福音書中に内的方面が明らかにされたのを見て、弟子達にすすめられ、聖霊の黙示をうけて霊的の福音を著した」(*Hypotyposes*, VII)との断片を、歴史家エウセビウス(二六三―三三九)は吾人に伝えている(*Hist. eccl.*, VI. XIV. 5-7)。

ムラトリの目録中(一八五年頃)には、マテオとマルコに関する部分が湮滅《いんめつ》しているが、「福音書の第三はルカ書で、この医者ルカはキリストの昇天後、パウロの伝道旅行中その伴侶となり、自らは御肉体において主を見奉ったことはなかったが、順序正しく、自らの名を以て、調べ得る限り書を録した。(その書は)かかる訳でヨハネの誕生から始まっている。第四福音書は弟子ヨハネの(著した)もので、仲間の弟子や監督等にすすめられた時言ったには、「汝等われと共に今日及び三日間断食せよ。かくて我等に啓されたらん事を各々物語ろう」と。その夜使徒の中なるアンドレアに、一同の承認を以てヨハネが己の名を以てすべての事について録すべき事がしめされた」とある。

以上の二世紀後半における共通の聖伝は、マテオとルカについては、既に同じ世紀の前半においても証言されている。

一三五―一五〇年の頃フリジアのヒエラポリスの司教パピアスは、『主の言の解釈』と題する五巻の書を著したが、歴史家エウセビウスは幸いに、この書中の興味深き断片を我等のために保存してくれた。マルコに関しては、

「長老はまたこう言った。マルコはペトロの通訳であったので、順序は立てないが、精密に彼の記憶したキリストの言行のすべてを録した。自身は主の御言をきいた事もお伴をした事

もなかったから。後に私が今申したように彼はペトロに従った。しかしペトロは、必要に応じてその教えを垂れ、主の御言を順序たててのべなかったから、マルコが記憶するままに書いたとて決してあやまったのではない。彼の唯一の心遣いは、きいた事の何物をも取り残さず、また誤謬《ごびゅう》のなき様に書くことであった」とあり、マテオについては「マテオは主の御言をヘブレオ語で録し、各自能うがままにこれを翻訳した」(*Hist. eccl.*, III, XXXIX, 15–16) と。

このパピアスの断篇については、後に掲げるヨハネに関するものと同じく、多くの議論がある。彼の権威ある者として名指す「長老」とは誰のことか、またいわゆる「主の御言」とは、現にある通りの福音書を意味するか、もしくはその前身であった簡単なものが存在しておって、それを指したか等につき、批評家は種々な説をなしていて、ここにその詳細に立入る事はできぬが、長老とは恐らく使徒ヨハネを指し、パピアスがこの断篇中に言う「主の御言」とは、現にある福音書と異なるものではあるまいとの推測は、少なくも他のどの説にも劣らずまことらしいものと言うに止めよう。パピアスはこの長老から直接話をきいているのだから、少なくも彼の若い時に小アジアのヒエラポリス付近にいた人で、かかる問題について権威を以て語り得る資格を有した人に違いない。エウセビウスはこの長老の名を「ヨハネ」と伝えている。そしてそれは、長老ヨハネなる人は、後に論ずるパピアスの断篇の解釈次第で、使徒と同一人にもなり得るし、またその何人《なんぴと》なりしかは、その他の方面からは全然分っていない人である。それからマテオ書が最初ユダヤ人のためにまずアラメア語でかかれ、それが漸次《ぜんじ》ギリシャ語を話していた教会へ伝わるに従って必要に応じて訳され、遂に現在のものになった経路が、以上の証言によって窺われる。それにしても、パピアスの時代に既にギリシャ語で読まれていたこの福音書が、はるか以前に使徒のマテオによって著されたものに相違ないと二世紀の前半に認められていた事だけは、議論の余地のない明らかな事である。

相伝の価値についての批評

しからばこれらの相伝は信憑《しんぴょう》するに足るかと言うに、以上の引証によっても明らかであるごとく、二世紀におけるキリスト教会の聖伝は、決して漠《ばく》としたいわゆる「古老の云い伝え」ではなくて、その出所を吟味して忠実に保存された神聖な遺産であったのだから、これ程たしかなものはないのである。当時はまだ使徒の時代から百年とは経っていない。各地の教会の歴史は、まだ過去の暗《やみ》に葬られてしまう程古いものではなく、特にその教会たるや一定の信条と儀式とを有し、監督および長老の制度によって鞏固《きょうこ》に組織され、かつ、「正しき伝え」に違反する異端と絶えず戦っていたものである。而して異端者側でも、正統教会と異なる主張を聖書に基づいて証明しようとしている事実を見遁《みのが》してはならない。イレネウスは夙《つと》に「福音書の確実性は、異端者すらこれ等の書に対して証明を与うる程に鞏固なものである。彼等の各《おのおの》は福音書から出発して、その教義を証明せんと努める……されば我等に反対する徒すら証明を与え福音を使用するからには、我等のこれ等の書についてなす証明は、いかんぞ真にして鞏固ならざるべき」(*Adv. Haer.*, III, XI, 7) と言っている。かつ、この「正しき伝え」を保存しようとする異常な関心は、多くの事実によって証明される。

イレネウスの時代に、ローマではペトロ以来の教座の継承者の名とその順序が、ちゃんと知られていた。アレキサンドリアのクレメンスは、己の主張が使徒等自身から教えをうけた長老の直弟子であるその師パンテヌスの伝うる所だから、間違いないと言っている。イレネウスは同時代の異端者のフロリヌスを反駁《はんばく》して、二人が青年時代に小アジアで共にその教えをうけた長老等の権威に訴え、自らはスミルナの司教ポリカルプや、同じく使徒ヨハネに師事してその衣鉢《いはつ》を伝えた弟子等の伝統を守ると断言している。しかもこれ等の相伝は、各地の教会において大切に保存せられ、これ等の各教会は頻繁に交通して字義そのままのカトリック教会を構成していたのだから、一教会の誤謬《ごびゅう》は、容易に他の教会の相伝により訂正され得たのみならず、事実正されねばやまぬ状況にあった。蓋《けだ》し当時のカトリック教会においても、現時におけると同様、信仰の一致ということが教会の根本義であり、これ等の相伝は、実にこの一致すべき信仰の規準であったからである。

なお福音史家に関する相伝の信憑《しんぴょう》するに足る理由は、マテオ、マルコ、ルカの人物および地位から考えても、推知するに難《かた》くない。試みにこの相伝が事実とは相違していると仮定してみると、以上の三書がマテオ書、マルコ書、ルカ書となったのは、無名の作家自らの撰定した偽名か、もしくは相伝が自然に間違って以上の三名の著述にしてしまったか、二途の一を出ない。しかしこの臆説は何《いず》れも、はなはだ考えにくいものである。無名の作家が偽名を撰んだのなら、何故もっと大衆の信用を博するような名を撰ばなかったか。マテオは使徒であるが、第一流の巨頭ではなかった。それにマテオの福音と名付けるからには、内容から見てもう少しマテオが篇中に姿を現しそうなものだが、少しも活躍する様子がない。たった二度極めてあっさりと（第十章三および第九章九）出てくるだけで、その一回は、マルコにもルカにもあると同様に、単に十二使徒の名を列挙したなかに出てくるにすぎぬに反して、全篇を通じてペトロ、ヤコボ、ヨハネが際《きわ》だって重要な地位を占める。これをたとえばペトロ書とでもしたら、まだ理屈が通ったろう。それにもかかわらずマテオ書で通ってきたからには、打算や内容とは離れた別な理由があったに相違ないとの見解は、決して無理とは言えない。このアプリオリの臆説は、この書が事実マテオの著述であるという事において、最も自然な説明を見出すのである。

　同様な論法は、主の直接の弟子ではないマルコ、ルカについては一層有力なものとなる。古伝が一致してローマの信徒のためにペトロの説教を書いたものといい、またこの古伝を裏《うら》書《がき》するペトロ自身の個人的追憶（主を否み奉れる物語を見よ）にも富めるこの書を、何故にペトロに比較してその権威をとうてい同日に論じ得ざる若き弟子のマルコ――パウロがその第二回の伝道に伴うことを肯んぜずしてバルナバと争いし第三流の弟子（使徒行録第十五章三六以下を見よ）――の筆になるとせしか。マルコのペトロの弟子たる関係のごときも、僅《わず》かにペトロ前書の末尾（第五章一三）に暗示さるるに止り、古伝すら彼を呼ぶに使徒の頭の「通訳」という称号を以てするを見れば、彼の権威の重くなかったのは言う迄もないことである。マルコ書こそその由来から言っても内容に基づいても、ペトロ書として少しも差支《さしつか》えなきものであるにもかかわらず、特にマルコ書というのは、真にその通りであるからに相違ない。恰《あたか》もルカ書をパウロ書とせぬのと同様である。

但《ただ》し、パウロはイエズスの生存中これに従った者ではないから、ペトロと違って福音史家としては不適当だと考える人は、ルカも同様の境遇にあった事を忘れている。強いてパウロの弟子が書いたことにしたいのなら、ルカよりもチトやチモテオの方が遥かに権威ある人物であったのだから、これ等の名を選んだ方が余程《よほど》賢明であったであろう。吾人の新約諸篇中においてルカについて知る事柄は、コロサイ書第四章一四、チモテオ後書第四章一一、フィレモン書二四のほかになく、これ等の条下には、単にその名をかかげらるるに止り、チトやチモテオについて録されたるがごとき特有の記事なく、特に後の二カ所にはマルコと併記されており、両者ともその地位よりすれば、明らかに第三流の弟子たるに止る。その後代におもきをなす所以《ゆえん》は、彼等自身について重要なる事蹟が伝わっているためではなく、偏《ひとえ》に福音史家として認められているために過ぎぬ。真に彼等が著述したのでなくては、これ実に打算的にも内容から見ても、説明しがたき事柄である。これを偽福音書に現るる偽作者の書きぶりに比較すると、以上の主張は一層明らかになるであろう。

「ペトロ福音書」と呼ばるる偽典の「さて私、すなわちシモン・ペトロは私の兄弟のアンドレアと私共の網をとって沖へ出た云々」、もしくは「十二使徒福音書」の「約三十歳ばかりのイエズスと呼ばれた方があって、我等をお選びになったのはその御方であった」などいうわざとらしい書きぶりと、正典の筆者の主観を超越した叙述とは、実に雲泥《うんでい》の差がある。正典において著者が自己の面影を故意に篇中に現そうとしていないにもかかわらず、古伝が全く一致してこれをマテオ、マルコ、ルカの筆になると承認している事実は、公平なる批評家をして相伝の真実を疑う余地なからしむるものである。

第四福音書の著者

ただ最後のヨハネ書に至っては、前述の論法は通用しない。ヨハネはペトロ、アンドレア、ヤコボと共に使徒中の重立った者であり、その初代教会における権威の尋常ならざりしは種々の相伝がこれを物語っている。のみならず第四福音書の内容が共観福音書と異なり、その編纂《へんさん》年代もおくれている等の理由から、また特にイエズスの神性を高調するために、キリスト教の超自然的優越性を否定する批評家は、挙《こぞ》って使徒の作たる事を認めまいとする。しかしながら古伝の一致せる証明を如何《いかん》ともし難きが故に、史家エウセビウスの保存せるパピアスの断片中に、「長老ヨハネ」の一句あるを奇貨《きか》措《お》く能《あた》わずとなして、作者は使徒には非《あら》ざる一長老ヨハネならんとの臆説を主張するものが多い。而《しこう》してこの臆説は、同じ使徒ヨハネの作とせらるる黙示録が、キリスト再臨後地上に千年間現世的支配権を振うと信ぜし異端を支持するものなりとの誤解より（同書末尾参照）、これを使徒の著書となすを肯んぜず、ヨハネとは恐らく同名異人にして、パピアスのいわゆる長老ならん、従ってその書中に誤謬あるは怪しむに足らずとなせるエウセビウスのごとき東方教会の二、三の著述家の主張に負う所が多い。

しかしこの主張は後代に起こったもので、主に東方教会に限られている。既に一五〇年頃のユスチヌスの書中にすら、黙示録は使徒ヨハネの作とされている（*Dial. cum Tryphone*, I, XXXI）。第三世紀の始め迄の古伝の総決算は、ヒエロニムスの左の一句につきている。

ゼベデオの子にしてヤコボの兄弟、イエズスの深く愛し給いし使徒ヨハネは、すべて（福音史家）のうち最後にその福音を書いた。（*De viris ill.*, 9.）

これ等の論争あるにもかかわらず、すべての真面目《まじめ》な批評家は、第四福音書が第一世紀の末葉に小アジアで書かれたという点において一致している。同じ文学的系統に属する黙示録は、明らかに小アジアにおいて小アジア人のために書かれたものである。これに対して、使徒のヨハネがトラヤヌス帝（在位九八―一一七）の時代に至る迄エフェゾに生存したことは、イレネウスの確言するところであり、彼はこの伝をヨハネの直弟子《じきでし》ポリカルプの口より共に聞きしことを、後に異端に陥りし青年時代の友フロリヌスの記憶に訴えている位である。しかもその同じイレネウスの第四福音書の作者に関する証言は、前掲のごとくであるから、使徒ヨハネの著作たることを否定せんとする論者は、この余りに明らかに、かつ有力なるイレネウスの主張を、極力価値なきものたらしめんと努力する。

私はその論争の詳細にここで立入る余裕を持たぬが（篤学者は例えばE. Jaquier; *Histoire du Nouveau Testament*, t. 4, pp. 70–82 を見られよ）、大体においてこれを動かすことは不可能であると言って差《さ》し支《つか》えない。なぜなればイレネウスの代表する小アジアからの伝統は同時代の輿論であった事が、ムラトリの目録やアンチオキアのテオフィロス（一六九―一八七、cf. *Hieronimi Ep.*, 151, ad Algasiam, quaest., 6）の証言、特に一九〇年頃エフェゾの司教ポリクラテスが、時の教皇ヴィクトルに小アジアの司教等の名によって公書を送って、己の町に使徒ヨハネの墳墓の存することを周知のこととして述べている等に徴しても明らかであり、クレメンス、テルトリアヌス、オリゲネス、ヒポリトス、アレキサンドリアのディオニソス、アタナシウス、イエルザレムのシリルス、エピファニウス、ナチアンツのグレゴリウス、モプスエストのテオドロス、ヨハネ・クリソストモス、アフラアテス、エフレム、さては黙示録のヨハネの作なるを疑いしカイザリアのエウセビウスや、プロコルスの作たるシリア語の偽典ヨハネ行伝に至る迄、異口同音に、第四福音書は使徒ヨハネの作たることを物語っている以上、イレネウスの誤解または誤謬が、この東西に亘《わた》って一貫せる大伝統の根源となることは素《もと》より不可能であり、その出所は遠くイレネウスのいわゆる小アジアの長老等に求められねばならぬ。

而《しこう》して（パピアスをもヨハネの直弟子とせるイレネウスの言は仮令《たとい》誤謬なりとするも）、その仲間中にポリカルプのごとき人物を有するこれらの長老が、ヨハネの死と殆《ほとん》ど同時代に根拠なき伝説を述べ、特にそれが全教会の信用を博したと言うがごときは、とうてい考え得られぬ臆説である。ヨハネが老齢迄生存したこと、またポリカルプが少なくも八十六歳で一五五、一五六年に殉教し、イレネウスの誕生がスミルナにおいて一三五―一四〇年の間であった事も確実であるから、トラヤヌス帝の第一年の九八年にヨハネがエフェゾにいたとすれば、ポリカルプはその時に既に三十歳近くであり、ポリカルプがスミルナで殉教した時は、同じ町で育ったイレネウスは最早《もはや》少なくも十五歳から二十歳にかけての青年であった。以てこの相伝の否定しがたきを証するに足ると思う。

内容による福音書著者の推定

前回の講義においてマテオ、マルコ、ルカ、ヨハネを四福音史家とする古伝の根拠あることを述べたが、福音書の内容より見てもこれは肯定し得ることとなるや、彼等の作としてはふさわしからぬ何物かが書中に含まれて居らぬか、以下これ等の問題について四福音書の各自につき点検してみよう。

(I) マテオ書　この書は、古伝によれば使徒マテオがパレスチナにおいて、まずアラメア語を以てユダヤ人のためにこれを著し、次いで後に至ってギリシャ語に訳せられしものと云う。そのアラメア語の原書なるものは、今日最早《もはや》見ることはできぬが、現存しているギリシャ語の訳本を通じても、著者のユダヤ人にしてアラメア語に通暁《つうぎょう》せし点は明らかに看取される。現在のマテオ書中に残存するアラメア語――エンマヌエル、ハケルダマ、ゴルゴタ、エリ・エリ・ラムア・サバクタニ等（同書第一章二三、第二十七章八、二三、四六参照）――と、その精確なる訳解がこれを証明しているのみならず、特にしばしば旧約聖書を引用し、イエズスが実に旧約聖書の預言の成就なることを述べ、而《しこう》して他の福音史家がギリシャ語の七十人訳によって旧約聖書を引用するを常とするに反し、マテオ書に限ってこの書に特有のヘブレオ語原書よりの直接の引用三（第二章一五、第八章一七、第二十七章九―一〇）と、原語よりの直訳と七十人訳とを組合わせたる引用（第四章一五―一六、第十二章一八―二一、第十三章三五、第二十一章五）を有する等は、最も注目に値する。著者が旧約の原書に親炙《しんしゃ》せるユダヤ人にしてキリスト教に帰依《きえ》せる人なるは疑う余地もないところであって、その生地がパレスチナであり、七十人訳のギリシャ語を通じて聖典に接せし母国語を忘れたるディアスポラのユダヤ人ならざりしは、言うまでもなきところである。カファルナウムの収税吏マテオは、実にかくのごとき人であった。

またこの書が、キリスト教に帰依せるユダヤ人の為《ため》に書かれたことをも窺わしむる幾多の特徴がある。まず全篇の叙述は、ナザレトのイエズスがダビデの裔《すえ》なるメシアたることを示すを以て、主眼としている。巻頭の系図からルカ書のそれとは異なり、イエズスの家系が、故主の祖たるべき約束を得たるダビデ王を通じてユダヤ人の太祖アブラハムに溯ることを示し、更にこの人の言行が旧約の完成なることを、預言によって立証せんと試みている。かかる論法は、読者にユダヤ教的の教養を予想せずしては不可能のことに属する。

マテオ書所載のイエズスの教話も、同じ関心を示している。例えば、いわゆる山上の垂訓《すいくん》を載せた点はマテオ書もルカ書も同様であるが、後者がイエズスの律法の新しき解釈を省略せるに反し、前者は詳細にこれを記述している。この事実は、読者にとって重要な記事であるとの意識に基づかずしては説明できない。更にファリザイ人の偽善に対するイエズスの痛《つう》罵《ば》を布衍《ふえん》せるがごとき、その他ユダヤ人特有の習慣行事等を、読者には周知の事として語るがごとき（例えば第十五章二一、第二十七章六二を、マルコ書の第七章二―五、第十五章四二、ルカ書の第二十三章五四と比較せよ）、またイエルザレムを呼ぶにユダヤ人特有の名称「聖なる都」「大王の都」（マテオ書第四章五、第五章三五、第二十七章五三）を以てし、「ユダヤのベトレヘム」（ルカ書第二章四）、ザブロンとネフタリとの境なる湖辺の地「カファルナウム」（同第四章二三）というがごとき、いずれも同じ関心を示し、特に最後の語句に至っては、カナアンの地が十二族に分割せられし古史の知識を読者に予想せずしては、無意味なるべき書き振りである。而してかくのごとき幾多の特徴が一個所または一部分に限られずして、全篇の叙述的方面にも教話の取扱い方にも行き渡っている点から見れば、ある論者の主張せるがごとく、アラメア語の原書と現在のギリシャ語訳本との相異を仮定して、ユダヤ的色彩を説明し去らんとする企ても放棄されねばならぬこととなる。事実はやはりイレネウス、パピアスの伝うるごとく、原書がギリシャ語を使用するパレスチナ以外のユダヤ人の諸教会のために漸次《ぜんじ》翻訳せられて行ったのであろう。

結局マテオ書の内容の批判は、著者がパレスチナ生れのキリスト教に帰依《きえ》せるユダヤ人であることと、この書が宛てられた読者がユダヤ教よりの改宗者等であったこととの二点を明らかにし、古伝の主張が事実と齟齬《そご》せざるを推定させるのである。

(Ⅱ) マルコ書　この書は、ペトロの弟子でもあり通訳でもあったマルコが、師匠の説教をローマの信者のために収録したものだという。このマルコは、使徒行録（第十二章二五）にあるマルコとも呼ばるるヨハネで、彼の母の家はイエルザレムにあった。これ等の諸点について、この伝の内容も興味ある証明を与えている。

新約聖書のギリシャ語は、当時のギリシャ文明の行き渡った世界で一般に話されたもので、古典的ギリシャ語とはかなり異なるものであり、ローマの政治的支配がギリシャ文化の世界をも、その大帝国の版図中に包含するようになってからは、幾多のラテン語やその語法がこの一般に使用されたギリシャ語中にも侵入した。特に行政軍事に関する術語に関して、この影響の著しかったのは当然である。これは一般的の事実であるが、なかんずく第二福音書においてこのラテン語の影響が他の福音書に比して特に著しく、独特の語彙をすら有することを見逃してはならぬ点である（Centurio 第十五章三九、四四、四五、Spiculator 第六章二七、In extremis esse 第五章二三、Satis facere 第十五章一五）。この事実は特にラテン語の影響を受くることが多かるべきローマにおいて、ギリシャ語を用いるキリスト信者間にこの書が公にせられたと考うることにより、最も自然な解答を与えられる。

かくのごとき推定を微細の点にまで立証する一、二の例を挙げんに、貧しき寡婦が神殿の賽銭箱《さいせんばこ》へ二ミヌタを投げ入れる話は、マルコ書（第十二章四二）にもルカ書（第二十一章二）にも記されているが、マルコ書は二ミヌタは一コドランテスに当ると説明している。この「四分の一《コドランテス》」とは、いうまでもなくローマの貨幣一アースの四分の一のことであるから、これはもちろんローマ人なる読者のための解説である。またイエズスの十字架行の途上で、シレネ人のシモンを強いてこれを助けしめた記事は他の福音書にも出ているが、ひとりマルコ書に限って「アレキサンデルとルフォとの父なるもの」（第十五章二一）と説明している。

そこでこの説明は特に読者の興味を惹《ひ》くものとの臆説を立つるは、必ずしも牽強付会《けんきようふかい》ではない。物好きな詮索家《せんさくか》は、何故《なにゆえ》にこの説明が読者の興味を惹くかを考えた。そうしてこの両名は、マルコ書の最初の読者に知られた人物に相違ないと断定した。しかし最初の読者が、古伝のいうごとくローマのキリスト信者ならば、この両名もその仲間に相違あるまい。元来がシレネ人の子だから、イエルザレム付近からローマへ移住したと考えても無理ではない。そこでローマへ移住したと仮定する。然《しか》らばこの両名が、ローマのキリスト信者の仲間にいたかどうか。詮索家等は鵜《う》の目鷹《たか》の目で文献を捜した揚句《あげく》、とうとう一ルフォを捕え出した。それは五六年頃の作であるパウロのロマ書の末尾の「主において択まれしルフォおよび彼が母にしてまた我が母なる人に宜《よろ》しくと言え」（第十六章一三）という一条である。この時はパウロがまだローマへ伝道せぬ以前のことであるから、パウロがルフォとその母とを知ったのはローマにおいてではない。のみならず「我が母」とあるからには、随分厄介《やっかい》にでもなったのであろう。ルフォの母はシレネ人シモンの妻で、パウロがパレスチナで相識ったとすれば、万事氷解《ひょうかい》する。そこでパウロのルフォとマルコ書のルフォとが同一人ならば、マルコ書がローマの信者のために書かれたのは、毫末《ごうまつ》の疑いを挟む余地がなくなると言うのである。私はかかるこみ入った臆説に基づいてまで、マルコ書のローマにおける著作を証明する必要はないと思うが、一寸《ちよつと》面白いから付記しておく。

マルコ書中には著者がペトロの弟子であったということは書いてないが、この古伝の真実を推定せしむるに足る痕跡《こんせき》は、一にして止まらない。（試みに第二章四、第三章五、同二〇－二

一、第四章三八、第六章三一、第七章三二―三四、第八章二三―二五、第九章一五―二六、第十章一六、同四六―五二、第十四章三〇、同六八―七二等の記事を読んで見給え。）かくのごとく繊細にして真に迫る描写が、目撃者ならずしてどうしてできよう。しかもマルコ自身はイエズスに親しく従った弟子ではないのだから、これ等の物語は目撃者自身が書くか、あるいはマルコが当の目撃者から聞いて録したか、何《いず》れかでなければなるまい。

吾人は更に一歩を進めて、これ等の物語の源がペトロその人にありとする古伝を、実にもっともだと思わせるような事柄をすら発見する。マルコ書のペトロに関する記事を諸伝と比較しても、面白い事実を発見する。この書がペトロの誇りとなるべきヨハネ書第一章四〇―四二、ルカ書第五章三―九、マテオ書第十四章二九以下、同第十六章一七以下、同第十七章二三以下、ヨハネ書第十三章六以下、同第二十一章二以下等の記事を省略しているに反し、その権威を高むる所以にはならぬがごとき記事はいくらもある点である。（第八章三二―三三、第十章二八、第十四章二九、五四、六六以下を見よ。）その他第一章三六、第十一章二一、第十三章三、第十六章七等において、特にペトロの措置もしくは言動に関して讃辞がましきこともなく、さりとて批評もせず、極めて冷淡無関心の叙述を続くるは、これ等の記事がペトロその人の口より出でたりとの臆説《おくせつ》を最も自然に説明しはせぬか。談適《たまたま》自身に及んだ時に、かくのごときがペトロとして取り得た最も自然な態度ではあるまいか。

ただしこの点は、批評家の立場によっては反証と見る者もあろう。曰く、万一ペトロがマルコ書の源ならば、なぜ自分の権威を高めるように書かせずに、反《かえ》ってこれを傷つけるがごとき記事を書かせたか、少なくも弟子のマルコは、その師匠をえらく見せようとするのが自然ではないかと。これ恰《あたか》もプロテスタントが、三度主を否めるペトロのごとき者が使徒の頭、教会の礎になるなぞとは信ぜられぬと言うに反し、カトリックはかかる人であるにもかかわらず、古伝が一致して彼を使徒と教会との首長と認めるからには、その地位はイエズス自身の選定に基づくに相違なしと断ずるのに似ている。キリストの一番弟子が、現代人の多くのように、自己宣伝に憂身《うきみ》をやつしたと真面目に考えられるや否や、言うまでもなきことである。

もちろんペトロが、マルコに彼をかつぐことを許そうはずがない。著者の国籍に関しては、本書の内証は一層明らかである。彼はローマ人のためにギリシャ語で書いたが、パレスチナ生れのユダヤ人たる、まがいなき証左を残している。アラメア語とその正確なる翻訳（第十章四六、第三章一七、第十四章三六、第七章一一および三四、第五章四一、第十五章三四等）や、多くの批評家によって著者自身を指せるならんと信ぜらるる第十四章五一―五二の記事（他の福音書にこの記事なし）によって、たとえキリストの直弟子ならずとも、その身辺に近きものたりしことを充分想定させる。

（Ⅲ）ルカ書　この書の著者を、古伝は一致してパウロの伝道の伴侶《はんりよ》たりし医者ルカなりと言う。本書の内容もパウロの福音を録せるものなりと伝うるは、果して真か。万一本書の内容が、異邦人伝道のために特に神より選ばれたる器であったパウロの精神を伝えているとすれば、如上《じょじょう》の主張は根拠あるものとせられねばならぬ。

ルカ書はユダヤ人に関する事柄を閑却《かんきゃく》しては居《お》らぬが、異邦人に都合《つごう》よき方面を高調せんとする傾向は否定し得ない。開巻第一、マテオ書がキリストの系図をダビデ王とユダヤ人の祖アブラハムに溯《さかのぼ》らせているに反して、ルカはイエズスの奇蹟的誕生と救世主としての公現の準備とを細叙せる後に、天父の愛子としての彼の起源を「人にはヨゼフの子と思われ居給いしが……その父はアダム、その父は神なり」（第三章二三、三八）と喝破《かっぱ》して、キリストのユダヤ民族の専有物にあらざることを暗示している。救主の言行を録するにも、その罪人に対する慈愛と救いの世界的たるべき点とを力説している。

救主は主の民たるイスラエルの光栄であると同時に「異邦人を照らすべき光」（第二章三二）であり、「人皆神の救いを見」るべく（第三章六）、エリアの時イスラエルに多くの寡婦があったが、その中の一人にも遣わされず、異邦人たりしシドンのサレプタの寡婦のみ恵まれ、また預言者エリゼオの時イスラエルに多くの癩病者があったが、癒されたりしはシリア人ナアマンのみなりしごとく、救いは心頑《かたくな》なるユダヤ人より奪われて異邦人に伝えらるべく（第四章二五―二七）、同じく異邦人たりしカファルナウムの百夫長ほどの信仰は、イスラエルの中にもあらずとのイエズスの讃辞をかかげ（第七章九）、ファリザイ人の指弾《しだん》せる税吏の長や（第十九章一〇）、罪女は赦される（第七章五〇）。コロザインとベッサイダはチロとシドンとよりも罰せらるべく、カファルナウムは地獄にまで沈めらるるとも、ソドマの町は却って恕さるる事あるべきを告げ（第十章一二以下）、南方の女王はニニヴ人と共に立ちて、主に聴かざりし神の選民を審判の日に罪に定むべし（第十一章三〇以下）と言う。かくてアブラハム、イザアク、ヤコブおよび一切の預言者は神の国に在りながら、悪をなすその子等は外の暗《やみ》に逐出されて痛哭切歯《つうこくせつし》するに反し、東西南北より人々は来りて神の国の席に著《つ》くであろう（第十三章二八―三〇）。改心と罪の赦しとは、イエルザレムを始め凡《すべ》ての国民に、イエズスの名によって宣伝せられなくてはならぬからである（第二十四章四七）。

同じテオフィロに献げられたるルカ書と使徒行録が同一人の筆になるのみならず、原始教会の歴史を物語る二巻の続きものたるべき性質を有することは、著者の言明によるも（両書巻頭の辞参照）、内容の排列によるも、思想および書き振《ぶ》りの比較によるも、疑いなきところであって、批評学者の等しく承認する所である。而《しこう》して使徒行録の著者がパウロの伝道旅行に一度ならず従いし事は、書中のいわゆるWir Stücke――叙述の主格を「我等」と複数にせる個所（第十六章一一―一七、第二十章五―一五、第二十一章一―一八、第二十七章より第二十八章一六まで）――がこれを証している。著者が主格をそのままにして旅行者の日記を引用せるならんとの臆説は、それ自身まことらしからぬ想像であるのみならず、そのいわゆる引用部分とその他の部分との言語学的比較研究から、全篇の筆者の同一人たる事が明らかにされる。而してパウロと共に伝道せるこの旅行者が、使徒行録と第三福音書の著者なりとせば、彼がパウロの直弟子たりしは言うまでもなきこととなる。

然《しか》らばその弟子は医者のルカなりや。批評家は医者らしき書き振りを、この両書中に見出し得るや否やについて詳細な研究をした揚句《あげく》、最も興味ある多くの事を発見した。この両書は、新約諸篇中、文章結構において最も卓越せるもので、著者が教養ある士たりしは、おのずから察せらるる所である。ルカ書の筆者はユダヤ訛《なまり》を脱せぬガリレア湖畔の収税吏や、イエルザレムに住みし無名の青年ではない。彼は学問をした人である。のみならず、彼の病症の叙述は、他の福音史家のごとく一般的ではなく、より専門的であり、第三福音書の序言は、当時知られていたヒポクラテスやジオスコリデス、ペダキオスの医学書の巻頭の辞と、驚くべき類似のあること迄たしかめられた。マテオとマルコが、簡単にシモンの姑が「熱を煩い居りしを」という所を、彼はちゃんと「重き熱」（第四章三八）と医者らしき言を用い、他の共観福音書になき「水腫」にかかれる病人の治癒を語る（第十四章二）等のほか、医術に特有の用語が多々ある。ここでもまた内証が古伝を支持している。

(Ⅳ) ヨハネ書　この書が一世紀末前後に小アジアで著作せられた点は一般に認められるが、筆者はガリレア湖畔の生れなる使徒ヨハネだというのが如何《いかが》わしくはあるまいか。今日なお頻《しき》りに議論せらるるこの点に関しても、内証は古伝を充分たしかなものとするに足りるのである。キリストの神性の信仰は徐々に原始的教会の裡に発達したと是非《ぜひ》主張したい人達をのぞいては、本書の内証は古伝の確証であると言っていいくらい鞏固《きょうこ》なものである。論争は偏《ひとえ》に批判者がキリスト教の起原に対していかなる見解を先天的に有するかに基づいて居《お》って、決して有《あ》りのままのテキストが明瞭を欠くためとは言えないのである。有《あ》りのままの本文を受け容れる事が自家の立場に都合の悪い人達は、一生懸命に本当の史実性を疑おうと努める。そうして際限《さいげん》のない臆説や独断の体系を編み出して、本書を以て、史実ではなく神学的冥想《めいそう》にすぎぬとなす。

而して後者たらしめんがためには、著者が三年間日夜キリストに師事せるヨハネであるとの断定は、頗《すこぶ》る都合が悪い。だから筆者名が仮令《たとい》ヨハネでも、それは使徒ヨハネではなく、パピアスのいわゆる「長老ヨハネ」ならんと言う人達もある。その実彼等は、その「長老ヨハネ」の何人《なんぴと》なるかは、それがエウセビウスの教会史中に残存するパピアスの一断篇中に載せられた名であるという以上には、何事も知らないのである。その上、この断篇を保存し引用せるエウセビウスすら、第四福音書の著者は長老ではなく使徒のヨハネたる事を承認している事実すら、無視しているのである。我等はこの根拠なき臆説を措いて、古伝の主張がどこまで内証と一致するかを調べてみよう。

第四福音書のギリシャ語は、外国人の書いたギリシャ語である。その極めて限定された語彙と簡単な文章の構造とが、これを示す。ヘブレオ語ないしはアラメア語的言い廻しがほとんどない代りに、文章の構造は全然セム語的である。古典的ギリシャ語のように豊富な接続法を有せず、ほとんど kai の一語を以て接続句を併置対照し、かつ同語同句を屢々《しばしば》繰り返す等、旧約の語法そのままである。古代ヘブレオ語より脱化せるアラメア語を母国語としたベッサイダの漁夫が、ガリレア湖畔に住んだり往来したギリシャ人から聞き覚えたギリシャ語は、かくもあったろうと思われる。

彼がイエズスの敵を「ユダヤ人等」と称するにもかかわらず（第十章一九、三三、第十一章一九、第十二章九等）、自らもユダヤ人なることは、そのアラメア語に通ぜる点（第一章三八、四一、第二十章一六、二四、第十九章一七、第五章二等）、また旧約の引用法により多少なりと古代ヘブレオ語を解したと思わるる点、およびユダヤ人の慣習に通暁《つうぎょう》せし事実よりしても、明らかである。神殿の祭事、ファリザイ人等の形式主義、サマリア人との不和、さてはメシアに関する時代思潮の末に至る迄、活々《いきいき》と描き出されている。「フィリッポはアンデレアとペトロとの故郷なるベッサイダの人」と言い、カナ生れのナタナエルが己らが村自慢《じまん》で近所の寒村の「なんらの善《よ》き者かナザレトより出ずるを得んや」と言うあたり（第一章四四、四六）なぞ、とうていその辺の事情を知れる目撃者が書いたのでなくては、かかる地方的色彩《ローカルカラー》を出せようはずはない。

彼はまた他の同名の村と区別せんがために、特に「ガリレアのカナ」と言い、この山地より湖畔のカファルナウムへ下らねばならぬことを知っていた（第二章一、一二）。彼は幾度かサマリアを経て聖都へ往復したことがあったに違いない。シカル（今日のアスカル）の町の付近にはヤコブの井戸があり（九町許《ばか》り西南）、そのシケムの谷の入口の高地から、サマリア人が彼等の殿堂を築いたガリジム山の麓に連なる麦畑の穫取らるべく白むのを眺めたのであった（第四章参照）。ベタニアが聖都からどれだけ距っているか（第十一章一八）、またヨルダン河畔のサリムに近きエンノンには水が多かった事や、イエルザレムの羊門の傍にベテスダの地（第五章二）があり、奉殿記念祭の行われる冬の頃に、日当りのいい暖い南向きのサロモンの廊で、ユダヤ人がイエズスを取囲んで議論した事（第十章二二以下）、イエズスの捕えられた所の園はセドロンの渓流の彼方《かなた》で（第十八章一）、ピラトは「切嵌の敷石、ヘブレオ語にてはガバタと云える処にて、審判席につ」いたこと（第十九章一三）、処刑の地が市街に近く、そこに園ありし事（同二〇および四二）等、細に入り微に亘って、共観福音書の載せざる新事実が本書には物語られている。

この筆者なるガリレア生れのユダヤ人は、イエズスに従った者の一人で、当時のユダヤ、すなわち七〇年のローマ人の掠奪《りゃくだつ》以前の聖地と聖都とを熟知していた。一世紀の終りに、小アジアのエフェゾ辺にかかる資格を具えていた者が、そう大勢あろう筈がない。ヨハネが晩年をエフェゾですごし、そこで死んだという古伝と、第十九章の二六、三五とを綜合すると、第四福音書の著者が十字架上の犠牲の目撃者で、「彼はその言う所の真実なるを知る」と言う以上、その人が筆者自身であり、イエズスの「愛せる弟子」と同一人であるという推定は、極度のまことらしさを帯びてくる。

特に最後の第二十一章二〇および二四は、この点に関して決定的の断定を与える。「イエズスの愛し居給いしかの弟子、すなわち晩餐の時イエズスの御胸に横たわりて、主を付す者は誰なるぞ、と言いし弟子」についての誤解を訂したる後に、「これ等の事を書きし人は、すなわちかの弟子にして、我等はその証明の真実なる事を知る」とある。この句が仮令《たとい》後人の加筆であろうとも、かかる加筆をあえてし得るには、そうするに充分な根拠がなくてはできることではない。私は今ここでは、この第二十一章が全篇と同一の筆者の作なりや否やの面倒な問題には立入らない。

なぜなれば一歩を譲って、二四節のみならず二十一章全体が後人の加筆としても、この加筆の部分は、驚くべきまことらしさを以て主張し得る前述の古伝を肯定する最も有力なる材料にこそなれ、使徒ヨハネを以て第四福音書の著者とする説を覆《くつがえ》す理由には、少しもならぬからである。「かの弟子死せずとの説兄弟等の中に伝わりしが」（第二十一章二三）の一条も、ヨハネが高齢に及んだという古伝を背景として、最もよく了解される。

共観福音書問題

以上の研究によって、四福音書を以て史家と隔《へだ》ること遠き宗教的情熱の産んだ想像の作品とは云い難き事が明らかにされたと思うが、その歴史的価値についての最後の断案を下すに先立って、これ等の書の編纂《へんさん》の経路とその相互の関係とについての諸問題に、概括的になりと触れておく必要があると思う。少なくもそれによって、我等がすべての問題に直面することを厭《いと》わぬことを示すだけの効能はあろうから。

四福音書を通読する者のたれしも気付くのは、マテオ、マルコ、ルカの三書が大同小異であるに反して、ヨハネ書のみが特殊の趣を備えている点である。前の三書は結構が同一であるのみならず――キリストの洗礼、沙漠《さばく》における誘惑《ゆうわく》、ガリレア伝道、而して最後の過越祭の数日前に聖都に上り死す――大体同一の出来事がほとんど同様に物語られ、往々にして同一の文句をさえ含んでいる。さりとて相違点がまるでないと言うのではなく、各特色があって、キリストの幼年時代の記事は異なった材料と筆法でマテオ、ルカの両書に物語られ、同じくイエズスの説教はこの両書に豊富であってマルコ書にはほとんどないと言ってもいい位であり、マテオは全篇の六分の一、ルカは四分の一、マルコはたった十分の一位に当る部分を、他と共通しない固有なものとして持っている。その他、共通な部分にも順序の錯雑あり、細目の相違、叙述法の変化等に至っては、枚挙《まいきょ》に遑《いとま》のない程である。これ等の諸点を一目瞭然《りょうぜん》と捕えるには、この三書の相並行せる部分を並べて印刷してあるSynopsisを見るのが一番捷径《しょうけい》である。この三書を共観福音書（Synoptical Gospels）と称し、この三書の相似と相違の問題をSynoptical problemと名付くるは、蓋《けだ》しここに発している。

共観問題の諸解案

この共観問題は、未だ徹底的の解決に達していない。将来といえども恐らく達する事は困難であろう。今日残存する福音書は、何《いず》れも現に行わるる形においてのみ存し、それ以前の草稿と目すべき何物も伝わっていないから、その編纂《へんさん》の道程に関しては、前講中に引用せる古代著作家の断簡零墨《だんかんれいぼく》以外になんら文献の徴すべきものがないため、幾多の臆説が相次いで現れ、停止する所を知らぬ有様《ありさま》である。その主なるものを挙ぐれば、

（a）　共観福音書の史料となったものは、共通の口伝、すなわち使徒や最初の伝道者等の説教であって、それが夙《つと》に一定の型に嵌《はま》ったものを、三書の著者が各異なれる目的のために異なれる見地から利用せしものならんとの説、これは最初に唱えられた説であるが、これに対しては三福音書が余り重要ならざる事実や、観察や、それらの事実の作為的関係において一致していながら、主禱文や聖餐の制定のごとき重大なるイエズスの言行に関して、かなり相違している点（マテオ書第六章九－一三＝ルカ書第十一章二－四、マルコ書第十四章二二－二五

＝マテオ書第二十六章二九＝ルカ書第二十二章一五—二〇）を説明せぬため漸次放棄せられつつある。

（b）　しからば、共観福音書は完成さるるに先だち相互に利用され、あるいは先在せる共通の稿本に基づきしに非《あら》ざるか、との仮説が第二段に生じてきた。現今多くの批評家の同意を得ている説は、以上の二つの仮定を、次の形で併用するものである。すなわちマルコが、ペトロの口伝に基づき、イエズスの説教はほとんど省略して出来事の叙述だけの福音をまず著し、マテオとルカは、これに基づいて大体の結構を作った上に、別にイエズスの説教を収録した稿本を利用して、各自思うがままにこれを叙述的の部分の間に挿入した結果、第一および第三福音書が出来上った、と。しかしこの説とても、幾多の疑いを挟む余地がある。イエズスの説教を収録した稿本のあったとの仮定が絶対に確実であったにせよ、ルカとマテオとがマルコに基づいたとしたら、その痕跡《こんせき》を認め得られねばならぬ筈であるが、マルコと全然同じ箇所はマテオにもルカにも認められない。後の両者が絶えず僅《わず》かばかりの変更を加えながらマルコを利用したとの臆説は、かなりいかがわしいものである。その他マルコにはあってマテオにない箇所や（マルコ書第一章二三—二八、第十二章四一—四四）、ルカに省《はぶ》かれている部分（マルコ書第六章四五—五六、第七章二四、第八章一一、第十章一—一二、同三五—四五、第十四章三—九等）があり、三者共通の箇条中これを精査《せいさ》すると、言い廻しや言葉の相違の上から、マルコが基になったと推定しがたき部分もある。

（c）　第三段に、今日は伝わらぬ二つの稿本——説教集のほかに共観福音書の叙述的部分の骨子となったものが先在し、この二つを三著者が利用したとの仮定の下に、如上《じょじょう》の困難を解決せんとする者が起こってきた。しかしいずれも臆説たるに止って、歴史的に確証なき点は同一であり、結局どう考えたらば共観問題の説明がつくかに腐心しているにすぎないのである。

福音書編纂《へんさん》の順序や過程が精密に如何様《いかよう》であったかは別として、これ等の書が完成さるる前にその準備となりし稿本の存在せりとするは、ルカ書巻頭の辞から考えても、さもあるべき事である。使徒のユダヤにおける初期の説教がアラメア語でなされたのは疑う余地なき事であるが、教会がパレスチナの国境を超えて、小アジアからローマ大帝国の各地へと弘布《こうふ》して行き、イエズスに直接師事せざりし新しき伝道者の群が加わるにつれて、これ等の人々の必要に応ずるためにも、説教の一致を保つためにも、また忘却に備うるためにも、イエズスの証人等の記憶していた事柄の重要な部分を徐々に記録に残して行ったと考うるは、最も自然ではあるまいか。またかかる企てがただ一箇所でただ一人によってなされず、異なった場所で異なった人々によりなされたと想像する方が、真に近くはあるまいか。そうしてマテオ福音書についての古伝にあるように、これ等の稿本が大体まずアラメア語で書かれ、各所で必要に迫られてギリシャ語に翻訳され、大同小異の訳本を生じたと想像するのは無理だろうか。

これ等の一つなり二つなりが、共観福音書の各《おのおの》の史料となり、これに各著者固有の観察なり、思想なり、傾向なりが加わって現在の三書ができたとしたら、共観問題は的確な解決を得ないまでも、大体説明がつくと思う。

共観問題の解決と第四福音書の特徴

またかく考えてゆく事によって、ヨハネ書の特異な点も説明される。年代において一番おくれたこの福音書は、共観三書とは全然異なる系統の材料に基づき、三書のいずれをも利用していない。さりとてこれを無視しているのでもなく、かえってその内容が読者に親炙《しんしゃ》せるものたる事を予想している。ヨハネは先行者の詳説せるイエズスのガリレア伝道を意識的に省略し（第四章五四、第六章一—第七章一参照）、洗者ヨハネ捕縛の一条（第三章二四）や、主のカイファの法廷に立ち給いし事を暗示しているが、共観三書の何《いず》れにも由った形跡は見えない。著者はその豊富なる個人的追憶によって福音を書き、しかも先行者の欠陥を補わんとしているように見える。

一方、前の三書に収録せられた若干の重要なる記事を載せぬと同時に、他方先行者の閑却せる聖都およびユダヤの諸地におけるイエズスの活動を描くこと頗《すこぶ》る詳細である。たとえばイエズス訣別の聖訓を五章（第十三章—第十七章）の長きに亘って伝うるに反して、聖体の秘蹟の制定に関しては何事をも言わぬ。しかし彼は、ガリレア湖畔の活《い》けるパンの説教において（第六章を見よ）、この信仰の玄義の成就が徐々に準備されてきたことを示している。これ聖体の制定は、当時の信者にとりて周知の事実であったからであろう。その他、ヨハネが同時代の異端者に対してキリストの神性を強調力説せんと欲し、その叙述をこの目的に向って按排《あんばい》したという特殊の事情もまた大いに顧慮されねばならぬ点である。

福音史家の真実

概略ながら以上述べただけの予備知識を持って福音書に対すると、そのイエズス伝史料としての価値に関する正しい評価が始めて可能になる。四福音書の筆者は、その著述に当って仮令《たとい》先在せる稿本を利用したとするも、それらの稿本の価値について充分誤らざる批判を加え得べき地位にあった人達である。またその内容の欠陥なり誤謬《ごびゆう》なりを、自己の個人的記憶により、あるいは信用するに足る目撃者ないしは関係者について取調べ、補足し、訂正することができたのである。マルコとルカとは、マテオのごとく使徒としてキリストに近侍した者ではなかったが、前者はながくペトロの身辺にあってその説教をきき、通訳をつとめた弟子であり、ルカはイエズスの目撃者の未だ多く残存せる時代に、小アジアやパレスチナをパウロに従って伝道して歩いた人である。自ら巻頭に言うがごとく「我等の中に成り立ちし事の談《ものがたり》を、初めより親しく目撃して教えの役者たりし人々の我等に言い伝えしごとく書き列ねんとて、多くの人既に著手せるが故に……我も凡《すべ》ての事を最初より詳しく取調べて、順序よく汝に書き贈るを善し」（第一章一―三）としたのである。この二人の史家としての境遇は、イエズスの直弟子にそう大して劣るものではなかった。前者はペトロの保証の上に立ち、後者には細心なる詮索家《せんさくか》としての充分な用意と必要な教養とがあった。だから彼等三人が忠実に史実を我等に伝え得た点については、疑う理由はないのである。

しかし果して彼等は忠実なる叙述者として、ありのままの史実を伝えたのであろうか。自分等の主観的の信仰なり思想なりに累《わずらわ》されたり、時代精神に知《し》らず識《し》らず影響された結果、彼等がこうありたい、かくなくてはならぬ筈である、だから確かにそうだと信じた事柄を史実の框《わく》にはめて描き出し、無意識ながらも宗教的熱情の産物を我等に残したのではあるまいか。かかる懸念《けねん》に対しては、彼等の著述そのものが、偏見《へんけん》に囚われずに真率に本文を読む凡《すべ》ての読者に反駁《はんばく》の余地なきまでに明らかな返答を与える。

福音書ほど、全体に亘《わた》って作為の痕跡《こんせき》を留めぬ書は稀である。単純な叙述、少しも飾らぬありのままの書き振りは、何かためにせんと欲する人々の筆としては、どうしても受け取れぬ。彼等は文章家ではない。一つも理屈なぞはこねていない。徹頭徹尾《てっとうてつび》見た事、知れる事を、見たまま知れるままに書き下して、込み入った説明をするのでもなく、注釈をつけるのでもなし、行雲流水《こううんりゅうすい》のごとく、悠々《ゆうゆう》として自在に欲する事を言い、事実を述べ、読者がいかなる感想を抱こうかなぞいう思惑の影さえ見せぬ。

特に時間や場所については極めて無関心で、大抵「その時」、「時に」、「その後」、「ある町」等の漠然たる語を以て満足し、読者の考古的好奇心を満足さしてくれることは極めて稀である。さればと言って、決して「その時」や「ある町」で起こった出来事を漠然と叙しているのではない。叙述の対象となる事柄に至っては、簡単に言葉少なく物語られてはいるものの、いずれも力強く明らかな輪郭《りんかく》を以て描かれ、目撃者ででもなければとうてい気のつかぬような、繊細な筆致を見ることさえある。

例えばルカ書第七章の、罪人なる女がイエズスの御足に香油を注ぐ一節をみよ。「ここに一人のファリザイ人、イエズスに会食せん事を請いければ……折しもその町に罪人なる一個の婦ありて……」（三六―三七）云々とあって、吾人はこの事蹟がイエズス伝道のいつ頃起りしや、何処《いずこ》なりしや、そのファリザイ人の名は、四〇節に至って偶然シモンと呼ばれたことを知るが、罪人なる女の誰なるや等に関しては、全然推測に任されている。しかるに普通マグダラのマリアだとせらるるこの婦が、「香油を盛りたる器を持ち来り、イエズスの足下にてその後に立ち、御足を次第に涙にて濡し、己が髪毛にてこれを拭い、かつ御足に接吻《せつぷん》しかつ香油を注」（第七章三七―三八）ぐ劇的シーンに至っては、言々句々実に最高の写実であり、この一節はその単純なる美しさの故に、とこしえに人類の想像を魅惑《みわく》し去ったかの概がある。

しかし筆者は、この感動すべき劇的場面に低徊《ていかい》するような芸術家ではない。彼は無関心に筆をすすめてゆく。而《しこう》してこの美しい場面を背景にして罪の赦《ゆる》しと愛と信仰とに関する、これもまた単純なるが故に更《さら》に崇高なるイエズスの教訓が、ファリザイ人シモンとの問答の中から、何人《なんぴと》の心をも捉えずにはおかぬ明らかさと力とを以て、最も自然に浮び出てくる。ルカが万一自ら説教せんと欲するがごとき人であったならば、これ実に好適の場所である。彼は「故に汝等云々……」と書き加える誘惑《ゆうわく》に打ち克てなかったに違いない。しかし事実はそれと反対で、彼は例によって例のごとく同じ調子で、「その後イエズス、説教しかつ神の国の福音を宣《の》べつつ、町々村々を巡廻し給いけれど……」（第八章一）と物語を続けてゆく。かくのごとく虚飾なき透明の筆致に対して、何人かよく福音史家の真率と正直とを疑い得る者があろう。

福音書を想像の作品とする矛盾

この一般的印象は、次のごとき諸点を慎重《しんちょう》に考慮することによって、根拠ある信任にまで高まり得るものである。福音書の歴史的価値を否定せんとする徒の理由とするところは、主にそれが宗教的想像の所産であるからというにある。而してそのいわゆる宗教的想像の中心を形成するものは、単なる人間、ユダヤ教の一ラビ、イエズスを神格化し、彼を以て全人類の救主にまで祭上げた信仰であるという。もし果して然《しか》らば、福音書に現れたるイエズスは、この信仰を最も都合よく裏書するものたるべきはもちろんである。この祭上げられたる神人救主イエズスを中心として、その宗徒等を、読者をして成程《なるほど》と首肯《しゅこう》せしむる程度にまで理想化するが当然である。然るに事実は如何《いかん》？

まず第一に、この万民の贖主《あがないぬし》たるべきキリストは、たまたま同時代のユダヤ人のメシア思想に背馳《はいち》せる教えを宣べたるが故に、奴隷の極刑たる十字架上に最期を遂げた者として描き出されている（第六章「原罪」「メシア思想の発展とその実現」の項参照）。福音書と同時代かもしくはより古いものと断定し得べきパウロの書簡により、当時の教会の信仰が既にイエズスを神の子キリスト、神性を具えたる真の神にして、地上に降臨《こうりん》するに先立ちて天父の懐に先在せる者、復活により父なる神の右に坐してその光栄を分ち、世の終りに死者と生者とを審判せんがために再臨すべき者としたことを、明らかに知り得る（ロマ書第一章三―四、第九章五、コリント後書第五章一九、ガラテア書第四章四、フィリッピ書第二章五―七、コロサイ書第二章九等を見よ）。従ってパウロの弟子であり伝道の伴侶《はんりょ》であって、その福音を伝えたというルカはもちろんのこと、その他の福音史家も、その著述に先立ってこの信仰を有せしことは察するに難くない。

然《しか》らば、唯理論者が目して宗教的想像となすこの信仰は、もちろん彼等の福音書の記述に由って基礎づけられねばならぬはずである。彼等と、彼等が利用せりと想像される稿本の作者等にして、史実の忠実なる伝達者でないとしたなら、この偏見を裏書するに都合よき事実と出来事のみが選択され、採用され、都合悪《あ》しきものは捨てられたと考うべきである。かくて彼等のイエズス伝は、神の子たる者に相応《ふさわ》しき光彩陸離《こうさいりくり》たる生涯の絵巻物であるべき筈であるが、事実はこれに反して、共観三書においては、キリストの神性のごときは決して明らさまには告げられていない。この信仰は、人の子イエズスの言行の所々に暗示的に主張さるるに止まる。一方彼を、赦罪権を握る者、死者と生者との審判者にして、安息日に主たる至上の立法者、ソロモンよりも、旧約の預言者よりも、また凡《すべ》ての被造物よりも大なる者として、己のためにその弟子達が骨肉の親と生命をすら捨つる程度の心服と愛とを要求し、己の名によりて神の業《わざ》たる奇蹟を行い、己を礼拝する者をあえて拒まざるがごとく描くと共に（使徒行録第十四章一〇以下に現れたるパウロの態度と比較せよ）、彼の神性の信仰とは一見矛盾するがごとく見ゆる文句を平然と差し挿《はさ》んで顧みない（マルコ書第十章一七以下、第十三章三

二、第十四章三六、第十五章三四等)。

かくのごとく彼の神性を描く事頗《すこぶ》る吝なるに反して、福音書作者は、その人間性の驚くべき精緻な叙述を吾人に提供する。彼等のキリストは、実に血あり涙ある人の子である。彼は荒野に断食しては悪魔に誘われ、伝道の途上には親しく弟子等と寝食を共にし、受難に先立ちて悶《もだ》え苦しみ、「我が神よ、何ぞ我を棄て給いしや」(マテオ書第二十七章四六)と叫んで最後の息をひきとる。この対照——ユダヤ人にとりては躓きの石、ギリシャ人にとりては愚かなる事、信ずる我等にとりては神の大能たるこの驚歎すべき対照は、彼等が「信仰のイエズス」ではなくて、「史実のイエズス」を我等に伝えた最もよき証左ではないか。福音書は傾向小説《テンデンツロマン》としては、確かに失敗の作である。史実はそのまま小説にはなり得ないからである。

イエズスの描写について言われたと同じことが、原始教会の柱石として信徒から仰がれていた使徒達の描写についても、主張し得る。福音書が傾向小説ならば、使徒達を神の使いに祭り上げて然《しか》るべきであるのに、事実はこれに反して、容赦《ようしゃ》なく彼等の弱点を摘発している。多くはガリレア湖畔の無学な漁夫であった彼等の卑賤な身分も、主の御言を解することの鈍さ、心の頑《かたくな》さ、その現世的欲望、神の国についての世俗的偏見、主の御受難に先立っての彼等の空威張《からいば》りと、実際に当っての卑怯《ひきょう》と落胆、特に後に至っては自らキリスト復活の証人と称した彼等が、これを信ずるに頗る緩慢《かんまん》であったその不信の態度等が、遠慮会釈なく赤裸々《せきらら》に物語られているではないか。かくのごとく、普通の著述者が最も主観に累《わずらわ》されやすき諸点について、かかる正直な保証を提供し得る福音史家を、史実に忠実ならずとは公平なる何人《なんぴと》も考え得ぬところである。単にイエズス伝の史料と見ても、共観三書は吾人の信憑に値するという結論は、充分根拠あるものと言わねばならない。

ヨハネ書の歴史的価値

第四福音書についても、同様な断案を下し得るや。編纂の年代において前三書に後《おく》るること恐らく二十年ないし三十年なるべきに加えて、この書はキリストの神性を明らさまに主張せんがための宗論書ではないか。これ等の危懼《きく》に対しては、この書が共観福音書以上の地理的精密さや、目撃者ならでは有し得ざる底の繊細なる観察に充《み》てることと、その著者が最も親しくイエズスに師事せる愛弟子のヨハネなることが、既に指摘された。イエズスがキリストたることを信ぜざる同時代の異端者に対して本書がかかれ（ヨハネ一書第一章二参照）、この目的のために特殊の場面が選択され、イエズスの奇蹟や説教中、その神性を明らかにするものが好んであげられた結果、共観三書とは別種の趣きを具うるに至りしは事実であるが、それがために史実が曲解されたり、架空な出来事が捏造《ねつぞう》された、という痕跡《こんせき》は見出されない。

イエズスの神性の主張は、取り離すことのできぬ程密接な関係において、写実的環境の框《わく》の中に嵌《は》め込《こ》まれている。万一想像を写実の中に作為的に編み込んであるのだとすれば、この書の作家は、実に見上げた創作的手腕を有する人でなければならぬ。しかしながらかくあるには、彼の言辞は余りに素朴であり、その筆致は真率《しんそつ》にすぎる。彼は繰り返し子供らしき無邪気さを以て、神自身が人になれりという人間の意表に出ずる驚天動地《きょうてんどうち》の大事件の目撃者、証人であると宣言し、その証明に虚偽のないことを中立てている（第一章一四、第十九章三五、第二十一章二四）。また事の真実を他の目撃者の経験にも訴えて述べている（第一章三二―三四、第二章一一、二三、第四章四二、第十章四二等）。これが技巧であるとしたら、実に拙の拙なるもので、いかにしてかかる拙劣なる欺瞞《ぎまん》法が、自己の想像をかくまで巧妙に現実の框内に取り入れた大創作家の筆端より発し得たりしやを了解するに苦しまねばならなくなる。

その他、イエズスの身辺を取り囲んで相争ったユダヤ人の諸党派の軋轢《あつれき》が、ヨハネ書においては最初洗者ヨハネの弟子とイエズスの弟子との間の嫉妬《しつと》争論という共観三書とは異なれる形において現れてくるが（ヨハネ書第一章二四、第三章一―五、同一〇、第四章一、第三章二五、第七章四七、同五二、第九章一四、第十一章四六、第十二章四二等を、共観三書のファリザイ人律法学士とイエズスとの衝突の物語に比較せよ）、ヨハネの叙述は、それなりに我等が他の福音書により知る事実と抵触せぬ点、書中に現れたメシア観が、イエズス生存中のパレスチナに流布《るふ》せしそれであって、ヨハネ書が書かれた一世紀末の思想ではないこと（第七章二六―二七、同四〇―四三、五二、第十一章四七、四八）、共観福音書中には世の終りと聖都の陥落の預言とが混淆《こんこう》されて居り、本書の書かれた時代にはイエルザレムの滅亡は夙《つと》に実現された後で、この最初の形における再臨の期待は裏切られていたにもかかわらず、ヨハネは依然として再臨の信仰を予想するイエズスの言を書中に収録して憚《はばか》らぬ点（ヨハネ書第五章二八―二九、第十四章二―三、二八、第十六章一六、第二十一章二二）等よりしても、著者が独立の根拠を有し、時流を追うて作為せるにあらざることが推知される。

彼は序言中に、イエズスを単刀直入に神のロゴスと同一視している。それにもかかわらずこの同じキリストの人間性は、他の三書に勝《まさ》るとも劣らざる程度に力強く描き出され（第十一章のラザルの墓畔における感動すべき一節を思え）、またイエズスがその伝道の初期に当っては、明白に自らメシアたることを群集に宣言するを避け、時宜《じぎ》に応じて漸次これを明らかにし（第八章二五―二七、第九章三七、第十章二四―二五、第十二章三四―三五）、最後に至って始めて公言して憚《はばか》らざるに至る態度のごとき、その宣言の機会は異なるが、先行福音書のいう所と一致している。この類の事柄は、この他にも未だいくらもあるのである。

かくのごとく種々の方面からヨハネ書の諸相を観察して見ると、その護教的傾向は度外視するを得ないが、著者がアポロジストたるがために史実を捨てたにあらざることは、看取するに難しとせざるところである。イエズスの神性の信仰を、先天的に宗教的情熱の産物なりとする非歴史的臆説を前提とせざる限り、第四福音書の歴史的価値もまた肯定せざるを得ぬこととなる。

福音書に対する偏見

四福音書の歴史的価値は、かくのごとく確実なものである。然《しか》るに現代の高等批評が、その物語る事蹟に対して懐疑的であるのみならず、屢々《しばしば》極端に否定的な態度を取るのは何故《なにゆえ》か。学者は一般に、ヘロドトスやツキジデスの歴史を大体において信憑《しんぴょう》するに足るものとしてギリシャ史を編み、批評家もまた未だ嘗《か》ってこれを怪しんだことがない。然《しか》るに、ある物好きな詮索家《せんさくか》の研究によると、ヘロドトスの名を書中に始めて載せたのはアリストテレスであって、これは前者の死後百年ばかりのことであり、第二の記載はローマの弁舌家キケロの著述中に見出され、これは更に三百年を経た後の事で、すなわち著者の死後四百年を経ているそうだ。ツキジデスの名を始めて典籍に発見するのも死後三百年、同じくキケロの書中にあるという。一般にその歴史的価値が認められているその他の古典についても、大略類似のことが言える。これを福音書の前述せる内証外証に比すれば、雲泥《うんでい》も啻《ただ》ならぬ差異がある。かくのごとく福音書よりは何百年かの昔にかかれ、その歴史的価値の外証がかくのごとく薄弱な史籍が議論もなく受け容れられるに反して、福音書に限って例外的の特殊扱をうけるのは、何か別に理由がなくてはならぬ。

ある論者のごときは、福音書の記事をほとんど同時代のユダヤ人史家ヨゼフスの歴史によって批判せんとする。その言う所をきくに、福音書は最初から怪しい信用のならぬ書で、ヨゼフスは絶対に信憑《しんぴょう》するに足るかのごとき語調である。かかる論者に向って、ここに福音書について掲げたるがごとき歴史的価値の証拠をヨゼフスにつき提示してくれと要求したら、どうだろう。どれだけの事が言えるか実に興味ある問題だが、吾人は未だかかる研究を見たことがない。昔パスカルは言った。「余は、その証言のために己の首を差し出すことを辞せぬ証人は、よろこんで信用する」と。古代において、福音書に記された事実の真理を証するために命を捨てた人は、数限りなくある。ヨゼフスの所説のために死んだ者は、古往今来ただの一人もあるまい。かくのごときは学術的の証明にはならぬと言うかも知れぬが、福音書の歴史的価値とヨゼフスのそれとの根拠になる内証外証の多寡《たか》を商量《しょうりょう》したら、この比喩位な軽重の差があるにきまっている。

キリスト教会に対する偏見

この他、公平な批判を下すべき学者には不似合なかかる類の議論が、事一度キリスト教に関するや否や、無尽蔵《むじんぞう》に出てくるのは一体何故だろう。その一例を再び和辻氏の原始キリスト教論から拝借する（『原始キリスト教の文化史的意義』三九―四〇頁）。それはユスチヌスやテルトリアヌスのごとき初期の教父が、ミトラ教の密儀はキリスト教の秘蹟を悪魔が摸倣したものだと論じているのについて、この「悪魔の所行」が歴史的に言ってキリスト教の起原より古い以上、摸倣したのは異教ではなくてキリスト教だと云う見方である。これは素人《しろうと》には一読事理明白、そこに何等の異論を挿《はさ》む余地がないかのように見える。

しかし実際は、仲々そんな単純な事柄ではない。上述のごとき説をなす者に、試みに「君が歴史的にはキリスト教の起原より古いという、問題の聖餐式に類するミトラ教の密儀についての知識を、どこから得られましたか」と追及してみたらどうだろう。私はキリスト教の起原以前に、異教の密儀なるものが存在した事実については別に疑わぬ。もちろんこれを問題にしているのではない。その異教の密儀が、キリスト教の起原以前の時代において、既にキリスト教以後の時代、特にこれに意識的に対抗し始めた時代（教父の所説がこの時代のものであることを忘れてはならない！）のごときものであったかどうかについて、根拠ある説明を求めるだけなのである。なんらかの新発見のない限り、彼等は新約聖書完成以前の時代に属するなんらの典拠も示すことができないのである。

プルタルコス（四八頃―一二五頃）のポンペイウス伝中に、紀元前六〇年頃にミトラ教が始めてイタリアに現れたという記事があるが、それだけで、密儀の内容については何も述べる所がない。多少なりとこの方面の史料を得るには、我等は更に百五十年程待たねばならぬ。ヴェスパシアヌス帝（在位六九―七九）頃のかすかな痕跡《こんせき》を除いては、新約聖書の完成したトラヤヌス帝の治下（在位九八―一一七）に至る迄、なんらこの方面において徴すべきものがない。これに反して、キリスト教の聖餐式は既にパウロの書簡中に明示されている。かつそれがいかなる儀式であったかは、『十二使徒の教え』や、アンチオキアの聖イグナシウスの書簡のごとき古典によっても、知ることができる。これに反して、同時代のミトラ教の密儀に関しては、なんら典拠となるべきものを見出し得ないではないか。然《しか》らば、異教がキリスト教を模倣したのではなくて、キリスト教が異教を模倣したのだとの主張は、なんら歴史的根拠のない独断説ではないか。況《いわん》や吾人がミトラ教の密儀について有する知識の大部分は、これを上述のキリスト教の教父等に負うて居るにおいてをや。（これ等の史料はほとんど全部Franz Cumont: *Textes et monuments figurés relatifs aux mystères de Mithra* 中に蒐集されてある。）

キリスト教と密儀宗教との関係

このミトラ教とキリスト教との関係に関すると同様の錯誤《さくご》が、この他の紀元前後の東方諸宗教とキリスト教との交渉の歴史についても、屢々《しばしば》くり返される。それは言うまでもなく、もしもキリスト教の諸要素がこれ等の宗教からの借物であることが明らかにされれば、キリスト教の神よりの啓示としての主張を覆《くつがえ》すに非常に都合がいいからである。しかしかかる希望は、気の毒ながら、学術的には永久に成就する期がないのである。この点に関して吾人の有する史料は、キリスト教のそれの方が年代的に古くかつ豊富であるに反して、異教の密儀に関するものは遥か後期に属し、多くは断簡零墨《だんかんれいぼく》である。幸にして、新しき発見によってこの欠陥が補われると仮定しても、更に絶対的の障礙《しょうがい》――異教の密儀の根底をなす信念が、キリスト教のそれと全然異なるという動かし難き事実を、如何《いかん》ともすることが出来ない。

これ等の点は、今日では反キリスト教的の宣伝家等によってすら、漸次意識されて来た。最近の一例をあぐれば、目下フランスにおいて刊行されつつある反キリスト教的叢書《そうしょ》の寄稿家の一人なるブーランジェ氏（A. Boulanger）のごときも、

神がその信徒等を永生に導き入れんがために、自ら死しかつ復活するという信念は、希臘《ヘリニック》のいかなる密儀宗教にも存在しない。（密儀宗教の）神の苦しみと死に対するこの勝利は、成程《なるほど》人生の苦しみに悩める信者にとっては、来世におけるよりよき生涯の表徴《シンボル》ではある。かかる苦しみや死が神を人に近づけて、全く神の状態にまで摂取される希望を与えるのだから。しかし、神の死は罪の贖《あがな》いたる犠牲ではない。またこの死が救いを得せしむ

るのでもない。「キリストは我等の罪のために死し給えり」とのパウロ的信経の根本箇条は、オルフェウス教のザグルースにもアチスにもまたはタムズにも適用されない。加之《しかのみならず》Soter（救主）という形容詞は、決して密儀宗教の神々の特徴ではなく、キリスト教以前の時代には彼等に冠されていない。（*Orphée, Rapport de l'Orphisme et du Christianisme*, p. 102.）

と告白せざるを得なくなってきた。

キリスト教が異教の密儀を摸倣したという証拠のないのに反して、それが「悪魔の所作」であるなしにかかわらず、異教がキリスト教の影響を受けたことは拒むことのできない証左がある。この明らかな事実に対して、飽《あ》くまで眼を閉じ耳を蔽《おお》わんとする徒すら、更に第三の難関に逢着《ほうちゃく》する。キリスト教と密儀宗教の間に存する越え難き渠溝《きょこう》を無視しても、密儀宗教の敗滅に対して、キリスト教の世界克服が解し難き謎となる。そこで今度は「一が勝って他が衰えたのは、ただ組織の力があったか無かったかの一点に帰著する」という窮余《きゅうよ》の一解案を考え出した。しかしかかる論者にとっては「ガリレア湖辺の漁夫農夫が、いかにして都会の宗教としての一つの教団を形成し得たかは、我々の知り得べきことでない」のみならず、この教団組織が当時ローマ帝国内に存在した他の職業組合や宗教団体と同種のものであったとしたら、この解案も無意義になってしまう。なぜキリスト教という「都会的な秘密結社」ばかりが、他の同じ種類のものとは異なって、世界的価値顚倒運動に成功したか。原始キリスト教が真実に「他から」来たのでないならば、この問題は依然として不可解の謎として残る。かかるいい加減な想像を以て歴史に替えんとする徒は、この謎を解かんとして面《おもて》を天に背《そむ》け、足下の大地を永久に凝視するであろう。しかし大地からは光明の射そう筈はないのである（和辻氏結論参照）。

原始キリスト教は、異教の要素なぞを必要としなかった。その最初においてすら、キリスト教がいかに豊かな目充実せる姿において己を現したかは、使徒行録の物語る通りである。それは殉教をも辞せざる底の熱情を以て堅持せられる信条を有し、宗教生活を埒外《らちがい》に奔逸せしめざるべく指導し、これを訓練陶冶《とうや》するに足る権威ある階級組織と秘蹟と経典とを具備していた。密儀宗教なぞは、素《もと》よりその敵ではなかったのである。これらの点について教会的との非難はあるまじき Harnack: *Mission und Ausbreitung* の一節（II. S. 938–944, 4 Au., 1924）を、読者の参考せられんことを希望しておく。

キリスト教否定の原因

以上の実例によって、福音書の歴史的価値や原始教会の独特な地位を否定せんとする試みが、決して公平な学術的批判に基づくものではないことが明らかにされたと思う。我々はここに、この否定的態度の原因や動機を指摘すべき段となった。それは簡単に、超自然の否定に基づくと言うことができる。ヘロドトスもツキジデスもヨゼフスも、その真偽が我々の生活に直接影響を及ぼすがごとき重大事を物語っているのではない。我々はその所説を反駁《はんばく》する必要を感じないのである。

これに反して、福音書や原始キリスト教の歴史は、一つの重大なる主張を以て吾人に迫ってくる。その主張は、人々が受け容れる義務のある神よりの啓示として、権威を以て吾人に臨むものである。而してその権威の保証として、奇蹟を提示する。それは「我が言を信ぜずば我が業を信ぜよ」と叫ぶ。吾人は地上の生涯に止らず、永生に迄かかわるべき一大事につき、去就を迫られる。しかもその提示する事実をそのまま受け取る以上は、信仰を回避する術はないのである。かつ、一度信仰する以上は、吾人の全生活をこの厳粛なる基調に合わすべき、容易ならぬ道徳的責任を負わされる結果に陥る。退いて降らざらんとせば、進んで戦うより他に途《みち》はない。いわゆる高等批評は、ここにその端緒を発した。理性的動物である人間には、何をするにも口実が必要である。ただキリスト教はいやだでは、申《もう》し訳《わけ》にはならない。そこで哲学をかついで、奇蹟は不可能だと言う。歴史を楯にして、史実を疑う。高等批評の立脚する地盤が公平な見地だなぞ考えるのは、実に無邪気な素人考えにすぎぬ。

私のかく言うのは、決して独断ではない。これ高等批評家等自身の告白である。「福音書の真実を攻撃するのは歴史的の理由によるのではなく、その吾人に負わせる道徳的帰結の故である」と言ったのはシュトラウスではなかったか。「いかに確実なる証拠あるも、キリストの復活を歴史的事実とは認められない」と論じたのはツェラーではなかったか。ルナンに至ってはイエズス伝の巻頭に「福音書の物語る奇蹟を否認するのは、福音史家が絶対に信用できぬことが証明されたに由るのではなく、反って福音書が奇蹟を物語るが故に、これ等は作り話に過ぎぬ。またそれは歴史を含むかも知れぬが、確かに凡《すべ》てが歴史的ではないと断言する」と言明したではないか（第七章「御托身〈その一〉」「宗教的想像の文化史的意義について」の項参照）。

すなわち彼等は、キリスト教を構成する重大なる要素に対して研究を始むるに先立って、否定的態度を取っているのである。彼等はキリスト教の信仰が吾人に負わせる道徳的責任を、最初から事の是非《ぜひ》いかんにかかわらず、回避するつもりなのである。復活や奇蹟なぞは、あり得べからざるものとの世界観から出発しているのである。だから奇蹟の物語は、作り話にきまっている。彼等の主張と調和せぬ福音書の章句は想像の所産で、後代の挿入か、後人の加筆にきまっている。そうきめておいて、然《しか》る後にこの臆説を肯定するような理由を詮索《せんさく》する。そのためには、考古学も言語学も、比較宗教学も民族心理学も、あらゆる学問が総動員される。その陣容の堂々たる、実に素晴《すば》らしきものである。素人《しろうと》などは一見して仰天《ぎょうてん》、三舎《さんしゃ》を避けずにはいられない。第一の源にまで溯って、彼等の言い分が果してどれだけの根拠の上に立つかを突きとめてみる勇気のない者は、既に戦わずして風をのぞんで彼等の軍門に降る。しかしいやしくも学に志ざす人は、希《ねがわ》くは底に徹する迄の研究心があってほしいものである。かかる気概《きがい》と自尊心とは、学者的良心からも要求さるるものであると思う。

かくのごとくにして生まれた高等批評なるものが、いかなる時代に始まり、いかなる変遷を経て現代に至れるかを瞥見《べっけん》することは、教養あるカトリック研究家にとっては必要なる常識を養うことであり、またこの歴史的知識により、高等批評に内在する弱点が最も明らかに看取さるるが故に、以下煩を厭《いと》わずその一斑を述べることとする。

高等批評の変遷

（Ｉ）　何と言ってもその道の開祖は、ヘルマン・サムエル・ライマールス（Hermann-Samuel Reimarus, 1694-1768）である。彼はハンブルクの生れで、イェナ、ヴィッテンベルクの諸大学に哲学や古典語を学び、一時ヴィッテンベルクで私講師をしていたこともあり、ヴイスマーの高等学校長にもなったが、一七二七年から死に至る迄ハンブルクのギムナジウムで東方語学の教鞭《きょうべん》をとった。当時流行のクリスチャン・ヴォルフの哲学を奉じて、若い時からキリスト教の信仰を捨てていたが、何故後年の著述に現るるごとき憎悪をこの信仰に対して抱くようになったかは、明らかでない。

とにかく彼は、当時流行の自然神教《ディイスムス》の弁護者として数種の著述をしたが、彼をしていわゆる高等批評の開祖たらしめたのは、今日もなおハンブルク図書館に保存されている約四千頁の稿本 *Apologie oder Schutzschrift für die vernünftigen Verehrer Gottes*『神の合理的礼拝者弁護論』である。この原稿は今日に至るまで、全部は刊行されていない。レッシングがヴォルフェンビユッテル図書館長時代に、この原稿の一部を同図書館内に偶然発見されたかのごとく仮構して公刊して（一七七四－七八）物議を醸《かも》し、ハンブルクの牧師ゲーツェとの論争となったのは有名な話である。非はもちろん事実を偽《いつわ》ったレッシングの側にあったが、炯《けい》眼《がん》なる彼は巧みにゲーツェの虚を衝《つ》いている。曰く「牧師閣下、もし貴下がルター教会の我々の牧師達が我々の法王になって、聖書の研究をどの程度に止めよと命令し、我々の詮索《せんさく》に制限を付し、我々の発見したものを公刊する事を差し留めることが出来るということにまで問題をお進めになるのならば、私は率先して、これ等の小法王に代うるに一法王を以てしましょう」と。これはレッシング一流の皮肉《ひにく》にすぎないようであるが、この一句の裡にプロテスタンチズムの高等批評に対する弱点暴露がまざまざと示されている。

聖書の個人解釈の立場に立つ以上、いかなる否定的な解釈に対しても、新教は抗議する権利を持たない。而してこの動かし難き論理の力が、現代の新教会をしてキリストを認めざるキリスト教会たらしめた。この矛盾を更に一歩すすむれば、カージナル・ニューマンが指摘したように「不信仰かカソリシズムか」という岐路《きろ》に逢着する。私が本講義中かつて「今日の否定的な高等批評の祖は、決してライマールスではなくルターその人である」（第八章「御托身〈その二〉」「近代主義と高等批評」）と言ったのは、決して好んで逆説を弄《ろう》したのではない。

ライマールスによれば、イエズス自身および新約聖書の著者等の目的は、決して神の言を教うるのではなく、自分等の利益のためであり、かつ、この目的を達するためには、故意の欺瞞《ぎまん》をすら敢《あ》えてした。

イエズスが悔い改めの業を以てその唯一の目的としなかったのは、惜しむべきことである……残念ながらそれは、彼の主眼とした王国建設の準備に過ぎなかった。この企ては、悔い改めの業が偉大なる人格者たらしめたのであろう人を、甚《はなは》だしく堕落せしめるものである。(Strauss; *Reimarus und seine Schutzschrift*, S. 122.)

過越《すぎこし》の祭を機として人民を蜂起せしめ、ダビデとソロモンとの王国を再興しようとしたイエズスは、時機を誤まって反《かえ》って捕えられ、失望のうちに死んだが、弟子達は屈せずに再挙を計る。労働を捨てたガリレア人達は、神の国の宣伝の方が利得の多い生活法だという味を知っていた(!)。そこでイエズスの死後五十日目ペンテコステの祝日に当り、師匠の死骸を盗んで、復活して昇天したと言いふらし、彼が世を審《さば》くために再び来ると教えた。ライマールスの考えによれば、この再臨が原始キリスト教の中心ドグマで、これはもちろんキリスト自身の教えたことではないそうである。最初の信者は素朴な人達であったので、まんまと騙《だま》されてしまったが、いつまで待っても再臨がないので、教会の教父等は空虚な希望を以て自ら慰めざるを得なくなったと。その他、弟子達はイエズスの生涯と事業を理想化し、奇蹟だの教会建設だの、また彼の夢みざりし秘蹟の制定等の物語を編んだ。要するにキリスト教の根底は、イエズスおよび弟子等の欺瞞《ぎまん》であって、教会の立場を救い得べかりし唯一の証拠、すなわちキリストの再臨の実現せられなかった事により、一切は葬られたのであると。吾人はこの素朴な否定説の裡に、ほとんどすべての将来の諸臆説の萌芽を認めうる点を興味ふかく感ずるものである。

太陽あれよと神宣《のたま》いければ

世界に光さしぬ
ヴォルフ生まれよと神宣いければ
すべての智慧は照らされぬ

ゲーテのこの皮肉な詩句によってライマールスの時代は葬られたが、シュトラウスの神話説に達する前に、啓蒙的主理主義とでも称すべきパウルス（Heinrich Eberhard Gottlob Paulus, 1761-1851）の時代がある。イエナ大学の東方語学や神学の教授として、その異説のために屢々《しばしば》教会側の非難をうけた彼は、その友ヘルダーの庇護《ひご》によって事なきを得た。彼はまた時代の文星ゲーテ、シラー、ヴィーラントと交り、一八〇三年ヴュルツブルク大学に聘されたが、後辞してハイデルベルクの神学教授となり、九十歳の高齢で「来世がある」との一語をのこして死んだと伝えられる。

彼のイエズス伝（*Das Leben Jesus als Grundlage einer reinen Geschichte des Urchristentums.* 2 Bde.）は一八二八年ハイデルベルクで出版したもので、千二百頁に垂《なんな》んとする浩瀚《こうかん》なものである。彼は一方にイエズスの事業の崇高なる道徳的意義を認めながら、同時に彼を欺瞞者とする矛盾を認め、共観福音書の史実性を許したが、奇蹟をそのまま受け容れることはその啓蒙的思想の忍び得ざる所であった。奇蹟物語は単に東方人の誇張にすぎない。自然界に行わるる不思議な変化は、霊的真理を証明することも覆《くつがえ》すこともできないし、また一切の自然現象は神の全能の発露ではないか。イエズス当時の人々にとっては、吾人にとって然らざる多くの事が奇蹟であった。イエズスの生涯のすべての行為はもちろん自然的であったのを、その伝記者や註釈家があやまって神秘的色彩を与えたにすぎぬ。

たとえば、パンをふやし給う記事は、イエズスが貧しき糧を弟子達と分つのに感心して、傍に食糧を駱駝《らくだ》に満載していた富者がその善行を模倣しただけの事で、海上を歩み給うと見たのは、汀を歩む師匠を弟子達が霧を通して見たために思い違いをした迄の事、病人を医し給うたのは秘密な薬や精神療法を利用したのだなぞと、自然的に説明しておきながら、巻頭には「余の最大の望みは、余の奇蹟に関する説が重要なものと見なされぬことである」とことわったり、「もしも道徳的善が奇蹟に対する信仰または不信仰に依るとしたら、神に対する信心や宗教はさぞ空虚なものであろう……イエズスにおける不思議は彼自身、その浄く、快活にして聖なる心である……もちろんそれは全く人間的ではあるが」なぞといった調子である。復活は、仮死状態で葬られ、墓の中の冷さに正気づいたイエズスが、折よくも地震があって墓石が転び出たために外へはい出して、そこに園丁が残しておいた衣を纏《まと》うて婦人達や弟子に現れただけの事、それからガリレアに帰り、再び弟子等をオリーブ山へ引具して、以前に山上で変容した際に傍にいた白衣をきた二人の友人の間に立っていた時、雲がきてその姿をかくした。かくてイエズスはそこから二人の友人と踪跡を晦《くら》ましたので、弟子達は昇天したと信じた、というメロドラマでパウルスのイエズス伝は大団円を告げる。

(Ⅱ) シュトラウス (David Friedrich Strauss, 1808-1874) は、もう少し科学的な色彩ある衣を纏《まと》うて現れる。彼の父は正統的信仰を有するプロテスタントであったが、母はイエズスを単なる聖賢、しかし模倣すべき師表と信じていた。息子は青年時代には神秘主義にかぶれてヤコブ・ベーメなぞを耽読《たんどく》した。「余はヤコブ・ベーメの格言を信じた。余の彼に対する信仰は、かつて預言者や使徒等を信じた誰にも劣らぬ程厳密に超自然的であったのみならず、彼の知識は聖書すらも達せぬ深さに迄徹し、聖書以上に明らかに直接の啓示たる証拠を帯びるように余には感ぜられた」とは、後年における彼自身の述懐である。しかしやがてシェリングの哲学の影響の下に、神の托身《たくしん》は永久であり、キリストにおけるそれは単に表徴的意義を有するにすぎぬ、というキリスト教の汎神論的説明に移って行った。シェリングの次にシュトラウスの心をひいたのはシュライエルマッハーの新神学であったが、この立場が神秘と現実とを融合調和すると主張するにかかわらず、その実、歴史を無視すると同時に信仰をも放棄《ほうき》するを見透して、遂にヘーゲルの哲学に腰を据えた。

一八二一年から二五年迄ブラウボイレノの神学校で、彼と共に当時まだ名を成さなかったバウルの講義をきいた者には、メルクリン、ビンダー、チンメルマン等の錚々《そうそう》の士がいた。そのうちでメルクリンとシュトラウスは大学卒業後一八三一年牧師職についたが、二人ともその時分にはまだキリスト信者であるかどうだか、自分等ですらはっきりとは分らなくなってしまっていた。ただし、彼がヘーゲル派の学徒であったことだけはたしかである。細心でより敏感なメルクリンが、「相互に矛盾する二つの良心、個人としてのそれと教職者としてのそれを有するのは、教会の僕たる者の義務に背《そむ》く事ではあるまいか」と煩悶《はんもん》したに反して、シュトラウスはこの問題については極めて実利的な態度をとった。一八六〇年その友にして牧師なるラップに宛てた手紙に「教職者の第一の職能は、疑いもなく会衆にその教会の信仰を教える事である云々」と言っている。要するに彼の立場は「余に非難すべき何事かある。余はカエサルに対してカエサルのものを返す、すなわちドイツ国家の名によって、牧師たる余は政府の教理を教える。余は神に神のものを返す、すなわち個人としては哲学を奉ずる」というにあった。

一八三一年にヘーゲルとシュライエルマッハーとの講義をききにベルリンへ行ったが、前者の病死に会して、翌年チュービンゲンへ帰り、大学の講師となった。「自ら深く顧るに、余は神学に関しては、その中で面白いと思うものは余を躓かせ、然《しか》らざるものには興味を感じないという立場にある」と言った当時の心持の裡から、二十七歳の彼の名を一挙にしてドイツ思想界の隅から隅へ迄とどろかせたイエズス伝（*Das Leben Jesus, Kritisch bearbeitet*, Tübingen, 1835）が著作された。その後度々《たびたび》版を重ね、第三版（一八三八年）では反対者の攻撃に鑑《かんが》みてやや譲歩したが、第四版では更にこれを旧に復し、漸次過激な否定に傾いて行った。それには教職から追われたことや、不幸な結婚や、政治運動に関係して失敗した等の事情もあった。一八六四年フランスにおけるルナンの成功に刺戟され、新たに『ドイツ国民のためのイエズス伝』を草した。一八七二年に『新旧の信仰』（*Der alte und der neue Glaube*）を出した頃は唯物論者になった。書中「われらは猶《なお》キリスト信者なりや」の問に対しては否と答えた。「われらは猶宗教を有するや」に対しては然りとは答えたものの、彼のいわゆる宗教とは、一種の汎神論にすぎなかった。「この書には力も偉大さもない……かくて神学者等はシュトラウスの破産を見届けた」とは、シュヴァイツァーの批評である。かくて一八七四年の二月八日、その生れ故郷なるルードヴィヒスブルクで六十六歳を一期として、総じて不幸なりし彼の晩年を閉じた。

シュトラウスの出発点は、その先行者のそれと同様に、超自然の否定である。曰く「奇蹟の不可能を解せざる以上、歴史観なし」と。しかし彼の特色は、キリスト教の起原を欺瞞《ぎまん》に帰したり、奇蹟の自然的説明で満足せずに、神話として説明した点にある。神話とは想像の産物ではあるが、無条件な想像ではなく、ある時代の民衆意識の表現である宗派や、民族の信仰や、憧憬《しょうけい》を具体化し、その理想を人格化したものである。それは神話記述者の作品ではなく、集団の無意識的な創作である。福音は四福音史家によって書かれる以前に、民衆によって作られていたものであった。それはイエズスの出現した時代の思潮、メシアの期待が旧約の預言を事実にしてしまったのである。イエズスの死を諦めきれなかった弟子達の情勢がこれを復活させ、ダビデの末裔《まつえい》を神の子、創造主たるロゴスにまで祭り上げた。それにはもちろん相当な時間の経過を必要とした。現存せる福音書は一五〇年頃に出来上ったもので、もち後人の信用を博さんがためにこれにマテオ、マルコ、ルカ、ヨハネの名を冠したもので、もちろんこれ等の人々が作者であるのではない、と言うのである。しかしかかる見方は、今日では最早《もはや》一般に放棄されてしまった。

神話説の弱点

シュトラウスの時代まで、新約聖書の歴史の全体を神話として説明しようとするほどの思い切った大胆な方法をとった者はなかった。かかる試みは、その時までは旧約の歴史に限られていた。この点においては、シュトラウスはたしかに新機軸を出したものと言えるが、それはまた同時に彼の立場の弱点を最も露骨《ろこつ》に現すものである。歴史の光明の遍《あまね》く照らし得ぬ遠き旧約の昔の出来事については、多少のまことらしさを以て主張することができる事を、豊富な史料の残存する時代の出来事に応用しようとしたからである。パウルスの啓蒙的唯理論の見地からは、キリストの生涯と事業とが、即座に蒙昧《もうまい》な弟子達によって誤解誤伝されたのだと主張された。すなわち弟子達は自然的の出来事を、誤って超自然的な奇蹟として我等に伝えたのだと言うのである。

しかるにシュトラウスによれば、現実の事件が遥か後代に至って神秘化せられたので、誤解の最初の原因は弟子達にあったかも知れぬが、神話化されたのは後代の伝説においてであるとされる。彼はこの見解を、史料の価値を吟味する労をとらずに、大胆に無批判に押し通そうとした。これ彼が批評家として杜撰《ずさん》の譏《そし》りを免れ得ぬ点である。彼は自己の主張を貫徹する必要上、福音書の編纂《へんさん》を一世紀の末葉を去ること遥かに遠き後代にありとの独断を敢《あ》えてせざるを得なかった。のみならず狡猾《こうかつ》にも、精確には何年頃の作と言明することを回避している。ここに自家の主張の最大の弱点の潜《ひそ》むことを意識していたらしくさえ思われる。

彼は吾人の言わんと欲する所を、イエズス伝中に自問自答している。曰く「ギリシャ人やラテン人の間に行われた神話的伝説は、保証のない作り話の集合であるが、聖書の物語は、目撃者か少なくとも目撃者との密接なる関係の故にありのままの事実を記述し得たのみならず、更にありのままの事実を述べんとする意志に関しては疑いを挟み得ぬほど正直な人達によって書かれたという論法は、もしも聖書の物語が、実際目撃者か少なくとも出来事と相去ること遠からぬ時代の人達によって書かれたという事が証明されれば、成程《なるほど》決定的なものである……」と。しかしシュトラウスは「我等の第二福音書（マルコ書）はペトロの説教の記憶に材料を得たので、特殊の原始的史料に拠った訳ではない。何となれば、仮令《たとい》それは記憶に基づくにせよ、この書が第一（マテオ）および第三（ルカ）福音書を根拠として書かれたことの証明（!?）ができるから」と主張する。第三福音書および使徒行録に関しては、「パウロの伴侶《はんりょ》（ルカ）がこの二書を、使徒達の感化が史実の伝説による影響を防ぎ得なくなった時代と境遇とにおいて書きもしたであろう」と言っている。

しかしルカ書のすべての読者の知るごとく、ルカ自身がその福音書冒頭の辞を以て、かかる独断に対しては千八百年以前の昔からプロテストしている。またハルナックの *Lukas der Arzt* (Leipzig. 1906) の所説なぞと比較対照してみたならば、蓋《けだ》し今昔の感思い半ばに過ぐるものがあろう。

神話説はまた他の方面からも、手痛き反駁《はんばく》を受けた。普通神話《ミュートス》（Mythos）の語は、ギリシャの神々の物語におけるがごとき歴史的根底が全然欠けているものか、もしくは歴史的根拠を推定しがたき架空《かくう》に近き想像の産物か、あるいはイソップ物語のごとく、ある教訓を作り話によって示さんとする寓話の意に用いられ、歴史的事実を粉飾《ふんしょく》せる物語には適用せられない。シュトラウスといえども、新約聖書の物語、イエズスの歴史的存在とその生涯の出来事の中に真実として認め得る事柄あるを許す以上、これをギリシャ神話のヘラクレスやテゼウスの所業と同一視して、同一筆法を以て律せんとするのは素《もと》より非常な考え違いと言わねばならない。また万一神話を寓話《ぐうわ》の義にとるのならば、民衆意識が嘗《かつ》てかかるものを創作せし例ありや否や、頗《すこぶ》る疑問である。この問題を厳密な科学的な意味で議論しようとするならば、桃太郎や舌切雀のごときいわゆるFolkloreと、一定の歴史的事実を特殊の方向へ粉飾《ふんしょく》発展させてゆく意識的作為の結果なる伝説とを、峻別《しゅんべつ》せねばならない。

かかる伝説の発生に関しては、十九世紀初葉の歴史家、たとえばニーブール（Niebuhr）のごとき批評家の主張は、著しく民族意識の貢献を誇張し過大視せることが今日は漸次認めらるるに至った。中世叙事詩（Chanson de geste）の発達に関しては、決定的の研究をなし遂げたベディエ（Bédier）の発表せる結果によれば、グリム（Grimm）兄弟の所説のごときは、かなり変更せられねばならぬことになる。これ等の伝説を形成して行ったのは祭司や吟《ぎん》遊《ゆう》詩人の群であって、民衆は彼等の作品を熱狂的に歓迎はしたものの、決して自ら作者ではなかった。これ等の作者は、民衆の意を迎えたには相違ない。彼等の成功は、もちろん民衆意識に投じたからであった。この意味においての民衆の貢献は与《あず》かって力あったにちがいないが、民衆は飽《あ》く迄《まで》も作者ではなかった。かかる伝説を作ったのは民衆の想像ではなく、これを利用した作者の博識であった。だから伝説の発達は、意識されたる一定の方向を辿り得たのである。

これに反してFolkloreに至っては、極めて多様な、一律には劃しがたき自発性を多分に帯びている。それは、これを作り出す民衆の想像のように、変幻《へんげん》常なきものである。Folkloreの源は、これを書籍の中に見出す事は出来ない。中世の騎士ローランにホメロスのイリアスやヴェルギリウスのアエネイス中の英雄の真似をさせたりするようなことは民衆のよくするところではなく、博識な吟遊詩人にまたねばならぬ。然《しか》るに、シュトラウスは旧約聖書中の預言すなわちユダヤ民族の聖典内容が、民衆の想像を通じてキリスト伝を作り上げたと言う。それは恰《あたか》も、中世紀の文盲な民衆がローランにアキレスやアガメムノンの真似をさせたので、博学なる吟遊詩人の業《わざ》ではないと主張するのと同じことで、もとより不可能のことに属する。

シュトラウスのイエズス伝をフランス語訳したリトレ（Littré）は、原著者を弁護せんと欲して、その序言中に彼が精通せる中世史上の一例を引き来って、かく論じている。

西欧の大皇帝シャルルマーニュが、彼の戦争と、勝利と、権勢と、異教徒に対する征服によって魅惑したその環境から一度姿を消すや否や、その後の好戦的なまたキリスト教的な時代精神は、実際の事実には頓着《とんちゃく》なく、絢爛《けんらん》たる伝説を織りなした。この詩的なる民衆の作為によって、一切のものが姿をかえた。かくて大帝歿後の一代が去って、第二代に至らんとする混乱期においては、同時代の確かな記述は余り行われなかったために作り話が真面目《まじめ》な物語に代るようになり、万一なんらかの不幸によって真実の史料が湮滅《いんめつ》したとしたら、吾人はシャルルマーニュ大帝については、トロヤの包囲やアガメムノン、アキレスまたはヘクトールについて知る以上の確かな何事をも知り得ぬに至ったろう。

リトレはこれを移してイエズス伝に及している。成程《なるほど》今日イエズスについて吾人の知り得る所が、前々回の講義中に述べたいわゆる偽福音書《アポクリファ》に限られていたならば、この比較は多少意味あるものとなり得たであろう。しかし現存四福音書の歴史的価値が認め得らるる以上、而してシュトラウスがこの歴史的価値の判定において、前述のごとく全然失敗している以上、リトレの弁護は適々《たまたま》神話説の欠陥を明示したにすぎぬこととなる。

シュトラウスの発見したイエズスは、三十歳を一期《いちご》としてこの世を去った若年の一ラビにすぎない。彼は奇蹟なぞは行わなかった。その教えは高潔であったが、時流に逆行したために人民の頭目《とうもく》によって死刑に処せられた。このナザレトの無名の一大工の子の伝説を、その威名が全中世紀を風靡《ふうび》したシャルルマーニュ大帝のそれと公平に比較され得るだろうか。シャルルマーニュを皇帝にしたのは、イエズスを神の子、メシアにしたのと同様に、伝説にすぎぬのだろうか？　この大皇帝の権勢をもってしても、伝説は彼を神の位にまでは祭り上げなかった。もしもイエズスが奇蹟も行わず復活もしなかったのならば、なぜ民衆は彼をメシアとしたのか。また万一彼をメシアと認めなかったのならば、旧約の預言を材料にして彼をメシアに祭上げようとの考えは、どこから起こったのか。神話説は遂にこの疑問を吾人のために解く労を取ってくれなかった！

哲学、歴史を抹殺す

自らキリスト者なるや否やについて確信を有せざるにも拘《かかわ》らず、ドイツ国教会より任命せられたる牧師の職を占むることを意に介せざるがごとくなりしシュトラウスが、その破壊的批評を信仰の上に置くものとして公衆に提供したる鉄面皮《てつめんぴ》は、蓋《けだ》し驚嘆に値すると言って差《さ》し支《つか》えあるまい。曰く「著者はキリスト教の信仰の真髄《しんずい》は、かかる批判的研究とは全然独立せるものなることを知る。キリストの超自然的誕生、その奇蹟、その復活と昇天とは、歴史的事実としての事件の真相がいかに疑われようが、永遠の真理として止まる。この確信のみが批評家に安心と威厳とを与え得る」と。彼のいわゆるキリスト教の信仰の真髄なるものがいかなるものであるか、読者は須《すべから》く彼自身の説明をきくべきである。

「これを一個人、ひとりの神人に帰する時は、教会がキリストに属せしむる特徴や職能《しょくのう》は相互に矛盾するものであるが、これを人類の理念に移せば、一切は調和する。人類は人となれる神であって、二つの本性の合致せるものである。……人類は目に見ゆる母と目に見えざる父、すなわち精神《ガイスト》と自然《ナツール》との児である。それはまた奇蹟を行う者である。……罪なきものである……死して蘇《よみがえ》り天に昇るものである。何となれば人類にとっては、その本然を捨つることによって漸次高まりゆく精神生活が生ずるからである。個別的・国民的・地球的の精神として、局限される有限を放棄することにより、天の無限の精神との一致が生ずるからである。このキリストに対する信仰、特にその死とその復活との信仰により、人は神の前に自らを義とする」と！　ここに至って吾人は、キリスト神話は所詮《しょせん》ヘーゲル哲学の通俗化、「絶対精神の宗教」の小乗にすぎぬことを、明らかに捕捉することが出来るのである。シュトラウスのイエズス伝のフランス語訳者なる実証論者リトレは、明晰《めいせき》な頭脳の所有者であるフランス人だけに、キリスト教の否定は気に入っても、さすがにこのドイツ人の哲学的迷妄だけは受け容れ得なかった。彼はこの「ドイツ哲学の所産、形而上学的精神の最後の努力の結果」は「根なき樹」であり、「礎なき建築」である、と原著者に対して自序中に苦言を呈している。

チュービンゲン学派

（Ⅲ）一七九二年シュミーデンに生まれ、六十八歳にしてチュービンゲンで歿したバウル(Ferdinand Christian Baur)の名は、我等に初耳ではない。彼はシュトラウスの師であり、先輩ではあるが、高等批評史上における地位は、年代的にはその弟子の後にある。後者が早熟の鬼才であったに反して、前者は晩成の学究であった。先輩バウルは、もちろんシュトラウスによって啓発されたのではなかった。彼は前述のシュトラウス著『イエズス伝』出版以前に、自己の立場の大体の輪郭《りんかく》を脳裡に蓄《たくわ》えていたが、それにもかかわらず師は弟子の立場の後を追うて行ったことだけは争われない。バウルの主要なる著作『イエズス・キリストの使徒パウロ』（*Paulus: Der Apostel Jesu Christi*）の公刊されたのは一八四五年で、この書の中にはシュトラウスのイエズスの生涯およびその事業に関する否定的な批評は、新たに吟味せらるることなく、そのまま継承され、むしろその否定の産んだ新しき疑問、すなわち歴史がいかに神話化されたかの問題を研究しようとしたのであった。

神話としてのキリスト教が使徒時代の所産であるならば、キリスト自身をではなく、キリスト歿後の時代を研究せねばならぬ。バウルのシュトラウスにかりた前提はイエズスがユダヤ人の期待せしメシアとして己を示した、という点にある。然《しか》らばこの自称メシアは、いかにして神の子として礼拝さるるに至ったか。ユダヤ教の内部に起こったこの運動が、どうして異邦人までをもその懐に抱擁《ほうよう》して、世界的の宗教になったか。この疑問を解く者は、パウロその人ではあるまいか。新約聖書を構成する諸篇、特にパウロの書簡の年代やその中に現れる諸相諸傾向を明らかにして、原始キリスト教発展の原動力たりしものを捕捉し得たらば、この問題は釈明さるるに相違ない。ヘーゲル哲学の学徒であったバウルは、まず第一にこの原始キリスト教発展の原理を発見せんとした。

夏目漱石のいわゆる「孤峰頂上に弁証の火花を散らす」哲学者ヘーゲルによれば、一切万有は正反合《せいはんごう》の三階梯を通じて進展するのだそうである。それ故、原始キリスト教といえどもこの原則に悖《もと》って発展する筈はあり得ない。バウルたるものいずくんぞ使徒時代の錯綜《さくそう》せる諸傾向の中に正反合の三相を捉えて、高等批評史上に弁証の火花を散らさざらんや。この傾向批評学派の立役者、異邦人の使徒パウロが歴史の舞台面に現れる以前に、原始キリスト教会は既に存在して居った。パウロ回心以前のキリスト教の代表者は、他の使徒達と共にイエズスをメシアと認めたペトロである。バウルの説によると、ペトロのメシアはイスラエルの民族的復興者であって、その十字架上の死は暫時の過程にすぎず、メシアの偉業は、その再臨に際して完全に成就されるとのユダヤ的信仰を持したのだそうだ。弁証の火花は、このいわゆるペトロ派から始まる。

これに反してギリシャ文化の栄えた小アジアのタルソに生まれ、当代の大律法家ガマリエルの教えを承け、一度ダマスコ門外で天来の光明に照らされるや、迫害者サウルより一転して大使徒パウロとして立ち上ったキリスト教会最初の闘士の眼光は、遥かに深遠なものに透《とう》徹《てつ》した。いわゆるペトロ派のメシア観においては、イエズスの死は無意義な謎たるに過ぎぬ。メシアは何故に一挙にしてイスラエル復興の覇業《はぎょう》を成就せずに、磔刑《たっけい》に処せられたか。パウロの宗教的天才は、この不可解な出来事に無限の意味と価値とを見出す。十字架上の死こそ、メシアの偉業の成就である。彼は人類の罪のために死し、その贖罪によって、我等を神との平和なる生活の中に導き入れる。イエズスの死は、取りも直さずユダヤ教の国民的利己心の破滅であり、その復活は、神の霊による全人類の更生を意味する。霊は肉と戦い、吾人に自由を与え、律法より解放する。かくてキリスト教の世界的宗教としての意識はパウロに発し、而《しこう》してこの新傾向はペトロ派と衝突《しょうとつ》する。正反二元の葛藤《かっとう》はここに萌して、原始教会はヘーゲル哲学の注文通り、弁証論的に発展してゆく。

もっともバウルの観たペトロは頑冥《がんめい》不霊な党首ではなかった。彼は自分が割礼《かつれい》を受けし者に遣されしごとく、パウロは異邦人に遣されし者という管轄上の妥協で、パウロと仲よく握手した。彼のパウロに与えし「右の手」故に、イエルザレムの教会は、パウロとバルナバとによって創立された異邦人の諸教会から、お布施《ふせ》をいただけることになった。正反二元の葛藤《かっとう》は、首尾《しゅび》よくDo ut desという完全な双務契約の形式でおさまりがついて、そこからカトリック教会なるものが生まれる。パウロ主義は律法よりの解放と、その結果たる世界主義とにおいて勝を占めたけれども、キリスト者の自由はペトロ伝来の教会制度の束縛《そくばく》を受けることになった。正反の対立は綜合され、この二元素は、その成果の裡に挙揚されたる要素として取り残される。かくてヘーゲル哲学は完全に歴史的にも立証された訳になるのである。妥協の結果であるカトリック教会は、律法を廃止しながらその屈従的精神を捨てなかったために、神の子等の自由の精神は、十六世紀に至ってプロテスタンチズムとして擡頭《たいとう》したが、ヘーゲル出ずるに及んで、これすら「絶対精神の宗教」(Religion des absoluten Geistes)として、始めてその本来の真面目《しんめんもく》を発揮し得たのだという一段で、バウルのキリスト教観は大団円をつげる。

バウルは更にこの弁証論的史観に基づいて、新約諸篇の編成年代を決めようとした。パウロ主義の真髄はガラチア書、ロマ書、コリント前後書に現れ、これ等は正銘なものであるとされる。従って妥協成立以前の書である。牧会書簡はペトロ主義の勝利を示すもので、年代は遥かに後《おく》れ、その他の書簡は以上の両極を連結する妥協的階梯を現すものであるから、年代的には中間に位する。最後に上述の両主義の妥協成立を物語る最上の記録は、使徒行録である。その中では、コルネリオ一家の改宗事件（第十章）を通じてペトロのパウロ主義への歩み寄りが暗示され、イエルザレム会議（第十五章）の議決がこれを裏書する。パウロすらも平和のためにギリシャ人を父とせるチモテオに割礼を施し（第十六章）、巻末においては神殿にてナシル誓願を立つるを見る（第二十一章）。これ適々《たまたま》この書が妥協の円満に成立せる時代、二世紀の後半の作なることを示すものに非《あら》ずして何ぞや――とバウルは言う。

福音書に関しても、同様の論法が試みられる。マテオ書は律法に対する尊敬と旧約の預言の成就とを力説するの故を以てペトロ的、すなわち年代的に古きものとされ、ルカ書はパウロ的なるも妥協に傾ける時代のもので、マルコ書は両者の折衷《せっちゅう》でこれに次ぎ、ヨハネ書に至っては妥協成就を告げる一七〇年頃の作とされる。ひとり黙示録に至っては最もユダヤ的なるが故に、ペトロ主義最初の著作の一なりと言うに至っては、現代の批評家は唖然として言うところを知らざるに至る。

要するにバウルは、自己の哲学的立場を遮二無二《しゃにむに》に歴史に応用せんと試みし勇敢《ゆうかん》なるヘーゲル学徒の一人として記憶されるかも知れぬが、現今においては最早《もはや》歴史家、特に批評的歴史家として取扱わるる資格を喪失せる者である。

この他哲学史家として名を成せるツェラー（Eduard Zeller）やシュヴェグラー（Schwegler）、神学者リチュル（Ritschl）等は各所説に多少の相違こそあれ、何《いず》れもヘーゲル哲学の影響をうけ、直接間接バウルによって代表されるこの学派の系統に属する人達である。

ブルーノー・バウアーの懐疑論

(Ⅳ) 弟子等は師匠の開拓した一路を何の容赦《ようしゃ》もなく突進して行った。正反合の進化の過程が宇宙の原則なら、ファリザイ人パウロとて一挙にして律法撤廃《てっぱい》の大自覚に達した訳ではあるまい。この人達から見れば、ダマスコ門外の活劇は奇蹟ではなく、迫害者サウロのそれ以前の心理的推移や環境から説明せられねばならぬ一種の錯覚《さっかく》であるから、猶更《なおさら》パウロの回心を瞬間的の出来事とするのが不自然になってくる。パウロ主義にも発展がなくてはならぬ。バウルが正銘のものとした四大書簡すら、果して然《しか》るや否《いな》や疑問である。純粋のパウロ主義を徹底的に主張したのはパウロ自身ではなく、一五〇年頃ローマで談論したグノーシス派の異端者マルキオンである。

彼はユダヤ教を貶《けな》して、旧約の預言すら絶対神にあらざる下位の神明の啓示としたくらいである。パウロ主義はマルキオンの異端として現るるに至って、そのゆくべき所まで行った。そうしてそれは、同時にパウロに潜在したヘレニズムの勝利でもあった。ファリザイ人サウロの宗教を、民族的限定から解放して世界的の福音としたのは、アレキサンデル大王の世界征服によって解放されて超国境的になったギリシャ精神――ヘレニズム――の影響であったのだ。古人中には、ローマの哲人セネカの思想がキリスト教に酷似せる事実に基づいて、このネロ帝の近臣がパウロとの文通によって教えをうけしに非《あら》ざるかを憶測したものすらあったが、近代の高等批評家はこの関係を逆にして、パウロこそ当時のストア学派その他の哲学に負うところあるに非ざるかを疑い始めた。

アレキサンドリアのユダヤ哲学者フィロンは、旧約聖書の比喩《ひゆ》的解釈によってユダヤ教中のギリシャ人の躓《つまず》きとなるべき事柄を和《やわら》げ、これを新プラトン派の神秘主義と結び付けようと企てたではないか。それからローマ帝国の道義的頽廃に乗じて当時盛んに流行した東方の密儀宗教が、プラトンに萌《きざ》した霊肉の背離を、救神の血による贖《あがな》いによって調和せんとするパウロ主義の基調を形作ってはいなかったか。問題は問題を生み、臆説は際限《さいげん》もなく提出された。而《しこう》して超自然に対する否定的態度は、ますます濃厚になってきた。この懐疑的傾向の好個の代表者はブルーノー・バウアー（Bruno Bauer）（読者前述のバウルと混同することなかれ）であろう。

彼は最初はヘーゲル学派の右党に属し、ボン大学の講師であったが、一八四二年にその過激論のために教職を停止せられて以後は、チュービンゲン学派の極左党の闘士であった。イエズスとその教えに対する燃ゆるがごとき憤怒《ふんぬ》と憎悪《ぞうお》とが、その著『キリストとシーザー』（*Christus und die Caesaren*, Berlin, 1877）中に漲《みなぎ》っている。キリスト教のごとき卑屈な諦めと自己否定との厭世教は、ローマ帝国の尨大なる組織の下に個人が圧服せられた時代の産物である。哲人セネカのごときは、自ら政権を掌握《しょうあく》してこの宿命的の威圧から脱出せんと試みたが、その計画は脆《もろ》くも敗れて、空しくも一命を隕した。ストア学者やプラトン派の神秘主義者等は、落胆《らくたん》の余り意気地《いくじ》なくも、卑屈なユダヤ教に対して門戸を開放した。そのユダヤ教すら、イエルザレムの没落以後は民族的復興の希望を失った残骸《ざんがい》に過ぎなかった。かかる廃頽《はいたい》とあきらめとの神頼みに萌《きざ》した新宗教を粉飾《ふんしょく》するには、少なくも五十年の文学的努力を必要とした。

彼はヴァイセ（Christian Hermann Weisse）の Markushypothese に追随して、第二福音書を最古のものとし、第一、第三両福音書はこれに拠るとせるを以て、マルコ書の権威を破壊することにより、一切を否定し得べしと考えた。ヨハネ書のごときは、素《もと》より史実とは全然かけ離れた意識的作為の産物である。さりとて彼はシュトラウスの神話説を奉じた訳ではなかったから、「第二福音書の筆者は、全然架空《かくう》の人物を描き出したのであろう。その証拠には、イエズスがペトロに向ってガリレア人等が己を誰なりと言うかと問うた時の返答に（マルコ書第八章二八）、メシアなりと思った者は一人もなかったことが明らかに現れているではないか。だからナザレトのイエズスがメシアであったのだと人々が後になって信じ始めた時に、始めてキリスト教会が成立したので、更に第四福音書はこれをロゴスに祭り上げたのだ」とした。そのナザレトのイエズスの歴史的存在すら、後には怪しいものとされてしまった。

妥協神学への転向

（V）ブルーノー・バウアーの出現は、高等批評の歴史に興味深き一転期を形作って行った。彼の懐疑的否定的態度は余りに過激であったために、一方これに対する反動を惹起《じやつき》したと同時に、この時期以後において原始キリスト教の批評は二つの異なった潮流となって動き始めた。プロテスタント正統派の神学は、この時期以後かくのごとき不信仰の爆発に堪えかねて、断然これと縁を切って独自の方向を辿り始めた。その範囲は主にルター派の牧師等の間に限られてはいたが、彼等の仲間は決して学問研究に無関心な頑固《がんこ》な信心家ばかりから成立っていたのではなく、ツァーン（Theodor von Zahn）のごとき碩学を出して、エルランゲン大学を風靡《ふうび》したことすらあった。

しかし吾人にとってより興味あるは、破壊的批評に対する正統派の防禦《ぼうぎょ》運動ではなく、いわゆる自由神学派の妥協的態度である。騎虎《きこ》の勢い止り難く、キリストの歴史的存在をすらも否定せんとした血気《けっき》旺《さか》んな学徒等も、当局者の抑圧に対する反抗の激情からさめて見れば、少しやり過ぎたと感ぜぬ訳にはゆかなかった。学問的な冷静な批評眼と、よりすすんだ歴史的詮索《せんさく》もまた、以前よりも公平な、かつ、より少なく否定的な立場を要求してきた。それにキリスト教の問題は啻《ただ》に学者の自由討論の対象たるに止らず、民衆が現にそれによって活きつつある良心の問題、ひいては国家の風教にもかかわるべき問題である。必ずしも曲学阿世《きょくがくあせい》のそしりを招くに至らずとも、苟《いやしく》も心ある学者は考えざるを得なくなった。かくて正統派と過激派との中間に、両者の妥協とも言うべきいわゆる折衷《せっちゅう》神学（Vermittlungstheologie）が生まれて、これが漸次ドイツ諸大学を通じての主潮となった。

この派の態度を最も露骨に表明した一例としては、有名なるシェンケル事件というのがある。ダニエル・シェンケル（Daniel Schenkel, 1813–1885）はスイス人でチューリヒ大学に学び、夙《つと》にその師、唯理論者デ・ヴェッテ（De Wette）の影響をうけ、その講座を継いだが、後《のち》にハイデルベルクの神学教授となった。その主な著作 *Das Charakterbild Jesu, ein Biblischer Versuch* が一八六四年公刊さるるに及んで、はしなくも物議を醸《かも》した。

この書の序文によると、氏がこの書を著した動機は、ルナンの『イエズス伝』に刺戟されたので、イエズスの伝記の、純粋に人間的な、真に歴史的な叙述を志したものだそうだが、もちろん超自然的要素は抹殺《まっさつ》しつくされていた。その点は何もシェンケル教授に始まったことではなかったが、教授が同時にハイデルベルクの新教神学校長であり、ドイツ国民に神の言を説くべき青年牧師養成の重任に当っていたかどを以て、たちまち正統信仰派の憤激《ふんげき》を買ったのである。これに対する教授の弁明は滑稽《こっけい》を極めた。曰く「自分は単にキリストの人間的方面を研究したに止り、その精神的方面に触れなかったのは、必ずしもこれを否定した訳ではない」と。これをきいたシュトラウスは、憤然筆を呵《か》してその不徹底を責めた（*Die Halben und die Ganzen, eine Streitschrift gegen Schenkel und Hengstenberg*, Berlin, 1865）。

妥協神学は丹念《たんねん》に天啓（Offenbarung）という文字を保存し、これをもって宗教的信念の源泉となすに躊躇《ちゅうちょ》しなかったけれども、それはもはや神の人類に対する超自然的真理の示しではなくて、個人の心底に囁く神秘な声——実際においては理性にほかならぬもの——にすぎなかった。教会と国家は素《もと》より相提携《ていけい》すべきであるが、それもまた教会が国家組織の内に吸収されることを条件としての話である。同様にキリスト教の神観は、スピノザ流の汎神論的説明を与えられた上で許可される。アリストテレスや中世の大思想家等によって高調された神、すなわち Actus purus の根本観念を捨てた近代人には、超越的内在性なぞいう事が考えられようはずがない。「もしも宗教的感情の要求に基づいて、神が宇宙とは区別された人格的存在であるなら、もちろん動かし難き超越性を具えているには相違ないが、科学の要求することく神はまた宇宙に内在するともせられねばならぬ」（Lichtenberger; *Histoire des idées religieuses en Allemagne*, III, 215）といったような安価な妥協で満足していた。

自由神学派

（Ⅵ）しかしながらシュライエルマッハーの「いわゆる宗教意識によって歴史を説明し、同時に歴史によって宗教意識を説明する」と言うがごとき不徹底で曖昧《あいまい》な立場が、そう長く中外に威信を保てる筈がない。上述の妥協案は、決して正統信仰と高等批評との双方の権利を平等に尊重したものではないという不平が、まずこの派の内部から起こってきた。なるほど宗教意識は聖典解釈の一助とはなろうが、歴史は飽《あ》くまでも歴史で、宗教意識がいかにあろうとも事実は枉《ま》げられぬ。

たとえばシュライエルマッハーが彼の『イエズス伝』を書いた時に、彼は自己特有のイエズス観から出発してこれを書いたので、かくのごとき特殊の個人的立場を、一般的原則と認める訳にはゆかない。かく言う自由神学派は、飽《あ》くまで歴史に立脚すると叫び始めた。この派の学者等は、たかだか人類の宗教意識に対する「規範的性格」を、キリストの人格において見出すという程度以上の譲歩はできないと言う。彼等はまず第一に、神話説の誇張によって抹殺されたイエズスの面影《おもかげ》を、歴史的研究の光明に照らして新たに描き出す必要を感じていた。その独特な性格に絡まる神秘をいかに解釈すべきかは、各人の自由に放任した。従ってこの派の人々の主張には、十九世紀前半のヘーゲル学徒によって行われたような哲学ゆえの歴史抹殺は見出されなくなったが、それにしてもホルツマンが言明したように、「今日著名なプロテスタント神学者中に、イエズス・キリストの神人両性に関する信経中にふくまれた教義を告白するような者は、一人もない」ことだけは事実である。すなわち自由派の神学者等は歴史の独立性を高調し、特殊の哲学体系に束縛《そくばく》されてはいないけれども、超自然の否定においては、期せずして一致しているのである。

然《しか》らば、超自然の否定は高等批評の結果かというに、それはもちろんそうではない。理論的には純歴史的立場を離れたくない、また離れないことを標榜《ひょうぼう》している彼等は、個々の神秘的物語が史実ではなかったことを学問的に考証することはできるにしても、原則としての超自然否定は、歴史学の問題ではなくて哲学の問題である。すなわち純歴史家を以て立つ彼等の立場を出でずしては、主張し得ない事柄に属すべき筈である。この点に自由神学派と正統信仰派との間の、最もデリケートな争いが包蔵されている。

自由派は、イエズスの生涯および原始キリスト教の歴史から、一切の超自然的事実を歴史的考証によって排除し、そこから哲学の領域に暗中飛躍《しょうりょ》して、「故に超自然は存在せず」という一般的の命題に到着せんとする。而《しこう》してこの焦慮《しょうりょ》はしばしば本末《ほんまつ》を顚倒《てんとう》せしめ、「かくかくの物語は超自然的事象を含むが故に、史実たり得ず」との形をとってくる傾向が著しく現れている。歴史家として立つ同一人の学者は、とかく同時に哲学者たらざるを得なくなる。

人間は飽《あ》くまでも形而上学的動物であって、その頭脳は、胃の腑《ふ》が食を要求すると同じ不可抗力を以て、自ら第一原因による説明を要求してやまない。歴史学はかかる権利を有せざるにもかかわらず、哲学に代って超自然界の自然界への干渉を否定する道具に使われがちである。

シュミーデル（P. W. Schmiedel. 一八五一年ドレスデン付近に生まれ、イエナ大学教授となり、後にチューリヒ大学に転ず）のごときは、福音書のテキストを、明らかに信憑《しんぴょう》しがたきもの、信頼しうるものおよび疑わしきものに三分しているが、明らかに信憑しがたきものとは、すなわち超自然的要求をふくむものに他ならない。ヴァイツゼッカー（K. Weizsäcker）のごときは、キリスト受洗以前および死去以後に関する記事などは簡単に黙殺している（*Untersuchungen über die evangelische Geschichte* 参照）。後に述べるヴレーデ教授は「ある程度の警戒と懐疑とを以て」福音に接すべき事を勧告している。その他、本講義において繰り返し引用せられたルナンの『イエズス伝』序文中の語――「福音書の物語る奇蹟を否認するは、福音史家が絶対に信用できぬことが証明されたに由るのではなく、反って福音書が奇蹟を物語るが故に、これ等は作り話にすぎぬ」云々と言えるがごときは、這般《しゃはん》の消息を明らかにして余りあろう。

しかしすべての高等批評家が、カトリック教会の法服をぬぎすてたこのフランス人のように、露骨《ろこつ》に超自然を否定して居ると思ってはならない。デカルト式の idée claire et distincte は、ドイツのプロフェッソーレンの特徴ではない。自由神学派の賢明なる教授連は、決して奇蹟の否定について大言壮語《たいげんそうご》することを好まない。彼等は出来得る限り、正統信仰から背離するのを回避しようとしている。この点に関しては大胆なる批評家も、シェンケルの場合におけるごとく、しばしば極めて細心なるオポーチュニストとなる。相成《な》るべくんばドイツのプロテスタント諸教会は、消化し得る程度の聖書解釈で満足したいのであるし、また事実今日までプロテスタンチズム内部の信仰瓦解《がかい》が、この日和見《ひよりみ》主義を体裁《ていさい》よく裏書してくれることが多かった。

自由神学派のイエズス観

私は今ここにこの派に属するシェンケル（Schenkel）、ヴァイツゼッカー（Weizsäcker）、カイム（Theodor Keim）、バイシュラーグ（Beyschlag）、ヴァイス（Bernhard Weiss）などの有名な著述と、その種々雑多な内容とを読者に紹介する余裕をも材料をも持たないが、試みに代表的な立場としてホルツマン（H. J. Holtzmann. 1832-1910 ハイデルベルクおよびシュトラスブルク大学神学教授）の説を述べておこう。この人は、より保守的なヴァイスと、より自由なカイムとの間に介在してこの学派の中堅であり、本邦において広く読まれているハルナックの『キリスト教真髄』のごときも、大体においてこの泰斗《たいと》の立場を通俗化したものとみることができるからである。

自由神学派が神話説を退《しりぞ》けたことは、前に述べた。しかし旧約の預言の成就として物語られた福音の箇所や、イエズスの幼年時代の記事は、もちろん史実としては認められない。真のイエズス伝はヨルダン河畔受洗の条に始まるので、吾人は劈頭《へきとう》第一に「イエズスは自分がユダヤ人の期待していたメシアであると信じたかどうか」の大問題に逢着《ほうちゃく》する。史実のイエズスはイスラエルの民族的再興を計画した野心家のメシアを以て自ら任じたのでもなく(かくのごとき民族的の救主と我等と何のかかわりがあろう)、また世の終りに光栄の雲に乗って再臨すると信じた夢想家でもなかった。彼のかくのごとき空想的な二つの希望の何《いず》れにも囚われず、反《かえ》ってこれ等を純化して、救いを以って人々の内心における神の支配であり、かかる救いは人間の本能的生活の結果ではなく、上より与えらるる賜物《たまもの》なることを民衆に諭した。それは我等が善意だに有せば、日常生活をそのまま浄化し得る宗教的の賜物である。イエズスはまた、神が天に在《まし》ます我等の父であり、我等の霊が無限の価値あることを教えた。この深遠にして透徹《とうてつ》せる教説の故に、キリストは多くの宗派中の一ではなくて宗教そのものであり、イエズスの宗教的意識は凡《すべ》ての宗教的意識の規範である。彼によって、宗教の真髄は外形に現るる祭祀には存せず、心の奥底に潜《ひそ》む道徳的な態度、愛に根ざし、謙遜《けんそん》に支えられたる心構えなることが明らかにされた。

玲瓏《れいろう》玉のごとき人格の所有者イエズスは、しかしながら単なる人間にすぎない。彼が上述の霊化されたメシア主義宣伝の使命を自覚したのは、実にヨルダン河畔受洗の刹那《せつな》においてである。神は実に父であり、彼はその子であるとのこの時の体験に基づいて、悔い改める福音が説かれた。この神の支配――福音のいわゆる天国――は、かくして近づいたのであった。この天国の福音を告ぐる者がすなわち真のメシアであらねばならぬ。しかし民衆は、ダビデの裔《すえ》にして王なるメシアを待ち焦《こが》れていた。ローマの圧制に対する復讐《ふくしゅう》と憤怒《ふんぬ》に燃えていた。イエズスは自己の霊的メシア観がとうていかかる民衆によって理解され得ざるのみか、自らをかかる者として宣言することが暴動の端緒《たんちょ》となるを恐れて、最初はこれをかくし、後にフィリッポのカイザリアに到れる時、始めて弟子達からメシアと呼ばるることを許した。

マテオ書においてはペトロの上位と教会建設の宣言とに連関して居るの故を以て、しばしばプロテスタントから懐疑《かいぎ》の眼を以て見られるこの一条（マルコ聖福音書第八章二七―三〇）は、自由神学派のイエズス観ではその生涯の重要な一転期を示すものとされている。この時以後のイエズスは、ますます彼のメシア主義の理想に向って進む。一度は彼のために熱狂したが、民衆はやがてその求むるところの異なるが故に、彼を見棄てる。ここにおいてかイエズスは彼の理想が苦しみと死とを通じてのみ実現せらるべきを予知して、弟子等を更に高き使命にまで向上せしめんと努力する。最後に彼等を率いてイエルザレムに入る。そこにおいて神の聖旨が実現されるだろうと信ずる……。

ここ迄くると、我等は自由派の神学者に向って「君はイエズスの心底を見透《みすか》したようなことを言うが、一体いかなる理由で、彼の霊的メシア主義が死と苦しみとを通じて実現されると考えたのか。イエルザレムへ上れば、なぜ神の聖旨が実現されるのか」と反問したくなる。もしも旧約、特にイザヤ書の預言が彼をしてかかる考えや行動に導いたとしたら、イエズスはやはり伝統的のメシアを以て自ら任じたことになり、自由神学派の出発点と矛盾することになりはせぬか。最後にこの種の説明の躓《つまずき》の石となるのは、共観福音書が揃《そろ》ってほとんど同一文句を以て伝えている一条——法廷におけるイエズスと大司祭カイファとの問答である。「大司祭再び問いて、汝は祝すべき神の子キリストなるか、と言いしかば、イエズスこれに曰いけるは、然《しか》り、而《しこう》して汝等、人の子が全能に在《まし》ます神の右に坐して、空の雲に乗りて来るを見ん、と。」（マルコ書第十四章六一—六二、マテオ書第二十六章六三—六四、ルカ書第二十二章六六—七〇）

もしこの一条が史実だとすると、自由神学派が想像した賢明なる道学者イエズスは最後の幕に至って豹変《ひょうへん》し、終末的メシア観の再臨説を信じた夢想家に堕落してしまう。そこでホルツマンやハルナックは、この一条はイエズスが神における自己の支配を信じたことを示すだけで、再臨によって全人類が一新されるなぞ夢想したのではないと強弁する。メルクス（Adalbert Merx）のごときは以上の両教授の譲歩にあきたらず、イエズスは断じて自らメシアだなぞ言ったことはないと頑張る。ヴェルハウゼン（Wellhausen）は別に一家言をなして、弟子のペトロや民衆はイエズスをメシアと看做《みな》していたが、御本人の考えに至っては、明らかにわからぬと逃げる。そうして自己の東方語学の泰斗《たいと》としての権威を楯に、イエズスが己を指す時好んで用いた「人の子」の語は、決して普通言われるがごとくダニエル書（第七章一三）に基づいたメシアの別名ではなく、アラメア語では単に人間を指示し、福音書中イエズスがこの語を使用せし時の意味は、「汝等に語る我は」というに過ぎないと言い張った。

とにかくかかる矛盾や内証があったにもかかわらず、自由神学派が破壊的な神話説の混乱から不完全ながらもイエズスの歴史的面影を拾い上げて、その教えの宗教的、道徳的価値を主張した功は、看過されてはならない。ただ彼等のイエズスは、余りに道学者的に平凡化近代化せられた。彼はドイツの小国民達に有徳《うとく》の君子たれと説教する牧師連のお師匠様として、なるほど世道人心《せどうじんしん》に有益な人物には相違ないが、それが果して福音書の描き出すイエズスであろうか。彼の神性については暫《しば》らく問わず、かくのごときが果して福音書を真面目《まじめ》に読む者の印象であろうか。超自然の無条件否定者、ある意味においては同一系統に属するルナンさえ、聖書解釈学と歴史の名によって、かくのごときイエズスの真相抹殺にプロテストした。

曰く「最も懐疑的な解決を提供するのが自由神学派だとは、不思議なことではあるまいか。分別あるキリスト教の弁護が、キリスト教濫觴《らんしょう》の歴史的事情の周囲に空虚を作るに至ったとは！　以前の護教論の根拠であった奇蹟も、メシアの預言も、今日では反《かえ》って邪魔物とされるに至り、これを排除するに汲々《きゅうきゅう》としている。……イエズスは奇蹟を行うなぞ口にしたこともなければ、もちろん自らメシアだなぞ信じはしなかったと言うのだ……これ等の論争に与《あずか》った一学者が、最近余に手紙を寄せて曰く、昔はどうあってもイエズスが神であることを証明しなければすまなかったのが、今日の神学にとっては、単に彼が人間であったというのでは尚《なお》足らずに、いつも自ら人間だと思っていたと証明せねばならぬ事となった。人々は一生懸命に彼を常識ある人、すぐれた実際家として見せようとする。要するに近代神学の欲するがままに彼の面影《おもかげ》を変化させる。かくのごときは史実に忠実な所以ではなく、重要なる一面を没却するものであるという点は君と同意見である」と。

ルナンは更に語を継いで言う。「ショルテン（Scholten）やシェンケルは歴史的な現実のイエズス論者であるには相違ないが、彼等のいわゆる歴史的イエズスはメシアでもなければ預言者でもなく、ユダヤ人ですらない。彼が何を目的としたかすら分らず、その生死とも不可解である。彼等のイエズスは一種特別なエオン（un eon a sa maniere）で、捕捉しがたき存在である。真の歴史はかくのごとき人間を知らない」と。このルナンの平静を装える語句の底には、峻烈《しゅんれつ》な皮肉がもられている。実際当時の自由派神学者等は、イエズスの抱けるメシア観という問題に直面することを回避していたのである。

この痛い所を思う存分突込んだのが、ヴレーデ（D. W. Wrede, 1859-1906）の『福音書におけるメシアの秘密』（*Das Messiasgeheimnis in den Evangelien*, 1901）である。

奇蹟的要素を除いておいて福音書の章句を勝手に撰り分け、心理的蓋然性を辿ってゆくのは、歴史を書くのとは別問題だ。自由派の批評家は特にマルコ書に憑拠《ひょうきょ》すると称するが、彼等は一体それを読んだのだろうか。マルコ書のイエズスは、超自然的な人間である。彼は神的な使命を有し、その言動は神秘に満ち、その所信に進化発展の跡を示さない。第四福音書の萌芽は、既にマルコ書中に見ることが出来る。然《しか》るにマルコ書が言わんと欲したことこれ等凡《すべ》ての点を否定する以上、一体何に基づいてイエズスが自らメシアを以て任じたと主張し得るのか。

これがこのブレスラウ大学教授の自由神学派弾劾案《だんがいあん》の大意である。ヴレーデ教授はもちろんマルコ書の描くイエズスが史実のイエズスであると言うのではない。彼にとってはマルコ書は歴史ではなく、原始教会の信仰の反照に過ぎないのだから、かくのごとき典拠に基づいて歴史を再構せんとすることが、既に大間違《まちが》いだと主張する。要するにヴレーデは自由派の弱点をつき、その矛盾を徹底させてブルーノー・バウアーの懐疑説に復帰したもので、これ彼の立場が徹底的懐疑論（der konsequente Skeptizismus）の称ある所以《ゆえん》である。

終末派の反動

(Ⅶ) 牽強付会《けんきようふかい》せる後代の一切の超自然的粉飾と神秘的色彩とを洗い去って、史実そのままの赤裸々《せきらら》のイエズスを描き出し、このユダヤ人に古今未曾有《みぞう》の宗教的天才を認め、その教説に人類向上の指南車《しなんしや》を発見したと称して、辛《かろ》うじて十九世紀末におけるプロテスタント宗教意識の決裂を未然に防がんとした自由神学派は、果してこの起死回生《きしかいせい》の奇術に成功したのであろうか。

彼等の史的根拠はマルコ書にあった。なるほど神を天父として礼拝し、霊の無限の価値を認めて吾人の内心に善の支配を実現するのは立派な事に相違ないが、万一イエズスの説いた天国が無形なものではなくて目に見ゆる具体的のものであったとしたら、どうだろう。また自らメシアを以て任じ、神通力《じんつうりき》を振るい、神の独り子と確信していたとしたら、かかるイエズスは一切の超自然的存在であることを許さねばならず、従って自由派の主張は立たなくなる。翻《ひるがえ》って史実と認められぬなら、懐疑説に復帰するだけのことになる。この両極端を避けて、いっそのこと彼が自らメシアなりと主張せしや否やを知らずと言って、捨て難いイエズスの面影を我等の胸底に大切に秘めておいたら……ある人達にとっては、これは確かにかなり強い誘惑であったに相違ない——しかしそれなら何故このナザレトの預言者は殺されたかという疑問が、鋭くこれ等のセンチメンタリストの胸裏を攪拌《こうはん》せずにはおかなかった。更に一歩すすめば、彼の生死とともに神秘の幕の裡に葬られ、歴史上に比類《ひるい》のないこの存在を不可解のものとしてしまう者も出てくるであろう。それでは妥協神学の存在の意義が消滅してしまう！

ベルンハルト・ヴァイスの子ヨハネス・ヴァイス（Johannes Weiss）が一八九二年に『イエズスの神の国についての説教』（*Die Predigt Jesu vom Reich Gottes*）と題する僅《わず》かに六十余頁の小冊子（一九〇〇年の再版の時には二百頁以上のものに改訂増補された）を公にして、更に大波瀾を惹起《じゃつき》したのは、如上《じょじょう》の混乱最中のことであった。この書は自由派に対する単刀直入《たんとうちょくにゅう》的な挑戦状であって、シュトラウスの『イエズス伝』以来のセンセーションを学会に喚起した。

著者の立場は、同書第二版の序説中に最も鮮明に物語られている。著者は飽《あ》くまでも批評的の歴史家を以て任ずる。その自由派にあきたらぬ所以《ゆえん》は、この派がカントの哲学体系や、結局啓蒙時代の遺物に過ぎぬリチュルの思想を福音書の中に読み込んで、キリストを近代人にしてしまったという点にある。イエズスは飽くまでも時代の児であって、己の時代の憧憬《しょうけい》を一身に体現せんとした点に、彼の存在の意義が見出されねばならぬと言う。奸悪《かんあく》の時代が、近い将来において、神の直接干渉によって閉じられ、メシアの来臨によって悪の支配が亡び、幸福な善の治世が新たに出現するという当代の終末的期待こそ、彼の説いた「いわゆる神の国」の意義である。彼は神の国の建設者ではなく、その近き到来の預言者であった。神の国は彼の活動によって実現されるのではなく、前代未聞の奇蹟によって成就するのである。

而して彼自身はこの驚天動地《きょうてんどうち》の大事件の預言者たるに止まらず、更に大いなる者、すなわち神の国出現の暁に空の雲に乗じて地上に再臨し、善悪の審判を下し、神の選民の上に君臨すべきメシアたるの自覚を有していた。この終末派のイエズスは、牧師服さえ着せればドイツのどこの国教会の教壇に立たせても差《さ》し支《つか》えないような、近代人ではない。彼は熱烈な神秘的信仰の境地に終始する、神の独り子であった。

かくのごとくヴァイスに至って、ライマールス以来始めてイエズスの超自然的主張が認められたかのごとき観があった。この点に共鳴してヴァイスを歓迎した浅見なカトリック信者すらあったが、彼等の不見識な期待は、この新進気鋭の批評家が福音と教会に関する第二の著述を公にするに及んで、美事《みごと》裏切られた。この書は終末派のイエズス観をハルナックのそれと対照せしめたものであったが、説明は異なっても、両者の教会観に至っては期せずして一致していた。やがて来るべき神の国の預言者、近き再臨のメシアたるイエズスには、歴史の流れに棹《さお》さして現世を永世に結び付ける連絡機関としての教会組織なぞを顧みる遑《いとま》のあろう筈がない。「天国は近づけり。」歴史はやがて閉じられて、新しき天と地とが、否、天国が地上に実現される。

イエズスは唯《ただ》この一念に活《い》きた。この福音はすなわち教会建設の否定である。すなわちこの点において、終末派は決して正統教会の傀儡《かいらい》ではなかった。しかし他方では正統信仰の主張するごとく、マルコやマテオの描き出すあの強烈な性格の所有者は、無名の集団の作り上げた理想ではあり得ない。福音書の裡には、燃ゆるがごとき信仰と、現実を超越した明確な信条とがこもっていることを許した。かくのごとき神国当来の信念は、師匠の胸底から湧き出でずんば何処《いずこ》から生じ得よう。福音書の著者が後代の信徒等の讃仰《さんぎょう》や組織制度を宗祖の伝記に編み込むつもりであったなら、いか様《よう》にも出来たに相違ない。然《しか》るに福音書はイエズス自身に対する崇拝や教会に関して説くこと極めて吝なるに反して、「神の国」について語ること最も詳《つまび》らかである。これ取りも直さず、その伝が最も忠実に史実を語っているからであると。

かくて終末派の主張は、自由神学派に対する挑戦であったと同時に、神話説にとどめを刺したものでもあった。さりとて素《もと》より正統信仰への復帰ではないのである。

とにかく終末派のイエズス観は、自由派のそれのように妥協の産物でないだけに、一貫している。自ら「心謙遜《けんそん》にして柔和なり」とした者が、山上において新しき訓戒を垂れ、己のために迫害を忍ぶ者のために天国を約し、罪を赦《ゆる》す権あることを主張し、その弟子には共に玉座に坐して十二族を審《さば》くべしと宣言し、天父と一なる来世の王であるとまで切言した事実を忌憚《きたん》なく承認する点は、徹底した態度であるに相違ない。自由派は、かかる夢想家たるべくイエズスはあまりに賢明であったと言った。終末派は、彼はかくのごとき夢想家そのものであると断じた。だから彼は、己を神に等しくする冒瀆者《ぼうとくしゃ》として磔刑《たっけい》に処せられたのだとの説明が出来る。かくて彼の生死の秘密の鍵を遂に握り得て、イエズスの問題を解決し去ったと自負する。

終末派が発見したと称するこのイエズス観の当否を決する前提として、吾人は当時のユダヤ人の終末観を糺《ただ》してみる必要がある。イエズスを時代の児としたのは首肯されるが、彼の時代の人々の終末観が終末派の主張するがごときものでなかったとしたら、彼等の学説は根底より覆《くつがえ》されてしまうのである。而して実際終末派の動揺はここに萌《きざ》した。近代ドイツにおいてかかる方面に関して最も権威ありとせらるる三人の学者ヴェルハウゼン（Wellhausen, 一八四四年ハノーヴァーに生まれ、ハレ、マールブルク、最後にゲッチンゲン大学の神学教授たり）、シューラー（Schürer, 一八四四年アウグスブルクに生まれ、一九一〇年死す。ギーセン、キールの諸大学より転じて最後にゲッチンゲン大学に教鞭《きょうべん》をとれり。*Geschichte des jüdischen Volkes im Zeitalter J.C.*, 3 Bde. Leipzig, 1901–1908 の大著述あり）、ブーセ（Bousset, 一八六五年リューベックに生まれ、ギーセン大学教授たり）は、期せずして挙《こぞ》ってヴァイスの見解に反対した。

すなわち公平なる歴史的研究は、当時のユダヤ人が地上における神の支配と彼岸における神の正義の応報とを区別していたことを示す。而《しこう》して彼等の間に異論のなかったのは、メシアがイスラエルの勝利を齎《もたら》すという見解についてのみであった。イエズスはもちろん、現世において人の心の裡に神の聖旨の行わるることにより成就する「眼に見えて来るものには非《あら》ざる」天国と、再臨によって実現されるところの選ばれし者のために備えられた天国とを、区別した。自ら両者の主たるの自覚は有していたが、彼は来るべき神の国は、今生来世ともイエラエルの支配を意味せざるのみならず、かえってイスラエルの審判と没落とが新しい神の支配の先駆《せんく》たるべきことを明言した。

ただ彼の宣教の順序は、まずイスラエルより始めて、異邦人に及ぼされ、遂に弟子達によって万民に行き亘《わた》るべき筈であった。この最後の一点、イスラエルと神の国との関係について、当代の人達とイエズスとの間の見解の相違が、彼をトラジカルな死にまで導いたのである。イエズスは時人の期待に反し、イエラエルが勝利を得た暁《あかつき》には、詩篇にうたえるごとく「海より河に亘《わた》り」、更に「遠き島々」をまで支配すべき大王の都イエルザレムとその神殿が滅亡荒廃《めつぼうこうはい》すべきを預言し、モーセの座における律法の正統なる代表者等は審判を受くべしと主張した。而してこの冒瀆《ぼうとく》の故に殺された。イエズスはいかに時代の児であろうとも、当時の終末観をそのまま受《う》け容《い》れた者ではなかった。況《いわ》や終末派の言うがごとき、偏《かたよ》れる終末観の痕跡《こんせき》を認め得べき文献はほとんどないと言ってもいい。紀元前一〇年頃に書かれたのではないかと想像される「モーセの昇天」と題する偽典《アポクリファ》のほか、同時代のものはほとんど見出されない。

その他のいわゆる apocalyptic literature に現れた終末観は、あるいは後代のものであるか、あるいは読者の先入主によって、いかようにも解釈され得る底の曖昧《あいまい》なもので、いずれにしても終末派の主張を支持するには足りないものである。終末派もまた決定的な解答を見出したのではなかった。(これ等の点について読者が M. T. Lagrange: *Le Messianisme chez les Juifs.*

Paris, 1909 のごとき名著を参考せられんことを切に希望しておく。本邦学者の聖書学文献を見るに、偏見に囚《とら》われてカトリック側の貢献を無視しているのが常であるから、この種の研究の紹介されることは、学界の公正を期するためにも極めて必要なことである。）

宗教史学派

（Ⅷ）　終末派のイエズス観には上述のごとき欠陥があったにせよ、当時の時代思潮の裡にキリストを置いて見たという点は、歴史を標榜《ひょうぼう》しながらメシアの姿を知《し》らず識《し》らず近代化してしまった自由派に勝っていた。原始キリスト教という文化的現象全体を、ユダヤ民族やパレスチナの国境を越えた遥かに広大な当時の世界思潮の裡に置いて観察し、そこに見出される先在要素からこれを説明しようと試みたのは、蓋《けだ》し当然の勢いであった。テーヌの「いわゆる国土と時代と民族」との三条件から歴史的現象を説明し去らんとする決定論的方法が、大規模にキリスト教に対しても用いられねばならぬ。終末派のヴァイスやシュヴァイツァーは、この方向に最初の一歩を踏み出した者に過ぎない。イエズスが同時代の夢想的終末観に誤られ、自らメシアを以て任じローマの主権やユダヤ教の教権に対する反抗者として磔刑に処せられたという点までは、彼等の主張は相当条理のある説明として受け取れるが、かかる偏狭《へんきょう》な民族的信念が、どうしてユダヤ人以外の世界に魅力を有し得ただろうか。

原始キリスト教という宗教運動の文化的価値は、それがパレスチナの国境を超えて燎原《りょうげん》の火の勢いを以てヘレニズムの風靡《ふうび》したローマ帝国の全版図に弘布《こうふ》した点にある。キリスト教の古代文明世界征服という人類の文化史上最大の事件の説明としては、終末派の見解は余りに偏狭である。メシアによるイスラエルの民族的復興という期待が、どうして世界的救済という神秘的な信念にまで変化して行ったか。この疑問の氷解せぬ限り、イエズス一人をどう説明しようとも、キリスト教の起原は永久に謎として止まるであろう。かくてキリスト問題は結局、宗教史的解決を要求することとなる。これは輓近擡頭《ばんきん》してきた宗教史学にとっては、望外の研究題目であった。そうしてその結論は、斯学《しがく》の反キリスト教的代表者によって逸早《いちはや》く宣言された。

「要するにこの新宗教の異教の密儀に対する負債は、ユダヤ教に対するそれにほとんど匹敵《ひってき》していた。異教世界は、キリスト教の内部に予《あらかじ》め潜入していた彼等の精神故に、己の姿をその中に認めることができた」（ロアジー）と。

この結論を立証すべく、ドイツの宗教史家等は必死に努力した。宗教史研究――（Die religionsgeschichtliche Methode 或は Arbeitsweise）――という語は学界の標語となった。そして *Die Religionsgeschichte und das Neue Testament*（Bousset）とか、*Religionsgeschichtliche Erklärung des N. Testaments*（Carl Clemens）というような題目の書籍がほとんど無際限に発行された。

終末派の弱点を最初に指摘した人々が、宗教史家であったことは前述した。これ等の人々は、彼等の覆せる先行者に代って、自分等の学説を樹立すべき場合となった。試みに、宗教史学派の頭目ブーセのプログラムを窺《うかが》ってみよう。

どんな批評家でも、パウロがヘルメスの秘密書を読んでいたとか、あるいは更に一般的にキリスト教が一、二の特定の密儀宗教に影響されたとか主張することは、あえてせぬだろう……要点はむしろキリスト教がその裡に成長し、その発展の大部分を説明するところの宗教思想の大いなる全体の知識を捉え、これ等の思想の発現が、一般の宗教的雰囲気《ふんいき》をある特定のものにしていたことを了解するにある。……更にまた（キリスト教と異教との間に見出される）あまり決定的ならざるか、あるいは単に興味深しと云うに過ぎざる相似点や並行的実例を云々するよりは、むしろ自己特有の地盤の上に発展したものではあるが、イエズスの福音と融合し、相共に新しきものを構成した（異教の）宗教的精神を捉うる方が重要である。これを知らざる限り、我等は新たなる構成物（異教と福音より成立せる）を理解し得ないだろう云々。（*Kyrios Christos* の序言）

この見方よりすると、パウル以来一時閑却されたかの観のあった使徒パウロの教説が、再び極めて重要なものになってくる。福音をしてユダヤ的旧套《きゅうとう》を脱せしめ、これを世界的宗教にした真のキリスト教の樹立者は、イエズスではなくて異邦人の使徒パウロであり、彼の成功はヘレニズムの浸潤《しんじゅん》せる東方宗教思想に福音を順応せしめた用意に存する。ヘーゲル式の文句を借用すれば、福音―異教思想―世界的教会《カトリック》と正反合の発展をしたことになる。

この見解の当否はさて措《お》き、我等はルターの聖書の個人解釈にその源を発した高等批評が、その最近打開せる局面において、パウロをカトリック教会に返したという極めて興味あるアイロニーをここに認めることができる。プロテスタンチズムの金城鉄壁《きんじょうてっぺき》であったパウロ、ローマ教会のいわゆる偶像崇拝善行中心主義に対して、信仰による義を説いたとせらるる使徒は、晩近《ばんきん》の宗教史家に従えば、世界的教会《カトリック》の創立者であり、洗礼や聖餐の秘蹟の客観的価値を信じた人であるとされる。ブーセの説によれば、彼の聖霊に関する教説すら、当時の宗教的雰囲気であった霊肉二元論に淵源するのだそうである。秘蹟の信仰は異教の魔術信仰と相通じ、水洗の儀式や祭祀的会食は、東方宗教の密儀にその範を求めねばならぬとされる。また苦を受けたる後、死して蘇《よみがえ》る神の伝説の痕跡は、バビロニアのタムーズ神、シリアのアドニス、エジプトのオシリス、フリジアのアチス、トラキアのディオニソスからチロのメルカルトや、パウロの生れ故郷小アジアのタルソスに祀られたヘラクレス・サンダンに至るまで数え上げられた。

彼等の発見はこの他また数限りなくあるが、一度我等が思いをめぐらして、使徒行録の物語るがごとき四〇年前後のキリストの追憶に充《み》ちていたイエルザレムにおけるキリスト者の集会と、例えばアチスの崇拝者等が狂乱の限りを尽くした血腥《ちなまぐさ》き密儀的供養の光景とを比較してみる時、これ等霄壌《しょうじょう》も啻《ただ》ならぬ二者が相合して、僅《わず》かに二十年内外の短日月に、パウロの説けるがごとき卓越せる神学体系を形成し得たと真面目《まじめ》に信じ得られようか。事実キリスト教と異教とは、三世紀に亘《わた》って生死を賭して相戦った。而して最も頑強に新宗教に抵抗したのはアチス崇拝であり、その他の密儀宗教も同様であるが、新ピタゴラス学派や新プラトン学派の哲学者の異教復興運動によって、その迷信が洗練され霊化せられたにかかわらず、遂に滅亡してしまった。終末派が異教世界の改宗を説明し得なかったと同様に、宗教史学派もこの事実を如何《いかん》ともすることが出来ない（ミトラ崇拝とキリスト教との関係については、前掲「キリスト教会に対する偏見」の項を見よ）。

キリスト神話についての論争

（Ⅸ）キリスト教が密儀宗教の堆積の中に埋もれそうになった以上、イエズス自身の歴史的存在が怪しくなってきたのも無理はない。十八世紀の末葉にデュプイ（Dupuis）やヴォルネイ（Volney）がキリスト教を天体神話に過ぎないと論じて世人の嘲笑《ちょうしょう》を買ったが、同じような説が二十世紀の初頭に再び擡頭した。この方面で先鞭《せんべん》をつけたのは恐らくロバートソン（John Mackinnon Robertson: *Christianity and Mythology*, London, 1900）であろう。マールブルク大学教授イェンゼン（Peter Jensen）は、イエズス伝をバビロニアのギルガメシ神話中に発見したと称した。この典型的英雄は、旧約聖書においてはアブラハムやモーセの形で現れてくる。同じくアッシリア学者なるライプチッヒ大学教授チンメルン（Zimmern）先生は、むしろミトラやマルドゥクやタムーズ神話がキリストを生み出したらしいという。

かくのごとくイエズスの歴史的存在は神話の研究によって雑作《ぞうさ》なく否定されるにしても、彼が神として礼拝されたという事実は、疑う訳にはゆかない、それは恐らくマルコ書よりも年代的に古くあり得るパウロの書簡に、既に明らかに録されている。神的礼拝の対象たるイエズスを否定するよりは、彼の人間的存在を抹殺《まっさつ》する方が遥かに容易なのである。ここに着眼したのが、スミス（William Benjamin Smith. その著書はドイツ語でイエナで出版されているが、彼は元来米国人である）で、氏はイエズスとはヘブレオ語で救主を意味し、イスラエル人を約束の地に導き入れた同名のヨシュアが既に実在せし人物ではなく、架空の神的存在であったと言う。またイエズスに付せられたナザレト人なる形容詞も、その実「保護者」を意味する言葉である。紀元前一世紀頃から、夙《つと》に種々な形で救いの神が崇拝されていた。イエズス・キリストとは、ヘレニズムの影響を受けたユダヤ教の一派が礼拝していた神の名に過ぎない。その証拠にはと、スミス氏はナアセニと呼ばれたグノーシス派の一讃歌と紀元四世紀頃のパピルス一葉とを提出してくれる！

しかしスミス氏を有名ならしめたのは、ここに述べた深遠《しんえん》なる学殖のためではなく、氏の著書がドルーズ（Arthur Drews）に及ぼした影響の故である。このカールスルーエの哲学教授は、いわゆるJesus-Bewegungの立役者《たてやくしゃ》になる以前には、カント、ヘーゲル、ニーチェの研究、特にハルトマンの哲学体系の最もよき祖述者として哲学史の研究者に知られていたが、一九〇九年から一九一一年にかけて『キリスト神話』（*Die Christusmythe*）を公にして以来、反キリスト教団体Monistenbundの後援の下に、ドイツの諸都市でイエズスの歴史的存在否定説を講演して歩くのに憂身《うきみ》を窶《やつ》し始めたので、一方ならず人々を驚かした。

彼はまた自由神学派批評家の不徹底を鳴らし、自分は彼等が曲学阿世《きょくがくあせい》故に言明するのを憚《はばか》っている結論を公言するに過ぎないと称して盛んに挑戦したために、正統派からよりはむしろこれらの学者から手痛き反駁《はんばく》をうけた。ヨハネス・ヴァイスのごときは「科学的著述として、ドルーズの書は全然価値がない……この方面に関して彼には必要な準備も学識もなく、その欠陥を謙遜《けんそん》で補う代りに、高慢でうめ合わせている」との酷評を下した上に、「ドイツの学界にとっても、またかくのごとく俗悪なる商品（『キリスト神話』を指す）を取り扱わねばならぬ余自身にとっても、恥辱である」と憤慨し、ハルナックに至っては、著者を目して“ein unberufener Dilettante”として一蹴《いっしゅう》し去った。この事あって後十数年、これも ein unberufener Dilettante なる日本の一助教授が、平気でこれ等の愚説を紹介し、それによってキリスト教を云々する人達があるのであるから、流石《さすが》世界は広いものである。

いわゆる「高等批評の大勢」とその功過

「汝等我を誰なりと言うか」（マテオ聖福音書第十六章一五）。昔フィリッポのカイザリアの村々に出行き給いし途中《みちすがら》のイエズスの質問は、実に全人類に向ってなされたものであった。ライマールス以来ここに約二百年の間、近代の歴史科学はこの一問に対して決定的の答弁を与えようとして驚天動地の大努力をしたが、甲論乙駁《こうろんおつばく》遂に定説がない。聖書批評学の老大家ベルンハルト・ヴァイスはイエズスは「いかなる人であったか、彼は何を志したか、これ等の問題に関して今日世人は際限《さいげん》なく著述し議論するが、十九世紀間彼によって活きてきたキリスト教諸国が、未だ一様の解答を見出し得ないとは、蓋《けだ》し悲しむべき有様《ありさま》ではないか。今日迄に獲得された結果は、要するに僅少《きんしょう》なものである」（*Die Geschichtlichkeit des Markusevan-*

gelium, S.5.) と言って、高等批評の支離滅裂《しりめつれつ》を慨嘆した。

しかしヴァイスがかく慨嘆した時、彼は世紀の流れを通じてペトロとその盤石の上に築かれた教会が、終始一貫「汝は活ける神の御子キリストなり」と不退転《ふたいてん》の信仰告白をしているのを忘れていた。また福音書中に録されてある一見矛盾するがごとき言葉や事件を調和し、原始キリスト教に関する種々雑多な史料や文献を統一ある全体に纏《まと》め得べき唯一の原理なるこの信念をほかにしては、「神人イエズスの謎」と、世界的価値顚倒《てんとう》運動たる彼の宗教の真《しん》諦《たい》とを捕捉する道のないことを、高等批評の変遷《へんせん》が消極的に裏書きしていることをも見逃していた。更にこれを機会に、その歴史的存在をすら疑わるるに至ったこの一ユダヤ人が、何《なに》故《ゆえ》にかく迄も人類の関心をその一身に集めてやまないかの問題を深く考察し得たではなかろうか。成程《なるほど》高等批評の積極的貢献は、ヴァイスの言うごとく、一見僅少であるかも知れぬ。しかしその僅少なるものをさえも、それが真に厳密公正なる歴史的研究の結果である限りにおいて、我等は学者の努力に対する深き感謝の心を以て受《う》け容《い》れて差《さ》し支《つか》えない。

例えば、ダイスマンの新約聖書の用語に関する発見のごときものが、どれだけこの難解の書に関する吾人の研究を容易にしてくれたことであろう。また真面目な批評家の福音書著作の年代推定が、神話説を不可能にした功績をも認めねばなるまい。終末派が不完全ながらイエズスの神秘的な面影を恢復《かいふく》した点も、決して無意味ではなく、宗教史学派が、その歴史的デテルミニスムの誤謬《ごびゅう》を犯すにもかかわらず、原始教会が決して初期の宗教革命家等が夢想したようなものではなく、教権や教会組織や秘蹟に関して現代のカトリック教会のそれと本質的に同一の主張を有した点を明らかにしたのも、看過されてはならない。最後に、人間イエズスの歴史的存在を否認する論者すら、神イエズスの礼拝された事蹟を抹殺し得なかったのは、実に意味深長と言わねばならぬ。彼等が「人の子」を何と言おうが、彼は永久に人類の良心の前に厳然として立ち、その去就《きよしゅう》を迫っている。而《しこう》して「信じかつ洗せらるる人は救われ、信ぜざる人は罪に定められるのである。かくて真の信仰を持てる者はますます与えられ」、持たざる者はその僅かに持つものをすら奪われんとしている。

見よ、客観的なる超自然的権威に立脚するカトリック信仰は、高等批評のうちより、よきものと悪《あ》しきものとを分ち取捨撰択《しゅしゃせんたく》して、己の立場を失わざる力を有するに反し、聖書の主観的解釈に基づくプロテスタンチズムは、その自ら産める叛逆児によって根底より覆《くつがえ》されんとしているではないか。彼等は個人的体験の孤城に籠《こも》って奮戦大いに努めているが、事実その正統的信仰は、わずかに残喘《ざんぜん》を保つに過ぎない。聖書の個人解釈の主張は、当然その結ぶべき果を結んだのである。彼等の聖霊は最早《もはや》精神の一致を保つ平和の繋ぎではなく、兄弟姉妹を分つ双刃《もろは》の剣になった。彼等はいわゆる「聖霊」によって得られざる一致を、学問によって見出さんと焦慮した。而してこの弥縫策《びほうさく》は、当然の破綻《はたん》を暴露した。彼等のある者は「高等批評の大勢」というがごとき体裁よき文字の蔭にかくれて、自分等に都合よき主張を弁護せんとしている。然《しか》るにいわゆる高等批評の大勢は、上述のごとき支離滅裂《しりめつれつ》の状態にある。彼等は須《すべから》くこの「大勢」に対して、男らしく態度を決すべきではないか。高等批評家等は、自ら学者を以て任じていることと思う。彼等は単に権威によってのみ受け容れらるるをいさぎよしとせぬであろうし、また超自然的天啓に関して教権を許容するを欲せざるプロテスタントが、人間理性の作り出した学問に関しては反って権威を肯《うべな》うのも、極めて奇妙であると言わねばならぬ。

高等批評に幾何《いくばく》かの価値を認める以上は、それは学問的価値でなくてはならぬ。而《しこう》して高等批評の大勢がそのまま受け容れられ得る底の統一あるものでない以上、高等批評を味方にせんと欲する者は、ある程度の科学的批判を予想する取捨選択の労を強《し》いられるのは当然である。万一彼等がその程度にすら聖書学者でないのならば、この問題に関しては、須《すべから》く口を緘《かん》すべきではあるまいか。彼等が単に自己の主観的体験を聖霊によると称している間は、真面目な人間は誰もこれに容喙《ようかい》せぬであろう。それは結局、彼等に主観的価値あるものに過ぎない。しかし彼等の言論が、一度客観的に議論し得べき境に入る時に、あるいはその主観性を忘却してこれに客観的権威を認めしめんとするがごとき僭越《せんえつ》をあえてする時に、我等に対しては言うべきことはいくらでもある。而して彼等の主張に論理の矛盾がある時、我等はこれを指摘するに決して吝《やぶさ》かなるものではない。

論争の巷《ちまた》より信仰の平和境へ

高等批評がキリスト教の信仰の基礎になる歴史的事実の虚偽を証明した、と考える多くの近代人の迷信を打破しておくために、以上の考察は必要であった。しかしあれほどの才能と研究とが、人類に与えられた最も高貴なものの否定と破壊とに費されたという事実、特に科学的の根拠なきにもかかわらず科学の仮面をかぶって、我等の主イエズス・キリストの使命と事業とに対して冒瀆《ぼうとく》をあえてした不信の徒の数々の狂暴は、我等にとって決して喜ばしきものではなく、その叙述は筆者にとって実に苦痛であった。しかし真面目な教養あるカトリック信者は、かかる研究によって却って自分の信仰のますます固めらるるを覚え、公教会に属する幸福を痛切に感じたであろう。

聖パウロの「嗚呼《ああ》チモテオよ、託せられしものを守りて、世俗の空言と有名無実なる学識の反論とを避けよ」（チモテオ前書第六章二〇）との訓戒は、今の時代において最も適切である。

我等は不可謬の神の権威の上に信仰を築いている。我等の教会に対しては、地獄の門は勝つことができない。主は世の終りに至るまで我等と共に在して、守り給うのである。カトリック信者は、学者ならずとも自己の宗教的実際生活の上において、その理屈のうちに空しくなれる不信者の謬説《びゅうせつ》を容易に見破ることのできる確乎《かっこ》不動の標準を有している。聖書の研究をした上で、漸《ようや》く信仰すべきことが明らかになるのではない。（いわゆる聖書研究家ほど勝手な議論をしている！　それは神より賜わるものを、人間の分際《ぶんざい》で勝手にきめようとする高慢《こうまん》の当然の酬《むくい》である。）

カトリック信者にとっては、信ずべき天啓の内容は、学者にも無学者にも、老人にも婦女子にも、だれにでも、一様にかつ容易に分るように教会が教えてくれる。その懐には、神の権威の前に跪《ひざまず》きへり下れる者にのみ与えられる平安が、充《み》ちている。永遠の生命の言は、争いなく、分裂なく、真理にふさわしき確さを以て、豊かに我等の心に注ぎ込まれる。我等は今やこの世の学者の論争の巷《ちまた》を後にして、神がその選び給いし者のために備え給える平和の港にまで漕ぎつけたのである。神の権威によりて保証せられし教会は、イエズス・キリストとその事業とについて、何を教うるか。不可謬の教権が保証し、近代の高等批評が覆《くつがえ》す能《あた》わざりし新約聖書は、これについて何を物語るか。これが我等の関心事である。

第十一課　第二条と第三条の続き

第二項　イエズス・キリストの私生活

81　イエズス・キリストは何時《いつ》生れ給うたか。

イエズス・キリストの生れ給うたのは今からおよそ千九百年余り前であります。これを西暦紀元と致します。

82　イエズス・キリストは何処《どこ》に生れ給うたか。

イエズス・キリストはユダヤ国のベトレヘムにおいて、厩《うまや》の中に生れ給うたのであります。

イエズス誕生の時代

西暦紀元はイエズスの誕生に始まるのは言うまでもないことであるが、暦数家の研究によると、救世主の誕生は少なくも紀元前四年だとせられる。現行西暦が西洋で一般に用いられるようになったのは、もちろんキリスト教がローマ帝国を風靡《ふうび》した後のことで、最初に紀元を算定したローマの修道士小ジオニシウスは、ローマ建国七五四年をその第一年とした。然《しか》るにヘロデ大王の死がローマ建国七五〇年の春であったことが明らかになった。而《しこう》してイエズスがこの王の治世の末に生まれ給うたことは、マテオ書第二章一－一九節の録するところであるから、主の誕生が少なくも紀元前四年であり、現行暦数はそれだけ後《おく》れていることが確実にされた。しかし御降誕よりヘロデ王の死に至る迄の間に、牧者の礼拝（ルカ書第二章八－二〇）、割礼式（同第二章二一）、神殿における奉献式（同第二章二二－三九）およびマテオ書の物語る東方の博士等の来朝（第二章一－一二）、エジプトへの御避難と孩児等の虐殺（第二章一三－一八）等の出来事が挿入されねばならぬから、これ等の事件が幾何《いくばく》の時日を費したかの推定次第で、多少の伸縮を許さねばならなくなる。

ただし「ベトレヘムおよびその四方に在る二歳以下の男児を悉《ことごと》く殺せり」（マテオ聖福音書第二章一六）とあるから、孩児虐殺事件はイエズスの御誕生後あまり時日を隔てぬ出来事と考えねばならない。普通、上述の出来事は恐らく数カ月間に行われ、従って御降誕の時期は大略ローマ建国七四九年頃で、西紀元年は同七五〇年という説が最も有力である。

歴史的順序を最も重んずるルカ書によれば、ザカリアの子洗者ヨハネが、主の御言を蒙《こうむ》ってヨルダン河畔に改心の洗礼を説いたのが「チベリオ、カエサル在位の十五年、ポンシオ・ピラトはユダヤ総督たり、ヘロデ大王（第二子アンチパスのこと）はガリレア分国の王たり、その兄弟フィリッポはイチュレアおよびトラコニト地方分国の王たり、リサニアはアビリナ分国の王たり、アンナとカイファとが司祭長たりし時」(ルカ聖福音書第三章)とあり、イエズス御受洗の御齢はおよそ三十(同第三章二三)と録されてある。チベリウスが即位したのはアウグスツスの死(ローマ建国七六七年八月十九日)に先立つ二年、すなわちローマ暦の七六五年であるから、それから十五年目は七八〇年に当り、この年に主が御齢およそ三十歳であらせられたとすれば、御誕生は七四九―七五〇年頃となる。

以上の推定は、前述の計算と符合している。更にヨハネ書第二章の記事――主がイエルザレムの聖殿より商人共を駆逐《くちく》し給いし事件は、主の聖役の第一年の過越祭《すぎこしのまつり》の直前の出来事であるが、その際ユダヤ人が抗言して「この〔神〕殿は造るに四十六年を要せしに、汝三日の中にこれを起こすべきか」(二〇節)と言ったのともよく合致している。何故かと言うと、ユダヤの歴史家ヨゼフス(*Antiq.* XV. XI. 1; XX. XI. 7)によれば、当時の神殿の再築はローマ建国七三四―七三五年に始められ、その工事はヘロデ・アグリッパ二世の治下、聖都没落の少し前に完成されたのだそうだから、起工後四十六年目はすなわち七八〇年頃となり、その時にイエズスの御齢およそ三十というルカ書の記事は、紀元を七五〇年とする説と非常によく調和する。以上の理由によって、御誕生をローマ紀元七四九年すなわち紀元前四年とする説が一般に採用されている。

ユダヤの政治的状態

イエズスの祖国ユダヤは、当時夙《つと》にローマ帝国の配下にあった。ヨーロッパの南からアフリカの北岸、アジアの東の部分にかけて、ローマの版図は地中海を包囲し、ローマ人が「我等の海」(Mare nostrum) と呼んだこの洋上を、使徒行録に物語られているように、港から港へと幾多の商船隊は風帆相望んで、交易と軍兵の輸送とに従事していた。この世界的大帝国の地中海沿岸極東の領地パレスチナは、北は小アジアを経てヨーロッパと接し、南はスエズ地峡によってアフリカ大陸に通ずる小国である。経五十里、緯四十里に満たざるその境域は三分され、ゲネザレト湖の西岸を中心とする北のガリレア、そこから出て南流するヨルダン河西のサマリアが中央を占め、狭義のユダヤ国はその南へと死海の辺までのびていた。モーセに導かれてエジプトを脱出したイスラエル人等が、四十年の沙漠《さばく》漂泊の後に、ヨシュアに率いられて乳と蜂蜜との流るるこのカナアン人の国を攻略したのは、旧約の遠い昔のことであった。それから約千四百年の間、イスラエルはこの地でその独立のために戦った。エジプト、アッシリア、ペルシャ、マケドニアの諸大強国が次ぎ次ぎに四隣から神の選民を脅威《きょうい》した。幾度か敗れ幾度か興り、遂に紀元前六三年ローマの将軍ポンペイウスは首都イエルザレムを陥れて、パレスチナを帝国領シリアの一部分にしてしまった。イスラエルの主権は、とこしえにその子等の手に還らざるべく奪い去られたのであった。

その後暫時《ざんじ》にして、死海の西南地方イジュメアの王族ヘロデは、巧みにローマ元老院の歓心を迎えて、遂に「ユダヤ人の王」と称することを許され、紀元前三七年より四年に至る間、ローマ人の後援の下にユダヤに君臨した。イエズスは実にその治下に生まれ給うたのである。その死後、パレスチナの政治は更に改変された。ヘロデ大王はその領土を三人の子、アルケラオ、アンチパス、フィリッポに三分せんと欲し、遺言してローマ皇帝の裁可《さいか》を求めた。その結果、長子のアルケラオはサマリアとユダヤにイジュメアを加えた南部を得たが、皇帝は彼に王の称号を用ゆるを許さず、単にethnarcus（民の頭）と呼ばしめた。彼はその暴政の故に、約十年の後ガリアに逐謫《ちくたく》されたから、福音書中にはただマテオ書第二章二二節にその名を録さるるに止まる。

アルケラオ退位の後のユダヤは、シリア大守の管轄の下に総督によって統治さるることとなった。主を裁判し奉ったポンシオ・ピラトは、二六年より三六年迄この職にあった人である。総督は地中海沿岸のカイザリアを任地としていたが、祭日にはイエルザレムに出張して、地方から集ってくる人民の騒擾《そうじょう》を警戒した（使徒行録第二十三章以下パウロ就縛の記事を参照せよ）。

第二子のヘロデ・アンチパスは、ガリレアとヨルダン河東のペレア地方を得て分国王と称し、その統治は三九年迄つづいた。彼はガリレア湖畔にチベリウス皇帝の名に因《ちな》めるチベリヤデの町を築き居城としたが、時としてユダヤ人の祭日にはイエルザレムへも上ったことが録されている。弟フィリッポの妻を奪い、洗者ヨハネに叱責《しっせき》され、これを投獄して殺したのも、聖金曜日に主を兵士と共に侮辱して白き衣をきせてなぶり、ピラトに送還したのも、彼である（ルカ書第三章一九、第九章七―九、第二十三章七―一二）。

第三子のフィリッポは、パレスチナの東北部ヘルモン山とガリレア湖の東方のイチュレアとトラコニト地方を得て、三四年迄これを治めた。その他ルカ書第三章の冒頭には、ダマスコの北方の小国アビリナの分国王リサニヤの名を録しているが、この人は主の御生涯とはなんら関係がない。

83 イエズス・キリストは何のため、厩《うまや》の中に生れ給うたか。

イエズス・キリストの厩の中に生れ給うたのは、人々に謙遜《けんそん》、清貧、堪忍の徳を誨《おし》え給うがためであります。

84 イエズス・キリストの御降誕のときに召されて拝みに参った者は誰であったか。

イエズス・キリストの御降誕の時、召されて拝みに参った者はベトレヘムの近所の牧童と、東の国の博士等でありました。

救世主の御降誕

ユダヤの都イエルザレムから南方へあまり隔っておらぬ所に、昔ダビデがそこで生まれたと伝えられた、ベトレヘム（パンの家の義）という小さい町がある。かの旧約の大王の子孫たるメシアも、この町で生まれ給うた。預言者ミカアは、夙《つと》にこの事を告げていた（ミカア書第五章二）。「ユダの地ベトレヘムよ、汝はユダの郡中に最も小さき者にあらず、蓋《けだ》し我がイスラエルの民を牧すべき君汝の中より出でん」（マテオ聖福音書第二章六）と。ルカ書第二章は最も詳細に事の次第を物語っている（一―二〇節）。

時はカエサルの詔に従って行われた天下の戸籍調べの最中であった。母も聘定《いいなずけ》の夫も、ダビデの子孫たるのかどを以て、ユダヤ人の習慣に従ってその名を届けんとて、遥かに遠きガリレアの寄留地ナザレトから、本籍地ベトレヘムへ出頭した。小さな町は、同じ目的で集まった人達で混雑した。福音書に言えるごとく「そこに居りし程にマリア産期満ちて、冢子《ういご》を生み、布に包みて馬槽に臥させ置きたり。これ、旅舎に彼等の居る所なかりし故なり。」貧しい職人夫婦を宿しくれる家はなかったのである。

ローマの刑法では、ただ奴隷と帰服民族にのみ執行された極刑に処せられて死し給うた主は、厩《うまや》――夜間家畜を宿す野外の洞窟ででもあったろうか――の中で生まれ給うた。程《ほど》近きイエルザレムには、金殿玉楼があった。程《ほど》遠からぬイエリコには、ヘロデ大王の宮廷があった。しかしイザヤの録せるごとく「彼はさげすまれ人々に捨てられし苦痛の人、なやみを知れる者」として来り給うた。「貧者に福音を宣《の》べ、心の砕けたる人をいやし、虜には免を盲人には見ゆることを、圧えられたる人には自由を齎《もたら》し給う」べき御方は、赤貧《せきひん》の裡に生まれ、困苦の裡に育ち、言葉もて教うるに先立ちて実行を以てさとし給うのであった。

一切の人は十字架の許《もと》に跪く前に、馬槽の前に頭をたれることを学ばねばならぬ。我等は主の地上における御生涯の第一歩において、神の御業《みわざ》にはこの世の宝も権勢も必要ではないという大真理に直面せしめられる。それと同時に、霊の救いは無学貧賤の徒ばかりではなく、富貴賢明なる者にも必要であることが示される。ベトレヘム近郊の牧童の跡を追うて、東の国から博士等が黄金、没薬《もつやく》、乳香の貴重品を捧物《ささげもの》として礼拝に来た。しかしまず召された者は、心の単純なる小さき者であった。この世の宝を持たぬ彼等からは、神は信仰のほか何をも要求し給わなかった。そうして彼等を召すべく、天使をさえ送り給うた。彼等は心安らかに神に光栄を帰し、かつ讃美し奉りつつ帰って行った。

学者の神への巡礼はそう簡単ではない。彼等は天使によって福音を告げられなかった。彼等は自然の異象の裡に超自然の光を認め、文字にされた天啓を究めて漸《ようや》くベトレヘム迄辿《たど》りついた（マテオ書第二章一―一二参照）。彼等は真率《しんそつ》なる真理の探求者であり、神の光に照らされても心の中にやましき所がなかったからである。不思議な星は、今でも人々の良心の空に輝いている。聖書も、万人の眼前に披《ひら》かれてある。然《しか》るに多くの学者等は却って理窟の中に空しくなり、その愚かなる心は暗く、自ら智者と称して愚者となり、朽ちざる神の光栄に易《か》えるに朽つべき人間の高慢を以てしている。かくて彼等は己の心の欲の奴隷となり、亡びに至るのである。

85　御降誕の後四十日目に何事があったか。
御降誕の後四十日目にイエズス・キリストは、イエルザレムの聖堂において天主に捧げられ給うたのであります。

86　その後イエズス・キリストはどうなられたか。
その後イエズス・キリストはヘロデ王が殺そうとしたから、ヨゼフとマリアとに携伴《つ》れられて、エジプト国へ逃れ給うたのであります。

謙遜《けんそん》と清貧と堪忍《かんにん》との徳の模範を、その御誕生の事蹟によって我等に誨《おし》え給うた主は、凡《すべ》てこれらの徳の冠なる従順の徳の貴さをも御幼年時代の出来事によって示して下さった。

救主《すくいぬし》は律法の定むる所に従って、八日目に割礼を授かり、御名をイエズスと呼ばれ給い（ルカ書第二章二一）、また四十日目には神殿へ連れゆかれ、神に捧げられ給うた。「然してモーセの律法の儘に、マリアが潔《きよ》めの日数満ちて後、〔両親〕孩児を主に献げんため、携えてイエルザレムに往けり。これ主の律法に録して「総《すべ》て初めに生るる男子は、主のために聖なる者と称えらるべし」とあるが故にして、また主の律法に言われたるごとく、山鳩一双か、鴿《いえばと》の雛二羽かを犠牲に献げんため」（同第二章二二―二四）であった。

これ実に「律法若くは預言者を廃せんとて……来りしにあらず、全うせんが為なり」（マテオ書第五章一七）と宣《のたま》いし御言葉にふさわしきことではないか。従順の語は、まことに救主の御一生を貫くと申して差《さ》し支《つか》えない。「看《み》給え……神よ、我は御旨を行わんために来れり」（ヘブレオ書第十章九）と曰い、「彼は神の貌に在して、神と並ぶ事を盗とは思い給わざりしも、己を無きものとして奴隷の貌を取り、人に似たる者と成り、外貌において人のごとく見え自ら謙りて、死、しかも十字架上の死に至るまで従える者となり」（フィリッピ書第二章六―八）給い、かくて「一人の従順によりて多くの人が義人」（ロマ書第五章一九）とされたのである。

旧約の預言者等はまた謳って言った。「シオンの女に言え、看《み》よ、汝の王柔和にして牝驢《ろ》馬《ば》とその子なる小驢馬とに乗りて汝に来る」(イザヤ書第六十二章一一、ザカリア書第九章九)と。しかしその虐政の故に人民の反感を買うていたヘロデ王は、「ユダヤ人の王生る」との風評をきいては聞き捨てにはできなかった。猜疑《さいぎ》深き彼は骨肉の親しきをも容赦《ようしゃ》せず、苟《いやしく》も己の王位を窺《うかが》うと思う程のものは、皆殺した。

「その時ヘロデ密かに博士等を召して、星現れし時を聞ただし、彼等をベトレヘムに遣るとて言いけるは、ゆきて詳《つまび》らかに孩児の事を尋ね、それを見出さば我に告げよ、我も往きてこれを拝まん、と。」(マテオ書第二章七—八)

しかし狡猾《こうかつ》なる老王の謀計は成就しなかった。博士等は復命せずに、他の途《みち》より帰国した。また「折しも主の使ヨゼフの夢に現れて言いけるは、起きて孩児とその母とを携えてエジプトに逃れ、我が汝に告ぐるまで彼処《ここ》に居れ、それはヘロデ孩児を殺さんとてこれを索めんとすればなり、と。ヨゼフ起きて孩児とその母とを携えて夜エジプトに避け、ヘロデの死するまでそこに居れり」(同一三—一五)。その結果はベトレヘムおよびその四方の幼児の虐殺となり、ヘロデは数々の残虐にまた新しき罪業を加えた。

天軍の讃美歌と牧童の礼拝とに始った田園詩は、たちまち流血の惨劇に変化した。イエズスが聖殿にて奉献せられ給いし日に、シメオンが聖母に言える言葉、「此子は……反抗《さからい》を受くる徴に立てられたり」(ルカ聖福音書第二章三四)という事は、最早《もはや》実現し始めたのであった。仮令《たとい》彼がいかに柔和謙遜《けんそん》にして牝驢馬《ろば》にのりて来るとも、また仮令《たとい》その王国はこの世のものにあらずとも、地上の権勢は決してこれを等閑視するを欲しなかった。東方の博士等の「ユダヤ人の王」と言った一語が禍して、救主の揺籃《ようらん》は危く血に染まるところであった。三十余年の後に、彼がピラトの法廷に訴えられた時もまた、同じ理由によった。彼はローマの主権に対する反抗者とされたのである。

「人各上に立てる諸権に服すべし」とローマ人に書き贈って俗権に対する服従を力説したパウロさえ、第二回伝道の途上テサロニケでは「イエズス〔という〕王別に在りと称え、カエサルの勅令に逆らう」（使徒行録第十七章七）危険人物として迫害された。ローマ時代の迫害の理由も、日本における昔日の切支丹《キリシタン》迫害も古往今来洋の東西を問わず、悉《ことごと》く軌を一にしているのは不思議ではないか、カトリック者は右傾団からは非国民扱いされ、左傾派よりは人民を麻痺《まひ》させる阿片《あへん》だとせられる。暗《やみ》の力は、光の国を倒すべく、浮世の権勢を利用することを決して忘れない。シメオンの預言に、イエズスは「多くの人の堕落と復活とのために置かれ、かつ反抗を受くる徴」と謂《い》えるは、まことに意義深長である。これこそは実に、アウグスチヌスが椽大《てんだい》の筆を以て描き出した、人類の歴史を貫く神の都と地上の国との葛藤《かっとう》であるのだ。

87　イエズス・キリストはエジプトから帰って後、何処に住い給うたか。

イエズス・キリストはエジプトから帰って後、三十歳までガリレアのナザレトに住い、マリアとヨゼフとに順《したが》って居られました。

88　イエズス・キリストは天主の御子であるのに、なぜ人たるマリアとヨゼフに順い給うたか。

イエズス・キリストが天主の御子であるのに、人たるマリアとヨゼフに順い給うたのは、人に孝行の道を訓《おし》えるがためであります。

ナザレトの隠棲

救主の幼年時代について最も詳しいルカ書に、イエズス十二歳の出来事（第二章四一－五〇）が一寸《ちょっと》録されてあるだけで、公生涯に入り給うまでの三十年の歴史は、沈黙の暗《やみ》に葬られている。過越《すぎこし》の大祝日に毎年イエルザレムへ上っていた敬虔《けいけん》な両親の事、彼等に伴われて行き、聖殿で学者達と問答し給うた神童の面影《おもかげ》、特に「何ぞ我を尋ねたるや。我は我が父の事を務むべきを知らざりしか」という驚くべき言葉――それは闇を射る雷光のごとくに我等に測りつくせぬ深きあるものを暗示する――の一閃、その後には「然てイエズス彼等と共に下り、ナザレトに至りて彼等に順い居給いしが、母はこの総《すべ》ての事を心に納め居たりき。斯てイエズス智慧も齢も、神と人とにおける寵愛も次第に弥増《いやま》し居給えり」（第二章五一－五二）という、限りなき思慕と際涯《さいがい》のない想像とを喚《よ》び起す数行があるばかりである。

偽福音書は、数々の美しい物語を以てナザレトの隠棲を彩《いろど》り、後人の好奇心を満足させようとした。それらの物語の裡にどれだけの史実があるか分らぬが、史実でも空想でも、それは我等にはあまり意義のある事ではない。それよりも、十二歳にして既に両親に対して「我は我が父の事を務むべきを知らざりしか」という驚くべき返答をなし給うた主は、何故に福音の宣伝を三十歳の後に期し給いしかが、大いに考うべき問題ではあるまいか。

私はここに、イエズスのメシアとしての意識の発展などいう事を論じようと言うのではない。主の御一生の一挙手一投足が我等の教訓であるという信仰の立場から、この玄義を観念してみたいのである。

「キリストの教えを完全に学びこれを味わんと欲するものは、己の一生を全くイエズスの御生涯に肖《に》からしむることを一心につとむべきである」と、『イミタシオ』の著者は開巻第一頁に読者を戒めている。我等は聖母に倣《なろ》うて「これ等の事を悉《ことごと》く心に納めて考え合せ」(ルカ聖福音書第二章一九、五一)ねばならない。また実際主のかくれたる御生活の玄義は、歴代の聖者のつきせぬ観想の対象となっている。

公教要理は問答八十八において、ここにも従順と孝行との模範を見出している。神を「天に在《まし》ます我等の父」と呼び、祈ることを教え給いしイエズスが、この祈りの人間的基礎体験をこの間に積み給うたことは、考うるだに貴き事である。東洋の賢人も「孝は百行の本」と謂《い》うた。子を持って親心なきは稀であるが、親を持つ以上必ず孝行をつくせるとはきまっていない。恥しいが私なぞは、正直に白状すると親孝行ほどむつかしいものはないと感じている。ここ四十年を毎日、産みの親には「父」と言い、神には「天に在す父よ」と祈っても、「父」の一字はなかなかに悟りつくせない。そのうちに、肉親の父は急に世を去ってしまった。父の死に直面して私は、やや「父」の一字が分りかけたような気がする。それにつけても「天に在す我等の父」の一句を得心せぬ前に、天父の御前に召されては申し訳がないと思う。この点からもナザレトの侘《わび》しい里住居は、ますます私の心をひきつけるようになった。

昔のナザレト、今日のエン・ナジラは、人口一万余の小都会である。当時とて繁華な所ではなかったろう。イエズスの義父のヨゼフは里の大工で、マリアはそのつつましき妻に過ぎなかった。夫は労働に懸命し、婦は炊掃の役に服するほか、取り立てて言うべき事もない単純なる生活であったに相違ない。聖母は幼児の手をひきながら水瓶をかついで、朝な夕な今も残るマリアの井戸に水を汲みにゆかれたことであろう。小さきイエズスは、仲間の村童と共に巷《ちまた》に戯《たわむ》れ給うたことであろう。高地のナザレトは美しい所だときく。水天《すいてん》髣髴《ほうふつ》青一髪《せいいっぱつ》の地中海が遥かに見えるという丘の上から見下すと、春は花咲く里の白亜の家は眩《まぶ》しい日光に輝き、カクタスや無花果《いちじく》樹やオリーブの緑の茂みの中からくっきりと浮き上って、不信仰な村人が後年主を突き落そうとした断崖の辺迄も、連なっていたのだろう。イエズスはこのガリレア山地の一小村に、幼くしては朋輩と共に嬉戯し、物心《ものごころ》つき給うた後は、ひたすらに孝養に励み給うた。

思うに三年の公生涯は、三十年の隠棲《いんせい》によって培《つちか》われたのであった。救いの福音は、三年の伝道によって説かれた。そこには、道義的にヒロイックなるあらゆるもののインスピレーションがある。そこには、十字架に向って邁往《まいおう》する主の勇姿がある。「一切を捨てて我に従え」と言う、凜乎《りんこ》たる召命の響きがある。しかし老若男女人類一切の日常生活は、主の三十年の私生涯によって浄化聖別されたのである。夫も妻も親も子も、特に小さき者と貧しき人々とは、ここに彼等の地上の生活に無限の尊厳と価値とを付する何物かを見出さぬだろうか。福音は、その後のヨゼフについて何事も録していない。マリアについてさえ、物語るところは頗《すこぶ》る稀である。しかしイエズスは前者に養われ、後者に育てられたことは寸毫《すんごう》の疑いもない事である。現代の生活苦になやむ父母よ、汝の児が世を済い得ることを思わざるか。活動を夢みて焦慮《しょうりょ》する青年よ、まず心を静めて、寂寞《じゃくまく》たるナザレト丘上に、イエズスが三十年を祈禱と修養とに送り給えることを忘るるなかれ。

第十章　イエズス・キリストの公生涯

第十二課　第二条と第三条の続き

第三項イエズス・キリストの公生涯

89　イエズス・キリストは三十歳の時何をなし給うたか。

イエズス・キリストは三十歳の時、洗者聖ヨハネから洗礼を受け、荒野に退いて、四十日の間断食し給うたのであります。

イエズスの受洗と聖役の準備

紀元二七年の初めは、アウグスツスに次いでローマの帝位を占めたチベリウス皇帝の第十五年に当った。その時ユダヤの国では、新しい預言者が出現したという噂で、上下異常な宗教的興奮の中にあったらしい。洗者と綽名《あだな》されたヨハネは、ヨルダン河畔で改心の洗礼を宣《の》べ伝えた。「ヨハネは駱駝《らくだ》の毛衣を著《き》、腰に革帯を締め、蝗《いなご》と野蜜とを常食となし居たりき。

時にイエルザレム、ユダヤ全国ヨルダン〔河〕に沿える全地方〔の人〕彼の許《もと》に出で、己が罪を告白して、ヨルダンにて洗せられ」（マテオ聖福音書第三章四以下）ていた。

ヨハネの風采《ふうさい》と烈火のごとき説教には、確かに旧約の預言者を偲《しの》ばせるものがあった。彼等もまた「主の大いなる日」――神がその民を罰し給い、悪人をのぞき、イスラエルを興して全地に義と聖との支配を実現し給うべき日を預言した（イザヤ書第二章以下、第十三章九、アモス書第五章一八―二〇、エゼキエル書第七章および第三十章）。ヨハネの言葉には、この怒りの日の近きを思わせるものが多くあった。この恐るべき日の到来と、当時のユダヤ人の宗教的信念の中心を形作っていたメシア出現の期待とは、離すべからざるものであった。メシアはダビデの裔《すえ》であり、この大王の町ベトレヘムに生まれ、不思議な能力を神より与えられて悪を亡《ほろ》ぼし、神の支配を実現すべき者である。ローマの圧制の下にあったユダヤ人は、メシアの勝利は同時に彼等の国民的復興であり、異邦人の敗北であると考えた。宗教的にも、政治的にも、イスラエルの心の奥底にある琴線《きんせん》にふれたこの期待は、彼等を興奮せしめねばやまなかった。あるいはヨハネこそこの待ち設けられたメシアではあるまいかと、人民は待ち侘《わ》びた（ルカ聖福音書第三章一五）。

ユダヤ教の代表者等は遣わされて来り「汝は誰なるぞ」と問うた。彼は否むことなく、メシアにも預言者にもあらずと宣言して、自ら「野に呼《よば》わる者の声」と称し、後より来るべき、より大いなる者の先駆者に過ぎないと自ら卑下した。「我は水にて洗すれども、汝等の中に、汝等の知らざる一個の人立てり。これぞわが後《のち》に来るべき者、我より先にせられたる者にして、我はその履《くつ》の紐を解くにだも堪えず」（ヨハネ聖福音書第一章一九―二七）、「彼は聖霊と火とにて汝等を洗し給うべし」（ルカ聖福音書第三章一六）と。

やがてヨハネの証明の実現さるる日が来た。イエズス御齢およそ三十にして、ガリレアのナザレトより来り給い、洗礼を求め給うた。ヨハネは「我こそ汝に洗せらるべき者なれ」と固辞したが、イエズスはきき入れ給わなかった。「姑《しばら》くそれを許せ、斯《か》く我等が正しき事を悉《ことごと》く遂ぐるは当然なればなり」（マテオ聖福音書第三章一五）と。かくて、洗せられて直《ただ》ちに水より上り給いしが、折しも天彼のために開け、神の霊鳩のごとく降り、また天より声ありて「これぞわが心を安んぜるわが愛子なる」（同一七）と言った。ヨハネは「看《み》よ神の羔《こひつじ》を」（ヨハネ聖福音書第一章三六）と言って、彼が神の御子たることを証明した。

かくのごとく、天父と先駆者との証明によって、イエズスの聖役は始められた。しかし主は、ナザレトにおける三十年の従順と祈りの生活の準備をもって足れりとなし給わず、さらに聖霊によりて導かれて荒野に到り、四十日四十夜断食《だんじき》して悪魔の誘惑をうけ給うた。これ世の罪を除き給う者は「我等の弱点を労《いたわ》り得給わざる者にあらずして、罪を除くの外、万事において、我等と同じく試みられ給える者」（ヘブレオ書第四章一五）となり、自ら人類一切のなやみをその御身に負い、これに克ち給わんとの聖慮にほかならなかった。肉の欲も（第一の誘惑）、権勢の野心も（第二の誘惑）、自我の高慢《こうまん》と神に対する反逆も（第三の誘惑）、ことごとく征服され、悪魔は敗北して逃れ去った（マルコ聖福音書第一章一二―一三、マテオ聖福音書第四章一―一一、ルカ聖福音書第四章一―一三）。ここに主の聖役の第一年が始まる。

イエズスの聖役の第一年

ヨルダンの河岸から、イエズスは北の方ガリレアさして帰り給うた。ルカ聖福音書第四章一四によると、それは荒野の誘惑のすぐ後であったように読めるが、この間にヨハネ聖福音書第一章三五から同五一までの出来事——最初の弟子等との邂逅《かいこう》があり、その最後の日から三日目にガリレアのカナの婚筵《こんえん》に臨み給いて最初の奇蹟を行い、その後、母兄弟および弟子等と共にカファルナウムに下り給うたが、皆そこに留ること久しくはなかった（ヨハネ聖福音書第二章一―一二）。

これらの事件は、恐らく二七年の過越祭《すぎこしのまつり》（四月）以前の出来事であったろう。この公生涯最初の過越祭に、イエズスはイエルザレムに上っておられた。「わが父の家を商売の家となすな」と宣《のたも》うて、神殿より商人や両替屋共を追い出し給うたのも、ユダヤ人の長《かしら》だちたる者たりしニコデモと、夜、聖霊による更生の御物語のあったのもこの時である（ヨハネ聖福音書第二章一三―第三章二一）。

その後弟子等とユダヤ地方に留り給うたが（同第三章二二）、「己が弟子を造り人を洗する事、ヨハネよりも多き由の、ファリザイ人の耳に入りしを知り給いしかば……ユダヤを去りて再びガリレアに往き給えり」（同第四章一―三）とヨハネ聖福音書の録すのは、共観福音書（マテオ聖福音書第四章一二、マルコ聖福音書第一章一四）が、洗者ヨハネの囚《とら》われしを聞きガリレアに避け給うたという個所に該当するらしく思われる。この帰途の旅行がサマリアを通じてなされたのは、「汝等は、なお四カ月の間あり、その後収穫の時来る、と云うにあらずや」（ヨハネ聖福音書第四章三五）の御言葉より察して、パレスチナ地方の収穫時（四月）の四カ月前、すなわち二七年の末（十二月頃）であったのだろう。

さすればユダヤ地方のこの時の御滞在は過越祭（四月）から約八カ月間であって、この推算からすると、イエズスの御受洗は大体二七年の始め、一月あるいは二月頃と見ることができる。ヨハネ聖福音書は、聖役第一年のガリレア伝道については、再びカナにおいて王官の子を医《い》やし給いし事（第四章四六―五四）のほかを載せていないが、これに反して共観福音書は、ひとしくこれを詳説している（マテオ聖福音書第四章一七より第十一章三〇、マルコ聖福音書第一章一四より第二章二二、ルカ聖福音書第四章一四より第五章三九）。

イエズス伝道の舞台ガリレア

山間の小村ナザレトは、伝道の根拠地としては適当ではなかった。その会堂における説教は、決して成功ではなかった。村人はイエズスの口より出ずる麗しき言に驚いたが、「これヨゼフの子にあらずや」と言って信じなかったのみか、その不信を詰《なじ》り給うに及んで怒りに堪えず、彼を町より逐出し、断崖の上から投げ落さんとした。主は、預言者にしてその故郷に歓迎せらるる者はあらずと宣《のたも》うて、湖畔のカファルナウムに下り給うた（ルカ聖福音書第四章一六―三二）。

ガリレア湖またはチベリアデの湖とも呼ばれたゲネザレト湖は、東西二里半南北五里の不規則な楕円形《だえん》をした湖水であった。ヘルモンの峯から滴《したた》る水は、ヨルダンの河床に集って北からこれに注ぎ、さらに南から死海へと流れてゆく。高い丘が、その影を緑の水に映している。今日では、春の若草は萌え出ても、やがて夏の暑い陽に枯れ尽して、黄色い禿山の起伏はむしろ淋しい眺めであるそうな。しかし主がその畔に玉歩を移し給うた頃は、岸辺には熱帯的な植物が繁茂《はんも》して緑を湛え、鏡のような水面を漁船が往来する様《さま》は、画のような光景であったらしい。一世紀の末葉に出たユダヤの歴史家ヨゼフスは、その『ユダヤ戦争記』中に、筆を極めて湖畔の美しさをたたえている。

その西岸には、分国王ヘロデ・アンチパスが紀元一六年から二〇年にかけて築き上げた居城と、その城下のチベリアドがあり、それと相並んで、改心せる罪あるサマリアの故郷とされるマグダラの里、さらに少しく北上すると、繁華なコロザインや、ペトロやアンデレアやフィリッポの生まれた漁場として有名なベッサイダの村があった。しかしイエズスの好んで足を留め給うたのは、この地方での中心地カファルナウム（今日のテル・フームの廃跡）、福音史家のいわゆる「己が町」（マテオ聖福音書第九章一）であった。北方の大都会ダマスコからイエルザレムを経てエジプトに通ずる街道筋に当り、地中海沿岸の商港チロおよびシドンとも遠からぬこの町は、貨物の集散地で、異国の商人等の往復する商業殷賑《いんしん》の地であった。そこには税関があり、ローマの守備隊が屯していた。主はそこでアルフェオの子税吏レヴィを召して後年の使徒マテオとし（マテオ聖福音書第九章九、マルコ聖福音書第二章一四）、敬虔《けいけん》なる百夫長の僕《しもべ》を医し給うた（ルカ聖福音書第七章一－一〇）。そうしてこの地を根拠として、しばしば地方に伝道し給うた（マルコ聖福音書第一章三八、第五章一、第六章三二等）。

90　イエズス・キリストは断食の後、何をなし給うたか。

イエズス・キリストは断食の後、十二使徒を選み、これと共に三年の間ユダヤを巡って、福音を述べ給うたのであります。

十二使徒の選定

これ等の伝道旅行に、常に主に従った数人の弟子がいた。主の聖役第一年の頃に、その姿を現す主な者が五人程いる。ヨナの子シモン・ペトロとその兄弟のアンデレア、ゼベデオの子ヨハネとヤコブ兄弟、それに前述のマテオである。シモンとアンデレアは、ヨハネおよびヤコブ両人同様、ゲネザレト湖畔の漁夫に過ぎなかった。彼等はイエズスに従う以前に、まず洗者ヨハネについてヨルダン河畔にその教えをきき、改心の洗礼をうけたのであろう。彼等のイエズスとの邂逅《かいこう》は、そのすぐ後であったらしい。彼等は恐らく何かの祭式に列するために聖都イエルザレムへ往復する途上、他の多くのガレリア人の群に交って、洗者ヨハネの名声に牽《ひ》かれてヨルダン河畔に来り、そこではしなくも主と相見《まみ》ゆるに至ったと考えられる。ヨハネ聖福音書第一章には、このほかフィリッポとその友ナタナエルのことが録されてある（四三―五一節）。この名は「神の賜」の義で、使徒バルトロメオ（トルマイの子と訳せらる）の綽名《あだな》であるらしい。この使徒の名は、いつもフィリッポと相並んで福音書に録されている

（マルコ聖福音書第三章一八、マテオ聖福音書第十章三、ルカ聖福音書第六章一四。使徒行録第一章一三は順序を少しく変更して「フィリッポとトマ、バルトロメオとマテオ」と録せり）。

ヨルダン河畔から彼等は新しき師匠に従ってガリレアに帰ったが、直《ただ》ちにその生計を捨てて伝道者となったのではなかった。ヨナとゼベデオの子等は、相変らず彼等の父と共に湖の魚を漁《と》っていた。彼等がいかに主に召されて人を漁《と》る者とせられ、一切を捨ててこれに従ったかは、マルコ聖福音書第一章一六より二〇、マテオ聖福音書第四章一八より二二、ルカ聖福音書第五章一より一一の詳記するところである。

十二使徒の選定はさらにその後で、主の聖役第二年目の出来事である。イエズスは徐にその弟子達を教育し給うた。イエズスに師事した者は、他にも多くあった。主に従って、己が財産を以て彼等に供給していた婦人達もあった（ルカ聖福音書第八章二―三）。「その頃イエズス祈らんとて山に登り、終夜祈禱し居給いしが、天明に至りて弟子達を招び、その中より十二人を選みて、更《さら》にこれを使徒と名づけ給えり。」（ルカ聖福音書第六章一二以下）

十二人とは、前掲七人のほかに、トマとアルフェオの子ヤコブ、ゼロテといえるシモン、ヤコブの兄弟ユダと、謀叛人となりしイスカリオテのユダの五人を加えた一団で、彼等は実にイエズス門下の選良であった。「かくて十二使徒を呼び集めて、諸《もろもろ》の悪魔を逐い病を医《いや》す能力と権利とを授け給い、神の国の事を宣べ、かつ病者を医すために遣わさんとして、曰いけるは、汝等途にありて何物をも携うることなかれ……いずれの家に入るもこれに留りてそこより出去ることなかれ。総て汝等を承けざる人あらばその町を立去り、彼等に対する証拠として、己が足の塵までも払え、と。かくて十二使徒出立して村々を巡廻し、到る処に福音を宣《の》べ、病者を医し居たり。」（ルカ聖福音書第九章一―六）

ルカ書はなお第十章において「その後、主又別に七十二人を指名して、己が至らんとする、町々処々に、先二人ずつ遣わさんとして、曰いけるは」（一―二）云々と録しているから、これ等の弟子すらすでに単にイエズスに師事した人達ではなく、特に主より指名された一団であった。況《いわん》や使徒とは単なる弟子の異名ではなく、イエズスより選ばれて、極めて特殊の権能と使命とを授けられた人々を指すことは明らかである。カトリック信仰における聖職階級、教権、使徒伝来等の観念は、すでに福音書の中にその源を発見することが出来る。

聖役第二年（二八年春―二九年春）

「イエズス諸々の町村を歴巡《へめぐ》り、その会堂に教えを説き、〔天〕国の福音を宣《の》べ、かつ、諸々の病、諸々の患いを医し居給いしが」というマテオ聖福音書の記事（第九章三五）は、ガリレアにおける伝道の要を最もよく約説している。しかしヨハネ聖福音書第五章に「その後ユダヤ人の祭日ありしかば、イエズス、イエルザレムに上り給えり」（一節）とあるによって、主の足跡がしばしば聖都にまで及んだことが推察される。ここにいわゆる「ユダヤ人の祭日」とは何を指すか種々議論があるが、註釈家等は大体過越《すぎこしのまつり》祭のことであろうというように一致している。そうすると、ヨルダン河畔で洗者ヨハネの洗礼をうけ、聖都に上って神殿から商人共を駆逐《くちく》し給いし最初の過越祭から、まさに満一年が経過したことになる。

主の第二回の聖都滞在は勿論《もちろん》ながくなかった。共観福音書が等しく記載する弟子達が麦の穂を摘んだ事件（マテオ聖福音書第十二章一―八、マルコ聖福音書第二章二三―二八、ルカ聖福音書第六章一―五）は、過越祭の第二日目から始まるという収穫期の出来事であったに違いない。それは二八年の四月の末頃、ガリレアへの帰途ででもあったろうか。その後の伝道も、依然として湖畔のカファルナウムを中心としてなされたようである（マテオ聖福音書第八章五、ルカ聖福音書第七章一―一〇、マルコ聖福音書第二章一―一二等参照）。

この頃の主の御動静を偲《しの》び得る記事としては、ナイムの村で寡婦の子を復活せしめ給いし記事（ルカ聖福音書第七章一一―一七）、普通マグダラのマリアなりとせらるる罪ある女の改心の条（同第七章三六―五〇）、湖の対岸ゲラサ人の地方における汚鬼に憑《つ》かれたる人の快癒（マルコ聖福音書第五章一―二〇、ルカ聖福音書第八章二六―三九）、ベッサイダの荒野に退き給うこと（マテオ聖福音書第十四章一三、マルコ聖福音書第六章三二、ルカ聖福音書第九章一〇、ヨハネ聖福音書第六章一―五）、および最後にゲネザレトの地に渡り給う物語（マテオ聖福音書第十四章三四―三六、マルコ聖福音書第六章五三―五六）等があるが、元来福音書は年代的に録された狭義の歴史もしくは伝記でないのであるから、これ等の御旅行の前後の関係は、もとより的確には断定できない。大体これ等の移動は、主の聖役第二年中に行われたと考うれば、当らずといえども遠からずであろう。

聖役第三年（二九年春―三〇年）

第三の過越祭にも、主は聖都に上り給うた（ヨハネ聖福音書第七章一）。それからガリレアに帰り給うて後チロとシドン地方にファリザイ人等の謀計を避けて、そこでカナアンの婦人を医し（マテオ聖福音書第十五章二一以下）、デカポリ地方の中央を過《よぎ》り（マルコ聖福音書第七章三一）、マゲダンおよびダルマヌタ（マテオ聖福音書第十五章三九、マルコ聖福音書第八章一〇）地方に至り、一行はさらにベッサイダに入りて盲人を医《いや》し（マルコ聖福音書第八章二二以下）、フィリッポのカイザリア地方において有名なペトロの信仰告白をうけ（マテオ聖福音書第十六章一三以下）、ついに再びガリレアに入り給うた。主はこの頃から御受難を預言し給い（マルコ聖福音書第八章三一、ルカ聖福音書第九章二二）、ある日高き山に登り、その愛弟子《まなでし》等の前にて変容し給うて、その信仰を固め給うた（マテオ聖福音書第十七章一以下）。

毎年秋十月に行われる幕屋祭が近づいた。主は祭の央に、四度目にイエルザレムに上り給い、神殿で祭の儀式に因《ちな》める活ける水についての御説教があり、八日目にはオリーブ山に一泊して翌朝姦婦の事件あり、次《つ》いで生来の盲人を医し、己の神性を宣言し給いしがために、人々石をとりて擲《う》たんとした（ヨハネ聖福音書第八―九章）。

この年（二九年）の十二月の奉殿記念祭にも、主は聖都へ上り給うた（ヨハネ聖福音書第十章二二―三九）。ルカ聖福音書第九章の末に「イエズスがこの世より取られ給うべき日数満ちんとしければ、イエルザレムに往くべく御顔を堅め」（五一節）云々のサマリア旅行の記事は、その文意より推して最後の御上京、すなわち三〇年春の出来事らしく思われるが、ルカ聖福音書はこの一節から御受難に至る迄の間の約十章に垂《なんな》んとする豊富な記事を挿入し、第十八章三一―三三節に至って更に改めて「かくてイエズス十二人を携えてこれに曰いけるは、我等今度イエルザレムに上る、人の子につきて預言者等の手に録されたる事はことごとく成就せん。すなわち彼は異邦人に付され、弄《なぶ》られ、辱《はずかし》められ、唾せられ、然して鞭《むち》ちたる後、彼等これを殺さん、而《しこう》して三日目に復活すべし」という一条をもって最後の御旅行の序幕としているから、第九章末節は奉殿記念祭の御上京に関するようにもとれる。しかしイエルザレムへ旅し給う記事は第十三章二二節、第十七章一一節にもある。主がそう度々《たびたび》御上京になったとは考えられないから、これ等は別々の旅行に関するものではなく、年代的に順序を追うて録されたものではないと断定できる。

とにかく主は公教要理に「三年の間ユダヤを巡って、福音を述べ給うた」とある通り、パレスチナを北より南へ幾度か往還して席の温る暇だにあらせ給わざりしは、「狐は穴あり、空の鳥は巣あり、しかれど人の子は枕する処なし」（ルカ聖福音書第九章五八）との御言葉に徴しても明らかである。

三〇年最後の過越祭に御上京になる前に、一度はヨルダン河の彼岸に渡られ（マテオ聖福音書第十九章一―二、マルコ聖福音書第十章一、ヨハネ聖福音書第十章四〇―四二）、ラザル死去の報に接してベタニアに来りこれを復活せしめ給いたる後、エフレムへ退き給う（ヨハネ聖福音書第十一章一七―五四）ことあり、またイエルザレム入城の直前にイエリコの盲人を医《いや》し、再びベタニアの里にてマリアに香油を注がれ給う等の記事（マテオ聖福音書第二十章二九―三四、マルコ聖福音書第十四章三―九）がある。読者自ら聖書を取って引用の章句を参照し、御研究あらんことを希望しておく。

91　福音とは何であるか。
福音とはイエズス・キリストの御教訓すなわち人が信じ、かつ守るべき救霊の道であります。

会堂と律法学士

イエズスの聖役は主として、教え、かつ医《いや》すことであった。人が信じ、かつ守るべき救霊の道なる「善《よ》き告げ」、「喜ばしき音信《おとずれ》」、人類最大の幸福なる罪の贖《あがな》いの福音は、いかにして宣《の》べられしか。福音書の記事を綜合してみると、主は最初の安息日の集会を機会に、会堂で御説教遊《あそ》ばすのが常であったように見える。会堂というのは、もちろん聖都にばかりある聖殿を指すのではなく、律法の朗読と祈禱のための集会所で、紀元前五世紀バビロニア逐謫《ちくたく》後に出来た制度である。民族復興の大偉人たりしエズドラは、イスラエルの信仰を宗教教育によって一新する必要を感じ、その機関として会堂《シナゴグ》制度を奨励したに始るらしい。主の時代には、この種の会堂の数はかなり多数に上り、イエルザレムだけでも四、五百あったというから、寒村僻地《へきち》といえども、ない所はなかったのであろう。ガリレア湖畔、古《いにしえ》のカファルナウムの廃墟と信ぜらるる場所で近年発掘されたものなどは、立派なものである。

それは一般に長方形の建物で、玄関があり、内部には柱の数列が並んでいて、土間には会衆のための腰掛《こしかけ》があり、上席は有料で高貴な人によって占有される習慣であった。会堂の一端には壇があって、その上に聖書を納める戸棚（tebah）のごときものがあり、これはイエルザレムの方向に面して置かれ、前面には聖殿の幕にかたどれるカーテンが掛っていた。信者は朝昼夜の祈禱に会堂にゆくことが出来たが、真の集会は月木両日と安息日（土曜日）に限られていた。もちろん一番大切なのは安息日の集会である。その順序は、まず祈禱があり、これは常に起立して聖都の聖殿の方向に向って唱えられる。主唱者は、会堂長の指名する会員のだれでもいいことになっていた。祈禱の終りに会衆は声高らかに「アーメン」――しかあれかし――と唱和する。この習慣は、今日もキリスト教会に残っている通りである。

祈禱の次に律法（Thorah 旧約聖書中のモーセ五書を指す）の朗読があり、これは司会者の指名する七名の者が交代して読む事になっていた。当時ヘブレオ語の原文は一般の会衆には了解せられない古語になっていたから、朗読された箇所は直《ただ》ちにパレスチナの通用語アラメア語かギリシャ語に翻訳せられ、かつ解釈された。これがいわゆる Targum（聖書の註釈書）やアレキサンドリアで出来たギリシャ語の七十人訳の起源であったらしい。これが済むと、最初の祈禱の主唱者はさらに預言書の一節を朗読し、形のごとく翻訳した上、解釈を付して、ついに最後の祈禱をもって式を閉じるのであった。

例えばルカ聖福音書第四章に物語られるナザレトの会堂における主の御説教の有様《ありさま》は、以上の予備知識を持って読むとよく了解できる。これらの朗読や註釈をするには、相当の学問が必要であった。これが律法学士等の任務であって、彼等は、聖殿において祭祀によって神に奉仕する祭司やレビ人とは、異なった社会的地位を有していた。彼等は当代の国民教育と国民道徳の指導者であったので、その徒には律法の形式的厳守主義を標榜《ひょうぼう》したファリザイ人が多かったので、真理と霊もて神を礼拝することを教え給うた主の福音との衝突が、この辺から始ったのは、やむを得ぬ勢いであった。

イエズスの使命と説教

主は聖役の最初は、「期は満ちて神の国は近づけり、汝等改心して福音を信ぜよ」（マルコ聖福音書第一章一五）との洗者ヨハネの言葉を繰り返すを以て満足し給いしように見える。しかし洗者ヨハネは証明して「我キリストにあらず」（ヨハネ聖福音書第一章二〇）と宣言せしに反して、イエズスはイザヤの救世主《メシア》に関する預言を己に当て嵌《は》め、「この書は今日汝等の耳に成就せり」と宣い、「我はこれがために遣わされたればなり」（ルカ聖福音書第四章二一、四三）とて、自己の使命を公言された。

かくてこの神の国の福音の内容とイエズスの使命の意義とは、漸次明らかにされて行った。福音をメシアの使命の証《あかし》として、まず多くの奇蹟が行われた。イエズスは権威を以て教え、悪魔を逐い、風と湖とに命じ、万病を癒し給うた。弟子達は「これは何人ぞや、風も湖もこれに従うよ」（マテオ聖福音書第八章二七）と驚嘆し、群集は「なんらの新しき教えぞ」（マルコ聖福音書第一章二七）と熱狂して、主の許《もと》に馳せ集った。

イエズスの説教の詳《つまび》らかに福音書に録されてあるのは、概《おおむ》ね聖役第二年頃のものと思われる。この頃にも主は好んで安息日に会堂に入って教え給うたが、そのほか湖畔でも、青草の萌ゆる丘の上でも、群集はその身辺を離れず、喜んでその口より出ずる麗しき言に耳を傾けた。弟子等を相手の親しき御物語、あるいは聴聞者の質問に対する御答弁、さては伝道旅行の途《みち》すがら見るもの聞くもの、一つとして御教訓の種子とならぬものはなかった。そうしてそれはいつも具体的な民衆の注意を喚起し、その想像を捕えねばやまぬ底《てい》の活ける言であった。東洋人特有の比喩や寓話によって、高尚な真理が事もなげに釈明され、聴衆の肺腑《はいふ》をつき、また心底に注ぎ込まれた。学者も文盲なる者も、等しく感服した。

「己の眼にある梁を見ずに兄弟の目より塵を除かんとする偽善者」といい、「施《ほどこし》をなすに当りて、右の手のなす所、左の手これを知るべからず」、「祈る時は会堂に衢の隅に立ちてせず、密室においてせよ」、「断食する時は顔を洗い髪に油を塗れ」というがごとき、あるいは「汝の目汝を躓《つまず》かさば抉《えぐ》りて捨てよ」、「富者の天国に入るは駱駝《らくだ》の針の穴をくぐるより難し」という、何たる透徹《とうてつ》せる言葉であろう。その他巧妙なる比喩は口をついて迸《ほとばし》り出でた。「樹の善悪はその果実によりて知らる」とか、「瞽者《こしや》にして瞽者の手引きなば、二人とも坑に陥るべし」、「二人の主に兼ね仕うる能《あた》わず」、「新しき布を旧《ふる》き衣に補ぐ者はあらず、新しき酒を古き革嚢に盛るべからず」等は、ほとんど知らぬ人もなきまでに人口に膾炙《かいしや》している。もしそれ天の鳥と野の花によりて天父の摂理を説き給うに至っては、最高の詩にあらずして何であろう。さらにイエルザレムの滅亡を預言してその不信を嘆じ、「我牝鶏のその雛を翼の下に集むるごとく、汝の子等を集めんとせしこと幾度ぞや、しかれど汝これを否めり」と宣えるがごとき、その激越《げきえつ》の情、人を泣かしめずんば措《お》かぬものがある。

　最後にイエズスの説教において重要なるは、種々の喩《たと》え話である。福音書に載せられたこの種のものは約二十五種あって、天国においての喩え話がその大部分を占めている。神の国は、一切を賭して求むべき隠れたる宝であり、貴き真珠である（マテオ聖福音書第十三章）。その人の心に来るは畑に種子の蒔かるるがごとく（マルコ聖福音書第四章、マテオ聖福音書第十三章、ルカ聖福音書第八章）、その成長は芥子《からし》種や酵母《こうぼ》にたとえられ、ユダヤ人の不信により異邦人が代って召さるる有様は、葡萄《ぶどう》園に遣わされし二人の兄弟（マテオ聖福音書第二十一章）や、実を結ばざる無花果《いちじく》樹（ルカ聖福音書第十三章）や、人殺しの葡萄園の番人共（マルコ聖福音書第十二章、マテオ聖福音書第二十一章、ルカ聖福音書第二十章）や、婚筵に招かれし人々（マテオ聖福音書第二十二章、ルカ聖福音書第十四章）にたとえられ、現世における善人と悪人との混淆《こんこう》が審判の日に分たれること（マテオ聖福音書第十三章）や、末の日が思わぬ時に到来すること（マテオ聖福音書第二十四―二十五章、マルコ聖福音書第十三章、ルカ聖福音書第十二章）等、あらゆる方面から説かれている。

　この世の財宝に執着せぬようにと乞食ラザロ昇天の喩《たとえ》（ルカ聖福音書第十六章）がとかれ、相互の宥恕《ゆうじょ》は負債ある二人の臣下の物語に（マテオ聖福音書第十八章）、謙遜《けんそん》なる祈りについては収税吏とファリザイ人との比喩に、神への信頼は夜戸を叩く友人や判事に訴うる寡婦の例に（ルカ聖福音書第十八章）、神の憐みは迷える羊や失われしドラクマ銀貨や放蕩《ほうとう》息子の改心によって教えられ、救いの恵みの酬いは葡萄園に働く者の労銀の喩を以て説明される（マテオ聖福音書第二十章)。何《いず》れもきく者の日常生活や、眼前の光景や、直前の出来事に即して編まれ、万物不易《ばんぶつふえき》の活《い》ける真理である。

神の国の福音

以上は、イエズスの教えのいかなる形をとりて説かれしかを概説してみたものであるが、以下少しくその内容に立入って述べてみる。

イエズスの説教の中心である神の国、天国とはそもそも何であるか。それは現世の状態に代るべき、神的の新しき秩序である。しかしその到来は、まず人心が神の恩寵《おんちょう》により一新せられ、而《しこう》して善悪の遍《あまね》く審判せらるることを条件とする。その審判の日に当って、人の子キリストは光栄の雲に乗じて天より地上に再臨し、死者は蘇《よみがえ》り、すべての人はその業《わざ》によって審《さば》かれる。善人は神の前に至りて永遠の福楽を享《う》け、真に神の子となりて肉の煩いより解放せられ、天使のごとく活《い》き、現世においてキリストのために忍びし苦痛や侮辱に対し百倍の酬いを受け、彼の光栄に与る。悪人は外の暗黒に投げ出され、悪魔と共に燃ゆる火の中に永遠の苦をうける。世の終りに来るべき絶対の正義と完全なる聖徳の支配に対して、我等は今より準備することが要求される。

この未来の天国は、しかしながら、ある意味においてすでに現世においてすら存在している。ファリザイ人が、キリストが悪魔の長によりて悪魔を逐うと誣《し》いた時、主は「相争う国は立つ能《あた》わず」と宣《のたも》うて、この矛盾せる説明を退け、「我もし神の霊に藉《か》りて悪魔を逐い払うならば、神の国は汝等に格《いた》れるなり」と申された。また「神の国は目に見えて来るものにあらず、また看よ、此処《ここ》にあり彼処《かしこ》に在りと云うべきにもあらず、神の国はすなわち汝等の中に在ればなり」（ルカ聖福音書第十七章二〇―二一）と。あるいは「洗者ヨハネの日より今に至りて、天国は暴力に襲われ、暴力の者これを奪う」（マテオ聖福音書第十一章一二）。「禍《わざわい》なるかな汝等、偽善なる律法学士ファリザイ人等よ、其は人の前に天国を閉じて、己も入らず、入りつつある人々をも入らしめざればなり」（マテオ聖福音書第二十三章一三）ともある。

以上の言に徴するに、この現世における神の国は、人の心の中なる神の支配であると同時に、以上の比喩によって、来るべき天国へ入るべき者の集団をも意味していることが分る。すなわちキリストの教会である。末の日に人の子来って善人と悪人とを別つ迄、そこには善悪の混淆《こんこう》は免れ得ない。網にかかる魚によきも悪しきもあるごとく、麦の中に毒麦のまじるごとく、而《しこう》して悪しき魚は捨てられ、まことの麦のみ倉に納めらるるがごとくである。キリストの教会としての天国は、また成長せねばならぬ。最初は芥子種《からし》のごとく小さく、ついには空の鳥を宿す程《ほど》大きく、あるいはまた三斗の粉をふくらませる酵母《こうぼ》のごとくである。

かくのごとく形に現れた教会は、素《もと》より目に見えざる霊的実在の発現であって、まず人の心の裡に生まるる神秘的なものである。その状態に入るためには我等は幼児のごとく単純でなければならぬ。神の言が心の畑に蒔かれても、よき地でなければ種子は育ちもせず、果実を結ぶこともできない。福音の宣伝によって人の心の中に生まれるこの神の支配は、新しき愛の掟《おきて》の実行によって、未来の天国の準備をする。これこそ人間の関心事であって、これを忘れては、全世界を得るも何の益もないのである。この天国のためには、現世の一切を犠牲にしてもなお足りない。今生は実に天国獲得のための命であるのだ。

天に在《まし》す我等の父

神の国は、拱手傍観《きようしゆぼうかん》していて来るものではない。天に在《まし》す父なる神に対する子のごとき愛と、己のごとく他人を愛することによって招来されねばならない。イエズスは神についての旧約の教えを決して変え給うたのではなかったが、ユダヤ教においては充分明らかにされなかった一面、ヤーヴェが実に天に在す我等の父なる所以《ゆえん》を啓示して下さった。主は荒野における誘惑に際して「サタン退け、蓋《けだ》し録して「汝の神たる主を拝し、是にのみ事《つか》うべし」と、あり」（マテオ聖福音書第四章一〇）と一喝された。またファリザイ人の空虚な形式的の宗教を攻撃して「善哉イザヤが偽善なる汝等に就きて預言したる事、録して「この民は脣《くち》にて我を尊べども、その心は我に遠ざかれり。人の訓誡を教えて、空しく我を尊ぶなり」とあるに違わず」（マルコ聖福音書第七章六―七）と申された。イエルザレムの神殿で神を礼拝することとは、宗教の本質でも本領でもなく、「この（ガリジムの）山となくイエルザレムとなく、父を礼拝せん時来るなり……神は霊にて在せば、これを礼拝する人は、霊と実とを以て礼拝せざるべからず」（ヨハネ聖福音書第四章二一―二四）と諭《さと》し給うた。

愛の掟

この霊と実との礼拝は、愛によって完《まっと》うされる。「すべての掟《おきて》の中第一なるものはすなわち、「イスラエルよ聴け。汝の神たる主は唯一の神なり。汝の心を尽し、魂を尽し、意を尽し、能力を尽して汝の神たる主を愛すべし」と。」（マルコ聖福音書第十二章二九―三〇）

まことの神の愛は、まず神を中心にして、その利益と光栄とを求むることである。「然《しか》れば汝等かく祈るべし、天に在《まし》ます我等の父よ、願わくは御名の聖と為られん事を、御国《みくに》の来らん事を、御旨の天に行わるるごとく地にも行われん事を」（マテオ聖福音書第六章九―一〇）と。

神は父にて在《まし》ます。「ゆえに我汝等に告ぐ、生命のために何を食い、身のために何を著《き》んかと思い煩うなかれ……汝等の天父は、これ等の物皆汝等に要あるを知り給えばなり。ゆえにまず神の国とその義とを求めよ、然《しか》らばこれ等の物皆汝等に加えらるべし。」（マテオ聖福音書第六章二五以下）

祈る時は信仰と謙遜《けんそん》とをもって祈らねばならぬ。「そは汝等の父は汝等の願わざる前にその要する所を知り給えばなり。」「第二の掟もまた是に似たり、「汝の近き者を己のごとく愛すべし」。凡《すべ》ての律法と預言者とはこの二の掟に拠《よ》るなり。」（マテオ聖福音書第二十二章三九―四〇）

これらの掟はユダヤ人の耳には新しきものではなかったが、イエズスによって新しき愛の解釈が与えられた。「汝殺すなかれ、盗むなかれ、姦淫《かんいん》するなかれ」等のすべての不義不正が、この愛に背《そむ》くものたるに止らず、さらにこの愛の積極的実行が努められねばならぬ。而《しこう》してまず第一に必要なのは、かかる実行に欠くべからざる心構えである。すなわち「心の柔和なるもの、平和を愛する者は幸いなるかな、みだりに人を是非するなかれ、他人を是非せる同じはかりにて汝等も是非せらるべし。」反《かえ》って人の罪を赦《ゆる》さねばならぬ。兄弟と事を構うる時祈らんとせば、まず献物をおきて、行きて和解せる後にすべし。「我等が人に負債を赦すごとく、我等の負債をゆるし給え」と祈らねばならぬからである。「福なるかな慈悲ある人、彼等は慈悲を得べければなり」、「我汝に七度までとは云わず、七度を七十倍するまで」宥《ゆる》さねばならぬ。

「「汝の近き者を愛し、汝の敵を憎むべし」と云われしは汝等の聞ける所なり。然《さ》れど我汝等に告ぐ、汝等の敵を愛し、汝等を憎む人を恵み、汝等を迫害しかつ讒謗《ざんぼう》する人のために祈れ。これ天に在す汝等の父の子等たらんためなり、それは父は善人にも悪人にも日を照らし、義者にも不義者にも雨を降らし給えばなり。汝等己を愛する人を愛すればとて、何の報いをか得べき……ゆえに汝等の天父の完全に在すごとく、汝等もまた完全なれ。」(マテオ聖福音書第五章四三―四八)

かくのごとく神への奉仕は人類相互の奉仕によって完《まっと》うされる。福音は脱俗家の神秘説とは趣を異にし、現実の生活に永遠の価値を付するものである。それはまた、根底なき人道主義とも異なる。人間相愛の基礎は相対的な人間自身に求められず、絶対なる神の愛にあるがゆえに、あらゆる現世的矛盾を越えて、その正しさが肯定され得るのである。イエズスの教え給える神は、無限に偉大なるものである。いかなる礼拝をつくしても、足《た》れりとすることは出来ない。しかし万物を超越せるこの絶対神は、同時に人類の慈父である。その遍《あまね》く亘る愛ゆえに、すべての人は神における兄弟であり、キリストによって救わるべき者である。而して人となれる神なるキリストは、己の神的生命を通じて、万人を天父に一致せしめんとする。福音はすなわち人類神化の教えである。愛は一切を貫く。神より発して人に到り、人を通じて再び神に帰るこの神人の融和ゆえに、宗教と人道とは一如《いちによ》となった。まことに「万民の期待せし者」神人キリスト・イエズスによって教えらるるに相応《ふさわ》しき教えである。

92 何に依《より》てイエズス・キリストが救主に在《まし》ますことを認めるか。
イエズス・キリストが救主に在すことは、御自分についての旧約の預言も、自らなし給うた預言も成就せられ、また無数の奇蹟を行い給うたことに依て、認めるのであります。

93 イエズス・キリストについての旧約の預言が成就せられたとは何であるか。
イエズス・キリストについての旧約の預言が成就せられたとは、救世主の御降誕、奇蹟、御受難、御復活、聖会などについて数百年前から預言者等の告げた事がイエズス・キリストにおいてことごとく成就せられた事をいうのであります。

94 イエズス・キリスト自らなし給うた預言が成就せられたとは何であるか。
イエズス・キリスト自らなし給うた預言が成就せられたとは、御自身で御受難、御死去、御復活、使徒等の将来などについてことごとく預言し給うたが、それも一々成就せられた事をいうのであります。

95　イエズス・キリストが無数の奇蹟を行い給うたとは何であるか。
イエズス・キリストが無数の奇蹟を行い給うたとは、ただ一言で悪魔を逐《お》い出し、癩病、口、耳、目の不自由な者を癒し、死人をも蘇《よみがえ》らせ給うた事などをいうのであります。

イエズスの奇蹟

主の聖役は天国の福音を宣《の》ぶるとともに、その使命と教えとの証《あかし》たる奇蹟を行い給うことにあった。なかんずく「諸々の病、諸々の患《わずら》いを医《いや》し給う」ことにより、その慈悲の大いなることが示された。霊と肉とより成る人の子等を救わんために、まず肉の煩《わずら》いを医して、しかる後に霊の救済に及び給いしは、まことにさもあるべきことである。イエズスの行い給える治癒は、単なる人気取りの社会事業ではない。キリストとしての使命の中心は、罪の贖《あがな》いと霊の救いとにあったけれども、その限りなき御いつくしみは、我等のすべての苦しみと悩みに及んだ。キリスト教の信仰によれば、苦しみも死も、皆罪の結果ではないか。さすればキリストが、人類の肉的の悩みに対して無関心であり給うはずはあり得ない。自己の宗教的生活の空虚なるがゆえに、社会事業に身を投じて内心の寂寞《じゃくまく》を紛らす現代のプロテスタンチズムもあやまりなれば、慈善事業を純然たる伝道の手段視する布教家も考え違いをしている。慈悲は、神の愛ゆえの隣人の愛の発現として、それ自身の目的と価値とを有するのである。「わが兄弟等よ、たとい人自ら信仰ありと謂《い》うとも、行いなくば何の益かあらん、信仰豈《あに》これを救うを得んや。もし兄弟姉妹の赤裸にして日々の食物に乏しからんに、汝等の中《うち》彼等に対《むか》いて、心安く往きて身を暖め、あくまで食せよ、と言う人ありとも、身に要する物を与えずば何の益かあらん。信仰もまたかくのごとし、行いなくば死したるものなり。」（ヤコボ書第二章一四―一七）

「父にて在《まし》ます神の御前に潔《いさぎよ》くして穢れなき宗教は、孤児寡婦をその困難に当りて訪問し、自ら守りて世間に穢されざる事是なり。」（同第一章二七）

信仰による善業の必要を力説せるこの新約聖書の一篇を、ルターは軽んじて「藁の書簡」と名づけ、使徒の書にあらずと主張せりと伝えられる。公平無私の心をもって主イエズス御自身の御生涯を仰ぎ奉れば、かかる偏見は雲散霧消《うんさんむしょう》したであろうに。ヤコボの書簡は、よく神を愛するがためには、人をも愛せざるべからずとせる主の福音の実践を慫慂《しょうよう》したに過ぎない。而《しこう》してその活ける模範を、我等は主の御生涯において見出すのである。

主の聖役第一年に行われた奇蹟に関して、福音書の記事はあまり豊富だとは言えない。すなわち割合に詳細に物語られたもののうち、三つはカファルナウムで行われたものである。汚鬼に憑《つ》かれたる人の救済と、シモン・ペトロの姑の治癒と、癱瘋《ちゅうぶ》者の全快がそれで（マルコ聖福音書第一章二一―二八、ルカ聖福音書第四章三八―四〇、マテオ聖福音書第九章一―八）、マルコ聖福音書（第一章四〇―四五）の詳説する癩病者の癒《い》やされたのは、郊外で行われたものであった。しかしこれ等が決して全部ではなかった事は、次のような句によって推察できる。「日暮れて後、人々悪魔に憑《つ》かれたる者を多く差出ししが、イエズス悪魔を一言にして逐《お》払い、病者をもことごとく医《いや》し給えり。これ預言者イザヤによりていわれし事の成就せんためなり、曰く「彼は我等の患いを受け、我等の病を負い給えり」と」(マテオ聖福音書第八章一六—一七)。「かくて処々の会堂およびガリレア一般に宣教し、かつ悪魔を逐払い居給えり。」(マルコ聖福音書第一章三九)

主の伝道第二年は、大説教の年であると共に大奇蹟の数多く行われた時期であった。少なくも福音書の記事を按ずると、以下の奇蹟はこの時期の出来事らしく思われる。その頃イエズスの神通力の噂はユダヤ全国にひろがっていた。マルコ聖福音書第五章後半のごときは当時の光景を最も活々と伝えているから、試みに引用してみると(マテオ聖福音書第九章一八—二六、ルカ聖福音書第八章四〇—五六参照)、

「イエズス復船にて湖を航《わた》り給いしかば、群衆夥しくその許《もと》に集りしが、湖辺に居給う折しも、会堂の司の一人なる、ヤイロといえる者出来り、イエズスを見るや、足下に平伏して、わが女《むすめ》死に垂《なんな》んとす、助かりて活くるよう、来りて是《これ》に按手し給え、と切に希《ねが》いければ、イエズス彼と共に行き給うに、群衆夥しく従いて擠逼《おしせま》り居たり。

ここに十二年血漏を患える女ありて、かつて数多の医師に係《かか》りて様々《さまざま》に苦しめられ、有《も》てる物をことごとく費したれど、何の効もなく却《かえつ》てますます悪しかりしに、イエズスの事を聞きしかば、雑沓《ざつとう》の中を後より来りて、その衣服に触れたり。これはその衣服にだに触れなば癒ゆべし、といい居たればなり。かくて出血たちまちに歇《や》みて、女は病の癒えたるを身に感じたり。イエズスすぐに己より霊能の出でしを覚り給い、群衆を顧みて、誰かわが衣服に触れしぞ、と曰いければ、弟子等言いけるは、群衆の汝に擠逼《おしせま》るを見ながらなお誰か我に触れ

しぞ、と曰うや、と。イエズス、これをなしし人を見んとて視廻し給えば、女はわが身に成りたる事を知りて、恐れ慄《おのの》きつつ来り、御前に平伏して、具《つぶさ》に実を告げたり。イエズスこれに曰いけるは、女よ、汝の信仰汝を救えり、安んじて往け、汝の病癒えてあれかし、と。
なお語り給う中に、会堂の司の家より人来りて云いけるは、汝の女死せり。何ぞなお師を煩わすや、と。イエズスその告ぐる所を聞きて、会堂の司に曰いけるは、恐るることなかれ、ただ信ぜよ、と。而《しこう》してペトロとヤコボとヤコボの兄弟ヨハネとのほか、誰にも随行を許さずして、会堂の司の家に至り給いしが、その騒ぎ甚《はなはだ》しく、人々泣き、かつ太く歎きつつ居るを見て、イエズス内に入り給い、汝等何ぞ騒ぎかつ泣くや、女は死したるにあらず、寝たるなり、と曰えば、人々これを哂《わら》いおりたり。しかれど人を皆外へ出し、女の父母と己が従者とを連れて、女の臥せる処に入り、女の手を把《と》りて、タリタ・クミ、と曰えり。訳して、女よ、我汝に命ず、起きよ、の義なり。女すぐに起きて歩めり。年は十二歳なり。人々愕然《がくぜん》として甚しく驚きしが、イエズスこの事を誰にも知らすべからず、と厳しく戒め、食物を女に与えん事を命じ給えり。」（マルコ聖福音書第五章二一―四三）
以上は三共観福音書が等しく記載するところであって、場所も、関係者も、その資格も、境遇も明細に示され、特に二つの奇蹟の関係が離すべからざる状況の下に結び付けられてある等、単純なる筆致を通じて、事実ありのままを目撃するの感がある。特にマルコがこれを詳説するは、実見者のペトロの談話によったがためであろう。
ナイムの村の寡婦の独子を復活せしめ給いし記事は、ルカ聖福音書（第七章一一―一七）

にのみ残っているが、同様に強き事実感に支配されている。主が暴風を鎮め（マルコ聖福音書第四章三五―四〇、マテオ聖福音書第八章二三―二六、ルカ聖福音書第八章二二―二四）、湖上を歩み給い（マルコ聖福音書第六章四五―五一、マテオ聖福音書第十四章二二―三二、ヨハネ聖福音書第六章一六―二〇）、パンをふやして五千人の群集を養い給いし等（マルコ聖福音書第六章三〇―四四、マテオ聖福音書第十四章一三―二一、ルカ聖福音書第九章一〇―一七、ヨハネ聖福音書第六章一―一三）の大奇蹟は、いずれもこの頃の出来事で、その他ゲラサ地方の悪魔憑《つ》きをきよめ給いしを始め（マルコ聖福音書第五章一―二〇、マテオ聖福音書第八章二八―三四、ルカ聖福音書第八章二六―三九）、カファルナウムにてさらに百夫長の僕《しもべ》を医《いや》し（マテオ聖福音書第八章五―一三、ルカ聖福音書第七章一―一〇）、聖役第三年の始めには、カナアンの女やデカポリ地方の口や耳の不自由な者までその御恩沢に浴した（ルカ聖福音書第七章二一―二二）。

旧約の預言による証

さきに第六章の「旧約天啓の発展と救主出現の準備」の項において、旧約時代におけるメシア思想の発展と、歴代の預言者によって漸次明白に描き出されて行った救世主の面影《おもかげ》について、述ぶるところがあった。初代のキリスト信者にとって、主の使命の最も有力なる証《あかし》は旧約聖書の預言であって、使徒等の説教は常にこの預言の成就を以て論拠とした。これが旧約聖書をあれ程にまで尊重したユダヤ人にとって、最も有効であったのは言うまでもない。イエズスの御生涯がいかにこれ等の預言の実現であったかは、福音史家、特にユダヤ教よりの改宗者のために書かれたマテオ聖福音書が絶えず力説したところである。

彼は、開巻第一聖母御托身《ごたくしん》の告知をうけ給う条に「看《み》よ童貞女懐胎して一子を生まん、その名はエンマヌエルと称えられん」とイザヤ書の一句（第七章一四）を引用している。ベトレヘムにおける御誕生に関してはミカ書第五章一を、エジプトへの御避難に関してはホセア書第十一章一を（この句は直接の歴史的意味ではイスラエル民族一般を指し、象徴的にのみキリストに当る）、ナザレト隠棲《いんせい》に関しては「これ預言者等によりて「彼はナザレト人と称えられん」と云われし事の成就せんためなり」（マテオ聖福音書第二章二三）とある。ただしこの最後の章句を、マテオは預言者等によりて言われし事と複数にして出所を明記せず、その典拠は現存旧約聖書中には一寸《ちょつと》見当らない。

ガリレアにおける主の聖役に関しては、イザヤ書第八章二三、および第九章一の成就なることが録され（マテオ聖福音書第四章一五―一六）、主御自らもヨハネの弟子の「来るべき者は汝なるか」の質問に対して、イザヤ書（第三十五章五、第六十一章一―五）のメシア的預言の句を引用して、己のキリストなることを証し給うた。「往きて汝等の聞きかつ見し所をヨハネに告げよ、瞽者《めしい》は見え、跛者《あしなえ》は歩み、癩病者《らいびょうしゃ》は清くなり、聾者《みみしい》は聞こえ、死者は蘇《よみがえ》り、貧者は福音を聞かせらる。かくて我につきて躓《つまず》かざる人は福なり」（マテオ聖福音書第十一章四―六）と。ルカ聖福音書第四章のナザレトの会堂における御説教も、同じくイザヤ書第六十一章一―三を引いて、この書は今日汝等の耳に成就せりとて、己のメシアたる証となし給うた。主の御説教に関してもマテオは「これ預言者に託りて云われたりし事の成就せんためなり、曰く「我喩《たとえ》を設けて口を開き、世の始めより隠れたる事を告げん」」（第十三章三五）と詩篇第七十七篇二を挙げている。

最後に主のイエルザレム入城の光景を叙して、「総てこの事の成れるは、預言者によりて云われし事の成就せんためなり、曰く「シオンの女に云え、看よ汝の王柔和にして、牝驢馬とその子なる小驢馬とに乗りて汝に来る」と」（マテオ聖福音書第二十一章四―五）。但《ただ》しこの一節は、イザヤ書第六十二章一一とザカリア書第九章九とのつぎ合わせである。

もしそれ主の御受難や御死去の事蹟に関しては、旧約の預言の成就は枚挙《まいきょ》に遑《いとま》ない位である。イザヤの描き出せる苦しみの人は（第五十三章）、そのまま十字架を担うてカルワリオの丘に上れるイエズスの姿であった。彼等は主の手足を貫き、その衣を籤抽《くじび》きにした（詩篇第二十二篇一七―一九を見よ）。而《しこう》して主はこの同じ詩篇冒頭の一句、エリ・エリ・ラムマ・サバクタニ（わが神よ、わが神よ、汝何ぞ我を棄て給いしや）を声高く呼ばわりて息絶え給うた（マテオ聖福音書第二十七章参照）。

御復活に関しては、エンマウスの村へゆく二人の弟子にイエズス御自らの御教訓があった。「嗚呼《ああ》愚にして預言者等の語りし凡《すべ》ての事を信ずるに心鈍き者よ、キリストは、これ等の苦を受けて而《しこう》して己が光栄に入るべき者ならざりしか、と。斯《かく》てモーセ及び諸《もろもろ》の預言者を初め、凡ての聖書につきて、己に関する所を彼等に説明し居給いしが」（ルカ聖福音書第二十四章二五―二七）とあり、さらに十一使徒等に現れて「モーセの律法と預言者等の書と詩篇とに、我に関して録したる事は、ことごとく成就せざるべからず、と汝等に語りし事なり」（同第二十四章四四）と宣《のたも》うた。しからばイエズス御自身が、己の復活に関する預言なりとしてその弟子に示し給いし旧約の章句は、いかなるものであったか。これはその教えを直接うけて我等にまで伝えた人々、すなわち新約聖書の筆者等にきくのが一番たしかである。

マテオ聖福音書には「奸悪なる現代は徴《しるし》を求むれども、預言者ヨナの徴の外《ほか》は徴を与えられじ。すなわちヨナが三日三夜魚の腹に在《あ》りしごとく、人の子も三日三夜地の中に在らん」（第十二章三九―四〇）との聖言を録する。これはもちろんヨナ書第二章一以下に関連する。使徒行録（第二章二四以下）は、聖霊降臨の日に当ってペトロのなせる最初の説教をのせているが、その言に「彼（イエズス）冥府《よみ》に止めらるること能わざりければ、神冥府《めいふ》の苦を解きてこれを復活せしめ給えり。ダビデこれを斥《さ》して曰く「我は絶えずわが前に主を見奉りたり、其は我が動かざらんために、主わが右に在せばなり。ゆえにわが心は嬉しく、わが舌は喜びに堪えず、加之《しかのみならず》わが肉体もまた希望の中に息まん、其は汝わが魂を冥府に棄て置き給わず、汝の聖なる者に腐敗を見せ給う事なかるべければなり」」云々。

これはもちろん詩篇第十六編八―一〇の句である。パウロもまたビジジア州の都アンチオキアに至りて、安息日に会堂にて説教せる時、同じ章句を引用している（使徒行録第十三章三四―三七）。その他その書簡における主の御復活に関する条々には、ほとんど常に「聖書に応じて三日目に復活し給う」（コリント前書第十五章四等）の句がある。而《しこう》して初代教会のこの慣用句は、後にコンスタンチノープル第一公会議（三八一年）に際して、ニケア信経に添加されるに至った。これ主日毎《ごと》にミサ聖祭中に唱和されるものである（Resurrexit tertia die, secundum Scripturas)。

イエズス御自身の預言

「シメオン彼等を祝して、母マリアに言いけるは、この子は、このイスラエルにおいて、多くの人の堕落と復活とのために置かれ、かつ反抗《さからい》を受くる徴《しるし》に立てられたり、汝の魂も剣にて刺し貫かるべく、而して多くの心の念顕《あらわ》るべし、と。」（ルカ聖福音書第二章三四―三五）

これは主の御誕生後四十日、救世主出現の喜びを歌った天軍の奇《くす》しき奏の余韻が消え去らぬ聖殿奉献の砌《みぎり》の出来事であった。この時母となれるマリアの喜びに、一つの暗い影が投げられた。この総ての事を心に納めて考え合わせ給うた聖母にすら、三十年後のカルワリオ丘上の惨劇は、想像だにされぬところであったろう。しかし主御自身は、決して盲目的に十字架上の犠牲に向って進まれたのではなかった。この「ユダヤ人にとりては躓くもの、ギリシヤ人にとりては愚なる事なれども、信ずる我等にとりては神の大能たる」救いの人間の意表に出る成就を、主がいかに細心の用意もて弟子等の心に受け容れしめんと努め給いしかは、福音の記事を精読すると自ら明らかになってくる。

それは未だ主の聖役の第一年の終り頃であったろうか。

「ヨハネの弟子等とファリザイ人とは断食したりければ、来りてイエズスに言いけるは、ヨハネとファリザイ人との弟子は断食するに、汝の弟子は何故に断食せざるぞ、と。イエズス彼等に曰いけるは、新郎《はなむこ》の己等と共に在る間、介添《かいぞえ》いかでか断食することを得ん。新郎の共に在る間は彼等断食することを得ず。然《さ》れど新郎の彼等の中より取り去らるる日来らん、その日には断食せん。」（マルコ聖福音書第二章一八―二〇）

弟子等の喜びなる新郎イエズスの「取り去らるる日」がやがてくる。婚筵の短き歓楽は夢のごとく過ぎるであろう。新郎は新婚の楽しさを味い尽す暇もなく奪い去られ、彼等の喜びは悲しみに代らんとする。マルコは次章において「ファリザイ人は出でてすぐに如何《いか》にしてかイエズスを亡ぼさんと、ヘロデの徒と共に協議したり」（第三章六）と録して、来るべき悲惨事の近きを示している。

使徒等には、もちろんこの比喩の深い意味は分らなかった。主があからさまに御苦難御死去の預言をなさったのは、彼等の信仰がすすんで、カイザリア地方の途上でペトロが主の活《い》ける神の子キリストたる事を告白した後である。「この時よりイエズス、己のイエルザレムに往きて、長老律法学士司祭長等より多くの苦を受け、而《しこう》して殺され、而して三日目に蘇《よみがえ》るべき事を、弟子等に示し始め」（マテオ聖福音書第十六章二一）給うた。この時ペトロは「主よ、然らざるべし、この事御身上にあるまじ」（同二二節）と抗弁して、叱責《しっせき》された。現世的栄華の裡にメシアをみていた彼等の心は、未だ曇っていた。

主は彼等のゆるげる信仰を堅めるために山上で変容し、その栄光を示し給いし後、「彼等が山を下る時、人の子死者の中より復活するまでは、その見し事を人に語るな、と戒め給いしかば、彼等これを守りしが、死者の中より復活する迄とは何事ぞ、と論じ合いたり」（マルコ聖福音書第九章九―一〇）。「かくて此処を去りて一行ガリレアを過りしが、イエズス誰にも知られざらん事を欲し給い、弟子等に教えて、人の子は人の手に売られ、これに殺され、殺されて三日目に復活すべし、と曰いしかども、彼等その言を暁《さと》らず、また問う事をも憚《はばか》り居たりき」（マルコ聖福音書第九章三〇―三二）。「イエルザレムに上る途中、イエズス弟子達に先《さき》だち給うを、彼等驚きかつ怖れつつ従いおりしに、イエズス再び十二人を近づけて、己に起るべき事を語り出で給いけるは、看《み》よ、我等イエルザレムに上る。かくて人の子は司祭長律法学士長老等に売られ、彼等はこれを死罪に処し、異邦人に付し、かつこれを弄《なぶ》り、これに唾し、これを鞭《むちう》ちて殺さん、而《しか》して三日目に復活すべし、と。」（マルコ聖福音書第十章三二―三四）

　使徒等の心はあくまでも頑《かたく》なであった。ゼベデオの子ヤコブとヨハネとは、母を介して、「汝の光栄の中に一人はその右、一人はその左に坐することを我等に得させ給え」と願った。「イエズス曰いけるは汝等は、願う所を知らず。汝等わが飲む杯を飲み、わが洗せらるる洗礼にて洗せられ得るか」と、彼等の覚悟を問い給うた。これをきいて、余の十人の者は憤慨《ふんがい》した。彼等はいずれも、メシアの王国において総理大臣の椅子を占むるつもりであった。「イエズス彼等を呼びて曰いけるは、異邦人を司ると見ゆる人が之に主となり、またその君たる人が権をその上に振うは、汝等の知れる所なり。しかれど汝等の中においては然らず、却《かえっ》て誰にもあれ、大いならんと欲する者は汝等の召使となり、誰にもあれ、汝等の中に第一の者たらんと欲する者は一同の僕となるべし。すなわち人の子の来れるも、仕えらるるためにあらず、却《かえっ》て仕えんため、かつ衆人の贖《あがな》いとして生命を与えんためなり、と。」（マルコ聖

福音書第十章四二―四五）

かくのごとく折《おり》に触れ機会あるごとに、弟子達の心を来るべき十字架に対して準備し給うたが、実際の出来事が彼等の頑迷《がんめい》を打破するまで、救世の玄義のいかなるものであるかは彼等にはよく分らなかった。しかも時は迫りつつあった。癩病者シモンの家にて食卓につき給える時、一人の女が価高き香油を盛りたる器を持ち来り、その器を破って主の頭に注ぎまいらせた。ある人達がこれを見て「何のために香油を斯《かく》は費したるぞ、この香油は三百デナリオ以上に売りて、貧者に施《ほどこ》し得たりしものを」と憤慨した時、「イエズス曰いけるは、この女を措け、何ぞ之を累《わずら》わすや、彼は我に善業《よきわざ》をなししなり。其は貧者は常に汝等の中に在れば、随時に之を恵むことを得べけれど、我は常に汝等の中に居らざればなり。この女は、その力の限りをなして、葬のために予《あらかじ》めわが身に油を注ぎたるなり。」（マルコ聖福音書第十四章六―八）

この女を身顫《みぶるい》しつつ怒ったのは、吝嗇《りんしょく》な会計役のユダであったらしい。彼はその反感に煽《あお》られてか、主を金のために裏切らんとして司祭長の許《もと》へと走った。「夕暮に及びて、イエズス十二人と共に至り、一同席に著《つ》きて食しつつあるに、イエズス曰いけるは、我誠に汝等に告ぐ、汝等の中一人、我と共に食するもの、我を付さんとす、と。彼等憂いて、各《おのおの》我なるかと云い出でしに、イエズス彼等に曰いけるは、十二人の一人にして、我と共に手を鉢に著《つ》くるもの、すなわち是なり。」（マルコ聖福音書第十四章一七―二〇）

この聖言は「鶏二次鳴く前に必ず三次我を否まん」とペトロに宣いし御言と同じく実現さ

れた。かくて聖体の秘蹟を御制定になり、「我誠に汝等に告ぐ、神の国にて汝等と共に、新《あらた》なるものを飲まん日までは、我今よりまたこの葡萄の液を飲まじ、と。かくて讃美歌を誦え畢《おわ》り、彼等橄攬《かんらん》山に出行きしが、イエズス曰いけるは、汝等皆今夜我につきて躓《つまず》かん、それは録して「我牧者を撃たん、かくて羊散らされん」とあればなり、然《さ》れど我復活したる後、汝等に先だちてガリレアに往かん、と。」(マルコ聖福音書第十四章二五―二八)

言々句々いずれも預言でないものはない。而《しこう》してそれは、文字通り成就されて行った。

主はこの他にも、イエルザレム滅亡を預言し給い、福音がユダヤ人に容《い》れられず、かえって異邦人の間にひろまり、「多くの人東西より来りて、アブラハム、イザアク、ヤコブと共に天国に坐せん、然《さ》れど国の子等は外の暗《やみ》に逐出《おいいだ》されん」(マテオ聖福音書第八章一一―一二)ことを告げ給うた。世の終りの預言に関しては、事未だ将来に属して、その成就をもって証とすることができぬから、ここにはあげない。しかしイエズスが己と己の事業に関して、超人間的の先見を有した事実は疑うべくもないのである。

第十一章　救世

第十三課　第四条

ポンシオ・ピラトの管下にて苦を受け、十字架に釘《くぎづ》けられ死して葬られ

救世の事（その一）

96　イエズス・キリストは人を救うため何をなし給うたか。
イエズス・キリストは人を救うために、苦を受け十字架に釘けられて、死に給うたのであります。

97　イエズス・キリストは天主として苦しみ給うたか。
イエズス・キリストは天主として苦しみ給うたのではない、ただ人として苦しみ給うたのであります。

98　イエズス・キリストの主な苦は何であるか。
イエズス・キリストの主な苦は、御悲しみの余り血の汗を流し、裁判所に曳《ひ》かれ、鞭《むち》うう

たれ辱められ、荊《いばら》の冠をかぶらせられ、十字架を担《にな》ってカルワリオという所へ登り、二人の盗賊《とうぞく》の間に十字架に釘けられて、死に給うたことなどであります。

99 イエズス・キリストはそれ程まで苦しまなければ、人を救い給う事ができなかったか。

イエズス・キリストはそれ程まで苦しまなくとも、人を救い給う事ができたのであります。なぜなれば、イエズス・キリストは天主に在《まし》ますから、その些《いささ》かの御所行でも限りなき功徳になるのであります。

100 さればなぜ斯《か》程《ほど》まで苦しみ給うたか。

イエズス・キリストが斯程まで苦しみ給うたのは、人を愛するの深いことと、罪の重いことと、救霊の大切なことを訓え給うためであります。

101 人を救うためにイエズス・キリストが苦を受け、十字架の上で死に給うた事を何と申すか。

人を救うためにイエズス・キリストが苦を受け、十字架の上で死に給うた事を救世の玄義と申します。

第十四課　第四条の続き

救世の事（その二）

102 イエズス・キリストは何処で御受難し給うたか。

イエズス・キリストはユダヤ国の都イエルザレムで御受難し給うたのであります。

103 イエズス・キリストを死刑に定めた者は誰であるか。
イエズス・キリストを死刑に定めた者は、ローマ皇帝から遣《つか》わされたユダヤ国の総督ポンシオ・ピラトであります。

104 イエズス・キリストの死に給うたのは何曜日であるか。
イエズス・キリストの死に給うたのは金曜日の午後三時頃であります。

105 イエズス・キリストの死に給うたとき、どんな不思議があったか。
イエズス・キリストの死に給うたとき、太陽は俄《にわか》に暗み、地は震い、岩は破れ、墓は開け、死人は甦《よみがえ》るなどのことがありました。

106 キリスト信者の印となる物がないか。
キリスト信者の印となる物は十字架の印であります。

107 どのように十字架の印を為《つく》るか。
十字架の印を為るには「聖父と聖子と聖霊の御名に因《よ》りてアーメン」と誦《とな》えながら、右の手を額に当て胸の下まで下し、次に左の肩から右の肩へ引くのであります。

108 なぜ十字架の印を為るか。
十字架の印を為るのは、三位一体の玄義と救世の玄義とを思い起こし、また天主の御恵を呼び降すためであります。

「又一の喩《たとえ》を聞け、ある家父葡萄畑を作りて籬《かき》を繞《めぐ》らし、中に醡穴《さかぶね》を掘り、物見台を建て、これを小作人等に貸して遠方へ旅立ちしが、果期《みのりどき》近づきしかば、その果を受け取らせんとて、僕《しもべ》等を小作人の許《もと》に遣わししに、小作人その僕を捕えて、一人を殴ち、一人を殺し、一人に石を投げ付けたり。さらに他の僕等を先よりも多く遣わししに、彼等之をも同じように遇《あしら》えり。終《つい》に、わが子をば敬うならんとて、その子を遣わししに、小作人この子を見て語り合いけるは、是《これ》相続人なり、来れかし之を殺さん、而《しか》して我等その家督を獲ん、と。かくてその子を捕え、葡萄畑より逐出《おいだ》して殺せり。然《さ》れば葡萄畑の主来らん時、この小作人等をいかに処置すべきか。彼等言いけるは、悪人を容赦《ようしゃ》なく亡ぼし、季節に果を納むる他の小作人にその葡萄畑を貸さん。イエズス彼等に曰いけるは、汝等曾《かつ》て聖書において読まざりしか、「家を建つるに棄てられたる石は隅の首石となれり、これ主の為《な》し給える事にて、我等の目には不思議なり」とあり。然《さ》れば我汝等に告ぐ、神の国は汝等より奪われ、その果を結ぶ人民に与えらるべし。すべてこの石の上に墜つる人は砕けん、またこの石誰の上に隕つるもこれを微塵《みじん》にせん、と。司祭長ファリザイ人等イエズスの喩を聞きて、その己等を斥《さ》して曰えるを暁《さと》り、これを捕えんと謀《はか》りしが、群衆彼を預言者とせるをもってこれを懼《おそ》れたり。」(マテオ聖福音書第二十一章三三―四六)

この一つの喩のうちに、イスラエルの不信と、神の国の異邦人中に将来発展すべきことが明らかに告げられている。而して不信不忠実なる小作人共の家督相続人殺戮《さつりく》の計画は、比喩が物語られて後、程《ほど》なく著々と遂行せられて行った。

最後の晩餐《ばんさん》の席で己の謀計を言い当てられたユダは、他の使徒に先立って出で、司祭長の許《もと》に走って主がゲッセマネの園に行き給うを告げ、一団の武装せる群衆を伴うて捕縛《ほばく》に向った。主は剣をもって司祭長の僕《しもべ》の耳を斬ったペトロを制して、「汝等強盗に向うごとく、剣と棒とを持ちて我を捕えに出来《いでき》たりしか、我日々〔神〕殿にて汝等の中に坐して教えおりしに、汝等我を捕えざりき。然《さ》れど、総てこの事の成れるは預言者等の書の成就せんためなり、と。」この時弟子等は、共に死せんと数刻前に豪語せしを忘れて、何《いず》れも逃亡した（マルコ聖福音書第十四章、マテオ聖福音書第二十六章、ルカ聖福音書第二十二章）。「かくて兵隊、千夫長、およびユダヤ人の下役等、イエズスを捕えてこれを縛り、まずアンナの許に引き行けり、これこの年の大司祭たるカイファの舅なるがゆえなり。カイファはかつてユダヤ人に向いて、一人が人民のために死するは利なり、との忠告を与えたりし人なり。」（ヨハネ聖福音書第十八章一二―一四）

これによって、イエズスの捕縛にはローマ総督の正規兵が関与した事が分る。これはイエズスを死刑に処するには、是非《ぜひ》とも総督の手を経ることが必要であって、総督をして死刑の宣告を下させるには、相当の罪状が挙げられねばならなかったためである。「司祭長、ファリザイ人等、議会を召集して、斯人数多《あまた》の奇跡を為すを、我等は如何《いか》にすべきぞ、もしそのままに恕《ゆる》し置かば、皆彼を信仰すべく、またローマ人来りて我等の土地と国民とを亡ぼすべ

し。」（ヨハネ聖福音書第十一章四七―四八）

　これイエズスが自らユダヤ人の王と称して、ローマ皇帝に対して謀叛する者としてピラトに訴えられた所以《ゆえん》である。イエズスは「わが国はこの世のものにあらず」として、この訴えを拒否し給うた。ピラトはこの人に罪なきを知り、

「我かの人に何の罪をも見出さず、ただし過越祭に当りて、我汝等に一人を赦《ゆる》すは、汝等の慣例なるが、しからばユダヤ人の王を我より赦されん事を欲するか、と。是において彼等復《また》一同に叫びて、その人ならでバラバを、と言えり。バラバはすなわち強盗なりき。

　その時ピラト、イエズスを捕えてこれを鞭《むちう》ち、兵卒等は茨《いばら》の冠を編みて御頭に冠《かぶ》らせ、また赤き上衣を著せ、しかして御前に至りて、ユダヤ人の王よ、安かれ、と言いて手をもって御頬を打ち居たり。……大司祭および下役等、イエズスを見るや叫び出でて、十字架に釘《くぎづ》けよ、十字架に釘けよ、と言いければピラト、汝等自らこれを執りて十字架に釘けよ、我は何の罪をもこれに見出さざるを、と言いしに、ユダヤ人答えけるは、我等に律法あり、その律法によりて彼は死せざるべからず、其は己を神の子としたればなり、と。……これよりピラトまたイエズスを免《ゆる》さんと謀《はか》りおりたれども、ユダヤ人叫びて、汝もしこの人を免さばカエサルの忠友にあらず、すべて己を王とする人はカエサルに叛く者なればなり。……

　かくてピラト、十字架に釘《つ》くるためにイエズスを彼等に付しければ、兵卒等これを執りて引出ししが、イエズス自ら十字架を負い、彼髑髏《しゃれこうべ》、ヘブレオ語にてゴルゴタといえる処に出で給えり。彼等ここにてこれを十字架に釘け、また別に二人を左右に、イエズスをば中央

にして磔けたり。……
かくて兵卒等、イエズスを十字架に釘けし後、その衣服と下衣とを受け、衣服は四分して一人に一分ずつ分ちしが、下衣は上より一つに織りたる縫目《ぬいめ》なき物なりしかば、これを裂かずして誰のになるべきか鬮引《くじびき》にせんと言い合えり。これ聖書に録して「彼等は互いに我が衣服を分ち、我が下衣を鬮引にせり」とある事の成就せんためにして、すなわち兵卒等は実にこの事を為せるなり。……やがてイエズス何事も成り終れるを知り給いて、聖書の成就し果てんために、我渇くと曰いしが、そこに醋の満ちたる器置かれてありしに、兵卒等海綿を醋に浸し、イソプに刺してその口に差し付けしかば、イエズス醋を受け給いて、成り終れりと曰い、首を垂れて息絶え給えり。時は用意日にて大安息日の前なれば、安息日に屍の十字架上に遺らざらんために、その脛を折りて取り下さん事を、ユダヤ人ピラトに願いしかば、兵卒等来りて、先なる者および共に十字架に釘けられたる他の一人の脛を折りしが、イエズスに至り、そのすでに死し給えるを見て、脛を折らざりき。然れど兵卒の一人鎗もてその脇を披きしかば、すぐに血と水と流出でたり。……これ等の事の成りしは、聖書に「汝等その骨を一つも折るべからず」とある事の成就せんためなり。さらにまた聖書に曰く「彼等はその貫けるものを仰ぎ見ん」と。……然《さ》てイエズスの十字架に釘けられ給いし処に園ありて、園の中に未だ誰をも葬らざる墓ありければ、彼等はユダヤ人の用意日なるに因り、墓の手近きに任せて、イエズスをそこに殮《おさ》めたり。」（ヨハネ聖福音書第十八―十九章）
「かくて十二時より三時まで、地上遍《あまね》く黒暗となりしが、三時頃……イエズス復声高く呼わりて息絶え給えり。折しも神殿の幕、上より下まで二に裂け、地震い、磐《いわ》破れ、墓開け、眠りたる聖人の骸多く起き上りしが、イエズスの復活の後、墓を出でて聖なる都に至り、多くの人に現れたり。」（マテオ聖福音書第二十七章四五―五三）

イエズス御受難についての考察

昔プラトンはその国家篇中に、その正義のために悪人によって殺さるる義人を描き、正義を捨つるより、死を賭してもこれを完《まっと》うするの勝れるを論じたるがために、教父等によって主の御受難を預言せるものとしてしばしば引用されている。ルソーがその著『エミール』中に、この同じ一節を引いて、「もしもソクラテスの死にして義人のそれならば、イエズスの死は神の死なり」という不朽の名句を残したが、我等は主の御受難においてあらゆる卑しく汚れたる動機が聖にして義なるものを亡ぼさんとして働くを見、まことや世の罪を除き給う神の小羔《こひつじ》は、かくてこそ新しき過越《すぎこし》の犠牲として、全人類の贖いとして、父なる神の前に捧げらるべきであったかを思わしめられるのである。

彼は真理を教え、慈悲を行うてすぎ給うた。しかし、然《しか》るがゆえに悪の力を看過することができなかった。神の正義と真理との代表者、専売者をもって任じたユダヤ教の教役者は、この卑賤なる一ガリレア人が驚くべき宗教運動の鼓吹者《こすいしゃ》であり、群集に対して偉大なる勢力をふるい、彼等の空虚なる形式主義に忌憚《きたん》なき批評を加え、その偽善をあばくに躊躇《ちゅうちょ》せざるを見て、ついに放置し得なくなった。彼等の心は嫉妬《しっと》に燃えた。而《しこう》してこの劣情を、最も神聖なる口実をもって蔽《おお》うた。イエズスは自らを神と等しゅうし、律法を蔑《ないがしろ》にする冒瀆者《ぼうとくしゃ》として、死に値するとされた。しかも正面より目的を達し得ざるを知り、祖国の愛を裏切るローマ皇帝に対する謀叛者として、イエズスを侵略者の法廷に訴えた。イエズスは、カエサルのものはカエサルに返せと主張せる者で、彼等こそ内心はローマの支配に対する反逆に燃えていたにもかかわらず、目的のためには手段を選ばず、ピラトに向って、彼を十字架に釘《くぎづ》けずんば汝は皇帝に対して忠実にあらずと怒号した。かかる輩《やから》にその恩師を銀三十枚で売ったのが、十二使徒の一人であるとはそも何たることであろう。

されど神の御手は大きく働く。彼等はユダヤ人の王よりは、強盗を選んだ。ユダヤ人の王は、遂に十字架に釘けられた、ピラトは皮肉にも、この称号を罪標に記入した。かくて国民的自負心をいたく傷つけられた彼等がその撤回《てっかい》を求めたが、ついに容《い》れられなかった。彼の血は我等と我等の子孫の上に被《こうむ》れよかしとの叫びは、文字通り酬いられ、ユダヤの宗主権はカルワリオ丘上に十字架に釘けられて亡び、イエルザレムは廃墟となった。ユダヤは政治的にも精神的にも滅亡して、救いの福音と支配とは異邦人に移った。金のために正義を売り、国体をかついでキリスト教者を非国民呼ばわりする現代の反動政治家や、いわゆる国粋派新聞雑誌記者等は、ファリザイ主義の結果を見て、大いに反省する必要がある。日本を亡ぼす罪《ぬ》を共産党にのみ嫁せんとする彼等の欺瞞《ぎまん》は早晩破綻《はたん》して、その卑劣なる真相が、国民の憤《ふん》怒の的《まと》となる日がくるであろう。

ルソーは「神の死」と言った。言やよし、イエズスの死は、実にキリストの神のペルソナが己に具え給う人性の受難の結果である。苦難と死との主体は、神格であった。しかし苦難と死との苦き杯を味わったのは神人キリストの人性であって、神性ではない（第八章「御托身〈その二〉」参照）。神性は苦しむことができない。苦しみは限りある者の避けがたき欠陥であり、道徳的には罪すなわち道徳的欠陥の罰である。神は人類の罪の罰を己に負うて苦しみを得んがために、苦しんで罪を贖わんために、その神格をもって人性を摂取し、キリストとして地上に出現し給うた。キリスト世に入り給いし時宣いけるは、「主よ、犠牲と献物とを否みて肉体を我に備え給えり、燔祭と罪祭とは御心に適わざりしを以て、我言えらく、看給え、巻物の初めに我につきて録したれば、神よ、我は御旨を行わんために来れり」と。この御旨のゆえにこそ、イエズス・キリストの御体が一度献ぜられしに由《よ》りて、我等は聖とせられたのである（ヘブレオ書第十章五―一〇）。

この信仰が矛盾なく受け容れられ得るためには、どうしてもキリストにおける神性と人性とが一のペルソナ、しかも神のペルソナにおいて結合されて居ることが、まず認められねばならぬ。神性が苦しんだり死んだり出来るものではない。これに反して、単に人性が苦しみかつ死したのであったならば、その人がいかに義人であろうとも、その所業は有限な人間的価値を有し得るに止まり、それによって我等が聖とせらるる訳はないのである、それはソクラテスの死のごとく、人間的に偉大であり得よう。またその壮烈なる模範は、吾人をして感激措《お》く能《あた》わざらしむることも可能である。すべての殉教者はかかる刺戟を与えるものであって、テルトリアヌスが「殉教者の血はキリスト者の種子である」と言うた通りである。しかし殉教者の血さえ、キリスト者の救いを成就するものではない。神人の贖いによるにあらずんば、我等の救いは空しいのである。

御苦難は神愛の発現

主は天主としては苦しみ給わず、只《ただ》人として苦しみ給うたのであるが、その人性は神のペルソナに摂取されている人性であるがゆえに、そのいささかの御所業も無限の尊厳と価値を帯びてくるから、一挙手一投足の労をもってよく無限の功徳を積み、我等を救い得給うのである。救世の成就には、御苦難はもちろん必要ではなかった。しかし「誰もその友のために生命を棄つるより大いなる愛はあらず。」主はその御言そのままに我等に――「我最早《もはや》汝等を僕《しもべ》と呼ばじ……然て我は汝等を友と呼べり」（ヨハネ聖福音書第十五章一五）――最大の愛を示して下さったのである。我等の霊は神の死に値する程貴重なものであり、その霊の死なる罪はそれ程に恐るべく悪むべきものなのである。永遠に波及する無限の価値の如何《いか》ばかりなるかは、果敢《はか》なき人間の思惟の及ぶところではない。夕陽に対して山頂に立つ五尺の軀の影が、日の沈むにつれて無限に長びくのを見る時のように、我等は主の御受難と御死去において、新しき価値の標準を見出す。それは玄義であると同時に、心に徹して消えざるべき神の愛と霊の尊厳との啓示である。

この二つの無限大が、影富士のように、十字架上の犠牲という老人にも子供にも分りやすき驚嘆すべき事実によって、我等の心境の上に投射されたのである。

愛は与えんことを欲す。最大の愛は、最大のものを与えんと欲する。神のこの世を愛し給えるはその御独子を賜う程であって、その御独子は、己を付して十字架の死に至るを辞し給わなかった。苦と死とは人の最も難しとするところである。愛はそれをも辞さない。むしろ喜んでこれに赴《おもむ》く。愛する者のために苦しむのは、幸いである。十字架をとりて主に従うは、キリスト者の幸いであり光栄である。而《しこう》してその十字架が、キリストの場合におけるごとく已《や》むを得《え》ざるにあらずして「されど我意のごとくならで聖旨のごとくなれかし」といい得るものたる時に、我等の小さき犠牲は最も神に嘉納《かのう》せらるるのである。カトリック禁欲主義の根底は、実にキリスト教の精神そのものであり、その実践はキリストの模倣《もほう》の本領である。

第十二章　御復活

第十五課　第五条　古聖所に降りて三日目に死者の中より蘇り

復活は原始教会の根本信条

「イエズス、成り終れりと曰い、首を垂れて息絶え給えり。」

主は天父の聖旨を完《まっと》うして、十字架上にその生命を人類の贖罪《しょくざい》のために捧げ給うたのであった。自らを神の子なるメシアとして顕《あらわ》し、神の国の到来を告げ、弟子等を養成して福音の宣伝を命じ給うた。御受難の数カ月前イエルザレム御入城に際しては、人民は歓呼してこの預言者を迎え「人々面々の衣服を道に鋪き……主の御名によりて来れる王祝せられよかし」（ルカ聖福音書第十九章三六―三八）と叫んだ。それは恰《あたか》も神の国が眼に見えて来りつつあるかのごとくであった。かるが故に弟子の母は「わが二人の子を、御国において一人は汝の右に、一人は汝の左に坐すべく命じ給え」（マテオ聖福音書第二十章二一）と願った。しかしその時「汝等は願う所を知らず、汝等わが飲まんとする杯を飲み得るか……汝等実にわが杯を飲まん」（同二二—二三節）と主が預言し給いし事が、そのまま到来した。

彼等は否応《いやおう》なしに苦き杯を飲まされた。頼みにした師匠は、あえなき最期を遂げ給うた。それもまた何という最期であったろう。盗賊と共に、皇帝への反逆者として、奴隷のごとく、ローマ市民には極悪人といえども科せられぬ無慙《むざん》な磔刑《たつけい》に処せられ給うたではないか。主の御就縛《しゆうばく》の際には、最後の晩餐の席上「主よ、我汝と共に監獄にも、死にも至らん覚悟なり」（ルカ聖福音書第二十二章三三）と豪語したペトロを始め、「弟子等皆イエズスを舎《すて》きて遁去《にげさ》」（マテオ聖福音書第二十六章五六）ってしまった。ペトロは文字通り、鶏の鳴く前に三度主を否み奉った。主が御墓に葬られ給うた後も「弟子等ユダヤ人の怖しさに戸を閉じて集」（ヨハネ聖福音書第二十章一九）っていた。

ペトロは主の御言を思い起こして、自己の背信を泣いた。ヨハネは聖母を擁して、最後まで十字架の許《もと》に佇《たたず》んだ。御死去の後といえども、弟子等の胸底には忘れがたき師の御面影《おもかげ》が残っていたに違いない。しかし臆病《おくびよう》な彼等のかくのごとき女々《めめ》しい追憶が、残酷な現実の前に何の力があったろう。人間的見地からすれば、イエズスの福音宣伝事業は明らかに頓挫《とんざ》してしまった。主死し給いし後の弟子等は、最早《もはや》敗残の雑兵にすぎなかった。もしもそれだけでイエズスの事が了《おわ》ったのであったのならば、彼は確かに自らを神の子と思い込んだ誇大妄想狂に過ぎなかったであろう。彼の説いた教えが、いかに美しくかつ高尚なものであろうとも、それは単に詩人の言のごとく麗しく、哲人の説のごとく深遠で、賢者の教えのごとく世故にたけたものではあり得ても、我等に臨むになんら特別の権威を有せぬものであったろう。

しかるに、ここに人類有史以来の奇怪事が起こった。メシア王国建設の一切の希望が、カルワリオ山上の惨劇で絶滅してしまったかのごとく見えたこの時に当って、神の国は驚天動《きょうてんどう》地《ち》の大運動となって発現し始めた。使徒等の精神は一挙にして更新され、昨日までは臆病な弟子であった彼等は、一変して世界の征服者となった。彼等は生ける神の子イエズスのためには、身命を捨てて顧みざる伝道者となり、ガリレアのみならず、イエズスの敵の根拠地であったイエルザレムで白昼公然と信仰を告白し、ユダヤ、サマリアから地の極にまで布教して、その結果、キリスト教は約三百年間にローマ全帝国を席巻《せっけん》し、西欧文化の樹立者となり、今や全世界何億の人心に君臨するに至った。イエズスの生前においてすら、決して勇気も信仰も非凡とはいえなかった弟子達が、いかにして一朝一夕にかくのごとき精神的英雄に更生したか。而《しこう》して、下女の詰問にあっては主を否み、師匠の危機に際してはこれを舎《すて》いて逃れ、ユダヤ人の怖しさに門戸を鎖して外に出るを憚《はばか》った者共が、いずれも千辛万苦の伝道生活の最後には、血をもって己の信仰を証したか。特にユダヤ人の王よりも、強盗なるバラバの赦《ゆる》されんことを欲した首都のユダヤ人等が、何故《なにゆえ》にガリレア生れの漁夫共の説教をきいて、群をなして十字架に釘けられたメシアの信仰に帰依《きえ》したか。この史上比類なき精神的大革命の説明は、一に使徒等が救主たるイエズスが復活したと信じた点にかかっている。

使徒等がキリストの復活を信じたという一事が、キリスト教の起原を支配する万事である。

この信仰が、イエズスの死後大事既に去った後に、既倒《きとう》を挽回したのである。而《しこう》してこの事実は、いかに史料を曲解せんと欲しても、枉《ま》ぐべくもないのである。原始教会のこの信仰に関しては、豊富なる文献の徴すべきものがある。キリスト歿後未だ二、三十年を超えず、その直弟子や目撃者の生存中に、改宗者パウロのものせる書簡のみでも、十指を屈するに足る。これによれば、当時のキリスト教会が復活の信仰の上に築かれていたことは、あまりにも明白である。「すなわちわが第一に汝等に伝えしは、我自らも受けし事にて、キリストが聖書に応じて我等の罪の為に死し給いし事、葬られ給いし事、聖書に応じて三日目に復活し給いし事」（コリント前書第十五章三―四）であり、「キリスト復活し給いし事なければ、汝等の信仰は空し」（同一七節）と録されてある。実にこの事実の如何《いかん》は、吾人のキリスト教に対する態度を決するものなのである。

御復活の歴史的根拠

福音書の録するところによれば、御復活の信仰の根拠となった二つの事実のあることが明らかになる。而《しこう》してこの二つの事実は、福音書の歴史的価値を認むる限り、否定し得べくもないものである。すなわち、一はイエズスの墓が空虚となって発見されたことと、二は蘇《よみがえ》れるイエズスの弟子等に出現し給うた事蹟とである。

御殮葬《ごれんそう》の事実

（一）　イエズスは過越祭《すぎこしのまつり》の前日（金曜日）の午後三時頃に瞑目《めいもく》し給うた。埋葬は、日没から始まる安息日に入らぬ前に、取り急いでなされた。アリマテアのヨゼフとニコデモ――彼等はユダヤ人中の重立った者であった――の二人が、御遺骸をピラトから乞《こ》い受けて、「浄《きよ》き布に包み、磐《いわ》に鑿《ほ》りたる新しき墓に納め、その墓の入口に大なる石を転ばして去」（マテオ聖福音書第二十七章五九―六〇、マルコ聖福音書第十五章四六、ルカ聖福音書第二十三章五三、ヨハネ聖福音書第十九章四〇）った。主の墓に殮《おさ》められ給うたことは、パウロも人口に膾炙《かいしゃ》せる聖伝としてしばしばその書簡および説教中に言及している（コリント前書第十五章四、コロサイ書第二章一二、ロマ書第六章四、使徒行録第十三章二九）。

ヨゼフとニコデモとが御遺骸を埋葬したのを目撃した者としては、マグダレナ・マリアや、ヨゼフとヤコボの母マリアおよびサロメ等の婦人の名が挙げられている（マルコ聖福音書第十五章四〇、四七、マテオ聖福音書第二十七章五六、六一、ルカ聖福音書第二十三章四九、五五―五六）。婦人等は主の聖骸を、ニコデモの持参した没薬《もつやく》と蘆薈《ろかい》との混和物（ヨハネ聖福音書第十九章三九）と共に、布に捲いて殮め奉ったのでは満足できなかった。彼等はイエズスの御屍の置かれた有様《ありさま》を見、さらに丁寧《ていねい》に葬り奉らんと、帰って香料および香油を用意したが、翌日は安息日であったから掟《おきて》通り息《やす》んで、日曜日の来るのを待った（ルカ聖福音書第二十三章五五）。

御墓の空虚となれること発見さる

かくて安息日の翌朝、払暁《ふつぎよう》御墓を訪ね参らせた時には、御墓は既に空虚であった。そうして入口の石の転ばし退けられたのを見て驚いた（マルコ聖福音書第十六章四、マテオ聖福音書第二十八章二、ルカ聖福音書第二十四章二、ヨハネ聖福音書第二十章一）。

この条に関する四福音書の記事を比較研究してみると、まずヨハネ聖福音書には「マグダレナ・マリア昧爽《あさまだき》に墓に往き」とあって、他の婦人の事は明記してないが、「主を墓より取り去りたる人あり、何処に置きたるか我等は之を知らず」（第二十章一―二）の一人称複数によって、彼女に伴侶《はんりよ》のあったことが暗示されてあるから、この点は共観福音書と異なった伝によったものではなかろう。彼女はその仲間と共に御墓の中に入って、その空虚なのを確めたのであろう。そうして先んじて一人走って、弟子達に報じたと思われる。この間、後に留って四辺を物色していた婦人達が天使の出現を見て、しかる後にマグダレナ・マリアの後を追うて、弟子達に告げたと解せられる。マテオ聖福音書第二十八章二の「折しも大なる地震あり、すなわち主の使い天より降り」云々は、婦人達が墓に到着した当時の出来事と厳密に解釈せねばならぬ必要なく、この記事はむしろ後節の婦人達への天使の出現との相似のゆえに、その前節に挿入されたと考うる方が妥当である。

またルカ聖福音書第二十四章一二および二四の弟子の――最初の条にはペトロ一人、後条には彼等の中のある人々とある――御墓訪問も、恐らく概括的に記述されたものであろう。

すなわち婦人達一同の報告により、ペトロまず走り、しかる後に他の弟子等が御墓へ検査に赴いたように書いているが、事実を詳細に言えば、まずマグダレナの報告があってペトロとヨハネが駈けつけ、次には残余の婦人達が天使の出現に駭《おどろ》いて知らして来たので、その他の弟子達が墓へ参じた順序でなくては、諸福音書は調和しない。いずれにせよ、主の御死去の翌日の早朝御墓の空虚になったのが発見された事は原始教会の普遍的聖伝で、「三日目に蘇り」給うたのは、万人に知れわたる事実として、新約聖書の随所に記録されている（使徒行録第十章四〇、第十三章二九―三〇、コリント前書第十五章四等）。

以上の記録によれば、空虚なる御墓の発見がイエズスの弟子達に懐かしめた最初の感想は、決して復活ということではなかったのを注意する必要がある、マグダレナ――ルナンによれば最初に蘇れるキリストの錯覚をみて、キリスト教会の根本信条を産み出したミスチックな女といわれる彼女すら、御屍が盗まれたと思った。ペトロもヨハネもそう信じた（ヨハネ聖福音書第二十章二―一五）。他の婦人達から天使の出現とその御告とを伝えられても、「その言荒誕《こうたん》のように覚えて、使徒等はこれを信ぜざりき。」（ルカ聖福音書第二十四章一一）

イエズスの復活を彼等に信ぜしめたのは、空虚になった御墓ではなく、主の出現であった。御墓の事件は、彼等の信仰を準備したに過ぎない。

御出現の事実

（二）　主の御出現に関して、以下引証する所の新約聖書の各条を仔細《しさい》に比較研究してみると、前掲の墓参の記事同様、事件の精確な順序を追うて録されたものでないことが分る。それらはいずれも断片的な記録で、教訓的な目的に従って詳細を取捨した痕跡《こんせき》があるのみならず、同一の出現（たとえばマルコ聖福音書第十六章一二—一三、ルカ聖福音書第二十四章一三以下。ヨハネ聖福音書第二十章一九—二九、ルカ聖福音書第二十四章三六以下）と覚しき事件も、異なれる見地から伝えられ、あるいは主の御言葉に重きを置き、あるいは復活の証拠を主眼とした、等の差異を認めることができる。すなわちこれらはいずれも部分的な、もしくは並列的な聖伝の記述であって、もとより文句の上に完全な連絡や契合を期し難いものである。しかしそこにはとうてい調和し難き矛盾や、福音史家の真率と事件の確実性とが破壊されるような点は、認められない。これ等の文句の相違は、個々の出現そのものがいい加減な事蹟であるという意味には勿論《もちろん》ならない。ただこれを決定的な順序に纏《まと》めることが、伝の性質上困難であるというに過ぎない。

それで御出現に関する一切の記事を総括してみると、大体次のごとき順序になると思う。まず主は御就縛に先立って「我復活したる後、汝等に先だちてガリレアに往かん」（マルコ聖福音書第十四章二八、マテオ聖福音書第二十六章三二）と宣《のたも》うた。また天使は墓畔で婦人達に「彼は復活し給いて、此処《ここ》に在さず。……往きてその弟子等とペトロとに至り、彼は汝等に先だちてガリレアに往き給い、かつて汝等に曰いしごとく、汝等彼処《かしこ》にて彼を見ん」（マルコ聖福音書第十六章六—七、マテオ聖福音書第二十八章七）と告げた。弟子達は半信半疑の裡にあって、直《ただ》ちにガリレア行を決行しなかったと思える（マルコ聖福音書第十六章八、一一、一三―一四参照)。その結果イエズスの彼等への最初の出現がイエルザレムにおいてなされ、その後にガリレア行が実現され(ヨハネ聖福音書第二十一章)、最後の出現は御昇天前に、彼等が再び聖都に帰来した時に起こったと推察される。

以下この順序に四福音書の記事を排列してみると、

(1)まず早朝マグダレナ・マリアおよびその伴侶《はんりよ》なる婦人達に、墓畔での出現があり(マルコ聖福音書第十六章九、マテオ聖福音書第二十八章九―一〇、ヨハネ聖福音書第二十章一一―一八)、彼女等の証言は弟子達に信ぜられずに終る(マルコ聖福音書第十六章一一、ルカ聖福音書第二十四章一一および二二参照)。

(2)午後イエルザレム郊外のエンマウス村へゆく二人の弟子へ、途上にて出現し給う(ルカ聖福音書第二十四章一三―三五、マルコ聖福音書第十六章一二―一三)。

(3)彼等「時を移さず、立上りてイエルザレムに帰れば、十一使徒および伴える人々既に集りて、主実に復活してシモンに現れ給いたり、と云い居れるに遇い」(ルカ聖福音書第二十四章三三―三四)、

(4)「かくてその日、すなわち週の第一日既に暮れて」、「これ等の事を語る程に、イエズスその真中に立ちて、汝等安かれ、我なるぞ、畏《おそ》るることなかれ、と曰いければ」(ルカ聖福音書第二十四章三六、マルコ聖福音書第十六章一四、ヨハネ聖福音書第二十章一九)云々。

以上はいずれも御復活その日の、朝より晩へかけての出来事とされてある。

(5)前掲の御出現に際して、トマスはその場に居合わさず、彼の不信を枉げなかった。「八

日の後、弟子等復内に在りてトマスも共に居りしが、戸は閉じたるにイエズス来りて真中に立ち給い、汝等安かれ、と曰いて、やがてトマスに曰いけるは、汝指をここに入れてわが手を見よ、手を伸べてわが脇に入れよ、不信者とならずして信者となれ、と。トマス答えて、わが主よ、わが神よ」（ヨハネ聖福音書第二十章二六—二八）云々。

以上はいずれもイエルザレムおよびその近郊の出来事である。

(6)次にヨハネ聖福音書第二十一章に詳説せられたガリレア湖畔の出現があり、これと前後して、

(7)「かくて十一の弟子ガリレアに往き、イエズスの彼等に命じ給いし山に〔至り〕、イエズスを見て礼拝せり。」（マテオ聖福音書第二十八章一六—一七）

(8)最後の出現は、再び聖都付近で起こった。「イエズス終《つい》に彼等をベタニアに伴い、手を挙げてこれを祝し給いしが、祝しつつ彼等を離れて、天に上げられ給いぬ。」（ルカ聖福音書第二十四章五〇—五一、使徒行録第一章三—一一）

前掲の福音書の記事が、紀元五五年ないし五八年頃、すなわち上述の御出現の時期から二十五年ないし二十八年後、明らかにヨハネ聖福音書の著述前に、事によったら共観福音書にすら先立って、聖パウロがコリント教会の信者に送った言によって大略保証されているのは、見逃してならぬ重要な点である。曰く、

「兄弟等よ、我が既に伝えし所の福音を今更《いまさら》に汝等に告ぐ、汝等は曩《さき》にこれを受けて尚これに拠りて立てり、もし徒《いたず》らに信じたるにあらずして、我が伝えしままにこれを守らば、汝等

はこれによりて救わるるなり。すなわち我が第一に汝等に伝えしは、我自らも受けしことにて、キリストが聖書に応じて我等の罪のために死し給いし事、葬られ給いし事、聖書に応じて三日目に復活し給いし事、ケファに顕《あらわ》れ給い、その後また十二使徒に顕れ給いし事これなり。次に五百人以上の兄弟に一度顕れ給いしが、その中には永眠したる者あれども、今なお生存《いきなが》らうる者多し。次にヤコボに顕れ、次に凡《すべ》ての使徒に顕れ、最終には月足らぬ者のごとき我にも顕れ給えり。蓋《けだ》し我は神の教会を迫害せし者なれば、使徒中の最も小き者にして、使徒と呼ばるるに足らず。」（コリント前書第十五章一―九、使徒行録第九章一―九、第二十二章一―一一、第二十六章一二―一八参照）

かくのごとくイエズスの復活とその出現の信仰は、原始教会の根本信条であり、異邦人の使徒はこれをもって単に漠然《ばくぜん》たる観念とはせずに、明白な具体的な事実に基づくものとして、ユダヤ人とギリシャ人との別なくこれを説いた。この主張を、彼は当時なお生存せる証人に訴えることができたのである。公平なる史家は、使徒の信仰を説明する必要からも、またそれを物語る史料の価値から考えても、これ等の事実を承認せざるを得ないのである。

御出現は錯覚か

これが普通の出来事であったならば、もちろん異議を挿《はさ》む者も、そうする余地もあろうはずがないのである。一般に認められている同時代のローマ史上の出来事のどれだけが、これ程の価値ある史料に根拠しているかを調査してみれば、思い半ばに過ぐるものがあろう。しかしながら、たまたま事件が吾人の日常経験とはかけはなれた神秘的の事柄に属するがゆえに、自ら懐疑的の眼を以てこれに対するに至るは必然である。いわんや自己の哲学的見解から超自然を先天的に否定しているか、あるいはなんらかの理由によってキリスト教の真理を認めたくない人々には、これをもって宗教的熱情の作り出した神話に過ぎぬとするのは喋々《ちょうちょう》を要せざるところである。しかしかくのごときは、決して原始キリスト教という史上に厳然たる事実を説明する所以《ゆえん》でないことは、高等批評の歴史が明らかに示している（第九章の「福音書に対する偏見」の項以下を参照）。

試みにイエズスの出現は、これを見たと信じた人の錯覚に過ぎなかったとしてみよう。かかる仮説が真らしさを帯びてくるためには、錯覚の発生に都合《つごう》よき心理状態が予め《あらかじ》準備されつつあったことを明らかにする必要がある。しかるに福音書の記事は、その反対を物語っている。彼等は最初に主を見奉った婦人達の言を信ぜざりしのみならず、自分等の眼前に主の立ち給うた時すら、幽霊を見たと思って怖れたと録してある。なかんずくトマスの態度のごときは、近代の実験科学の要求を最も大胆《だいたん》に主張したものである。加之《しかのみならず》イエズスの預言があったにもかかわらず、彼等は失望落胆していた。そういう幻像を産み出しそうな期待も興奮もなかった。婦人達の墓参すら、新しき香料と香油とを持参して、安息日の前夕に取り急いで行った殮葬《れんそう》を、より丁寧《ていねい》にやり直すつもりであったのだから、墓参はもちろんイエズスの復活を見ようなどという期待をもってなされたのでなかったのは、明らかである。最初に錯覚を見たとされるマグダレナすら、出現せるイエズスを園丁だと思った。

かりに一歩を譲って、かかる類の事が一、二の神経過敏の人々にあったとしても、それがこのように相互に関係なき多数の者共に伝染して行ったのは、さらに不可解ではないか。いわんや出現は同時に数多の人々の前で起こり、その間に複雑な動作が出現者によって演ぜられているにおいてをや。それはまた、時間的にもかなり長く継続したと推量せられる。これ等はいずれも、錯覚説には極めて不利な条件である。

否定論者はそれにもかかわらず、あくまでこれ等の記事が主観的には精確でも、単に心理状態の描写で、客観的事実としては全然信をおけぬと主張する。それはしかしながら福音書の歴史性を全然破壊することであり、この点は既に以前に詳論した所であるから、ここでは繰り返さないが、ここに見逃してはならぬのは、この説すら福音書の歴史性を全然度外視しては成立しない点である。新約聖書以外に、出現の事蹟を物語る信憑《しんぴょう》するに足る資料は存在せず、而《しこう》して弟子達が復活せる師を見たという意味が、肉における主を見奉ったという事実を指しているのは到底《とうてい》動かし得ぬ以上、それをその他の意味にいか様《よう》に説明しようとも、いずれも独断的な推察たるを免れ得ないのである。

弟子達は御墓が空虚になったのを発見して、直ちに「主復活し給えり」と断定したのではなかった。彼等の信仰は、主の出現の結果である。しかし一旦《いったん》信じた以上には、御墓の空虚になった事は彼等の信仰の動かすべからざる根拠になった。而《しこう》してこの事実を以て復活を証明すべく、彼等の聴衆に迫った。そうして彼等が卑怯《ひきょう》な追随者から、一朝にして最も勇敢熱烈なる伝道者に変化した精神的の奇蹟が、その主張をますます力あるものにした。彼等の真実に関しては、疑う余地もなかったのである。であるから使徒行録の述ぶるごとく、最初の説教に際して、既に数千人の帰依《きえ》者を出した。そうしてこの伝道的成功は、その後も継続した。この事蹟をも、想像として一蹴《いっしゅう》し去ることができようか。それは初代キリスト教の歴史の全部を抹殺《まっさつ》し去るに等しく、もちろん不可能なことに属する。

聖骸盗難説

御墓の空虚になった事件に関しては、イエズスの御遺骸が盗み去られたとの説によって説明せんとする徒が、当時から既にあった。

「婦人等の去りし折しも番兵の中数人の者等市に至り、有りし事をことごとく司祭長等に告げしかば、彼等は長老等と相集りて協議し、金を多く兵卒等に与えて云いけるは、汝等かく云え、彼の弟子等夜来りて、我等の眠れるうちに彼を盗めりと。この事もし総督に聞えなば、我等彼を説きて汝等を無事ならしめん、と。番兵等金を取りて、云い含められしごとくにしたれば、この談は今日に至るまでもユダヤ人の中に広まれり。」（マテオ聖福音書第二十八章一一—一五）

マテオ聖福音書のこの最後の一節を読んで、私は微笑を禁じ得なかった。マテオの「今日に至るまで」は、実に名言である。そのいわゆる「今日」は、一世紀の中葉より二十世紀の今日にまで続いている。弟子達を復活後の勇敢なる伝道者として認むるを欲せぬ現代の高等批評家は、彼等をイエズス絶息直後の勇敢なる夜盗にしてくれる。前々夜は主を否んで逃亡した意気地《いくじ》なしどもは、ローマ帝国の正規兵の警護を物ともせずに遺骸奪出を敢行し、見事《みごと》成功したのだそうだ。

「翌日、すなわち用意日の次の日、司祭長ファリザイ人等、ピラトの許に集い至りて云いけるは、君よ、我等思い出したり、かの偽者なお存命せし時、我三日の後復活せんと云いしなり。しかれば命じて三日目まで墓を守らせよ、恐らくはその弟子等来りてこれを盗み、死より復活したりと人民に云わん、しからば後の惑いは前よりも甚《はなはだ》しかるべし、と。ピラト彼等に向い、汝等に番兵あり、往きて思うままに守れといいければ、彼等往きて石に封印し、番兵に墓を守らせたり。」（マテオ聖福音書第二十七章六二―六六）

現代のファリザイ人は、今日に至るまでもイエズスの空虚な墓を守り、これに高等批評の封印をして、キリストを岩窟の中に閉じ込め得たと思っている。しかし復活せるイエズスは、その欲するがままに選び給える霊に、光栄の御姿をもって顕《あらわ》れ給う。彼の出現は、イエルザレムやダマスコ門外に限られてはいない。二十世紀の今日においても、市井《しせき》に、街頭に、はた密室に、到る所に出現し給う。我等は今日もなお、主の輝ける御顔に咫尺し奉るのである。かくて地の極みより極《きわ》みに至るまで、世紀より世紀を通じて世々に至るまで「主蘇り給えり、アレルヤ」の歓呼の叫びが、窮まりなく交されるのである。

主理論者の揣摩臆測《しまおくそく》

その他パウルス（Gottlob Paulus, 第九章の「高等批評の変遷」の項参照）以来、ハーゼ（K.

A. von Hase）、サンド（W. Sand）、ガリュオー（R. Galluaud）等によって反復されたイエズス仮死説や、ロアジー（Loisy）の発案——聖骸が十字架より下されるや共同墓地に投げ込まれ、福音書に録されたるごとき御殮葬の事蹟は作り話だとする説、またレヴィル（Albert Réville）が窮余《きゅうよ》の一策として案出した、衆議所議員等が主の御屍を盗んで隠匿《いんとく》したという主張のごときものがあるが、これらの主理論者の揣摩臆測《しまおくそく》は、今日ではほとんど顧られざるに至った。いずれも拙劣《せつれつ》なる事実の曲解であるが、なかんずく最後のレヴィルのごときは、俗にいう「頭かくして尻かくさず」の類である。衆議所議員等が主の聖屍を隠匿したのならば、使徒等の復活信仰を覆《くつがえ》すのは最も容易な業であったといわねばなるまい。事実かくのごとくならば、彼等の「蘇れるイエズス」の説教を根本的に覆す事実が、反対者の掌中に握られていたのではないか。しかるに衆議所は、使徒等の伝道に対して彼等を捕えて威嚇《いかく》する他に、施す策を知らなかった。

「共に評議して云いけるは、彼人々をいかに処分すべきぞ、蓋《けだ》しイエルザレムの人民一同に知れ渡りたる奇蹟は彼等によりて行われ、明白にして我等これを拒むこと能《あた》わず、しかれどその一層民間に弘まらざらんために、彼等を脅して、いかなる人にも再び彼名をもって語ることなからしむべし、とて彼等をよび、一切イエズスの名をもって語りかつ教うる事なかれ、と戒めたり。」（使徒行録第四章一五—一八）

ペトロは問題となった跛者の奇蹟的全癒は「これ我等の主ナザレトのイエズス・キリスト、すなわち汝等がこれを殺し、神がこれを死者の中より復活せしめ給いし者の御名に由《よ》るなり」（同一〇節）と言い張ってやまなかった。果して主の聖骸が衆議所の手によって隠匿せられたとしたら、ペトロのこの放言を沈黙せしむるには、一挙手一投足の労をもって足りたであろう。

復活神話説

かかる小細工《こざいく》では、復活の史実は抹殺《まっさつ》できそうにもない。それで比較宗教学の勃興《ぼっこう》と共に、学術的のまことらしさを装うた、より徹底的な否定説が新たに唱え始められた。それは前に「宗教史学派」以下の項にわたって略説した Religionsgeschichtliche Erklärung の復活問題への応用であるが、要するに異教に先在せる復活信仰が、ユダヤ教との膠合説《シンクレチズム》となって当時の人心に浸潤していたものが、まず初代の信者に暗示を与え、彼等はここにインスピレーションを得て、最初は漠然たる憧憬に過ぎなかったものが、徐々に具体化して詳細なる福音書の記事を編み出し、結局「イエズス蘇れり」の積極的な信仰にまで発展したのだという。浅学余のごとき者もこの説をきいて、第一に復活の信仰の成立する以前にいわゆる「初代の信者」があったのを不審《ふしん》に思う。初代の信者は、「蘇れるイエズス」の信仰故に信者であったのだと思っていたら、いつの間にやら比較宗教学の大家は順序を転倒して、反《かえ》って初代の信者が「蘇れるイエズス」の信仰を我等のために作ってくれたのだと教えてくれる。それならば、十字架上の死によってメシア的期待が消滅したがゆえに、最初のキリスト信者なるものが出来たのであろうか。とにかく試みに斯学《しがく》の大家グンケル（Hermann Gunkel）の説を謹聴してみよう。念のため付記するが、聞くがごとくんばグンケル博士は、この学派中では最も穏健で堅実な博学者であるそうだから、他は推して知るべしである。以下はその著 *Zum religionsgeschichtlichen Verständnis des N.T.*, Göttingen, 1903, S. 76–82 の梗概である。

イエズスは蘇った最初の神様ではない。死して蘇る神の信仰は、主にエジプトに存在したが、バビロニアにもシリアにも、フェニキアにもあった。元来は自然現象を神の生命の異なれる相と看做《みな》したに始ったもので、太陽神や草木の神々は、朝や春に当って蘇生する。これ等の信仰が直接キリストの弟子等に影響を及したと考えるのは、確実ではないが、ユダヤ教の内部にすらこれに類したものがなかったろうか。ヤーヴェの僕について録すあの旧約聖書中の神秘的な部分が、死して蘇るキリストを暗示しなかったろうか。イエズス時代の正統ユダヤ教は勿論《もちろん》かかる類の事は一切認めていなかったにせよ、かかる観念が、特殊の宗派や宗教結社の人達によって、果して懐かれなかったろうか。

かかる臆測をまことらしく思わせるのは、キリストの復活が三日目に行われたという信仰である。しかもそれは、過越祭《すぎこしのまつり》の日曜日の朝であったという。東方諸宗教の信仰では、死せる神には、その表徴する太陽のごとくに、春の朝、日の出と共に蘇るのである。そうしてキリストはなぜ三日目に蘇ったのか。初代の信者達は、もちろん聖書に録された預言に応じてと答えた。しかしこの説明は、事後に発見されたものであることは周知の事実である。三日目が大切なことの説明は、異教信仰の研究によって明らかになる。これは、東方諸宗教では神聖な数と看做されている。ユダヤ教の伝統中でも大切な数である。ヨナは三日三夜魚腹に葬られて救われる。このシンボリズムの起源は、恐らく太陽神話に存するのであろう。混沌《ケーオス》に関する古代神話の遺物らしく思われるダニエルの預言によって見ても、三つと半分（！）は、悪が地上で勝利を得る時期を表している。ヨハネの黙示録中では、あの太陽神話的の若き英雄は龍に打ち勝つ以前に、三時期と半時期の間生い立たねばならぬ。ギリシャ神話では、アポロは生まれてから四日目（三日目がいつの間にか三日半になり、遂に四日目になってしまった！）に、パルナス山上に攀じて大蛇ピトンを平《たい》らげる。要するに三、より精確に云えば三半という数は、悪の力、混沌《こんとん》が善や光明に打ちかつ時期を示す。春に先立つ冬は三カ月半続き、それから太陽が輝き初める。凡《すべ》ての事実から、イエズスの復活に結び付けられた三という神秘的な数を説明できる。そうしてまたイエズス以前に、ユダヤの膠合思想中にキリストの死と復活の信仰の先在したことをも証明する。

何だか狐に魅されたような証明である！

聖書の復活の記事をいかに比較宗教学の色眼鏡《いろめがね》を通じて見ても、そこに太陽神話的のシンボリズムも、春の再来や光明の混沌《こんとん》征服の暗示をも、見出すことは出来ない。三日目ということにも、真に死にきった者が蘇ったのだという以上に、神秘的意義をキリスト教では認めていない。それは漠然《ばくぜん》たる憧憬でもなく、ありの儘《まま》の事実、時間的にすら規定された出来事の肯定で、「未《いま》だ、イエズスが死者の中より復活し給うべし、との聖書を知らざり」（ヨハネ聖福音書第二十章九）し弟子が旧約聖書から採用したシンボリズムではあり得ない。「聖書に応じて」とは、彼等の事後における発見である。「イエズス彼等（エンマウスへ行く二人の弟子）に曰いけるは、嗚呼《ああ》愚かにして預言者等の語りしすべての事を信ずるに心鈍き者よ、キリストはこれ等の苦を受けて而《しこう》して己が光栄に入るべき者ならざりしか、と。かくてモーセおよび諸々の預言者を初め、すべての聖書につきて、己に関する所を彼等に説明し居給いしが」（ルカ聖福音書第二十四章二五―二七）とさえ録されてある。

これ等すべての理由にも増して、前掲比較宗教学者等のいわゆる太陽神の蘇生神話、オシリスやアドニスやアチス神等の伝説と新約聖書の記事との間に、霄壌《しょうじょう》も啻《ただ》ならぬ差違のあることは、ますますこの種の説明の不信用を明らかにする。これらの物語は、神話にふさわしき輪郭《りんかく》の鮮かならぬ寓意的のもので、しかも多くの場合淫猥《いんわい》極まるものである。自然の裡に働く無意識的な、しかし抵抗し難い陰陽の力の交錯葛藤《かっとう》が、奔放な空想のままに描き出されている。一切の根源には一対の男神女神があって、主役を演ずるものは女性である。比較宗教学者等の好んで引用するアチス神のごときは、猥褻《わいせつ》な情事のあわれむべき主人公で、その神話の最も古き形においては、死せざるか、あるいは死しても蘇ったとはされていない（Franz Cumont: *Les religions orientales* を参照せよ）。

かかる神話と、キリストの死と復活と、そもそもいかなる関係があるのか、健全な常識の所有者は諒解に苦しまざるを得ない。新約聖書の復活信仰は、正体の分らぬ神々の寓意的な物語や表徴的な所作ではなく、特定の歴史的人物、ナザレトのイエズス、その名声が全ユダヤとサマリアとガリレアに拡まっていた無数の奇蹟を行った預言者が、その敵の嫉妬《しっと》のため捕えられ、弟子達の面前で磔刑《たっけい》に処せられ（それにはローマの総督のポンシオ・ピラトまでが関連している）、而《しこう》してその死後やがて弟子等は師匠が復活したと自らも信じ、他の多くの人達をも信ぜしめたという Matter of fact なのである。しかも弟子達の信じたのは、理屈や期待や憧憬の結果ではなく、否むべからざる事実に基づいており、その事実の証人として霊的世界征服の雄図を抱くに至ったのみならず、このユートピアとも目さるべきことを実見したという驚天動地《きょうてんどうち》の出来事なのである。前述の宗教学者等はこの比較を忘却してはおらぬか、反省して貰いたいものである。

109

イエズス・キリストが死に給うた後、御肉身と御霊魂とはどうなったか。

イエズス・キリストが死に給うた後、御肉身は岩の墓に葬られ、御霊魂は古聖所に下り給うたのであります。

古聖所へ下り給う

主イエズスが十字架上に死し、かつ葬られ給い、而《しこう》して御墓は三日目の朝、空虚となりしことが発見され、その後弟子達は主が己等に出現し給えりと主張せし物語は、その説明いかんに関せず、何人《なんぴと》も認めるのが至当な事実である。それは単に歴史の問題であって、史料の批判がかかる結論を正しいとするのである。しかしそれは信仰ではない。信仰は如上の史実に即してではあるが、より深き奥義《おうぎ》を我等に示す。この天啓《てんけい》の奥義こそ、上述の史実の真の説明なのである。

人の死とは、その霊魂と肉体との分離であるから、イエズスの御死去も、やはりその肉体が御霊魂から離れたことを意味する。しかし主イエズスにおいては、人としての御霊魂と御肉身とを支持するものは人格ではなく、神格――天主の第二位としてのペルソナ（問答七二―七五参照）であるから、御死去によって、その合一が人性を組織している御霊魂と御肉身とは相離れても、神性はその何《いず》れからも離れず、両者を支持するものは、依然として神の御独子のペルソナであったのである。だから弟子達は、聖骸に対して礼拝を尽すことが出来たし、また御肉体を御墓に葬られ居給う間に、御霊魂は別に古聖所に降り給うことができたのであった。

教皇聖ピウス五世の命によって公にされたトリエント公会議のカテキスムスは、これを次のごとく説明している。

110　古聖所とはどんな所であるか。

古聖所には開闢《かいびやく》以来の善人の霊魂が留まって居た所であります。

古聖所とは何か

古聖所とは、主キリストの御降臨以前に、聖者の霊魂が受け容れられた場所であって、彼等はそこで苦しみを感ずることなく、幸いなる救いの希望に支えられて、平和な生命を楽しんでいたのであった。主キリストが古聖所に下り給いしは、アブラハムの懐にあって救主を翹望《ぎょうぼう》していたこれ等の敬虔《けいけん》な人々の霊魂を救い給うがためであった。主古聖所へ下り給えりというのは、単にその御力と御徳とがそこにまで及んだので、御霊魂は御下りにならぬと解すべきではなく、実際御霊魂そのものが古聖所へ御降臨になったと固く信ずべきである。それに関しては「汝吾が霊を冥府に留め給わじ」(詩篇第十六篇一〇)というダビデの確たる証言がある。

111　なぜイエズス・キリストの御霊魂は古聖所に下り給うたか。
イエズス・キリストの御霊魂の古聖所に下り給うたのは、その霊魂等に罪の贖いの成就したことを告げて、彼等を慰め給うためであります。

古聖所の霊魂慰めらる

たとえキリスト冥府《めいふ》に下り給うといえども、その至上の権能は少しも損われ給わず、またその聖徳の輝きが汚さるるがごときことはない。なぜなればむしろこの御事蹟によって、その聖徳について讃めたたえられし一切の事が真実であり、また御生前あれ程多くの奇蹟によって宣明し給うたごとく、主がまことに神の御子にてましますことが、最も明白に証拠づけられたからである。このことは、キリストと他の人々とが、かの場所に到りし理由を相互に比較すれば、容易に了解し得るところである。すなわち他の凡《すべ》ての人々は皆囚人として下りしに、主はこれに反して死者の中の自由にして勝利を得給いし者として、悪魔を追い散らすために下り給うた。他の人々は、己が罪のために悪魔によって冥府に閉じこめられかつ繫《つな》がれていたのみならず、冥府に下れる他の凡ての人々の中のある者は、最も烈しき刑罰をうけて呵責《かしゃく》せられておったし、他の者等はたとえ苦しみを感ずることなくとも、神の直観を欠けるがために、その期待せる至福なる光栄を仰ぎ望んで安きを得なかったのである。しかるにキリストは、苦しみを受けんがためならで、反って聖者義人をかの幽閉の哀れむべき悩みより救い、彼等に御受難の功徳《くどく》を施し給わんがために下り給うた。さればたとえ冥府に下り給うも、その最上の威厳と権威は少しも損われたのではない。

されば主キリストの下り給えるは、悪魔の獲物を奪い、かの聖祖達およびその他の敬虔《けいけん》なる霊を牢獄より救って、御自らを共に天国へ導き入れ給わんがためであって、主はこれを感嘆すべき、また最も光栄ある方法を以て成就し給うた。すなわち御顔の輝きが囚人等を照らすや否《いな》や、彼等の霊は限りなき歓喜もて満たされ、神の直観に存する至幸の福楽を彼等に与え給うた。ここにおいてか、盗賊に約束し給いし御言葉は成就したのである。「今日汝我と共に楽園に在るべし」（ルカ聖福音書第二十三章四三）と。この信者の救済は、すでに遠き昔において、オゼアがかく預言したところであった。「死よ、われ汝の死たらん、地獄よ、我汝の呵責たらん」（オゼア書第十三章一四）と。また預言者ザカリアが「汝はまた血における汝の契約によりて、水なき坑より汝の囚人を救い出し給えり」（ザカリア書第九章一一）と言えるも、この事を指したのであった。最後に同じ事を、使徒は次の言を以て言い表した。「〔堕落の〕権勢および能力等を剝ぎてあえてこれを擒《とりこ》にし、キリストの御身において公然是等に打ち勝ち給えり。」(コロサイ書第二章一五)

古聖所へ下り給いし理由、この玄義の意義をよりよく了解せんがためには、我等はしばしば次の事を反覆して観念すべきである。凡《すべ》ての信者は――主の御降臨の後に生まれし者のみならず、アダム以後彼に先立って生まれし者も、将来世の終に至る迄生まるる者も――御苦難の功徳によって救われる。であるから、主が死して蘇り給う以前には、天国の門は凡《すべ》ての人に対して閉されてあった。この世を去れる信者の霊魂は、あるいはアブラハムの懐に入るか、あるいは今日といえどもしかあるごとく、浄《きよ》められ果さるべき罪の負目《おいめ》ある者は、煉獄《れんごく》の火によってこれを償っていたのであった。

なおこの他にも、主キリストが冥府《めいふ》に下り給いし理由がある。それは天においても地においても、その御力と権能とが発揮《はっき》さるべきであるから、「イエズスの御名に対しては、天上のもの、地上のもの、地獄のもの、ことごとく膝を屈む」(フィリッピ書第二章一〇)るがためであった。ここにおいてか、誰か神の人類に対する広大なる御慈悲に感奮し、かつ駭《おどろ》かぬ者があろう。主は実に我等のために、啻《ただ》にいと苦しき死を忍び給いしのみならず、地のいと深き底にまで分け入って、己が愛し給える霊をそこより救い出し、福楽に導き入れんと欲し給うたのであった。

112　イエズス・キリストは死に給うたままであるか。
イエズス・キリストは御死去の後、三日目にその預言の通り蘇り給うたのであります。
これを御復活と申します。

御復活の意義

信経の次の部分を説くに教会の主任司祭がいかに努力すべきかを、使徒は次の言葉をもって明らかにしている。「主イエズス・キリストが、わが福音のままに死者の中より復活し給いし事を記憶せよ」（チモテオ後書第二章八）と。パウロがチモテオに命ぜし所は、他の司牧者にも命ぜられるは明らかである。

その信条の意味は、主キリストが金曜日の午後三時に十字架上で息絶え給い、同じ日の夕に弟子達は総督《そうとく》ピラトの許可を得て聖骸を十字架より下し、付近の園の新しき墓に殮り奉りし後、主日に当りし御死去の三日目の昧爽《あさまだき》に、その御霊魂を再び御肉体に合わされ、かくて三日間死してありし者が、死によって去りし生命に復帰し、蘇り給うたということである。

113　イエズス・キリストはどのように蘇り給うたか。
イエズス・キリストは御自分の能力で御霊魂を再び御肉身に合せ、入口の石をとらずに墓より出で給うた。しかる後天使が降って、その石を取り除けたのであります。

主は自ら蘇り給えり

しかし復活という言葉は、他の多くの人々にも起こりしごとく、キリストが死者の中より蘇らされたと解するのでは足りない。彼は己の能力によって復活し給うたので、これは独特なかつ唯一度のみ起こった出来事なのである。自力によって己を死より生命に呼び戻すということは、自然も許さないし、またいかなる人にも恵まれなかったことである。こは唯神の全能にのみ限られた事なることを、我等は使徒の言によって知る。曰く「蓋《けだ》し弱きによりて十字架に釘《くぎづ》けられ給いしかど、神の力によりて活き給えばなり」（コリント後書第十三章四）と。御墓に納められし御肉体からも、また古聖所に下り給いし御霊魂からも決して離れしことなき神の御力は、霊を再び肉に合わさんがために御肉体に内在し、霊が肉に復帰し得んがために御霊魂の裡にもあった。これに由《よ》って自力で再生し、死者の中より蘇り給う事ができたのである。ダビデは聖霊に満たされてこれを次の言もて預言した。「その右の御手と聖なる腕は自らを救い給えり」（詩篇第九十八篇二）と。

また主御自身も口ずから証して宣えらく、「これを再び取らんがために我が生命を棄つ……我はこれを棄つるの権を有し、また再びこれを取るの権を有す」（ヨハネ聖福音書第十章一七―一八）と。

ユダヤ人等に向《うち》っては、御教えの真理なるを証明せんがために「汝等この〔神〕殿を毀《こぼ》て、我三日の中にこれを起こさん」（ヨハネ聖福音書第二章一九）と曰《のたも》うた。彼等は石で立派《りっぱ》に築き上げられた神殿のことと解したが、主は聖霊の言によって、同じ個所に明示されたごとく、己が肉体の神殿を指して曰うたのであった。時として、聖書に主キリストが天父によって蘇らされ給うたと録されたのを読むが（ロマ書第八章三四）、こは人としての彼について言われたのであって、あたかも自らの能力にて蘇り給えりと言うは、神としての彼について言うのであるがごとくである。

キリストは永眠者の初穂

これのみならず、すべての死者の中より自ら第一にこの復活の恩寵《おんちょう》を得給いしは、キリストの特権である。しかるがゆえに、聖書に「死者の中より先んじて生れ給いし」（コロサイ書第一章一八、黙示録第一章五）者と呼ばれ給う。また使徒の録せるごとく「キリストは永眠せる人々の初穂として、死者の中より復活し給いしなり。蓋《けだ》し死は人に由《よ》りて来り、死者の復活もまた人に由《よ》りて来れり。一切の人アダムにおいて死するがごとく、一切の人またキリストにおいて復活すべし。ただし各《おのおの》その順序に従いて、初穂はキリスト、次は降臨の時のキリストのものたる人々」（コリント前書第十五章二〇―二三）である。この言はもちろん完全なる復活――それによりて死の必然より、全く逃れて永生に生まるる復活の意に解さるべきである。この種の復活において、キリストは第一人者である。何となれば、もし再び死すべき必然を伴う生涯に蘇る復活について言わば、キリスト以前に死者の中より蘇れるものは数多くある。彼等は皆、再び死すべき状態に蘇ったのであるが、主キリストはこれに反して、再び死に得ざるべく死を取り除き、かつ征服して、復活し給うた。これ次の証明《あかし》の最も明白に確信するところである。

「キリストは死者の中より復活して最早《もはや》死し給う事なく、死が更に之を司る事なかるべし。」

(ロマ書第六章九)

三日目の意味

また信条に「三日目」と付加されしを、信者は主は全三日間墓中に在《まし》ましたと解さざらんよう説明されなくてはならぬ。全三日間ではないが、一昼夜とその前日と翌日との一部分御墓に殮《おさめ》られ給うたから、真に三日間御墓に在した、また三日目に死者の中より復活し給えりと云われ得るのである。主は御神性を有し給うを明らかにし給わんがために、御復活を世の終りまで延期するを欲し給わなかった。また真に人に在して、真に死し給いしを我等に信ぜしめんがために、御死去の直後ではなく、三日目に復活し給うた。この時間は、御死去の真なるを証明するに充分だと思われる。

御復活は預言の成就

コンスタンチノープル第一公会議の教父等は、さらに「聖書に応じて」とここに追加した。御この使徒によって認められた事を彼等が信条に挿入したのは、同じ使徒が次の言を以て、御復活の玄義が最も重要なるを教えたがためであった。「もしキリスト復活し給わざりしならば、我等の宣教は空《むな》しく、汝等の信仰もまた空しく」、「そは汝等なお罪に在ればなり」（コリント前書第十五章一四、一七）。ゆえにアウグスチヌスはこの信条を讃嘆して曰く「キリスト死し給えりと信ずるは大事にあらず。そは異教徒も、ユダヤ人も、凡《すべ》ての悪人も信ずる所たり。死し給えりとは、何人《なんぴと》も信ずる所なり。キリスト者の信仰はキリストの復活にして、我等復活し給えりと信ずればこそ、これを以て一大事とはすなり」（*In Psal.* CXX, 6）と。さればこそまた主は御復活についてしばしば御物語あり、かつ御復活について語り給うことなしに御受難を弟子等に告げ給いしことほとんどなし。されば人の子に「異邦人に付され、弄《なぶ》られ、辱《はずかし》められ、唾せられ、しかして鞭《むち》ちたる後、彼等これを殺さん」と曰いし後、直《ただ》ちに「而して三日目に復活すべし」（ルカ聖福音書第十八章三二－三三）と終に付け加え給うた。またユダヤ人がその教えをなんらかの徴《しるし》か奇蹟を以て証明するようにと求めた時、「預言者ヨナの徴のほかは徴を与えられじ。すなわちヨナが三日三夜魚の腹に在りしごとく、人の子も三日三夜地の中にあらん」（マテオ聖福音書第十二章三九－四〇）と証言し給うたのであった。

御復活の理由

114　何故イエズス・キリストは蘇り給うたか。

イエズス・キリストの蘇り給うたのは、第一、天主の子たることを明に証拠し、第二、罪の罰たる死を亡し、世の終りに人の蘇るべきを保証し給うためであります。

この信条の力と意義とをよりよく了解するためには、以下三点を研究しかつ識《し》りおくことが大切である。一には何故にキリストは必然復活し給うべかりしか、二には御復活の目的の意義如何、第三にはその結果いかなる恩沢《おんたく》を我等が蒙《こうむ》ったか。

第一の点に関しては、主の御復活は神の正義を示すために必要であった。神に従順に身を屈して一切の侮辱《ぶじょく》を忍び給いし者を、神が光栄あらしめ給いしは最もふさわしきことであって、使徒はフィリッピ人に書き贈って、この理由を挙げている。「自ら謙《へりくだ》りて、死、しかも十字架上の死に至るまで従える者となり給いしなり。このゆえに神もまたこれを最上に挙げて、賜うに一切の名に優れる名を以てし給えり。」(フィリッピ書第二章八―九)

その他我等の信仰――これなくしては人の義の立つ能《あた》わざる信仰を固めんためでもあった。キリストが神の御子に在《まし》ますことの最上の証明は、自らの能力によって死者の中より蘇り給うたことである。我等の希望もまたこれによって養われ、支えられる。キリスト復活し給いしならば、我等もまた復活すべしとの確乎《かっこ》たる希望にたよりうるからである。四肢がその頭の状態に追随《ついずい》するは必然であって、使徒がコリント人およびテサロニケ人に書き贈るに際しても、その論証をかくのごとく結んでいるように見える(コリント前書第十五章一二、テサロニケ前書第四章一二)。また使徒の首領たるペトロによっても「祝すべきかな、我が主イエズス・キリストの父にて在す神、蓋《けだ》しその大いなる憫《あわれ》みに従いて、イエズスの死者の中よりの復活を以て、我等を新たに生れしめて、活ける希望を懐かしめ、天において汝等に備わりたる、屈せず穢《けが》れざるしかも萎《しぼ》まざる世嗣を得させせんとし給う」(ペトロ前書第一章三―四)と。

最後にまた我等の救いと贖罪《しょくざい》との玄義を完《まっと》うされるためにも、主の御復活の必要なりしを教うべきである。キリストはその御死去を以て我等を罪より救い給いしが、御復活によって、罪によって失われたすぐれた宝を我等に取り戻して下さった。これ使徒によって「其は彼我等が罪のために付され、また我等が義とせられんために復活し給いたればなり」（ロマ書第四章二五）といわれた通りである。人類の救いに何物《なにもの》をも不足ならしめざらんがためには、彼の御死去の必要であったごとく、御復活も相当せる事であった。

以上によって主キリストの御復活が、信者に如何《いか》ばかりの恩沢を齎《もたら》せしかを明らかに知ることが出来る。我等は御復活において神は不死であり、光栄にみち、死と悪魔との勝利者であることを認める。それは神についてのみならず、イエズス・キリストについても固く信じかつ告白すべきことであるのだ。

御復活は我等の復活の保証

次に、キリストの復活は我等の肉体の復活の原因ともなった。この玄義の原因であるのみならず、また我等がこれに倣《なろ》うて蘇るべき典型である。我等の肉体の復活に関して、使徒は「死の人に由《よ》りて来り、死者の復活もまた人に由りて来」（コリント前書第十五章二一）ると証言している。神が我等の贖《あがな》いの玄義のために為《な》し給える一切の事を、キリストの人性を通じて成し遂げ給うたがゆえに、その御復活は言わば我等の復活成就の手段である。

また我等の復活の模範なりというは、主キリストの御復活は最も完全なものであり、キリストの御肉体が蘇りて不死の光栄に入り給いしごとく、我等の肉体もまた最初は弱く死すべきものたりしものが、栄光と不死とに飾られて再生するからである。使徒の教えしごとく「我等が卑しき体を変ぜしめ、己が栄光の体に象《かたど》らしめ給う」（フィリッピ書第三章二一）主イエズス・キリストを、我等は翹望《ぎようぼう》している。

この事は、罪の死に陥れる霊魂についてもいい得る。彼等に対して、いかにキリストの御復活が模範たるべきかは、同じ使徒の次の言によって示される。「これキリストが父の光栄をもって死者の中より復活し給いしごとく、我等もまた新しき生命に歩まんためなり。蓋《けだ》し我等は彼に接がれてその死の状態に肖似《あやか》りたれば、その復活にもまた肖似《あやか》るべし」（ロマ書第六章四―五）と。その数語後に曰く「それはキリストは死者の中より復活して最早《もはや》死し給う事なく、死がさらにこれを司る事なかるべしと知ればなり。死せしは罪のためにして一度死し給いたれど、活《い》くるは神のために活き給うなり。かくのごとく汝等も己を、罪には死したるものなれども、神のためにはわが主キリスト・イエズスにおいて活《い》ける者と思え。」（同九―一一）

御復活は我等の新生の模範

キリストの復活には、我等の模範たるべき点が二つある。まず我等は、罪の汚れを洗って新生に入れる後は、善良なる風俗と、無邪気と、聖徳と、慎《つつし》みと、正義と、慈悲と、謙遜《けんそん》とによって卓越せねばならない。次に一度その生涯に入れる以上は、神助により正道を踏み外さぬようやり通すべきである。使徒の言は、キリストの御復活が単に我等の復活の模範として示さるるのみならず、我等に復活する権能を与え、聖徳と正義とに留まり、神の掟《おきて》を守る力と霊とを賜うことを告げる。なぜなれば、我等は御死去によりて罪に死すべき模範を与えらるるのみならず、罪に死する力をも得るごとく、御復活は我等に義とせらるる力を与え、しかる後は敬虔《けいけん》にかつ聖に神を礼拝しつつ、新生――それにまで蘇るところの――に歩むを得せしめる。主が御復活によって、まず第一に成就し給いしは、さきには彼と共に罪とこの世とに死せる我等をして、彼と共に生命の更新と改革にまで蘇らしめ給うことであった。

キリストにおける新生の特徴

この新生の特徴が何であるかは、使徒が次の言によって我等に告げている。
「然《さ》れば汝等、もしキリストと共に復活したるならば、上の事、すなわち神の右にキリストの坐し居給う処の事を求めよ。」（コロサイ書第三章一）
これ生命も、栄誉も、安息も、富貴も、唯キリストの在《ましま》す所にのみ求むる者が、真に彼と共に蘇れるを明らかに示す。さらに「地上の事ならで、上の事を慮《おもんぱか》れ」（同二節）と追加して、我等がキリストと共に蘇りしや否やを検し得る第二の徴《しるし》を示した。あたかも味覚が肉体の健康や容体を示すのが普通であるごとく、すべて真実なるもの、潔《いさぎよ》きもの、正しき事、聖なる事を味い、天上の事の愉悦《ゆえつ》を心の底に感ずるのは、キリスト・イエズスと共に新しき霊の生命に蘇った最大の証拠たり得るのである（Catechismus ex decreto concili tridentini edi-

tus, Pars I, de art. V)。

第十三章　御昇天

第十六課　第六条と第七条

天に昇りて全能の父なる天主の右に坐し、彼所より生ける人と死せる人を審かんために来り給う主を信ず。

115　イエズス・キリストは御復活の後何を為《な》し給うたか。

イエズス・キリストは御復活の後、四十日間たびたび弟子等に現われ、その御復活を証拠し、また聖会のことを教え給うたのであります。

聖書の記事

使徒行録によれば「イエズス御受難の後、多くの徴《しるし》を以て、彼等に己の活《い》きたる事を証明し、四十日の間彼等に現れ、神の国に関して談《かた》り給えり。また共に食しつつ彼等に、イエルザレムを離れずして父の約束を待つべしと命じ……かく曰い果て、彼等の見る中に上げられ給いしが、一叢の雲これを受けて見えざらしめたり。彼等がなお天に昇り往き給うを眺め居たる程に、白衣の人二人たちまち彼等の傍に立ち言いけるは、ガリレア人よ、何ぞ天を仰ぎつつ立てるや、汝等を離れて天に上げられ給いしこのイエズスは、汝等がその天に往き給うを見たるごとく、復《また》かくのごとくにして来り給うべし」（第一章三―一一）と録されてある。

この不思議についても、我等は前掲のカテキズムに由《よ》って、教会の教理の説明を続けよう。近代人は事一度《ひとたび》日常の経験や理屈を離れると、これを歴史的事実として受け入れるのを躊躇《ちゅうちょ》する。そうしてこれを心理的に、もしくは主観的な解釈を通じて、説明したがるのである。それらの事柄は、あまりに彼等の住む形而下の世界とはかけ離れて居るがゆえに、而《しこう》して彼等のせまい体験以外にも何かあるということを認む可《べ》くあまりに唯我独尊《ゆいがどくそん》的（それは批評的という美名に装われているけれども）であるがゆえに、主キリストの御復活およびその後の地上における神秘にみてる御生活については、最もオルソドックス的な権威ある釈明に由《よ》ることが必要であると思う。以下は、前条のごとき重苦しい直訳を離れて、カテキズムス・ロマヌスの要領を摘記したものである。

116　イエズス・キリストは御復活の後、四十日目に何を為し給うたか。

イエズス・キリストは御復活の後四十日目に、オリーブ山から数多の弟子等の前で天に昇り給うた、これを御昇天と申します。

御昇天の意味

昔聖王ダビデが、聖霊に満たされて「諸々の国民よ、手を拍《う》ち喜びの叫びもて神をたたえよ。……神は歓呼の裡に昇り給う」と詩篇（第四十七篇二、六）に録したのは、主の昇天をすべての人々に讃美させるためであった。我等はこの教義を学ぶばかりでなく、主の聖寵によってこれを我等の行の上に現すことを努めなければならない。

第一に我等の信ずべき事は、主イエズス・キリストが我等の救いの大業を完成し給いし後、人として、すなわち御霊魂と御肉身とをもって天に昇り給うたということである。神としてキリストは何処にも在さざる所なきはいうまでもなく、その意味においては御昇天などいうことはあり得ない。御昇天は、あくまでもイエズスの人性についていわれることである。

次に、御復活が主の御自力によってなされたと同様、御昇天も己の能力によってなされた奇蹟である。あたかもラザロの復活のごとき他力の復活が、主の御自力のそれと同一視できぬと同様に、エリアが天に挙げられ（列王記略下第二章一一）、預言者ハバクク（ダニエル書第十四章三五）や執事のフィリッポ（使徒行録第八章三九）が神の力によって空中を運ばれたのと、主の御昇天とは、同一視できない。主は啻《ただ》に自らの神性に具わる神通力を以てしても、昇天し給うた。かかる奇蹟は素《もと》より自然の力を超えた事であるが、至福なる主の霊魂は御肉体を自在に欲する所に運ぶ力を有し、また光栄の裡に復活せる御肉体も、容易に霊の力に従ったのであった。かかる理由によって、我等は人としても神としても、自力で御昇天になったと信ずるのである。

117 父なる天主の右に坐すとは何の意味であるか。

父なる天主の右に坐すとは、天主に右左があるという理由ではない、イエズス・キリストは人としても、天において聖父と共に権力と光栄を得、万物を主宰《つかさど》り給うとの意味であります。

天父の右に坐し給う

「右に坐す」という言葉が、ここでは比喩的に用いられているのは言うまでもないことである。神は霊に在《ましま》すがゆえに、物体に関して用ゆる言葉をそのまま神に当てはめることはできないが、我々人間の感情や行為をかりて、比喩的に真理を言い表す場合が聖書の中にはしばしばあり、これもその一例である。我々の習慣として、己の右に他人を坐せしむるのは、最上の尊敬をその人に払う意味になる。これを移して、主が天国において、人としても一切《いっさい》の被造物の上に位する光栄を得給いしことを、この言葉によって言い表したのである。「坐す」というのも、もちろん肉体の態度を意味するのではなく、イエズス・キリストが父なる神より受け給いし無限の王者的光栄と権威との、確乎《かっこ》不断《ふだん》の把持を表示する語たるに過ぎぬ。

パウロはこの事をエフェゾ書中に「その勢力をキリストにおいて顕し、これを死者の中より復活せしめ、天においてこれを己の右に置き、一切の権勢と能力と勢力と、主権との上、また凡《すべ》て今世のみならず来世にも名づけられて名〔あるもの〕の上に置き給い、万物をその御足の下に服せしめ」（第一章二〇—二二）と録した。この光栄の権能が、ただ主キリストにのみ属するものなるは、「然るにかつて天使等の孰《いず》れに向いてか、「我汝の敵を汝の足台と成らしむるまで我が右に坐せよ」、と曰い」（ヘブレォ書第一章一三）とあるによって明らかである。

118 なぜイエズス・キリストは天に昇り給うたか。

イエズス・キリストが天に昇り給うたのは、第一、御受難の報として人性の上に光栄を得、第二、我等のために住家を備え、第三、聖父の御前に我等の代願者となり、第四、聖会に聖霊を遣し給うためであります。

119 イエズス・キリストは今何処に在すか。

イエズス・キリストは天主として何処にも在すけれども、人としては天国と聖体との中に在すのであります。

御昇天の理由

御托身に始った主の御生涯の玄義は、御昇天においてそのふさわしき結末を見出すのである。神の御独子《ひとりご》が、人性とこれに伴う弱さとミゼールとを己がものとし給うほどの謙遜卑屈《けんそんひくつ》があろうか。しかしまた人性を具うる者として、天に昇って父なる天主の右に坐する以上の光栄と尊貴とがあろうか。地まで下り給いし者が天まで上げられ給うためであって、これは単に主イエズスの栄誉たるのみならず、全人類の光栄である。

この世は、光栄の裡に蘇り給える主の御肉体のふさわしき住家《すみか》ではなかった。かつその尊き御血を以て贖《あがな》い給える王座の支配すべきその国は、この世のものではないことをも、御昇天が示した。永遠の霊的な神の国は、この世の力ある者、富ある者の手の届かぬ所にある。「神はこの世における貧者を選みて信仰に富める者と成らしめ、神が己を愛し奉る人々に約し給いし国の世嗣《よつぎ》たらしめ給いしにあらずや」（ヤコボ書第二章五）。されば我等も未だ地上にありながら、希望をもって天国まで主に御伴《おとも》申し上げねばならぬ。ちょうど御死去と御復活とが我等の霊的更生の模範であったように、御昇天は我等が「地上において己は旅人たり寄留人たり……本国を求むる者」（ヘブレオ書第十一章一三―一四）たり、また「聖徒等と同国民……神の家人」（エフェゾ書第二章一九）たることを悟らしめる。実に「我等の国籍は天に在《あ》」（フィリッピ書第三章二〇）るのである。

聖書に曰く「上に昇りて俘《とりこ》を伴い行き、人々に賜《たまもの》を与え給えり」と。「そもそも昇り給いしは、前に地の低き処まで降り給いしゆえにあらずして何ぞや。降り給いしものは、また万物に充満《みちみ》たんとて、諸《もろもろ》の天の上に昇り給いしものなり。」（エフェゾ書第四章八―一〇、詩篇第六十八篇一九）

これパウロが、主の御昇天によって聖霊の賜が下れるを説いた言である。御昇天後十日目のペンテコステの日に当って、主の霊は使徒等の上に降り、聖会が確立した。かくてヨハネ聖福音書に録された御約束が成就したのである。「我が去るは汝等に利あり、我もし去らずば弁護者は汝等に来るまじきを、去りなば我これを汝等に遣わすべければなり。」（第十六章七）

主はまた天に昇りて「我等のために、神の御目前に謁《まみ》え給い」（ヘブレオ書第九章二四）、天父の前に我等の代願者となり給うた。ヨハネはその第一書簡に曰く「わが小子よ、是等の事を汝等に書き贈るは、汝等が罪を犯さざらんためなり。しかれどももし罪を犯したる者あらば、我等は父の御前に弁護者を有せり。これすなわち義者イエズス・キリストにして、彼は我等が罪の贖《あがな》いにて在《まし》ます。」（第二章一―二）

ひとりよく天父の御心に適《かな》うその愛子《いとしご》を、天における弁護者として有することは、我等にとっていかに力強くまた喜ばしきことであろう。

最後に、主は天において我等のために住家を備えんがためにも、昇り給うた。アダムの原罪以来閉されし天の門を開きて、まず古聖所にありし義人等を父の国に導き入れ給いしは、結局、我等の行くべき道をも開拓し給うたのであった。最後の晩餐の時の御物語に「汝等の心騒ぐべからず、神を信ずれば我をも信ぜよ。わが父の家に住む所多し、しからずば我既に汝等に告げしならん、其は至りて汝等のために処を備えんとすればなり。至りて汝等のために処を備えたる後、再来《また》りて汝等を携え、わが居る処に汝等をも居らしめん。汝等はわが往く処を知り、またその道をも知れり」（ヨハネ聖福音書第十四章一―四）とある。

御昇天の結果

第一に御昇天の玄義は、我等の信仰を完全なものにしてくれる。信仰は見えざるもの、我等の理性の把握《はあく》や了解の程度を超えたものを対象として有つゆえに、万一、主が常に地上に留り給いしならんには、我等の信仰はその功徳《くどく》を失い、「見ずして信ずる者は幸なるかな」という聖書も空《むな》しくなったであろう。

我等の望徳もまた、この玄義によって強められる。イエズス・キリストが人としても天に上りて、神の右に坐し給うを信ずるからには、その体の四肢たる信者なる我等も、いつか我等の頭に合わされ、同じ光栄に与《あずか》り得ようとの強き信頼を懐《いだ》き得るのである。主は御生前、我等のために、「父よ、願くは我に賜いし人々も、わが居る処に我と共ならん事を」（ヨハネ聖福音書第十七章二四）と祈り給うた。

かくのごとく我等の愛着がこの世のものでなくなったのは、やはり御昇天の結果である。「人の心はその宝のある所にあり」とは、よく言ったものである。主イエズス・キリストが今も地上に在したならば、我等は肉における主の御姿を仰ぎ、そのやさしき御交りを求むるに急にして、人としての彼をのみ視、我等の愛情もまた人間的のものたるに止まったであろう。御昇天によって、我等の主に対する愛情も霊化され、神として主を礼拝しかつ愛することが、むしろ容易にされた。これは、使徒等の実例に徴しても明らかである。御在世の頃の彼等の愛着は、ただ人間的のものであったらしく、ひたすらにその恩顧《おんこ》を蒙《こうむ》らんことをのみ冀《ねご》うた。一人は主の右に、他の者はその左に坐せんことを欲した。而して最大のものたらんために、弟子仲間に争いや嫉妬《しっと》があった。さればこそ主は「わが行くは汝等に利あり」と申されたのだ。主行き給わずば、弁護者たる聖霊は彼等に臨まざるべく、この聖霊の賜物《たまもの》たる愛が燃えざれば、彼等の人間的愛着は、純化されまた霊化され得なかったであろう。

御昇天はまた、聖会の成立における一大階梯《かいてい》であったことを忘れてはならない。前掲パウロのエフェゾ書に謂《い》えるごとく、上に昇りて賜を人々に与え給いしは、聖会の成立せんがためであった。地上における神の国たる教会は、聖霊によって指導さるべきであった。主はペトロを教会の頭、使徒の首領として据え給いしも、なお十二使徒の他にも「ある人々を使徒とし、ある人々を預言者とし、ある人々を福音者とし、ある人々を牧師および教師として与え給えり。この聖徒等の完《まっと》うせられ、聖役の営まれ、キリストの体の成立たんためなり」(エフェゾ書第四章一一―一二)。すなわち「我等面々に賜わりたる恩寵《おんちょう》は、キリストの賜いたる量に応ず」(同第四章七) るのである (*Catechismus romanus*, Pars I, de art. VI 参照)。

120　イエズス・キリストは再び天から来給うのであるか。

イエズス・キリストは世の終りに当りて、総《すべ》ての人の善悪を審判《さば》くがため、再び天から来給うのであります。

(世の終りの審判のことは第二十四課にあり)

我等の主イエズス・キリストは、三つの職能をもって我等に対し給う。彼は我等の救主《すくいぬし》であり、天父の前における弁護者であり、而して審判者にても在《まし》ます。主は御受難と御復活とによって救主となり、御昇天によって弁護者となり、最後に世の終りにおける御再臨によって、審判者たり給うのである。

主は末の日に当って、全人類を審《さば》き給う。聖書によれば、主の御降臨に二つあることが明らかである。第一に、聖霊によりて孕《みごも》り、童貞マリアより生まれ給いし時で、第二は世の終りに「それ天に往き給いしごとく、また降り給う」時である。それは聖書中にしばしば「主の日」と呼ばれ、「夜中の盗人のごとくに来」（テサロニケ前書第五章二）り、「その日その時をば何人《なんぴと》も知らず、天使すらも知らず、知り給えるはただ父独りのみ」（マテオ聖福音書第二十四章三六）。而《しこう》して審判の行わるることについては、聖書の無数の箇所の中、次の一句を引証するに止めよう。

「我等皆キリストの法廷において顕れ、あるいは善、あるいは悪、各肉体に在りて為しし所に報いらる。」（コリント後書第五章一〇）

旧約の長き時代を通じて、救主御降誕の日は聖祖等翹望《ぎょうぼう》の的であったごとく、新約の下にある我等は、絶えず警戒しつつ、「福なる希望すなわち、我等の救主にて在す大御神イエズス・キリストの光栄なる公現を待つべき」（チト書第二章一三）である（*op. cit.*, Pars I, de art.

VII init.)。

これ人生の最大肯定なり

内村鑑三氏のキリスト再臨問題にて世論の喧《かまびす》しかりし頃のことである。私は一高等学校教授として、地方に住んでいた。ある日、同僚の倫理学の教授が訪問せられ、私の机上に開かれてあった聖書の頁に適々《たまたま》キリストの御再臨に関する記事のあるのを読んで、私に向い「君は勿論《もちろん》こんな事をそのまま信じているのではなかろうね」と念を押して問うた。私は勿論そのまま信じていると言下に答えたに対して、その人は駭《おどろ》きの色をなした。私は反問した。「貴君は、教室で生徒に倫理学を講ぜらるる時、善は行うべく、悪は避くべし、善は酬《むく》いられ、悪は罰せられると御教えになりませんか」と。彼は然《しか》りと答えた。そこで私は、キリストの再臨という事は、この倫理学の根本原理の絶対的徹底的肯定であって、何人《なんぴと》といえどもこれを認むることなしには、倫理学を教え得ないと逆襲した、この逆説は、ますます彼をまどわしたらしい。彼は自分は進化論者だと称して、議論を避けた。私は進化論という説明的な理論の上に、いかにして倫理という規範的な学が樹立し得らるるかと追究してみたかったが、遠慮して話はそのままに終った。当時の対話を、私は今日ここで再び繰り返して、キリストの死と、復活と、昇天と、その再臨とのドグマの我等の実際生活におよぼす重大なる意味を強調したい。

もしも正義が最後の勝利者でないのならば、而《しこ》して死がすべての終りであるのならば、人間の地上の生活程はかないものはあるまい。有為《うい》転変《てんぺん》の生涯に、刹那《せつな》の快楽や満足を味うても、それは決して人心奥底の要求を充たし得るものではない。またそれだけが我等の欲求を充たしてくれるものであるのならば、人間は何故《なにゆえ》に、一本の骨を相争うてねぶる犬の群のように、浮世の財宝や権勢や肉の快楽を争奪してはいけないのか。キリストの救いの成就という事は、取りも直さず、十字架上の贖《あがな》いによって亡ぼし得ぬいかなる罪悪もないという事である。悪に対する善の絶対優越の肯定である。而して罪の結果たる死すら、復活によって打ち克たるる以上、地上のいかなる不幸も苦も、決定的のものではあり得ないという主張である。パウロが「神を愛する者……には万事共に働きてそのために益あらざるはなし」（ロマ書第八章二八）と断言し得たのは、そのゆえである。世にこれ以上の楽観主義があろうか。

私は頃日、日本の林学界の権威としてその名もかくれなき某博士の御来訪を忝《かたじけの》うし、その教えを受くるの光栄を有した。博士は去るに臨んで、幸福ということについて大いに研究し、一書を著したれば是非一読せよとすすめられしままに、博士の好意によって贈られた小冊子を直ちに拝見してみた。博士は、自分の主張は世の宗教家や学者のいうがごとき大衆の企及し得ざる底《てい》のものではなく、誰でも一読了解実行さえすれば、すぐ幸福になれる道を示した済世救民の福音であるとの御説明であったから、当時私の邸内に脳溢血で病臥中の一実業家に進呈せんと欲して、披見してみたのであった。その病人は、現代日本にありがちな啓蒙的マテリアリストであったので、宗教書は向かず、さりとて気休めの慰問をそのまま受け容れる程お目出度《めでた》き人種にも属していなかったので、某博士のごとき学界に名ある人の著述ならば、多少心を慰め得るかと思ったのである。博士は開巻第一幸福の必要条件を列挙していた。「健康なること……。」私は憮然《ぶぜん》として巻を掩うた。脳溢血の実業家には、現代医学の予見し得る限りでは、健康体にまで回復《かいふく》する希望はなかった！

我等が地上において苦と悩みの裡にありながら、心は常に平和で歓喜にみちているのは、これ実にキリストの霊的王権に対する信仰の賜《たまもの》であって、その肯定たる前述の信条は、死せる観念ではなく、現世における悪と禍とを通じて、善と正義と幸福との決定的勝利への道を示す活ける真理であるのだ。

第十四章　聖　霊

カトリックの信仰生活は、天啓の真理に基づく神への帰依《きえ》に始まるのであって、このキリスト者的生活の根底となる真理は、すなわち信条《ドグマ》である。我等は本講義の前半においてすでに天地の創造主、全能の父なる唯一至上の神について語る所があった（第一章）。さらにその神の内在的生命の啓示なる三位一体の信仰と、その円満無欠の生命への参与たる人間の超自然的生命について、またその超自然的生命の人祖における喪失——原罪——およびその結果として救いの必要をも説明した（第二章—第六章）。次にこの救いの成就者《じょうじゅ》たる人類のメシア、神の御独子、我等の主イエズス・キリストの御生涯と御事業に関しても、詳細に述ぶる所があった（第七章—第八章）。今や二千年の昔カルワリオ丘上に成就した十字架の贖《あがな》いを時空の間を通じて全人類に及ぼして行く神的御計画について、すなわち主キリストの御制定によって成立せる教会についての信条を説明すべき場合となった。

第十七課　第八条

聖　霊

121 御昇天の後何事があったか。
御昇天の後十日目に、イエズス・キリストは御約束の通り、使徒等に聖霊を遣し給うた、これを聖霊降臨と申します。

122 聖霊とは誰であるか。
聖霊とは聖父と聖子から出給う天主の第三位であります。

123 聖霊はどのようにして下り給うたか。
使徒等の集っている所に、俄《にわか》に大風の音がし、聖霊は舌の形の火焰に現れて、各々《おのおの》の上に止まったのであります。

124 使徒等は聖霊からどんな恵をこうむったか。
使徒等が聖霊から蒙った恵は、御教えの旨をよく了解《さと》り、非常な勇気を得、他国の語に通じ、奇蹟を行うなどの恵であります。

125 使徒等は聖霊降臨の後何を為《なし》たか。
使徒等は聖霊降臨の後、国々へ派《わか》れ行き、艱難恥辱《かんなんちじょく》を甘んじて、御教えを弘め、奇蹟をもってこれを証し、終《つい》にみな殉教しました。

126 聖霊は人の霊魂において何をなし給うか。
聖霊は聖寵を以て人を聖ならしめ、これを照し強め給うのであります。

127　聖霊は公教会において何をなし給うか。

聖霊は公教会において世の終りまでこれを司り、また導き給うのであります。

聖霊のはたらき

父なる神は、まずその全能によって我等を創造し給い、ついでその御独子なる天主の第二位の人類の罪に対する贖《あがな》いを嘉納《かのう》し給うた。父と子との愛なる天主の第三位すなわち聖霊は、我等の心にこの救いを実現し給う。父の業と子の贖いとは、聖霊の働きによって我等の裡に完《まっと》うされる。「この奥義は、今聖霊によりて、聖なる使徒等、および預言者等に示され」たのであって、これによって「異邦人が福音をもって、キリスト・イエズスにおいて、共に世《よ》嗣《つぎ》となり、共に一体となり、共に神の約束に与る者となる事」、すなわちキリスト教である。異邦人の使徒パウロは、この神の恩寵の分配の役を己に賜わりたる事を感謝して言う。「我はその福音の役者とせられたり、これ全能の勢力によりて我に賜わりたる神の恩寵の賜《たまもの》なり。すべての聖徒の中において、最も小さき者よりも小さき我に、キリストの究《きわ》め難き富の福音を、異邦人に告ぐる恩寵を賜われり。これ万物を創造し給いたる神において、世の初めより隠れたりし奥義の度《はかり》の如何を、衆人に説明《ときあか》す恩寵にして、神の多方面なる智慧が、教会をもって、天における権勢および能力〔者〕等に知られんため、わが主イエズス・キリストにおいて全うし給える、世々の予定に応ぜんためなり。我等は彼における信仰によりて憚らざる事を得、希望をもって神に近づき奉る事を得」（エフェゾ書第三章七―一二）と。

しこうしてパウロのここに謂《い》う教会とは、「隅《すみ》の首石はすなわちキリスト・イエズスに在《まし》ま し」、使徒と預言者との基礎の上に建てられ、我等も共に「聖霊により、神の住処として共に建てらるる」聖なる神殿であり（同第二章末節）、その信仰は一、洗礼は一、希望も一なること、体も精神も一なるごとく、その裡にありて聖霊の面々に賜いたる恩寵《おんちょう》の量に応じて、ある者は使徒たり福音者たり、他の者は牧師たり教師たり、かくして聖徒等が完《まっと》うせられ、聖役の営まれるキリストの体である（同第四章五―一二）。我等はその教会にありて、信仰によりてキリストを心に宿し、「愛に根ざしかつ基きて、凡ての聖徒と共に、広さ長さ高さ深さの如何《いかん》を識り、また一切の智識を超絶せるキリストの寵愛を識る事を得て、総て神に充満《み》てるもの」（同第三章一七―一九）に満たされるのである。

今やここに教会篇に入るに際し、我等もまた使徒パウロと共に「願わくは我等の中に働ける能力によりて、我等の願う所また知る所を超えて、なお豊かに万事を為し得給えるものに、教会およびキリスト・イエズスにおいて、永遠の世に至るまで光栄あらん事を、アーメン」（同第三章二〇―二一）と祈らざるを得ない。

神は救いを強制し給わず

主イエズスは、人としての地上の御生涯を通じて御教えを説き、その御肉体を十字架に犠《ぎ》牲《せい》として救いを成就し給うた。しこうしてその撰び給える使徒等に命じて「天においても地においても、一切の権能は我に賜われり。ゆえに汝等往《ゆ》きて万民に教え、父と子と聖霊との御名《みな》によりてこれに洗礼を施し、我が汝等に命ぜし事をことごとく守るべく教えよ。然《しか》て我は世の終りまで日々汝等と偕《とも》に居るなり」（マテオ聖福音書第二十八章一八―二〇）と宣《のたも》うた。その福音を「信じかつ洗せらるる人は救われ、信ぜざる人は罪に定められる」（マルコ聖福音書第十六章一六）のである。神の憫《あわれ》みによる救いの提供を受容すると拒否するとは、人々の自由に属する。而《しこう》してその自由の選択の結果も、その人の責任として、それぞれ各人に帰せられるのである。「神は侮られ給うものにあらず、人はその蒔きし所を刈り取る」（ガラチア書第六章七）であろう。「我等キリストと共に死したるならば、また共に活《い》くべし、忍ばばまた彼と共に王と成るべし、我等もし彼を否まば、彼もまた我等を否み給うべし、我等は信ぜざる事ありとも、彼は絶えず真実にて在《まし》ます、そは己に違い給う事能《あた》わざればなり。」（チモテオ後書第二章一一―一三）

かくて信じて永遠の生命に入るのも、否みて終りなき死に陥るのも、人は自由である。救いの各人における実現は、彼が福音に対して如何《いか》なる態度をとるかに存する。アウグスチヌスは遠き昔にこの一大事を簡潔に括約して、「汝なくして汝を創り給いし者は、汝なくして汝を救い給わず」（*Sermo* 169, 13）と言った。救いは理性に目覚めたる者に対しては、ただ拱手《きょうしゅ》してその来るを待つ底《てい》のものではない。神はペルソナとして、ペルソナたる我に対し給う。神がその神格をもって我等に臨み給うごとく、我等も我等の全人格をもってこれに応じなければならぬ。これ実に、全人をあげての死活問題である。キリストのいつくしみは、我等に迫っている。主は我等の門前に立ちて、心の扉を叩き給う。その声をきき、開きて彼を容るる者は幸いなるかな。彼は内に入りて、その人と晩餐を共にし給うであろう（黙示録第三章二〇）。

救いの実現は神人の協力による

人類の救いは、歴史を通じて実現されてゆく。この神的計画が遂行され得んがために、我等はキリストの御苦の欠けたる所を、御体なる教会のために、我等の肉体において補わねばならない（コロサイ書第一章二四）。かく言うは、もちろんキリストの贖いがそれ自身において不完全であるとの意味ではない。神のあわれみが、その充満せる御功徳の分配事業に我等を与《あずか》らして下さるとの謂《い》いである。救いは人間が我儘勝手《わがままかって》に「自分は救われた」と思い込むMind Cureではなく、神と人との不断の人格的交渉によって発展してゆく。

それは神の愛と人間の道徳的努力との交響楽であり、その妙なる調べはカルワリオ丘上に始って以来、いよいよ深くいよいよ広く、全人類をその裡に包括せずんば止まざるべく拡大してゆくのである。我等が罪の裡に生まれたる分際《ぶんざい》もて、かかる神の大業に協力し得るは、素《もと》より恩寵《おんちょう》であって、本性に基づく当然ではなく、我等が真理にありて、愛により、万事につきて頭たる者即ちキリストにおいて、成長せんためである（エフェゾ書第四章一五―一六）。キリストと我等および我等相互が有機的に相結ばれて、キリストの神秘的体たる教会を組織し、「全体に固りかつ整い、各四肢の分量に応ずる働きに従いて、すべての関節の助けをもって相聯り、自ら成長し、愛によりて成立つに至る」（同一六節）ためである。すなわちキリストは聖霊により、我等を通じて、救いを完成し給うのである。

救いの個人主義的解決

我等はここに、カトリックの信仰とプロテスタンチズムとの分岐点を見出す。後者はキリストと我等との関係をただ不可視的、個別的交渉に限らんとし、前者はこの霊的事実が全人類を有機的に団結する可視的、世界的大教会として時空の間に発現する、と主張する。プロテスタンチズムに従えば、各《おのおの》の霊は単独にかつ直接に神より救われるのであり、従ってかかる宗教的存在としての人間は、団体生活を条件とする政治的存在たる社会人とは、その性質が全然相背馳《はいち》する生命を営むものとなる。されば宗教は純主観的の私事であって、本質的にはなんら社会性を有しない。孤立の宗教信者と、共同生活によってのみ完成さるる社会人とは、たまたま両者が具体的には同一人であり得るという以上には、なんら本質上有機的関係を有し得ないのである。かく本質的に己自身において二元的存在に分割さるるプロテスタントの宗教的体験は、主観以外とはなんらの関係なきはずの孤立せる現象とせられ、他者の批判を許さぬと同時に、絶対に一般的妥当性をも欠如する結果、そのいわゆる教えとは、結合の手段なきモナドの集合にすぎざるに至る。

かくのごとき主観の孤島に閉じこめられたこれ等の宗教的ロビンソン・クルーソーの間には、ライプニッツのいわゆる「予定調和」(Harmonie Préétablie) すら見出し得ないのである。従って各の霊が、己だけが神に結ばれるという確信又は意識をもって満足しなければならない。神がかつて人となって地上に降り、その人の人性を通じて人類を教え給うたというキリスト教の根底をなす事実すら、その特別の意義を失ってしまう。なぜなれば、上述の不可視的、個別的の神との関係が成立し得るためには、キリストの托身《たくしん》は必要ではなくなるからである。神の霊が、昔旧約の預言者等に語ったように、単に直接に啓示を垂れ給うに止ったであろうならば、プロテスタンチズムは蓋《けだ》し当《とう》を得ていたかも知れぬ。しかるに、かくまで可視的に地上に己の姿を現し給うた神の御業《みわざ》が、なぜ不可視的なかつ分離的なものになり終ってしまうか。「皆一つならん事を」と天父に祈り給うた愛が、自我の内部には二元的対立を、而《しこう》して自他の間には超えることのできぬ牆壁《しょうへき》と、分立せる主観の対抗と争闘とを産み出すの結果に到着したか。これ実に不可解の謎と言わなければならない。

カトリック的解釈

カトリック主義は、宗教生活における個人主義の正反対である。救いはもちろん各人に神より提供され、各人によって自由に受け容れらるるものである。しかし救いの提供も、その自由なる受容も、単に個人の心の底ばかりで行われる不可視的な私事ではない。キリストは可視的な教会を通じて、相互に有機的に結合さるべき人類の一員に働きかけ給う。我等もまたかかる霊として、これに対して公然たる態度を採る必要に迫られる。それは個人の私事ではなく、我人共に与るべき公事である。従って公然たるべき我等の態度は、公正なる批判の対象となり得るのである。それは一般的に妥当であるべき底の事柄であって、主観の放縦を容るる余地がない。という事は、もちろん自由の否定ではなく、客観的権威をもって迫られる事であればこそ、却って道徳的選択の対象となり得るのである。それは取捨いずれも善とも悪ともつかぬ主観的評価や嗜好《しこう》の問題ではなく、提供された客観的価値を肯定するか否かの問題である。救いは彼我《ひが》の別なき一般的な人間性に基づく要請であるから、人間性を千差万別する具体的特質に累《わずら》わさるることなく、これに対する去就が是非され、これが容れらるる瞬間に、直《ただ》ちに千差万別の個性を包容して大同団結する原則となるのである。

カトリック信者が救いの恩寵《おんちょう》を受け容るるに自由なるは、プロテスタントと撰ぶところがないのみならず、その自由な選択は、より高度に道徳的でありかつ人格的である、と言うべきである。何となれば、全然権威を離れて道徳のあろうはずがなく、また単に自我の一部分や全人類とは切離された我としてする事よりも、自己の全能力をあげて、全人類と連帯責任を帯びたその一員としてする行為の方が、はるかに深く人格的なのは言うまでもない事である。

プロテスタントのいわゆる信仰

プロテスタントのいわゆる信仰とは、単なる自発的の態度もしくは感情であって、本質的に内容を具備したものではない。のみならず、理性はほとんどこれに与《あずか》っていない。それは神への帰依《きえ》又はキリストの贖いに対する信頼であって、キリストがいかなる方であるか、救いとはそもそも何を意味するか等は、二次的の問題なのである。彼にとっては、信仰は信条の承認ではない。大切なのは救われたという意識、かく思い込む事である。一種の宗教的Autosuggestion である。それは決して高度の道徳的自由にも、また深き人格的行為にも属しない。自分の信仰は飽《あ》くまで自分のもので、他人のそれとは関係がないのだから、自ら救われたと思い込んでさえ居れば、信仰箇条の相違のごときはもちろん問題とならぬ。元来が我が心の中の私事で、社会的我の関り知らない事なのであるから、自他の関係を妥当化する一切の可視的制度や教権なぞは、無用の長物である。自分に必要のないものであるから、キリストがそんなものを制定されたはずはない。

さりとて、まさかの時に縋《すが》りつく何物《なにもの》もなくては心細い。であるから多くの場合、単に形式的な教会あるいは聖書だけは保留しておく。形式的教会は本質的の意義を有せず、書籍には口が無いから邪魔《じゃま》にはならぬ。かつ聖書は、自分の都合のいいように解釈し得る便宜《べんぎ》がある。必要に応じて、高等批評に訴えて史実性を拒んでもよし、あるいはそれを楯《たて》に相手を攻撃する材料にもなる。攻防共に有利な武器である。当面の敵は、ただわが自由（主観的なプロテスタンチズムにおいては、主観的な道徳におけると同様、この話は深き道徳的意義を有し得ない）を拘束せんとする権威である。これを主張するカトリック主義である。これに対して聖戦を宣するは、無教会主義者の生命である。個人的な心底の私事をして団結の原理にまで活《い》かす道は、この方策より他にあり得ない。この戦いを中止する瞬間に、内容の貧弱な上に瓦《が》解《かい》の原理を孕《はら》むプロテスタンチズムは、自然崩壊してしまう。カトリックあってのプロテスタントである。古人も、敵なき時は国は亡びると言った。元来自己の信仰に他人の干渉を認めざると共に、他人の信仰にも干渉すまじきはずであった者が、騎虎《きこ》の勢い止みがたく、自己の霊的生命の充実を計るよりは、教権主義の攻撃の方を関心事とせざるを得なくなる。吾人はその矛盾を咎《とが》むるよりは、むしろその窮状に同情して然《しか》るべきである。

教会は御托身の継続

我等は宗教ゆえに人間を孤立させ、浅薄《せんぱく》なる独《ひと》りよがりに陥り、自己矛盾をあえてしながら他を攻撃することに辛《かろ》うじて存在の理由を保つ災厄より免れ得たのを、神に感謝すべきである。キリストは可視的の道を通じて、今も我等に働き続け給うがゆえに、我等もまたこれに対して絶えず可視的にも応対し、また可視的に応対するがゆえに、その態度が常軌《じょうき》を逸せざるや否やの公平な批判が可能になり、その結果カトリック信者は、安心して健全な霊的向上の途を辿り得るのである。かくて真理と愛の一致の裡に、神の国は有形的にも現れ、主はこの有形的に現れた神の国を通じて、救いを豊かに成就し給う。人は自他の救いの協力者たる光栄を得、またその協力ゆえにますます相互に親密に結び付けられる。かくて御托身の玄義は、教会の神秘によって継続されるのである。

その昔、御口より出ずる麗しき喩もてガリレアの群集を教え給いしごとく、また御言により て罪を赦《ゆる》し、悩める心を慰め潔め給い、按手《あんしゅ》によりて霊を降し病を癒し給いしごとく、而《しこう》して最後にその傷つける御手御足と貫かれ給える御側腹とによりて天父への犠牲を全うし給いしごとく、主は今に至るまで可視的の教会をもってその御業《みわざ》を続け給う。聖職制度と秘蹟

により て、人々をキリストの御生命にまで産む神秘的体たる教会は、地上においてキリストの救いを継続すべく全権を委ねられし唯一の団体である。聖、公、一にして使徒伝来なる教会、その頭はキリストにして、キリストの頭は神なる教会、主は一、洗礼も一、主がペトロとその後継者とをもって地上におけるその代理者として定め給いし世界的教会が、すなわちそれである。

教会の本体たるキリスト

カトリック教会は、人間の社会性が自然に産んだ団体ではない。また信者の宗教生活の当然の結果でもない。それはキリストの神秘体であって、その体を活かす霊はキリストの霊そのものであるから、個々の信者が恩寵をうけて、しかる後《のち》に教会が成立したものではなく、却って信者がキリストの恩寵を得るがゆえに、その神秘体たる教会の一員となり得るのである。すなわち論理的順序よりすれば、まず教会が存して、しかる後《のち》にその結果として個々の霊が成聖されるのである。教会の本体はキリスト自身であって、すべての成聖はキリストによるからである。

「信仰は聞くより起こり、聞くはキリストの御言をもってす」(ロマ書第十章一七)。その言を述ぶるものは「父の我を遣わし給いしごとく、我も汝等を遣わすなり」(ヨハネ聖福音書第二十章二一)。「そもそも汝等に聴く人は我に聴き、汝等を軽んずる人は我を軽んじ、我を軽んずる人は我を遣わし給いしものを軽んずるなり」(ルカ聖福音書第十章一六)と主に宣える

「言の役者」である。神の国のひろがるは、啻《ただ》に不可視的の恩寵によるのみならず、この世の畑に種子蒔く人々の宣教による。ただ人間が植えて水を灌ぎし萌芽《ほうが》に「発育を賜いしは神なり」（コリント前書第三章六）。教会は個々の信者に賜わりし恩寵より自然に生い立ちしにもあらず、また自発的に組織立ちしにもあらず、「賜の分配は異なれども霊は同一にて在《まし》す。聖役の分配もまた異なれども主は同一にて在す。作業の分配もまた異なれども、総ての人の中に総ての事を行い給う神は同一にて在す。……今汝等はキリストの身にして、その幾分の肢なり。かくて神は教会においてある人々を置き給うに、第一に使徒等、第二に預言者、第三に教師、次に奇蹟〔を行う人〕、その次に病を医す賜〔を得たる人〕、施《ほどこ》し〔を為す人〕、司る者、他国語を語る者、他国語を通訳する者を置き給えり。」「その身の中に分裂ある事なく、肢の相一致し扶《たす》け合わんがためにして、一つの肢苦しめば諸の肢共に苦しみ、一つの肢尊ばるれば諸の肢共に喜ぶなり。」（コリント前書第十二章）

これ等の言の裡に、神の国たる教会の秩序整然たる結構と生ける発展とが、明示されている。而《しこう》してそれは、積極的な神の聖意に基づく御制定による。この活《い》ける神殿の最初の棟梁《とうりょう》であったペトロが「主は……活ける石にて在せば、汝等これに近づき奉りて、己もまた活ける石のごとく、その上に立てられて霊的家屋となり、聖なる司祭衆となり、イエズス・キリストをもって神の御意に適える霊的犠牲を献ぐる者と成れ」（ペトロ前書第二章四—五）と言えるに対して、同じペトロが一致の印として右の手を与えたる異邦人の使徒パウロもまた、同じ事を述べている。「蓋《けだ》し我等は神の助手にして、汝等は神の耕作地なり、神の建築物なり。我は、賜わりたる神の恩寵に従いて、敏き建築者のごとく基礎を据えしに、他人はその上に建築す、各々《おのおの》いかにしてその上に建築すべきかを慮るべし。そは据えられたる基礎すなわちキリスト・イエズスを除きては、誰も他の基礎を置く事能《あた》わざればなり。」(コリント前書第三章九―一一)

神の国は、主の委任を受けたる建築師によりて活ける石たるキリストの基礎の上に、秩序正しく築き上げられるのである。人はこの真理を認め、神の助手等の権威に従い、活けるキリスト教会の一員として神国建設の一石となるか、しからずんばキリストと使徒等の基礎の上に築かれざる石なるがゆえに、やがて累々《るいるい》たる廃墟の石として横たわるか、二途《と》その一つを撰ばなければならぬ。プロテスタントたり無教会主義たるは、まことに自由である。しかし、それは神に従う自由ではあり得ない。彼等は欲するがままに主張せるその自由の結果を味うであろう。

神中心主義と自我中心主義

そもそも宗教生活の真髄《しんずい》は、神の無限の権威の前に謙遜《けんそん》に跪《ひざまず》くにある。キリスト教の特徴は、人の子として地上に出現し給える活ける神の御独子《ひとりご》イエズス・キリストの霊的主権を認め、イエズスの霊たる聖霊によって成聖され、キリストの生命に与るにある。これすなわち教会の働きであって、神の御独子において神性が人性を通じて世に現れ給いしごとく、教会の本体たるキリストもまたその可視的制度の形で我等に臨み給うことは前述のごとくであるとせば、我等は当然感謝をもってこれに従うべきではないか。肉におけるキリストを認めながらその神秘的体の可視性を否定するは、結局 古《いにしえ》のドケチズム——キリストの肉的存在を否定せし異端に陥るのである。而《しこう》して主の御制定を無視して、彼等の眼前に厳然たるカトリック教会の存在を承認せざらんと欲するは、己の欲する所に従って神の姿を作り出し、これを礼拝せんとする偶像崇拝者たるに過ぎない。彼等が自ら霊的の礼拝者と称して主観の作り出せる神の姿の前に跪く時、実は自我の面影《おもかげ》を偶像崇拝しているにすぎぬことに気付かない。一プロテスタント著述家が「人は神を己の姿に似せて作った——これがすべての既成宗教の真髄である」(P. Göhre: *Der Unbekannte Gott*, Leipzig, 1919, S. 148.) と叫んだそうである。これ実にもっともな事である。プロテスタントたる該著者は、教権を通じて天啓を受けることを知らなかったに相違ない。彼は周囲の人々が自由という曖昧《あいまい》なる美名にかくれて、自己のいわゆる体験のままに銘々《めいめい》勝手な神を説くのにあきれて、この結論に達したのであろう。

かつてシュライエルマッハーが「カトリシズムは個人のキリストとの関係を、彼の教会との関係に依存せしむるに反し、プロテスタンチズムは個人の教会との関係を、彼のキリストとの関係に由《よ》らしむ」と言ったのは正しい。公教信者と新教信者とは、多くの点について共同の信条を持つことができるが、両者の信仰の動機に至っては、全然趣きを異にしている。前者が自らをも人をも誤り得給わぬ神の稜威《みいつ》の前にへり下って、その信条を具体的教権を通じて受け容るるに対し(その教権がキリストによりて制定され、聖霊によりて指導さるる事を承認するがゆえに)、後者の信仰はその形式や内容はいかにもあれ、結局自己の直接批判の結果なのである。その信条は自己の発見したものであり、与えられしままに受け容れたものではない。またそうなくてはならぬものである。

その際重要なのは、信条そのものよりも、彼がいかにしてそれに到達せしかの過程、および彼がいかにこれを信ずるかの態度である。彼は、神が真理はかくかくなるぞと権威をもって示し給うことを欲しない。彼はレッシングのごとく「神もし右の手に全真理を持ち、その左手にはただ一つ絶えて已《や》むなき真理欲、しかも永劫に迷うべしとの条件のつけるを持しつつ、余に告げて選べといい給うならば、余は跪いて神の左手をとらえていうであろう。父よ、これを与えよ。真理そのものは、げに汝のみのものであるから」と言う。キリストが救いの道を教えるために地上に出現し給いし事は、いつしか忘却している。かかる態度は、それ自身においてプロテスタンチズムの似而非《えせ》謙遜を——かくれたる傲慢《ごうまん》を最もよく表している。

もちろん私はここに個々のプロテスタント信者についてこれを言うつもりではない。彼等の理論を批判しているのである。私は幸いにして、プロテスタンチズムよりの改宗者によって伝えらるるがごとき、いやな事実を実見したことがない。私の知るプロテスタントは、カトリックに対する偏見あるいは意識せざる無智と、驚くべき論理的思索の欠乏（もっとも徹底的に反省する者が永く満足せるプロテスタントたることは困難な事であろう）とを除けば、皆人間的に尊敬に値する人達ばかりである。私の見るところでは、彼等の多くは以上のごとき文句を引用したり、あるいはそれに類する態度をとる時、決してその意義についての深き自覚に基づいてするのではなく、しばしば哲学的偏見に支配されて、真理の捕捉における深さの問題を考えぬためか、又は無反省にも煩悶《はんもん》ということが何となくえらそうな事に感ずるためか、あるいは事実真理を捕えていないからそう言うより他に途《みち》がないためか、はなはだしきに至っては単に高壇より何人かによってかく叫ばれたのをきいたとか、何かの本で偶然それを読んだがためであるにすぎない。

しかしたとえばヴィネ（Vinet）が極めて率直に告白しているように「プロテスタンチズムは、余にとりては出発点にすぎない。自分の宗教はその彼岸にある。余はプロテスタントとしてカトリック的の説を奉ずることも可能であるし、又現にかかる二、三の説を奉じておらぬと誰か知ろう。しかし余の絶対に排斥《はいせき》するものは、すなわち権威である」（*Littérature au XVIIe siècle*, t. III, p. 392）との明確な主張を有する者も、少数はあるであろう。この告白は、実にプロテスタントの真髄《しんずい》に触れている。その他のいわゆる新教の諸相は、ことごとくここにその源を発している。この立脚点から見る時に、始めてプロテスタントとカトリックとの教義上の相違や、新教の個人主義や、主観に基づく際限《さいげん》もない分裂の深淵、特に最後に現れる唯物主義と無信仰とへの推移が、一原則の首尾一貫せる当然なる発展として理解され得るであろう。

自我中心主義はルターに始まる

人あるいは、かかる傾向がいわゆる宗教改革の開祖等によって是認されるだろうかと反問するかも知れないが、試みにルターの主張の変遷などを点検してみれば、この点に関して頗《すこぶ》る暗示にとむ幾多の事実を発見するに至るであろう。ルターが一五一三年に贖宥問題《インダルゼンス》に関して始めてプロテストした時は、その宣布が適《たまたま》アウグスチニヤン教団の競争者たるドミニカンに托せられたのが因をなして、贖宥《しょくゆう》の乱用に反対したに止った。しかし彼は間もなく、贖宥そのものに反対し、その結果、善業の意味をも否定するに至った。その時は、それでも未だローマ教会の教権を拒んだのではなく、法王に訴えると称したのであるが、一五二三年に退けらるるや、法王に対して公会議に訴えると称し、さらに公会議の権威をも否定して、ついに天啓の源としてはただ聖霊の個人的インスピレーションによる聖書の解釈を認むるのみとなった。

かくてすべての信者が司祭となり、聖職制度はもちろんのこと、教会の可視性、秘蹟の意義等は相次いで否定されて行ったが、後年カルヴァンがジュネーヴで組織的に遂行した事の前駆をなして、アナバプチスト等に対しては再び教会の可視性を主張したのは面白い矛盾である。それは恐らく現代のプロテスタント諸教会と無教会主義という教会との、反目の前表であったかも知れぬ。とにかくこれ等のルターの変説が、常に教権に反抗して、自己の宗教的体験に即して行われた。あるいは事実然らずとも、少なくもルター自身はかく主張したという歴史は、先に述べたプロテスタンチズムの真髄とも称すべき二点、教権の排斥と信仰の規準としての宗教的体験とが、最初から宗教改革の基調をなした事を証明している。

純体験主義への推移とその矛盾

ウィリアム・ジェイムズがその著『宗教的体験』の中に、「内面生活の方向に発達した結果、キリスト教はますますこの救いの内的危機に重きを置くに至った。ローマよりルターへ、而《しこう》してカルヴァンへ、またカルヴァン主義よりウェスレーへ、さらにメソジスト主義よりついに純粋のいわゆる自由主義に至るまで、それがMind Cure式のものであるなしにかかわらず、これ等の異なれる次々のキリスト教のすべての形式において……我等は直接的な霊的救済の観念に向っての不断の進歩を認めることができる。而《しこう》してこの直接的な霊的救済の体験は、教義的背景(Appareil doctrinal)や宥《なだ》めの祭式なぞとは無関係に、平衡を失った個人が経験するところのものなのである」(仏訳一七九頁)と録しているのは、ルター以来のプロテスタンチズムの変遷を適当に要約したものと言ってよかろう。もちろん最後の「教義的背景とは無関係に」という語は、精確ではない。宗教的体験は、それが何であっても、必ず教義的背景なしには存在しないものである。ルター以来その流れを汲むものは、彼がカルヴァン教徒であっても、メソジストやヤンセン派に属しても、ここにいわゆる直接的救済は、必ず彼等の有する恩寵や神の前における義、又は予定《プレデスチネーション》説の観念によって説明される。これは体験的プロテスタンチズムに内在する矛盾に基づくのであって、いくら信仰は真理の承認ではなく神への人格的信頼だとか、愛の関係(智的要素を除外せる人格的関係もあり得ると見える)であると定義しても、少なくもその体験する神とは何ぞや、キリストはいかなる方か、神の前における我は何者か等の教義的背景なしに、上述の関係が成立するはずはない。それだから体験主義の無教会論者が、聖書に示すままのキリストを認めないとて仲間のプロテスタント教会を非難したり、カトリック主義の攻撃に「聖霊か教権か」なぞいう論文（?）を書くに至るのである。

かりに無神論者でも、唯理論者ないし唯物論者でも、上述の人格的信頼や愛の関係が可能であるならば、救いはキリスト教によらねばならぬ理由は消滅してしまう。また信仰が全然真理の承認とは無関係な事柄ならば、聖書の示すままのキリストを認めても認めなくても、あるいは教権を主張してもしなくても、かかる教義的問題はどうでもよいはずである。しかるに一生懸命に破邪顕正《はじやけんしよう》の筆を振うのは、聖書に示すままのキリストを信ぜず、教権を承認しては神への人格的信頼も愛の関係も不可能となると信ずるから――結局信仰と教義とは離すことができぬから――かかる不信頑迷《がんめい》の徒の蒙《もう》を啓《ひら》かんとして、論難大いに努めるのではあるまいか。

カトリック教会が主張するように、単に使徒信経の承認が信仰なら、クリスチャンより悪魔の方が善く信じかつ知っているというがごとき論法は、第一カトリック教会の主張として掲げらるる前提が不精確であるのみならず、第二には「信仰のみによって義とせらるる」と主張する新教教会に対して、特に「信仰のみ」とルターが故意にか誤ってか、聖書を誤訳したのが真に天祐《てんゆう》であると信ずる人達に対しては完全に有効であるが、カトリック教会に対する非難としては何の意味をもなさない。

ルターによっては藁の書簡と貶せられたが、カトリック教会によって、ロマ書と同じく新約の正典に数えらるるヤコボ書は、夙《つと》にこれに答えている。曰く、

「汝は神の唯一にて在す事を信ず、その為す所や宜し、悪魔も信じて戦慄《おのの》くなりと。空なる人よ、行いなき信仰の死したるものなるを知らん事を欲するか、わが父アブラハムは、祭壇の上にその子イザアクを献げて、行いによりて義とせられしにあらずや。信仰が彼の行いと共に働きし事と、行いによりて信仰の全《まっと》うせられし事とは、汝の見る所なり。而《しこう》して聖書に「アブラハム神を信じたり、かくてこの事義として彼に帰せられたり」と在ること成就し、彼は神の愛人とせられたり。人の義とせらるるは、唯信仰のみに由《よ》らずして行いに由るを見ずや。これと等しく娼婦ラハブも、使い等を承けて外の道より去らしめ、行いによりて義とせられしにあらずや。蓋《けだ》し霊なき肉体の死せるがごとく、行いなき信仰もまた死せるなり。」(ヤコボ書第二章一九—二六)

すべてかくのごとき誤解や矛盾は、信仰と信頼、および信頼そのものと信頼の感情もしくは意識とを混同するより生ずるのであって、特に現代人にあっては、この種の考え方の背後には、少なくも無意識的に近代哲学の主観主義が潜在していてこれに禍されているのである。かかる傾向の実例は、カトリックの信仰は「信条の Fürwahrhalten である」という定義のプロテスタント的説明の裡にも見出される。主観的認識論に立脚する彼等は、ここにいう wahr「真の」義を、自ら単なる観念的真——主観が真と看做《みな》すの意味に解して、客観的実在の把握の意には解し得ない。だから神の存在を Fürwahrhalten するとは、単に「神在りと思惟しまた想像するだけの事」と考える。従って自分の誤解には気付かずに「教理だけで、何故真理を伝え得ないか。それは、活ける真理を死せる型の裡に独占しようとするからである。信仰箇条中に封ぜらるる時、何故宗教に生命がなくなるか。それは活ける宗教真理を、死せる固定箇条中に監禁し、信仰の自由な生長を阻止するからである」（三谷隆正氏著『信仰の論理』一〇七、一三〇―一三一頁参照）というような結論になる。

他の信仰に関してはいざ知らず、かかる見方はレアリズムに立脚するカトリック思想を表現するには最も不適当であって、真相を誤解せしむることははなはだしきものである。いわゆる福音主義の理論なるものが、その後仮面を剝げば結局主観主義の粗野な哲学にすぎないことに、世人はあまり気付かない。後に正銘なカトリック信仰観――それは教会観とも切り離せぬものである――を述べるに先だち、宗教革命に淵源する自己中心主義の信仰観が、現代思潮においていかなるものになり終ったかを述べることは、日本の福音主義者等のよき参考となるであろうと思う（この点に関しては岩波講座「世界思潮」中の拙稿「中世世界観」の一章を参照せられたし）。

カルヴァンの反動的客観主義

現代のプロテスタントのある一部にも現に起こりつつあるごとく、宗教革命の当初から主観主義の混乱に疲れて、これを埒《らち》内に拘禁《こうきん》せんとする努力は常に存在したのである。ルターの爆発的プロテスタンチズムを、ラテン民族的に秩序づけんとしたのがカルヴァンであった。しかし己の独裁的権威の下にジュネーヴに神政を布いて市民の絶対服従を強い、いわゆる個別的見解（Opinions Particulières）に対しては火刑に訴うることすら辞さなかったフランスの改革家は、ゲルマン民族的の個人主義を徹底的に防遏《ぼうあつ》し得たのであろうか。自己の聖書の解釈をもってカトリックの伝統に代え、己の個人的権威を法王とカトリック教会の教権とに替えたのは、たまたま個人主義の恐るべき適用の一面を示したにすぎない。かかる実例は、現代日本のプロテスタント中にも見受けられる。たとえカルヴァンの不退転の意志が一時的強制を成就したとしても、ローマの教権に対して反抗したその同じ力が、個人的権威に対して反逆するに至るべきは見易《やす》き理であった。いわんや彼の教説自身が、少なからぬ矛盾を包括していたにおいてをや。

すなわち一方内心の聖霊の証しが説かれたと共に、個別的見解を許容せざる可視的の教会制度があった。恩寵《おんちょう》は失い得ぬものであり、救いは自己の救済予定の確信――これはもちろん主観的なものである――と不可離的に結び付けられていた。ここにも神の絶対無規範の意志が、人間の自由を事実無意義なものにしている。もっともカルヴァンは善業《よきわざ》をもって信者が自己の救済予定を信ずる一つの根拠たる意味でこれを肯定はしたが、もとよりかかる見解は、一種の Petitio Principii である。かくルターもカルヴァンも人間の道徳的自由を否定したにかかわらず、その後を追うと自称する現代のプロテスタントが頻《しき》りに道徳を云々し、然《しか》る上に道徳的自由とは考え得られぬ（何となれば客観的権威を排斥するがゆえに）、いわゆる「信仰の自由」――それは結局自分の都合のいいように考えるという宗教上の Freigeisterei にすぎない――を、道徳的自由でもあるかのごとく主張し、特にこの点をもってカトリック主義攻撃の具とせんとするに至っては、彼等の思想的混乱が、いかに収拾すべからざる程度にまで達しているかを思わしめる。

新教の帰着点は自由思想

プロテスタンチズムはその次々の変遷《へんせん》を、本質的なものとして説明せんと欲する。而《しこう》してこの説明には、二つの段階があるのである。第一段は、論理と実際との両方面から彼等の主張が結局種々の弊害《へいがい》を生むべきことを指摘さるるに対して、まずかかる結果が決して生じないと抗弁する。第二段は、事実最初の予見が的中するや、その真相を直視するを避けて、反対者が弊害と呼ぶ所をもって、反って望ましき事であると言う。たとえば、聖書の示すままのキリストを信ぜぬクリスチャンを攻撃するプロテスタントに、プロテスタントの信仰の不統一を理論と実際とから示すと、信仰は聖霊によるのだから、もし統一が必要ならば、聖霊自身がこれをなし給うであろう。聖霊は稲荷《いなり》様を信ぜよとは宣わぬから、信仰の統一問題なぞは杞憂《きゆう》に属する。たまたまあるクリスチャンが稲荷様を信じても、それでよいではないか。各人各一の信仰こそ、真の信仰だという類である（『聖書之研究』三三四号、一四頁を見よ）。

以前はカトリックもプロテスタントも、キリスト教の真理は不変であるという主張において一致した。そうして変化したのはカトリック側で、新教はその実、原始教会を復興した旧教にすぎぬと主張された。ところが歴史的研究がこの主張を困難なものにした時（もっとも、畔上賢造氏の原始教会論によれば、ペトロもヨハネもパウロも、現代日本の無教会主義者のような平信徒であったのだそうである）、彼等は臆面《おくめん》もなく変化はプロテスタンチズムの本質であると変説した。但《ただ》し、この変説に対しては、吾人は少しも異存はない。それはただ、拒み難き事実の承認にすぎない。以下読者の参考までに、徹底した外国のプロテスタントの言説の二、三をここに紹介して、無教会論者が万一首尾一貫しようと思えば当然辿らねばならぬ方向を示しておこう。

昔は宗教の価値判断の規準は、その制度や教義の不変性に存した。プロテスタンチズムの変化を示すことは、偉い人達にとって、その撤回すべからざる宣告であった。……しかるに事実はこれに反して、生命のある処には常に進化があり、運動があり、有機的変化がある。(J. Réville; *Le Protestantisme libéral*, p. 23.)

というのではまだ不鮮明であるならば、フランスの教育界にかくれもなき新教徒ビュイソン(Buisson)の言うところをきこう。

その一般的精神や原動力的な方法についてのみ云えば、二種のプロテスタンチズムが可能である。そして歴史は実際、絶えず相争うて並行的に発展したこの二つの形を示す。一つは宗教改革をもって将来継続さるべき運動の起点となし、他は経ざるを得ざりし、しかしながらそれを超えてはならぬ過程の終点となす。進歩的のプロテスタンチズムは、動かなくなったところの、すなわち退歩するプロテスタンチズムに絶えざる不安の基となっている。

前者は無制限に「主理的自由主義を実行する」もので、後者は「潜在的、骨抜きカトリック主義」にすぎない。

この二つの道の何《いず》れかを、我等プロテスタントは選択せねばならない。余の選択は夙《つと》になされている。……余にとっては、自覚し徹底せるプロテスタンチズムは、自由思想（libre pensée）の方法そのものの最初の応用にすぎない。而《しこう》して哲学体系と同じく、宗教観の分類さるるのは、その方法によってである。世人は時として、プロテスタンチズムは自由思想に行きつくと云うが、それどころか、そはもはや自由思想そのものである。少なくもしかあり得るのである。その暗黙状態である。自分の行為を理由づけ、己の心的状態について反省するプロテスタントは、一切の外部的権威、一切の教義的または歴史的アプリオリを拒否し、また苦もなく、その大小を問わず、あらゆる超自然的なもののみならず、理性を通ずる以外のすべての絶対なものもしくは絶対者のいわゆる啓示を、排斥する人である。しからば、乞う、何《いず》れの点においてか自由思想家は、このプロテスタントよりも解放された人間であるかを示せ。(*Libre Pensée et Protestantisme libéral*, par F. Buisson et Ch. Wagner, Paris, 1903, p. 15.)

果してしからば、我等も歴史家ガブリエル・モノ（Gabriel Monod）の言をもって結論しよう。

プロテスタンチズムは自由思想の宗教的形式に現れた聯系または蒐集にすぎない。（*Revue Historique*, mai 1892, p. 130.）

フランスの諺に「崇高より滑稽への距離は唯一歩」（Du sublime au ridicule, il n'y a qu'un pas）という。自ら警《いまし》めずんば、いわゆる聖霊と自由思想との距離も、決してそれ以上に遠くはないであろう。

いわゆる「霊の宗教」

かくのごとく一切の外的権威より解放されたキリスト教こそ、将来の「霊の宗教」（Sabatier; *Les religions d'autorité et la religion de l'esprit*, Paris, 1903）であるのだそうだ。以下少しくこの新しきキリスト教の預言者等の言を傾聴してみよう。

サバチエによれば、キリスト教は本質的に一切の教権制度、少なくも神的使命を被せられた権威とは、相容れぬものである。

ここに「少なくも」というのは、個人的のインスピレーションが他の人々を教うる使命を有する指導者を興すことは、認めるからである。しかしかかる権威は一時的なもので、教育的価値を有するに止るから、子供や愚夫愚婦には通用するが、自覚した成年者には無意義である。今日までキリスト教のとった権威主義の諸相は、その歴史の最初の段階を形成するに止り、実は古代宗教の残喘《ざんぜん》を保つにすぎない。すなわちカトリック主義は偶像教の残骸《ざんがい》で、正統プロテスタントはパリサイ主義の延長であるそうだ。（日本の正統信仰を維持する無教会主義者から、カトリック教会はパリサイ主義だと聞かされていたのに、これはまた何という皮肉だろう。）しかし将来は、個人的信仰に基づく自由の宗教たる霊の宗教に属する。それは純粋に霊的なもので、そこに認められる権威は、純粋に内部的な神のそれの他には何物《なにもの》もない。一切の外的権威は一時的のものたるべきであるから、聖書の権威なぞいうことも、素《もと》より時代後《おく》れの正統プロテスタントの迷妄《めいもう》である。この点に関しては、たとえそれは福音の世俗化にすぎぬにせよ、カトリックの教会の方が論理一貫していると看做《みな》される。教権の排斥の結果たる正統信仰の瓦解《がかい》、特にキリスト神性の否定等に対しては、これをも正当なりとする理論が新たに作成された。このいわゆる Symbolo-Fidéisme によれば、信仰は本来信仰箇条の承認ではなく、「神に心を捧ぐること、われらの要求を充たし給う天父への子供らしき信頼」を意味する道徳的態度を採ることである。（Ménégoz; *Publications diverses sur le fidéisme et son applicat on à l'enseignement chrétien traditionnel*, t. I, p. 171.）

もちろん自己の信仰を思惟するためには智的形式が必要ではあるが、それは第二義的の要素で、あってもなくても差《さ》し支《つか》えないものである。それだから、一定の時代の特殊の環境において用いられる観念によって表現するの他に途《みち》なき教義は、当然相対的であり一時的であるから、変化し得べきもの、約言すれば表徴《シンボル》にすぎない。これ伝統的信条に対する同情ある尊敬と、その文字通りの意味を拒否する絶対的自由とを、矛盾なしに主張し得る理由である。従って、あらゆるドグマに対する独立と、初代キリスト教徒の心を感激に満たしたあの根本的な感情に対する忠誠とは、両立し得るとなすのである。

原始キリスト教の主観的解釈

しからばかかる見解が、福音とキリスト教の過去の歴史と果して調和し得るかが、次の問題である。自由神学派の学者等が、渾身《こんしん》の努力を吝《おし》まなかったのはここである。ハルナックの「キリスト教の真髄」（Das Wesen des Christentums, 一八九九年から翌年へかけての冬学期にベルリン大学でした十六回の講演）のごときは、この歴史的コンストルクチオンの最もよき通俗的標本である。第一の源に溯《さかのぼ》ってこれ等の所説を吟味する労を採らぬか、あるいはその能力なき日本の新教学者の多くは、この種の著述の動機や傾向に頓著《とんちゃく》なく、同種類の学説の間の相違や矛盾によって反省を促されることすらなしに、あたかもそれらの内容がすべてそのまま史実であって、主観的な解釈を含まぬ一種の史料の蒐集ででもあるかのごとく、自説の弁護のために都合よき節々を得々として引用している。その適例としては、三谷隆正君の論文「宗教と法律」、特にその一章「教会の法律化」のごときものがある。（この論文は最初社会経済大系第四巻中に公けにせられ、後に同氏著『国家哲学』に収録された。）私の尊敬する篤学者たる氏にして、すでにかくのごとしとせば、他は推して知るべきのみ。これは後日、直接批評するつもりであるから、特にここに読者の注意をひいておく次第である。

とにかくこの種の歴史的コンストルクチオンの梗概を述べてみると、大体可視的の宗教団体たる教会の設立なぞは、キリストの考えなかったところであるそうだ。もっともその理由とするところは、人によって異なる。終末派はキリストが世の終りの近きを信じたからといい、歴史派は天父への信頼を説いたに止るからと説明する（第九章の「終末派の反動」の項参照）。

それにもかかわらず教会が事実成立したのは、事情が然《しか》らしめたのである。最初は聖霊の賜を与えられ、愛の絆で結ばれてはいたが、まだ聖職制度を持たなかった兄弟等の集団であったものが、必要に迫られてまず長老（Presbiteroi）と呼ばれた主《おも》だった者が選ばれ、事務が繁雑《はんざつ》になるに従って、これに執筆職が加えられた。後に至ってパウロの影響の下に、各地の兄弟等の集団は相互にキリストの神秘的体の肢であるとの考えを懐くようになり、そこで始めて教会（Ecclesia）なるものが成立した。この密接な精神的一致は、自ら可視的統一として現るるに至り、その最初の中心はイエルザレムであったが、後には自然に帝国の首府たりしローマがこれに代った。その後グノーシズムやモンタヌスの異端なぞの生ずるに及んで、信仰の規準を必要とするに至り、伝統的信仰の擁護者たる監督（Episcopoi）の権威が認められてきた。この発展は二世紀の末葉には既に完成された事実であったが、その後ローマの監督は地の利を得ていたために次第に他の監督に対する優位を獲得し、ここに法王制度が出現した結果、福音は変質してカトリック教会となった。我等は一日も速かにかくのごとき人間的起源を有する教権の支配を脱して、イエズスの精神に則って直接に神を拝せねばならぬ、というのである。

日本の無教会主義者の矛盾

以上読者の倦怠《けんたい》を顧《かえり》みず、あまり面白くもなき引用を重ねてきたのは、近来頻《しき》りにカトリック攻撃に腐心している日本の無教会主義者等の極めて興味ある、しかしながら矛盾にみちた特殊の立場を明らかにし、彼等の反対論を材料にして質問に来られる研究者の参考に供せんがためである。またこの叙述によって、カトリックとプロテスタントとの間を彷徨《ほうこう》する多くの求道者に、双方の主張を明らかにすることができよう。聖公会や正教会については後に述べる機会があろうが、ここで特に読者の注意を促したいのは、日本の無教会主義者等が、偶然にかあるいは意識的にか、信仰の本質、教会の由来、個人的体験主義等の諸点については泰西の自由派に追随しながら、ひとり信仰内容に至っては頗《すこぶ》る正統的であり、権威に対して反抗しながら聖書主義なる点である。もっとも聖書の権威に関しては旗幟《きし》は必ずしも鮮明ではない。

この点については、読者自ら塚本氏の高等批評に対する曖昧《あいまい》な態度(「聖書之研究」三三〇号、一〇—一三頁、三三四号、二〇二—二〇三頁)や、黒崎幸吉氏の興味ある自己告白(「永遠の生命」三六号、四四—五〇頁および同誌四一号、二一六—二一七頁)等を参照せられよ。これは理論的にはたしかに矛盾であり、自我のこの二元的分裂に甘んずることが出来ぬ徹底家には躓きではあるけれども、私はこの矛盾が彼等を自由思想家にせず、これあるにもかかわらず、キリスト教の積極的信仰が固持せらるる点を面白く思う。而して実際的にはよき感化を及ぼしつつあるこの積極的要素が、いつ迄も消滅せざらんことを祈るものである。その限りにおいて彼等の矛盾は、既に事実しかあるごとく、真面目に考うる人士を、より積極的なるものへと導かずには措《お》かぬであろうから。

彼等のカトリック攻撃は、たまたま思慮ある者をしてカトリックに対する興味を喚起し、その真相を知らんと欲する者を輩出せしめた。往昔《おうせき》の迫害が、信者を各地に分散せしむることによりキリスト教伝播《でんぱ》の因を作りしにも似て、実に感謝すべき摂理である。私は彼等がますます徹底的にカトリック攻撃に努力せん事を冀《ねが》ってやまぬ。それによって彼等の思い違いと、その立場に内在する矛盾とが、ますます明白に意識されてくるであろう。聖書の主観的解釈になれた彼等は、多くの場合カトリック信条をも我田引水《がでんいんすい》的に解釈して、自ら作れる藁《わら》人形相手に一所懸命に戦争をしている。誠に御苦労千万である。だから「カトリックにならぬ理由」が、その実、カトリックにならぬ理由にならぬことすらある。カトリックの真相を知ることは、それ程困難な事業ではない。我々は主観主義でも個人主義でもないのだから、私だけの信仰だなぞいう便利な逃避法は持ち合せぬ。

例えば Denzinger-Brannwart: *Enchiridion Symbolorum* でも購って、巻末の至れり尽《つく》せりの索引を利用して、相手が何を主張しているかくらいは研究していただきたい。この小冊子は四六判六百余頁にすぎず、その内には、上は使徒信経から下は現教皇ピウス十一世の回章に至るまで、苟《いやしく》もカトリック信仰の典拠となる程のものは、ことごとく原文で網羅《もうら》されてある。ドイツのフライブルクのヘルダー社で最近新版ができて、価も数マルクに過ぎぬと記憶しているから、この位の参考書は買っても大した散財にはなるまい。私はかかる典拠に基づく論旨明快な主張をきき得んことを、心から冀《ねが》っている者である。

カトリック信仰観

試みにこの信条綱要の索引をくって信仰（fides）の項を探ると、カトリック教会のこの点に関する最も組織的な教義の叙述は、一八六七―一八七〇年ヴァチカン公会議の宣言中にあることを発見する。これ有名な Constitutio dogmatica de fide Catholica（Denzinger, §§ 1781–1800; 1810–1820）であって、もちろん不可謬《ふかびゅう》の議定とされるものである。以下その要点を摘記してみよう。

この宣言書の第一章は、神、創造、摂理に関するもので、第二章に至って始めて天啓について の説明を下している。天啓は、合理的に神を識るには必ずしも絶対に必要な条件ではない。なぜならば、「一切の根源にして帰趨《きすう》なる神は、被造物を通じて、理性の自然の光明により知られ得るから（ロマ書第一章二〇）。しかし神はその叡智《えいち》と慈悲において、御自分および御思召の永遠の議定を、他の道すなわち超自然的の道もて示すをよしとし給うた。」これがキリスト教でいう啓示であって、神の叡智と慈悲との業《わざ》である。而《しこう》してこの啓示の対象には、二種類ある。一つは神の玄義であり、これは人智の及ばぬ所である。他はたとえば神の存在とその属性のごとく、その性質上理性によって必ずしも認識し得ざるにはあらざるものであるが、原罪によって理性の晦《くら》くなれる現在の人間が、確実にあやまりなくかつ容易にこれを知り得んがために、神の慈悲によって示されたものである。

これはしかし狭義の信仰の対象ではない。信仰の真の対象は、第一種の神の玄義であって、「神がこれを愛する人々に備え給いし事、目もこれを見ず、耳もこれを聞かず、人の意にも上らざりし」(コリント前書第二章九) 事である。神が無限のいつくしみ故に人間に超自然的目的を与え、神的善に参与すべく定め給いしがゆえに、かくのごとき啓示が必要になったのである。しかるに「人は神に対して、己の創造主および主として全く依存するものであり、造られし理性は、造られざる真理たる神にまったく従属するものであるから、啓示する神に対して、我等は信仰によって、理性と意志との完全なる従順 (obsequium) を致す義務がある。」ゆえに第一のカノンに言う、「もし人間理性は神より信仰を命ぜられ得ざるほど独立せるものなりといわば、呪われよかし」と。

神の啓示はその性質上、我等がその前に理性と意志とを帰服せしめて信ぜざるべからざる権威あるものとして、人に迫る。信ずる信ぜぬは人の自由ではあるけれども、ここに言う自由は、暑中休暇に箱根へゆくも軽井沢へゆくも自由という場合のごとき、どちらでも構わぬの意味の自由ではない。息子は自由に親孝行せねばならぬという時のごとく、なんら道徳的権威以外に強制はないが、孝行せざるはよろしからざる底《てい》の自由、換言すれば道徳的自由である。道徳的権威——それは社会の制度、法律、風俗、習慣または輿論として可視的にも現れ得るものであるのみならず、かく現るることは人間の間では至当かつよき事である——を背景とせる自由である。

ここで無教会論者は、我々は聖霊の権威を否定してはおらぬ、ただ外的な教権を排するのみと言うであろう。しかし彼等が単に人間的として却《しりぞ》くる教権が、神の権威の有形的発現であった場合はどうだろう。その然《しか》る所以《ゆえん》は後に詳論するが、少なくもキリストは、その可視的なる人性において信仰の道を語り給うた。その弟子等に「そもそも汝等に聴く人は我に聴き」（ルカ聖福音書第十章一六）とも宣《のたも》うた。パウロも「信仰は聞くより起こり」（ロマ書第十章一七）と申している。しからばカトリックは、聖霊は必要なしというのか。また伝統を無条件にそのまま受け容れるのが、信仰とでもいうのか。我々は須《すべから》くカトリック教会の信仰の定義をきくべきである。

「公教会は宣言す、人の救いの始りなる信仰とは、神の恩寵の黙示と助力とにより、神の啓示を真なりと認むる超自然徳にして、その認むるは理性固有の光明によりて認められる対象に内在する真理性によらず、自ら謬《あやま》ることもなし得給わぬ、啓示し給う神御自身の権威による。蓋《けだ》し使徒の証せるごとく「信仰は希望すべき事物の保証、見えざる事物の証拠」（ヘブレオ書第十一章一）なればなり」（§1789）と。カノンには、この定義をさらに明らかにしていう。「もしこの超自然的信仰が、神および道徳に関する自然的知識と区別されず、従って超自然的信仰が成立するためには、天啓の真理が啓示を下す神の権威によって信ぜらるるを要せずと云う人あらば、呪われよかし」（§1811）と。

すなわち信仰は、それ自身においては知識であるが、対象が啓示せられたものである点で、理性が自然的認識によって獲得するものと異なり、かつ同じ理性の働きでありながら、承認の動機が神の権威に存して、理性の直接把握する対象の真理性、対象固有の自明に基づかない点で区別される。それはその根拠たる神の権威が絶対のものであるという点を除けば、人間の証言（従って相対的で誤り得べき）によって認める知識——たとえば歴史的知識——に類似するものである。

信仰における聖霊の働き

かくのごとく、信仰はそれ自身においては一種の知識ではあるが、その獲得の過程においては、普通の知識と格段の差がある。すなわち信仰を得るには、人間は自力で足りず、神の恩寵《おんちょう》を絶対に必要とするのである。その然《しか》る所以《ゆえん》は、対象の性質上明らかである。信仰の把握する真理は、人間の本性の当然な要求や固有の能力を超越する底《てい》のものであり、もしも神がその愛ゆえに人間に超本性的の目的を与え給うたとの事実がなくば、必ずしも必要ではない真理である。しかし神が自由意志もて人間を超本性的な目的——神固有の円満無欠の生命への参与にまで召し給う以上、それに到達するに必要となれる指導原理たるべきものの知識にまで、我等を招き給うは当然であり、この知識獲得の道は、すべての善意の人々に向って開かれねばならぬ。而《しこう》してこの知識の獲得が事柄の性質上自力では不可能である以上、ここに聖霊の黙示と助力とが必要とせらるるの理も明らかであろう。この最後の点も、決して十九世紀になって始めて宣言されたカトリック教理ではなく、ヴァチカン公会議は五二九年のアラウジオ公会議の言（第六章の「救いは善業によるか信仰によるか」の項参照）（Denz. §174–200）をそのまま踏襲《とうしゅう》して、次のごとく言う。

信仰による承認は決して心の盲目的作用にはあらざるも、すべての人に喜びて真理を受け容れしめこれを信ぜしむる聖霊の御照らしと黙示なくしては、何人も救いを得るに適するよう福音の宣教を受け容るる事能《あた》わず。されば信仰はそれ自身、たとえ愛によって働かざるも（ガラチア書第五章六参照）、神の賜物にして、その働きは救いに属する業であり、また信仰により、人は神の恩寵に抗い得るにもかかわらず、これに同意協力する事により、神自身に自由なる従順を捧ぐるなり。（§1791）

無教会主義者は、信仰における聖霊の働きをもってカトリックの観念的承認に対照せしめんとするが、これは彼等がカトリック信仰観を了解せざるによる。信仰の超自然性に立脚する我等は、信仰が観念的の Fürwahrhalten にすぎぬというがごとき粗野な考えを有しておらぬ。またこの誤解から出発して、「悪魔を信じておののくなり」との前掲ヤコボ書の句を引用する。しかしこの点もまたカトリック教理に通暁《つうぎょう》せざるために、愛によりて働き、善業の果を結ばざるを得ざる、従って神の前に功徳ある「活ける信仰」と、信じながらその持てる知識に面を背《そむ》けて愛せざる「死せる信仰」との区別を無視しているからである。悪魔は、もし信ぜずば戦《おのの》かぬであろう。彼の有する信仰と持たざる愛の背反ゆえに、戦くのである。しかしその信仰に従って愛し得ば救われるのであるから、信ずることはそれ自身においては、たとえ不幸にしてある場合信者の罪ゆえに愛を産まざるも本来は救いに属する業なのである。超自然的信仰によってその対象が与えられなければ、超自然的愛も生じ得ない。だから信仰は我等の救いの始め、第一歩であり、根本であり、かつまた基礎である。

しかるに、信じながら愛せぬことの可能なるは、たまたま信仰が超自然的境地における知識であって、我等の行為は必ずしも常に知識に従うものではないという不幸な事実による。愛せぬ信仰は信仰でないと言い切るならば、罪を犯す者は信仰を有せず、あるいは信仰を有せざる以上は罪を犯し得ぬという結論をも、承認せねばならぬ。少なくもこの点では、ホリネス教会などその方が無教会主義者よりも論理徹底している(例えば「永遠の生命」三六号、二九―三〇頁を見よ)。カトリックは信仰を有しながらも、罪を犯し得ると言う。しかし愛と罪とは両立せぬと主張する。だから愛によって働く信仰と罪とは両立せぬが、愛が失われ罪が犯されても、信仰はそれだけでは直ちに消滅せぬと言う。信仰が超自然的真理の把握であると言うのと、それは智的要素を除外する単なる信頼の態度だとか愛の関係だとか強弁するのと何《いず》れが正しいかは、自分等の実際生活と理論とが果して一致するか否かを正直に反省することによって、明白になるだろう。

信仰の合理性

無教会主義者の信条の一つは、カトリックは形式的の信仰を強要するという事である。私はあえて彼等の信条と言う。なぜなれば、これに関しては何某先生がかく宣《のたま》うと言う以上の説明を与えてくれた人がない。その何某先生といえども「私はかく信ずる」と言う以上に、なんらの証拠をも提出し得ないであろう。

　カトリック信仰の対象が超自然的の啓示せられた玄義であり、信ずる事は聖霊の黙示と照明にまたねばならぬとの主張は、それが観念的承認ではないことの明証である。単に形式的の信条を承認するのみならば、聖霊は無用《むよう》の長物《ちょうぶつ》である。信条の承認がその指示《さししめ》す神の玄義の一種の把握であればこそ、理性の光では足りず、聖霊の照明を必要とするのである。信仰する時に、我等は神の光の裡に神の玄義を認めるのである。不完全ながら知的に把握することが出来るのである。而《しこう》してこの信仰が正しく生い立てば、永世における神の直観に達するのである。これは「今我等の見るは鏡をもってして朧《おぼろ》なれども、彼時には顔と顔とを合せ、今わが知る所は不完全なれども、彼時にはわが知らるるごとくに知るべし」（コリント前書第十三章一二）とパウロの言った所以《ゆえん》である。ただし、この信仰の神秘的過程と超自然性とは、信仰を他の人間的活動と全然かけ離れた行為にしてしまうという意味ではない。信仰することが神に嘉納せらるるは、それが同時に自由でかつ合理的な人間にふさわしき行為であるからである。神は信仰に由《よ》って、器械的に人間をその真理の把握《はあく》にまで引き上げるのではない。神は自らをも人をも誤らぬ者であるから、その言を受け容れようという要求は、それが合理的であるから人間らしく肯定され得るのである。

のみならず神の言を受け容れる前に、人間は与えられたる境遇において語り能《あた》う限り、果して神が語り給いしやを研究する義務がある。たとえ神が彼の内心において語り給うたと思う場合でも、それが拒むべからざる自明の程度にまで達せぬ限り、合理的の反省を自らに強いる義務がある。その託宣が明らかに不道徳であるか、あるいは確かに論理的矛盾なる時、彼はいかに神が語り給うたかのごとく感じても、これを受け容れるべきではない。神は自己矛盾し給わぬ事の方が、かかる感じよりは遥かに明らかな真理であるから。私は無教会主義者が聖霊によりて語ると称する時、その正直にかく確信していることだけは、疑ったことはない。しかしそのいわゆる聖霊の託宣が相矛盾したり、明らかな真理に背《そむ》く時、私は遺憾ながら彼等の託宣を真面目《まじめ》にきく気がしなくなる。聖霊は一致の霊であって、矛盾や分割の原理ではない。信仰が真に人格的行為であるためには、超理的ではあり得ても、背理的または没理的であってはならない。

この点に関してヴァチカン公会議は言う。

我等の信仰による従順が理性と一致し得んがために、神は聖霊の心の裡なる助力にその啓示の外的証拠をも加えんと欲し給うた。これすなわち神の業であって、なかんずく奇蹟と預言とであり、これ等は神の全能と無限の智識とを豊かに示すものなれば、神的啓示の最も確実にしてかつすべての人に適応する徴たるなり。さればモーセも預言者等も、また特に主キリストも、多くの極めて明白なる奇蹟をなし給うた。使徒については「弟子等は出立して遍く教えを宣べしが、主力を加え給いて、伴える徴によりて言を証し給いたりき」（マルコ聖福音書第十六章二〇）と録されたるを読む。「またなお堅くせられて、預言者の言我等に在り、汝等これをもって暗き所を照らす灯とし、夜明けて日の汝等の心の中に出ずるまでこれを省《かえり》みるを善《よ》しとす」（ペトロ後書第一章一九）ともあり。（§1790）

我等がさきに神の業の記録たる聖書の歴史的確実性について学問的見地からも論ずる所のあったのは、信仰に入る道の合理的なるべきを要求するカトリック精神に基づいたにすぎぬ。しかしながら各人各一信仰主義にあらざる我等は、各々の信者が自らかかる面倒《めんどう》な過程を踏まねばならぬとも、また入信の経路が必ず常に学問の試錬を受けねばならぬとも言わぬ。また神の業たる奇蹟が、記録の頁を辿って始めて確めらるる遠き過去に限られているものでもない。合理的に信仰に入る道は、さらに近い所にもひらけている。これは既に無教会論者の誤れる聖書観を論じた際にも引用した所であるが（第九章の「カトリック教権の根拠」の項参照）、今やその内容を詳細に説明すべき段となったがゆえに、反覆を厭《いと》わず再びカトリック教会の主張をここに引用しておく。

蓋《けだ》し「信仰なくしては神の御意に適うこと能《あた》わず」（ヘブレオ書第十一章六）、また神の子たる位に与るに至り得ざるがゆえに、信仰なくして決して義とせらるる事もなく、また信仰において「終りまで堪え忍ぶ」（マテオ聖福音書第二十四章一三）ことなくして永遠の生命を得る者もあらず。されば真の信仰を奉じ、またこれを終り迄保つ義務を我等が果し得んがために、神はその御独子をもって教会を建て給い、またこの教会が啓《さと》されし言の保持者および師たることを、すべての人によりて認め得んがために、自らこれを建て給える事の明らかなる特徴をこれに賦与し給えり。さればキリスト教の信仰の信じ得らるべき証拠として、神によりてかくも多数にかつかくも不思議に備えられたるすべての事柄は、ただカトリック教会にのみ属するものなり。加之《しかのみならず》、教会はそれ自身――すなわちその感嘆すべき弘通と、卓越せる聖徳と、あらゆる善業における無尽蔵《むじんぞう》の豊かさとのゆえに、またその普遍的の一致と克服し難き耐久性とのゆえに――、偉大にしてかつ恒久的なる信仰の根拠にして、かつその神的使命の破壊しがたき証明たるなり。（§1793-1794）

山の上に築かれたる町は、かくるることができぬ。カトリック教会は有史以来の最大文化現象として、万人の眼前に厳然として存在する。キリストはこの眼に見ゆる教会を通じて今もなお、その昔フィリッポのカイザリア地方に出でゆき給いし時、弟子等に宣《のたま》いしごとく「汝等は我を誰なりと云うか」（マテオ聖福音書第十六章一五）と万人に問い給う。「汝は活ける神の子キリストなり」（同一六節）とは、血肉の言うところにあらずして、実に天に在す父の御示である。肉におけるキリストを見し者がことごとく彼を信じたるにあらざるごとく、カトリック教会の歴史的存在を見る者がことごとくその信者となるわけではない。しかし善意もてキリストに近づきし者のうち、一人として捨てられし者なかりしがごとく、偏見と我《が》執《しゅう》とを去って、カトリック教会のありのままの姿を熟視する者にして、彼女を呪う者は一人もない。万人の救いを欲し給う神は、すべての善意の人を照らし給う。「〔御言こそ、〕この世に出来るすべての人を照らす真の光なりけれ」（ヨハネ聖福音書第一章九）と録されたるがごとくである。かかる人は、ハルナックのいわゆる「我々の識り得る限り歴史上に現れた最も包括的な、かつ最も強力な、また最も複雑な、しかも最もよく統一された組織」の裡に、時空を通じて働くキリストの姿を見出すであろう。

信仰の自由性と冒険

最後に信仰をもって一種の知識なりとしたに対して、果して然《しか》らば信仰することが道徳的に自由な行為だと如何《いか》にして言えるか、との疑問に答えておこう。

成程《なるほど》、すべての科学的真理は、結局それ自身に自明の証を有する原理に帰著するがゆえに、その事柄を理解するや否や、我々はこれを承認せざるを得ない。この真理性は必然的に我等に迫ってきて、これに対して取捨選択《しゅしゃせんたく》の余地はあり得ない。たとえば二と二とは何かが分れば、$2+2=4$ということを認めぬわけにはゆかぬ。この承認は必然的である。しかし信仰の対象たる真理は神の玄義であって、神の権威という間接の保証を有するに止まり、その性質上我々の理解を超越している事柄であるから、それ自身に内在する自明の証を有し得ない。従って直接に我々の承認を強要しない。このゆえに我等は聖霊の光に照らされ、聖寵によって善意を強められた後においてすら、去就《きょしゅう》を決するの自由を保有する。しかしながらこれを承認することが合理的なること、少なくとも背理的《はいり》ではないことが、既に前述の啓示の外的証によって明らかにされているのだから、神の恩寵を受け容れぬことが、すなわち不信仰で道徳的罪悪を構成することになる。

他方、未だ不定の状態にある理性を意志の積極的選択によって動かして、「我信ず」と言う時、この行為は道徳的に自由であり、かつ智意共に相与る全人格の活動であるがゆえに、神の前に功あるものとして嘉納されるのである。これを約言すれば、信仰はその動機は神の権威であり、その対象は天啓の玄義たり、かつ救いに益あるようこれを承認するには聖霊によらねばならぬから、超自然的行為であり、神の賜《たまもの》である。次にそれが神の光による一種の知識であること、および天啓の事実の保証たる奇蹟の認定は、全然理性の問題たるのゆえをもって合理的にせられ、最後に対象たる真理が超自然的の玄義であって、それ自身に内在的の自明の証を伴わざるがゆえに、承認を強いられず、かつこれが承認には意志の積極的選択を必要とするから、自由なる行為であり、結局理性も意志もこれに与る全人的の活動だから、人格的と言い得るのである。

信仰は間接の保証を握るのみで、対象に内在する自明の証を有せず、従って意志の必然的ならぬ決定にまつあるがゆえに、一種の冒険――パスカルのいわゆる賭事（pari）――であるとも言える。しかしそれは決して暗中への飛躍ではなく（三谷隆正氏著『信仰の論理』一一一頁のプロテスタント的解釈を参照せよ）、未だ泳げぬ者が水練の師匠に付き添われて、深い水に飛び込めと命ぜられた時のごとき冒険である。彼が沈まんとする時、強き腕が彼を引き上げるに相違ないとの信頼が、彼を飛び込ましめる。而《しこう》してそれは根拠なき空頼みではない。かかる信仰ゆえにペトロは湖上を歩んだのである(マテオ聖福音書第十四章二二―三三)。ペトロのごとくイエズスを眼のあたりに見ぬ人々に、船が沈むから水の上を歩めと命ずるのは無理である。また船が沈むからやむなく身を水に投ずるのは、やむを得ぬ冒険で人格的行為ではなく、緊急行動である。結局いやでもせねばならぬことで、自由な処置ではあり得ない。カトリックは自由に、合理的に、信仰をあえてする。一切の外的権威と証とを否定するプロテスタントは「宗教が妄想でない事を積極的に理由付け得るような理論のない事をも、承認しなければならぬ」(『信仰の論理』一三四―一三五頁)。彼にとっては伝道の、また特にカトリック攻撃の、合理的ジャスチフィケーションはあり得ない。

しかるにプロテスタント的信仰観に従えば、聖霊と善意との必要は同様なれども、それは真理の承認にあらずとして智的信仰内容が否定さるるがゆえに、結局聖霊の働きは吾人の感情を刺戟するか、意志を動かすか、すなわち信頼とか愛とかを喚起するの役を勤むるにすぎず、万一この際に先在する知的要素(教義的背景)をすら許容せずとせば、結局当途《あてど》なき感情や盲目的な意志を助成することに止ることになる。かかる本能的衝動と区別しかねるがごとき作用が、自由であるとか、人格的であるとかという主張は、あまりに無理なプリテンションではあるまいか。

しかしプロテスタントが信仰をもって単に信頼または愛の関係にして、真理の承認にあらずとするは、対カトリックの理論にすぎない。事実信仰を単なる本能的衝動と思うクリスチャンは、存在しないと思う。しかるにプロテスタントがかかる矛盾を犯しても信仰から知的要素を排斥せんと欲するのは、信仰に知的内容を許す瞬間に、教権を肯定せねばならなくなるからである。一方クリスチャンとしてはキリスト教を唯一の道とせねばならず、さりとて権威を認めてはカトリックになる。カトリック教会を認めることは、事実は無視しても論理は矛盾しても、信仰は真理の承認にあらずと主張しようとの改革者の論理が、今日も禍しているのである。それは哲学を革新すると称して、われと世界とを主観の裡に閉じこめてしまった近世思潮の宗教的一面である。近代人は未だに「人の義とせらるるは信仰のみによる」と称したルターと、デカルトの「Cogito ergo sum」の呪詛《じゅそ》から解放されていないのである。

カトリック誤解の諸相

由来プロテスタント側のカトリック教会誤解には、二つの異なった方面がある。それは大体において前回の講義中に引用したビュイソンの、いわゆる「正統的の進歩せぬプロテスタンチズム」、潜在的、骨抜きカトリック主義と綽名《あだな》されるものの側からと、「無制限に主理的自由主義を実行する」進歩的プロテスタンチズムの側からとの非難に該当する（本章「新教の帰着点は自由思想」の項参照）。前者はルター以来ほとんどそのままのものであり、後者は、実質においては無信仰の主理論者と立場を一つにする高等批評勃興《ぼっこう》以後の自由神学の主張そのもの、といって差《さ》し支《つか》えない。ただし、この二つの立場は、概念的に区別され得るほど明瞭には実際において区画されているものではなく、すでに日本の無教会主義者の場合において例証されたるがごとく、時と場合によって異なれる程度に相混淆《こんこう》するものである(本章「いわゆる「霊の宗教」」「原始キリスト教の主観的解釈」「日本の無教会主義者の矛盾」の項参照)。

正統プロテスタント側の非難

(I) 彼等の言分《いいぶん》は、大体前回の講義中に論じたるがごとく、カトリック主義を目して聖霊の個々の信者の心における働きや信仰の自発性を傷つくる形式的画一主義だとするにある。かかる無理な要求を押し通す手段として、教権や聖職制度があり、個性の自由が統一の犠牲に供せられると考える。従って宗教的体験が異端視され、プロテスタントの信仰高調に対して形式的服従や善業が偏重され、十六世紀における免罪符《めんざいふ》売買のごとき弊害《へいがい》はその最もよき例証であり、それは旧約の律法主義への復帰、パリサイ主義の再興である。多神教の偶像崇拝に代うるに聖母や諸聖徒の尊敬をもってし、俗権との姦淫《かんいん》によって、黙示録に預言された淫婦なることを示す。カトリック主義の真髄は、実に福音の堕落、その世俗化である、云々と。

ただし、この最後の部分はビュイソンのいわゆる退歩的プロテスタンチズムの陳腐《ちんぷ》な常套語《じょうとうご》で、今日では群小教会の集会において一時的興奮剤の用をなすくらいなもので、現代人の心にはあまり訴えない。彼等はもっと合理的な批判を要求する。彼等を満足させるには、人格とか文化とかいうような、通りのいいスローガンが必要である。

これに反して、前述の非難の最初の部分は、いまだに現代人の多数が充分共鳴し得るに足る多くのものを包蔵している。その主張がカトリック精神の誤解と根拠なき歴史的見解とに基づくにせよ、それ自身において意味のあるもの、すなわち㈠神および神的なるものは、そのまま不完全な人間の世界に発現し得ぬという哲学的にも肯定されねばならぬ事実（ドグマに関する問題はこの一面相である）、㈡信仰および道徳に関する権威と自由との表面的背反《はいはん》、個性の権利と団体的統制との調和問題、㈢教会内部における宗教生活の形式的要素と神秘主義との関係等のアンチノミーを含んでいる。

カトリック主義がとりも直さずこれ等の対立の円満なる解決であるという主張は、かなり彼等を驚かすことであろう。しかし事実はそうなのである。これはすべての教養あるプロテスタンチズムよりカトリック教会への改宗者の回心告白が、最も雄弁に物語っている所のものである。（たとえばカトリック研究叢書中のアンドレ・ド・バビエ博士の「近代主義よりカトリック教会へ」と題する小冊子を参照せられよ。）

無教会主義の消極的意義

そはともあれ、私が近頃のカトリック攻撃にもかかわらず、現代日本の諸キリスト教運動のうちで無教会主義に最も興味を有するのも、この見地からである。なぜなれば無教会主義は、一面これ等の諸問題に対する問題提起（Problemstellung）と看做《みな》し得るからである。その意味で私はそれがより深刻化せんことを冀《ねが》っている。プロテスタントたるとカトリックたるとを問わず、結局これ等の問題を自己の内的生活において実際に解決してゆくことが、自分等の宗教を深くしてゆく所以《ゆえん》なのである。これ等の問題は、苟《いやし》くも道に志す者がことごとく、全心を提げて直面せざるを得ざる底《てい》のものである。

頃日《けいじつ》一無教会主義者が「無教会主義において一致団結がもしありとすれば、それはキリストにある愛による霊的一致のみである。また我等は無教会主義によって義とせらるる事が出来ない。我等の義とせらるるは、信仰によるのである。ゆえに無教会主義は信仰ありての上のことである。否、信仰の自然の結果でなければならぬ。ゆえにもしその無教会主義なるものが、教会に対する反感より、または教会の無能に対する歯痒《はがゆ》さより、起こったものであるならば、それは教会反対論であって無教会主義ではない。真の無教会主義は、キリストを首といただく見えざる愛の教会の実在を如実に感じつつある者の間にのみ、存し得る事実である」（「永遠の生命」第四二号、二二六頁）と論じていた。

私はもちろん無教会主義に問題提起としての意義を認めるに止って、如上の諸問題の解決として生まれるという論者の説を肯定しているのではない。しかし前掲の言は目下流行の無教会主義の浄化に向って一歩を進めたものであり、この言を読んで真面目《まじめ》に反省する無教会主義者あらば（この言の執筆者をもこめて）幸いだと思うから、あえてここに引用したわけである。後日の理論はともあれ、歴史的には彼等は上述の問題に直面したればこそ、無教会主義を唱道し始めたのであると思う。それは少なくも問題の所在を明らかにし、これを意識せしめる。彼等のカトリック攻撃も、その点で無意義ではない。しかしもしも無教会主義をもって最後の決着であるとするならば、それは問題を解決したのではなく、問題自身を否定し去ったのである。あたかも物心の対立から出発した哲学者が、結局唯物論を主張するに至ったようなものである。すべての対立の調和は、対立と同じ平面において求め得られようはずはない。調和の原理は常に、より一段と高き所にある。それは常に〈Synthesis〉でなければならない。無教会主義が真の解決でもなんでもない事は、前掲の論者の言がこれを明示している。

彼は一方無教会主義を信仰の所産だとしながら、我等はこれによって義とされないと自白している。それは申すまでもなき事で、無教会主義は信仰でも福音でもない。一種の反動である。反動はいつも二次的のものであって、それ自身に生命を有しない。その原因たるものの存在に、常に依存している。教会あっての無教会主義である。あたかもカトリック教会あってのプロテスタンチズムと同然である。人の救わるるはプロテスタンチズムによらざるは、無教会主義によって義とされぬと同然である。プロテスタントが義とされたとしたら、それは彼の有する積極的なキリスト教の信仰故であって、決してそのプロテスタントのゆえではない。而《しこう》してその積極的信仰は、プロテスタンチズムが旧きカトリック教会から継承したものにすぎない。決して十六世紀に、神から啓示されたものでもなんでもない。要するに無教会主義はプロテスタンチズムの Epiphänomen であって、いわば現象である。本質的なものではない。

我等はまず第一にキリスト教が何であるかを、反動的な気分を去って、冷静に考えてみる必要がある。然《しか》る上にその精神をもって、上述の三問題に対して、プロテスタンチズムないしは無教会主義が果して真の解決を齎《もたら》すや否やを静思一番すべきである。無教会主義者は、無教会主義によっては義とされぬと言う。カトリック信者は、カトリック教会によって救われると断言する。この二つの主張そのものが、すでにこの相背馳《はいち》する二様の解決の性質と価値とを暗示している。無教会主義者といえども、決してキリストを首とするその神秘的体たる教会を否定しているのでない。目に見える教会が彼等の理想の教会と相去ることあまりに遠しとなすがゆえに、あるいはそれと矛盾すると考うるがゆえに、無教会主義なのである。であるから彼等の教会攻撃の論法はことごとく消極的である。

教会の腐敗とか堕落とかいうことが、常に問題とされる。はなはだしきに至っては、教会員の私行に関する暴露戦術にまで下落する。しかしながらこれ等の議論（これは幸いにして、しばしば尊敬すべき君子たる無教会主義の積極的樹立にはならず、なんら本質的関係を有せぬものである）は、決して無教会主義の積極的樹立にはならず、また現に存在する、あるいは過去の教会そのものの否定にもならない。なかんずく彼等の目下の攻撃の対象たるカトリック教会の本質についても、その精神に関しても、プロテスタントの宗論書によって学び得た事の他には、ほとんど智識を有しておらぬ。従って真面目《まじめ》な議論のできようはずがない。しかしこれはプロテスタントの通弊で、独《ひと》り彼等のみを責むべきではなかろう。

カトリック教会の理解へ

幸いに今日では、プロテスタント神学者中にすら、この点に気付いてカトリック主義の理解、およびより同情ある評価の必要を主張する者が興ってきた。マールブルク大学教授で比較宗教学者なるハイラー（T. Heiler）は、その著『カトリック主義』の巻頭に、教会合同運動で有名なスカンジナヴィアの新教神学者ズーデルブローム（Söderblom ウプサラの大監督で、その見解は聖公会の一部に行われているカトリック運動に多少似た所がある）の言を載せている。同監督はプロテスタント信者をして、カトリック教会が「権力欲や聖者礼拝やいわゆるイエズイット主義ではなく、その最も深き真髄においてたといプロテスタント的敬虔《けいけん》ではないが、それなりに完全な、一種の敬虔さを現すもの、否、それは反ってプロテスタント的敬虔よりは完全なもの」であることを認めしめんとしている。ハイラー自身も同書中に（五頁）、非カトリック神学者が公教主義の本質に対して無理解なるを嘆じて曰く、「一般的に言うとプロテスタント宗論は、ひびが入ったり隙間《すきま》ができたり、風雨に曝《さら》されたりした石だたみ、カトリック大伽藍《だいがらん》の外壁ばかりを見て、その内部の驚嘆すべき結構には気付かない、カトリック主義の最も大切な、また純粋な方面は、今日すらプロテスタント神学には知られておらぬも同様である。それだから、カトリック主義の偏《かたよ》らぬ、あるいは深い評価は与えられていない」と。

もしも神学者ですらかくのごとしとせば、その他は推して知るべきのみ。この悲しむべき誤解の存在は、アドルフ・ハルナックによっても指摘されている。

余は不断の経験によって、我等の学校卒業生が教会史について、最も断片的な、矛盾せる概念を有する事実を認めぬわけにはゆかぬ。彼等のある者はグノーシス主義あるいは他の、彼等にとって価値なき珍しき事柄について何物《なにもの》かを知るが、歴史に知られた最大の宗教的、政治的組織たるカトリック教会については全く無知である。そうして彼等は、これに対して全く浅薄にして空漠たる、またしばしば覿面《てきめん》に矛盾せる観念に耽《ふけ》る。その偉大なる制度が如何《いか》にして起こったか、それらが教会生活において何を意味するか、またいかに容易に誤解され得べきか、また何故にそれらの制度があれほど的確にかつ厳粛に作用するか、すべてこれ等の事は、余の経験によると、少数の例外を除けば彼等にとって未知の境（Terra incognita）である。（*Aus Wissenschaft und Leben;* Giessen, 1911, Bd. I, S. 97.）

日本における上述のごとき誤解の一原因としては、維新後最初に輸入されたのがプロテスタント文明であった上に、カトリック教会が今日まで智識階級に対する伝道を割合に閑却していたという事情もあって、ただ相手ばかりを責むべきではない。幸いにその意識せざる偏《しこう》見を匡《ただ》し、いかにカトリック教会において前掲の三問題が調和ある解決を与えられるか、而してカトリックの終末観がいかに教会観の完成として要求されるかの点を明らかにしたならば、真面目な研究者には裨益《ひえき》するところが多かろう。

自由神学派側の非難

（Ⅱ）　カトリック教会に対する誤解の他の一面は、いわゆる進歩的プロテスタンチズムの側からくる。正統信仰を保有するプロテスタントの誤解は、共通の信仰上の立場があるだけに、宗派的敵愾心《てきがいしん》を除けば相当にただしやすいものであるが、自由神学派に至っては、そのいわゆるプロテスタント的あるいは福音的信仰なるものが主観哲学と高等批評に累《わずらわ》されて、すでにキリスト教的とは目し難き程度にまで危殆《きたい》に瀕《ひん》しており、その所説のどこまでが信仰であるか、あるいは神学ないし宗教哲学であるか、または単に歴史的批評であるか、曖昧模糊《あいまいもこ》として、浅学余のごときものは、往々にして判別に苦しまざるを得ないことがある。

立教大学学長神学博士文学士杉浦貞二郎氏が主幹たる「神学研究」最近号（第二〇巻第四号）において、一無名氏はカトリック研究叢書および本講義を紹介して下され――その御好意はここに謹《つつし》んで深謝しておく――その短評中に、上述のごとき立場からのカトリック観を述べておられる。余事ではあるが、学術雑誌の評論に署名しないのは、いかに短評であってもよい習慣ではない。学問的良心覚醒《かくせい》のために、責任の所在を明らかにして貰いたいものである。

はなはだ痛み入ることには、評中小生の精進（？）独身生活まで讃めて頂いたのはよいが、それを機会に「私は実にプロテスタントの者共が、妻帯なぞして聖職についているのが歯痒《はがゆ》くてならぬ」なぞあらぬ方に余沫がとんで、はなはだ不快を催させる。僧侶妻帯はルターが、為に奮戦した神聖な権利であるから、プロテスタントがこれを行使するのは当然だと思う。

ただ一つ、カトリック教会の人は、他人は皆彼を誤解しているが御自身には寸毫《すんごう》の間違いはない、プロテスタントの所説をよく理解しておると言われ、しかもプロテスタンチズムを理解しておらぬことが多い。とにかく彼には、独り聖く独り正しという確信を持っている無邪気さがある。

私は短評氏がいわゆるプロテスタンチズムの無理解を、具体的に指摘するの労をとって下さらなかったことを残念に思う。我々は過《あやま》ちを正すに、決して吝《やぶさか》なるものではない。カトリック教会には、プロテスタンチズムの理解に関する不可謬権なぞいう信条なきことを御承知ありたい。さらに本講義を評して曰く、

カトリックの司祭がカトリックの教義を説くのであるから、プロテスタントの見地からこれを評しても、それは余計なお世話である。つまり、聖書は神感によりて書かれ、教会の権威によりて保証されておるのであるから、その記録に誤謬《ごびゅう》のあるわけはないと彼等は信ずる。かくのごとく聖書に原本批評だの高等批評なぞと騒ぐのが大なる僭越《せんえつ》というもの、彼等には理性の働く余地はないのである。かくて Credo quia absurdum ともなり Credo ut intelligam ともなる。かくのごとき境内にありながら岩下師が理屈を言わんとするのは、如何《いかが》のものにや。

すなわちカトリックの信仰は盲目的であると言うのである。かくのごときが、大体この派

のカトリック観であると看做してよかろう。失礼ながら余に対する讃辞をもこめて、このカトリック観はあえて当らずと言わねばならぬ。

カトリック信仰と理性

Credo ut intelligam（悟らんがために信ず）はよいが（しかしそれは理性の働きではないと、この無名氏は考えているらしい！）、Credo quia absurdum（不合理なるがゆえに信ず）は少々おかしい。同じ神学研究の号（一九二頁）に、杉浦博士もこの同じ語をスクールマン（スコラ学徒）の標語と言っておられるが、これは博学なる博士の御考え違いではあるまいか。中世紀末の極端な唯名論者や、その流れを汲むルターなぞはそんな事を申したかも知れぬが、かくのごときは正銘のスコラ神学もカトリック主義も少しも関知せぬ所である（この点、岩波講座「世界思潮」中の拙稿「中世思潮」を参照せられたし）。

普通この語はテルトリアヌス（一六二―二四五年頃）の言とされているが、現存せる彼の著作中にはこの語は発見されない。それに最も近いのが“Prorsus credibile est, quia ineptum est; certum est quia impossibile”(*De Carne Christi*, 5)である。「不適当なるが故に全く信じ得べきこと、不可能なるが故に確実なり」という意味は、キリスト教の玄義が人間の意表に出る底《てい》の事柄なるにもかかわらず力強く主張さるる以上は、ただ事ではない。必ずそこに理外の理がなくてはならぬ、という一種の逆説を、彼一流のアンチテジスの形で表した修辞法にすぎない。ルターの“Pecca fortiter, et fortius crede”（大いに罪を犯せ、されどより強く信ぜよ）と同様に、文字に即して解せらるべきではない。テルトリアヌスにおいて没理的な傾向が著しかったのは事実であるが、その著書の仔細な研究は、彼が結局信仰の合理性を主張したことを明らかにした（A. D'Ales; *La Théologie de Tertullien*, Paris, 1905, pp. 33–36）。

カトリックの立場は Credo quia rationale（合理的なるがゆえに信ず）であって、すでに詳説したごとく教権を認むるは、かくすることが合理的なるがゆえである。教会の権威の根拠をただすのは、理性による。その際出来るなら聖書の原本の批判も、高等批評も、大いに可なりである。それは僭越《せんえつ》でもなんでもない。当然の事である。ただしカトリックは、かかる批判は学問の範囲に属すると主張する。だからかかる範囲の研究は、学術的良心をもって学者的になさるることを要求する。たとえば君がハルナックの説を採用するのはよいが、君の採用が充分学的価値を有し得るためには、何故に彼の主張を是認するかの理由を示し得なくてはならぬ。根拠を示し得ない権威は、教会に関しても学者についても、禁物である。訳《わけ》も分らずにハルナックを信用するのなら、盲目的に聖書の神感を信ずるのも同じことである。ハルナックも聖書も両方とも無批判に信仰するに至っては、蓋《けだ》しお目出度《めでた》さの限りである。成程《なるほど》カトリック信者の間には、そういう理性の働き方に関しては全然余地はあり得ない。少なくも彼等は、統一ある世界観の所有者である。

自由神学者の結論

杉浦博士は「我等は厳密なる聖書の研究をなしてイエスの教えの真意義を探り、而《しこう》して伝統に囚われざる真正の基督教《キリスト》を研究しなければならぬ」という抱負のもとに、神学研究誌上にイエズス伝の科学的研究を公にしておられる。私も博士の御好意でその数冊の寄贈をうけて、御高説を面白く拝見した。たとえば再臨問題（この点に関しては本講義中に将来述べる所があろう）に関する研究の結論は、

我輩《わがはい》の見た所によれば、イエスの真意は伝承的基督教が教えて来た処のものとは違っていた。伝承的基督教の教義は、初代使徒等の思想に基いたものであったことを発見したのである。ところで十六世紀の宗教改革者は、ローマ教会の伝統を排して聖書の権威を担ぎ出したのであるが、我等の研究によれば、聖書に書いてある処のことでも、すでにイエスの教えと違った処のあるのを見たのである。我輩は「一たび聖徒に伝えられたる信仰の道」なぞ曰うことのいかに無意義なるかを覚ゆると共に、またいかに人を誤る言であるかを知るのである。（「神学研究」第二〇巻第一号、三二頁）

すなわち博士の鋭鋒の前には、カトリック教会はもちろんのこと、無教会主義者の正統的信仰も、ありとあらゆる聖書主義の新教諸派も、而《しこう》して Last but not least 聖公会の法憲法規も、一挙にして屠《ほふ》られたかの観がある。私は博士のためにも、屠られた信仰のためにも、この研究が真に科学的のものであることを祈って已《や》まない。

その他「基督《キリスト》処女産の考査」の結果は、「イエスの奇蹟的誕生の事を、史的事実として確

実にこれを証明することはとうてい不可能で、我等はただこれを概念し得べきや否やとの問題に帰着するのである」（第一八巻第六号、二九九頁）と。カトリック信者に言わせると、これだけの事なら常識でも分る事で（第七章の「処女懐胎の奇蹟」の項参照）、比較宗教学や高等批評を煩わすまでもないことである。問題は理性を働かした結果、かかる奇蹟を信じてよいのか悪いのかである。博士は残念ながら悪いと断言して下さらない。ただ「我輩は大いにその（信者の）心情に同情を表し、その信仰に対して敬意を表すると同時に、我輩の考えはそれと少し違っておる」（三〇〇頁）とおっしゃるだけである。「伝統に囚われざる真正の基督教」とは、いわゆる「我輩の考え」であるのか。博士のために、私はしかあらん事を願うものである。

さらに復活物語に関しては、結局イエズスの霊体を弟子等が物質的に知覚したという説に左袒《さたん》さるるがごとく、さすれば「イエス復活譚が物質的に記してあっても、少しも奇異とするに足らぬ事である。」イエズスの屍を納めた墓が空虚になったという事は、高等批評によって大いに疑いを存するのだから、この霊体を物質的に知覚したとする一種の錯覚説の邪魔にはならない。「要するにこの説明が学理に反することもなく、また同時に復活譚の全体を最もよく満足に解釈し得るものであると我輩は思う。しかも教会の教義になんらの抵触をも生じない説明である」（第一九巻第三号、一三一―一三二頁参照）と。

この最後の教会とは、恐らく聖公会のことであろう。大英帝国のように由来その包容力（Comprehensiveness）の偉大をもって誇りとし、ゴーア監督とバーンズ監督とを平気で同居させる教会であるから、この位のことは日常茶飯事であろうが、かくのごとき思想の混乱や信仰の不確定は、カトリック信者の夢想だにし得ざる所である。論理の徹底に関しては、我等はあまりにも潔癖《けっぺき》である。それは理性の働く余地のないためであろうか。

高等批評を標榜《ひょうぼう》する自由神学者を学長に推戴《すいたい》する大学の隣では、同じ教会の経営する神学院で、神学研究の短評氏の聖職者妻帯攻撃を真《ま》にうけて、無妻主義でキャソックを着て、信者の懺悔を聴いたり、ロザリオを買い込んだりする将来の長老が養成されている。前者が真に学問的である限り、後者が真面目である限り、而して両者とも微温的な不徹底な妥協でない限り、カトリックは何《いず》れへも同情する。しかしこの二つの要求は、論理を無視した包容力のある教会の裡にではなく、論理の徹底ゆえに理性をも神秘をも包容し得るカトリック教会においてのみ矛盾なく満足せしめ得ることを、予《あらかじ》め読者に告げておきたい。我等の心が深き神秘を宿すことは、我等の頭脳が理性に透徹《とうてつ》することを妨げない。カトリック教会がアキノの聖トマスに Doctor Communis の尊号を呈したのは、たまたま彼の人格においてこの二つの特徴が最高度に体現されたからである。再び言う、我等は Credo quia absurdum などいうことは与《あずか》り知らぬ。かかる標語は、没理的なプロテスタント神秘派や、杉浦博士の紹介されたカール・バルトのいわゆる危機神学などに適用されたらよかろう。

カトリック信仰への道

すべてかかる類の誤解に対しては、理論をのべるよりは実際を物語った方が、事の真相が速かに了解されるであろう。仮にここに一人の求道者があって、カトリック信仰に入ってゆくとする。そもそも彼はいかなる道を歩んでゆくであろうか。もちろん具体的事情は千差万別であり、最後の入信の機縁に至っては、さらに神秘の幕につつまれていて、第三者の忖度《そんたく》を許さぬものがある。それにしても彼の第一歩は、もし当然辿るべき道を経るならば、まず理性による神の追求に始まらねばならぬ。神は素《もと》より、ある日恩寵に依って愛の父として彼の心に啓示されるには相違ないが、この超自然的信仰は、理性の探求を前提とする。「求めよ、さらば与えられん」という言葉は、信仰について最も真である。ただし、この理性による神の追求すら、しばしば恩寵の暗黙の働きの結果であって、哲学者が冷やかに神の存在の論証の当否を検覈《けんかく》するのとは趣きを異にし、最早《もはや》宗教的体験の閾内《いきない》に踏み入っているものである。なぜならば、彼は神と定義せられた観念が、あたかも運算の結末に期待される解答のごとくに、三段論法の帰結として出で来るや否やを点検しつつあるのではなく、たとえば未だ見ざる恋人を求むるがごとくに、彼の心は最高至上の実在に面接せんことを冀《ねが》っているからである。神の追求がこの道徳的基礎の上になされざる時、換言すれば彼が最早《もはや》単なる研究者にはあらずして求道者たるにあらずんば、彼の理性の努力は恐らく宗教の域には到達し得ないであろう。

　ここに一切の自律哲学ないし道徳の躓《つまず》きがある。神と救いとの問題は、実生活には無関係な、単なる好奇心の問題として取り扱わるべきではない。あたかも神が人間の理性の法廷に召喚された被告ででもあるかのごとく、而《しこう》して我等がその功過を審理する裁判官であるかのごとき不遜《ふそん》な態度は、必ずその冒瀆《ぼうとく》の正しき酬《むく》いをうけるであろう。有限なる自我を絶対の地位に置き換えて、人間をもって托身の神であるかのごとく論ずる近世思潮は、神を論じながらその実、真の神より人を遠ざくること最もはなはだしきものである。「人生の目的につき各個人が自ら独立に目的を立てる自由が、人格の人格たる所以《ゆえん》である」というがごとき道徳ないし宗教観は、キリスト教とは断然相容《あいい》れぬものである。

これよりはいわゆる科学的無神論なぞの方が、遥かに無邪気である。前者は傲慢《ごうまん》の理論化であって、これを意識せる者は悪魔の長ルシフェルの罪を犯すものであるに反して、後者は自然科学に眩惑《げんわく》された、まだ哲学的に覚醒《かくせい》しない理性の産物たるにすぎぬ。もしも真に活ける神があるならば、我等が彼を識ることは彼にまたねばならぬ。絶対は相対の掌中にあるものではない。哲学者は神は可知的なりやを論ずるに反して、求道者は己が神を知ることを許されるであろうかと叫び問うのである。この時始めて、彼自身の有限性と相対性とが救いを必要とするミゼールとして、彼の眼に映ずる。ここに至って「汝われをすでに見出せしにあらずんば、われ求めじ」とのパスカルの言葉が、深き意義を帯びてくる。彼の相対性に根拠を与うる絶対者、彼の不完全と欠陥とを充たし得る無限に完全なる実在、彼の内心の道徳的要求に意義を与うる至上の立法者、すべての存在の最高原因にして一切の活動の最終の目的たる神は、この活ける探求の結果として彼に与えられる。これが第一段である。

しかしながら彼がカトリック信者になり切るためには、彼はどこかで活ける神なるキリストに面接せねばならぬ。ある日彼は人世の旅路のどこかに跪《ひざまず》いて、なんらかの形で彼の心眼に現れたキリストに対して、使徒トマスが復活せるイエズスに直面せる時のごとく「わが主よ、わが神よ」と叫ばねばならぬ。これなくしては彼は、カトリック信者たることを得ないのである。彼はイエズスを肉眼では見ないであろう。また肉体の手を伸べて主の脇《わき》に入れ、指をのばしてその傷痕《きずあと》を探ることは不可能であろう。それでも彼は「不信者とならずして信者となれ」という、耳には聴えねど心には響く主の御声をきくと共に、あたかも手をのべて御脇に入れ、指をのばして御傷痕探りしにも似たる、あるいはそれ以上の確信が心底に湧き出でて、「我信ず」と叫ぶのである。而《しこう》して人あってこのカトリック信者に向い、君の信仰の成立を一言で説明してくれと問うたならば、彼が自覚せる信者である限り、直《すぐ》に「余はキリストの教会において、キリストを通じて神に咫尺《しせき》した」と答えるであろう。

彼は今や、神がその「預言者等をもって、幾度にも幾様にも先祖達に語り給いしに、この末の日に至《しこう》り……御子をもって、我等に語り給」（ヘブレオ書第一章一－二）える事実に逢着《ほうちゃく》した。而して彼のキリストとの面接は、個別的の霊感やまたは聖書の文字を通じてではなく、教会の裡にて活けるキリストとの直接な人格的交渉によったのである。カトリック信者は素《もと》より聖書を尊重する。彼にとって聖書は神感によって書かれた不可謬の神の言であり、メーレル（Moehler）の言えるごとく、これなくしては「イエズスのありのままの御言は我等より隠され、彼等は神人がいかに語り給いしやを知るを得ざりしなるべく、もしも彼の語るをもはや聞き得ずとせば、もはや活くるに堪え難くなるであろう。」

しかしカトリック信者の信仰は、聖書に基づくものではない。なぜならば、彼の信仰は新約聖書に先在するからである。彼の信仰が新約聖書を作り出したので、聖書が彼の信仰を産んだのではない。それは彼の有する信仰の記録にすぎぬ。未だ福音書の著述されざるに先だって、彼の信仰はペトロの口を藉《か》りて「汝は生ける神の子キリストなり」（マテオ聖福音書第十六章一六）とフィリッポのカイザリア地方において宣言された。それは単にペトロ一個の信仰ではなかった。これをペトロに示したのは血肉ではなく、天に在《ましま》す父であった。すなわち天啓の真理であって、主観の所産ではない。天父の示し給うところであって、万人が示されしままに受け容れねばならぬ真理である。しかるがゆえに権威をもって臨むところのものであり、我等のこれに対する適当なる態度は、謙遜《けんそん》と従順と子供らしき信頼でなくてはならぬ。我はかくかく、汝はかくかくかくなぞ異なるべきはずのものではない。

聖霊降臨の意義

ペトロの心に示されたこの真理は、ペンテコステの日に彼を囲繞《いにょう》した一団の、共同に体験するところとなった。彼等はこのイエズスが復活し給いて父の右に坐し、その御約束のごとく聖霊を注がれたことを知った。聖霊は彼の教えた一切を思い出さしめ、かつ悟らせ給うた。彼の神性の纏《まと》うた衣であった人性は、もはや彼等の眼を遮《さえぎ》ることなく、その生死の秘義は明らかになった。彼等はキリスト・イエズスの御顔において、神の光栄を直視し得たのである。フィリッポのカイザリア地方の途上に、ペトロの胸中に閃いた光明は、御苦難の暗《やみ》に閉されて、危くも彼等を絶望と不信のどん底に陥れんとした。しかるにペンテコステの日に、彼等の頭上に天降《あまくだ》れる聖霊の焔の舌は、不退転の信仰となって彼等の胸中に燃え始めた。この体験は、彼等を新らしき人とした。彼等のみならず千人万人の心に燎原《りょうげん》の火のごとく燃え移って、ローマ帝国内に拡まった。

ペトロの宣言は、世界的の体験となった。聖霊の降臨の日は、実にカトリック教会の誕生日であった。而《しこう》してキリストは万世を通じて、この体験の裡に活《い》き給う。カトリック信者とはこの世界的体験に与《あずか》る者の謂《いい》である。であるから彼は教会から離れ得ない。教会は彼が呼吸する宗教的雰囲気を構成する。否、彼の宗教的生命そのものである。カトリック信者が教会をキリストの神秘的体と言う時、彼は空漠《くうばく》として捕捉し得ざる観念を弄《もてあそ》ぶものではない。それは稀有《けう》な、神秘的霊感の裡に静観者が体験する信念ではない。教会とその裡に活くるキリストは、彼の日常の体験である。それが団体統制の権威として発動するも、真理の柱石としての教権として臨むも、もしくは霊肉成聖の秘蹟として現るるも、彼にとっては一切はキリストである。唯物的進化論者が弱肉強食の修羅場《しゅらば》と呼ぶ暴力の支配する宇宙が、信仰者には大慈《だいじ》大悲《だいひ》の愛の手の統《す》ぶる世界と映ずるごとく、無教会論者やプロテスタントが圧制と屈従の囹圄《れいご》と観ずる所に、カトリック信仰は神の完全なる支配の実現にいそしむ、天の都イエルザレムの姿を見るのである。生物学的には適者生存の事実に疑いなきごとく、悪法王の存在せしことや、教職者の堕落《だらく》せる時代のありしことは、動かし難き歴史的事実である。問題は生物学的に肯定せられねばならぬ事が宗教的に世界を観ることを不可能にするか、また教会の歴史にまぬがれ得ざりし欠陥が教会そのものを否定する根拠たり得るや否や、である。

カトリック信者にとっては、もちろんこの問題は存在しない。彼は十二使徒の一人が裏切者であったのを知る。而《しこう》してこの反逆を通じて救いが成就したのを見た。彼は人間的不完全が神の教会を破滅し得なかった点において、「特に地獄の門はこれに勝たざるべし」、「我は世の終り迄日々汝等と偕《とも》に居るなり」という主の御約束の真実なるを覚える。彼はまたその教会の最初の首たりしものが、智徳兼備の聖者ではなくて、三度主を否みし弱き器、新参者のパウロに面責さるるほどの不見識者たりし事において、主の奇《くす》しき御はからいを見る。彼は人間が何物でもなく、主の恩寵《おんちょう》と力とが彼の教会において一切であるのを、まざまざと見せつけられたのである。最後に自ら省みて、彼の感謝と歓喜とは最高潮に達する。そもそも我は何物であろうか。主の聖血によりて洗われ、聖餐《せいさん》において主の御聖体を拝領し、永生において諸天使諸聖人と共に神の本性にすら与るべき我は、そもそも何物であるか。この不可思議、不可言の恩寵を除いて、そも何のよき物が彼の裡にあろうか。我はただただ罪と諸欲の塊である。それにもかかわらず今日の我あるは、天父の愛にはぐくまれ、母なる聖会の懐に抱かるるからである。彼はまことにその心に住み給う聖霊が、言うべからざる嘆きもて彼のために祈り求め給うを覚ゆる。彼のためのみならず一切の人類のために、「一つの群、一つの檻とならん事を」と祈り給うを覚ゆるのである。

普遍的体験としての教会

カトリック教会は単なる制度ではない。ペンテコステの日にペトロおよび彼と共にありし一団の人々の胸中に、火のごとく燃え出でたる新しき霊的自覚が、歴史を通じて発現するのである。そはこれを信ずるすべての人にとって、救いたる神の大能である。神の御手より出でたるすべてのよきものを包容摂取し、浄化成聖し得るほどの強き霊的生命である。パウロはかつてフィリッピの信者に書き贈って、「汝等志す事はキリスト・イエズスのごとくなれ、すなわち彼は神の貌《かたち》に在して、神と並ぶ事を盗とは思い給わざりしも、己を無きものとして奴隷の貌を取り、人に似たる者と成り、外貌において人のごとく見え、自ら謙《へりくだ》りて、死、しかも十字架上の死に至るまで従える者とはなり給いしなり」（第二章五―八）と言った。

　主の創立し給える教会の特徴を、この一節がよく物語っている。教会はいかにも人間的である。そこには、人間のよきもあしきも混淆《こんこう》されてある。しかし教会の真の生命は、単に人間的のみなる、いかなる制度や組織にもなき特徴を具えている。その生命の源となったペンテコステの日における原始的体験が、もはや包括的な普遍性と強固なる一致とをその特徴とした。神は人につきて偏り給うものではない。その御手はひろく万物を包容する。神の働きは、常にこの神的特徴を帯びるものである。神の姿は万有を通じて、始めて最も完全に（もちろん相対が絶対を表徴しうる限りにおいて）髣髴《ほうふつ》しうる。キリストにおいて現ぜられたる神の貌《かたち》は、すべての救われし人々の集団において完成される。一人のキリスト者は、キリスト者であり得ない（One Christian, no Christian!）。

　キリストは万人の救いのために苦しみ給うた。救いは個人の私すべき物でもなく、私し得るものでもない。聖霊降臨の最初の奇蹟は、この新しき体験が種々の言語もて語られた事であった。
「然るに敬虔《けいけん》なるユダヤ人等の、天下の諸国より来りてイエルザレムに住める者ありしが、この音の響き渡るや、群衆集り来りて、何《いず》れも使徒等が面々の国語にて語るを聞きければ、一同に心騒ぎ惘果《あきれは》て、驚き嘆じて云いけるは、「看《み》よ彼語る人は皆ガリレア人ならずや、いかにして我等各我生国の語を聞きたるぞ、と。パルト人、メド人、エラミト人、またメソポタミア、ユダヤ、カパドキア、ポント、〔小〕アジア、フリジア、パムフィリア、エジプト、クレネに近きリビア地方に住める者、およびローマ寄留人、すなわちユダヤ人もユダヤ教に帰依《きえ》せし人も、クレタ人も、アラビア人も、彼等が我国語にて神の大業を語るを聞きたるなり」。」（使徒行録第二章五―一一）

キリスト教の信仰は、その誕生に当ってすでにかくのごとく、カトリック的すなわち全人類を包括する信仰たるべきことが、その前表の奇蹟によって示された。而《しこう》してこの普遍性は同時にまた、一致に基づく普遍性でもあった。すなわちペトロを中心として「皆一所に集り居けるに」（使徒行録第二章一）、火のごとき舌彼等に顕れ、分れて各《おのおの》の上に止り、かくて皆聖霊に満たされたのであった。これに先だって、すでに彼等はペトロを議長とせる集会において、ユダに代って使徒職につくべき後継者を選挙している（同第一章一五―二六）。また聖霊降臨の直後において「ペトロは十一人と共に立上り」（同第二章一四以下）、新しき信仰を説いた。

「人々これ等の事を聞きて心を刺され、ペトロおよび他の使徒等に向い、「兄弟の人々よ、我等何をなすべきぞ」、と云いければ、ペトロ云いけるは、「汝等改心せよ、かつ罪を赦《ゆる》されんために、各イエズス・キリストの御名によりて洗せらるべし、然《さ》らば聖霊の賜を得ん。蓋《けだ》し約束は汝等のためにして、また汝等の子等、および総て遥かに遠ざかれる人、我等の神たる主の召し給える一切の人のためなり」」と。「かくて彼の言を承《う》けし人々洗せられしが、即日弟子の数に加わりし者約三千人なりき。しかして堪え忍びて、使徒等の教えと共同生活と、麪《パン》を擘《さ》く事と祈禱とに従事し……総て一所にありて何者をも共有にし、動産不動産を売り、面々の用に応じて一同に分ちつつ、なお毎日心を同じゅうして長時間〔神〕殿に居り、家々に麪を擘きて、喜悦と真心とをもって食事をなし、諸共に神を讃美し」（同第二章三七―四七）奉った。

すなわち彼等はことごとくペトロを中心とする使徒団の周囲に集って、同心一意の団体をなしていた。彼等の神は一、キリストも一、信仰も言葉も一であり、而《しか》してその一致たるや形式でも画一でもなく、充満せる生命の統一であった。パウロが後年「体は一、精神は一、なお汝等が召されたるその召の希望の一なるがごとし。主は一、信仰は一、洗礼は一、一同の上に在し一同を貫き、一同の中に住み給える一同の神および父は一のみ」（エフェゾ書第四章四―六）と録したのは、彼の理想ではなく、教会の現実そのままの描写である。

聖霊と活ける言による信仰相伝

然らばこの信仰は、いかにして我等にまで伝わったか。その活ける言と活かす霊によるは、使徒等の場合と毫末《ごうまつ》も異ならない。主イエズスはその使徒を、御教えもて聖霊の降臨に対して準備し給うた。使徒もまた「汝等に臨み給う聖霊の能力を受けて、汝等はイエルザレム、ユダヤ全国、サマリア、地の極に至るまでも我が証人とならん」（使徒行録第一章八）との主の預言通り、言の役者として活動した。彼等のあるものは、なるほど記録を残したにはちがいない。十二使徒のうちでは、マテオとヨハネは主の御生涯と御教えとを書き残している。ペトロ、ヤコボ、ヨハネ、ユダ等の簡単な書簡も残っている。後に加わったパウロには、周知のごとくキリスト教神学の最初の文献ともいうべき、幾多の重要なる書簡がある。ペトロの説教はマルコ書に残り、パウロの活動や、初代教会の事蹟、また比較的綜合的な主の御生涯の記録としては、ルカの著述がある。

　しかしその何《いず》れを採るも、あるいは全体を観るも（新約諸巻の集成は使徒の時代を距《へだ》ること遠き後代の事に属する）、皆彼等の活《い》ける言葉による伝道の補足または釈明として、場合によっては、パウロのロマ書におけるがごとく、その準備として書かれたものであって、これ等の書によってキリスト教の全班を伝えんとするがごとき意図は、もちろんなかった。概論や体系は、当時の流行ではなかった。また彼等はいずれも、書斎裡に静思して筆をやるがごとき閑人でも学究でもなかった。活ける言葉を離れて、ただ聖書によってのみキリスト教を捉えんとするがごときは、近代人の浅薄なる発案の一つであって、すべての便利ないわゆる文明の利器同様に、とかく人間を横着《おうちゃく》にする弊がある。パウロは晩年その愛弟子チモテオに書き贈って言う。「数多《あまた》の証人の前に我より聞きし事を、他人に教うるに足るべき、忠実なる人々に托せよ」（チモテオ後書第二章二）と。

然らばかかる聖伝がもしくは説教のみが、信仰を人に与え得ると彼等は考えたか。主はすでに「我を遣わし給いし父の引き給うにあらずば、何人《なんびと》も我に来ることを得ず」（ヨハネ聖福音書第六章四四）と宣《のたも》うた。ペトロも前掲のごとく「汝等改心《さ》せよ、かつ罪を赦されんために、各イエズス・キリストの御名によりて洗せらるべし、然らば聖霊の賜を得ん」と説教している。神の言を伝道者よりききてこれを受け容れる者が、最後の超自然的の確信にまで達するは、偏《ひと》えに聖霊の賜である。

信仰の増すも始まるも、また、それによって我等が神を信ずるに至る信ぜんとする意志すら（credulitatis affectum）――そは不信者を義とし、我等を聖《きよ》き水洗の新生にまで到らしむるものなるが――聖寵の賜なり。かくのごときは我等の意志を不信より信仰にまで、不信心より敬虔にまで至らしむる聖霊の黙示によらず、自然的に我等の心の内に生ずると云う者あらば、彼は使徒伝来の信条に背《そむ》くこと明らかなり。聖パウロ云いけるは、「汝等の中に善業を肇め給いし者の、キリスト・イエズスの日まで、これを全うし給わん事を信頼せり」（フィリッピ書第一章六）。また「汝等キリストのために賜わりたるは、ただこれを信ずる事のみならず、またこれがために苦しむ事なり」（同第一章二九）。さらに「蓋《けだ》し汝等が信仰をもって救われたるは、恩寵に由るものにして自らに由るにあらず」（エフェゾ書第二章八）と。（五二九年アラウジオ公会議カノン五。Denzinger, 178）

サウロの改心の例

しかしながらこの聖霊の黙示は、教会と離れては働かぬものである。サウロの改心のごとき例外的な奇跡の場合ですら「主曰いけるは、起きて、市中に入れ、汝のためすべき事は彼処にて告げらるべし」（使徒行録第九章六）とて、弟子のアナニアが遣わされた。「ここにおいてアナニア往きて家に入り、サウロに按手して、兄弟サウロよ、汝の来れる路にて汝に現れ給いしイエズス、汝が視力を回復し、かつ聖霊に満たされんために我を遣わし給えり」（同第九章一七）とある。

サウロの改心は決してキリストと彼との間の私事ではなく、彼が迫害せるキリストの体たる教会の一員たる弟子のアナニア――「我は汝の迫害せるイエズスなり」の一言の裡に、エフェゾ書の教会観のすべてが含まれ居る点を注意せよ！――すなわちキリスト者としての生涯を始めたのである。

かくて彼はペンテコステの日に生まれた教会の一員となったからこそ、その時は「血肉に謀らず、またイエルザレムすなわち我先輩なる使徒等の許《もと》にも往かず」（ガラチア書第一章一六―一七）、その後三年を経てペトロを訪問し、さらに十四年後には神託により聖都に上り、彼の異邦人に宣べる福音を教会の首長等に告げ知らせた。「これ万一にも走ること、またかつて走りし事の空《むな》しくならざらんため」（同第二章二）であった。かくて「柱とも見えたるヤコボとケファとヨハネとは、我に賜わりたる恩寵を弁えて、一致の印として右の手を我とバルナバとに与えたり」（同第二章九）。それもそのはずである。「アンチオキアの教会に、数人の預言者および教師ありて、その中にバルナバと、黒人と名づくるシモンと、クレネのルシオと、分国の王ヘロデの乳兄弟なるマナヘンと、サウロと在りしが、彼等主に祭をなし、かつ断食しけるに、聖霊曰いけるは、「汝等バルナバとサウロとを我ために分ちて、我が彼等に任じたる業に従事せしめよ」、と。ここにおいて彼等断食および祈禱をなし、両人に按手して、これを往かしめたり」（使徒行録第十三章一―三）と。すなわちパウロの信仰も伝道も、教会の一致の裡に行われたので、彼が主より受けた特別な黙示は、決して彼を無教会主義者にはしなかった。同一の教えが同一の霊によって活かされ、諸地の教会を同心一意ならしめた。而してこの一致の霊は、目に見ゆる洗礼と按手との秘蹟によって信者に与えられ、洗礼は彼等をこの新しき霊的団体の一員たらしめ、按手はこの結果をかため完《まっと》うした。この体験がパウロをして「然《さ》て主は彼《かの》霊なり、主の霊ある処には自由あり」（コリント後書第三章一七）と言わしめた。

　福音書はイエズスの面影《おもかげ》を髣髴《ほうふつ》せしむるに止って、主の活ける御姿をそのまま伝えうるものではない。いわゆる高等批評の混乱と個人的解釈の矛盾が、この事の最もよき証拠である。イエズスについての全《まった》き一致あるは、カトリック信者の間においてのみである。我等は全きキリストを、聖書からではなく、全教会の普遍的な信仰生活から学んだからである。アウグスチヌスが「カトリック教会の権威が余を動かすにあらずんば、福音を信ぜじ」（Ego vero evangerio non crederem, nisi me Catholicae ecclesiae comoveret auctoritas. Contra eq. Manichaei,

c. V）と言ったのは、この活ける事実をさしたので、プロテスタントのいわゆる「教権の強要」なぞいうこととは霄壌《しょうじょう》の距ある事なのである。

カトリック信者とは何ぞ

かくのごときは実に、プロテスタントの教会に対する態度に関しては、想像だにできぬ点であろう。而してかかる心持が偽《いつわ》らざる事実であることを、実験的に示した面白い話がある。私の知人でベルギーのルーヴァンで神学教授をしているピエール・シャル博士（同師の『日本の将来とカトリック』と題する小著は、カトリック研究社から出版されている）は奇抜な研究家であるが、一時機会ある毎に知らぬ人に会うと、いきなり「君はカトリック信者か」ときいたものだ。「そうです。」間髪《かんはつ》を容れず「君、カトリック信者て一体どんなもんだ」と、第二の質問の矢が放たれる。博士はかくのごとく数百人を試験した結果を、綜合して言う。「何か高尚な返事をしようと思って躊躇《ちゅうちょ》した少数者を除いて、皆一様《いちよう》に教会によってカトリック信者を定義しようとした。曰く、まことの教会に属する者、曰く、教会と教皇と一致している者、使徒伝来の教会に属する者等で、結局教会を外にしては信者は意義を有せず、大なる全体から引き離された無意味な残り物、無自覚な存在、形なき破片と考えられる」（*La Robe sans couture*, Bruges, 1923, p. 126.）ことを明らかに示した。

カトリック信者の信仰意識においては、神、キリスト、教会は三位一体であって、そこになんらの背反《はいはん》も矛盾もあり得ない。教権か聖霊かというがごとき背反は、どこにも存在し得ない。彼にとっては、教会はキリストであり、その能力たる教権は、すなわち聖霊の働きそのものである。しかし彼のこの信仰は、リヴァイヴァル式の感情昂奮の裡に感得したものではなく、冷静なる思慮の後の沈着なる決断の結果であるから、事後に自ら顧《かえり》みて、その信仰内容を抽象的に分析することも可能である。彼は教会において、人間的な、従って不完全な要素のある事を知る。これあるがゆえに彼は信者であって、直観者ではないのである。彼が信者となったのは、教会がまとえる不完全な人間的な衣裳の裏に、キリストを認めたからである。教権がその認めたるキリストの意志を代表する限りにおいて(代表しなくなった瞬間にそれは教権でなくなる)、その命令が聖者によって彼にまで伝達さるると、小人によって下さるるとは、あえて問う所ではないのである。彼の信仰は、むしろ後の場合においてその貴き働きをなすのである。

彼は目に見ゆるキリストの代表者の権限を知っている。彼はいつもカルジナル・ニューマンと共に"To my conscience first, and then to the Pope" (*Letter to the Duke of Norfolk*) と言い得るのである。教権は地獄の門がこれに勝ち得ざるほど強きものであると共に、彼の正しき良心をも、自然法をも、聖伝をも、冒し得ぬ底《てい》のものである。それは群小教会の小法王においてしばしば見るがごとき、独裁者の主観的見解を容るるに由《よし》なきものである。一旦《いったん》彼が信じて許した以上——そうしてこれはたしかにカーライルさえ認めねばならなかったように、彼の良心による個人的判断 Private judgment であった——彼は細心の用意をもって、その母とよぶ聖会への忠誠を貫かんとする。この心理は門外漢にはしばしば不可解なものであるが、新教学者でありながらカトリック教国に生まれただけに、サバチエ（Paul Sabatier）はこの心持をよく描き出している。新教者には稀なるこの洞察を、彼は恐らくそのアシジのフランチェスコ研究に負うておるのかも知れぬ。曰く、

カトリック信者は神に向って「我等の父」と云うが、教会について語る時には「我等の母」と呼ぶ。彼がこの世に目覚むるや否や、すでに彼の揺籃《ようらん》の上に身を屈むる彼女を見出す。而して天に在《ましま》す父の名を片言まじりに唱うることを教えるのも、彼女である。カトリック信者の教会との一致結合は、単なる意志や推論の結果ではなくて、彼の道徳生活における云わば純粋体験（fait initial）なのである。彼は赤子がその母を信ずるがごとく、自然に彼女（教会）を信ずる。教会が彼の魂を占むることの速かにして完全なるは、彼の体験においては、教会と彼の魂とが不可離と云わんよりは、むしろ同一の存在であると云った方が当っている。この根本的事実の無視が、カトリック反対のプロパガンダの失敗を説明する。個々の信者やその集団を一切の教会的感化より引き離すことは必ずしも難事ではないが、余の知る限り、彼等に新しき霊的環境を与うるに成功した例をきかぬ。そはあたかも、孤児に母を与え得ぬと同様である。（*L'orientation religieuse de la France actuelle*, Paris, 1911, p. 314, note 1.）

教会と個人の自由

蜜蜂の生活は、彼の巣窩《そうか》から離しては了解し得ない。また幹なしには、葉や花や果実は生じてこない。同様に教会を離れてカトリック信者を理解しようとしても、出来るものではない。彼は自らを全体の部分と心得ている。教会は彼にとって蜜蜂の巣のごとく、枝葉の幹のごときものである。それから分離するのは、自由の獲得ではなくて自滅である。葡萄《ぶどう》の枝たる彼は、樹に止るにあらずんば果を結ぶことができない。彼にとっては教会は不可謬であり、神より意志されたる制度として完全なものであり、聖にして真なるものである。教会は永遠の生命の約束を有する。教会はまた罪を赦《ゆる》す権を有する。彼の道徳生活の傷痍《きず》をいやし、霊的生命を豊かにするのは教会である。傷つける肢の苦を軀全体が苦しみ、その傷を全体の生命が癒すのである。彼にとって教会はまた真理である。そのドグマは教会が教うるがゆえに信仰され、聖書は教会が保証するがゆえに神の言として受け容れられる。蜜蜂の生命を保護し、完《まっと》うし、これに目的と意義を与えるのは、その巣窩を中心とする団体生活であり、枝葉を活《いか》し、花や果実を結ばせるのが、幹を通じての樹木全体の生命たるがごとくである。

彼は聖パウロの用いし言そのままに、実際全体を組織する一つの肢である。彼は全体たる教会の肢であればこそ、全体的生命の完全な営みを保証する教権は、彼にとっては桎梏《しっこく》ではなく、かえって彼をしてより安全にかつ豊かに肢としての職能を発揮せしむる必要条件となる。四肢の敏活な運動は全体の健康にまたねばならず、統制を失った身体に健康は宿らない。強固なる主権が秩序を維持する国家においてのみ、市民はその特性を最も自由に発揮《はっき》しうるのである。真の自由は無政府状態において存在し得るものでない。

教会は信仰と道徳を傷つけぬあらゆる宗教生活の形式を、包容し助成する。彼女の子等のあるものは、聖ベネジクトのごとく、浮世離れのした修院で美しき祭祀と丹念《たんねん》な研究とによって織りなされる静観生活を営み、あるものはアシジの聖者の跡を慕うて清貧の道を辿り、他のものはドミニコ教団的の伝道と学習の生涯に身を委ね、あるいはイエズイットのごとく教会の近代的騎士として霊戦の第一線に立つもの、聖ヴィンセンチウス・パウロの徳を学んで慈善的社会奉仕に専心するもの、トラピストやカルトゥジアンのごとく、山林や独房に難行苦行をもって終始するもの、カルメル会の男女修道士のごとく、真理と愛の観想にいそしむもの等、実にあげて数うべからず。神の園生には、聖徳の花は千々《ちぢ》に咲き乱れる。プロテスタンチズムはこれと比肩《ひけん》し得べき何を産んだであろうか。局外者が目して個性の牢獄となす教会は、実に天空海闊《てんくうかいかつ》の霊の道場である。彼女は童貞をほめたたうると共に婚姻を祝福し、家庭を聖別する。あらゆる職業を聖化し、すべての社会的活動と組織に対して指導的原理を提撕《ていせい》する。圧制ではなくて、善導の機関である。

カトリック信者の服従観

カトリック信者は服従をもって誇りとする。その服従が、全体の部分たる彼の個性を発揮せしめ、彼の人格を鍛錬するのである。「我は真の葡萄樹にして、我が父は栽培者なり、我に在る枝の果を結ぶ者は、なお多く果を結ばしめんために、ことごとくこれを切り透し給うべし。」

教権は全体の生命のためであり、全体の生命は結局枝たる彼のためである。これを代表する教皇はまことに「神の僕等《しもべ》の僕」（Servus servorum Dei）であり、カトリック信者がその聖座の前に跪くのではない。彼の信仰は、教皇において全体の首たるキリストを見る。而《しこう》して日毎《ごと》に「汝の教会の牧者としては頭たる事を望み給いし汝の僕を顧み給い、希《ねが》わくは言と行とをもってその率ゆる民に益あらしめ給え」（famulum tuum quem pastorem Ecclesiae tuae praeesse voluisti propitius respice, da ei quaesumus verbo et exemplo quibus praeest proficere）と祈る。

さればカトリック信者は、聖公会の人などが法王に名誉的優位（Primacy of honour）を譲ってもいいなどという妥協案を提出する時に、その浅見を笑わざるを得ないのである。もしも法王がキリストの目に見ゆる代理者でないのならば、彼は何者でもない。いくら法王領を擁していても三重冠を戴いてヴァチカン宮裡に蟠踞《ばんきょ》していても、彼は一介《いっかい》の平信者と撰ぶところがないのである。しかるに Primacy of honour などとは、それこそ偶像崇拝で、異教復興である。

カトリック信者は身を法王に売るのでもなく、その奴隷になるのでもなく、彼の代表すると信ずるキリストの権威に服するのである。だからダンテは、彼が目してその私行がこの高き位にふさわしからずとした悪法王等を、容赦《ようしゃ》なく彼の地獄へ投じた。彼のみならず中世の敬虔《けいけん》なる画家等が、古き教会や修道院の壁に最後の審判の図を描いた時、永遠の火の中に追いやられる悪人の群の中に、神聖なる使命を汚せる教職者や破戒修道士等の姿を、遠慮なく加えている。僧俗階級の上下と聖徳の高低とは、自ら別事である。我等は他人の良心の審判は、人によって偏《かたよ》り給う事なき神にお任せする方が安全なるを知っている。カトリック信者の信仰が自己満足の信仰ではなくて、アブラハムがその独子イザアクを犠牲にするを辞せなかった底《てい》の聖旨の無条件的承認であり、これに対する絶対の服従であることが、この点においても明らかにされる。キリストの制定せる教会において教権を代表するものが、時として不幸にもその任にふさわしからぬ際すら、その悪人ゆえに団体統制のための聖霊の働きは消滅しない。アウグスチヌスの言をかりて言えば、神が悪を許し給うは、その悪より、より大いなる善を導き出すことを得給うほどに全能であるからである。

ダンテの体験

現世に免れがたき人間的な不完全を通じて、いかに神の業が徐々に人の意表に出ずる道を辿って成就されるか、特に教会における教権と聖霊との離るべからざる関係について、我等は己の苦しき、しかしながら貴き体験を物語っている偉大なる詩人ダンテの言を傾聴すべきである。その青年期に際しては、当代の教職者間の紊乱《ぶんらん》が、彼を教会に対して懐疑的にした。彼もアダムの子の一人として、高慢の獅子や肉欲の豹によって、救いの丘への道をはばまれた。しかし最後に向上の希望を失わしめたものは、彼自らは与り知らざる、しかしながら当代の教職者の間にその威を逞《たくま》しゅうしていた貪欲の狼であった。

その姿を見て恐れ、高きに上る望を失えり
Con la paura ch'uscia di sua vista,
ch'io perdei la speranza dell'altezza. (*Inferno*, I, 53-54.)

彼の傷つける心は、ベアトリーチェの代禱によって医《いや》される。彼はあくまで法王の俗権拡張に反対したが、中年に及んでその教権の前に謙遜《けんそん》に跪くことを学び、秘蹟の齎《もたら》す豊かなる聖寵を受け容れた時、一三〇〇年の大赦の年を期して、その心の富を傾けて聖き愛の歌なる大作 *Divina Commedia* に着手し始めたのである。彼はこの体験を、皇帝ユスチニアヌスの口を藉りてかく物語る。

われ教会に足を踏み入るるや否や、神はその恩寵によりてこの高き事業をわれに黙示し給い、われ心をあげてこれに従事せり
Tosto che con la Chiesa mossi i piedi
a Dio per grazia piacque d'ispirarmi
l'alto lavoro, e tutto'n lui mi diede. (Par. VI, 22-24.)

ダンテをして偉大ならしめその名を不朽にしたものは、その青年時代の放縦や懐疑ではなくて、苦き経験によりて学び得たる服従と謙遜との教訓であった。この巨人の証明の前には、

教権に対する屈従が個性の発展を阻害するとか、文化の敵であるとかいう無教会論者の言い草は、いかにもみじめに見える。いわんやダンテをもって無教会主義の例証として得々たるに至っては、ただただ驚くの他はないのである。

カトリック教会と神秘主義

「汝大ならんと欲するか。しからば最も小さき所より始めよ。大廈《たいか》高楼《こうろう》を築かんと企つるか、まず謙遜の基礎について慮れ。……建物の大なるに従って、より深く土台を掘らざるべからず」(*Sermo* 10, de verbis Domini) というアウグスチヌスの訓戒は、カトリック教会の聖者において実現されたるを見る。前掲のフリードリヒ・ハイラー教授は「最大の神秘家は、異端者ではなく、カトリックの聖者達であった」(*Der Katholizismus;* München, 1923. S. 538) ことを許さねばならなかった。その中の一人でありカトリック神秘神学の権威たる十字架の聖ヨハネ（一五四二－一五九一）は、その著『カルメル登山』中に録して言う。

余は近頃の出来事を不思議に思う。今日ではかろうじて観想して得るに至った魂が、多少精神を集中し得た際に上述のごとき声を内心にきくと、直《ただ》ちにこれをもって神の言ときめこんで、「神我に語り給えり」と高言するのである。ところが事実はそうではなくて、彼は独《ひと》りで自問自答したにすぎぬ。（第二巻二九章）

これ等の声をきいた時に、それが善き霊よりこようが悪しき敵よりであろうが、決して直ちにその言うところを行ってはならない。これを経験ある指導師かまたは賢明で分別のある人に打ち明け、その教訓をうけていかにすべきやを考うることを決して忘れてはならぬ。

一番大切なまた安全な法則は、それがいかに重要なものと見えようが、これに価値を認めず、かえって万事において理性と教会の教えによって導かれる様にする事である。(同三〇章)

この理性と教会への服従とが、カトリック神秘主義の健全と偉大との秘訣《ひけつ》である。とかく聖霊の示しをうけがちのプロテスタント伝道者は、もう少しこの金言を味ったならば、未信者の嘲笑を買うことも少なくなろう。そうしてそれは、カトリックの聖者の場合のごとく、決して彼等の価値を減ずることにはならないであろう。余はここに近来流行のハイラーを引証したが、かくのごとき見解はカトリック神秘主義の研究がすすむにつれて、漸次一般的になりつつある。私が頃日《けいじつ》手にしたスイスのロザンヌで発行さるるカルヴァン主義の「哲学および神学評論」誌上に、エミール・ロンバール(Emile Lombard)は修道主義を弁護せる一節に付註して曰く、「聖女テレジアの著述は、純粋に心理的興味よりこれを読む人には多くの発見に富み、また修道主義に対し余り同情のないキリスト教の環境中に育った者といえども、この偉大なる修道女の記録の中に、理智の鋭き閃きと共にイエズス・キリストに対する真の愛の純にしてかつ熱烈な炎を認めぬ訳にはゆかぬ」(*Revue de Théologie et de Philoso-*

phie, nos 64–65, p. 182, note I.）と。

これらの事実は、プロテスタントの偏見がいかに根拠なきものであるかを物語る。すなわち人間の不完全は、神の啓示を妨げない。信仰はそのために与えられる。それは実に「希望すべき事物の保証、見えざる事物の証拠」（ヘブレオ書第十一章一）である。教権は決して正しき自由を拘束せざるのみか、かえってこれを保証し、正しき個性の発展を妨げざるのみか、かえってこれを助長する。また教会の規律は放縦を押えるが、霊の働きを善導しかつ健全にし、病的な宗教妄想に馳せるのを防ぐ。かくて謙遜《けんそん》と服従とは、最高の学芸と聖徳との母となるのである。

カトリックの宗教体験観

最後にカトリック信仰と個人の宗教体験とについても、一言しなければならない。プロテスタントはカトリックが個人の宗教体験を宗教的真理の規範とすることに反対するのゆえをもって、しばしば体験そのものの価値をも否定するかのごとく誤解する。そうして形式的信条を強要するのだとか、信条を観念的に承認するに止るとか言う。我々は宗教的真理が体験せられ、味得せられ、個人がその内心の事実から真理についての確信を得られるのを否定しているのではなく、ただかかる種類の心証は、その本人には極めて有力な、ある場合には毫《ごう》末《まつ》の疑念をすら挟む余地なきものであろうとも、それをもって他人に臨むのは、心証の性質上無理であると言うに止る。カトリック信者が自分の体験を振り廻わさぬところから推して、彼等に宗教的体験なしなぞと断じたら、それこそ大間違《おおまちが》いである。

試みに真面目なカトリック信者の面前で、聖体におけるキリストの実在やミサ聖祭における祭壇上のその臨在をなんらかの理屈で否定してみるがよい。彼は多くの場合、笑って答えないであろう。それは彼の父母は彼を愛せず、彼の兄弟は彼を識らずと他人が言うのと等しいからである。彼が多少なりと心霊生活に深入りした者であるならば、イエズスは彼にとって、この世のいかなる愛にも比ぶるに由なきほどの者であるに相違ない。人間愛のいかなる言い表しや形容をもってしても、未だ足らざる程の何物かが、彼の胸底に燃えているであろう。朝まだき、祭壇の前に跪いて聖餐の卓に連る時、あるいは静かなる夕の祈りの間に、もしくは夜半の目覚めに、その昔エンマウスの村さして旅せし弟子のごとく、「我等の心は胸の中に熱したりしにあらずや」(ルカ聖福音書第二十四章三二)と叫ばぬ者があろうか。『イミタシオ・クリスチ』の録す主とその弟子との親しき会話や交わりは、決して稀有《けう》の体験ではない。それはすべての熱心な信者の日常経験なのである。さればこそかの書が、あれ程にもカトリック信者の間に愛読せられるのである。もちろんトマス・ア・ケンピスの愛読者は、プロテスタントの間にも多く見出されるには相違ないが、彼等は必ずや自己の精神生活と齟齬《そご》する多くの部分を見出すに相違ない。「わが心の中をよくもかくまで書いてくれた」という感を有する者は、恐らくカトリック信者の中にある程多くはあるまい。人間の顔の型は同じでも人相は千差万別であるように、心の中はなおさら異なっているであろう。それにもかかわらず『イミタシオ』があれほど我々をひきつけるのは、あの体験の記録に一種の普遍性があるからである。トマス・ア・ケンピスは「余はいつ、どこで、かくのごとき経験をした」とは書いていない。彼の深き具体的体験（あの本を理屈や想像で書き得たと思う者があろうか。もしあれば、福音書が宗教的想像の所産だなどいういわゆる高等批評家位なものであろう）の底にこもる普遍的なものを活々《いきいき》と描き出してきたところに、あの書の生命がある。

　これをルターの書いたものなぞに比べると、雲泥《うんでい》の差がある。ルターは絶えず自分の体験に理屈をつけている。そうしてその理屈が彼の行為をジャスチファイする。それは今日でもプロテスタントの好んでするところなのである。まず聖霊をうけたとか、聖霊の示しがどうだとかの自己弁護から始る。その実お説教の十中八九までは、自分の体験とは関係のない修辞的語句か理屈かにすぎない。それもそのはず、一年には三百六十五日あるのに、そう毎日語るに足るほどの体験が次々と都合よく出来るものではない。余計なお世話ではあるが、私は主日毎に教壇にたたれる新教の牧師や諸先生の大胆と勇気とに敬服すると共に、自己批判の能力のある人にはさぞかし苦しかろうとつくづく同情する。彼等の間に自ら省みて、「口は心の満つるによりて語る」と言い得る者が幾人あろうか。

　これに反して、カトリックの態度は極めて慎みぶかい。所詮《しょせん》我々にとっては、心の中のことは神を相手のロマンスであるから、これを衆人環視の中にさらけ出すことは何となく憚《はばか》るのである。「汝と我」とで沢山である。その限りにおいて、色彩こそ異なれすべての信者に共通の事なのだから、特に書き立てたり吹聴《ふいちょう》したりする必要を感じない。また自分の体験がそれ程特殊なものだなぞいうプリテンションを持ってはおらぬ。またそんなうぬ惚《ぼ》れがもてようはずもない。我々は数限りもなき聖人伝を有する。それが最高度のカトリック宗教体験の記録である。（カトリック宗教生活の真髄を捉えんとするプロテスタントは、理屈や議論はぬきにして、正確な歴史的方法によって書かれた聖人伝をよむのが一番近路だと思う。）我々は自分の修養のためにそれ等を読む。そうして常々自分等の宗教生活が、いかに浅薄であるかを痛感している。「私の体験によれば」なぞと、大きな顔して言えたものではない。我等は教会から、聖者の貴き体験を可能にした信仰とその実行の方法とを教えられ、祈りと秘蹟との裡にこれを日常生活に応用する力を汲むのである。

日曜礼拝の場所としての教会は、いわば学校である。学校で学んだ事を人生に活用する。日曜の祭式は、その原動力を供給する。だから牧師や長老の体験なぞを拝聴する必要はない。それは彼等のことで、わが事ではない。カトリックは「これからだぞ」と思って、日曜日に教会の門を出て浮世にかえる。彼の宗教生活は教会内に限られない。多くのプロテスタントにとっては、修辞と讃美歌とで作った雰囲気の興奮がさめると、すべての宗教が消滅する。牧師や長老も一度教壇を下れば、いかにしてわが妻を歓ばし、わが子を養うべきかを考えねばならぬ。その上に先生々々と青年男女に崇拝されたり、時としてはその反対に憎まれたり悪口言われたりするのだから、堪《たま》らない。実につらい生活だろうと思う。カトリック信者にとっては、祭壇に立つ司祭は、日本人でも外国人でも、雄弁でも、訥弁《とつべん》でも、少しも差《さ》し支《つか》えない。彼がいかにその代表する大司祭キリストにふさわしくあるべきかは、彼自身の良心の問題である。信者は彼の良心にまで立ち入らない。要は彼が敬虔《けいけん》に聖祭を執行し、忠実なる神の奥義の分配者であればいいのである。人間的才能の有無は問題ではない。
かつて修道生活の讃美者なる一牧師が、安息日にカトリック教会を訪れて聖祭に列し、式後驚嘆して曰く、「説教もなく、聖書の朗読もなく、何百の会衆がただ祈りかつ歌い、一時間余に亘《わた》って絶えず敬虔の態度を持続して倦怠《けんたい》の色をみせぬのは、実にえらい事である」と。私にはこの感想は一寸《ちょっと》意外であったが、考えてみて成程《なるほど》と思った。名は同じキリスト教でも、実質は彼我全然異なった宗教である。我等は主日の礼拝に際して、活《い》けるキリストにきき、活けるキリストに物語るのである。
「イエズスある村に入り給いしを、マルタと名《なづ》くる女自宅にて接待せり。彼女にマリアと名くる姉妹ありて、これも主の足下に坐して御言を聴き居たるに、マルタは饗応の忙《せわ》しさに取り紛れたりしが、立ち止りて云いけるは、主よ、わが姉妹の我一人を遺《のこ》して饗応さしむるを意とし給わざるか、然《さ》れば命じて我を助けしめ給え、と。主答えて曰いけるは、マルタ、マルタ、汝は様々の事につきて思い煩い心を騒がすれども、必要なるは唯一のみ、マリアは最良の部分を選めり、これを奪わるまじきなり、と。」(ルカ聖福音書第十章三八—四二)
マリアの心持をマルタが了解しないのは、無理もないことである。マリアはバイブルを手にしてベビー・オルガンを奏しながら、街頭に己の体験を語らなかったであろう。

第十五章 公教会

第十八課　第九条
聖公会　諸聖人の通功
第一項　公教会の事

128 イエズス・キリストは何をもって御教えを万国万代まで伝え給うか。
イエズス・キリストは公教会を立て、これをもって御教えを万国万代まで伝え給うのであります。

129 公教会とは何であるか。
公教会とは真の教えを保ち、イエズス・キリストの定め給うた頭に従う信者の団体であります。

Ekklesia の語原の歴史

使徒信経のいわゆる聖公会——エクレジアの語原は、ギリシャ語の「召集する」という動詞からきている。昔ヘラスの諸都市で公事を議する時、市民を召集するために市中にふれて歩く者があった。かくのごとくして召集された市民の集合が、すなわちエクレジアである。頃日《けいじつ》ある無教会主義者が、エクレジアを教会とせずに「召団」と訳せよと主張していたが、その教会的偏見を別にすれば、語原的にはこの主張は根拠あるものである。なるほどエクレジアは神の国に召された者の団体である（「旧約と新約」一二一号、四五五頁参照）。

古代のエクレジアは、都市《ポリス》の制度であった。一都市の市民が相集《あいつど》って共同生活に必要な法的行為を決定する時に、エクレジアは召集された。換言すればエクレジアは、ヘラス諸都市の文化生活の可視的に現れた機関であった。アレキサンデル大王の統一以前に、ギリシャ文明を統一ある社会生活の形に表現した組織は、まさにこのエクレジアの制度であった。それは明らかに法的秩序の具体化である。我等は使徒行録第十五章二八節に録されたイエルザレム会議決議文の結句、「蓋《けだ》し聖霊と我等とは、左の必要なる事を……宜しとせり」（edoxe tô pneumati tô hagiô kai hêmin）が、古代都市の決議文の常例句《じょうれいく》「議会と民衆とは左の事を……宜しとせり」（edoxe te boulê kai tô dêmô）——これは古代ローマの Senatus populusque を想起せしめる——と驚くべきアナロジーを有する事を発見する。

而《しこう》してこの地上の国と神の国とのアナロジーは、決して偶然の暗合ではない。エクレジアは、神国の市民が神への共同奉仕のために召集せられた時に、成立する。その奉公は今日もなお、古代ギリシャの諸都市においてありしごとく、公務（Leitourgia, Liturgy）であって、各人が各個気儘《きまま》に行う私事ではない。今日キリスト教会においてLiturgyの名をもって呼ばるるに至った聖務――共同礼拝の祭祀式典は、昔日《せきじつ》のギリシャにおいてはLeitourgia, public office or chargeであった。さらにこの神の国のエクレジアの権威継承の表徴たる按手礼《あんしゅれい》が、地上の国のManumissioすなわち自由人の権利を与えられる奴隷解放式と、多くのアナロジーを有する点も注意に値する（cf. Erik Peterson; *Die Kirche*, München, 1929, S. 14–15, Anmerkung 19.）。

かくのごとくエクレジアの語は、俗臭芬々《ふんぷん》たるものである。私は無教会主義者が「教会」という語を嫌うて召団と改訳せよと主張するを諒とするが、この改訳が幾何《いくばく》かのギリシャ語の知識を表白する以上には、なんら彼等の主張を裏書きしないのを遺憾とする。もし私が無教会主義者ならば、エクレジアなどいう語はキリスト教から抹殺《まっさつ》してしまうであろう。

しかるにかくのごとき法的秩序とは不可離の語が、神の国の名称として採用さるるに至ったのは何故《なにゆえ》か。最初にこの語を採用せる人達は、この語の意義に通じなかったのか。恐らくそうではあるまい。彼等はこの語をもって彼等の意味を表すのに適当と信じたからこそ、採用したのであろう。

この語がキリスト教によって採用さるるに至ったのは、ギリシャ訳旧約聖書を経たからであって、七十人訳がヘブレオ語のQâhalまたはlahaquâh――人民、時としては悪人の、しかし特にイスラエルの選民の、集団を指す（詩篇第二十五篇五、申命記第四章一〇、第九章一〇、第十八章一六等）——をエクレジアの語をもって訳せしに始まる。

新約聖書では、この語は少数の例外（たとえば使徒行録第十九章三二は単に群集の意）を除けば、キリスト信者の団体を意味する。詳しく言えばそれは一教会、または一地方の信者を指す事もあれば（コロサイ書第四章一五、使徒行録第八章一、コリント前書第一章二）、信者全体を意味することもあり（コリント前書第十章三二、エフェゾ書第一章二二、マテオ聖福音書第十六章一八等）、あるいは信徒の集会そのもの（コリント前書第十一章一八、使徒行録第十二章五、第十四章二七）、あるいは監督に牧さるる信徒（使徒行録第二十章二八）をいうなど、言葉の異なれる色合いはあるが、根本義は同一である。

現存するキリスト教文献中「カトリケ」（Katholikē）の形容詞を冠する最古の例は、アンチオキアの聖イグナチウスが一一〇年前後にスミルナ人へ宛てた書簡中（八ノ二）に発見されるが、信経に使用されたのは、恐らくこれより古いことであろうと思われる。

アウグスチヌスに至って聖公会をもって「天地を包括する教会」なりとし、かつそれを天における天使や能力と、未《いま》だ地上に旅する信者の教会とに区別する考え（cf. *Enchiridion* XV）が明らかに現れてきた。中世に至り、トマスはこの考えを敷衍《ふえん》して、キリストがその頭たる教会は天使と人間とをふくみ、元始より世の終りに到るまでにわたり、未だ地上に流《る》浪《ろう》する信者の団体（Ecclesia secundum staum Viae）と、すでに天国に到って神を直観する者（secundum staum patriae）との、二状態に区別した（*Sum. theol.*, III q. VIII a. 4, ad. 2）。後者はいわゆる凱旋《がいせん》の教会（Ecclesia triumphans）、前者は戦闘の教会（Ecclesia militans）である（C. G. IV, 76）。これに煉獄において苦しめる教会を加えて教会の三状態としたり、また地上における教会の歴史を原始の天啓時代、旧約の律法時代、新約の恩寵時代に区分し始めたのは、近世に入ってからである。

なお英独語の Church, Kirche の語原については異説あるも、やはりギリシャ語の Kyrios（主）から派生した Kyriakē, Kyriakon に求むのが正しいらしい。九世紀頃の形に Chiricha というのが残っている。

教会問題の所在

教皇制度が原始教会にありしや、もしくは司教職や司祭職が主の御制定に基づくや否や等が昔は議論されたが、今日では頭からキリストが可視的の団体を創設したという事を否定してかかるのが流行である。これが教会についての問題で、一度主の御創設が肯定さるるや、その他の枝葉の点は自ら解決する。キリスト者である以上には、主の御制定に従うべきは当然であり、この信仰を徹底すると、それが中絶したとか腐敗し切ってしまったとは考え得ぬからである。以下聖書を認めながら組織的の教会を認めぬ人達を目標として、この問題を研究してみよう。

それにはまず、カトリックの主張から明らかにしてかからねばならぬ。そのためには、教会の権威ある典拠を引用するのがよかろう。

永遠の牧者にして我等の魂の監督《エピスコプス》にてましますキリスト）は、救世の事業を永続せしめんために、聖なる教会を建つる事を定め給い、その教会の中に、あたかも活ける神の家におけるごとく、すべての信者は一の信仰と愛との結びによって保たるるなり。(Denz. 1821 Sessio VI Conc. Veticanum)

これヴァチカン公会議議定の一節である。また教職者のモダーニズムの誤謬《ごびゅう》に対する宣誓中にも、「われは確乎《かっこ》たる信仰をもって、天啓の言の保持者また師として、まことの歴史的キリストが地上にいまし し時、御自ら直接に創立し給える教会を信ず。またその同じ教会が使徒階級の頭たりしペトロおよびその後継者の上に永代建てられしを信ず」とある。これによって最も明白にかつ露骨《ろこつ》に、カトリックの立場を示し得たと思う。我々は曖昧《あいまい》な態度は大嫌いである。真理は曖昧なものではない。万人の前に然《しか》り然り、否否《いな》をもって決せらるべきものである。

プロテスタント諸説

(一)「昔のプロテスタントの教義でも、教会はキリストの積極的意志により自ら直接建てたもの」(eine absichtliche und direkte Stiftung Christi) であり、従って「カルヴァン主義にもまたルター主義の一部にも、たとえ潜在的ではあるが、かなり多分の神政的僧侶的要素が保有されている」(Harnack: *Entstehung und Entwicklung der Kirchenverfassung*, Leipzig, 1910, S. 2-3)。しかし今日ではプロテスタントの正統派すら、大体キリストが信者同志教会を組織することを望み給うと主張するが、主が御自身直接にこれを創立し、その組織を定め給うたとか、特に別種の権能を有する聖職階級を定め、その権能を後継者に授け得るなどという事は否定する。

この変遷の経路を概説すれば、キリスト自らの教会創立を肯定した時すら、その教会が如《い》何《か》なるものかについては彼等の間に見解の一致を見出し得なかった上に、可視的教権の否定から出発したがために、当然可視的教会の必要をも拒まざるを得ざるに至ったのである。この同じ論理はさらに、一般的にあらゆる宗教的結社がそれ自身を目的として存在する理由を否認せしめる。結局個人的宗教体験、特に聖書の体読によって喚起される霊的感動が宗教生活の全部になってしまい、これ等の体験や霊感の喚起に利用せらるる限りにおいて、宗教団体は意義を有するに至る。かくのごとくにして、人心の奥底に潜在する宗教的要求が意識の閾《しきみ》を超えて明らかに自覚さるるに至る所に、「啓示」がある。この自覚は、歴史的にはナザレトのイエズスにおいて最高潮に達した。彼の体験を慕うてその言葉にきき、ある程度まで同じ自覚に参与する者が、クリスチャンである。

(二) こうした思想を最初に体系化して、その後のプロテスタント神学を支配するに至ったのは、シュライエルマッハー(Fr. Schleiermacher, 1768-1834)である。彼に至って、宗教と教会とは分離する。宗教は神秘的な敬虔《けいけん》の念、絶対帰依《きえ》の情(Gefühl)であるから、ドグマや理論（Anschauungen）は必要としない。絶対帰依の真情は、人を無限の普遍的生命との活ける交りにまで導く。

Schamhaft und zart wie ein jungfräulicher Kuss, heilig und fruchtbar wie eine bräutliche Umarmung... われは無限の宇宙の懐に息《いこ》い、その瞬間においてわれは宇宙の霊たり。われはそのすべての力を感じ、その限りなき命をわがものとして覚ゆ……かかる瞬間こそ宗教の最高潮である。（*Reden über die Religion*, Krit. Ausg., 1878, S. 78. u. folg.）

この無限の生命との交わりの始まる所に、啓示がある。各個人における宗教の程度は、この体験の深浅によって定まる。歴史的既成宗教の中では、最目的論的《テレオロギシュ》であるがゆえに――人間活動に意義を与うるがゆえに、一神教が最も秀でている。その中でもキリスト教は、イエズスの救いに全人類を与らしめることによって、個人と絶対との交わりを最も高調するがゆえに、すべての宗教に勝る。キリストとの一致によって普遍的生命に参与する事を学び、またある程度までこの生命を決定する。キリストの意識に肖《あやか》ることは、結局上述の意味での宗教に、より深く分け入ることになる。

教会は、すべての宗教において、人間の社会性から必然的に生まれてくるものである。人間は己の宗教体験を語り合うことによって、これを深め得るからである。最初の体験者が宗教の開祖となるごとく、その後を承けて他人を宗教体験に導く妙を得ている者が、自ら祭司となる（Wrede, Ueber das Gesellige in der Religion, oder über Kirche und Priestertum）。これがキリスト教の歴史にも起こった事であり、かくて形式が宗教意識に打ち克ち、聖職階級が権威を振うに至る時——恰《あたか》もキリスト自身が教会を建て祭司を定めしがごとく、教会が宗教を亡したのである。しかしながら教会の本来の趣意は、宗教を亡すには存せず、反って宗教意識を深めてゆく道程にすぎないのだから、結局「真の普遍的教会の断片」（ein abgesondertes Bruchstück der wahren und allgemeinen Kirche）たるすべての教会は、同一のドグマなき真の理想的教会へ向って進まねばならぬ、と。

㈢ シュライエルマッハーの後を追える者にはシュヴァイツァー（Al. Schweitzer, 1875–1965）やプフライデーレル（O. Pfleiderer, 1839–1908）のごとき自由神学者もあれば、エルランゲン学派に属する正統ルター教徒もいるが、最も注目に値するのはリチュル（A. Ritschl, 1822–1889）であろう。

彼にとっては、宗教は神の前における自己審判である。その意味において、神学とも倫理とも全然別物である。宗教は三位一体論とも、原罪説とも、終末観ないし自然神学とも、なんら関係のないものである。唯々人間のイエズスが、彼によって神の愛が人類に示され、かつその間に降るべく神の予定し給える役者なるを信ずるのみ、原始教会とは、この人間イエズスを彼等の主および神と認めた信者の団体である。イエズス自身がいかに考えたかは、我等にとっては最大関心事ではない。なるほど聖書は我等の宗教体験を喚起したり、証したり、または歴史的事実を知るの根拠を与えてくれよう。しかしそれは宗教ではない。宗教に有益な事柄に属するだけである。

なおフランスにシュライエルマッハーの思想を輸入したサバチエ（Auguste Sabatier, 1839–1901）や、『キリスト教真髄』の著者として有名なハルナックに関して、すでに本講義中にしばしば述べたこともあり、今後もしばしば引用されるであろうから、ここに詳論しない。

㈣ かかる訳であるから、自由プロテスタントが挙って、キリストは教会など建て給わざりしのみならず、建つる意志さえ持たなかったというのに、何の不思議もない。もちろんここにいわゆる教会とは、一定の制度、職権、規律等を有する人間的団体の意味である。教会史家クリューガー（Krüger）はいう、「イエズスは彼の神の国の説教において、教会、すなわち法的秩序や組織を有する人間的団体の設立を考えなかった。」(*Handbuch der Kirchengeschichte*, 1911. 1. S. 56.)

そうして「このカトリックの教会という……強固な組織が……いかにして成立したかという問題は、学問的研究が徐々に漸《ようや》く解決し得たところの謎に属する」と。

以下我等は、プロテスタント諸学者のこの謎に対する解答に傾聴してみよう。

彼等の考うる所によれば、最初イエズスにおいてメシアを認めた弟子等は、互いに兄弟として許し、相集《あいつど》った。蓋《けだ》し同じ約束の世継として、個人生活においても団体生活においても、聖霊によりて指導さるべきであると考えたからである。まずペトロがイエルザレムで、ユダヤ教と縁を切ることなしにこの種の弟子達の一団を糾合《きゆうごう》し、相共に聖晩餐のパンを擘《さ》くことを始めた。これがユダヤ派のクリスチャン、ペトロ主義である。これに反して、ユダヤ人のみならず異邦人の間にも福音を宣伝したパウロにとっては、ユダヤ教との分離が必要となってきた。しかし彼自らは、決してユダヤ教とは別なキリスト教独特の制度や祭式や戒律を定めたのではない。上述の事情が、男女同権で、各自が「その霊」を有する一団を生んだのである。そこにいわゆるパウロ主義が生まれた。かくのごとく原始キリスト教団は各独立独自の理想的団体であったが、相互に交通するところから、やがて各団体が一体の異なれる肢であると考えるようになった。特に切迫せる終末観――キリストの速やかなる再臨の信仰と、その期待の産める感激とが、各自の全《まった》き自由を傷つけずに、全体の生命を統轄して行った。

しかし時日の経過するうちに、実際生活の必要や、他の宗教団体の先例が役員の任命を強要した。そこで監督や長老や執事が生まれたが、役員の任免や団体の規律維持の権能は個人にはなく、全体の有するところであった。ようやく二世紀に至って、初めていわゆる「カトリック教会」なるものが出現した。それは上述の傾向が、それまで自治であった地方諸教会をうって一丸となし、唯一の大団体となしたのであった。

この発展の原因としては、グノーシス主義の異端に対する戦い、一致の要求、ローマ帝国の迫害、ローマ帝政の模倣《もほう》、ヘレニズム(ハルナック)やユダヤ教の影響(ゼーベルク)等があげられる。その結果監督は使徒の後継者として教会を統治するようになり、洗礼の際の信仰告白が信経に固定し、霊は消されて、それまで自由なりし教団は法的教会に堕落《だらく》した、と。

(五) 以上は謎の解答の梗概であるが、細目に至っては諸家多少見解を異にしている。

サバチエはキリストは単に道徳的、内的の霊の宗教を説いたに止り、従って原始キリスト教も、相独立せる友愛的な信者の数団体が霊の内的交わりによって相呼応するにすぎざりしものが、時代の経つにつれて「イエズスや使徒等の信仰において超越的なりしものが可視的の歴史団体になり、理想と現実とが混淆《こんこう》された。神は教会をもって現世を支配せんと欲し、教会は聖職階級によってこれを統治せんと欲するに至って、カトリック主義は生まれた」(*Les religions d'autorité et le religion de l'esprit*, Paris, 1904, p. 141.)と。

ハルナックの『キリスト教真髄』によれば、教会はもちろん福音的制度ではない。イエズスは天に在《まし》ます父の愛を説いただけである。その体験が全キリスト教である。イエズスはこの宗教の真髄を教えたので、ユダヤ教を改変する意味を有さなかったのだから、もちろん新しき教会を建てたはずはない。パウロはキリスト教をモーセの律法から離したが、それはまだカトリック教会ではなかった。しかしいかなる宗教運動も形体なしには止り得ぬ(*Körperlos kann keine religiöse Bewegung bleiben*, S. 13-14. 一九二七年版)。そうして結局その形式の方が、内的生命よりも尊重されるに至る危険がある。かくてカトリック教会は、キリスト教とヘレニズムとの合流として生まれた云々。

ゼーベルク(R. Seeberg)によれば、教会組織は「ユダヤ教の教会および教団組織の改造として現れた……カトリック教会構成の基礎は、シナゴグの型によったのは事実である。」(*Dogmengeschichte*, 1, S. 199.)

ローフス(Fr. Loofs)は原始キリスト教にはなかった信条や、聖書のカノン、聖職制度などが後年出来た(*Dogmengeschichte*, S. 19.)となし、クリューガーは人間的の伝統が徐々に神的制度に祭り上げられたと教える（*Kirchengeschichte*, S. 15.）。ゾーム（R. Sohm）は結果から溯《さかのぼ》って論じる。原始キリスト教はカトリック教会ではなかったが、その教会観を可視的キリスト教に結び付けていたがために、そこに法的秩序の生まるるや否や「霊と信仰とによる」不可視的の団体が自然に、しかしながら必然的に、法的教会たるカトリック教会になってしまった。人間的の法が神の意志に反して神法とさるるに至った所にカトリック教会の本質がある、と（*Wesen und Ursprung des Katholizismus*, 1909）。

モデルニストに至っては、地上に永続する組織的教会をキリストが建てる考えを持ちようがないと信ずる。キリストの天の王国とは、切迫せる世の終わりに、彼が空の雲に乗って再臨する時に出現する新天地であったから。しかし彼に発した宗教的生命が時代と共に発展して、必然的に教会を作り出したという意味で、キリストを間接の創立者と呼ぶことを許す。教会を作った必然性は、二重である。最初の体験を得たものが己の信仰を他者に伝えんと欲するやみ難き要求と、次に一度信仰を同じゅうする数人ができた時に、彼等が共同の信仰を保持し、宣伝するために団結する当然の傾向である。結局教会とは、個々の信者の共同意識の産物である、と。

彼等の一人なるロアジー（Loisy）は一歩をすすめて、既にキリストの生前に信者の群の中に社会的権威を有した十二使徒団と、単なる弟子達との区別が存したことを許す。キリストの死後、特にユダヤ教から分離後、異邦人よりの改宗者間に宗教結社の色彩が濃厚になり、監督の統率する長老団が信徒を治めるようになった。異端との戦いが監督、特にローマのそれの権威を増大し、かつ団結を鞏固《きょうこ》にした。かくのごとき意味で、教会は福音の児であり、福音と背馳《はいち》するものではない、と。

(六) 以上の概説によって、プロテスタント神学者中に論議せらるるカトリック教会の本質如何《いかん》の問題（Das Wesen des Katholizismus）にいかなる解答が与えらるるかは、自ら明らかである。すなわち上述のごとき歴史的発展の結果である制度や権威を、直接キリストにより て制定樹立されたものとする点である。日本の無教会主義者のごときは、上述の学説をそのまま無批判に踏襲《とうしゅう》しているにすぎぬ。彼等はしばしば日本のプロテスタント諸教会の神学者がいたずらに英米の学者の糟粕《そうはく》を嘗《な》めているにすぎぬと攻撃するが、その同じ批評が自分等にも適中する事には気付かぬらしい。而《しこう》して自己の信仰の否定を前提とする学説をそのまま受け容れて、カトリック攻撃の材料にするのは、帝国最高学府往年の俊秀として教養を誇りとする彼等には、はなはだ似つかわしからぬ点である。彼等が聖霊により書かれたと信ずる新約聖書は、後述するごとく決して上述の学説を裏書きしてはいない。前掲の諸家がああした結論に達する以前に、新約諸篇の章句は各人とりどりな改竄《かいざん》を経ている。そのあるものは偽物《にせもの》とされ、他の部分は後人の加筆または添補になるという。教会組織について語ること余りに詳《つまび》らかなるものはもちろん後期の著作であり、抹殺し難き点は、本然の意味を捨てて、自家の学説と抵触せざるような解釈が付せられる。その結果キリストの神性や復活等は、もちろん神話の領域に葬り去られる。敬虔《けいけん》なる無教会論者は、不思議にもこの点に関しては極めて無関心である。しかし教会反対論に利用できる部分は、前後の思慮も分別もなく採用する。その矛盾を語ると「直接ハルナック、ジャクソン、レーキ、オーマン等と論戦していただきたい。幸いに諸氏皆健在なりと信ずるがゆえに」（「聖書之研究」三三四号、二〇三頁参照）などと、自分の責任を平気で棚へ上げてしまう。彼等には何故《なにゆえ》に、自己の引用する学説に対してカトリックの学者がいかなる答弁をなしているかを吟味する雅量がないのであろうか。ハルナックその他の諸氏の学説が、そのまま金科玉条《きんかぎょくじょう》として学界に通用していると思っているのであろうか。聖書学者でないから責任なしというのなら、正直に一日も速かに聖書知識などを玩《もてあそ》ぶことは止《よ》した方が自他の幸いであろう。

カトリック主張の解説

本論に入るに先だち、誤解を避くるために、カトリック教会が主キリスト自ら教会を御創立かつ御制定になったという意味を説明しておく。それは主が単に教会を御創立になるおつもりであったとか、その御意志の遂行を使徒に委任されたとかの広義に解さるべきではなく、たとえばアシジの聖フランチェスコが彼の乞食教団を建てたという場合と同様に、啻《ただ》に創立の意志を有し給うたのみならず、事実教会を御創立になり、その根本制度を御定めになったというのである。かく言うは、もちろん歴史的発展を拒否するのではない。現在あるがごとき発達せる状態に最初から教会があったというがごときアナクロニズムではなく、その後の発展は主の御制定に基づく組織の発達したものにすぎぬというのである。いと小さき芥子種《からし》が、空の鳥を宿す大木になったのである。大きくなっても、芥子は芥子である。あるいはレバノンの高き香柏の梢より摘まれて、うえられし芽である。枝を生じ果を結んでさかんなる香柏となり、諸《もろもろ》の類の鳥皆その下に棲《すま》い、その枝の蔭に息《いこ》うがごとくである。決して果を結ばざる無花果樹《いちじく》に変化したのではない。

次に教会という語をも明らかにしておきたい。カトリックのいわゆる教会は、完全なる社会である。共同の目的を達するための多人数の結社である。しかも偶然な団結でもなく、単なる形式的の一致でもない。意図された本質的な、然《しか》るがゆえに道徳的な結合である。一人きりでは教会は成立しない。数人が偶然情意相投合したのでも足りない。明らかに同一のかつ共同の目的を意識し、その遂行到達に、啻《ただ》に個人的手段のみならず、なかんずく団体的行動に訴うるに至って、始めて完全なる社会が出現する。教会はかくのごとき結社である。そこには必然的に権威がなければならぬ。キリストが自ら直接、かかる完全なる社会としての教会を建て給うたのである。単に将来これを組織すべき信徒を作り給いしとか、教会の観念を弟子に授け給いしにすぎぬとか、もしくはかかる教会組織を推奨《すいしょう》または命令されたとか、あるいは自らは手を下さずその成立を聖霊の働きに任せ給うたとかいうがごとき、間接的な創立制定ではない。

上述のごとき完全なる社会は、その目的如何《いかん》によって分化する。社会の目的の差異が社会を種別し、目的遂行の手段を規定する。教会は何を目的とする社会であるか、その本質如何《いかん》を論ずるに先だち、まずキリストが果して完全な社会と呼び得るがごとき教会を建て給いしや否やの事実から確めてかかろう。

主の神の国の福音宣伝

福音書を虚心平気に読む者が認めねばならぬ一つの事実がある。それはイエズスの教えの中心点が、最初アラメア語で書かれたマテオ書が普通「天国」(三十二回用いられる。ユダヤ人の習慣にて神の名を用いることを避け、神国の代りに天国といった)と呼び、ルカとマルコは「神の国」(ルカ二十二回、マルコ十四回、マテオ四回)と呼ぶ所のものに存した点である。以下本篇では、彼岸の天国との混同をさくるため、神国という。

自らメシアとして時人に臨んだイエズスは、当然万人の期待であったメシア王国、すなわち天国または神の国のいかなるものかを説かねばならなかった。況《いわん》や彼の教えた神の国と、ユダヤ人の期待したメシア王国との間には、少なからぬ逕庭《けいてい》ありしにおいてをや。

旧約聖書では神の国はすなわち選民イスラエルで、ヤーヴェはその王であった。「汝等は我に対して祭司の国となり聖き民となるべし。」(出エジプト記第十九章六、申命記第六章参照)しかしこれとは異なる新しき秩序、メシアの治世の将来は、諸々《もろもろ》の預言者達によって告げられる。エゼキエルやダニエルは、世の終わりの前にメシアの治世は地上に到来して来世にまで及び、諸々の国民を包括し、旧約の宗教的道徳的秩序に優れる世界の出現する事を、種々の譬喩をもって語っている。

主の御在世の頃、ユダヤ人の間にはかかる預言は種々に解釈されていた。特にバビロニア逐謫以後においては、メシアの支配は律法の治世とされ、ユダヤ人特有の国民生活が全世界を征服する夢想が描かれ、また黙示録的文献にはそれの忽然かつ奇蹟的到来が、神秘的な終末観と結び付いていた。我等は洗者ヨハネの説教において、その反響をきく感がある。「汝等改心せよ、天国は近づけり……彼の手に箕《み》ありてその禾場《うちば》を浄め、麦は倉に納め、糟《かす》は消えざる火にて焼き給うべし。」（マテオ聖福音書第三章二、一二）

主の道を備えし者に次いでイエズスは「時は来れり」、「期はみちて神の国は近づけり」（マテオ聖福音書第三章二、第四章一七、第十章七、マルコ聖福音書第一章一五、ルカ聖福音書第十章九および一一）。かくて「イエズス遍《あまね》くガリレアを巡り、諸所の会堂にて教え、〔天〕国の福音を宣べ」（マテオ聖福音書第四章二三）給うた。「イエズス彼等に曰いけるは、我はまた他の町にも神の国の福音を宣べ伝えざるべからず、我はこれがために遣わされたればなり、と。かくてガリレアの諸会堂にて説教しつつ居給えり。」（ルカ聖福音書第四章四三－四四）

イエズスの説き給える神の国

主の神の国についての御説教は、福音書の随処に散見する。折にふれ、時に従い、聴衆に応じて、種々様々の譬喩と説明とをもて、この御教えの中心思想の表現につとめ給うた。我等は順序を立てて御趣意を研究してみよう。

主はまず第一に、ユダヤ人の神国に関する誤解を訂しておられる。彼の王国は、この世の政治的支配ではない（ヨハネ聖福音書第十八章三六）。またそれは律法の治世でもない。彼は律法を解くために来たのではないが、これを完《まっと》うするために来た。律法の完成なる愛の新しき掟を与え給うた（マテオ聖福音書第五章一七、ヨハネ聖福音書第十三章三四）。神の国は、世の終わりに彼の再臨に際してのみ実現さるる終末的のものでもない。なぜならば最早《もはや》「神の国はすなわち汝等の中に在ればなり」（ルカ聖福音書第十七章二一）。而《しこう》して今日すでに、凡《すべ》ての人によって求められねばならぬものである（マテオ聖福音書第六章三三）。

次に主は、神国に関する積極的説明を下し給うた。それはその名のごとく神の人に対する支配であり、キリストはその王国に君臨する（ヨハネ聖福音書第十八章三七、マテオ聖福音書第二十七章一一）。父の彼のために備え給いしごとく、彼も我等のために国を備え給う（ルカ聖福音書第二十二章二九）。彼はその天国の鍵をペトロに与えた（マテオ聖福音書第十六章一九）。

神国は超自然的の支配であり、神の賜物である。人はこれに召され、かつその召命に応じなければばならない。

「小さき群よ、懼《おそ》るることなかれ、汝等に国を賜う事は、汝等の父の御意に適《かな》いたればなり。汝等の所有物を売りて施しを行え、己のために古びざる金嚢を造り、匱《つ》きざる宝を天に蓄えよ、彼処《そこな》には盗人も近づかず、蠧《しみ》も壊わざるなり」（ルカ聖福音書第十二章三二―三三）。その国に召されたる者は多いけれども、選ばるる者は少ないのである。しかしその選みに与れる者には罪が赦され、神の食卓に飲食する幸いが与えられる。

イエズスは神国の役者である。「律法と預言者等（旧約を指す）とはヨハネを限りとす、その時より神の国は宣《の》べ伝え」（ルカ聖福音書第十六章一六）られる。「然《さ》れど我もし神の霊に藉《よ》りて悪魔を逐《お》い払うならば、神の国は汝等に格《いた》れるなり」（マテオ聖福音書第十二章二八）。ヨハネは彼を世の罪を除く神の小羊とよんだ（ヨハネ聖福音書第一章二九）。であるから「苦を受けて、死者の中より三日目に復活し……改心と罪の赦《ゆる》しとは、イエルザレムを始め、すべての国民に、その名に由りて宣《の》べ伝えられ」（ルカ聖福音書第二十四章四六—四七）ねばならぬ。従って彼の使徒は罪を赦す杖を与えられる（ヨハネ聖福音書第二十章二三）。洗礼と聖餐とはその秘蹟である（マテオ聖福音書第三章一一、第二十八章一九、マルコ聖福音書第一章九、第十六章一六、ルカ聖福音書第三章一六、ヨハネ聖福音書第一章三三、第三章五、使徒行録第二章三八、マテオ聖福音書第二十六章二六—二八、マルコ聖福音書第十四章二二—二四、ルカ聖福音書第二十二章一七—二〇、ヨハネ聖福音書第六章五四—五八）。

神の国はまた、すべての人には解し得ざる秘義である（マテオ聖福音書第十三章一一、ルカ聖福音書第八章一〇）。神の言にひめられたる霊的生命の種子は、心の畑に培《つちか》われねば果《み》を結ばぬ。しかし良き畑に落ちて天の鳥も啄まず、棘と雑草とが被《おお》いかぶさらずば、人の醒むる昼も眠る夜も自ら育つ。そは芥子種のごとく酵母のごとくである（マテオ聖福音書第十三章参照）。人はこの神的生命の発展に協力せねばならぬ。一切を抛《なげう》って得たる天国の宝を、地中に埋めておいてはならぬ。神は臣下と会計する王のごとく、与えられしタレントの数に応じて利得を要求し給うであろう（マテオ聖福音書第二十五章、第十八章）。しかし神は大まかな家父である。その葡萄《ぶどう》園に働ける者には、労働の多寡《たか》にかかわらず、同じよき賃銀を与え給う（同第二十章）。彼はまた夜更《ふ》けて来る新郎のごとく、手に灯をとりて到着を待つ賢き乙女等と共に、家に入りてこれを閉ざし、愚かなる者を外の暗の中に残す（同第二十五章）。蓋《けだ》し神の国に入る資格なき者は、嘆きと切歯とのある外の暗《やみ》になげ出されねばならぬ定めであるからである。主は悔い改めと、信仰と、洗礼とを要求し給う。また神の国に入れる者は主に従いて十字架を担い、その言を守る責を負わされる（マテオ聖福音書第十章三八、第二十八章二〇）。かくてその国は、使徒達によりて万国万代にまでひろめられる（共観福音書末節、使徒行録第一章八等）。

以上は彼岸の天国とは区別された地上における神国の概説であるが、第十章の「神の国の福音」の項においてすでに述べたごとく、この地上の神国は未来の天国へ向って発展する。前者は後者の階梯《かいてい》である。問題はこの地上の神国が教会であるや否や、果して然《しか》らばそは如《い》何《か》なる教会なるか、に存する。

召団としての小さき群

我等は前節において、神の国は賜物《たまもの》として人に与えられ、かつ人はこれに召される事を学んだ。ルカ聖福音書第十四章の饗宴の列席者の一人が言えるがごとく、召しに応じて「神の国にてパンを食する人は福」（一五節以下参照）である。しかし小羊の饗宴に与《あずか》ることは、しばしば高価なる実際的犠牲を伴う。人はその父母、妻子、兄弟、姉妹、己が生命までも憎みて、己が十字架を担うにあらざれば、彼の弟子たることが出来ない。マテオ聖福音書第二十二章の婚筵の喩《たとえ》においては、王の招待に応ぜず、その使者を侮辱した者どもは亡ぼされ、その町は焼き払われる。婚礼の服を着けずして会せるものすら、外の暗《やみ》に投げ出される。我等は神国への召命が、のっぴきならぬ権威をもって迫るものなるを知る。そは賜物なれども、応ずるも応ぜざるも自由なる招待ではない。我等の永遠の休戚《きゅうせき》がその諾否《だくひ》に関わる、一大事である。しかもこは単に心の底なる私事たるに止《とど》まらず、国民の歴史的興亡にまで発現する大なる摂理として、聖書に現れる。マテオ聖福音書第二十一章の不正なる小作人の喩《たとえ》において、主は不信のイスラエルの歴史を括約して、これに驚くべき現実性を賦与し給うた。聴衆は、主の言わんとし給う所が奈辺《なへん》に存したるかを明らかに悟り、怒って彼を捕えんとした程である。我等は期せずしてこの喩についても、前述の王にその町を焼き払われたる無礼の殺人者についても、かの「イエルザレムよ、イエルザレムよ」という人の子の悲痛なる叫びを想起させられる。

「預言者等を殺し、汝に遣わされたる人々に石を擲つ者よ、あたかも鳥が巣雛《がえん》を翼の下に〔集むる〕ごとく、我れ汝の子等を集めんとせし事幾度ぞや、しかれど汝これを肯ぜざりき。看よ汝等の家は荒廃れて汝等に遺らん。」（ルカ聖福音書第十三章三四―三五）

果して神国への召命を否める町は亡《ほろ》ぼされ、神殿の一つの石も崩れずしては丘の上に遺らずなりて、「人の子の血は我等と我等の子孫の上にかかれかし」と叫べる民は、以来ユダの価を擁して地上に流浪《るろう》している。霊的事実たる神の国はここにあり、かしこにありと言《い》いて、目に見えて来るものではない。しかし神の国の来る所に、悪魔は追い出される。これを容れざりし町と民とは亡ぼされた。そは取捨心のままなる空言ではなくて、能力であり、一切万事を支配する活事実であり、霊的現実であるからである。我等は召しに応ぜざりし者の恐るべき刑罰を見た。しからば召しに応じた選まれし者は如何《いかん》。

マテオ聖福音書第十一章は、ガリレア湖畔の不信仰の町々に関して、この対照を力強く描き出している。「禍《わざわい》なるかな汝コロザイン、禍なるかな汝ベッサイダ。蓋《けだ》し汝等の中に行われし奇蹟、もしチロとシドンとの中に行われしならば、彼等夙《つと》に改心して、荒き毛衣を纏《まと》い灰を蒙《こうむ》りしならん。しかれば我汝等に告ぐ、審判の日において、チロとシドンとは汝等よりも忍び易《やす》からん。カファルナウムよ、汝も何ぞ天にまで上げられんや、当に地獄にまでも陥るべし。蓋し汝の中に行われし奇蹟、もしソドマに行われしならば彼は必ず今日まで猶《なお》遺りしならん。然《さ》れば我汝等に告ぐ、審判の日において、ソドマの地は汝よりも忍び易《やす》からん、と。その時イエズス復《また》曰いけるは、天地の主なる父よ、我汝を称讃す、そはこれ等の事を学者智者に隠して、小さき人々に顕し給いたればなり……一切の物は我父より我に賜われり、父の外《ほか》に子を知る者なく、子および子より肯《あえ》て示されたらん者の外に、父を知る者なし。」（二一―二七節）

我等はルカ聖福音書のこれに該当する箇所において、ここにいわゆる「小さき人々」とは主の弟子を指して曰いし事を知る。「かくて弟子等を顧みて曰いけるは、汝等の視る所を視る目は福なるかな」（第十章二三）と。「神の国は汝等に近づけりと言え」との福音宣伝の使命を奉じて、さきに七十二人の弟子等は、主の先駆として町々に伝道した。以上は彼等が喜びつつ帰り来り、「主よ、汝の名に由《よ》りて悪魔すらも我等に帰服す」と復命せし際の、イエズスの喜悦の言であった。主はこれに先だって弟子と己とを父と一体視して、「そもそも汝等に聴く人は我に聴き、汝等を軽んずる人は我を軽んじ、我を軽んずる人は我を遣わし給いし者を軽んずるなり」(ルカ聖福音書第十章一六)とも申された。

また十二章には、先に引用せる「小さき群よ、懼《おそ》るることなかれ、汝等に国を賜う事は、汝等の父の御意に適《かな》いたればなり」(三二節)の語がある。主はまた「我等は一切を棄てて汝に従えり、然《さ》れば何を得べきぞ」とペトロの問えるに対して、「世 革《あらたま》りて人の子その光栄の座に坐せん時、汝等も十二の座に坐して、イスラエルの十二族を審くべし」(マテオ聖福音書第十九章二八)と答え給うた。最後の晩餐に臨んでもまた「汝等はわが患難の中におい て絶えず我に伴いし者なれば、わが父の我に備え給いしごとく、我も汝等のために国を備えんとす。これ汝等をして、わが国においてわが食卓に飲食せしめ、また高座に坐してイスラエルの十二族を審判せしめんためなり」(ルカ聖福音書第二十二章二八—三〇)と繰り返し給うた。

主のいわゆる「小さき人々」「小さき群」とは、弟子の群、なかんずく十二使徒七十二人の弟子等を指して曰うたとの結論は、誰しも否み得ざる点である。彼等は神国の福音を信じ、その召命に応じて選まれし者共である。イエズスの神国は決して空漠《くうばく》として捕捉し得ざる神秘的観念ではなく、彼に従いし弟子の一団によって現実化された具体的事実であり、彼はこの小さき群の牧者であった。

イエズスの群とその牧者

旧約において、イスラエルはヤーヴェの民であり、神はその王であった。イエズスは人々の「まさに己を執えて王となさんとするを暁《さと》り給いしかば、また独り山に逃れ給えり」(ヨハネ聖福音書第六章一五)と録されしごとく、政権を欲しなかった。「ユダヤ人の王」は剣による神政を布《し》くべき「わが民」を有せず、またかかる語を口にしたこともなかったけれども、彼は「彼の群」を有し、自らその牧者をもって任じた。彼は群集が「難《なや》みて牧者なき羊のごとく臥せるを憐み」(マテオ聖福音書第九章三六)、その弟子達に働く者をその収穫に遣わさんことを収穫の主に願わしめた。彼は善き牧者である。彼はその羊を知り、羊もまた彼の声を知る。彼はまた羊の門である。その門より入る羊は救われ、出入して牧場を得、生命を豊かに得る。善き牧者は羊のためにその生命をも抛《す》つ。彼は引き来るべき未だ檻《おり》に属せざる他の羊を有し、すべての羊が父と彼との愛の裡に、一つの檻、一つの牧者とならん事をのぞむ(ヨハネ聖福音書第十章)。

御受難の夜、最後の晩餐終りて讃美歌を誦え、オリーブ山へ出で行き給う途《みち》すがら、来るべき使徒等の躓《つまず》きを預言して「そは録して、我牧者を撃たん、かくて羊散らされんとあればなり」(マルコ聖福音書第十四章二七)と宣《のたも》うた。

福音書は詳《つまび》らかに彼の群の成立を物語っている。善き牧者は彼の小さき群の「一々を名指して引き出す。」

ヨハネ聖福音書第一章後半は彼の弟子アンデレアとヨハネ、シモン――「イエズスこれを熟視《みつ》めて曰いけるは、汝はヨナの子シモンなり、ケファ――訳せばペトロ――と名づけられん」（四二節）と、フィリッポとナタナエルとの邂逅《かいこう》を録している。その後ペトロとアンデレアとはゼベデオの兄弟と共にガリレア湖畔に最後の召命を蒙り、網を置きて主に従った（マテオ聖福音書第四章一八―二二、マルコ聖福音書第一章一六―二〇、ルカ聖福音書第五章一―一一）。次いでカファルナウムの収税吏レビ、後の使徒マテオが召される（マテオ聖福音書第九章九―一三、マルコ聖福音書第二章一四、ルカ聖福音書第五章二七―二八）。その後主の「好み給える人々を召し」その中より十二人を選みて使徒と名づけ「己と共に居らしめ、かつ宣教に遣わさんとて、これに与うるに、病を医し、悪魔を逐払う権能をもってし給えり。」（マルコ聖福音書第三章一三―一九、マテオ聖福音書第十章一―四、ルカ聖福音書第六章一二―一六）

主のこの御選定は「祈らんとて山に登り、終夜祈禱し居給いしが、天明に至りて」なされし慎重な、かつ重大なものであった事を、ルカ聖福音書が物語る。彼等および前述の七十二人（ルカ聖福音書第十章）の弟子等の伝道派遣に関しては、詳細なる主の御訓戒があった（マルコ聖福音書第六章七―一三、マテオ聖福音書第十章五―一五、ルカ聖福音書第九章一〇―一七）。上述の事蹟をのせざるヨハネ聖福音書も、使徒等が主の御選定による事は明記している。「我汝等十二人を選みしにあらずや、しかるに汝等の一人は悪魔なり」（第六章七〇）とて憤慨し給うた。また使徒行録も巻頭に「その選み給いし使徒等に聖霊によりて命じ置き」（第一章二）と録している。この疑うべくもないイエズスの召団、彼がよんで「小さき群」といい、自らその善き牧者をもって任じた羊等は、牧者が撃たれた後にどうなったか。羊は失せ散じてしまったのか。

ヨハネ書末章は、三度主を否みまつりしシモンが、三度主の愛を告白して、主に代りてその群の最上の牧者として立てらるる感動すべき物語を載せている。所はその昔ペトロがアンデレアと共に召されたチベリアデ湖畔である。「今よりわれ汝を人を漁《と》る者となさん」と宣《のたま》いし御言葉を、ペトロはよもや忘れてはおらなかったろう。彼等は夜もすがら漁って、遂に何も得なかった。天明に至ってひとりの人が浜に立って、網を右に下せと呼ぶ。果して大漁であった。ペトロは主を認めて湖に飛び入り、岸へと泳ぐ、主の足許《もと》に跪いた弟子の心は、慚愧《ざんき》と贖罪《しょくざい》の望に燃えていたに違いない。

「イエズス、シモン・ペトロに曰いけるは、ヨハネの〔子〕シモン、汝はこの人々に優れて我を愛するか、と。彼、主よ、しかり、我が汝を愛するは汝の知り給う所なり、と云いしかばイエズス、わが羔《こひつじ》を牧せよ、と曰えり。また再び、ヨハネの〔子〕シモン、汝は我を愛するか、と曰いしに彼、主よ、しかり、我が汝を愛するは汝の知り給う所なり、と云いしかばイエズス、わが羔を牧せよ、と曰えり。三度これに向いて、ヨハネの〔子〕シモン、汝は我を愛するか、と曰いしかば、ペトロは、我を愛するかと三度まで言われたるを憂いしが、主よ、万事を知り給えり、我が汝を愛するは汝の知り給う所なり、と云いしに、イエズス、これに曰いけるは、わが羊を牧せよ。」（第二十一章一五―一七）

イエズスなき後の群の牧者には、ペトロが選まれた。この一節をヨハネ聖福音書第一章の主と彼の最初の邂逅《かいこう》に際しての御言葉、「イエズスこれを熟視《みつ》めて曰いけるは、汝はヨナの子シモンなり、ケファ――訳せばペトロ――と名づけられん」（四二節）およびマテオ聖福音書第十六章の「我もまた汝に告ぐ、汝は磐《ペトロ》なり、我この磐の上にわが教会を建てん、かくて地獄の門これに勝たざるべし。我なお天国の鍵を汝に与えん」（一八節以下）と相対照するとき、神国への召団たる主の弟子達の小さき群が主の「わが教会」となり、善き牧者の昇天後、ペトロが代ってその礎とも牧者ともなりしことは想像するに難くない。而《しこう》して我等のこの推定は、使徒行録に伝えられたその後の召団の発展によりて確実にされる。使徒等はイエズス昇天の直後において、事実ペトロを中心とする教会を組織していたのである。これに先だって主は「四十日の間彼等に現れ、神の国に関して談り給」（使徒行録第一章三）うた。その内容については、聖書は録していない。しかしそれは、その後の使徒等の行動によって裏切られたような事であろうか。無教会主義者畔上賢造氏はかく信ずるらしい（『内村先生五十年記念基督教論文集』一―六六頁）。

我等にはそう考えられない。もし畔上氏の言うごとくんば、その踏み出せる第一歩において、既に地獄の門はキリストの教会に勝ったのである。主の御言葉は空しくなったのである。聖書を奉ずる無教会主義者は、そう言いたくない。だから高等批評の名によって、マテオ聖福音書第十六章の一部を後人の加筆だとする。彼等はその頼れる高等批判と共に亡びるがよい。しかし彼等の論証をすすめてゆく前に、反対者の意見もきいて、その根拠をただしてみよう。

純霊的神国観とその批判

神の国が人の心の神との一致、それに基づく道徳的革新、信者同志の兄弟的愛と交わりとにあることは前述した。しかしながらこの内的な神の支配が外的に、前に説明した意味での社会的に発現すべきではないと主張するものがある。彼等の好んで引用するのはルカ聖福音書第十七章の「神の国は目に見えて来るものにあらず、また、看よ、此処《ここ》にあり彼処《かしこ》にありというべきにもあらず、神の国はすなわち汝等の中に在ればなり」(二〇―二一節)の一句である。この一節は我等も既に引用した。主のこの御言葉が内的なる神国の外的発現を否定したものではないのは、これが「神の国は何時来るべきか」とのファリザイ人の質問に答え給いしものなるを注意すれば明らかである。この言をもって、主は神の国が彼等の期待せるがごときイスラエルの政治的回復ではないことを告げ給うたのである。

また「汝等の中」とは、もとより一般的意味で問題の相手のファリザイ人の心の中にありと宣《のたも》うたのでもないことは明らかである。前述せるごとく、当時のユダヤ人のメシア王国期待には、当時の政治的事情が産み出した多くの不純のものがあった。キリストがローマ帝国に対して反旗をひるがえしたならば、民衆は歓呼《かんこ》して彼を王としたであろう。弟子達さえも、御復活の後においてすら「主よ、イスラエルの国を回復し給うはこの頃なるか」と質問している(使徒行録第一章六)。

なおまたルカ聖福音書のファリザイ人の質問が上述のごとき意味のものなりし証拠には、

主は二二節以下において、御再臨に関する説明を「神の国」とは宣わず、「人の子の日」と言うて区別して、述べておられる。「神の国は汝等の中にあり」との意味は、マテオ聖福音書第十一章の洗者ヨハネの弟子等の「汝は来るべき者なるか」（三節）との問に対して、メシアにつきてのイザヤの預言を引きたる御返答、「往きて汝等の聞きかつ見し所をヨハネに告げよ、瞽者《めしい》は見え、跛者《あしなえ》は歩み、癩病者《らいびょうしゃ》は清くなり、聾者《みみしい》は聞こえ、死者は蘇《よみがえ》り、貧者は福音を聞かせらる」（四―五節）および同十二章の「我もし神の霊に藉《か》りて悪魔を逐払《おいはら》うならば、神の国は汝等に格《いた》れるなり」（二八節）と対照して考うべきである。

神はその役者キリストによって、もはやその支配を人の心の中にひろげつつあった。メシアの出現は、悪の力の撃退と新しき教えの宣教とによってその国を招来したのである。そは霊の働きであるがゆえに、人はその何処《いずこ》より来て何処へゆくかを知らぬけれども、その働きのある処必ずその声をきく。この霊的更生の役者その者が、すでに肉となって我等の中に住み給うた。ゆえに「人は水と霊とにより新たに生るるにあらずば、神の国に入ること能《あた》わず。」（ヨハネ聖福音書第三章五）

神の国は神のものに違いないが、その国は我等の中にある。我等は純霊ではない。霊の働きは、外に現れ出でなければならぬ。神の子等は、人が見て天父に光栄を帰せんがために、世の光となり、塩とならねばならぬ。イエズスは生命であると共に、また真理であり、道である。霊的生命は、真理の認識と愛の行いとに発現せねばならぬ。しかもこの真理と愛とは、人と人とを骨肉の親しさ以上に結ぶ。「イエズス答えて人々に曰いけるは、神の言を聴きかつ行う人、これわが母、兄弟なり、と」（ルカ聖福音書第八章二一）。「蓋《けだ》しわが名をもって、二、三人相集れる処には、我その中に在り」（マテオ聖福音書第十八章二〇）。「我が祈るは……彼等がことごとく一ならん為《ため》なり。父よ、これ汝の我に在《いま》し我が汝に居るがごとく、彼等も我等に居りて一ならん為にして、汝の我を遣わし給いし事を世に信ぜしめんとてなり。」（ヨハネ聖福音書第十七章二〇―二一）

信者の一致が、世人にとってキリストの使命の証となるのである。その一致が、もしも見えざる内的の一致にすぎないならば、いかにして世人に対する証となろうぞ。古来教会の可視性、社会性の否定の上に立つプロテスタントは、ことごとくこの点で躓《つまず》いた。そは一度この点を許せば、直《ただ》ちに教権――彼等が是《ぜ》が非《ひ》でも拒否せざるを得ぬ教権の問題に逢着《ほうちゃく》するからである。特にキリストの神性を信ずる無教会論者には、この点は最も苦しい難関である。

そういう信仰は超越したハルナック（*Das Wesen des Christentums*, 1900, S. 79–83）やサバチエ（*La Jesulâtrie* [*est*] *idolâtrie positive: Les Religions d'autorité et la Religion de l'esprit*, 1904, p. 456.）は、もちろん問題をそうトラジックには考えない。彼等はもちろん神国の可視性、社会性を、福音の本質とは無関係な第二義的のものとなすが、人間的には正当視しうるとす。トルストイやゾームのように、一切の法的秩序を抹殺しようとはしない。イエズスは法の否定者ではなかったと言う（Harnack, *op cit.*, 6 Vorlesung, Absch, 3, S. 65–71）。

余はこの問題の研究のついでに、無教会主義の哲学者三谷隆正君の論文「神の国の観念について」（「聖書之研究」二四二号、二四三号所載）を拝見し得たことを付記して、著者の寄贈に対して感謝の意を表したい。惜しむらくは氏の論文は表題の示すごとく観念論であって、イエズスの神の国について教え給えることを取扱ったものではない。氏は「人間的政治の原理は、消極的にして貧しき一である。しかし神のみそなわし給う政治（すなわち神国）の原理は、積極的にして孕める一である」がゆえに、多様性と個人主義に基づき、抽象的な法律的画一統制と相容れぬものであると主張される。

「信条の一致と、この一致を基礎とする教会的統制の一貫とは、早くから基督教界における最も重大なる神国策なりと考えられ、その考えの秩序的発展において、カトリック教の雄偉なる大組織を玉成するに至ったのであったが、人が人の考えたる制度的画一をもって、神による聖統一を僭称するのは、許すべからざる褻瀆《せっとく》である。天国の鍵はかかる統一のうちにあるのではない。「神は人の手にて造れる宮に住みたまわず」である。「神の国は、見よ、此処《ここ》にあり、彼処《かしこ》にあり、というべきものにあらず」である」というのが、大体の論旨である。

遺憾《いかん》ながら氏はカトリック信仰は「人の概念を受け容れる事」であると誤解される。またその信仰の一致は「宗教的経験の多様なる実質を概念的に統括し……そうしてこの信条ないし教理における概念的一様相を基本とし、この一をもって凡百の多を統《す》べる」というがごときアプリオリズムの上に立脚して、無教会主義の弁護とされる。カトリック教会という大組織が概念的統一によって維持されているなどいう事が、常識で考えられようか。私は単なる概念的統一をもってしては、活ける一の家庭ですら保つことができないと思う。結婚の定義に関する単なる概念的一致のゆえに夫婦仲睦《むつま》じく暮せたならば、人の世の面倒はかなり省かれることであろう。氏はまたこの無教会論者と同じく、カトリック教会には個性を容るる余地なしと考えられるらしい。「神の国を統ぶるところの統一原理も、大宇宙における雄渾《ゆうこん》なる大調和において見らるるがごとき、同じように充実したる孕める一の原理でなければならぬ」と。氏にして幸いにカトリック研究を継続さるるならば、氏のこの注文がカトリック教会において実現されているのを発見されるであろう。

近来喧伝《けんでん》さるるカトリック信者ではない一比較宗教学者のカトリック本質論は、氏のごとき考えを有する人の参考になろうと思うから、あえてここにその一読を御すすめしておく。それはハイラー（Friedrich Heiler）の大著『カトリチスムス』の結論（*Das Wesen des Katholizismus*, S. 596-621）である。ハイラーによればカトリック主義の特徴は、普遍性と統一性と団体主義と共に、個人主義と人格観念とである（Die für den Katholizismus grundlegende antithetische Synthese von Universalismus und Einheit offenbart sich weiterhin in der Verbindung von Individualismus und Korporativismus, von Persönlichkeits-und-Gemeinschaftsidee, S. 615.）。

これを要するに三谷氏の論文は、氏が神の国とカトリック教会とについて有せらるる誤れる観念の対照であって、徹頭徹尾《てっとうてつび》その観念論である。そは我等の唯一の関心事たる史実としてのイエズスの神の国についての教えとはなんら関係がない。我等は幼児のごとく謙虚《けんきょ》に、その教えを求めねばならぬ。私は少なくも「およそ幼児のごとくに神の国にうくる者ならずば、これに入ること能《あた》わず」という氏の論文の結句について、全然一致し得ることを幸いに思う。氏の言うごとく「神の国は絶対的なる君主専制国である。神ひとりのみが立法し、かつ行政しかつ司法する。神の意志するところすなわち法、すなわち愛、すなわち義である。民は一語をさしはさみ、一義を申し立つることを許されない。」神の定められしままにその国を受け容るる心は、すなわちカトリックの心である。

終末派の神国観概説

この説の元祖は、恐らくライマールスであろう（Von dem Zwecke Jesus und seiner Jünger. Nach ein Fragment des Wölfenbüttelschen Ungenannten. Herausg. von G. E. Lessing. Braunschweig. 1773 第九章「高等批評の変遷」の項参照）。その後ヨハネス・ヴァイスやシュヴァイツァーによって敷衍《ふえん》され、モデルニストのチレルやロアジーによっても採用されたこの説は、近来やや衰えたが、まだ多くの勢力を自由プロテスタント中に有している。イエズスの説ける神国は、世の終わりに現れる最後の神の決定的支配であって、彼はその到来の近きをつげたのみである。であるから全世界にひろがったり、永い時代を貫いて存続する教会を建てようなどと志すどころか、反《かえ》ってやがて現れる神の正義の勝利の喜ばしき希望と、そのために世を捨つることを教えたと。前掲のハイラーもこれに左袒《さたん》するらしい。曰く、

イエズスの福音が終末的神国の説教であったのを第一着に看破したのは、炯眼《けいがん》なホルマン・サムエル・ライマールスであった。「改心せよ、蓋《けだ》し天国は近づけり」（マテオ聖福音書第四章一七）という一句に、イエズスの根本思想が括約されている。ヴォルフェンビュ

ッテルの断篇の著者は、唯理論者の立場からイエズスの神国観の深き宗教的非理的神秘性を見逃していたから、イエズスの性格の秘密も偉大なる宗教史的関聯も彼には分らずにしまったが、彼は三つの根本真理を最も鋭く言い表した。（一）イエズスを理解するには、キリストの神性に関する一切の教理問答的の考え方をすて、全くユダヤ的思想の世界に身をおき直してみねばならぬ事、（二）イエズスは自らをメシアとして認めしめんとせしにもかかわらず、常に「人間性の限界内」に止りたること、（三）イエズスは決して新宗教の開祖ではなく、終末的期待に燃えてイスラエルの預言者の宗教を完成せんと欲する以外に他意なかりしこと――がすなわちそれである。

この決定的認識のゆえにこそ、ライマールスの著述は、最もはなはだしき考え違いがあるにもかかわらず「恐らくイエズス伝研究中での白眉であろう」（シュヴァイツァーの言）。その後の福音書研究はそれが終末観的見方を不明にし、あるいは全然見失った限りにおいて、疑いもなく退歩を意味する。その結果いよいよイエズスの面影を近代文化の理想の光に照らして描き出し、イエズスの敬虔《けいけん》さにこもる非理的要素――然《しか》るがゆえに最も深きもの――を無視してしまった云々。（*Der Katholizismus*, S. 19.）

この末節が、自由神学の歴史派を目指しているのは言うまでもない。

同様の語調をもって、ロアジーはハルナック一派を揶揄《やゆ》している。イエズスの「メシア意識の問題は、メシアの観念を没却することなしに解かるべきだ。プロテスタントのある神学者連が、彼等の思い通りのキリストを描き出すために喜んで抹殺《まっさつ》したいところのこのユダヤ的な観念について当惑しているのを見るのは、はなはだ面白い……ハルナック氏はそう極端まで行かぬが、彼のキリストはメシアの役割を、一種の変装——それはユダヤ人と事を謀《はか》るには彼には必要であった——ででもあるかのように演じている様子が見える。」(Loisy: *L'Evangile et l'Eglise*, p. 48.)

教会の成立が間接的の意味でイエズスに帰せらるべきであるとのロアジーの説は、すでに述べた。

教会はキリストによって建てられたか。イエズスが彼の説教中に天国についてのみ語り、教会の事を云わなかったという点からプロテスタントが好んで持ち出す難問を、余はかつて採るに足らぬものとした。今日といえども、余はこの困難は皮相的なものであると認める。そうしてそれに対して、充分答弁したつもりである。教会に欠けているのは、建設ではない。イエズスは永遠の王国を目標とし、世の終わりまでつづくべき使徒的奉仕の中に、教会の成立を欲した……一切の精確さを除外するこの終末観の問題においては、時機の遠近は第二義的のものである。(*Autour d'un petit livre*, p. 158.)

しかし「余はイエズスが、厳密な意味でその機関や統制や祭祀の式典を具えた教会を建てたという事は、否定した……キリストは天の王国の近き到来を告ぐるに止った」(*Quelques lettres*, p. 237.）と。かくのごとくロアジーの考えも終末的神国のようにあまり明瞭ではないが、結局カトリックの主張に反対する点は何《いず》れも同様である。

終末派神国観の批判

我等はイエズス出現以前に、神国の期待がユダヤ民族中に存在したことを知る。万一イエズスの神国観がこの民衆の待望と一致していたならば、彼の宣教は極めて容易でかつ順調に運んだに相違ない。また彼の見解が民衆のそれに何物《なにもの》かを付加したものにすぎぬか、あるいは同種のものでありながら単に程度を異にしていたに過ぎぬとしたら、彼はただその点を力説または補足して、その余はそのままにしておけばよかったのである。いずれにしてもイエズスの神国の説教において最も著《しこう》しく顕れる方面において、その見解が民衆のそれと相違したと考えられねばならぬ。而して民間の期待が、民族中心的かつ政治的であったことは明らかである。

しかるに彼はこれに与《くみ》しなかった。彼は王たるを欲せず、わが王国はこの世のものにあらずとした。その意味が果して単に終末的なりしならば、彼は何故にその点にその説教を集中せずして、却って彼の到来と共にすでに人の心の中に実現されつつある霊的王国の説教に重心を置いたか。この後の意味に解せらるる天国の喩《たとえ》の方が、終末的の言説よりも、遥かに福音の大部分を占むるはいかに説明さるべきか。いわんや彼の再臨と共に開始さるべき栄光の時期は、天父のほか何者も知らずとなし、しかもその不明の時期が決して近からざるを示す言動に富み、最後にその到来が地上における精神的王国の完成たるべきを主張せるをや。結局イエズスの神国観を綜合するに、彼の到来と共に開始せる地上の霊的王国は、終末的支配の準備であるというのである。以下これ等の諸点を詳述してみよう。

（A） この世に始る彼の王国は、民族的ではなく世界的で、彼の再臨を経て彼等の天国に連なる。イエズスが毒麦の喩を述べ給いし後（マテオ聖福音書第十三章二四—三〇）、「弟子等近づきて、畑の毒麦の喩を我等に解き給え、と云いければ、答えて曰いけるは、良き種子を播《ま》く者は人の子なり、畑は世界なり、良き種は〔天〕国の子等なり、毒麦は悪魔の子等なり、これを播きし敵は悪魔なり、収穫は世の終わりなり、刈る者は〔天〕使等なり。然《さ》れば毒麦の集められて火に焚かるるごとく、この世の終わりにもまた然《しか》らん。人の子その使等を遣わし、彼等はその国より総て躓《つまず》かする者と悪を為《な》す者とを集めて、火の窯に入れん。其《そ》処《こ》には痛哭《なげき》と切歯《はがみ》とあらん。その時義人等は父の国にて日のごとく輝かん」（同三六—四三）と。また「人の子己が威光をもって諸の〔天〕使を従え来らん時、その威光の座に坐せん……時に王はその右に居る者に云わん、来れ、我が父に祝せられたる者よ、世界開闢《かいびゃく》より汝等のために備えられたる国を得よ」（同第二十五章三一—三四）。「かくて汝等、アブラハム、イザアク、ヤコブおよび一切の預言者は神の国に在りながら、己等のみ逐い出さるるを見ば、其《そ》処《こ》に痛哭と切歯とあらん。また東西南北より来りて、神の国にて席に着く人々あらん」（ルカ聖福音書第十三章二八—二九）。なお御受難の際、衆議所においてなし給える御証言、自ら「全能なる神の右に坐して空の雲にのり来る人の子」（同第二十二章六九、マルコ聖福音書第十四章六―二）たる御主張については録すまでもない。

（B）しかし終末派は、イエズスがこの再臨と栄光の王国の到来の近きを信じたと主張する。前掲の重要なる御証言は、明らかにダニエル書第七章の人の子に関する幻と関係があり、マテオ聖福音書の「この後」、ルカ聖福音書の「今より後」は、雲に乗りて来る時の近きを示すと。またこの見解を裏書する章句としては「我誠に汝等に告ぐ、人の子の来るまでに、汝等イスラエルの街々を尽さざるべし」（マテオ聖福音書第十章二三）、「蓋《けだ》し人の子は、その父の光栄の裏に、その使等と共に来らん、その時人毎にその行いに従いて報ゆべし。我すでに汝等に告ぐ、ここに立てる者の中、人の子がその国をもって来るを見るまで死なざるもの数人あり、と」（同第十六章二七―二八、マルコ聖福音書第八章三九、ルカ聖福音書第九章二七）。その他イエルザレムの滅亡に関する預言は世の終わりのそれと相離し得ざるよう結ばれ、「これ等の事の皆成るまでは、現代は過ぎざらん」（マテオ聖福音書第二十四章三四）とある。

これによってバルデンスペルガー（W. Baldensperger）、ヴァイス（Weiss）、シュヴァイツァー（Schweitzer）、ロアジー（Loisy）等はその終末的神国観を樹立し、使徒等や初代教会も、使徒行録の冒頭やテサロニケ書その他に現れたるごとく、この信仰を継承した事実をもってしても、それがイエズスの真意であったのを推察し得るとなす。

（C）しかし彼等には、この終末の時期に関して以下掲ぐるがごとき主の御言のあるのが、はなはだ邪魔になる。それは歴史的のイエズスの言ではなくて、後代の信仰が付加したものだと言う。ただ遺憾なことには、この点の彼等の高等批評は終末派以外の批評家を首肯《しゅこう》せしむるに足りない。我等は自由神学歴史派が、同じ高等批評の名において、その反対の主張をなすのを見た。

マルコ聖福音書にもマテオ聖福音書にも「これ等の事の皆成るまでは、現代は過ぎざらん」という言のすぐ後に、「その日その時をば何人《なんぴと》も知らず、天使すらも知らず、知り給えるはただ父独《ひと》りのみ」（マテオ聖福音書第二十四章三六）また「子も、何人も知らず」（マルコ聖福音書第十三章三二）とあるは、皮肉である。その他「その時を知らざれば警戒せよ」という言は、随所に散見する。あたかもノアの洪水のごとく（マテオ聖福音書第二十四章三七以下）、また電光の閃《ひら》めきて空の極に光るごとく、またソドマの町の天災に亡ぼされし時のごとく、人の子の現るる日の来るは、世の意表に出るであろう（ルカ聖福音書第十七章二二以下）。この態度はイエズス復活後にも持続された。

「父がその権能によりて定め給いし時刻は、汝等の知るべきにあらず、ただし汝等に臨み給う聖霊の能力を受けて、汝等はイエルザレム、ユダヤ全国、サマリア、地の極に至るまでも我が証人とならん。」（使徒行録第一章七―八）

世界の畑に蒔かれし種子は、刈入れらるべくまず生育せねばならぬ。芥子種《からし》は空の鳥を宿す大木となりて、その枝を全世界にのばさねばならぬ。主は「神の国直《ただ》ちに現るべし」と思い居れる人々に、遠国へ往き封国をうけ帰らんとする貴人の喩を語りて、その然《しか》らざるを示し（ルカ聖福音書第十九章一一以下）、新郎の来ること遅きがゆえに、油つきて灯消えし愚かなる処女もあるべきを戒め給うた。タレントを僕《しもべ》に渡して商売せしむる主人も、遠くへ旅立つのだから帰りはそう速かではあるまいと思われる（マテオ聖福音書第二十五章）。とにかくその前に福音は全世界に宣《の》べ伝えられる（マルコ聖福音書第十三章一〇、第十六章一五参照、マテオ聖福音書第二十六章一三）。

パウロはもちろん「汝等警戒せよ」を繰り返す。「兄弟等よ、時代と時刻とにつきては、汝等書き遺《おく》らるるを要せず、そは主の日が夜中の盗賊のごとくに来るべきことを、自ら確かに知ればなり」（テサロニケ前書第五章一―二）。しかし「我が主イエズスの再臨に就き……主の日迫れりとて汝等が容易《たやす》く本心より動かされず、また驚かされざらん事を希う」（同後書第二章一―二）とて、まずその先駆としてアンチ・キリストの出現あるべきを説いた。ペトロもまた主においては一日は一千年のごとく、一千年は一日のごとしとて、末の日についての人間的計算を排した。黙示録も「看よ、我は盗人のごとくにして来る、警戒して」（第十六章一五）云々と、同じ見解を保持した。蓋《けだ》しこれがイエズスの歴史的の真の教えであって、彼の説ける神国は決して単に終末的たるにすぎぬものではなかったからである。初代教会がその困難と迫害との裡にあって主の栄光の日を待ちこがれ、その近きを欲してしかく信じたのは無理ならざしと同時に、そは決してイエズスの教えがしかありしためではなかったことも明らかである。

ロアジーはまた当時のユダヤ人の神国観は終末的であったと主張したが、それも新しき研究によって覆《くつがえ》された。すなわちラビ文献に現るる神国観は全然終末的ではなく、Apocalyptic literature においてのみ然《しか》るを見る。しかも世の終わり以前に、地上的王国（イスラエルの回復）が期待されている。モデルニストの引証するダニエル書第七章も、同然である。初代の正統教会では、再臨の近きが信ぜられた場合においてすら、ユダヤ人的地上支配の妄想は容れられなかった（cf. Lagrange: *Messianisme chez les Juifs*, Paris, 1909）

カトリック的見解を認めぬ理由

以上我等は辛《かろ》うじて、主の教会建設について言うべき事の輪郭《りんかく》を描き得たに止る。さらに詳論せねばならぬこと、キリスト救世の御意志および原始的教会の史実よりの証明、パウロの書簡の証言、古代教会の信仰よりの帰納等、山のごとき材料が残っている。我等は急がずせかず反対者の塁——偏見と我執の土でもられた障壁《しょうへき》をくずしてゆこう。

それがすんだらば、キリストの建て給える教会の目的、その会員、その組織（教権と聖霊《カリスマタ》の賜との関係）、真の教会の特徴、教皇とその不可謬権の研究等に移ってゆくであろう。

ハルナックはかつて、カトリック信者が自己の主張の証拠として引用し得る聖書の章句は、僅少にすぎぬと言ったそうだ。しかしその後の研究の結果は、ややこの言とは異なっているらしい。一九〇九年フランスの教会史家バチフォル（Pierre Batiffol）が、彼の有名な『原始教会とカトリック主義』（*L'Église naissante et le catholicisme*. 英、独、伊訳がある）を公刊した時（そのある部分は一九〇六年に Revue biblique に発表されてあった）、ハルナックはこの書の批評を直《ただ》ちに一月十六日の *Theologische Literaturzeitung* に寄せて、次のごとく言った。

ローマ的《レーミシュ》ということがカトリック的《カトーリシュ》と同様であることは、余がプロテスタント史家としてすでに二十二年前に論じた処である……またカトリック的なることがキリスト教発展の歴史においてプロテスタント史家が普通認むる以上の昔に遡ることは、余が明らかにせんと試みたところで……爾来この主張はさらに強調され、かかる問題に通暁《つうぎょう》するプロテスタント史家は、今日ではカトリック主義のおもな要素が使徒時代にまで遡り、しかもそれは単に皮相的にではないということを認むるに躊躇《ちゅうちょ》せぬに至った。(Hauptelemente des Katholizismus bis in das apostolische Zeitalter zurückgehen und zwar nicht nur als peripherische.)

また「著者は己れの教会にあらゆる点において卓越せる貢献をなした。何となれば、キリスト教とカトリック主義とローマの上位《プリマート》との元来同一なる事の証明を、これ以上の専門的資格をもって企てることは不可能であるから」とて、賞讃の辞を吝《おし》まなかった。

バチフォルは実に批評家の好敵手たるに足る大家であった。昭和四年一月十三日不慮の死が彼を襲うまで、敢然《かんぜん》ハルナック一派の所説を追跡して、一九一四年には *La paix Constantine*、二〇年には *Le Catholicisme de saint Augustin*、二四年には *Le Siège apostolique* と矢継《やつ》ぎ早《ばや》に名著を出して、聖レオ一世（在位四四〇－四六一）に至るまでのカトリック教会発展の跡を叙し、炬のごとき史眼を通じてプロテスタント史家の虚を衝《つ》いた。

我等はこれ等の研究の内容については後節においてしばしば語る機会を得るであろうが、ここでは前掲の言をなせるハルナックのごとき学者が、何故に理論的に許せる点を実際的に肯定せぬかを検するは、興味ある事であらねばならぬ。ハルナックは彼の研究により新約諸篇の編纂《へんさん》年代がかつて考えられたより遥かに早く、その史料としての価値を疑い得ざるに至りし時、しかもなお不可知論的偏見に囚われて、その齎《もたら》す超自然的メッセージを受け容れざらんとして「ある建物のいたんだ棟が、従来考えられたより遥かに古いという事が証拠立てられたからとて、それで丈夫になるものではない」という言い抜けをしたように、ここでもまたこれに似た筆法で、使徒の教会がカトリック的であったのは、たまたまイエズスの真義を伝えなかったためだと言う。福音書に現れたカトリック的要素を示さるる時には、そはユダヤ人たるイエズスの偏見の残物で、我等にとって意義ある彼の宗教意識――天父に対して子たる体験――とは分たるべきもの、自由に無視して差《さ》し支《つか》えなきものとする。「もちろんイエズスの神国についての説教中、伝説と固有のものと、教えと掟とを分つ歴史家の任務は、困難で責任重きものである。我等はどこまで進んでよいのだろうか? 数百年の後にさえ、我等が真髄と思えるものの中に、未だ多くの硬く粗野なる殻を見出すであろう。」(*Das Wesen des Christentums*: S. 36.)

これ実に自著『キリスト教真髄』の最も深刻な批判、否、むしろ宣告ではないか。私はかかる立場に自己の信仰を樹立せんとするクリスチャンあるを、怪しまざるを得ないのである。ハルナックはまた上述の区別をせぬ限り、当然カトリック主義に帰せねばならぬことを認め、この点に関して仲間のゾームと論争すらあえてした。なぜならば「種子のうちに、否、むしろ種子と畑とを合せたもののうちに、啻《ただ》に……兄弟の集りのみならず、それがカトリック主義として発展したるがごときあの教会が先在していた」（*Kirchenverfassung*, S. 4.）から。

無教会主義の神学者黒崎幸吉氏は、私が同主義をもってプロテスタンチズムの二次的現象とせることに対し、不平を独語しておられる（「永遠の生命」四十六号、三〇頁）。我等は本書の始めに、最初のプロテスタントが無教会にあらざりしことを、ハルナックより学んだ。而《しこう》していかにその教会主義が無教会主義に変遷《へんせん》したかを述べた。黒崎氏は同主義がキリスト、パウロに始って、永遠に続くと申される。しかしキリストもパウロも、かかる主義を知らざるを如何《いかん》せん。無教会主義は、上述のごとく、プロテスタント神学者の作れるものなるを如何《いかん》せん。しかもカトリック主義に帰せざらんがために追い込まれた立場なるを如何せん。

神国についての論争の原因

前回の講義中に説明せるごとく、主イエズスの宣《の》べ給える「神の国」は、目に見えざる純霊的の神秘的観念でもなく、また超現世的の終末王国でもなかった。これ等の諸説は、凡《すべ》ての誤謬の通有性たる事柄の一面にのみ即する偏見に基づく。神国は人の裡《うち》なる神の支配と霊的更生であると同時に、社会的団結である。それはまたキリストの再臨による新しき天地の準備であるがゆえに、歴史的過程を踏んで、徐々《じょじょ》に完全にされねばならない。

ハルナック説もロアジー説も、確かに神国の重要なる一面を捉えたには相違ない。彼等の所説の全部が誤謬であるというにあらざるも、その一面を固執して全体なりとする点に独断がある。彼等はいずれも、キリストが天国の福音を述べ、神の指によりて悪魔を追い出し給いし神国の発端より、雲に乗り栄光の裡に再臨し給う終末に至る歴史的過程の中に、厳然として存在するカトリック教会という否むべくもあらぬ大事実に躓いたのである。神国が可視的の教会を包含するならば、それはカトリック教会であらねばならぬ。それを許すのはカトリック教会の肯定である。しかし彼等はそれを欲しない。であるから神国を目に見えぬ霊界か、超現世的の終末境に封じ込む必要がある。

この二つのうちの前者は、今日もなお無教会主義者が固守せんと欲する立場である。従ってカトリック教会は福音の堕落、世俗との妥協で、キリストとパウロとは、事実の如何《いかん》にかかわらず、無教会主義者でなければならぬ。彼等はキリストとその周囲の弟子たちの一団が教会であるならば、もちろんかかる教会は否定せぬと言う。またかかる教会を実現せんがために、無教会主義を唱えるのだと強弁する。この最後の弁明は最も興味深きものである。また「キリストの周りの小さき群とカトリック教会との間に、なんら共通なるものを見出し得ぬ。歴史的発展であるからと云って、それがその源泉と同一であるとは云えぬ」(「永遠の生命」五十一号、三二頁)と言う。

かく言う以上は、彼等はカトリック教会についても、その歴史的発展に関しても、充分なる理解を有し、かつこれを批判し得る確乎《かっこ》たる原理を有していることと思うがゆえに、我等は刮目《かつもく》してその発表を待とう。私はそれがやがて本書において批判されるであろうところの、三谷氏の「教会の律法化」のごときものならざらんことを祈る。

我等は前回の講義において、その昔パウロがイエルザレムにおいて捕縛《ほばく》せられて、衆議所に引き出されし時、「我は死人の復活の希望のために裁判せらるるなり」と呼ばわり、サドカイ人とファリザイ人との間に激論を起こさせたのを見るような興味をもって、歴史派と終末派との論争を眺めてきた。その点を、もう少し押し究めてみよう。

鷸蚌《いつぼう》の争い

人間が天父の愛子たる信仰がイエズスの福音を旧約聖書の宗教と異ならしむる点であるとのハルナックやサバチエの主張は、それが神国の可視的社会性否定の前提でなければ、許し得べきものである。彼等は言う、試みに山上の垂訓《すいくん》を読め、そこに幸いなる者とされるのは、現世的に最も恵まれぬ人達ではないか。マテオ聖福音書第五章の後半はことごとく、形式的なユダヤ教の正義に対して、霊的な神の国の正義を対照せしめたものではないか。神国の子等は、その天父のごとく、完全なることを理想とせねばならぬ。而して彼等の祈りは「天に在《まし》ます我等の父よ」との叫びである。ここに「キリスト教の真髄」がある。その他のものは、イエズスすら脱却し得ざりしユダヤ的形骸《はんばく》にすぎないと。

しかしこれに対してロアジーはすぐ反駁する。

一つの宗教が他の宗教と区別される点をもってその宗教の全本質なりとするのは、はなはだ論理透徹《とうてつ》を欠いている。たとえば一神教的信念がユダヤ、キリスト、イスラムの三教に共通であるからというて、この三宗教の本質が一神教以外に求められねばならぬ訳はあるまい。ユダヤ教徒もクリスチャンもイスラム教信者も、唯一神の信仰が彼等の信条中の第一かつ最も重要なものではないとはいうまい。成程《なるほど》三者各この同じ信念がそれぞれの宗教において現れる特種な形を批評するであろうが、一神教が三者に共通だからとて、それが各宗の要素たることを否定しようとは考えまい。異なれる宗教を区別するのは各の特徴に由《よ》るにせよ、これ等の特徴のみによってその宗教が成立しているのではない。であるからキリスト教の本質はただ福音がユダヤ教に負う所なき点に存し、ユダヤ的伝統より得たる所は二義的であると宣告するのは、独断もはなはだしいと云わねばならない。ハルナック氏がキリスト教の本質が天父への信仰に存するのを当然だと考えらるる理由は、これもまたかなり独断的に、この福音的要素が旧約書中にはなきものと想像するによる……しかしイエズスは律法を廃するつもりではなく、反ってこれを完《まっと》うするつもりであった。従って我等は当然、ユダヤ教とキリスト教とに共通な要素のあるべきを期待すべきである。この共通なものに福音的完成を加えて、始めてキリスト教の全本質が形成されるのである。(*L'Evangile et l'eglise*, pp. xvi–xviii, 12–13.)

福音に現るるキリストは、己の教えを一つは絶対的価値であるもの、他は当代にのみ適応する相対的なものと二つに区別した形跡は、全然ない。イエズスは自ら真理と思える事を語ったので、現代人の有する絶対的とか相対的なぞいう範疇《はんちゅう》を、毫《ごう》も顧慮しなかった。いったい誰が神の国の観念の中に、絶対的価値ある内的支配の観念と、相対的の価値を有するにすぎぬ将来の王国の観念とを分けたのか？　また誰がキリストの子たる自覚の中に普遍的な妥当性を有する天父の知識と、イエズスに特定の歴史的地位を与えるより以上に何の役にも立たぬユダヤ的要素、すなわちメシアの観念とを発見したのか。（*ibid.* p. 61.）

ユダヤ人の期待せるメシア王国

ユダヤ人の考えたメシア王国が、団結的なもの、社会性を帯びていたものであったのは、疑う余地のない点である。旧約聖書中にも、黙示録的文献においても、ラビ文学中にも、その他のメシア王国の諸相についてこそ見解の差異はあったが、この点は共通であった。一体古代には近世人の主観主義——自我という小さな檻の中で眩惑《げんわく》して、倒れるまで栗鼠《りす》のように回転するような見解を知らなかった。そんな考えを二千年前の人が持ち得たと思うのは、笑うべき年代錯誤である。イエズスはかのメシア王国の到来を告げたのである。

「期は満ちて神の国は近づけり、汝等改心して福音を信ぜよ。」

これが彼のメッセージであった。その神の国とは、もちろん預言者が遠き昔において告げ、洗者ヨハネが彼に先駆して述べたそのものに他ならない。イエズスは、すでに述べしごとく、神国についての誤れる観念を必要に応じて訂し給うた（「イエズスの説き給える神の国」の項参照）。それは政治的の権勢や劇的な勝利ではないのを、明らかにし給うた。しかしそれが全イスラエルの期待せるものであったには相違なかった。そうしてそれは、団体的、社会的なものであった。主はこれを否み給わなかった。ナザレトの会堂においても、洗者ヨハネの遺せる弟子に対しても、主はイスラエルの救いと光栄とを謳えるイザヤ書第六十一章および第三十五章の美しき言を引きて答え給うた（ルカ聖福音書第四章一六―二二、マテオ聖福音書第十一章二―一五）。福音の天国の譬《たとえ》の多くは、個人を対象とせずに、団体を例に引いている。天国は、後代のプロテスタントの案出した、目には見えぬ救いに予定された人々（numerus praedestinatorum）を意味するのではなく、よき麦も毒麦も共に育つ家父の畑、よき魚をも悪しき魚をも共に捕うる網である。新婦新郎に伴う処女にも、賢きと愚なるのとがある。それはまた人々の会食する饗宴であり、共に働く葡萄畑でもある。

この一面に関しては、終末派のハルナック説批評はたしかに正しい。神の国は純霊的のものではない。ハルナックの『キリスト教真髄』も、無教会主義的「エクレジア」も、終末派の鋭鋒の前に脆《もろ》くも敗れる。これには気付かずに、終末派的な根拠を引用してイエズスの教会設立を否定せんとしていた無教会論者のあったのは、実に滑稽《こっけい》である。彼等の所論になんら一貫せる原理なきは、この一事に徴しても明らかであろう。

神国と教会との関係

しかしロアジーがハルナック説を独断的な偏見であるとした同じ理由が、彼自身にも適中する。神の国は終末的でもあるが、終末的であるばかりではない。終末的王国は、神国の最後の相である。それは神国の完成を意味する。神の正義が栄光の裡に遍《あまね》く成就せられ、神の王権の支配が決定的に行われるまで、神国は徐々にこの世の国を征服してゆく。新約は旧約に一歩をすすめる。であるから、新しき掟《おきて》が与えられる。モーセの律法に代るべき福音的道徳が啓示される。善悪の戦いが終息し、罪と死とが亡ぼされた終末的王国には、かかるものは存在の理由を持ち得ない。そこに山上の垂訓のごとき理想を掲ぐるは、無意味である。そこでは、理想は現実として与えられねばならぬ。

結局主の説き給える神国の観念は豊富なる内容を有するものであって、その譬喩《ひゆ》の種々多様なるがごとく、幾多の異なれる相を具えている。主の聖役に始まってその御再臨に完全するまでには、神国の永き変遷がある。霊的のものではあるが、可視的に社会性を帯びて歴史上に発現し徐々に終末的王国にまで完成される。しからばかくのごとき神の国と教会との関係如何《いかん》。

ここで教会というのは、もちろん現世における可視的な信者の組織的団体のことである。カトリック神学にいわゆる「教会の霊」(anima ecclesiae)――この目に見ゆる団体の霊的根底、聖寵により救われし信者の有する「内的の義」によって成立する――については観念の混淆《こんこう》を避くるため、今ここでは論じない。なおまたすでに(「Ekklesia の語原の歴史」の項参照)説明せるがごときアウグスチヌス的の考え方、すなわち地上、煉獄、天国の三界に通ずる信者の団体としての教会、彼のいわゆる Civitas Dei についても、ここに語る必要はない。霊と体と、過去、現在、未来を包括するこの最後の広き意味においては教会即神国と言うことができるが、かくのごときは「教会」なる語の日常の意味ではない。

公教要理問答一二九に定義せられた意味での教会、「真の教えを保ち、イエズス・キリストの定め給うた頭に従う信者の団体」と神の国との関係は、以下の三点に約めることができる。

（イ）キリストの聖役を地上に継続する教会は、神国の外的社会相に該当する。

（ロ）次にかかる救いの機関たる教会は、信者の成聖によって、地上に内的神国を招来する。すなわち神国の内的・霊的方面は、教会を通じて築かれる。

（ハ）かくのごとく主の救世の御事業を遂行することにより、終末的再臨および彼岸の天国を準備する。

すなわち神の国と教会とは全然同意義ではないが、有機的に結び付けられて、離すべからざるものである。而《しこう》して神国と教会との契合は、ルカ聖福音書にある、「小き群よ、懼《おそ》るることなかれ、汝等に国を賜う事は、汝等の父の御意に適いたればなり」（第十二章三二）との主の御言によって明らかにされている。

我等は前に（「イエズスの群とその牧者」の項）主の創立し給える教会は、十二使徒を中心とせるこの小さき群であることを学んだ。カトリック反対者等は、この小さき群とカトリック教会との間になんら共通なるものを見出し得ないと言うであろう。またこの最初の一団が主の創立し給える教会であったにしても、果してキリストの御旨《みむね》のままに発達したか否かが問題である、との予防線を張るであろう。このプロテスタントの常套《じょうとう》論法を、無教会主義者黒崎幸吉氏が最近また繰り返しておられた。私は氏によって我等の今後の講義のテーマを一層明らかにせられたのを、感謝する。氏のこの言なくとも、それは当然本講義の辿って行くべき道であったのである(「神国についての論争の原因」の項参照)。

今後の論題

しかしながらこの研究を進める前に、我等は順序として、論点を明らかにしておく必要を感ずる。

(一) 主の周囲に十二使徒を中心として成立せる一団の組織的要素――教権と聖職の問題。

(二) かかる一団を組織し給える主の御趣意。

(三) この小さき群れのその後の発展――我等はカトリック教会組織が完成したと一般に認められる五世紀中葉に至るまでの要点を述べることにしよう。

(四) 現在のカトリック教会と原始教会との比較。

この最後の比較は、原始教会がいかなるものなりしか、現在の公教会がいかなるものなるかの知識を前提とする。キリストやパウロを無教会主義者にしてしまい、ペトロやヨハネを内村門下の誰彼と同様な平信徒であるかのような前提から出発して、自ら少しも真面目に研究したことのないカトリック教会の本質なるものを勝手に想定して、それが原始教会に相当せぬと言ったところで、何の意味をもなさない。

小さき群の組織的要素

権威に基づく教会

我等はすでに福音書を概観して、主が公生涯に入り聖役を始め給いし結果、（一）その組織的要素が今日のカトリシズムの特徴と同一なる宗教運動を興し給いしこと。（二）およびこれ等の態度や行動の意義に関して宣《のたま》いし明らかなる御言葉が、福音書中に記録されているのを見た。而《しこう》してそれだけでも、主が教会を建て給うたと云わねばならぬと結んだ。

主の小さき群を団結せしめたのは、「汝は活ける神の子キリストなり」との信仰が認めさした主の権威であった。主の神的使命は、弟子等の意志とは独立に、客観的に彼等に臨んだところのものであった。而《しこう》してこの信仰は、神の賜物《たまもの》であった。「天地の主なる父は、これ等の事を学者智者に隠して、小さき人々に顕し給い」、彼等に「国を賜う事は、父の御意に適《かの》うた」からであった。

イエズスは権威をもって神の国を宣伝し、そこへ入る者のために明らかなる条件を示し給うた。主が己が弟子と呼び給いし者等は、その教えのそれぞれの部分を検討して、それが合理的であるとか、あるいは旧約聖書と一致しているからとかいうがごとき個別的判断に由《よ》って、彼を信じた人達ではなかった。彼等は主の神的使命を奇蹟と恩寵《おんちよう》とによって認め、その使命によって宣べらるる事を受け容れた。聖書が簡単にいうごとく「イエズスを信じた」のである。彼が神の子たることと、その権威とを認めたのである。

彼等が主の教えを信じたのは、主の権威の承認に基づいた。その権威は、もちろんイエズスの神格と離れたものではない。彼が永遠の生命の言葉を有し給うのであった。ペトロの言えるごとく、主を離れて何処《いずこ》にか行こう。なやめる羊の小さき群は、この牧者に導かれざるを得なかった。羊は彼により出入して、牧場を得た。彼等は一人の牧者の下に一つの檻を形作っていた。かかる意味において、彼等は未だ公然とユダヤ教とは分離せざる以前においてすら、すでに他の団体とは截然《せつぜん》と区別された一団であった。主は「まずイスラエルの迷える羊にゆけ」と弟子に命じ給うたが、主の教えには本質的に民族的限定をふくむ何物《なにもの》もなかった。反《かえ》って「東西南北より来りて神の国にて席に着く人々があるであろう。」

主の御昇天後、使徒等はその受けた権能の名によって、同様の原則と条件に基づいて、神国宣伝を続行した。やがて彼等の周囲に「使徒等の教え」（使徒行録第二章四二）を信じ、その権威を認める事をもって神に従う所以《ゆえん》とする弟子の一群ができた。初代の教会はそれであった。これらの最初の福音宣伝者は、その名のごとく使徒（使命をうけて送られし者）であって、自らもそれを意識していた。

彼等はまた、主の復活の証人であった。かつこの証しのゆえに、彼等の一団はユダヤ教の埒外《らちがい》に放逐《ほうちく》された。その証しは、もちろん神秘的のインスピレーションではなかった。彼等の見、かつ聞けるところ、またイエズスの御名によりて行える奇蹟であった。彼等は各人各個の信仰とか、自由に団結した信者の団体が牧師を選ぶとか云うがごときキリスト教を、夢想だにしなかった。かかる骨抜きのキリスト教では、異教世界の征服なぞはとうていできなかったであろう。彼等は主の権威によって「われ真に誠に汝等に告ぐ」を繰り返した。同じ権威によって「信じかつ洗せらるる人は救われ、信ぜざる人は罪に定められん」と宣言した。

主の彼等に命じ給いし事を、ことごとく守るべしと教えた。「弟子等は出立して遍く教えを宣べしが、主力を加え給いて、伴える徴によりて言を証し給いたりき」（マルコ聖福音書第十六章二〇）とは、そもそもいかなるキリスト教もしくは教会について録されし言であるか。事実使徒以来連綿《れんめん》として歴史的教統を保ちつつ、イエズスによりて授けられた使徒伝来の権威によって福音を全世界に宣伝し、この権威に由《よ》って信徒を統率せる唯一の教団は、カトリック教会以外には求むることができないではないか。しからばカトリック教会とその特徴たる構成的要素がイエズス自身より伝来する事を、いかにして否定し得ようぞ。

ロアジーは前に詳説せる終末的王国の謬論にもかかわらず、カトリシズムの構成をイエズスの聖役に結び付けるまがう方《かた》なき歴史的連絡を明らかに認めた。曰く、イエズスの弟子等の一群は、最初から「完全に識別し得る限定された団体で、また非常に中央集権的なかつ完き兄弟的愛の中にはぐくまれながらも、聖職制度的なものであった。イエズスは中心・かつ首領で、誰もその権威を問題にしなかった。彼の周囲の弟子等は、漠然たる集団ではない。彼等の中から主は十二人を分ち選んで、自ら彼の聖役に直接かつ実際に参与せしめた。のみならず十二人の中にさえ、首たる者が一人あった。それは彼が最初に信じかつ燃ゆるがごとき熱心を有したるがゆえに止らず、さらに一同によって認められた師の一種の指名によったのであった。その結果は、使徒時代の教会の歴史にまで影響を及ぼしている……。

イエズスは当面の福音弘布に対して用意した事によって、来るべき王国の準備をもしたのであった。彼の周囲の一群も王国も、不可視・不可触の現実なる霊的団体ではなく、福音を宣伝し、王国を形造るべき人間の結社であった。」(*L'Evangile et l'Eglise*, pp. 90-91; cf. G. Bruhes: *Christianisme et Catholicisme*, Paris, 1924, pp. 334-339.)

司牧権に関する聖書の明文　ロアジーをしてかく言わしめたのは、彼の独断ではなく――これをも否定し得たならば、彼の反カトリック的主張には結局なおさら都合がよかったであろう――抹殺《まっさつ》し難き明文が福音書中に散見するがゆえであった。十二使徒団が主御自身の御選定による特権階級を形成していた事はあまりにも明白なる事実であるが(マルコ聖福音書第三章一三―一九、マテオ聖福音書第十章一―一五、ルカ聖福音書第六章一二―一六)、彼等が他の弟子等とは異なる特別な意味において主の代表者かつ証人であり、地上に神国を建設する職能を帯び、真理を伝え、キリストの福音を宣ぶるため、まずイスラエルに、而《しこう》して遂に全世界に遣わさるる事は、再三御受難前に明言されている(マルコ聖福音書第六章七―一三、第十三章九―一三、マテオ聖福音書第十章五以下、ルカ聖福音書第九章一―六、ヨハネ聖福音書第十三章二〇等を参照せよ)。

彼等の使命は、しかしながら、単に福音の教師として遣わさるるに止らず、信者の司牧権をもあわせ与えられていた。

「我誠に汝等《と》に告ぐ、総《すべ》て汝等が地上にて繋《つな》がん所は、天にても繋がるべし、また総て汝等が地上にて釈かん所は、天にても釈かるべし。」(マテオ聖福音書第十八章一八)

使徒等は直《ただ》ちに、彼等に約束せられたこの絶大の権能について、主に質問する。而《しこう》してここでもペトロが質問者である。
「時にペトロ、イエズスに近づきて云いけるは、主よ我兄弟の我に罪を犯すを、幾度か宥《ゆる》すべき、七度までか。イエズス曰いけるは、我汝に七度までとは言わず、七度を七十倍するまでせよ」（同二一―二二）と。

釈く権の行使はこれで説明されるとしても、万一これだけならば繫ぐ権は有名無実になりはせぬか。こはたまたま彼等の個人的便宜《べんぎ》や威厳のために与えられる権能ではなくて、さらに高き目的のために賦与されたものなるを示す。もしも然《しか》らずんばそれは無意義になってしまう。この個所を準備する主の御言「もし汝の兄弟汝に罪を犯さば、往《ゆ》きて汝と彼と相対して彼を諫《いまし》めよ……聴かずば教会に告げよ、教会にも聴かずば、汝にとりて異邦人税吏のごとき者とみなすべし」（同一五―一七）と宣《のたま》えるのと相対照すれば、使徒の繫ぎかつ釈くの権の意義はますます明らかになる。

兄弟の罪はあくまでも宥《ゆる》さねばならぬ。主はすでにかく祈るべしとて「我等が人に赦《ゆる》すごとく、我等をも赦し給え」と教え給うた。それはすべてのキリスト者に要求される心構えである。かつ主の祈りにおいて、我等は赦しを直接神に願うのである。しかるにここでは、主は「汝等の釈く所は天においても釈かる」と宣う。釈くのは神ではなくて「汝等」すなわち使徒等である。もし兄弟をあくまでも宥すべく命ぜられた弟子ばかりから教会が成立しているならば、かかる教会に聴かざる者は、なぜ「異邦人税吏のごとくみなすべき」であるか。

もしも「汝等の地上に繋ぐ所は天においても繋がるる」にあらずんば、教会にかかる権威のあろうはずがない。ゆえにここにいわゆる繋釈の権は、キリスト者の間の個人的関係を一般的に規定する道徳とは別種の、何物《なにもの》かでなければならぬ。

我等は以下その意義を闡明《せんめい》してみよう。頃日一無教会主義者は、その先生が臨終の床の上で彼の罪を赦すと言えるをきき「神以外に罪を赦す者なし」と憤慨せしとかいう話をきいた。成程《なるほど》彼等の立場としては、その言はまことにもっともである。しかし彼は今ここに引用せるがごとき主の御言を、いかに考うるにや、恐らくマテオ聖福音書第十八章も、第十六章同然、非歴史的な後人の加筆にすぎずとなすのであろう。

（1）繋釈の解　当時のラビ文献の決疑論において「繋《つな》ぐ」は禁ずる、「釈《と》く」は許すの義なるは、申すまでもない。良心の問題に関して厳格なる解決を与うるラビは繋ぎ、寛大なる断案を下すラビは釈くといわれる。「釈くヒレルと繋ぐシャマイ」なる語は、人口に膾炙《かいしゃ》している。しかしこれは律法解釈に関してである。彼等が釈くのは、その行為を合法的と認むるので、繋ぐのは不法なりと断ずるのである。かくのごときは解釈の相違であって、その価値は解釈者その人の権威以上には出でない。もしもヒレルとシャマイが学徳相若くならば、寛厳両様の解釈が同時に通用する。これに反して、例えば立法者自身の権威解釈や主権者の決定の場合は、別である。繋釈は直《ただ》ちに命令である。それは義務を負わせ、あるいは特権を賦与する、決定的宣告になる。地上の繋釈が直ちに天上のそれに該当する使徒の権能は、まがう方もなき最高の有効的判決権であって、その発動はすなわち神意の発現そのものと完全に一致すると、主自ら保証し給う。しからばそれは、権利と義務との根源となる権威ある法的決定である。従って彼等に与えられたのは、統治権そのものに他ならない。それであればこそ、かかる権ある教会の公の判決に服せざる罪人は、その拘束的価値を認めざる反逆者として、神の国とは関りなき異邦人税吏のごときものとみなされ、破門されるのである。使徒に与えられた繋釈権は、明らかに教会管轄の権（Potestas juridictionis）である。

（2）繋釈権の保有者　プロテスタントはこの繋釈権を約束された「汝等」は信者の集りたる教会全体であって、十二使徒に限られないと反対する。この解釈に対してまず問うべきは、前述せるごとく主の祈り、ペトロへの御答や、その次の譬喩《ひゆ》（マテオ聖福音書第十八章二三―三五）における無条件宥恕《ゆうじょ》の御教訓と、審判の権ある教会全体としての態度との間の矛盾を、いかに解釈するやである。たとえ教会全体に権威が存するにせよ、その権威の行使は全体がする訳にはゆかない。全体のためにこれを行う権威者の選定は避くべからざる事となり、結局教会より法的秩序を全然排斥せんとする要求は裏切られる。また事実原始教会は、その繋釈権を今日のいわゆる社会的制裁のごときものとは考えず、使徒およびその後継者は神の権威をもって信者に臨み、かつこれを司牧したのは、後述するがごとくである。

　次に注意すべきは、マテオ聖福音書第十八章においてはこの権を与えられる約束がなされるので、その実現は主の御復活後もはや十二人ではなく、ユダの離反によって十一人となれる使徒団に向っての御言葉の中に発見される点である。「かくて十一の弟子ガリレアに往き、イエズスの彼等に命じ給いし山に〔至り〕、イエズスを見て礼拝せり。然《さ》れど疑う者もありき。イエズス近づきて彼等に語りて曰いけるは、天においても地においても、一切の権能は我に賜われり。ゆえに汝等往きて万民を教え、父と子と聖霊との御名によりてこれに洗礼を施し、我が汝等に命ぜし事をことごとく守るべく教えよ。然《さ》て我は世の終わりまで日々汝等と偕《とも》に居るなり、と。」（マテオ聖福音書第二十八章一六—二〇）

のみならず繋釈権の約束せられた者が十二使徒であって一般の信者達でなかったことは、イエズスが天国の奥義《おうぎ》の知識や（マルコ聖福音書第四章一一—一二）、十二族を審く権（ルカ聖福音書第十九章二八）などを賜うたのが、一般の信者でなくて十二使徒に限られていたことでも、裏書きされる。また実際彼等と、彼等または直接主によって立てられし者の他に、かかる権を主張した人はなかった。教会は信者を牧し、かつ必要に応じて審判した。しかしそれをしたのは教会全部ではなくて、教会内の司牧者であった。しかも教会からかかる権を委任された者としてではなく、神より立てられし者としてであった。であるから教会内には、最初から牧者と被牧者とがあったのである。

(3) 繋釈権は神の国のため　この使徒等の権が、神国建設のためのものであって政治的俗権ではなかったことは、福音の全精神から明らかである。しかしこの世のものならぬ主の王国に関しては、この権は無制限の全権である。「総て汝等の釈く所……繋ぐ所」は、天においても然るのである。主は天においても地においても一切の権能の己に与えられたことを、この委任の前提として明言された。而《しこう》してこれが単なる外部的司牧権に止まらず、良心の内部にまでも及ぶものなることは「汝等誰の罪を赦《ゆる》さんもその罪赦されん、誰の罪を止めんもその罪止められたるなり」（ヨハネ聖福音書第二十章二三）との御言によって明らかにされている。すなわち使徒等は単に無条件に罪を赦すのではなくて、司法的に赦すべきか赦すべからざるかの分別に基づく赦罪権を与えられたのである。

（４）繋釈権の永続性　さらにたとえ司牧権や赦罪権が使徒団に与えられたとしても、それがその後継者によって教会内に永続したとの確証はなく、初代の教会は聖霊のカリスマによってのみ支配されたと論ずる者がある。しかし主は「汝等往きて全世界に教え……」と宣い、「世の終わりまで汝等と共にあるなり」と付け加え給うた。また「我が祈るは彼等のためのみならず、また彼等の言によりて信ずる人々のため」（ヨハネ聖福音書第十七章二〇）ともある。終末論者ではなかったイエズスは、十二使徒が世の終わりまで生存するとも、また自ら全世界に布教し得るとも考え給うたはずはない。使徒団形成の御趣意が神国建設のためであったならば、その制度が使徒等の死亡と共に消滅して、これを継続する者がなくなると考え得ようか。使徒等は、主によって与えられた大権が世の終わりまで継続すべきものとの明らかな意識を有していた。彼等はユダの落伍《らくご》の後に、直ちにマチヤスを選挙した。また宣教の重任を完《まっと》うするために、助手として七人の執事を任命した。パウロがその創立せる諸教会に長老や監督をおけるは、使徒行録（第十五章二三）や牧会書簡の伝うるところである。

これ等の事蹟なくも、世の終わりまで継続すべきは、事柄の性質上明白である。偏見に捉われず虚心平気に考うる者には、使徒の権威継承について問題のあろうはずはないのである。教会の最初の柱石として、彼等にはその後継者等に恵まれなかった奇蹟的な個人的賜物が下されたのは事実であるが、それは十二使徒以外にも与えられた賜物で、ここに論ずる教会統治の権とは別物である。それはいわゆるカリスマであって、パウロの言えるごとく「霊の顕るる事を人々に賜わるは公益のため」（コリント前書第十二章七）であり、この霊的賜物を冀《ねが》う者は、「教会の徳を立てんために豊かならん事を求め」（同第十四章一二）ねばならぬ。「然《さ》れば兄弟等よ、汝等預言せん事を冀いて、他国語を語るを禁ずるなかれ。然《さ》れど一切の事正しくかつ秩序を守りて行わるべきなり」（同第十四章三九－四〇）とて、霊的賜物の教会秩序に従属すべきをコリント人に警告した。而《しこう》してこの秩序はカリスマではなく、「我が鞭をもって汝等に至らん事か」（同第四章二一）と彼等を威嚇《いかく》せる「神の思召《おぼしめし》によりてイエズス・キリストの使徒と召されたるパウロ」（同書冒頭）の権威に基づくのであった。

(5) 不可謬権　かかる任命を主より受け、かつこれに必要な権能を賦与された使徒団およびその後継者等が、主の福音を説くに際して不可謬たるべきは当然であった。しかしそれとても、主の御約束に基づくのである。教会の不可謬権についてのカトリックの主張が、多くのプロテスタントの誤解するごとく、それがなければ信仰の一致が保てないからとの理由に基づく理論的帰結だと考えられてはならない。謬《あやま》りやすき、かつ現に謬らずとも常に謬り得べき可能性を有する人間が幾億万人集ったところで、それからは不可謬性は生まれてこない。不可謬性は教会における人間的要素の特権ではなく、そこにある神的要素――聖霊の指導の結果である。主は世の終わりまで教会と偕《とも》にましまし、謬らぬようこれを導き給う。それは「真理の柱にしてかつ基」（チモテオ前書第三章一五）である。さればこそ「信ぜざる人は罪に定め」（マルコ聖福音書第十六章一六）られるのである。

我等は絶対に信用し得ざるものに無条件の信頼を要求される理由を、解し得ぬ。信仰の義務は、対象がそれに値せねばならぬ。信ぜざる事が罪に定められる以上、それは絶対に信ずべきものでなければならぬ。この論理は、いやしくも真理として人に臨む総ての信仰の避け得ざるところである。であるから凡《すべ》ての信仰は、どこかで必ず不可謬権を主張する。ある人々にとってそれは個人の体験であり、他の人々にはそれは聖書である。而してかかるものが不可謬なるは、結局聖霊によるという。カトリック教会も決してそれと異なる事を主張するのではないが、ただ不可謬権なる聖霊のカリスマは、個々の信者の体験に伴うものでもなく、また聖書の個人的解釈に与えられるものでもなく、それは教会の特権であり、かつこの場合教会とは、具体的には使徒とその正しき後継者たる司教団の全体と、その首領として主の選び給えるペトロおよびその後継者、すなわちローマの司教たる教皇の公の賜物であるというのである。教皇の不可謬なるは私人としてではなく、教皇の資格をもって全教会のために信仰と道徳につき判定を下す時に限る（公教要理問答一四八参照）。

而《しか》して前述のプロテスタントの主張を裏書きするなんらの章句をも新約聖書に発見するを得ざるに反して、後のカトリック教理の根拠は福音書に明文がある。いわゆる福音主義は事実福音的ではなく、反《かえ》ってその反対とされる立場が福音的であるとは、いかにも皮肉ではないか。

試みにヨハネ聖福音書第十四章より第十七章に至る、主の御受難前夜の使徒への御物語を熟読して見られよ。而してその光に照《しこう》らしてマテオ、マルコ両聖福音書の結末を読めば、その語句は新たなる意義を帯びて我等に迫るを感ぜらるるであろう。

まず第一に、ヨハネ聖福音書所載の御物語の相手が十二使徒団で、その他の何人《なんぴと》でもなき事は明らかである（マルコ聖福音書第十四章一七、マテオ聖福音書第二十六章二〇、ルカ聖福音書第二十二章一四参照）。主は最終晩餐に臨みて、彼等を真理の中に保つために聖霊の不断の冥《みょう》助《じょ》を約束し給う。

「我は父に請い、父は他の弁護者を汝等に賜いて、永遠に汝等と共に止らしめ給わん。これすなわち真理の霊にして、世はこれを見ずかつ知らざるに由《よ》りて、これを承くるあたわず、しかれども汝等はこれを知らん、そは汝等と共に止りて、汝等の中に居給うべければなり……父のわが名に由りて遣わし給うべき弁護者たる聖霊は、我が汝等にいいし総ての事を教え、かつ思い出でしめ給うべし。」（ヨハネ聖福音書第十四章一六―二六）

「かくて父の許《もと》より我が遣わさんとする弁護者、すなわち父より出ずる真理の霊来らば、我につきて証明をなし給わん、汝等も初めより我に伴えるに由りてまた証明を為さん。」（同第十五章二六―二七）

「我が汝等に云うべき事なお多けれども、汝等今はこれに得耐えず。彼真理の霊来らん時、一切の真理を汝等に教え給わん。」（同第十六章一二―一三）

「我が祈るは、彼等のためのみならず、また彼等の言によりて我を信ずる人々のためにして、彼等がことごとく一つならんためなり。父よ、これ汝の我に在《まし》まし我が汝に居るがごとく、彼

等も我等に居りて一つならんためにして、汝の我を遣わし給いし事を世に信ぜしめんとてなり。」（同第十七章二〇―二一）

聖会の目に見ゆる一致は、真にキリストの有たる証であるのが主の御趣意であった。而《しか》して事実この一致は、教会の聖霊による不可謬権によってのみ根底を与えられている。真に一致せる唯一の教会が、不可謬権を主張する唯一の教会なるを知らば、蓋《けだ》し思い半ばにすぐるものがあろう。

(6) ペトロの首位　最後にペトロおよびその後継者の不可謬権に関しては、言うまでもなくマテオ聖福音書第十六章の明文がある。

「汝は磐《ペトロ》なり、我この磐の上にわが教会を建てん、かくて地獄の門これに勝たざるべし。我なお天国の鍵を汝に与えん、総《すべ》て汝が地上にて繋がん所は、天にても繋がるべし、また総て汝が地上にて釈かん所は、天にても釈かるべし。」（一八―一九節）

ルカ聖福音書はさらに付け加えて録す。「主また曰いけるは、シモン、シモン、看《み》よ、麦のごとく篩《ふる》わんとて、サタン汝等（使徒達）を求めたり、然《さ》れど我汝（ペトロ）のために、汝が信仰の絶えざらん事を祈れり、汝何時か立ち帰りて、汝の兄弟等を堅めよ、と。」（第二十二章三一―三二）

すなわちペトロたる磐石の上に建てられし教会に対して、悪の力は勝ち得ない。そのペトロは主の祈りに強められて、誘惑に際して兄弟等の信仰を堅むべき確固《かっこ》不抜《ふばつ》の柱石たるべきである。主は彼に「いつか立ち帰りて」と預言的条件を付せられた。ペトロは彼の個人的弱点ゆえの躓《つまず》きから、立ち帰るべきであった。果して彼が躓き、而《しこう》して立ち帰った時、主は「わが羔《こひつじ》を牧せよ」(ヨハネ聖福音書第二十一章一五)と三度繰り返して、ペトロを最上の牧者として立て給うた。彼は他の使徒のごとく繋釈の大権を与えられしに止らず、さらに全教会のために悪と偽とに対して敗れざる力を与えられしがゆえに、主の教会の基礎、兄弟等の信仰を堅固にする揺がざる柱石であり、かつ主の全教会の最高の司牧者であった。而してこれ等すべての特権が、ペトロの個人的威厳のためでなく、主の世の終わりに至るまで継続すべき教会のためである以上、ペトロの特権もまた永久にその後継者によって伝承さるべきであった。「ペトロの居る所に教会あり(Ubi Petrus ibi ecclesia)」の語は、時間を超越して真なのである。すべてこれ等の諸点に関しては、読者幸に聖公会よりの最近の帰正者として最も有名なるジョンソン・バーノン原著杉山英一郎訳『主は一、信仰は一』中の、新約における権威および教皇制度の研究を参考されたならば、極めて有益でありかつ多くの暗示を得らるるであろう(カトリック研究社発行)。

130 イエズス・キリストの定め給うた頭は誰であるか。
131 イエズス・キリストの定め給うた頭は、十二使徒の中より選まれたペトロであります。
ペトロの相続者は誰であるか。
132 ペトロの相続者は、ペトロの後を続ぐローマの司教であって、これを教皇と申します。
イエズス・キリストはどんな言をもってペトロを公教会の頭と定め給うたか。

イエズス・キリストはペトロに向って「汝は磐なり、この磐石の上に我教会を立てん」（マテオ聖福音書第十六章一八）と宣い、また「汝わが羔《こひつじ》を牧せよ、わが羊を牧せよ」（ヨハネ聖福音書第二十一章一五）と宣うてペトロを公教会の頭と定め給うたのでありま す。

使徒の頭たるペトロ

ペトロの首位に関する新約聖書の章句が従来二つの相反する主張に由って否定されてきたのは、面白いことである。正統的のプロテスタントは、その聖書主義の立場からそれらの章句の史実なるを認めながら、それはカトリック教会の解するがごとき意味にならぬと主張するに反し、高等批評的立場からはこれ等の章句はなるほど新約聖書におけるカトリック的要素を構成するには相違ないとしても、その史実性は保証の限りではないと言う。とにかくこの両説はそれはそれなりに首尾一貫しているが、日本の無教会論者に至っては徒《いたず》らに教会攻撃に急なる結果、往々無分別にも両者を併用して顧みない。その熱情は諒とするも、学的不用意のそしりは免れ難いであろう。

（1）福音書の描くペトロ　ハルナックの言っているように、「プロテスタント註釈家や史家は、使徒団および原始教会におけるペトロの地位を低く見積る傾向がある。」（*Kirchenverfassung*, S. 6, Anm. 1.）

イエズス御在世の際、彼がすでに先達で、他の使徒達の代弁者であった事実は、同じ所でハルナックが説明しようと試みているごとく、ペトロの特別な性質――主に対する忠誠と果断な活動性などを、イエズス自らも認めて彼に許していたに基づくと言うのみで足りようか。

マテオは十二使徒の名を列挙して「第一ペトロと云えるシモン」（マテオ聖福音書第十章二）と録す。十二使徒の名が列挙さるる際に、ペトロが常に最初に名指されるのは人の知る所であるが、彼はなぜ「第一」（Protos）であり「磐《ペトロ》」であるのか。彼が最初に召命を受けた年長者であるという説明は、確実でもなければ充分でもない。ヨハネ聖福音書第一章は、彼がイエズスを知れるは、兄弟アンデレアの紹介によることを録している。彼は最初の弟子ではないが、初対面においてすでに「ペトロと名づけられん」との御約束を蒙《こうむ》っている。後にガリレア湖畔で一切を捨てて主に従うた時も、兄弟アンデレアとゼベデオの兄弟と時を同じゅうしていた。ただルカ聖福音書（第五章一―一一）は、主がシモンの舟より説教し給いし後、命じて沖に出でて網を下させ、奇蹟的大漁ありしことと、その結果シモンが御足許《もと》に伏して「主よ、我は罪人なれば、我より遠ざかり給え」と言いしに対して、特に彼に「懼《おそ》るることなかれ、汝今より人を漁る者とならん」との御言葉ありしを録している。

カファルナウムでは、主はペトロの家を宿とし給うた。収税吏は主をペトロの同居人とみなして、税を徴しにきたらしい（マテオ聖福音書第十七章二四）。「汝等の師は二ドラクマ銀貨を納めざるか」との問に対して、ペトロは主に代って「納む」と断言した。主は魚の口より出るスタテル銀貨を取りて「我等が彼等を躓かせざるため……我と汝とのために彼等に納めよ」と命じ給う。イエズスが己と弟子達に関して一人称複数給いしは、ここの例あるのみ。かくペトロがイエズスに優遇されしを見て、その直後に弟子達より「天国にて大なる者は誰なりと思い給うか」（同第十八章一）との質問の出たのは、無理ならぬことと思われる。

マルコとルカとは弟子の群を指して「シモンおよび共に居りし人々」（マルコ聖福音書第一章三六）、「ペトロおよびこれに伴いたる人々」（ルカ聖福音書第八章四五）と録す。これを「ダビデと己の伴える人々」（マルコ聖福音書第二章二五、マテオ聖福音書第十二章三、ルカ聖福音書第六章三）の句と参照すると、ペトロの首位が明らかに看取される。ゲッセマネの園において主は「シモン、汝眠れるか」（マルコ聖福音書第十四章三七）と特に彼を責め給う。また復活の天使は婦人等に「弟子等とペトロに」告げよと命ずる。

その他ヤイロの娘の復活、山上の御変容等の重大事件に際して、常に主に近侍した三人のおもな弟子中ペトロは常に上位を占め、その他に先んじて語りかつ重大な役割を演ずるが、特に主より名指さるる等、全福音書と使徒行録とを通じて彼の名の録さるること実に百九十五回、彼に次ぐヨハネすら二十九回にすぎず、他の十一使徒の名の挙げらるる場合を総計するも百二十回にすぎずして、遥かにペトロに及《およ》ばざるを見ても、ペトロの優越せる地位を占めしことは何人《なんぴと》も疑い得ぬところである（cf. V. McNabb, *The New Testament Witness to St. Peter*, pp. 135–138, London, 1928）。

（2）ペトロの特権とその反対説の批判　以上に由《よ》ってペトロの「第一」なりし事実は疑う

べくもないとしても、それは事実上第一（quaestio facti）であったので、第一たるの権利（quaestio juris）を有していた事にはならぬとプロテスタントは抗弁する。その明らかな証拠として、使徒等の間に起こった争いの事実を挙げる。彼等は何故「天国において大なる者は誰か」と主に質問したか。またある者は何故主の国において一人はその右に、一人はその左に坐せんことを願ったか（マテオ聖福音書第二十章二一―二三）。

而《しこう》してその何《いず》れの場合にも、主は幼児のごとき謙譲と奴隷のごとき奉仕こそ大なる者の特徴であると諭し給うたか（マルコ聖福音書第九章三三―三七参照）。

主の明らかなる指名によりペトロの上位が確定していたならば、かかる出来事は不可解であると。

この反対は一応もっともであるが、前項にも注意せしごとく、「最大なる者」の争いは、適々《たまたま》ペトロが主より特遇を受けしに端を発しているのを見逃してはならない。何人かが上位を占め得るとの可能性が、彼等をして争わしめた。そうしてペトロは疑いもなく最も有力なる候補者であった。「一人は主の右に、一人は左に」坐することを願ったのが、ペトロに次いで重き位置を占むるゼベデオ兄弟であったのは、なおさら注目に値する。この僭越《せんえつ》に対して残りの十人が憤慨したと録されてあるが、その中にはもちろんペトロがいたのである。その他の者共はかりにペトロには許していても、ヤコボとヨハネには許し得なかったのかも知れぬ。彼等は結局最後の晩餐の席上に至るまで相争った（ルカ聖福音書第二十二章二四以下）。

主は絶えず真の偉大が奉仕に存することを繰り返して教え給うたが、それは何人かが上位を占むることの否定ではなくて、上位を占むる者はより多く奉仕すべく、この奉仕のみが神の国において上位の存在に意義を与うることを力説し給うたのである。特に最後の場合に「汝等の中に大なる者は小き者のごとくに成り、首たる者は給仕のごとく成るべし」「汝等は、我が艱難《かんなん》の中において絶えず我に伴いし者なれば……イスラエルの十二族を審判せしめん」との御約束の後に、ペトロを顧みて「シモン、シモン、看《み》よ、麦のごとく篩《ふる》わんとて、サタン汝等を求めたり、しかれど我汝のために、汝が信仰の絶えざらん事を祈れり、汝何時か立ち帰りて、汝の兄弟等を堅めよ」との御言葉があった。ペトロには兄弟等の信仰を堅むる最大最高の奉仕の任が与えられ、主がそのために特に祈り給いしことが、相争いし使徒等の面前で直後に告げられている。

実際ここにおいても、後に詳論するマテオ聖福音書第十六章におけるごとく、ペトロの将来の大任が預言せられているので、御復活後の「汝わが羔《こひつじ》を牧せよ」との明らかなる御任命を蒙るまで、ペトロの位置は確定というよりはむしろ予定せられていたのである。主が弟子達と在《まし》ます間は、主に代るべき統率者は必要ではなかった。ペトロにいかに重大な将来の使命が約束せられていようとも、彼は未だ実際の統率者ではなかったのである。そこに仲間の嫉《しっ》妬《と》や競争心を刺戟し得るものが充分にあったに相違なく、また主の御約束の深き意義は、もちろん当のペトロにさえ明らかにには会得されていなかったに相違ない。「嗚呼《ああ》愚にして……信ずるに心鈍き者よ」（ルカ聖福音書第二十四章二五）との非難は、一切について使徒等に当《あて》嵌《はま》ったのである。マテオ聖福音書第十六章において、また前述のルカ聖福音書第二十二章において、さらにヨハネ聖福音書第二十一章において、ペトロが主より重大なる御委任を受けし直後に御叱《こうむ》りを蒙るのを見ても、その間の消息は明らかに察し得る。ペトロは事実第一であったし、また将来第一たる権利を約束されていた。弟子等の争いは決してこの事の否定ではなくて、反ってかかる状態が産み出した結果である。

(3) 汝ペトロと名づけられん シモンの「第一」なることは、以上によって説明し得たとするも、彼が磐《いわ》たる所以《ゆえん》は、それだけでは了解し得ない。主はゼベデオ兄弟に「雷の子」という綽名《あだな》を賜ったが、彼等は依然としてヤコボとヨハネで通っていた。シモンに至っては然《しか》らず、彼は結局ペトロまたはケファとして知られ、その名自身が主張にすらなったのである。この争い難き事実の唯一のかつ充分な説明は、マテオ聖福音書第十六章の「汝は磐《ペトロ》なり、我この磐《いわ》の上にわが教会を建てん」云々の記事である。

天より火を下してサマリアの町々を焼き払わんとし、主の飲む杯を飲むことを得と断言し、主よりもその言を肯《うべな》われしゼベデオ兄弟は、「雷の子」なる名にふさわしき性格の所有者であった。シモンに至っては、彼が他にいかに秀でた素質を有したであろうとも、「磐」と綽名さるるに適する特徴は有して居らなかった。御受難に際しては三度主を否み、聖霊をうけて後にさえアンチオキアで新参者のパウロにその不徹底のゆえに面責された彼は、果して「磐」と呼ばるるに適した性格の持主であったろうか。かくて「磐」なる彼の名が「雷の子」のごとく彼の性質を表さぬとしたら、そもそも何を意味するのであろうか。マテオ聖福音書はこの疑問を解いてくれる。「汝は磐なり、われこの磐の上にわが教会を建てん。」ペトロとは教会の礎石たるべき彼の使命を表せる語で、その性格を表す綽名ではない。

このシモンの使命は、ヨルダン河畔における主と彼との初対面の際にすでに予見されていた。ヨハネ聖福音書は丁寧《ていねい》に「ケファ——訳せばペトロ」と註して、主のアラメア語にてなし給いしマテオ聖福音書第十六章の Wortspiel の鍵を我等に提供している。ヨハネ書の記者のこの句はマテオ聖福音書の記事を知りての上の註釈なるは、察するに難くない。それはヴェルハウゼンの指摘せるごとく、この所および第二十二章の「ヨナの子シモン」(Simon Ioanou) の語よりも、マテオ聖福音書のより原始的なアラメア語形の「ヨナの子シモン」(Simon Bariona) の方が明らかに古き点より見ても、肯定される(*Das Evangelium Matthaei*, S. 83, Berlin, 1904. cf. Batiffol, L'Eglise naissante, p. 102.)。

ルカは上述のごとくペトロの首位が晩餐《ばんさん》の席上主より認められしを述べている上に、フィリッポのカイザリア地方におけるペトロの信仰宣言の記事は、マルコ聖福音書と同一でも(第九章一八—二二)、その後に蒙りし「サタン退け」との恐るべき御叱責《しっせき》を載せていないところから見ても、ペトロの同情者であったことは察せられる。然《しか》らば彼は何故教会創立の重要なる一条を収録しなかったか。古来キリスト自ら教会を建てられたという主張を好まざる徒は、マルコ、ルカ両聖福音書のこの沈黙を奇貨措《お》くあたわずとなして、種々の反対説の根拠とした。

我この磐の上にわが教会を建てん

（1）キリストは教会建設の意志を有せしや　頃日『基督教の本質』（額賀鹿之助訳、新生堂出版）という極めて世人を誤りやすき表題の下に、はなはだ不精確なる訳文をもって公刊された Karl Heim; *Das Wesen des evangelischen Christentums*（以下原文よりの引用は第五版による）の第三章には、この問題に関して次のごとく録されている。（この書は一部のプロテスタントによって、カトリック批判の教科書とせられているようであるから、あえてここに引用する。この訳書によってカトリシズムの批判を知り得ると考うる人達は、まことにお気の毒である。真の研究家は原書を読まるる必要があろう。）

「カトリック教会辞典はこの個所についていう。「キリストは彼の使徒（ペトロを指す）に、彼の王国の鍵を与える約束をする、それによって彼を己の代理者となし、彼に己自身の権力を与える」。」（Es heisst im katholischen Kirchenlexikon zu dieser Stelle" Christus verspricht seinem Apostel die Schlüsssel seines Reiches, er macht ihn somit zu seinem Statthalter und bekleidet ihn mit seiner eigenen Gewalt," S. 31.)

ついでに読者の参考までに額賀氏の以上の一条の翻訳ぶりを御紹介すると、「カトリックの辞書にはこの聖書の個所に対して「キリストはその使徒に天国の鍵を与え、彼をその守護者となし、而《しこう》して彼にその御自身の衣を纏わせた」と註釈を加えてある。」なおこの前後に Amt をいつも赦罪権と訳してある。であるから「さればすべての使徒たちに代って一つの赦罪権がペトロの上に総ての時代を通じて委任されているものといわれるのである」なぞいうとんでもなき Unsinn が——カトリック信者すら知らざる！——出てくる（六六―六七頁参照）。

以下必要な訂正を加えて、額賀氏の訳文で引用する。

もしそれイエスが実際かく考えたもうたとすれば、そしてそれと同時にイエスが凡《すべ》ての時代を通じて信徒および生活の問題における無謬《むびゅう》の権威と共に、一つの赦罪権《しゃざい》（職制《アムト》）を設けようとしたもうたとするならば、プロテスタント全体は、始めからキリストの詛をうけているのである。しからばすなわちルターは、この赦罪権（職制）の下に膝を屈めざりしがゆえに、キリストに対して罪を犯したものと謂《い》わねばならぬ。しからば「ロマ語れり、事件は決定せり」（Roma locuta est, cause finita）という言は、当に福音的信仰たるに値する（原文には「福音的信仰についても有効である。」すなわちロマの宣告により、プロテスタンチズムの誤謬《ごびゅう》たることは決定されたとの意なり）。ここにおいて我々は、まさに法皇教権と直接関係のない教会の基礎（教会設立）の権利に対する根本的問題に直面しているのである。我々は全く冷静な頭脳と具体的の事実とをもって、この問題に答えなければならぬ。かのイエスの言の理解に関しては、なお烈しき議論の戦わされつつあることは素《もと》より少しも不思議でない。

かのイエスの言は、プロテスタントの側から見るときには、聖書のその個所全体が後世の挿入に係《かかわ》るものとせられ、あるいはそれが最初から反対の意味に解せられているということによって、旨《うま》く説明を付けようとした。すなわちイエスは、この世の中の教会を建てようとはなさらなかったというのであって、むしろイエスは最も近き時において世の終わりの来るべきことを想いたもうたからである。だからイエスはすぐその下に曰いたもうた。「誠に汝らに告ぐ、ここに立つもののうちに、人の子のその国をもて来るを見るまでは、死を味わぬ者どもあり」（マタイ聖福音書第十六章二八）。「これらの事ことごとく成るまで、今の代は過ぎ往くまじ」（マタイ聖福音書第二十四章三四）。イエスは祭司長の前で曰いたもうた、「我なんじらに告ぐ、今より後、なんじら人の子の、全能者の右に坐し、天の雲に乗りて来るを見ん」（マタイ聖福音書第二十六章六四）と。ゆえにイエスの見たもうた天には、血のごとくに赤き夕陽が燃えていたのである。こうした世の滅亡の気分の中から、どうしてこの世の中に教会を建てようという思想が起って来よう。だから教会を建つることについてのペテロに対する言は、不真正なものでなければ、全く別な意味を有っているのでなければならぬ。（六七―六八頁）

以上は前講以来たびたび問題になった終末派の主張であって、我等は改めてここにこれを反駁《はんばく》する必要を認めないが、以下の三点について読者の注意を促しておく。

（a）この立場は、キリストの神性を認むる正統的プロテスタントの信仰とは、相容れぬものである。キリストが世の終わりの時期について誤ったとすれば、彼は神ではなく、彼に対する信者の信頼は条件附けられねばならぬ。しからば何について彼を信じ、何については信じてはならぬか。その規準は何処にあるか。結局我等は主観的解釈か、しからずんばハルナックのごとき高等批評的立場に追い込まれねばならぬであろう。

（b）前講中に（「終末派神国観の批判」）、主が決して世の終わりの近きを告げ給いしことなき証拠を挙げたが、しからば前掲のマテオ聖福音書第十六章二八、第二十四章三四等はいかに解釈さるべきか。キリストが矛盾せる言をなし、あるいは彼の思想に変化または発展ありしとせば如何《いかん》。

これ等の疑問に対して、我等はまず第一に福音書の描き出すキリストの姿が、鋭き智慧と最も健全な精神との持主のそれなるを想起する必要がある。次に福音書はキリストへの信仰を伝えんがための著述である以上、その記者等が彼等のヒーローの矛盾をその中に暴露したとせば、愚《ぐ》の骨頂《こっちょう》であると言わねばならぬ。彼等は我等にとって一見矛盾と感ぜらるる章句を調和しうる見解を有したに違いない。彼等の態度こそ他の何物《なにもの》にもましてこの難問題解決の鍵を供給するものであらねばならぬ。

最後のキリストのメシア意識の発展または思想の変遷というがごときは、結局一つの想像以上には出で得ない。というのは、たとえ万一変遷発展があったとしても、我々はキリストの言葉の発せられた時期の前後関係についてなんら明確に区別しうる根拠を有しておらぬため、その跡を辿る手段をもたぬからである。これは世の終わりの近きを示すがごとき言葉と、その時期あるいは遠きがごとくあるいは不明なるがごとく解せらるる言葉とが、福音書中に相錯綜《さくそう》せる事実から明らかである。特に注意すべき問題の箇所中の最も重要なるいわゆる共観福音書の「小アポカリプシス」と呼ばれる部分（マテオ聖福音書第二十四章、ルカ聖福音書

第二十一章、マルコ聖福音書第十三章）において、イエルザレム滅亡の預言と世の終わりのそれとが、混然と同時に物語られている点である。その中のある部分は明らかに聖都没落に関し、他の言葉は明らかに世の終わりの事であるが、いずれとも分ち難き所が多くある。しかし主の意味せられた所は、全体的には明らかである。すなわち神殿の滅亡は現代のすぎ去らぬうちに起こり、その先駆をなす徴を見て「ユダヤに居る者は山に逃れる」余裕がある。彼の再臨に関しては何人《なんぴと》もその時を知らぬがゆえに、我等は絶えず警戒せねばならぬ。ただし、世の終わる前には天変地異ありて、主の再臨は何人も疑い得ぬほどに明白な事実であるであろうと。而《しこう》して聖都がこの預言後約四十年後に没落せるは人の知る所であり、それは同時にメシアを容れずしてこれを殺せる民に対する天罰であった。げに人の子は、その国——権威をもってこれに臨み給うたのである（マテオ聖福音書第二十一章三以下の三譬話参照）。

（c） 終末派はイエズスの教会建設の語を非歴史的なりとしても、その意味については必ずしもカトリック的解釈を退くるものではない。その一例としてロアジーを挙ぐれば、「実際イエズスの言葉がヨナの子シモンに対して云われ、シモンが教会の礎石であるべきであり、かつ事実それであったという事を証明する必要は更《さら》にないのである。あの言葉が単にシモンの信仰にのみ関するとか、シモンと同じ信仰を有するであろう凡《すべ》ての人についてであるとか、なかんずく事によったら磐とはここではキリスト自身を指すのだろうなどとの論証は、なおさら無用である。かかる解釈は、古代の註釈家等《べんぎ》によってその道徳的応用の目的でなされ、プロテスタント聖書学者によって宗論的便宜のために指摘されたようなことはあっても、一度それをもって福音の歴史的意味なりとなさんとするに至っては、牽強附会《けんきょうふかい》に堕するのみである」（*Les Evangiles Synoptiques*, t. II, pp. 7-8）と。

(2) マテオ聖福音書第十六章の原文　ハイムは曰く、

この問題の起こりについて正しく理解するために、ハルナックが一九一八年ベルリン科学学士院において講演した最近の思想を、ここに紹介しようと思う。すなわちそれは「汝はペトロなり」、「岩の上に我わが教会を建つべし」、「陰府《いんぷ》の門はこれに克つべからず」という三つの文句についての解釈である。紀元一七二年以後に出来た福音書索引の一つなる「タチアンのディアテッサロン」の中に、この箇所が別な形になって出ている。そしてそれにシリアの聖エフレムが註釈を加えている。すなわちそれには「陰府の門は汝に克つべからず、汝は巌《ペトロ》なり」（et porta inferi te non vincent, tu es petra）と録されてある。

これはもちろん原文に関して有する最も古い証明である。ここでは「死の門に由《よ》りて勝たれない」ということ、「死に由って亡ぼされない」ということは、すなわち教会に関係したことでなく、むしろペトロに関係しているのである。「それは汝に勝つべからず」とは、ハルナックの考えでは「汝はペトロなり、死は汝に勝つべからず」。これを言い換えれば「ペトロ、汝は死なざるべし、汝はなお我が再来を実見すべし」という意味であって、ヨハネ聖福音書第二十一章二三節に「かの弟子死せず」とヨハネに曰われた言、またマテオ聖福音書第十六章二八節に「誠に汝等に告ぐ、ここに立てる者の中、人の子がその国をもって来るを見るまで死なざるもの数人あり」とペトロに曰われた言と全く同じものである。

しかしこの預言は、ヨハネにもペトロにも当らなかった。彼等は主が来りたもう前に死んだのである。それゆえに再度この原文の中に挿入が行われたのである。ヨハネについては、ヨハネ聖福音書第二十一章二三節に「彼弟子死せずとの説兄弟たちの中に伝わりしが、彼死せず、とイエズスのペトロに曰いしにはあらず、ただ我が来るまで彼の留らん事を命ずとも、汝において何かあらん、と曰いしのみ」と書き加えられ、それと同様にハルナックの説によれば、我々の引いた箇所に挿入され、しかもその言はペトロに関係せず、教会に関係しているのであって、「その岩の上に我わが教会を建つべし、陰府の門は〈これに〉すなわち教会に勝つべからず」と書きかえられたのである。この挿入は教会の仕業であって、つまりその創立者を崇むるの余りなされたのである。（『基督教の本質』六九―七一頁）

（3）　無教会主義者の高等批評礼讃　以上が有名なハルナックの *Der Spruch über Petrus als den Felsen der Kirche* (Sitzungsberichte der königlich preussischen Akademie der Wissenschaften, 20/27, Juni, 1918) の梗概《こうがい》であって、無教会主義のプロタゴニスト塚本虎二君をして「過去二千年、教会主義者達の唯一の本拠たりしこの金城鉄壁も、遂に開城の余儀なきに至りつつある。万年不動と思われし教会主義の大磐石が揺らぎ始めた。まことや事実は磐よりも頑固であり、真理は人間よりも強力である」（「聖書之研究」三三二号、一一頁）と狂喜せしめし根拠の一つになっているものである。

その後氏は本講義（第九章の「高等批評に譲歩する新教徒の矛盾」の項）の私の批評に対して、同誌三三四号において、苦しい弁解かつ反駁《はんばく》を試みて、「私は高等批評の上に私の無教会論を樹立する者ではない。私はただ、高等批評すらその大勢は教会主義が唯一の本拠と頼める右の記事の史実を疑えるにあらずや、と言いし迄《しこう》である。私はたとい高等批評が現在の傾向と全然反対に、右の記事の史実を認めたりとしても、而してまた主がたとい、「ペトロよ、汝の上にわが教会を建てん」、と言い給いしとしても、カトリック教会のごとき結論（法王ペトロの承継者なるがゆえに、ローマ教会のみが唯一正当なる教会なり、ゆえにこれに属せざれば救われずとの）を生まないと信ずる。すなわち、私の教会主義否定は、右の記事の有無に関係しない（もし史実無しとせば、私の主論を一層強力にするとは言えど）」と申された。

それ以来氏は私の言うごとく「聖書学者」ではないと深く卑下して、「聖書之研究」三三〇号一一頁において、繰り返して「最近の機会の特別研究に譲り」と約束された本問題に関する御意見の発表を中止せられしにや、二年間その発表をまちあぐんだ末、それを拝見する機会を遂に与えられずして、反って私が先にこの問題について録す場合になってしまった。

寡聞なる私は、氏の旧門下生に、その特別研究とは基督教論文集中の「イエスの用い給いし国語」の一篇であろうと教えられたのでそれを読んでみたが、これに関することは同書二八一―二八二頁に、主がアラメア語をもってペトロに語り給いしならば、「結局イエスは「汝はケパ（磐）なり、我この磐の上にわが教会を建てん」と言い給いしこととなり、Petros petra の語尾の上に立つ煩瑣無益なる論争の必要なきに至るであろう」とあるにすぎず、これを要するに氏は高等批評がこの句の史実性を否定してくれれば、教会攻撃に非常に好都合だから利用してやる（ただし、この場合氏の聖書主義がどうなるか依然として不明、多分聖霊が直接各人に聖書中の史実と然《しか》らざる部分とを示して下さるのであろう。而《しこう》してマテオ聖福音書第十六章一七節以下の史実性については、氏は未だ確たる示しをうけておられぬようである）、肯定したところで「主のこの教会建設の宣言――教会主義が取ってもってその典拠とせる所のこの宣言こそ、実は我等の主張する無教会主義に根拠を与うるものなりと言いしものである」（「聖書之研究」三三四号、二〇三頁前掲の引用のつづき）との、はなはだ便利な背水の陣を布《し》かれたようである。氏のこの最後の言は、後に引用するハイムの主張と対照すると非常に面白いから、特に付記しておく。

なお序に前掲「イエスの用い給いし国語」という論文の引用せる一節の註に「『聖書之研究』第三三〇号拙稿『真の教会』参照、なお P. M. J. Lagrange, *Evangile selon Saint Matthieu* の箇所の註を見よ」とあるのを読者に注意したい。塚本氏がカトリック註釈家を引用するのは珍らしいことである。「その個所の註」を仔細《しさい》に吟味してみた者は、塚本氏の約束された特別研究がまだ発表されない理由がほぼ想像できるであろう。この比較研究を特に篤学者におすすめしておく。ラグランジュは塚本氏が「真の教会」において試みられしがごとき「汝はペトロなり」の解釈を une mauvaise plaisanterie と呼んでいる（同書第二版、三二四頁その箇所の註）。

（4）**挿入説の批判**　元来、この章句については、カトリック教会は、占有者の地位にいる。Melior est conditio possidentis! カトリック教会の存在は主の御制定によるが、その記録たるこの章句の上に繋がっているのではない。この章句は、事実の説明になるにすぎぬ。カトリック教会にとっては、聖書はなくてもすむ物である。しかしプロテスタントにとっては、これは一番邪魔《じゃま》になる章句である。彼等のプロテスタントの根拠たる聖書がカトリック教会の存在を裏書きするのは、彼等の坐視し得ぬところである。ハルナック教授はようやく彼等を安心させてくれた。あんな句は原文にはなかった。従って、後人の加筆たることを明らかにしてくれた。それを教授が指摘したのは、上掲の学士院への報告より遥かに昔のことである。すでに一八八三年 *Die Acta Archelai und das Diatessaron Tatiens*（Texte u. Untersuchungen. I, 3.）の中にこれを論じた。

約十年後レッシュ（A. Resch）はこれを敷衍《ふえん》して、原文が今日のごとく改竄《かいざん》されたのは二世紀の初頭で、ペトロを割礼の使徒と崇めたユダヤ主義と、教皇ヴィクトル一世の周囲のローマ中心主義との影響であるとなし、この後の方の説明はグリル（Julius Grill）の *Der Primat des Petrus*（Tübingen, 1904）によってさらに発展させられ、多くの追従者を学界に得た。レッシュはハルナックの研究をすすめて、第四世紀においてすらこの章句はまだ確定していなかったと論じた。その証左として聖エピファニウス（キプロス島の古のサラミネ、当時のコンスタンチアの司教、四〇三年歿）の著書より三カ所（*Haeres*, XXX, 24; LVI, 3; LXX, 11）および教会史家エウゼビウス（三四〇年前歿）より八カ所（*De laud. Constantini*, XVII;

Praepar. evang, 1, 3; *Comm. in Fsalm*, XVII, 15, 16; LIX, 11, LXVII, 34-36; *Comm. in Isaiam*, XXVIII, 16; XXXIII, 2; III, LIX）を指摘した。それらの箇所では「我わが教会を磐の上に建てん、陰府の門はこれに克《か》たざるべし」とのみあって、「汝はペトロなり」の句は欠けている。であるから当時の写本の少なくも一部分には、まだペトロについての加筆はなかったと主張した。

ところが仔細《しさい》にこれ等の箇所を調べてみると、いずれも教会の不滅を論じた箇所で、ペトロとは無関係であるのみならず、エウゼビウスは他の二カ所で（*De resurrectione* II; *Demonstr. evang.* III）「汝はペトロなり」を引用し、特に後の処では、現在の章句と同一の本文を引用した上に、これに詳しく註釈を施しているのみか、エピファニウス（*Haeres.* LIX, 7）に至っては、明らかに不滅なる教会がその上に建てられた磐は、真理の証人にして使徒の頭たるペトロその人なりと言い切っているので、レッシュ説は結局葬られてしまった。

のみならず「汝はペトロなり」の句は、アリウス異端説の論争においてしばしば周知の句として引証されており、かつ同時代の最も貴重なる新約聖書の写本 Codex Sinaiticus, Vaticanus とも、この章句についてなんらの変動を示していない。学者はさらに第三世紀の文献に溯って研究し、そこに二十五回も「汝はペトロなり」が引用されてあるのを見た。もしもレヴィユー（Eugène Révillout）によって一部分訳出されたコプト文献（*Revue biblique*, 1904, t. 1, de la nouvelle série, p. 323）が、果していわゆる「十二使徒の福音」と同一物であるのならば、紀元二世紀においてすでにこの章句が広く世に知られていたことになるが、それが果して「十二使徒の福音」なるや、未だ確証がない。

これに反してタチアンの四福音書を綜合して作ったいわゆる*Diatessaron*（to dia tôn tessarôn euaggelion）――索引にあらず――は紀元一七五年頃の著述なること確実であるから、この書中に問題の章句ありしや否やによって、第二世紀についての決定的結論を得られるわけである。これに対するハルナックの解答は、上述のごとくであった。しかるにその後の高等批評は、これをも容赦《ようしゃ》なく破壊して行ったのである。

問題はこうである。このシリア語で書かれた*Diatessaron*の原典は残っていないが、五世紀頃までシリアの諸教会で非常な権威を有し、公の祭式に際してすら朗読されたものであった。四世紀の中葉に歿したペルシャの司教アフラーテ（Aphraate）の引用や、古代におけるシリア正統キリスト教文学の第一人者たる聖エフレム（三〇六年頃ニジビスに生まれ、三七八年エデッサにて死す）の註釈によって、内容をある程度まで再構することができる。ただし、聖エフレムの註釈とても、アラメア語の翻訳の形で我等に知られたものにより、かつこれに同系統のアラビア語の四福音書和合篇と、その順序と筋道とをラテン訳にしたものを相参照するのである。

かかる間接かつ不精確な方法によって再構を試みられたディアテッサロンを、学者がかくもこの問題に関して重大視する所以《ゆえん》は、単に年代の関係ばかりからではない。ユダヤ主義のキリスト教やローマ教会の影響がおよんだ気遣《きづか》いのないこのシリア文献にこそ、マテオ聖福音書原典のままが伝っているに相違ないとの推定に基づくのである。また聖エフレムがかのタチアンの原書を知っていたことは、一般に認められている。そこでハルナック、レッシュ、グリル等は、その原文は「汝はペトロなり、陰府の門は汝に克《か》たざるべし」であると主張した。なるほど聖エフレムの著述中には、レッシュの指摘する「Tu es Petra illa petra, quam erexit [Dominus], ut Satanas in eam offenderet-Et portae inferi te non vincent, id est quod, non destructur fides-Vectes inferi non praevalebunt adversus te という三カ所があるそうである。すなわち教会の事には言及していない。ただし、それを除外する文句もないのである。ところが不幸にして数ある聖エフレムの著述中には、エウゼビウスやエピファニウスの場合と同様に、レッシュの引用したものばかりではなく、他にペトロを「教会の基礎」と呼べるところや、「この磐の上にわが教会を建てん」というマテオ聖福音書そのままの文句まであることが確められた。

特にこの詮索《せんさく》をしたブリエール (Ives de la Brière) は、この種の箇所は少なくも八つあるとて、以下のリフェレンスを提出している (Lamy, S. Ephraem Syri Hymmi et Sermones, Malines, 1882-1902. I, 374; 412; 534; II, 186; IV, 534; VI 686; 688; 738; *Dictionnaire Apologétique de la Foi catholique*, t. III, p. 1343.)。そこで結局聖エフレムは彼のテキストにおいて「汝はペトロなり、この磐の上にわが教会を建てん、地獄の門はこれに克たざるべし」と読んだに相違ないということになった。而《しこう》して聖エフレムのテキストはタチアンのそれであるということは、一般に認められたところであった。しからばこの句が *Diatessaron* にあったことになり、それはまたタチアンがこの書を編纂《へんさん》するに使用したよりも古い写本にあったことを意味する。

それはレッシュが加筆が犯されたと推定した教皇ヴィクトル一世（在位一八八―一九八）時代以前まで溯ることになるのは、もちろんである。かくて挿入説は、再び新なる難関に逢着《ほうちやく》したわけである。その結果ハルナックは、挿入の時期は第二世紀の初頭であると譲歩した。上掲のハイムの原書の脚註（三二頁）に出てくる Schnitzer: *Hat Jesus das Papsttum gestiftet* (1910) のごときは、この挿入を紀元二〇〇年直前とする論者である。

なおキリスト教に改宗せる哲学者ユスチヌスが一五五―一六一年の間に書いた『トリフォンとの対話』（一〇〇ノ四）に、マルコにもルカにもなきマテオ聖福音書第十六章一六―一七のことが出ている。従ってその後の節も、ユスチヌスは知っていたと推定せられる。これはタチアンより時代は早い。それから最後に注意すべきは、かりに挿入説が真なら、加筆が特にマテオ聖福音書にばかり行われて、同じ事をほとんど同じ語をもって記すルカ聖福音書とマルコ聖福音書とに対してなぜ行われなかったか。加筆の便宜《べんぎ》が、特にマテオ聖福音書にばかりあったと考える理由は発見し得ない。史実性に関しては、疑惑の根拠になるこの点は、挿入説に対しては反証になる。特に挿入が、ハルナックの言うごとく、ローマ教会の影響の下に行われたのであるならば、何故に共観書に一様になされなかったか。それがユダヤ人の信者のために書かれたマテオ聖福音書にのみあって、全節アラメア語調とユダヤ思想との色彩に深く彩られている事実は、ローマの影響であるとする説をますます不可解にする。

（5）史実性否定説　かかる考察が、高等批評を漸次第二の立場に追い込んだ。問題の箇所はもちろん原典にあったには相違ないが、その現在の形ではイエズスの死後約六十年後、すなわち第一世紀の終わりにマテオ聖福音書が完成するまでの間に出来上った伝説で、従って史実ではないと、ホルツマン、サバチエ、ロアジー等はここでカトリック的解釈を食い止めようとする。この種の論者が理由として掲ぐるところは人によって違うが、だいたい以下の四つにまとめることができる。

(イ) マテオ聖福音書の問題の記事が前後の関係と矛盾せる事

(ロ) マルコとルカの沈黙

(ハ) この箇所の教会的色彩

(ニ) パウロ反対のエビオニット派(Ebioniten)的色彩

これ等の反対説の一例として、ロアジーの論法を掲げる。

他に見当らない(教会《エクレジア》という)語がここで使用されているのが、これ等の章句(マテオ聖福音書第十六章一八、第十八章一七)の真銘に対して最も有力な難点になるのではなく、イスラエル人の集団や天の王国とは異なり、いわばその何《いず》れにも代るところの現世的団体の観念こそ、論難の的である。イエズスは(終末的)王国とその近き到来とを説いたのみであった。この王国の成立の準備としてのユダヤ教に代るべき地上的制度の諸条件を、彼は決して明らかに定めなかった。教会が存在せぬ前に、教会について語り得たはずはない。すなわちユダヤ教が使徒の説教を退けたので、キリスト信者等の集団が漸次にかつ決定的にイスラエルの宗教組織の外に成立せざるを得なくなった以前には、不可能な事である。

当時にはまだ、別々な集団や地方的集会があったばかりであった。その理想的団結、共通な存在の理由ともいうべきものが、すなわち教会であった……。

もしもこの章句を、その胚胎《はいたい》した環境におくならば意味深長であるが、マテオが主の口におくこの発言は、福音書の示す時期においては、使徒等にとって何の意味も有し得なかった……マテオは福音や使徒時代の追憶を総合しかつ理想化し、現在の光明に照らしてこれに註釈を施した。彼はペトロの伝えとその価値とが何であるかを了解せしむるに足る程なやり方で、ペトロやイエズスを語らせている云々。(Loisy: *Les Evangiles Synoptiques*, t. II. pp. 8-9, 15.)

以上の言によって、この種の立場の背景がさらに終末派的色彩を帯びているのが窺《うかが》われる。そこには最初から、現世的団体やその中における首位等の可能性は否定されているのである。かつ、かかる議論は、福音書著述の時代に当って原始教会がすでに聖職制度を有し居りし事実を無視している。我等はここで再びこの問題に触れる必要を認めないが、一般的には終末派とは意見を同じゅうしないハルナックまでが、彼が原文なりと臆測した「陰府の門は汝に克たざるべし」との言の解釈において終末派と握手しているのは注目に値する。

この無理な臆説は、結局彼の主張を破壊する出発点となった。イエズスが世の終わりの近きを確信しなければ、彼の主張するごとくペトロに不死を預言するはずはなく、また果してかかる約束をしたとの伝説があったとすれば、その源はもちろんペトロの生前の事柄に属する。ハルナックがその原始伝説がペトロの死後改変されたと言う時、彼は知らず識らずこの伝説が少なくもペトロの殉教せる紀元六七年以前、すなわちイエズスの死後二十年とは出でぬ間に生じたものとの結論を承認しているのである。それは取りも直さず、このペトロ伝説の起原がロアジー一派の想像せるよりも遥かに古きものとなり、かつその然《しか》るは、彼が一九一一年以来マテオ書の完成が一世紀末よりは遥か以前、すなわちイエルザレム陥落（七〇年）前であるとせる結論とも、一致するのである。

しかしかくのごとくペトロ伝説の起原が古くなればなる程、而《しこう》してハルナックの原文改訂臆説の根拠が怪しくなればなる程、それが史実であるとの主張を有力にするのであるから、反対者は新しき臆説をもってこれと戦う必要を感じてきた。

ハルナック門下ではあるが終末論者で、ローマ挿入説を排するハイラーは、この非史実性は本文の批評がますます明白にすると論ずる。その信仰告白に次いで教会の礎とまで賞讃されたペトロが、なぜすぐにサタンと叱責《しっせき》されるか。それは余りに不自然であり、この不自然な箇所がペトロの説教によるとせらるるマルコ聖福音書にもまたルカ聖福音書にもないのは、加筆の事実を雄弁に物語る。かつこの挿入の動機についても、多少のまことらしさをもって論断することができる。原始教会には夙《つと》にケファ党が存在した。柱とも見えた二人の一人は、イエルザレムでは首領であった。コリントにおいてすらパウロとアポルロに対抗して、ケファは徒党を有した（コリント前書第一章一二）。使徒行録の著者も、その書の最初の部分でペトロを表面に出しているから、与党の一人であろう。第四福音書はもちろん、これに付加された第二十一章の筆者は、それに属する。而《しこう》してこれ等の人々の間には、疑いもなくパウロ反対の気運があった。主がペトロに宣《のたま》う言「これを汝に示したるは血肉にあらずして、天に在《ましま》すわが父なり」は、反ペトロ文書たるガラチア人への書簡中の「我が宣《の》べし福音は人によるものにあらず云々」（第一章一一―一六）に対抗して作られしものならんと（cf. *Der Katholizismus*, S. 39–42)。

とにかくハルナックの研究を中心として、問題は徐々にペトロ伝説のより深い考察へと推移して行った。なかんずく彼のローマ挿入説は、本文の用語の性質から諸方面の烈しき反対を惹起《じやつき》した。「マテオ聖福音書第十六章一八節の主の言《ロギオン》と称せらるるものは、これを仔細に吟味《ぎんみ》すると、イエズス自身も時たまこれを用い、ユダヤのラビ達の用語として人口に膾炙《かいしや》せる形容や語法の綜合たることを示す。その句は明らかにユダヤ・セミチック的色彩を帯ぶるがゆえに、ユダヤ基督教徒間にのみその起原を有し得る。それをヘレニズムの膠合説明的世界より抽き出そうとしたり、ローマ聖職階級の作物とさえなさんとする凡《すべ》ての試みは、その句の徹頭徹尾《てつとうてつび》アラメア語的な特徴のゆえに失敗に帰する。」(Heiler, *op. cit.*, S. 39.)

(6) 高等批評の新転向　これより先一九二一年に、ハルナックのベルリン大学における同僚で日本の学徒にもその名を知られている史家マイヤー（Ed. Meyer）は、その著 *Ursprung und Anfänge des Christentums* (Bd. I, S. 112–113) において、ローマ挿入説を排斥した。

さらに皮肉なのは、同年ハルナック教授古稀の祝典記念に発行された老教授の同僚および友人等の論文集 *Festgabe von Fachgenossen und Freunden A. von Harnack* 中に、カッテンブッシュ（Kattenbusch）は「教会観念の根源」（Der Quellort der Kirchenidee）について論じ、「汝はペトロなり」問題に対する高等批評の新しき転向のよき例証を示したことである。筆者は未だその本文に接し得ないが、以下バチフォル（P. Batiffol）の *Catholicisme et Papauté* (2 ed., Paris, 1925, pp. 53-64）によって、その要点を摘記する。

氏の結論は「教会は真に最初の時代に起原し、イエズスが彼の最も深き企画に与えた意義に該当するもの、すなわちそれは、内心における信仰と聖霊との集い（societas fidei et Spiritus sancti in cordibus）であると同時に、外部的組織と儀式の結社（societas externarum rerum acrituum）でもある」と。

氏のごときカトリック教会とは縁遠き批評家の筆によって、原始教会の二方面を特徴づけるこれ等のアウグスチヌスの言葉が活《い》きてきたのは、興味深きことである。我等はここに純霊的神国説や終末派とも異なる、第二の新しき立場の出発点を認め得る。しかし氏はもちろん、この原始教会即カトリック教会とは言わない。氏はなおハルナック老教授が近年蘇生《そせい》させた古いリチュル説に追従して、世界的正統的教会、氏のいわゆる Konfessionskirche は、第二世紀の異端の分離主義に対抗して出現したのだとする。しかしその前に「教会の原始的観念」があり、それによって準備されていたとなす。これだけではあまり新説でもないが、氏の論文の我等にとって最も面白いのは、その「汝はペトロなり」についての解釈である。

氏はハルナックが絶対確実なりと主張する「陰府の門は汝に克たざるべし」説に、あえて反対しない。特にペトロ不死の伝説の痕跡《こんせき》が、ポルフィリウスやオリゲネスにおいて認めらるる事実は、ハルナック説を支持するように見える。もっとも「陰府の門」という語は、確実に解釈できぬ。ポルフィリウスとオリゲネスとは、（種々あるうちの）一伝説の証人たるに止るかも知れぬ。ギリシャ人にとってはこの語（すなわち陰府の門）は、単に死の観念を喚び起こす。オリゲネスはここに表徴的解釈に適する意味を見出し得たであろう。しかのみならずポルフィリウスは、問題のテキストにイエズスのペトロ不死の預言または約束を発見して、彼の懐疑主義のためによき拾い物をしたと思ったに相違ない。

カッテンブッシュにとっては、イエズスがフィリッポのカイザリアにおけるあの荘厳な瞬間において、その弟子等の教会を建てる意志を発表したとの事は、心理的にも歴史的にも信《しん》憑《ぴょう》し得るそうである。

「余はハルナック氏と同感だが、「この磐の上にわが教会を建てん」の語に至ってはそれが加筆であるとは認め得ない」（論文集一六五頁）と。

この箇所の解釈上の困難は、この事件以前に教会建設を予想させるようなことがない点である（この処は前期の高等批評の影響である）。なるほど師は十二人を選んだには相違ないが、「この教えは彼にとって表徴的意味を持ち得た。すなわち神の民たるイスラエルを現したのかも知れぬ。さらばいかにして弟子の群が、神の民たることより、教会にまで成立ったか（一六四頁）？　これは師匠の歿後に起こった自然の推移の結果か、否、我等はイエズスが教会建設の企てを言明するテキスト（われ建てん、未来）を持つ。そはイエズスの真銘の言か？　余はしか信ずる。たとえ今日においてかく云うは大胆、あるいはこれに近き所為ならんとも。」

まず「エクレジア」なる語は何を意味するか。我等はそのギリシャ語的意味を、ここでは度外視しうる。何となれば、この語はこの箇所ではアラメア語の knischta の訳で、それは「礼拝や儀式の集会」を意味する。イエズスがこの集会の建設を将来に期するは、彼の亡きあとを思うてである。であるから彼は教会《クニシユタ》建設の意志を発表した直後に、彼の受難について語り、近づけるこの彼の使命の完了に対して準備する。イエズスは必ずしも彼の集会が神殿と断絶するものとは想像しなかったであろうが、会堂《シナゴグ》との分離は予見されたのであろうか。いずれにしても敵対の態度をとれる会堂は、弟子等にとってもはや何物でもあり得ない。ゆえに弟子等はペトロの告白せる「神の子キリスト」の信仰において、一致団結するであろう。

さらにこれに止らず、イエズスはこの集会をペトロに托する。「ペトロは弟子等の knischta の支えでなければならぬ。共に祈るに際しても、祭式を行い聖書を説くに当っても。」ペトロに鍵が与えられた。繋釈権は、主の弟子の家に誰が入るを許され、誰が退けらるべきかを、ペトロが定むべきを示す。

「而《しこう》してイエズスが何か組織的のものを考えていたと、それから結論せねばならない。」（一六六頁）

しかしいつイエズスは、その弟子達の集会を建設するとの約束を履行したか。

「最後の晩餐《ばんさん》がエクレジアの建設行為であった」（一六八頁）。「我わが教会を建てんとの言を真銘のものとする者は、少なくもイエズスがかの夕の最後の時にその最後の志とも看做《みな》さるべき事、その弟子等を組織する何ものかを為し、かつ命じたのが真らしいと考えるであろう」（一六九頁）と。

もちろんカッテンブッシュは、イエズスの将来の展望が近く再臨によって限られていることを疑わない。また主がペトロに「法的意味における支配」の使命を約束されたと解釈する事を欲しないが、イエズスは「ペトロがその集会の霊的力、また正当なる権威たらんとの信任を有し」「ペトロは実際特殊の権威を有したに相違ない」ことは許す。そうしてその証拠を、コリント前書第十五章五節以下に見出し得ると考える。パウロにとってすら「教会のすべての権威者はキリストの復活を証し、彼ペトロはそこにおいて第一かつ最も重要な証人として出現する。」

我等は以上の高等批評の中から何を記憶すべきであろうか。エクレジアはなるほど信者の交りであるが、それに止らず外部的組織と儀式との結社であり、さらに繫釈の権を有する。すなわち必要に応じて、キリストの名によって、天においても地においても、有効な決断を下す権威を具えている。かかるエクレジアを、我等は何処に発見し得るであろうか。カッテンブッシュ博士はこれに確答を与えることは避けたらしい。

(7) ラグランジュの結論　この一例によって明らかにせられた高等批評の転向とその結果とは、左記のラグランジュ（M. T. Lagrange, O. P.）の数言によって要約されている。このカトリック聖書学者が、高等批評の影響の下に、より伝統的な解釈に復帰したのは、たしかに二重の皮肉である。曰く、カッテンブッシュ（Kattenbusch）、シュミット（K. L. Schmidt）、ブルトマン（M. Bultmann）すら彼等の懐疑を和《やわら》げた結果、ゲッツ（Gerold Goetz: *Petrus als Gründer und Oberhaupt der Kirche*, Leipzig, 1927）はペトロの教会の建設者および至上の頭としての資格を、新たに吟味する時期が到来したと考えた程であった……。

宗教改革によって問題とされ、または否定されたのは、単にペトロの個人的首位の一点のみではなかった。彼等はいかようなものであれ、この特権的地位が他者によって継承された事を認むるを欲しなかった。なぜなれば、ペトロに真の後継者あるを認めず、かつ念を入れて、聖ペトロがローマへきて、そこで死んだ事すら否定したからである。しかし歴史批評は、偏見なき人をしてペトロがローマに来り、かつそこに彼の墓のあった事実を承認するを余儀《よぎ》なくせしめる。彼等は今日となっても、なおローマの司教に首位の認められるのは、単にローマがカエサルの都であったからとあえて主張し得ようか。彼のそこにおける滞在と、彼の墓のありし事実とは、この新らしきキリスト教徒の、ローマ崇拝に無関係ではなかったに相違ない。今や、ハルナック氏はペトロの教座の特権を、彼の墓の功徳に――迷信に近い所の――のみ帰せんと試むるに至った（cf. *Ecclesia Petri propinqua*, 1927）。それにしても、ローマの司教等はペトロとパウロの墓を有するを誇りとしながら、教会の続く限り――そして教会は今日も続いている――ただペトロに与えられた特権にのみ訴え、而《しこう》して彼等はその権を継げるがゆえに、自らその継承者であるとした。かかる訳であるから、結局新約の本文、それのみが信憑《しんぴょう》するに足り、かつ権威を賦与するところのイエズスがペトロに宣える御言に帰って来なければならぬのである……。

余は自著マルコ聖福音書註解において、ペトロなる磐の上に教会を建て、彼に神の国の鍵を与えんとの御約束が、ルカ聖福音書にもマルコ聖福音書にもペトロの信仰告白の箇所に録されていないという、かの恐るべき難問を切り抜けようとして、この決定的な言葉は他の場合に云われたのを、聖マテオによってこの箇所に挿入されたのだろうと想像してみた。これはまたターナー（C. H. Turner）教授（cf. *St.Peter in the New Testament in "Theology"*. August–October, 1926）によっても示唆された解決であった。しかし余をして正道に帰らしめたのは、臆病《おくびょう》でも遠慮深くもない、あの全然独立な註釈家ブルトマン（cf. *Die Geschichte der synoptischen Tradition*. S. 157, Göttingen, 1921）で、彼はこの全文のみが当時の状況に適合し、イエズスは非常に厳粛に弟子達に質問せる後――それは比類なき出来事であった――彼自ら彼等の返答について考うるところを明言する責を負うていた点を明らかにしてくれた。而《しこう》してこの章句が他のいずれにも勝るとも劣ることなくアラメア的特徴を帯ぶる以上、これを正銘のものと看做さざるを得ぬ。なぜなれば、いかなるユダヤ・パレスチナ的影響の下に、このペトロの特権についてかくも重大なる断言がここに挿入され得たか。余の信ずるごとく、マテオ聖福音書がまずアラメア語で書かれ、ついでギリシャ語に訳されたのならば、この断片はギリシャ語への翻訳者の作り事ではあり得ない。それは多くの独立的批評家の承認するごとく、最古のアラメア史料に属する使徒聖マテオの筆による。万一マテオ書がギリシャ語でのみ書かれたと言うならば、それは疑いもなく実に流暢《りゅうちょう》なるそのギリシャ語のゆえであろう。しからばそれを主の最も貴重なる言《ロギオン》の一つと認めたのでなければ、何故に著者はセミチック的色彩のかくも濃厚なる句をマルコの所伝に附加することを選んだのか分らなくなる。(Preface to McNabb's *The New Testament Witness to St.Peter*, pp. 11–12, 13, 14–15. この序の英訳は同書巻末にあり。Appendix H, pp. 164–170.)

(8) カール・ハイムの説　チュビンゲン大学教授カール・ハイムは、たしかに日本の無教会主義者よりは聖書批評学の大勢に通じていたに相違ない。『福音的キリスト教の本質』の著者が、一九二五年の初頭にハルナック説を排していたに反して、後者は一九二八年の初めにおいていまだこれに随喜して、「私はただ、高等批評すらその大勢は教会主義が唯一の本拠と頼める後の記事の史実を疑えるにあらずや、と言いしまでである」とて、単に私に対して「不文を詫びる」をもって足れりとした。塚本氏は文章も演説もお上手な方である。不文を詫びられる必要はすこしもない。それはむしろ私の事である。しかし塚本氏は上掲の言に対して、私に対して学的不用意と事実の相違とを詫びられる責任がまだ残っておりはしまいかと思う。なぜなれば、高等批評の大勢は氏の言うところと趣を異にしており、またカトリック教会に関する限り、マテオ聖福音書第十六章が「教会主義の唯一の本拠」ではないからである。

カール・ハイムは言う、

ハルナックの臆説は、多くの人々に信ぜられている。けれどもこの問題は非常に大事な事柄に関係しているのであるから、いま福音書の中に録されてあるところの言を、ただちにハルナックの臆説を根拠として取り除けてしまうような冒険をあえてしない。ハルナックの想像は、シリア伝説原文による間接の方法でなされたもので、実は不明瞭な足跡をたどるようなものである。我等はこの言をその原《もと》のままの形に置いて、そしてそれを前後関係から説明を試みなければならぬ。もしそれイエスがその非常の時において「汝は岩《ペテロ》なり」と彼に名づけたりとすれば、岩の建物はすなわち一個の基礎を要するということであった。そしてそれに解釈を与える文句はどうしても、「その岩の上に我わが教会を建つべし」でなければならない。そうするとまた終わりの文章が生きて来るわけで、「死せるものの背後に鎖されたる陰府の門、死の門は、人々の絶間《たえま》なくそこに入りてまた再び帰り来る能《あた》わぬものであるが、この門すら神の教会を礙《さまた》げることは出来ない。教会は死者の中から再び更生する」という意味に解されるのである。

イエスがカエサレア・フィリッピにおいて、多分ヘルモン山麓にあるパンの丘の岩壁に相対して、ペトロに向って厳粛なる瞬間に話されたところの言が、批評家の手で爾《し》かく簡単に抹殺されるべきものではない。たとえイエスがこの言をこのような形でお話しにならなかったとしても、確かにこの一言の中には、新約聖書の最も大きな真理が含まれているのであって、その真理は使徒たちの書簡の中にもしばしば余韻を遺しているのである。

(『基督教の本質』七一―七二頁)

かくてハイムは、本文の真銘を論じたカトリック批評家の論法に追従して（たとえばP. Batiffol, *L'Eglise naissante*, pp. 103–105を見よ）、ペトロ前書第二章四以下、エフェゾ書第二章二〇以下、黙示録第二十一章一四、ガラチア書の「柱とも思わるるヤコブ、ケパ、ヨハネ」、マテオ聖福音書第十九章二八等を引用して、語をつづける。

さて我々は今再びイエスのペトロに向って話された言に帰って、それをかような大きな連絡の下に置いて考えてみるならば、この言の意義はいよいよ明らかになる。イエスはペトロに向って「汝はペトロなり、その岩の上に我わが教会を建つべし」という意味は、われ汝を岩、礎の石、柱の人となさん、その上に全体の家が活ける石によって建てらるべし、ということである。われ汝に全く特別な権を与える、われ汝に天国の鍵を与える、かくてわれ汝を家司となすべし。汝がなすところの審きは、天国においても行われる。汝が地において繋ぐことは、また天国においても繫がれん。ゆえにペトロは教会を支うる一列の柱の人々の中で、第一人者である。この地位は最も古い記録に因っても、事実パウロ（!!! 原文はペトロを指す）が占めている。彼は甦りしものの顕れたまいし最初の人である。復活の日に、彼はすべての使徒の名においてこれを曰っている（!!! 原文 Er spricht am Pfingstfest in Namen aller Apostel）。彼は使徒達の代弁人として高等法院に立ち（使徒行録第四章）、使徒会議における第一人格者としてその言を述べた（使徒行録第十五章）。（同書七六一—七七頁）

私はここ迄よんできて、余計な事ながら少しハイム教授のために心配になってきた。ここまで譲歩してしまっては、福音的キリスト教はどうなるのだろうと。しかしそれは実際杞憂《きゆう》であった。私は全くこのプロテスタント神学者の天才的 tour de force を予期しなかった。これを前掲の塚本氏の言、「この宣言こそ、実は我等の主張する無教会主義に根拠を与うるものなり」と対照する時、我等は唯々《ただただ》彼等の円転滑脱《えんてんかつだつ》の奇才に対して、驚嘆うた禁じ難きものあるを覚ゆるのみである。

> この言は代々の法皇が説明するところと正反対のことをいっている。それは明らかに、ペトロは使徒として一つの使命を有《も》ち成長しつつある教会全体に対して栄位を保っているが、しかしその教会は（原文は栄位 Würde）世襲さるべきものでもなく、また正しく来るべき時代に対して譲り渡さるべきものでもない。かような地位は絶対に繰り返さるべきものでない。これが確かにペトロの支えている礎の比喩の意味である。土台石の層は唯《ただ》一つでなければならぬ。建物全体の中にこれが果すべき役割は、唯一度、すなわち基礎を据える時である。それは再び繰り返されない。それはすべての継続を排する……
>
> 以上の言は正当に解して、プロテスタントの教会史観の大憲章《マグナ・カルタ》である。すなわちプロテスタントの見解は、そもそも霊の国、殊に宗教の範囲においては、一人の人間から他の人間に委譲され得べき権力はないという確信の上に立っているのである……。（同書七七－七九頁）

福音的キリスト教の大憲章

聞くがごとくんば、このハイムの講演はカトリック神学者なる同僚カール・アダム教授の『カトリシズムの本質』(Karl Adam: *Das Wesen des Katholizismus*, Düsseldorf. 1928, *The Spirit of Catholicism*, 1929, London, Sheed & Ward. 篤学者にハイムとこの書との熟読と比較研究とをおすすめする)と題する公開講演の未曾有《みぞう》の大成功に刺戟されて、対抗的になされたものだそうである。私が最初ハイム教授のこの書をよんだ時、講演に列席したカトリック学徒の浮かべたであろう皮肉な微笑を想像して、思わず失笑した。

ハイム教授はゲーテの詩的天才同様、預言者的任命も使徒的天職も後継者に譲り渡すわけにゆかぬ。神の権力はこの世の財産、——家や地所や王冠のように世襲されたり遺言で譲り渡されるはずがないと言う。実に御尤《ごもっとも》であって、それを主張するためには福音的キリスト教を担ぎ出す必要は少しもなかったのである。我等はここにおいて、再びカトリック信仰に関する嘆ずべき不知の新しき実例を発見する。

もしも事聖職権に関するのならば、聖職権(Potestas ordinis)が各《おのおの》の聖職者に神より直接与えらるることに関して、カトリック教会以上の確信を何処に求め得よう。教会の俗権との凡《すべ》ての戦いの根拠は、ここに存した。按手礼も、これを行う者も、共に神より直接与えらるる権能の見ゆる表象にすぎない。按手礼によって聖職権が世襲されるというがごとき粗野な考え方は、カトリックの秘蹟《サクラメント》に関する信仰とは極めて縁遠きものである。いわんやこの場合は、ペトロの後継者たる教皇の資格に関してである。聖職権に関しては、教皇と他の司教との間にはなんらの本質的差異はない。教皇たることはその点には存せず、最高の教会統治権（Potestas juridictionis）を賦与せられた点にある。教会は使徒団がユダの空位をみたすべく、マチアを選挙せしごとく後継者たる教皇を選挙するが、その権能は直接神から当選者に賦与されるのであって、決して教会がこれを彼に委任するのではない。（cf. Denzinger, 1503. ut Romanus Pontifex non a Christo in persona beati Petri, sed ab Ecclesia potestatem ministerii accipiet, qua velut Petri successor, verus Christi vicarius ac totius ecclesiae caput pollet in universa ecclesia; -haeretica）

この場合彼が、かかる絶大の権威を受くる事を表象する儀式すら、存在しないのである。しかも選挙は前任者の死後においてのみ行われる。前任者の権威は、いかにして後任者に伝わるか。ハイム教授は、教皇権がヴァチカン宮の宝庫に納めてある三重冠《チヤラ》にでも付着していて、世々世襲されると考えられるらしい書きぶりである。

同教授はまた、ペトロの権威が後任者に伝わっては、末の日に、その上から十二族を審くべきペトロの王座が、空になるとて心配される。これは昔、もしパウロが使徒なら、最早《もはや》満員の十二の王座へどうして十三番目の新来者を坐らす事ができようか、と心配した者のあったのと好一対である。もしハイム教授が同僚のアダム教授に successio apostolica の意味を尋ねられるか、*Kirchenlexikon* の代りに、少なくも権威あるカトリック神学書を参考するの労をとられたならば、かかる愚論を講演する不幸をまぬがれたであろうと思う。

カトリック信仰における教皇の使徒職継承とは、教会の意志または制度もしくは歴史的理由にはよらず、キリストがかく意志し、かつ制定し給いしがゆえに、ペトロに与え給いし権能が彼の名によって（in persona Petri）、その正当なる後継者によって世の終わりまで行使されるという事である。（Quod autem in beato Apostolo Petro…Dominus Christus in perpetuam salutem ac perenne bonum Ecclesiae instituit, id eodem auctore in Ecclesia, quae fundata super petram ad finem saeculorum usque firma stabit, jugiter durare necesse est. Conc. Vaticanum. Denz. 1824.）

それがためにペトロの教会の礎たるに変りなきは、ペトロの上に教会を建て給いたればとて、主の活ける隅の親石たることに変りなきがごとくである。

「他の司祭は死をもって妨げられて、絶えず司祭たるあたわざるがゆえに、立てられし者の数多し、しかれどイエズスは限りなく存し給うによりて、不朽の司祭職を有し給う。」（ヘブレオ書第七章二三―二四）

主は決して、単にペトロの個人的栄誉のために、ハイム教授が許したかの「全く特別な権」を与えられたのではなく、主は「ある人々を使徒……として与え給えり。これ聖徒等の全《まっと》うせられ、聖役の営まれ、キリストの体の成り立たんためなり」（エフェゾ書第四章一一―一二）。使徒の使命は「往きて万民を教え、父と子と聖霊との御名によりてこれに洗礼を施し、我が汝等に命ぜし事をことごとく守るべく教えよ」との御言によって明らかである。而《しか》してその保証として「然《さ》て我は世の終わりまで日々汝等と偕《とも》にあるなり」と付け加えられている。使徒の使命は、彼等の死によって終結されなかった。教会はその後ますます発展した。彼等の使命を継承してはならぬのなら、キリストの言は空である。ハイム教授はプロテスタント的先入見に支配されて、個人的な霊的賜物《カリスマタ》と、教会における社会的の職能とを混淆《こんこう》している。マテオ聖福音書第十六章においてペトロに与えられたのは、後者の最高なるものであった。教授のこの錯誤は、次の言によって明らかである。

使徒たちによって支えられた教会は、もとよりそれが外形的に組織される以上、そこに一人の先駆者が、その後継者に継承すべき職務のあることはいうまでもない。例えば使徒行録第六章に録されてあるように、かの貧民を救助することは、最早《もはや》ただ使徒たちのみでは成し遂げられぬことを知って、その欠目を補うために七人の貧民救助者を選んだというようなことは、すなわちそれである。また教会全体の先頭に立って指揮する人、会長というたような者の出る必要も、たちまち自然に生じてくる。使徒行録第六章には明らかにそれが現れている。しかし総《すべ》てこれらの職務は、使徒後継者という観念と截然《せつぜん》区別さるべきものである。何となれば、それはただ教会の会員相互の間の仕事の分業に関する事柄であって、すなわち外部の規約の問題に他ならないのである。これらの職務の一つといえども、使徒的全権を有ったものはない。彼らは教会の色々な事件の管理のことに当ることは出来るが、天国の門を開いたり閉じたりするの権は有ってはいない。(八〇―八一頁)

ハイム教授は使徒行録第六章の、七人の執事選挙の記事を引用さるる以前に、同書第一章一五以下にある、裏切者《うらぎりもの》の使徒ユダの後任者選挙の記事を読んで考えらるべきであった。「ここにおいて彼等、バルサバと呼ばれ、義人と綽名《あだな》されたるヨゼフと、マチアとの二人を挙げ、祈りて云いけるは、総て人の心を知り給える主よ、ユダの己が処に往《おもむ》かんとて退きしこの務めと使徒職とを引き受くべく、この二人の何《いず》れを選み給えるかを知らしめ給え、と。かくて彼等に鬮《くじ》を与えしに、鬮はマチアに当りしかば、彼十一人の使徒に加えられたり。」（使徒行録第一章二三―二六）

ユダの使徒職は継承され得ても、ペトロのそれは継承されてはならないのだろうか。それは、ユダの後任者とペトロのそれといずれが全教会にとって、より重大かつ必要であるかを考うれば、容易に分ることである。

ハイム教授は結論して言う、

イエスのペトロに対って「我わが教会をその岩の上に建つべし」と権威を以《もつ》て向いたまいし言の中にある教会なるものは、全然人間の凡《すべ》ての機関から差別さるべきものであって、我々は当然一切の人間によって建てられたる教会と、キリストにより、使徒たちによりて建てられたる教会とを、区別して考える必要がある。すなわちこの教会は霊の教会である。……而《しこう》してこの教会においては、もはや「誰が最も大なるものぞ」といったような争いはなく、実にその教会は「汝らの主は一人、而《しこう》して汝らは凡《すべ》て兄弟なり」という言の上に建

てられたる美《う》るわしき霊の教会である。(八一―八二頁)

善いかな言や。私はハイム教授のこの理想主義に対して、深き尊敬を捧ぐる者である。しかし遺憾《いかん》ながら、教授のいわゆる福音的キリスト教に対しては、歴史はすでに遠き昔に宣言を下してしまった。それはアントニウス・ラウテルバッハの日記に、一五三八年六月二十七日の出来事として記録されてある。

この日ルターとメランヒトンとはヴィッテンベルクで会食して、相互に将来を論じた。彼等の額は曇っていた。

「来るべき世紀において、人々はいかに多くの異なった師匠等の意見に追随することであろうか、とルターは自問した。混乱はその極に達するであろう。誰も他人の説や権威によって支配される事を欲せざるに至るであろう。人は皆、自ら己のラビとなるであろう。――最早《もはや》現在においてすら、オシアンデルやアグリコラを見るがよい……その結果いかに大きな躓《つまず》きや放埒《ほうらつ》が生ずるであろう! 一番いいのは、王侯等が会議を催して、かかる弊害を予防するにあるのだろうが、法王信者等は従うまい。彼等はそれ程にも光明を恐れるのだ」と。

メランヒトンは師匠に相槌《あいづち》を打って、叫んだ。

「王侯と諸国とが、宗教会議と、教義や儀式に関する一致せる宣言について同意し得ることが神様の思召《おぼしめし》であるように、そうして他人の躓きになるように、それから離れることが何人《なんぴと》にも禁じられるように。実にかかる失敗や醜聞の上塗りで汚された我等の教会の面の皮こそ、嘆かわしさの限りである」（Lucien Febvre: *Un destin Martin Luther*, p. 293, Paris, 1928）と。

彼等の教会はペトロの上に建てられた教会であったろうか、それとも福音的キリスト教の霊の教会であったのであろうか？

教会は主の御趣旨に基づく

前回の講義はこれを総括すると、主は神国将来の御説教によって教会設立の御意志を予示された。そのいかなるものたるべきかは、まず多くの譬喩をもって説明される。ついで教会建設の御明言がある。その構成に必要な要素が、任命または制定される。最後にその教会に御自身の救世の使命を継続すべきことが命ぜられる、という各条を取り扱ったものである。以下反復をいとわず、以上の要点を簡単に説明すると、

（A）　教会建設の御意志が最初に明らかにされたのは、我々が記録に徴しうる限りでは、前回に問題になったマテオ聖福音書第十六章の「汝はペトロなり、我この磐の上にわが教会を建てん」の御言葉においてである。これによって主が教会を建て、しかもその教会をペトロの上に建てらるる御趣旨が、決定的に明らかにされる。而《しこう》してその教会は、「わが教会」つまりイエズスの教会であり、彼はこの己の教会の主、また創立者である。かつそれが真の結社であるのは、主の用い給える教会（Quahal, ecclesia）という語によっても、また「地獄の門はこれに勝たざるべし」、「我なお天国の鍵を汝に与えん云々」とて、ペトロに繋釈権を賦与《ふよ》し給いしことによっても、明らかである。

（B）　このキリストの教会を構成する要素は、まず一定の信仰である。使徒達は、万民に福音を宣《の》べる権能と使命とを受ける。しかも「汝等に命ぜし事をことごとく守るべく教えよ」（マテオ聖福音書第二十八章二〇）と命令される。マルコ聖福音書は「信じかつ洗せらるる人は救われ、信ぜざる人は罪に定められん」（第十六章一六）と強調している。使徒は、主の教えに対して取捨選択《しゅしゃせんたく》の自由を持たぬ。律法についてすら「彼の最も小さき掟の一つを廃し、かつそのまま人に教うる者は、天国にて最も小さき者と称えられん」（マテオ聖福音書第五章一九）。いわんや天地はすぐるとも、これのみはすぎざるべき主の御言においてをや。これはやがて同一の信仰が、彼の「国」たる教会に加わるすべての人達によって、保持されねばならぬ事を示すものである。

主はまたこの信仰を具象化する**秘蹟**や**制度**を定め給う。而《しこう》してこれ等の秘蹟は、神の国へ入らんとする凡《すべ》ての人が受けねばならぬものである。救わるるためには、単に福音を信ずるのみでは足らず、洗礼をうけねばならない（マルコ聖福音書第十六章一六、ヨハネ聖福音書第三章三）。使徒達はまた、主の記念として、聖晩餐の執行を命ぜられる（ルカ聖福音書第二十二章一九）。ペトロおよび他の使徒等は、兄弟の罪を赦《ゆる》す権を与えられる（マテオ聖福音書第十六章一九、第十八章一八）。かかる教会は、ふさわしからぬ信者に対して当然懲罰の権を有する（同第十八章一七）。かくて「わが教会」の団体生活の規範が徐々に与えられていった。

これ等の団体生活の規範が、単なる観念や空文に終らないように、その活用のために主は注意深く**可視的の権威**をたてられた。福音を宣伝し、主の掟の遵守《じゅんしゅ》を万民に命ずる権能が、使徒に与えられる。彼等は繋釈の権を持つ。特にペトロには主の祈りによって強められ、その不可謬の特権をもって兄弟等の信仰をかたむべきであった。主は父の彼を遣わし給いしごとく、使徒等をも遣わし給う（ヨハネ聖福音書第二十章二一）。彼等にきく人は主にきき、彼等を軽んずる人は主を軽んじ、結局主を遣わし給いし父なる神を軽んずるのである（ルカ聖福音書第十章一六）。

教会と会堂とは異なる

主が「わが教会」と呼び給いし結社は、決してユダヤ教の会堂《シナゴグ》ではなかった。主がその国の将来を説き始め給いしとき、すでに会堂は永き歴史を有する存在であったのである。主は「わが教会を建てん」と宣《のたも》うた。それは将来のことである。その将来の教会は、律法学士等の軽蔑《けいべつ》せる無学なガリレア人、漁夫のペトロの上に建てられるであろう。その教会はユダヤの会堂とは異なり、律法を墨守する代りに、却って完成する（マテオ聖福音書第五章一七）。その弟子等には、相愛の新しき掟が与えられる（ヨハネ聖福音書第十三章三四）。使徒等の権能は、会堂とはなんら関係を有せず、却ってこれによって迫害され、その迫害ゆえにイエズスの証しが立てられるであろう（マルコ聖福音書第十三章九）。末の日には、彼等は十二の玉座に坐して、イスラエルの十二族の審判者となるであろう。

教会建設の階梯

すなわち主の教会御設立には、その公生涯を通じて徐々に準備された、幾多の階梯《かいてい》があった。その前段の準備時代においては、神国の将来と教会建設の預言とを中心として、幾多の譬喩《ひゆ》が、新しき王国の特権と構成との説明として物語られる。同時に旧約の終結が告げられる。それはヨハネの洗礼をもって完結したのである（マテオ聖福音書第十一章一三）。新しき王国の使徒としては、十二使徒や七十二人の弟子等が召命を蒙《こうむ》る。

後段において、主はいよいよ教会建設の御約束を実現される。それとても、一時に万事を御決定になったのではない。まず召命を蒙った使徒等に、種々の霊能や特権が与えられる。御受難の前晩、彼等の聖成を祈り給いし主は、十字架上で血をもってこれを完《まっと》うし給う。御復活後において、御約束通りペトロに最上の司牧権が与えられ、教会は決定的に構成される。かくて主はその約束し給いし国を（ルカ聖福音書第十二章二三）使徒等に委ね、御昇天に先立って、世の終わりまで常に彼等とともに居ることを約束し給う。約束せられた真理の霊は、ペンテコステの日に果して弟子等の上に降り、聖会の上にその神的使命の証印を刻した。ここにおいて初めて、「わが教会」は完全に成立したのである。

133　教皇の外にも公教会を司る者はないか。
教皇の外には各地の教区を司る司教もあります。

134 司教を補佐《たすけ》る者は誰であるか。

司教を補佐する者は司祭であります。殊に各教会の主任司祭であります。

135 教皇、司教、司祭の導きに従わなければならないか。

教皇、司教、司祭の導きに必ず従わなければなりません。イエズス・キリストが十二使徒に向って「汝等に聴く人は我に聴き、汝等を軽んずる人は我を軽んずるなり」（ルカ聖福音書第十章一六）と宣《のたも》うたのはその相続者にも当るのであります。

使徒の後継者たる教皇司教

イエズスがその構成要素を御制定になり、その結果成立した彼の教会において、現代のカトリック教会におけるごとく、各地の教会がその教区を統率する司教の下におかれ、それらの地方教会は、各司教を輔佐する司祭を有し、また全体の統一機関として、全世界の教会に君臨する教皇が最初から存在せしや否やについて、プロテスタント諸家が否定の態度をとることは前述した。

これに対して、カトリック信仰は、教皇司教は使徒の後継者であると主張する。すなわち彼等は司牧権と聖職権とを使徒より伝え、神意により使徒等に代ってその使命を遂行するために、聖霊のたて給うた人々であると。彼等の位も権威も、教会の会衆の委任や推薦《すいせん》によるのではなく、品級の秘蹟によって賜わるのである。従って、何人《なんぴと》もこれを彼等より奪うことはできない。不幸にして彼等のうちに、その位にふさわしからぬ者があって、教会管理の現職より退くか、あるいは停職を命ぜらるることがあっても、それがために神権による彼等の資格が消滅することはない。であるから一定の教区への任命は教皇の意志によるが、司教たるの資格は品級の秘蹟によるのであって、換言すれば聖霊によって立てられたのであって、人間たる教会の長上より与えられたのではない。この点は、司教のみならず司祭についても同様である。ただ司祭にあっては司牧権なく、かつその聖職権も不完全である。たとえば品級や堅振の秘蹟を授けることができない。司祭の有する司牧権は、いずれも司教から委任されたものである。

であるから、トリエント公会議の品級の秘蹟に関するカノン六に曰く、「カトリック教会において、司教・司祭および助祭よりなる神定の聖職制度なしと云う者あらば、呪われよかし」(Denzinger. 966)と。しかして司教が司祭の上に位するのも、同様に神権による。ゆえにカノン七は付記して、「司教は司祭の上に位せず、あるいは品級および堅振を授くる権を有せず、あるいはその有する権は司祭と共通なりと云う者あらば、またあるいはその授くる聖職は、会衆もしくは俗権の同意か召命なくば無効なりとなさば……呪われよかし」(Denzinger. 967)と。

プロテスタント史家によれば、かかる教会制度は後代の組織であって人間的のものであり、原始教会の与り知らざるところであると。しかしこれは歴史的問題であるから、客観的に取り扱うことが可能なものである。以下カトリック信仰と史実とが矛盾するや否やを、つぶさに点検してみたいと思う。

聖職制度発展の歴史

ここに二つの問題がある。（A）一つは原始教会にかかる組織ありしや否やの事実の問題で、（B）二は聖職継承の問題である。

（A）ここでまず指摘しておかねばならぬことは、原始教会の教権制度を否定する学説が、必ずしもことごとくカトリック反対の偏見に出ずるものではないということである。不完全な初代の記録の皮相な観察は、かかる否定説が真らしいとの印象を与えるような場合がある。後章ペトロの首位に関する二、三の実例をかかげて、説明の資とするはずである。

次に留意すべきは、すでに述べておいたごとく、カトリック的見地からは、いかなる歴史的発展をも否認せねばならぬとのプロテスタント通有《つうゆう》の偏見に煩わされぬことである。ただしカトリックのいわゆる発展は、主の御制定に基づく構成要素のそれであって、原始教会にはなかったものが、後代に至って生じたというのではない。その意味においてカトリック史家のいわゆる発展は、プロテスタント側のカトリック攻撃の常套《じょうとう》論法とは趣きを異にしている。たとえて言えば、プロテスタントの解釈は、猿が人間になったという進化論者に似ている。我々は元来すでに人間であるものが、不完全な状態から発展して完成の域に達したというのである。私が前掲の箇所において歴史的発展という語を用いたのに対して、一無教会主義者は、それがカトリック的立場と矛盾するかのごとく考えたらしい。彼等は、原始キリスト教は教権に基づく教会組織を有せざりしものと信ずる。かつ教会組織は、キリスト教の堕落だと考える。だからかかるものは、ある時期にキリスト教の内部に発生したものでなければならないという結論になる。しからばそれは、いついかにして発生したのか。

たとえば無教会主義の歴史家畔上賢造氏は、この堕落はすでに主の御昇天直後に萌していたと考える。試みに、この無教会主義にふさわしき歴史家の言を引用すると、次のごとくである。

原始基督教会は、成立するや否や間もなく教会化したと、私はあえて推定する。否私はなお一歩ふかく進んで、原始教会は、その成立前においてすでに教会化の要素をその中に抱いていたと推定する。読者は多分この推定を妄として斥けるであろう。しかしこの推定はしかく妄であり、無根拠であろうか。(『内村鑑三先生信徒五十年記念基督教論文集』一八頁)

氏はこの推定の根拠として、イエズス昇天後に使徒行録第一章一四以下のいわゆる「女たちおよびイエスの母マリア、イエスの兄弟たち」が使徒団に加入した結果、「ここにマリア崇拝の気分がおのずから起こったと察せられる。これマリアその人の罪ではない。生れながらにしてカトリックの教徒なりといわるる人類(?)そのものの罪である」(二一頁)。さらに「イエスの兄弟たち」特にヤコブに言及して、しかしながら母マリアと共に彼等が使徒団に加わりし上は、ここに彼等が一種特別の地位を占むるに至るは当然である……。私はこの事実をとらえて、原始基督教会はその成立前において、早くすでに教会化の要素を抱いていたと断言するものである。それはマリアと兄弟たちが、要素であったというのではない（私は左様《さよう》に無謀の言は吐かぬつもりである）。ただ使徒団の新参者たる彼等が教祖イエスの肉における親族であったという事実に対する信者の態度そのものが、教会化の要素であったというのである。それは肉の関係を霊の世界に移し来りて、彼等に特別の地位を与えたる原始教会の会員そのものの罪である。およそ肉の関係を霊の世界に移すこと、そのことに教会堕落の因が潜《ひそ》む。私のいわゆる教会化とは、このことである。（二二一―二二四頁）

氏によれば、かかる原因から、個人的価値を考えてみて、いかにしてもペトロの上にありとは考えられぬヤコブは、教会の首長たる地位に高められて（?）ペトロはいつしか首長たる地位を去ったのだそうだ。氏は慨嘆《がいたん》のあまり叫んで言う。

「ああ有《も》つべからざるものは教会組織である。生命は組織せらるることを厭う。水は流るるままに放置せば、生命の水である。これを強《し》いて方円の器に収むれば腐死するほかない」（二一五頁）と。

以上は日本のキリスト教界の学者と称えらるる人達によって原始教会問題が大体いかに取り扱われつつあるかを、実例によって読者に示すのも有益であろうと思って、ここにその片《へん》鱗《りん》を御紹介申し上げた次第である。

我等は流水と宗教とを同一視したくない。流水に盲目な勢いはあろうとも、組織する力である生命はあり得ない。キリストの神秘的体たる教会については、パウロはエフェゾ書第四章において、「彼によりてこそ体全体に固まりかつ整い、各四肢の分量に応ずる働きに従いて、およそこの関節の助けをもって相連り、自ら成長し、愛によりて成立つに至るなれ」(一六節)と言った。ここにはいわゆる体および四肢とは何を意味するかは、全章をよんでこれをコリント前書第十二章と対照すれば自ら明らかである。彼にとっては、教会は可視的要素をも具備し、かつ成長してゆく有機的組織であったのだ。

原始教会の印象

原始教会を瞥見《べっけん》する者には、最初は信者の数が比較的少ないがいずれも熱心に燃えている様《さま》がすぐ目につく。聖霊の働きの直接の現れである奇蹟や不思議な霊的賜物が、著しく顕れている。それが彼等の信仰の証《あかし》となる。可視的権威の発動は、それほどに表面に現れていない。聖職制度が、まだ充分に組織されていない。ところがだんだん信者の数が増して初期の感激や熱心が衰え始め、奇蹟やカリスマの発現も漸次《ぜんじ》稀になり、神の直接干渉が可視的にはあらわでなくなってくる。内部からは異端が起こり、外部からは迫害が襲うて、教会の存立を危殆《きたい》に陥れる。浮世の一隅にその特殊な存在を保たねばならぬ教会は、自家防衛の必要から自然に結束を固めなければならなくなり、可視的権威の基礎である聖職制度がますます組織的になってくる。すなわち教会組織が徐々《じょじょ》に発展する素地が与えられる。つまり教会における社会的・法的要素と、その初期において特に注目をひいた霊感的要素との軽重が逆になってくる。

教会組織と歴史との関係

かくのごときは、単に原始キリスト教にのみ特有な現象ではない。それはすべての団体の歴史において看取される、一般的法則である。キリスト教会が時空の間に発展する人間団体である以上、その歴史にかかる法則の証明せらるるは当然であって、然《しか》らざるこそ不思議といわなければならない。であるから、もしそれがキリスト教の堕落だというのならば、キリスト教を絶対的に超歴史的存在にしてしまわなければならない。さらに徹底すると、神の言が肉となりて処女の胎内に宿り、人間として生まれかつ育ったことをすら、神性の堕落として退くる用意がなければならぬ。しかしてそれを主張するのは、キリスト教の否定である。不信者ならばいざ知らず、キリスト者としては支持し得ざる矛盾である。

キリストの人性は、我等のそれと同じく有限的存在の制限をうけていた。然《しか》るがゆえに彼は真に「我等と偕に在《ましま》す神」であった。しかしそれにもかかわらず、彼の人性はその宿せる神性のゆえに、その人間的制約の下に跼蹐《きょくせき》してはいなかった。彼はその人性を通じて超人間的の教えを説き、かつ奇蹟を行った。そうして死して葬られたにもかかわらず、三日目に蘇《よみがえ》った。彼の教会も同様である。それは可視的に、時空を通じて、一般的の歴史的法則に即して発展して行った。それだから教会はキリストの救世的使命の歴史的延長なのである。しかしそれはキリストの人性と同じく、歴史的制約の内に封じ込まれていない。他の凡《すべ》ての人間団体において、結局滅亡を招来することが却って、真の教会の生命をますます豊富にしている。すなわち他の団体においては、霊感的要素が衰えて法的秩序が顕著になるのは、その団体の発達を意味すると同時に、その内的生命の終焉《しゅうえん》の近づいたことをも示す。次の時代には、制度は整っていても、これを活かす精神が伴わぬ空虚な形骸《けいがい》が残る。当初の潑剌《はつらつ》たる意気は消滅して、その組織の大きさかつ複雑の度が加われば加わるほど、それを活かす精神が衰微して、瓦解《がかい》の時期を早めることになる。しかるにカトリック教会の生命は、その組織と並行してますます発展して行く。

カトリック主義の完成期としてプロテスタント史家等が一般に認めている二世紀末において、教会は非常な迫害と恐るべき異端とに対して勇敢に戦いながら、ローマ帝国の精神的征服に向って著々《ちゃくちゃく》と歩をすすめていた。あと百年で、キリスト教は遂にはローマ帝国の国教となってしまっている。この政権との握手が生んだ危険は、なおさらに大きなものであったにもかかわらず、教会はそれでも崩壊しなかった。教会はローマ帝国内に侵入した蛮族共を教化して、中世文化を生み出すに充分な活力を蔵していた。かつて英国の史家マコウレーが、ランケの法王史の評論中に次のごとく述べたことがある。彼はもちろんカトリック信者ではなかった。

人間の政治的智能が作り上げたものの中で、ローマ・カトリック教会ほど吾人の研究に値するものは、過去においても現在においてもあり得ない。この教会の歴史は、人間文化の二大時期を相互に結びつけている。パンテオンから犠牲の煙が立ち昇り、ヴェスパシアヌス帝の建てた円形劇場で虎や豹が跳躍していた、あの時代を回顧せしむるような制度は、この教会を措いてはまたとないのである。法王の教統に比べると、最も誇りある王統も昨日から始まったようなものだ。

この教統は連綿《れんめん》として、十九世紀にナポレオンの戴冠式《たいかんしき》を行った法王から、八世紀においてペピン王に注油した法王に至るまでつづいている……ヴェネチア共和国はこれに次ぐ古き国体であるが、ローマに較べればこれも近代的とせられねばならず、かつこれとても滅亡してしまったのに反して、法王制度は依然として存続している。法王制度は今に至るも存在し、しかも衰微しているのでも、また単なる古物として残存しているのでもなく、生命と若々しき力とにみちている。今日といえどもカトリック教会は、その昔アウグスチヌスと共にケントに上陸したあの宣教師等に優るとも劣らぬ熱心な伝道者を地の極にまで送り出し、現代の法王等は、敵対する君主等に対して、レオ一世がアチルラに対せると同様に、勇敢に対抗している。そのながき支配が、今や終末に近づけるを暗示するような、なんらの徴《しるし》もない。カトリック教会は現存する凡《すべ》ての教派の誕生を見た。それら凡《すべ》ての終《しゅう》焉《えん》も見届けぬとは保証の限りではない。

サクソン人が英国の土をふむ以前に、フランク人がライン河を渡るに先だって、ギリシャの雄弁術がまだアンチオキアにおいて栄え、メッカの殿堂ではまだ偶像が崇拝されていたその時代に、教会はすでに偉大でありかつ尊敬されていた。そうして将来、ニュージーランドからの旅人が、はかりしれぬ荒廃の裡に、ロンドン橋の断礎の上に座をしめて、セント・ポール大寺院の廃墟をスケッチするであろうその時にも、依然として力衰えずして存続するかもしれぬ。

十六世紀の宗教改革こそは、堕落した教会に対する純真な信仰の反抗であると称された。しかし今日活きているのは、形式に堕落したといわれるカトリック教会か、それともそのいわゆる純真な信仰か、今日どこの国でプロテスタンチズムが社会の活きた問題とされているであろうか。それはメキシコまたはロシアにおいてであるか。あるいは最近のスペインかイタリアにおいてであろうか。それはどこでも問題とされていない。問題とする必要がないのである。それは瓦解《がかい》しつつある近代文明の一部分であるにすぎない。放任されたまま、自然解消の運命を辿りつつある。

これに反してカトリック教会は、放任してはおけぬ存在である。それはソヴィエト共産主義ともファシスト国家至上主義とも相容《あいい》れない。理論的に相容れない立場であるのみならず、反対者はこれを圧迫し、迫害し、倒してしまわなければ、自己の存在に危険を感ずるほどの活きた勢力である。その勢力の根源は、単なるカトリック教会の制度ではなく、その制度を活かしている生命である。単なる制度や組織では、現代国家は教会に対してひけはとらない。

ロシアでもイタリアでも、極度に組織された制度の下に民衆は喘《あえ》いでいる。そうしてその制度は、剣の力で維持されている。しかるにローマ教皇は、一兵をも擁していない。ムッソリーニはその教皇と対等の条約を結んで、教皇を自家薬籠中《じかやくろうちゆう》のものとしたつもりであったかもしれない。しかるに最近の衝突において、ファシスト党の大本営とはものの半里とは相隔てていないヴァチカンの白髪の老人から、何人《なんぴと》といえどもかつて彼等に対して言い切ったことのないほどな露骨《ろこつ》な弾劾《だんがい》状をたたきつけられた。それにもかかわらず、ムッソリーニは遂に和解策をとった。彼は堕落したキリスト教の形骸を相手にしていたのであろうか。

主キリスト・イエズスによって建てられた教会は、磐石の上に築かれたるがゆえに永遠にゆるがず、主共に在《まします》すがゆえにあらゆる人間的の弱点欠点にもかかわらず、ただ一すじにその天与の使命を遂行してゆく。イエズスの真の教会建設を否定するあらゆる学説は、この活事実の前に屏息《へいそく》する。真に彼を信ずる者の活眼の前には、浅はかな人間の智慧が案出したかかる浮説は、雲のごとく散じ霧のごとく消えて、一顧の値だになきに至るのである。

原始キリスト教の教会組織

(1) イエルザレムおよびパレスチナの諸教会

使徒行録によると、聖都における最初のキリスト教団は、神秘的な信仰の感激に燃えた一分派ではなかった。その中には最初から永続的の組織のあったことが看取される。可視的の聖職制度があり、信仰の定規があり、特有の秘蹟を具えていた。

（A）ペトロを中心とする使徒団は、全教団に対して宣教と統率との実権を握っていた。すでに聖霊降臨に先だって、彼等はユダの反逆によって生じた欠員を、マチアの選挙によって補充している（第一章一二―二六）。ペンテコステの日の説教で改心した者は、彼等の手を経て教団に加わる（第二章三七―四二）。彼等は教団の財産を管理し、彼等を欺《あざむ》かんとしたものは神罰によって斃《たお》れる（第四章三五、第五章一〇）。彼等はまた、教会の必要に応じて執事を立て、これに権限を委任する（第六章一―六）。彼等は全教団の責任者として法廷に立ち（第四章八―一〇）、伝道を司りかつこれを指導する（第八章一四―一七、第九章二六―三〇、第十五章二―二）。彼等はアナニアに対しても、魔術者シモンに対しても、懲戒《ちょうかい》の権あることを示す言動をなす。

以上の事実は、彼等が原始教会の永続的首領また責任者として内外から認められ、かつ許されていたことを示す。これ可視的の聖職制度でなくて何であろう。

（B）信仰の定規　教団の信仰は、神秘的な個人の黙示や啓示によって左右されてはいない。「使徒の教え」（第二章四二）は、信仰の対象として全教団に対して権威をもって説かれる。この信仰告白の内容も、もちろん漠然としたものではない。イエズスの神的使命とその権威、彼がイスラエルの希望をみたすメシアであり主であること、従って神としての崇拝をうくるにふさわしく、彼によってのみ救われ得ること、その生前の奇蹟（第二章二二、第十章三六―三八）、御苦難と十字架上の御死去（第二章二三、二六など）、御復活（第二章二四―三六など）、またキリストによる救いを受くるに必要な条件（第二章三八など）が、使徒の教権によって教団の人々に説かれている。

(C) **秘蹟** 主イエズスの御名による洗礼と、その御死去の記念としてパンを擘《さ》くことと、あるいは聖霊を授け、あるいは聖霊の賜を降す按手礼《あんしゅれい》があり、これ等はユダヤ教またはその他の東方宗教の密儀などとは異なって、キリスト教特有の意義と方法とをもって執行されていた(第二章三八、四二、四四、第六章六、第八章一七など)。

ただし使徒等が旧約の律法や神殿に対して、最初から分離的の態度を採らなかったのは事実である。パウロすら晩年に至るまで、ユダヤ教の祭式に与ることをキリストに対する忠誠を裏切るものとは考えなかった(第二十一章参照)。

しかしながら彼等が会堂の支配下にあるとは考えなかったのは、独自に教団の組織を固めて行った事蹟の裡《うち》に看取される。そうしてこの意識を強め、かつ動かし難き事実にしてしまったのは、衆議所が彼等に加えた迫害の効果であった。彼等が進んでユダヤ教と離れぬ先に、ユダヤ教の権威者等は、敵対行為によって彼等を埒外《らちがい》に放逐《ほうちく》してしまった。衆議所の判決は、彼等の信仰が相容れぬものなることを明らかにした。特に異邦人たるコルネリウスの改宗と、その際のヨッペにおけるペトロのまぼろしとは、この分離の決定的契機をなした。

パウロが入り来るに及んで、事はますます明確になった。割礼は救いと無関係であり、異邦人とユダヤ人とは神の前に同格となった。この推移のはらんだ危機が、使徒行録第二十五章に物語られるイエルザレム会議の議決によって、原則の上では根本的に解決されたが、実行上はヤコブの妥協案によって弥縫《びほう》策が講ぜられた。それが後年のアンチオキア事件を生みだし、パウロ再度の奮起によって結末がついた。その後のキリスト教会は全くユダヤ主義の民族的羈絆《きはん》を脱して、世界主義を漸次《ぜんじ》高調しつつ進んだのである。

以上略記した事実は、ユダヤにおける最初のキリスト教団が、教権組織を中心とした自主的団体であったことを明らかに裏書している。

（２）　異邦人の教会

御昇天後十何年間、キリスト教団の発展はパレスチナ以外には出でなかったらしい。しかし聖霊降臨に際して、ペトロの最初の説教をきいたのは「天下の諸国より来りてイエルザレムに住める者」（第二章五）であった。また最初の七人の執事の一人であった聖ステファノの殉教後に聖都に起こった迫害の結果として、「離散せる人々は行き巡りて、神の御言の福音を宣《の》べ伝え」（第八章四）とある。彼等はフェニキア、クプロ島、アンチオキアまでも行って、ユダヤ人に布教した（第十一章一九）。同じく執事の一人のフィリッポはサマリアに布教し、ペトロとヨハネとはイエルザレムより下って、この新しき信者の一群を巡視し、彼等の上に按手して聖霊を受けんために祈った（第八章一四―一七）。同じくまたフィリッポによって、エチオピア女王カンダケの大臣たる者が洗せられている。

それから推《お》せば、福音は彼によって、アフリカの内地にまで伝えられたと考えられる（第八章二六―四〇）。サウロが教会を迫害した頃には、ダマスコにおいてすら信者は相当多数に達していたに違いない。ローマ軍団の衛戍地《えいじゅ》たるカイザリアでは、百夫長のコルネリオとその一家が改宗した（第十六章）のだから、そこから土着のユダヤ人ではないこれ等のローマ人によって帝国内の各地に福音が伝わったことは、充分想像される。ローマにおける教会がかなり古くから存在した形跡のあるのも、かかる事情から充分説明できる。パウロが教会に入るや、アラビア（それが現今のアラビアと同じ地方を指《さ》すかどうかは問題だが）はもちろんのこと、小アジアからギリシャ、マケドニアへかけて大規模の伝道が行われた。かくて地中海東岸の広汎《こうはん》なるこれ等の地域の諸所に、漸次《ぜんじ》教会が成立したのであるが、これ等の地方諸教会は、果してカトリック主義の特徴を具備した教権に基づく聖職制度を有する教団であったろうか。

この点を明らかにするために、まず問題を次のごとく細別して論ずることとしよう。

一、各地方教会における使徒的教権

二、各地の教会を包括する全キリスト教団の一致結合

地方教会における教権

我等の有する史料によれば、当該《とうがい》教会の創立者たる使徒は、信徒の信ずべき箇条に関して規定し、異説に対しては真偽を権威をもって判定するのみならず、その教会内において遵守《じゅんしゅ》さるべき規律を定めたことが明らかに分る。彼は従わざる者を譴責《けんせき》または処罰し、また適任者ある時は自己の権限を委任する。彼のこの支配権は単に教義に関する事のみに止らず、教会内の秩序を保つ真の統治権であった。

たとえば使徒行録第二十章に物語らるる、ミレトにおけるパウロとエフェゾ教会の長老等との感動すべき永別の情景を見よ。エフェゾに信仰を伝えたのはパウロであった。パウロは神の思召《おぼしめし》を、洩《も》らす所なくことごとく彼等に告げた。今や彼等を戒めて言う。「聖霊は神の教会、すなわち御血をもって得給いたる教会を牧せよとて、汝等を立てて群の上に監督たらしめ給いたれば、汝等己にも群全体の上にも省みよ。我は知れり、我出立の後、群を惜しまざる猛狼、汝等の中に入らんとす。また弟子等を誘いて己に従わせんとて、邪《よこしま》なる事を語る人々、汝等の中にも起こるべければ、汝等、我三年の間昼夜となく、涙をもって一人々々汝等を勧めて止まざりし事を、記憶に止めて警戒せよ」(二八―三一節)と。我等はまたコリント前後両書によって、パウロの同教会に対せる態度の詳細を知る。

彼はコリント前書中に、信徒を「至愛なる子として誡め」、福音をもって彼等を生みたる父として、忠実なる弟子チモテオを遣わし、「キリスト・イエズスにおけるわが道、すなわち到る処の各教会に我が教うる所」(第四章一七)を彼等の記憶に新たならしめんとする。また信者の間に父の妻を娶《めと》れる私通者あるをきぎて憤慨し、「わが身こそは其処《そこ》に在《あ》らざれど、精神にては其処に在りて自《みずか》らこれに臨めるごとく、しか行いし人をすでに裁判せり。すなわちわが主イエズス・キリストの御名により、汝等とわが精神と相合して、わが主イエズス・キリストの権力をもって、かかる輩をサタンに付す」(第五章三―五)と破門を宣言した。

第六章には、信者相互の間に繋争事件ある際は、これを俗権に訴えずして内済すべき事、第七章においては信者の婚姻に関する特殊の規定(一二―一五節)を示し、後の場合においては特に「これは主の曰うにあらず」と断って、自己の権威による宗規なることを明らかにしている。その他聖晩餐および偶像に献げられし物に関する規定（第十章）、集会の際に避くべき弊害《へいがい》、特に霊的賜物および全体たる教会の秩序を乱すべからざる事、反って「教会の徳を立てんために」、その豊かならん事を求むべき旨《むね》が諭されている（第十二―十三章）。

この最後の点は、プロテスタント的初代教会観を採るものの、特に留意して研究すべき箇所である。パウロはもちろん霊的賜物を禁ずる者ではない。しかし「神は争の神にあらずして平和の神に在《まし》ます。」であるから「一切の事正しくかつ秩序を守りて行わるべきなり」（第十四章三三、四〇）。個人の体験が分裂を醸すような教会は、パウロの与り知らざる教会である。賜の分配も聖役の分配も異なるが、これを賜う霊も主も同一にて在す。而《しこう》して霊の現ることを人々に賜うは、公益の為《ため》である。あたかも四肢の相扶《たす》けて、身体の調和を保つがごとくでなくてはならぬ。

「今汝等はキリストの身にして、その幾分の肢なり。かくて神は教会においてある人々を置き給うに、第一に使徒等、第二に預言者、第三に教師、次に奇蹟〔を行う人〕……」とし、相依って神の教会の徳を樹てしめ給う（第十二章二七―二八）。

初代教会が単に「霊と信仰とによる兄弟の集りに過ぎなかった」と考うる人達は、コリント後書第十章の「たとい我等の権力、すなわち主が汝等を破る為ならで立つる為に、我等に賜いたる権力につきいよいよ誇るとも、我等は赤面せざるべし」（八節）というパウロの強き主張を、よろしく考慮すべきである。彼は「汝等の服従完全になりたらん時、一切の悖逆《はいぎゃく》を罰せんとす」（六節）と叫ぶ。「今や我三度汝等に至らんとす……前に罪を犯しし人々および他のすべての人にも告ぐ、我再び至らば決して恕《ゆる》さじ。……これ等の事を書き贈るは我が至らん時、亡ぼさん為ならで立てん為に、主より賜りたる権力をもって、余りに厳しくせざらんとてなり。」（第十三章一―一〇）

これ彼がコリントの教会を司り、命令を下しかつ違犯者を罰する権を、神より賜わりて有すと主張せるものにあらずして何であろう。かかる主張をなし得る者が、今日プロテスタント教会内にありや否やを考うれば、蓋《けだ》し思い半ばにすぐるものがあろう。

全キリスト教会の一致団結

初代キリスト教会の一致は、単に神秘的又は霊的の一致というがごとき理想ではなく、可視的制度の統轄に基づく社会的団結であった。パウロは、全教会の一致を表現するために、しばしば次のごとき比喩を用いている。

（イ）それはまずキリストの建て給う神殿である。コリント書において、この比喩はあるいは個々の信者に示すに用いられ（前書第三章九―一七、第六章一九）、あるいはコリントの信者全体にも応用せられるが（後書第六章一六）、エフェゾ書（第二章一九―二二）やまたペトロ前書（第二章四―六）では、さらに広く全教会を指している。キリストは角の親石であり、使徒や預言者はその礎となり、信者等もこれを組み立つる活ける石であるとされる。

（ロ）それはまたキリストの体でもある。コリント前書は有名なメネニウス・アグリッパの譬《たとえ》に倣《なろ》うて、信者等相互の親密なる関係をば、各自その異なれる機能を有して助け合う四肢のごときものであると教える（第十三章、ロマ書第十二章四―二一参照）。而《しこう》してその全体はキリストのもの、信者はキリストの肢でありまたその部分である。エフェゾ書（第一章二二―二三、第四章四―一六）やコロサイ書（第一章一八、第二章一九）においては、教会はキリストを頭とする神秘的な全体として現れ、ユダヤ人たると異邦人たるとに論なく、信者はことごとくその肢であり、同一のキリストの霊と生命とが頭と肢とを活かし、かつ結び付けると説かれてある。

（ハ）　教会は**キリストの配偶**である。パウロはコリント教会の信者の忠誠を慫慂《しょうよう》して、「それは我神のごとき妬《ねたみ》をもって汝等のために奮発し、汝等を一人の夫における潔白なる少女としてキリストに婚約《いいなずけ》したればなり」（コリント後書第十一章二）と書き贈ったが、この同じ考えはエフェゾ書（第五章二二―二七）ではさらに発展して、夫婦の愛はキリストとその教会との関係のごとくでなければならぬと説く。キリストはその教会のために死を辞せなかった。これ「生命の言により、水洗《みずあらい》にてこれを潔《きよ》めて聖とならしめん為」、染《しみ》なく皺《しわ》なく、聖にして汚れなき光栄の教会を己がために備え給わんがためである。ここにいう教会はもはや一地方の教会ではなく、信者の全体を意味するものとなっている。

かくのごとく、キリストの神殿であり、体であり、かつ配偶である教会全体が、不可視的の一致、神秘的団結であって、同一の霊による恩寵と、聖愛との絆によって結ばれていると考えられた事には、疑いを挟む余地はない。のみならず、パウロはこの根本的信仰から多くの教訓を導き出して、信徒の日常生活の指針としている。すなわち彼等はキリストの精神により、これに則《のっと》って活きねばならぬ。信徒の生活は、キリスト・イエズスの生命と霊との発現でなければならない。「われ活くるにあらず、キリストわれにおいて活く」るのでなくてはならぬ。

しかしパウロが「教会」という時、キリストの生命に活きざる、キリスト者の名にふさわしからぬ信徒等は、この観念から除外されていたのであろうか。それは彼の書簡を一読して直《ただ》ちに解るように、決してそうではなかったのである。彼が「教会」と呼ぶところのものは、まず可視的の一地方の信徒の集団であった。あるいはコリントに、あるいはエフェゾに、またローマにおいて、使徒等によって伝えられた主の福音を受け容れ、共同の祭祀に与り、他のいかなる宗教団体とも截然《せつぜん》と区別されていた教団を意味していた。

次にこれらの諸教会は、彼の考えによれば、決して個別的な独立した存在ではなく、同一の任命によって活かされる一つの統一体を組織していた。そうしてその全体が一つのものなることが、単に不可視的な観念や信仰の上ばかりではなく、可視的な特徴によっても示さるべきであった。彼は特に「体は一、霊は一」とことわって、根底に横たわる霊的現実が、具体的一致の形で表現さるべきを説いた。すなわちこの霊的団体の一員たるの資格を賦与する「洗礼は一」、その洗礼をうくる前提たる「信仰も一」、而《しか》して秘蹟と信仰とにより聖徒等の全《まっと》うせられ、聖役の営まれて、キリストの体の成り立たんために、神はある人々を使徒、あるいは預言者、あるいは福音者、牧師および教師として与え給うた。それらの神によって立てられた人々――パウロは己がかかる人々の間に於て最も高き地位を占めることを主張した――は、権威を以て教え、かつ司る教権の保持者として、その書簡に現れている。この教権は、よってもって「我等がことごとく、信仰と神の御子を識る智識との一致に至りて完全なる人となり、キリストの全き成長の量に至らんためにして、我等はもはや小児たらず漂わさるる事なく、人の偽りと誤謬の巧みなる誘惑とのために、孰《いず》れの教えの風にも吹き廻されず、真理に在《あ》りて、愛により万事につきて頭たる者すなわちキリストにおいて成長せんためなり」（エフェゾ書第四章一三―一五）。我等のキリストにおける成長は、であるから教権の支持を必要とするのである。不可視的な体験や黙示によらず、神の立て給える教えの役者によるのである。信者は、彼等の教えによって、人間的な偽りや誤謬や教説に惑わされたり、漂わされたりする事から免れる。かかる聖役の営まれる事によって成立するキリストの体は、素《もと》より単に神秘的な団結ではなくて、聖職制度に基づく可視的な教団である。

使徒団の全教会に対する権威

初代地方教会の建設者たる使徒が、これに対して信仰と実践とに関する教権を振うは、吾人がすでに指摘した事実に徴して明らかであるが、さらに注目に値する第二の点がある。それは建設者たる個々の使徒の権威の外に、全体としての教会の上に使徒団の教権が認められていた点である。換言すれば、初代キリスト教団においてすでに、全体を包括する可視的統治の組織が存したという事実である。

たとえば、異邦人の改宗によって、旧約の律法の遵守がキリストによる救霊の必要条件なるや否やが問題となった時、使徒等はイエルザレムで会議を開催して、問題をいかに解決すべきかを討議した。而《しこう》してその決議は、パレスチナのみならず、シリア、シリシア地方の諸教会に対して適用さるべきものであった（使徒行録第十五章参照）。のみならず、この法規がアンチオキアや小アジアですら用いられた証左まである。パウロが第一回伝道旅行中、「イエルザレムに居る使徒等および長老等の規定を守らせんとて、これを人々に渡しければ、諸教会はその信仰を固うせられ」（同第十六章四－五）と録されている。

またパウロによって建設されたガラチア人の諸教会において、ペトロやその他の使徒の権威が認められていた。ユダヤ教の信者等は、それを楯にパウロの権威に逆わんとしたほどであって、パウロはそれに対して、自分の立場を弁明する必要に迫られた（ガラチア書第一章一七－二四、第二章一－一〇）。

パウロが唯一の建設者であった、その有名なコリント教会でも、同様な事件が起こっている。信徒の間に「我はパウロのもの、我はアポルロのもの、我はケファのもの」と称して争論があったに対し、パウロは己が他の使徒等と同等の権あることを主張する必要に迫られた（コリント前書第一章一二、同第九章、同後書第十一－十二章参照）。

ローマの教会は、もちろんパウロの建設したものではなかった。しかるに自ら訪問した事すらなきこの教会に向って書簡を送り、「万民を信仰に服従せしめんとて、恩寵《おんちょう》と使徒職とを蒙《こうむ》りたる」者の一人として、権威をもって教えを説いた。そうして、「蓋《けだ》し我が汝等を見ん事を望むは、いささか霊の恩寵を汝等に分け与えて、汝等を堅固ならしめんため、すなわち汝等の中に在《あ》りて、汝等と我との互いの信仰をもって相勧むることを得んため」（ロマ書第一章五、一一—一二）であると申し送った。

彼がかく憚《はばか》りなく書き贈るのは、「神より我に賜りたる恩寵によれり。この恩寵あるは、我異邦人のために、キリスト・イエズスの役者となりて、神の福音の祭務を執行し、異邦人が聖霊によりて聖とせられ、御意に適える献物《ささげもの》とならんため」（ロマ書第十五章一五—一六）である。当時パウロは、すでに、イエルザレムよりイルリコに至る地方も巡って伝道し福音をみたしたから、さらにローマを経て、イスパニアへ行こうと志していたのであった。パウロのみならずペトロも、大部分パウロの伝道地たるポント、ガラチア、カパドキア、小アジアおよびビチニアの信徒に書簡を贈って教えを宣《の》べた（ペトロ前書第一章一）。ヤコボがその書簡を「離散せる十二族」（ヤコボ書冒頭）に送り、ヨハネが小アジアの七教会に黙示録中において訓戒《くんかい》を垂れたのも、同一轍《てつ》を踏んだものである（第一章九—第三章二二）。

これ等の事実は、使徒団が、その各自が創立せる地方教会のみならず、教会全体に対して権威を有していた事を示す。それは取りも直さず、全教会が同一主権によって統轄《とうかつ》されていたに他ならない。使徒団は全教会の可視的一致の中心であり、これによって初代キリスト教団は、信仰や愛の内的結合のほかに、外的統制をも有していたのである。而《しこう》してこの使徒団の頭がペトロであった事は、すでに詳説した点である。福音書が裏書するこのペトロの首位が、その後の教団発展の径路においていかに働いて行ったかは、面白い問題である。我等は次章においてこの点をさらに詳論するが、すでに使徒団が教会の外的一致の中心であったという事実が、その団体中にもさらに首位を占むべき何人かがあった事を、最も自然に想像させるのである。また実際新約聖書中に、ペトロの首位を否定するような記事が一つもないばかりか、反《かえ》ってこれを前提とする若干の出来事が物語られているのである。

原始教会におけるペトロの首位

使徒行録の前半は、各章ペトロについて語ること極めて詳《つまび》らかである。その後半がパウロ伝であるごとく、前半はペトロ伝であるとも言い得る程である。ただ注意すべきは、後半がパウロについて語ること詳らかなるは、その主人公の伝道記録なるがゆえに当然であるに反して、前半のペトロ伝は同時にキリスト教団の歴史の最初の頁であり、著者は必ずしもペトロの行跡のみを記録せんとするのではない。それにもかかわらず、全篇ペトロ伝たるの観あるは、まさに彼が演じた役割が、いかに重要であったかを最も雄弁に物語るものである。

わが主御昇天後の最初の重大事件は、ユダの後任者を選挙することであった。「その頃共に集れる人約百二十名なりしが(而《しこう》してその人々の中で第一に名指されているのは、もちろんペトロである)、ペトロ兄弟の中に立ちて言いけるは」(使徒行録第一章一五)とあるごとく、彼が最初の発言者かつ提議者である。彼はまた「ヨハネの洗礼より始め、我等を離れて上げられ給いし日に至るまで、一緒に在《あ》りし者の一人」(第一章二二)と被選挙者の資格を規定する。

使徒職継承の最初の宣言がペトロによってなされたことの重大なる意義は、後章においてさらに明瞭になるであろう。しかもこの宣言は相談の結果ではなく、彼が権威をもってなせるものであった。「我等と共に復活の証人とならざるべからず」（第一章二二）と。

聖霊降臨直後のペトロの態度に至っては実に堂々たるもので、新興教団の首長のそれとして少しも恥ずる所がない。彼は最初の伝道説教をした。まず会堂の長が、安息日の聖書朗読に際してこれに解釈を付する態度そのままに、ヨエルや詩篇の預言を釈いて直前の出来事に当てはめ、民衆と衆議所とローマ総督とが、冒瀆者《ぼうとくしゃ》および反逆者として極刑に処したイエズスが、「主にしてかつキリスト」なる事を公然と宣言した。そは「イスラエルの家挙りて最も確かに知らざるべからざる」（第二章三六）事であると彼は言う。人々は「ペトロおよび他の使徒に向い」、何をなすべきかを問うや、「ペトロ言いけるは、汝等改心せよ、かつ罪を赦されんために、各《おのおの》イエズス・キリストの御名によりて洗せらるべし」（第二章三八）と。最初に新教団に加わる者の資格と条件とを規定したのは、彼であった。

ペトロはまた最初の奇蹟を行う。彼は神殿の関門に坐して施《ほどこ》しを乞う跛者に、「イエズスの御名によりて立ちて歩め」（第三章六）と命ずる。またその身辺に群り来る民衆に対して、神殿の内部においてすら権威をもって説教する。その結果として衆議所へ引致され訊問《じんもん》されるが、常にペトロが答弁する。同伴者のヨハネはかき消されて、ただその背後に立っているにすぎぬ有様《ありさま》で窺われる（第四章参照）。かくてユダヤ教との最初の衝突において、新教団の主張を明らかにしたのもペトロであった。彼の神通力《じんつうりき》に対する民衆の信仰は、「ペトロの来らん時、一人にもあれその蔭になりとも覆われ〔て病を医され〕んとて、寝台もしくは舁台にこれを載せ置くに至り……彼等ことごとく医され」（第五章一五―一六）つつあった。

神はまた、教会の審判権がまずペトロの言によって奇蹟的に発現するをよしとし給うた使徒等を偽れるアナニアとサフィラは、彼の一言によってその欺瞞《ぎまん》を暴かれて倒れる（第五章一―一〇）。

サマリアが神の御言を受け容れた時、第一にこれを巡視した者はペトロとヨハネであり、彼等の按手《あんしゅ》によって聖霊が新しき信者等に授けられた。当時魔術者シモンの聖権買収の提議を退けたのもペトロである（第八章一四―二五）。十二使徒の中で、最初に自己の建設せる教会にはあらざる他の教会を巡回したのはペトロであった（第九章三二、三八、四三参照）。

なかんずく特筆大書すべきは、パウロなぞの改宗よりは遥か以前に、異邦人改宗問題と、それの旧約の律法との関係問題が、夙《つと》にペトロによって解決されていた事である。ペトロはローマ軍団の百夫長コルネリオの改宗を受け容れた（第十章）。他の使徒等とユダヤに在る兄弟等とはこれを詰《なじ》ったけれども、ペトロの答弁に対しては黙々として頭をたれた（第十一章一―一八）。後にイエルザレム会議に際して同じ事で問題となるや、最後にペトロが立ってキリスト教団の態度を宣言する。「会衆皆沈黙して」（第十五章一二）彼の言を謹聴した。

さらにヘロデ王がユダヤ人の歓心を買わんとして捕えたのが、やはりペトロであった。それはもちろん彼が新教団の大立者であったがためである。しかるに「教会は頻りに彼のために祈り」、その結果天使がこれを救い出す（第十二章一―一二）。

かくのごとく、イエルザレム教会の発展において彼が主役を務めた事はあまりにも明白なるにもかかわらず、これを否定せんとするいわゆる聖書主義者のあるは何故であろうか。

ペトロの首位否定説

彼等は言う、「汝は磐なり云々」の荘厳なる御約束の直後に、主の御生涯中に比類を見ざる猛烈なる御叱責《しっせき》――「サタンよ退け、汝我を躓《つまず》かせんとす、そは汝が味わえるは、神の事にあらずして人の事なればなり」（マテオ聖福音書第十六章二三）――を蒙《こうむ》ったのは、当のペトロではなかったか。それはペトロの後継者と自称する後代のローマ法王の現世的野心にまで、預言的に的中する。あくまでも俗的なペトロは、御苦難に際しては剣を用意して戦わんと欲し、大司祭の僕《しもべ》を撃ちてその耳を切り落し、「すべて剣を把る者は剣にて亡ぶ」（同第二十六章五二）との御警告をうけた。そのペトロはまた、「たとい人皆汝につきて躓《つまず》くとも、我は何時も躓かじ」、「たとい汝と共に死すべくとも、我汝を否まじ」（同三三、三五節）と誓いながら、一下女の誰可《すいか》に対して主を否み奉り、しかも三度までその罪を繰り返したではないか。彼は首長の地位を占めて新教団を指導するの任にあったというも、その態度の優柔不断なる、かの異邦人の使徒パウロの言動に比する時、実に何たる見苦しき有様であろう。

彼が投獄せられて救い出されたのは、決してパウロがダマスコを脱出したがごとき冒険ではなく、辛《かろ》うじて天使に助け出されたのであった。パウロが、異邦人を律法の拘束より解放するために、敢然《かんぜん》戦いを辞さなかったのに反して、まぼろしによって戒められたる後にすら、ペトロはコルネリオに洗礼を授くるを遅疑し、目《ま》のあたり聖霊が新改宗者の上に降るを見て、始めて漸《ようや》く意を決し、「誰か水を禁じてその洗せらるるを拒み得んや」（使徒行録第十章四七）と弁解がましき言を洩らしている。かくて自己の行為によって承認し、さらにイエルザレム会議で決議された事を、アンチオキアにおいて割礼ある人を憚《はばか》り、福音の真理に従いて正しく歩まなかったために、会衆の面前で新参者のパウロに叱責《しっせき》されているではないか（ガラチア書第二章一一以下）。

パウロにして主が御自らペトロを教会の元首として建て給いし事を知らば、豈《あに》この挙に出でんや。たとえペトロが重立ちたる者なりしにせよ、そは決してカトリック教会後年の捏造《ねつぞう》説のごときものでなかったのは明らかである。現に「イエルザレムに居る使徒等、サマリア人が神の御言を承《う》け入れたるを聞き、ペトロとヨハネを遣わしければ」（使徒行録第八章一四）とあるではないか。この明文によってみれば、使徒団が教会を統率していたにしても、ペトロが使徒団を統率していたのではない事は、一目瞭然《いちもくりょうぜん》である。首長が部下に遣わされるはずがない。ペトロの首位説はこれだけでも充分破壊される。いわんやイエルザレム教会において、「主の兄弟ヤコブ」が勢力を振いしことを考えるならば、事はますます明白である。

ペトロが牢獄から天使の手によって救い出された時、マルコ・ヨハネの母マリアの家に至って、驚いた下女に向って「ヤコブおよび兄弟等に告げよ」と命じたのは、部下が首長への報告を托したのである（使徒行録第十二章一七）。

イエルザレム会議の結末をつけたのもヤコブではないか（第十五章一三―二一）。アンチオキアでペトロがかくしだてをしてパウロに面責された原因も、「ヤコブの許《もと》より来りし割礼ある人々」を憚《はばか》ったためであった。パウロもガラチア書では、「ヤコブとケファとヨハネ」（第二章九）というて、ヤコブをペトロより先に名指している。最初の使徒団に頭があったとすれば、それはむしろヤコブである。かくもヤコブは、ペトロと相伯仲《はくちゅう》する地位を占めていた。いずれにせよ、後年のローマ教皇のごとき独裁君主は、初代教会の夢想だにせざりしところである、と。

ペトロ反対者への答弁

これ等の反対論はしばしば耳にする所であるから、以下反復を厭《いと》わず必要な説明を加えておこう。

まずマテオ聖福音書第十六章の「サタンよ退け」云々の御叱責であるが、この一条はその前に物語られている「汝はペトロなり、我この磐の上にわが教会を建てん云々」の章句の史実性を支持する非常にいい根拠になるが――その章句が挿入や捏造《ねつぞう》なら、もっと都合《つごう》のいい箇所か場面かに結び付けたろう――、かの御約束の反証にも破棄にもならない。ペトロがキリスト神性の信仰を告白したのは、主の御言葉通り血肉によらず、天主の御示しに基づいたので、弱き彼の自力ではなく、恩寵《おんちょう》であった。

これに反して、御苦難を否定し、我賢げに諫め出でたのは彼の卑近短小の人間的料簡《りょうけん》に従ったので、その言葉の裏面には、今しがた自分になされた絶大な御約束についての得意があり、その趣意は適々《たまたま》主が御顔を固めて、まさにこれに向って邁進《まいしん》せんと用意し給いし救世の大業の否定であった。それは正しくサタンの欲する所である。その身に賜える使徒職はいかに重く、その権能と使命とはいかに大なりといえども、煎《せん》じ詰《つ》めた所、「与えられざる何物をも持たぬ」弱く小さきペトロである。その分際《ぶんざい》を忘れて、我知り顔に、「この事御身の上に在るまじ」とは僭越《せんえつ》の限りであった。まことはこの事のあった直後の主の御教訓のごとく、「人もしわが後に跟《つ》きて来らんと欲せば、己を棄て、己が十字架を取りて我に従うべし。それは己が魂を救わんと欲する人はこれを失い、わがために魂を失う人はこれを得べければなり」である。

主はこの御叱責《しっせき》の裡に、まことに有難《ありがた》き御訓戒を賜った。ペトロおよびその後継者等をして、己が御選びを蒙れるは自らの力によらず、全く主の御自由なる御選択によることを悟らしめ、謙遜《けんそん》して警戒すべきを示し給うたのである。我等にもまた、神より賜いし聖職と教権とを見て、個人的の欠点に躓《つまず》くことなからしめんとし給う。不可謬権は罪を犯し得ぬ特典ではない。それは教会における社会的職能であって、個人的の聖徳ではない。「個人的の欠点や罪悪は一時的のものであるが、教会の首長としての社会的職能は永久的なものである。「サタン」と「躓き」とは消え去ったが、磐《ペトロ》は残ったのである」(*La Russie et l'Eglise universelle*, p. 111.) という、ソロヴィヨフがこの箇所について試みた美しき解説を、この事件に躓く読者に推奨《すいしょう》したい。この事件に躓く人々のためにこそ、かかる教訓は必要であったのである。

なお程度こそ異なれ、これと同じ事が、御復活後ペトロに最上の司牧権が与えられる際の出来事についても言い得る。ヨハネ聖福音書第二十一章二二節の、「我が来るまで彼の留らんことを命ずとも、汝において何かあらん、汝は我に従え」との御言葉の裡に、主がペトロのいらざる好奇心を戒め給いし語調がほのみえている。かつ「汝は我を愛するか」との三度繰り返された御質問が、三度主を否み奉りしペトロの過去の罪過を適切に想起せしめて、自負の余地なからしめし周到《しゅうとう》なる御用意を、誰か看取せざるものがあろう。今日もなお、新教皇の即位に際して、Sic transit gloria mundi（この世の栄えはかく過ぎゆく）の語をもってこれを迎うる公教会の儀式は、実にこの趣意に徹するに他ならぬのである。

かくのごとく主の御趣意も、カトリック教会の教権に対する態度も、決して単に人間的見解に基づくものではなく、信仰の生む超自然的精神の発露である。ペトロがパウロのごとく天資英邁の偉材ではなく、徒《いたず》らに気は逸《はや》れども、いざとなれば脆《もろ》くも躓く弱き器、とうてい将たるには足らぬ人であった事が、一方人間の意表に出る主の深き御計《おはから》いを示すと共に、他方後代より事蹟を考うる我等にとって、ペトロが主の御選びを蒙《こうむ》れるは、初代教会においては周知の事実であって明らかなる証左となる。主の御選定なくば、「サタン」と呼ばれ、大言壮語の直後に三度までも主を否みまつりし罪人に、「誰か最大なる者ぞ」とて相争いし仲間の使徒等が、新教団の主役を演ずるを放任しておくはずはない。いわんやペトロは進取の気乏しく、とかく遅疑する質であった。異邦人問題に処した彼の態度を勘考すれば、思い半ばにすぐるものがあろう。使徒団は彼を推さずとも、主の兄弟ヤコブをも、ゼベデオの児等をも有したのではないか。御復活を最後まで信じなかったトマスのような理屈屋もいた。などてペトロの頤使《いし》に甘んじていよう。

実際前述の論者のいうごとく、ペトロが一見ヤコブやパウロの下に立ったように見ゆることさえあったけれども、ペトロの競争者として挙げらるるこの二人さえ、ペトロに比肩し得べきいかなる主張をもあえてしなかった。たとえば論者は、ペトロがイエルザレムの使徒等より遣わされたから、その首位は否定し得るとて使徒行録第八章一四節を引用するが、何んぞ知らん、この記事は反《かえ》ってペトロの首位を暗示していることを。

まずここにいう「イエルザレムにいる使徒等」の中には、もちろん遣わされたというペトロもヨハネも含まれているのを御注意ありたい。それまでユダヤ人の範囲内に止《う》っていた神の御言《みことば》が、正統派のユダヤ人からは異邦人扱いされていたサマリア人によって承け入れられたのを聞いた彼等は、この予期せざる出来事に関して会議した有様が窺《うかが》われる。その結果、この新事件の処置をつけるために、ペトロとヨハネを推した。それは両人が彼等の間で、つまらぬ人間と目されていたためであったろうか。あるいはむしろ重きをなしていたがために、この先例なき問題の解決を托したのではなかろうか。しからばそれはむしろペトロの首位を暗示しようとも、その否定ではあり得ない。論者あるいは遣わされしはペトロ一人ではなく、ヨハネも共に遣わされたと反駁《はんばく》するかも知れない。しかし両人のうちの何《いず》れがより高き声望を有せしかは、第三章一節より第四章二三節に至る両人に共通の記事は言わずもがな、サマリア伝道中の魔術者シモンとの応答を見ても明らかである。

ヤコブとペトロ　主の御叱責《ごしっせき》と三度の蹉跌《さてつ》によって反省し、賢明になったはずのペトロが、己の上位を振り廻して事ごとに出しゃばったとは考えられない。「仕えらるるがためならで仕えんがために来れり」との主の御言を、深く胆《きも》に銘じたに違いない。だから必要に迫られて先頭に立つ事はあっても、出来るだけ控え目にして仲間の意見を尊重した。イエルザレム会議で、激しき諍論《そうろん》の後に、自ら立って会衆を沈黙せしめたが、後始末《あとしまつ》はヤコブに任せた。彼等が沈黙を保った後、始めて忠実な律法遵守《じゅんしゅ》者のヤコブが立って、「シモンすでに神始めて異邦人を顧み、その中より己が名を尊ぶ民を取り給いし次第を述べしが、預言者等の言これに合えり」（使徒行録第十五章一四―一五）と言ってペトロの主張に賛成を表し、かつ妥協案を提出した。この会議をヤコブが司会したと言いたがる人があるが、さる記事はどこにも顕《あらわ》れていない。いずれにしても、ペトロの主張が認められたのである。しかもペトロはパウロ派に譲歩したのでも、引きずられたのでもない。自己のこの主張の背後には、コルネリオの改宗という一大事件、自身にとっては一大体験を有していた。そうしてそれを、イエルザレムの使徒等や長老はすでに是認していたのであった（同第十一章一八）。

アンチオキア事件　後年彼がアンチオキアにおいて律法遵守派を憚ったのも、温和な妥協的精神より行ったので、決して旧来の主張を捨てたのではなかった。だからパウロはこれをよんで、「かくしだて」と言った。それが一徹《いってつ》なパウロには気に入らなかった。いわんや親密な先輩で、新参者の彼と使徒団との間の取りなし役であるバルナバまでが、その顰《ひそみ》に倣《なろ》うたに至っては、もはや我慢《がまん》ができない。彼の憤慨は俄然《がぜん》爆発した。この一件で、ペトロの首位は崩壊したかの観があった。しかし我等は、この事件にも深く感謝しなければならない。プロテスタントの好んで引用するガラテア書のこの一節——プロテスタントは皆それぞれ小さきパウロである。面責すべきペトロたるカトリック信者を見出した時の得意や察すべしだ！——こそ彼等の主張を覆《くつがえ》すに足る多くの材料を提供してくれる。

第一にペトロが共に論ずるに足らぬ末輩ならば、パウロは自己の使徒職の説明として、かかる事件を特筆大書する必要を感じなかったであろう。そもそもガラテア書の認められたのは、パウロの留守中にユダヤ主義者が教会内に潜入して、彼の使徒職と福音とについて新信者に疑惑を懐かしめたに胚胎《はいたい》している。しかもその者共は、パウロに対抗するために、先輩なる使徒等、特にペトロやヤコブの名をかついだ。これに対してパウロは己の福音の神の啓示によれる事、また己のキリストより直接授けられし使徒職が、ペトロ等にも認められし事を述べて、反対者を弁駁《べんばく》しているのである。「柱とも見えたるヤコブとケファとヨハネ」、その中でも最も重立ちたる者のケファ（ペトロ）とさえ、福音の真理のためには面争するを辞せなかった程の者である、というのがパウロの主張なのである。であるから、ガラテア書の背景がすでに、パウロが創立者であって、ペトロは直接何の関係もないガラテア地方の諸教会においてすら、反対者がその名をかつげば信徒の心を乱すに充分なほど、ペトロの権威が認められていたという事情に存した。さらにまたガラテアの信徒は、いかにしてこのペトロの権威を認めるようになったのであろうか。万一それがパウロ反対者の策戦に出で、なんら根拠のない権威ならば、パウロたる者どうして黙過しよう。しかるに当のパウロは、反対者のかつぐ権威を覆そうとはせずに、反ってペトロが己の使徒職を承認したと言っているのではないか。

「我をしてその福音を異邦人の中に宣《の》べしめんとて、御子をわが心に顕し給う事の御意に適《かな》いしかば、その時我直ちに血肉に謀《はか》らず、またイエルザレムすなわちわが先輩なる使徒等の許《もと》にも往かず」(ガラチア書第一章一六―一七)と録せるは弁明である。普通の場合なら、イエルザレムへ行くのが当然だが、特別の事情があったから行かなかった、という意味である。それでもパウロはいつ迄もイエルザレムを無視する事はできなかった。

「しかして三年を経て、ペトロを訪問せんとてイエルザレムに至り、十五日の間彼が家に留りしも、他の使徒等には、主の兄弟ヤコブのほか誰にも遇わざりき。我が汝等に書き贈る事は神の御前にて偽りなし」(同一八―二〇節)とは、そもそも何を意味するか。彼は結局最初ゆかなかったイエルザレム、すなわち先輩なる使徒等の許に往ったのである。しかも、ペトロを訪問せんがために往ったのである。そうして他の使徒達には、ヤコブのほか誰にも遇わなかったのである。他の使徒等は当時不在であったのかもしれぬが、それはパウロにとっては関心事ではなかった。彼はペトロ訪問の目的で往ったので、ヤコブに遇ったのだって偶然であり、ヤコブとの会見は決してこのイエルザレム行きの目的ではなかった。

それにしても彼は何のために、最初無視したイエルザレムへ遥々《はるばる》ペトロの御機嫌《ごきげん》伺《うかが》いに上ったのか。彼は福音について、なんらペトロから教えらるる必要のなかったのは、自ら言う所である。しからば何のためか、その間の消息は、その後のパウロ自身の説明によって窺うことができる。

「その後十四年を経て、バルナバと共にチトをも携えて、再びイエルザレムに上りしが、これ神託によりて上りしなり。かくてわが異邦人の中に宣ぶる福音を彼等、殊に著しき人々に告げ知らせたり、これ万一にも走る事、またかつて走りし事の空《むな》しくならざらんためなりき」(同第二章一―二)と。

この一節の一句々々は、ことごとく意味深長である。まずパウロは私意に由《よ》らず、上よりの示しによってこの第二回目のイエルザレム行きを決し、その機会に、己の述ぶる福音について先輩等の承認を促した。用意周到《しゅうとう》な彼は単身ではゆかず、証人としてバルナバとチトとを引き連れて行った。今日もまた、彼は決して先輩の教えを乞いに行ったのではない。彼は神よりの示しによって教えた。血肉に謀る必要はない。この旅行すら神託の結果なのである。それならば神の命によって聖都へゆき、先輩に己の説く福音を告げ知らせれば、それだけでよかったのか。否々、彼の福音が先輩によって承認されることは、彼の伝道の大努力に有終の美あらしむるために必要であったのである。

パウロにとってすら、イエルザレムの代表する可視的教権の承認が必要であった。神託によって上ったのであるから、彼が可視的教権の承認を得るのが神意であったのだ。パウロ――ヘブライ人中のヘブライ人、時の碩学《せきがく》ガマリエルの膝下《しっか》に坐して律法を学びし彼、ファリザイ人中の熱心家にしてタルソの生れなるローマ市民たるサウロにとって、無学文盲に近きガリレアの漁夫等の承認を求むることは、人間的には決して愉快な事ではなかったに相違ない。

「殊更《ことさら》著しき人々に至りてはそのかつて何者《なにもの》たりしかは我関せず、神は人につきて偏り給う事なし云々」(同第二章六)の句に、信仰によって彼の傷つけられた自尊心を抑うる様子が、ほの見ゆるではないか。彼をしてこの挙に出でしめたのは、なんら人間的打算や政策からではなかった。彼は主の定め給える秩序に従っただけである。而《しこう》してイエルザレムの教権保持者もまた、人間的打算や政策とは離れて、神意を認めてパウロを是認した。

「割礼ある人々に福音を宣ぶる事のペトロに委ねられたるごとく、割礼なき人々に宣ぶる事の我に委ねられたるを見しかば——それはペトロに割礼ある人々の使徒となる力を賜いし者は、我にも異邦人の中において力を賜いたればなり——柱とも見えたるヤコブとケファとヨハネとは、我に賜わりたる恩寵を弁えて、一致の印として右の手を我とバルナバとに与えたり」(同第二章七—九)。すなわち知る、ガラチア書は決してペトロの権威を否定するものではないことを。反《かえ》ってこれを最も明白に肯定する貴重な記録である。

かかる権威あるペトロの匿行《かくしだて》が及す所の影響の大なるを見て、パウロはやむを得ず奮起した。首長の薄志弱行ゆえに、折角《せっかく》彼が戦って得た福音的自由が蹂躙《じゅうりん》されそうになっては、黙っていられない。末輩がペトロに盲従するはやむを得ぬとしても、バルナバまでが追従しては一大事である。パウロと共に異邦人の自由を主張したバルナバまでがペトロに倣ったことは、まさにペトロの権威のいかに大であったかを示すものである。

なおここにおいて注意すべきは、「汝ユダヤ人にてありながら、ユダヤ人のごとくせず、異邦人のごとく行えるに、何ぞ異邦人を強いてユダヤ人の習慣に従わせんとはする」（ガラテア書第二章一四）云々のパウロのペトロ面責《めんせき》の言葉が、使徒行録第十五章七―一〇節のイエルザレム会議に際してのペトロ自身の主張を目指《めざ》している点である。パウロは単に「福音の真理」と言うて、「わが福音の真理」とは申さぬ。彼はペトロに自分の主張を認めさせんとしているのではない。かつてペトロ自らが宣言せるところを、彼に想起せしめてその反省を促さんとしているのである。

しかもそのいわゆる「福音の真理」、すなわち人の義とせらるるは律法の業に由《よ》らずして、ただイエズス・キリストにおける信仰による事は、ある人々がヤコブの許《もと》より来るまでは、アンチオキアの全教会が、ペトロをもその他のユダヤ人の信者をもこめて、信奉した所なのであって、それは新しい教えではなく、ペトロもパウロも共に認めていた真理なのであった。であるからパウロのプロテストは、ペトロの信仰または福音に対するプロテストではなく、ペトロの所信と実行との矛盾に対するプロテストであった。ペトロにおいて、この匿行はテルトリアヌス以来有名になった語にある通り、「宣教の誤りではなく、実行上の過失であった」（Conversationis fuit vitium, non praedictionis）。この矛盾こそは、全教会をユダヤ人の教会と異邦人の教会との二派に分裂させる恐るべき危機をその懐に蔵していたのである。パウロはルターのごとく、ペトロの首位を争うために立ったのではない。教会の一致保全のために争ったのである。そうしてペトロが謙遜《けんそん》にパウロの正しき主張に屈したことは、言外に明らかである。

万一ペトロがその矛盾を固持したとしたならば、パウロがこの事件をガラチア書に述べようはずがなく、またそれを述べることは、彼のその箇所における全主張、すなわち彼の福音が先輩なる使徒等特にペトロのそれと一致しており、その承認を経ているという主張を、根底から覆してしまうであろう。これは例えば十六世紀のいわゆる改革者達が、自説が教皇によって排斥せらるるや、これを将来の公会議に訴うと称し、公会議によって退けらるるや、遂に全教会に反抗する分派を樹立した態度なぞとは雲泥《うんでい》の差がある。パウロを楯に、ペトロを排斥《はいせき》せんとするの徒は、よろしく自ら省みて警戒すべきである。

最後に、パウロにして果してカトリック解釈者の主張するがごとく、ペトロの首位をそれほどにまで明らかに認めていたならば、彼の面責の態度はあまりにも不遜《ふそん》を極めていて、了解しにくいという疑問が残る。吾人は当時の問題が、全教会の一致か分裂かの大危機に直面し、優柔不断の妥協を許さなかった理由をあげた。これに処したパウロの意気を賞すべきか、アンチオキア全教会の面前でこの屈辱を甘受して、過ちをただすに吝《やぶさか》ならざりしペトロの寛厚を嘉《よみ》すべきかに、吾人は惑う。両者相俟《あいま》って神の教会はその完《まった》き一致を保ち得、異教世界の精神的征服に向って歩武堂々進発するの基礎を固めた。

それにしてもガラチア書以外に、パウロがペトロの首位を認めていたという証跡はないであろうか。多くのプロテスタントにとっては、さる証跡があろうなぞとは夢にも考えられぬ。しかるに我等は、彼等も同じく好んで読み、かつ引用する**コリント前書**、恐らく共観福音書の完成よりは年代的にも古いあの貴重なる記録を有している。

この書簡によって、我等はコリント教会にもペトロの名をかつぐ一派の存在した事を知る。「汝等の間に〔種々の〕争論ある由《よし》。我これを云わんに、汝等各、我はパウロのもの、我はアポルロのもの、我はケファのもの、我はキリストのものなりと云う」（第一章一一—一二）。これに対してパウロは「キリストあに分割せられ給いし者ならんや」（第一章一三）と憤慨している。そうしてこの「パウロ、アポルロ、ケファ、キリスト」の順序は、第三章の末節においても繰り返される。コリントに布教したのはパウロであって、少なくともこの書簡の書かれた時代までは、ペトロがギリシャに行った形跡はない。パウロ自らも、「我は植え、アポルロは水を灌げり、されど発育を賜いしは神なり」（第三章六）。「けだし汝等キリストにおいて……汝等をキリスト・イエズスに生みたるは我なればなり」（第四章一五）と申している。

しかるにそのコリントにおいてもまた、ガラチアの諸教会におけるごとく、ペトロの権威はパウロとの対抗に利用される程度にまで認められていたのである。コリント人はヤコブにもヨハネにも、その他の使徒にも訴えず、直接に師事せるパウロとアポルロの他は、ただペトロの名のみを挙げ、しかもペトロに次ぐはキリスト御自身の御名のみである。而《しこう》して当のパウロも、「パウロ、アポルロ、ケファ、キリスト」という階梯にはなんら不審を感じている様子が見えない。

彼等はこの階梯と順序とを何処《いずこ》より学んだのであろうか。この頃コリントに布教した事の確実なアポルロからか（使徒行録第十八章二四―二八）、あるいはシラとチモテオよりか（同第十八章五参照）。それも可能であるが、万一この階梯と順序におけるペトロの地位に関して、パウロ自身が他に何事かを言っているならば、それを点検するのは極めて興味あることである。ところが事実パウロはこれについて、同じコリント前書中に、何か言っているのである。そうしてその第一の箇所は、偶然の言及であるだけに、そこに現れるペトロの地位は作為ではなく、自然なものと認められねばならない。彼は自身の使徒としての権利を主張していう。「然て我等は飲食する権なきか、他の使徒等、主の兄弟等およびケファのごとく、姉妹なる婦を携うる権なきか」（第九章四―五）と。

　ペトロは他の使徒等と同列には置かれていない。次の箇所はさらに重大である。曰く、「わが第一に汝等に伝えしは、我自らも受けし事にて、キリストが……聖書に応じて三日目に復活し給いし事、ケファに顕れ給い、その後また十二使徒に顕れ給いし事……」（第十五章三―五）と。

　使徒たるの資格と使命の一つは、キリストの復活の証人たることであるから（使徒行録第一章二二）、ペトロが第一に、他の使徒達に先んじて光栄に入れるキリストに咫尺《しせき》したという事は、その優越を裏書きする重大事である。そうしてそれを教えたのはパウロ自身であった。この事蹟を聞いただけでも、コリントの新信者達の脳裡には、ペトロの首位は深く印象されていたに違いない。ペトロを彼等の間にかくも権威あらしめしは、パウロその人の宣教の結果であって、彼自らの言う所によって、他の理由を求めずとも明らかに説明されるのである。かかる福音をコリント人に述べたパウロが、ペトロの首位を認めていなかったとどうして考え得るか。ペトロ反対論者中この説明を与えてくれた者を、浅学寡聞《せんがくかぶん》の私はいまだ知らないのを遺憾とする。

ペトロの首位と教父等の証言

なお最後に注意すべき興味ある事実は、上述の反対説が古人によって唱えられたものではなく、ことごとく十六世紀のいわゆる改革者等から始まっている点である。しからば古人は問題となった聖書の章句を知らなかったか、あるいはそれに全然留意しなかったかというに、それは決してそうではない。特にガラチア書については、すでに二世紀の後半において教父等の論題となっている。

アレキサンドリアのクレメンスは、ペトロの首位に対して反抗したかのごとく見ゆるパウロと、パウロに面責されて威厳を失したかのごとく見ゆるペトロとを救わんとの熱心の余り、パウロに面責されたケファという男は使徒の頭のペトロではなく、七十二人の弟子中の一人で、同名異人であるとの牽強付会《けんきょうふかい》の説をたてた。しかしこの説は、やがてヒエロニムスやグレゴリウスによって排斥されてしまった。

クレメンスの跡を辿ったオリゲネスは、同名異人説を排したが、なおあの争いはペトロとパウロ両人合意の上の芝居であって、教会の分裂を防ぐために、ペトロがパウロをして己を面責せしめ、自らそれに屈してユダヤ主義者に教訓を与えんと欲したのだという真らしからぬ新説を唱え、それがクリソストモスに採用せられたために、東方教会内に広く行わるるに至った。

西欧においても、ヒエロニムスが一時この説を唱えたことがあった。これに対してアウグスチヌスが手痛き反駁《はんばく》を加えたために、老大家は例の負けん気を出したものか、最初は自説を固持して下らなかったが、アウグスチヌスの再度の猛撃に屈したと見えて、ついにこれを撤回《てっかい》したらしい。「尊敬すべき兄弟ヒエロニムスは、彼の最近の著述において、あの事件および使徒達の言に関し、聖キプリアヌスがかつてそれを奉じ、余もまたこれに追従せるものと同説を採用した」（書簡一八〇）とアウグスチヌスは婉曲《えんきょく》に止《とど》めを刺している。

ここにアウグスチヌスが聖キプリアヌスの奉ぜし説というのは、前に引用せるConversationis fuit vitium, non praedictionis というテルトリアヌス一流の簡潔な句に纏《まと》められて、西欧註釈家が一般に採用するに至れるものを指すので、つまりガラチア書の文句通りペトロの過失をそのまま認めるのである。

以上のアンチオキア問題に対する教父等の態度は、意義深長である。なぜならば、クレメンスもオリゲネスも、なかんずくクリソストモスは適々《たまたま》ペトロの首位に関しては寸毫《すんごう》も疑わなかったからこそ、上述の牽強付会の説を案出または採用したのであったし、さらにこれを排した西方教会の教父に至っては、いずれも屈指の教皇権支持者であったのである。而《しこう》してペトロ弁護説が、ローマから結局分離した東方教会に流布《るふ》し、これに反してペトロの過失を認める見解——そうしてそれが本文の最も当然かつ健全な解釈である——がローマを中心とした西方教会の通説となったのは面白い。前者の時代においてすでにペトロについてのカトリック的解釈が、教会の動かし難き信仰であったことは明らかであり、後者の場合においては、すなわちこの事件をもってペトロの首位とその不可謬権とを傷つくるものとは少しも考えなかったのである。いずれにしても、ペトロについてのカトリック的解釈は、その淵源頗《すこぶ》る遠く、根底もまた極めて深きを証して余りありと言うべきだ。

前回の講義中に、イエズスの身辺に集った「小さき群」は、個人主義的、主観主義的時代錯誤に累《わずらわ》されたプロテスタントの考うるがごとき烏合《うごう》の衆ではなく、ペトロを中心とする使徒団の権威の下に統率された教団であったことを明らかにした。しかもこの権威は、決して使徒某々の個人的才幹とか名望に起因するのではなく、主の明白なる御意志と御任命に基づくものなることが、福音書の記事によって証明された。またかかる証明の根拠になる聖書の章句を、後世の偽作や加筆なりとする、いわゆる自由神学者の説は、それらを非カトリック的解釈によりて葬り去らんとするいわゆるプロテスタント正統派の主張と同様に、いかに牽強付会の我田引水論なるかをも指摘した。

吾人はその好適例として、ルター主義と高等批評とバルト一派の新神学との間を彷徨《ほうこう》するハイム教授のペトロ首位観を紹介しておいた。かかる不徹底な動揺神学の後塵《こうじん》を拝してカトリック排撃の具を得たかのごとく随喜する、無反省な、いわゆる無教会主義者その他に至っては、素《もと》より一顧《いっこ》の値だになきを如何《いかん》せん。所詮《しょせん》は死者をして死者を葬らしむるにしかずである。我等はむしろ歴史的事実を正視して歩武をすすむべきである。

初代キリスト教は教会であった

初代キリスト教の歴史を繙《ひもと》くものの、まず第一に見逃し得ない大事実がある。それは第二世紀におけるキリスト教進展の詳細に関して、史料不足のゆえに、いかに不明の点が多かろうとも、イエズスの教えが、結局「教会」（エクレジア）の名と形との下に、ローマ帝国内外にわたる強大なる組織として史上に出現してくる事実である。しかもそれにはあまり長き歳月を必要としなかった。いかなる反カトリック論者も、歴史的無智のそしりなしには、第二世紀後半において、すでに厳然たるこの事実を否定し得ない。而《しこう》してここにいわゆる「教会」とは、もちろんカトリック教会のことである。

前述せしごとく、プロテスタント自由神学者の最大の努力は、このいわゆる「カトリック教会成立の謎」を、彼等のいわゆる「キリスト教の本質」に外在する歴史的環境のみによって説明することであった。かくて始めて、イエズスとカトリック教会との活ける関係を断ち切ることができるからである。しかし十六世紀に考案されたプロテスタンチズムを、原始キリスト教の中に発見せんとする彼等の努力は、結局支離滅裂《しりめつれつ》に陥った。日本のプロテスタント学者と称する人達の多くは、確乎《かっこ》たる自己の学的立場を有せざるがゆえに、彼等がこの問題を論ずる時には、この支離滅裂を滑稽《こっけい》と評せねばならぬ程度にまでなおさら混乱せしめている。

その所論をきくに、あたかも参考書の抜萃《ばっすい》をつぎ合わせた大学生の卒業論文のごとき観がある。それは何博士曰く、某教授曰くの連鎖であって、何博士が何故にかく論ずるか、某教授は如何《いか》にしてかく主張するかは、もちろん御頓着《とんちゃく》ない。何博士と某教授とが各自いかなる学問的立場を持するかのごときは、ほとんど問題とされていないのである。その引用する典拠の価値や意義を考うる暇なく、唯々その学説なり引用文なりが、己の主観を例証するに役立てばそれでいいのである。初代教会の監督制度の最初のマニフェストとも称すべきアンチオキアの聖イグナチウスの書簡を、得々として自家の主張を裏書きするかのごとく引用していた無教会主義者すらあるに至っては、実に噴飯《ふんぱん》に堪えない（『基督教思想』第一輯参照）。

我等はかかる不真面目《ふまじめ》な空論を措《お》いて、我ひと共に認むる二世紀後半期における厳然たる存在たりし「エクレジア」の根源を探ってみなければならぬ。

「エクレジア」なる語が、キリスト教以前のギリシャ語彙中に存したことは前述した。しかし古代ギリシャ語の意味とキリスト教のそれとは、類似してしかも自ら異なる所がある。その点から言えば、エクレジアは新語である。それは一つの神秘的観念の謂《いい》か、それとも具体的な存在を指すか、あるいは単なる表象にすぎないか。または一定の制度を言い表すか。二世紀後半と言わずとも、一世紀後半においてすら、それはもはや強固な団結であり、旺盛《おうせい》なる団体生活の中心をなしていたことは、何人《なんぴと》も疑い得ないところである。以下その組織について、史料の吾人に提供する智識を検討してみよう。

旧約および新約における使徒の意味

キリスト教の最初の伝道史が「使徒行録」の名をもって後世に伝わったことが、すでに意味深長である。

原始教会の歴史は、すなわち使徒の歴史であった。この使徒――アポストロスなるギリシャ語も、エクレジアと同様に、キリスト教の作り出した語ではなく、夙《つと》に「遣《つか》わされし者」の義を有した。すなわち使者のことである。しかるにこの普通語がディッテンベルガー(G. Dittenberger)によれば(Batiffol: *L'Eglise naissante*, 一九〇〇年初版、四六頁参照)、ギリシャ訳旧約聖書中にただ一度しか使用されておらぬに反し、ライトフートによれば新約聖書中にこの語は七十九カ所に用いられ、その中六十八カ所はパウロとルカの用いしものである由《よし》、これによってこの語もまたキリスト教において新しき意義を賦与された新術語なることは、想像するに難くない。

キリスト以前のユダヤ教にもアポストロスなるものがあったが、それは本来の字義通り単なる使者にすぎなかった。彼等は本国特にイエルザレムの神殿と国外に分散せるユダヤ人の居留地、いわゆる「ディアスポラ」との間を往復して通信を保つ役を演じたにとどまり、特殊の宗教的職権を有せる者ではなかった。それが制度化せられたのは、キリスト紀元後のことで、イエルザレム没落後に、Iabne に拠って、国民的宗教的中心を形成したユダヤ教長等の時代のことである。而《しこう》してこれ等の使者がアポストロイと呼ばれたことは、カイザリアのエウゼビウスやエピファニウス、ヒエロニムス等の言に徴して明らかであるが、我等はすでにパウロの伝記中にかかる事実を推定させる材料を有している。

パウロが福音のための囚人となってローマに到着した時、同地在留の同国人等の前に弁疏《べんそ》せんとして、主だてる者共を召集せし時の彼等の返答が、ルカによって録されている。曰く、「我等は汝につきてユダヤより書簡を受けたるにもあらず、また兄弟の中に来りて汝が悪しき事を吹聴《ふいちょう》し、あるいは語りたる者あるにあらず、しかれど、希《ねが》わくは汝の思える所を聞かん。」（使徒行録第二十八章二一―二二）

すなわち当時彼等と本国との間には使者や通信の往復があったが、パウロの件に関しては本国よりの使者が何らの消息ももたらさなかったというのである。

またかかる慣習を、パウロ自身が熟知していたことに疑いはない。彼はキリストの使徒たる以前に、かつてはユダヤ教のアポストロスの役を務めたことのあるのを、よもや忘れてはおらなかったであろう。

「サウロは主の弟子達に対して、なお脅喝《きょうかつ》、殺害の毒気を吐きつつ司祭長に至り、ダマスコの諸会堂に寄する書簡を乞えり。これこの道の男女を見出さば、縛《しば》りてイエルザレムに引き行かんためなりき」（同第九章一―二）とある。しかしこのサウロの役目は、彼が律法に対する人にすぐれた熱心のゆえに与えられた一時的のものであって、キリスト教の使徒職のごとき永続的の職位ではなかったことは、明らかである。

新約聖書においてすら、このアポストロスなる語が、常にキリスト教に特異な意義においてのみ用いられたとは考えられない。例えばパウロがフィリッピ書中に、「汝等のアポストロス、わが要する所を供せしわが兄弟にして協力者たり戦友たるエパフロジト」(第二章二五)と録し、あるいはコリント後書中に、チトと共に醵金取り扱いのために遣せる二人を「諸教会のアポストロイたりキリストの名誉たる我等の兄弟等」(第八章二三)といえるなぞは、単に使者の義と思われる。ヨハネ聖福音書第十三章一六節にある「僕《しもべ》はその主より大いならず、アポストロスはこれを遣《つか》わしし者よりも大いならず」もけだし同じ類であろう。

原始教会における使徒職

次に我等は、この語が特有の使徒職を意味するに至れる道程を、パウロの好んで用いる「イエズス・キリストの使徒」なる語において見出す。コリント前後両書、エフェゾ書、牧会書簡なぞの冒頭を他の書簡のそれと比較すると、面白い対照がある。彼が連名の書簡を録する時には、仲間に不適当な称号を賦与せぬよう、周到《しゅうとう》に注意する様が看取せられる。フィリッピ人には「キリスト・イエズスの僕たるパウロとチモテオ」、コロサイ人およびコリント人には「神の思召によりてキリスト・イエズスの使徒たるパウロおよび兄弟チモテオ」、テサロニケ二書には単に「パウロ、シルバノスおよびチモテオ」とある。この用意は、使徒たるは道徳的資格たる「キリストの僕《しもべ》」または「兄弟」というがごときとは異なり、特殊の権能と使命とをおびるものたることを暗示している。

しからば、使徒たることはひとりパウロのみの特権かというに、それはそうではない。彼は「他の使徒等」を認めている。その中には「主の兄弟等およびケファ」や「バルナバ」（コリント前書第九章五―六）があり、これに反してチモテオはどこまでも使徒と呼ばれていない。ロマ書第十六章七節の「その名、使徒の中に高」きアンドロニコとユニアに関しては、有名な使徒という意味か、それとも使徒等に名を知られた人達という意味か疑問が残る。とにかくパウロの言を考うるに、特殊の意味での使徒たる者の数は相当あるらしく思われるが、それにしても使徒は特定の選ばれし者である。彼はいう。

「神は教会においてある人々を置き給うに、第一に使徒等、第二に預言者、第三に教師……挙りて使徒なるか、挙りて預言者なるか、挙りて教師なるか……。」（コリント前書第十二章二八―二九）

すなわちキリストは「またある人々を使徒とし、ある人々を預言者とし、ある人々を福音者とし、ある人々を牧師および教師として与え給えり。これ聖徒等の全《まっと》うせられ、聖役の営まれ、キリストの体の成立たんためなり。」（エフェゾ書第四章一一―一二）

かくのごとくパウロの眼には、使徒たる者は通俗のいわゆる十二使徒に限られず、他にもこの称号にふさわしき者があったのである。しかしそこから、使徒職は個人的の聖霊の賜物（カリスマ）にすぎぬとのプロテスタント的結論が、生じてくるであろうか。果してしからば、教会において神およびキリストより立てられし者のうちに常に最高位におかれる使徒なる者は、預言者とどこが違うのであろう。この難問を回避するために、高等批評は新たに「パウロ的使徒職」なる新概念を提出した。それは十二使徒を中心とするカトリック的使徒観と対立するものとされる。パウロ的使徒とは、その典型たるパウロのごとく神より直接に個人的召命をうけ、独立せる伝道の領域を与えられ、その領域内において霊的自主権を振う者、現代における無教会ないし独立教会主義の諸先生の御先祖とも目し得べき人達である。しかし遺憾《いかん》ながら、パウロの書簡はかかるイデオロギーを裏書きせざるを如何《いかん》せん。

パウロの使徒職観

後《おく》れ馳《ば》せに初代伝道者の群に加わったパウロは、自分の使徒職について常に弁護せざるを得ぬ苦境に立っていた。その伝道旅行の行く先々で彼の資格について疑いを挟み、あるいは故意に讒言《ざんげん》する者共があった。すでにアンチオキアにおいて然《しか》り。ガラチアにおいて同じく、コリントにおいても異ならなかった。万一使徒たると然《しか》らざるとが重大事でなかったならば、パウロの敵もかく執拗《しつよう》にかかる攻撃を試みなかったであろうし、彼自身とても、一項事のために「彼等キリストの役者なるか、我狂えるがごとくに言わん。我はなお然り」（コリント後書第十一章二三）とまでは叫ばなかったであろう。而《しこう》してこのパウロの弁護によって、我等は使徒の資格の何たるかを知り得るのである。我等はまたユダヤ教を裏切って新信仰に寝返り打った叛逆児サウロを、かくも執拗《しつよう》に追跡して廻った人達が、前述したユダヤ教の意味での使徒であった事を知る。すなわち彼等は、イエルザレムにあるユダヤ教を脱却しきらざるいわゆる聖徒等の旨をうけて、その推薦状を持ち廻り、差出《さしで》がましき新参者《しんざんもの》に目に物見せんとした廻し者、パウロの言を借用すれば、神ならで人より任命をうけし「偽使徒」（コリント後書第三章一、ガラチア書第一章一参照）であり、「狡猾《こうかつ》なる労働者、身をキリストの使徒に装える者」（コリント後書第十一章一三）である。彼等に対してパウロは答えて言う、「兄弟等よ、我がすでに伝えし所の福音を今更《さら》に汝等に告ぐ……すなわちわが第一に汝等に伝えしは、我自らも受けし事にて、キリストが聖書に応じて我等の罪のために死し給いし事、葬られ給いし事、聖書に応じて三日目に復活し給いし事、ケファに顕れ給い、その後また十二使徒に顕れ給いし事、これなり。次に五百人以上の兄弟に一度顕れ給いしが、その中に永眠したる者あれども、今なお生き存《なが》らうる者多し。次にヤコボに顕れ、次にすべての使徒に顕れ、最終には月足りぬ者のごとき我にも顕れ給えり。蓋《けだ》し我は神の教会を迫害せし者なれば、使徒中の最も小さき者にして、使徒と呼ばるるに足らず。しかるに今のごとくなるは、これ神の恩寵《おんちょう》に由《よ》れるなり、かくてその恩寵は我において空《むな》しからず、我は彼等一同よりも多く働けり」（コリント前書第十五章一―一〇）と。

これによると、パウロの使徒職を証明する三つの理由が列挙されている。その一つは、使徒は福音の伝道者であるから、真の使徒は真の福音を伝えなければならぬということで、従ってパウロは使徒だから、その福音は真実正銘のものである。すなわち彼は自ら受けし所を――カトリック用語に翻訳すれば「聖伝」を説くのであって、自らの発案を教えたのではない。

次に彼の伝道に神の加助があって成功せることが、第二の証拠である。彼は自ら創立せるコリント教会に書き贈って、次のごとく言っている。

「我等はまた己を立てんとするか、将《はた》ある人々のごとく、汝等に対して、もしくは汝等より添書きを要するものなるか、汝等こそ我等が心に録されたる我等の書簡……キリストの書簡にして、しかも墨を以てせず活《い》ける神の霊を以てし、また石碑の上ならで心の肉碑の上に書きたるものなり。」（コリント後書第三章一―三）

さらに第三の、しかして極めて重要なる理由は、彼自ら主を見奉ったことである。これは彼の敵が常に真の使徒として掲ぐるイエルザレムの使徒等と共通せる栄誉である。であるから「我は何事においてもかの大使徒等に劣らずと思う」（同第十一章五）と、断言している。

「彼等ヘブレオ人なるか、我もまた然《しか》り、彼等イスラエル人なるか、我もまた然《しか》り、彼等アブラハムの裔《すえ》なるか、我もまた然《しか》り、彼等キリストの役者なるか、我狂えるごとくに云わん、我はなお然り。わが働きはなお夥しく、監獄に入りし事はなお多く、傷けられし事は無量にして、死に遇える事は屢々《しばしば》なりき。」（同二二―二三節）

それ故に彼はかの大使徒と同等の権あることを主張する。

「我は自由の身ならずや、使徒ならずや、わが主イエズス・キリストを見奉りしにあらずや、汝等が主に在《あ》るはわが業ならずや。我たとえ他の人にとりては使徒にあらずとするも、汝等には使徒なり、それは汝等は主において我使徒職の印章なればなり。我に問う人々に対するわが答弁はそれなり。」（コリント前書第九章一―三）

パウロの反駁《はんばく》はかくのごとく、たしかに雄弁である。彼はその讒言《ざんげん》者のすべての非難に答えうる資格を具備していた。しかし以上の三つの理由は、果して使徒職の根底にふれているのであろうか。チモテオとアポロは同じ事を言えまいか。言えるならば彼等もまた使徒ではあるまいか。主を見奉った五百人の兄弟も、皆使徒であったのか。パウロはしか考えない。所詮《しょせん》は「人よりにあらず、人によるにもあらず、イエズス・キリストと、これを死者の中より復活せしめ給いし父にて在《まし》ます神とによりて使徒たるパウロ」（ガラチア書第一章一）である。

天にまで上げられ、神と直面したのでも足りぬ。地上において蘇《よみがえ》り給える者を目《ま》のあたりに見て、その証人として主自らの選みに適《かな》い、主の御命令によりて遣わされたのでなくては、真の使徒ではない。パウロは最後に蘇れるキリストを見たる者であるゆえに、最終の使徒である。彼の後にもはや使徒はあり得ない。パウロの敵のごとく人より遣わされしものは、人よりの使徒であり、チトの伴侶《はんりょ》たりし二人の兄弟のごとく、教会より遣わされる者は教会の使徒であるならば、「キリストの使徒」はキリストより遣わされねばならない。

「我をしてその福音を異邦人の中に宣《の》べしめんとて、御子をわが心に顕し給う事の御意に適《かな》いしかば、その時我直ちに血肉に謀《はか》らず、またイエルザレムすなわちわが先輩なる使徒等の許《もと》にも往かず、アラビアに至り、復《また》ダマスコに帰れり。」（ガラチア書第一章一六―一七）

彼は死者の中よりの復活によりて神の御子と証せられ給える主イエズス・キリストより「その御名《みな》のために、万民を信仰に服従せしめんとて、恩寵と使徒職とを蒙」（ロマ書第一章五）ったのである。かくしてのみ、キリストにより直接召されかつ遣《つか》わされし者として、パウロは「キリストの使徒」であったのである。

パウロの使徒職の特異性

さてここで、パウロの使徒職の特異性ともいうべき点が注意されねばならぬ。それは彼が月足らぬ者のごとき最終の使徒でありながら、特に「異邦人の使徒」としての使命を授けられたとの確信である。彼以前の使徒等が割礼ある人々に遣わされしごとく、彼およびバルナバは異邦人に至るべきであるとの自覚が、ガラチア書の最初の二章を貫いて流れている。しかしそれは決して、パウロの他の使徒等に対する優越をも、独立をも意味するものではなかった。

それは彼がシリアやギリシャの異邦人の間に、十四年の伝道生活を営んでからの出来事であった。彼は神託によって、バルナバとチトを携えてイエルザレムへ上った。その時まで「キリストに在るユダヤの諸教会はわが面を知らず」と言っている。もっとも回心の三年後に、すでにペトロを訪問し、十五日間その家に留ったことはあったが、当時は主の兄弟ヤコブの他には誰にも会わなかった。彼はなぜこの挙に出たのか。それは神託によったのではあるが、己が異邦人に宣《の》ぶる福音を他の使徒等に告げ知らせて、彼等の承認を求めんがためであった。

「これ万一にも走る事、またかつて走りし事の空しくならざらんため」（ガラチア書第二章二）であった。もしもパウロの使徒職がそれ自身に充足的な一種のカリスマであって、他の使徒等との一致や承認を必要とせぬものであるとの確信に立ったならば、この行いとこの言とは不可解なものとなる。その結果は無割礼のチトすら割礼を強いられず、他の使徒等は「却て割礼ある人々に福音を宣ぶる事のペトロに委《ゆだ》ねられたるごとく、割礼なき人々に宣ぶる事の我に委ねられたるを見しかば……柱とも見えたるヤコブとケファとヨハネとは、我に賜わりたる恩寵を弁えて、一致の印として右の手を我とバルナバとに与えたり……ただ彼等の願う所は、我等が貧者を顧《かえり》みん事なりしが我も心懸《こころが》けてこれを行えり」(同第二章七—一〇)とある。すなわち新旧両使徒団の間に、ただに信仰の一致のみならず、愛の交換が具体化されたのである。

我等はまたここに、先輩なる使徒達の中にも、殊更《ことさら》著しき人々、柱石たるものがペトロ、ヤコブ、ヨハネなることを告げられる。ペトロとヨハネとはもちろん使徒であるが、ヤコブは如何《いかん》。このヤコブはもちろんゼベデオの子、ヨハネの兄弟たるいわゆる大ヤコブではない。大ヤコブはヘロデ・アグリッパ第一世の迫害の時に、すでに刃に倒れている(使徒行録第十二章一—二参照)。恐らくアルフェオの子で、十二人の中なる、いわゆる小ヤコブでもあるまい。この「主の兄弟ヤコブ」は、パウロが前掲のコリント前書第十五章に「次にヤコブに顕《あらわ》れ、次に凡《すべ》ての使徒に顕れ」云々のヤコブで、ガラチア書の最初のイエルザレム訪問記中の「他の使徒等には、主の兄弟ヤコブの外誰にも遇わざりき」とあるよりして、パウロ自身のごとく、十二使徒以外に選ばれた使徒の一人と看做《みな》されていたことは、察するに難くない。主が特にすべての使徒とは別に、彼一人に顕われ給うたということが、これを裏書きする。

彼のイエルザレムにおける勢力は、パウロが彼をケファより前に名指すほどに強大なものであり、パウロの敵は絶えず彼の名をかついだくらいである。アンチオキアにおけるペトロ対パウロの衝突の原因は、まさにこの「ヤコブの許《もと》より来れるある人々」であった。そのヤコブが、一致の印としてパウロに右の手を与えたことは、たしかに重大なる出来事であったに相違ない。この時のパウロのイエルザレム行は、実に全使徒団の大同団結を完成したものであった。

かくのごとくパウロの書簡によれば、十二使徒の他にヤコブあり、バルナバあり、パウロあり、使徒の数は不定であるが、これは決してパウロが福音書のいわゆる「十二使徒」を否認したわけではない。パウロ自身「十二使徒に顕れ」と録している。もっともパウロが十二使徒について語る箇所はここより他には見出せないが、ここでは厳密に言うと、パウロは十一使徒（ラテン語聖書ヴルガタはこの所を十一使徒と訳している）と書くべきであった。蘇《よみがえ》り給える主の御出現は、もちろんユダの失脚後、マチアの選挙以前の出来事である。それにもかかわらず、ここでパウロが十二使徒と言ったのは、たまたま当時もはやそれほどまでに「十二使徒」の観念が初代教会一般に浸み込んでいたよき証拠である。

復活前の肉における主に親しく師事した十二人は、典型的な使徒、使徒中の使徒である。黙示録は「羔《こひつじ》の十二使徒」について語り（第二十一章一四）、ディダケ（*Didache*）は「十二使徒による諸国民への主の教え」である。それほどにも彼等は代表的使徒であるが、しかしこの数学的であるよりはむしろ包括的な十二は、もちろん十二人以外の使徒職を否定しているのではない。再びパウロの語を借りるならば、主は「十二人に、次にすべての使徒に顕れ給うた」のであった。

使徒の権威

初代教会におけるこれ等の使徒の権威については、すでに前回の講義中に述べる所があった。彼等の言は、すなわち主の神性と教えとの保証であった。コリントの信者はたとえ「キリストにおいて師は一万ありとも父は数多からず、それは福音を以て汝等をキリスト・イエズスに生みたるは我――パウロ――なればなり。」（コリント前書第四章一五）チモテオはパウロより遣わされて、到る所の各教会にパウロが教うる所を彼等に思い出さしめる（同一七節）。「神の御言は汝等より出でしものなるか、あるいは汝等にのみ至れるものなるか、人もしあるいは預言者、あるいは霊に感じたるものと思われなば、我が汝等に書き送るは主の命なる事を知るべし」（同第十四章三六―三七）である。パウロは権威を以て彼等に告げる。

「前に罪を犯しし人々及び他の凡ての人にも告ぐ、我再び至らば決して恕さじ。汝等キリストの我において語り給う証拠を求めんとすれば、キリストは汝等に向いて弱く在《まし》まさず、汝等の中に大いに能力あり」（コリント後書第十三章二―三）と。

これ果して、牧師を傭い牧師を排斥する主観主義的教会の出来事であろうか。

ハルナックはその信条史中に、聖キプリアヌス時代の教会について「具体的の共同体は、人格によらざる限り、伝統や典籍によって支配され得るものではない。なぜなら、文字はただ徒《いたず》らに分裂せしむるに止るから」(Harnack: *Dogmengeschichte*, I, S. 380. なお Batiffol 前掲書六六頁参照)と言った。彼は何故《なにゆえ》にまだ聖典すら有せざりし初代教会に関して、この考察をしなかったのであろうか。恐らく使徒団が一致団結と権威との活ける中心であった事実を認むるのは、カトリシズムに対する過大の譲歩であると考えたためであったろう。

新しき民としてのエクレジア

その一致団結と権威との活ける中心として使徒団を有したエクレジアは、ある批評家達の主張したごとく、決してユダヤ教の幹に芽生《めば》えた新しい枝ではなかった。ユダヤ教の懐に生まれたこの新信仰が、その母胎と縁を切るまでの歴史は、前述せるごとく、一朝一夕の出来事ではなかったにせよ、エクレジアはすでにイエルザレム会議の際に、つまりキリスト昇天後二十年を経たるにすぎざる紀元五〇年頃に、この問題に対する態度を明白に宣言してしまっている。そこにユダヤ人たる信者と、異邦人よりの改宗者との間の妥協的提案はあったにせよ、それはたまたま暫定的《ざんていてき》の和協策たることが瞭然《りょうぜん》たることによって、エクレジアの辿るべき正道をなおさら明らかにしたものとさえ言える。

「我と共に在りしチトすら、原異邦人なるも割礼を受くる事を強《し》いられず、ただ潜り入りたる偽《にせ》兄弟ありて、我等がキリスト・イエズスにおいて有《も》てる自由を探り、我等を奴隷たらしめんとして入り来りたれど、我等は片時《かたとき》も譲らず、彼等に服せざりき」(ガラチア書第二章三—五)とは、パウロの当時の述懐である。パウロのこの態度に対して、「柱とも見えたるヤコブとケファとヨハネとが……一致の印として右の手を与えた」ことは前述の通りである。すなわち神の選び給いし肉によるアブラハムの子等、神がその先祖と特別な契約を結び給い、その歴史の裡に数多の奇蹟をもって現れ、また預言者の口をもって語り給いし民に対立して、エクレジアもまた血肉には由《よ》らざれども信仰によって結ばれたる「新しき民」たるの自覚を有していた。ペトロに言わしむれば、それは「選抜の人種、王的司祭、聖なる人民、儲けられたる国民」（ペトロ前書第二章九）であって、この句は旧約聖書出エジプト記第十九章六の「汝等《なんじら》は我に対して祭司の国となり聖き民となるべし」という語に、意識的に対照して録されたものである。福音を容れざるユダヤ人は捨てられ、新しき民が選ばれたのである。ユダヤ人より棄てられし活《い》ける石たる主の上に立てられし霊的家屋、霊的犠牲を献ぐる聖なる司祭衆は、民族的なユダヤ教に代る新しき霊的団体である。我等はここに原始キリスト教の真髄を捕捉する。権威と一致との源泉としての使徒職は、その現実的表現の重要なる一面相にすぎない。

「蓋《けだ》しキリスト・イエズスにおいて価値あるは、割礼にあらず無割礼にあらず、新たなる被造物なり」。「そは汝等、キリスト・イエズスにおける信仰に由《よ》りて、皆神の子等なればなり。すなわちキリストに由《よ》りて洗せられたる汝等は、ことごとくキリストを着せるなり。かくてユダヤ人もなくギリシャ人もなく、奴隷も自由の身もなく、男も女もなし、そは汝等キリスト・イエズスにおいて皆一人なればなり。」（ガラチア書第六章一五、第三章二六―二八）ユダヤ教の骨梁たる律法の遵守《じゅんしゅ》は、もはや人を神に近づくるに足らず、ただキリストへの

信仰が人を義とするに足る。「もし義とせらるる事律法に由《よ》らば、キリストは徒《いたず》らに死し給いしなり。」（ガラチア書第二章二一）

さらばこの信仰は、律法遵守の桎梏《しっこく》より人を解放する。血統によってユダヤ人たること、身に割礼を帯びることは、もはやそれ自身にはなんらの特権をも与えない。この新しき団体においては、イエズスへの信仰が、旧《ふる》きユダヤ教における律法の位置と職能とに取って代ったのである。而してこの信仰は人種と国境とを超えて、凡《すべ》てキリストにおいて活ける心と心とを結ぶ生命の絆《しこう》である。これがエクレジアの霊的現実性であって、この「キリストの体たる教会」の観念を最も強調せる者は、やはり異邦人の使徒パウロであった。

この信仰によって信者の心に流れ込むキリストの生命、超自然的な神的生命が、新しき掟と新しき民とを産み出したのである。

霊的教会と法的教会

さてここでまたプロテスタント側からのカトリック主義に対する言いがかりが生じてくるのであるが、その言にきくに、この霊的現実こそ、あたかもそれが彼等の専有物であるかのごとく、プロテスタンチズムの真髄だとされる。原始教会への復帰という美名の下《もと》に、この霊的現実なるものが、カトリック主義のアンチテージスとして標榜《ひょうぼう》される。新約聖書、特にパウロの書簡、就中《なかんずく》われらがここにおいても最もしばしば引用せるガラチア書は、彼等のこ

ウロ主義の名の下に、金城鉄壁《きんじょうてっぺき》として頼む所なのである。これ彼等が、ペトロまたはヤコボに対峙《たいじ》するパウロ主義の名の下に、金城鉄壁《きんじょうてっぺき》として頼む所なのである。而《しこう》してこの偏見を徹底せしむる必要上、彼等はパウロ自身の与《あずか》り知らざる次のごとき非歴史的イデオロギーを発案するに至った。このイデオロギーを最も系統立ってまとめ上げたのはゾーム（Rudolf Sohm: *Wesen und Ursprung des Katholizismus*, 1909）であるが、彼によればカトリシズムスの本質は、霊的現実たるキリストの教会と地上現象たる法的教会との混同に存する。この両者を同一視する結果、霊的なるが故に自由なるべき宗教生活が、教会法の桎梏《しっこく》に苦しむに至り、霊は法に殺され、ここにカトリック教会が成立したと。

しかしながら実際かかる区別は、歴史上ルター以前には見当らない。なぜならばアウグスチヌスや宗教改革の先駆者達すら、たとえ彼等は目に見えぬ教会の観念を熟知していたにもかかわらず、彼等の宗教生活に関して目に見ゆる教会を見棄《みす》てようとはしなかった。ルターに至って初めて信仰の対象たる目に見えぬ教会を、彼の眼前にあったローマ教会と峻別《しゅんべつ》したのである。法的に組織されたものは理性の対象であり、万人に弁別され得るがゆえに信仰の対象とはなり得ない。従って、断じてキリスト教の信条にいわゆる聖なるキリスト教会たり得ない、というのが彼の新たなる認識であり確信であった。

地上にキリストによって贖《あがな》われた聖なる民があり、それに属する各個人が神と共なる生活を営むということは、ただ信じ得ることであって、決して目に見える事柄ではない。この不可視性が、教会を必然的に法的秩序の限界外に押しやってしまう。法的に組織せられた教会は、かかるものとして決してキリストの教会たり得ず、断じてその名によりて語りかつ行うを得ず、また断じてその制度をキリストの教会の制度として通用させることはできぬとの確信に基づいて、ルターはキリストの教会に対する教会法の権力を粉砕した。見えざる教会と法的に組織された教会との峻別を固守することによって、ルターは自己の生活のみならず、キリスト教、国家、科学、社会を、精神的拘束力すなわちローマ・カトリック教会法から解放した。彼はただキリストの手にすがって未踏の道にさまよい入らんがために、「たしかな方舟《はこぶね》」(ローマ教会のこと)を捨てた。彼に至る以前には、キリストの教会と法的に組織された教会との対立は、キリスト信者の生活においては存在しなかったのである。この区別を徹底させることがプロテスタント主義を意味するとすれば、この区別のないのがカトリック主義であるということに自らなるのである。

かく申すのはもちろん私ではなくハルナック先生であって、上述の区別から出発したゾーム教授の学説を批評した論文中の一節である。先生はこの箇所に付註して、「彼(ルター)は、ローマ教会を見た時にのみ法的に組織された教会を認めたのか。しからば彼の眼前に、さらに彼の指導の下に成立した福音的国教会を何と見たのか」(Harnack: *Entstehung und Entwicklung der Kirchenverfassung* und des Kirchenrechts in den zwei ersten Jahrhunderten, 1910, S. 124–126)とも反問している。

歴史家ハルナックは、もちろんかかる区別が原始教会的であるその説を承認することはできない。のみならず新約聖書に現れる「神の審判」なる観念が、法的秩序をも包括せる所以《ゆえん》を明らかにしている。宗教と法との背反せぬことは、ロマ書第十三章だけでも明らかである。「然《さ》れば服従する事は、汝等に必要にして啻《ただ》に怒りのためのみならず、また良心のためなり」（第十三章五、同書一四四―一四六頁参照）。また教会の観念から一切の地上的のものを排《はい》斥《せき》すれば、結局それは個々のキリスト者が孤独に信ずる、単なる観念以外の何ものでもあり得ないことになる。かかる観念も力強きものたり得よう。しかしそれはただいわゆる「予定されし者、信ずる人々」（numerus praedestinatorum et credentium）を意味し得ても、教会とは名づけ難い。それは互いに相識らず、ただ無際限の彼方においてのみ交差しうる平行線の数々のようなものである（同書一四八―一四九頁）。無教会主義者がこの平行線たるに甘んじて、銘々《めいめい》個人雑誌を出して景気をつけているのは勝手であるけれども、原始教会がこんな抽象観念であったと主張するのは無理である。

　以上多少講義の本題とはかけ離れる点もあるが、プロテスタント諸大家のいわゆる「カトリック教会成立の謎」に対してなんら定説なき実証を、ゾーム対ハルナックの論争によって示すのは無益ではあるまいと考えたので、その一端を御紹介したまでである。

「カトリック教会法の本質が原始教会の本質と矛盾するや否やと質問さるるならば、それに対してはもはや簡単に然《しか》り、否《いな》をもって答えらるべきではない。何となれば、この点に関する研究は、以下示すごとく、やがて非常に複雑な事情に導くであろうから」（同書一四七頁）

とは、教会法の大家碩学ゾームに対して真向《まっこう》からハルナックの言い放った言である。然《しか》る以上には、日本のプロテスタント学者をもって任ずる諸家は、かかる問題を取り扱うに際して、よほど慎重に研究して自重しないと、却って自家の浅薄《せんぱく》を暴露するだけに終る危険が多分にあるかもしれないから、充分警戒すべきである。とにかく生学問の斧を振って、ペトロの磐石を切らんとするのは、はなはだしき冒険である。

霊的教会の本質洞見

さて彼等のいわゆる法的秩序をもって霊を殺した制度たるカトリック教会は、上述の霊的現実を知らないのであろうか。

この霊的現実の認識に関しては、事実はかえってカトリック教会の方がプロテスタンチズムよりも遥かに透徹《とうてつ》せる洞見《どうけん》を有するのである。なぜなれば、こは教会自身の真の久遠《くおん》の姿であり、ここに新しき哲学の術語を用いることが許されるならば、この認識はカトリック教会自身の本質洞見（Wesensschau）にすぎないからである。カール・アダムのごとき神学者は、アウグスチヌスに倣《なら》って「キリストの体たる教会」という中心的信仰の上に、全カトリック神学を建設せんとすら試みている（カール・アダム著、吉満義彦訳『カトリシズムの本質』参照）。

同時にカトリック信者は、この霊的現実が肉体否定論者《ドケチスト》のキリストのごとく、ただに幽霊としてのみこの世に存在するにあらざることを知っている。マリアの胎内に血肉をうけて人となり給えるキリストの神秘体は、目に見ゆる「使徒と預言者との基礎の上に建てられ」（エフェゾ書第二章二〇）たる共同体として地上に現れる。義とさるるは個人的の関心事たるに止らず、団体的行為でもある。信者は目に見ゆる洗礼によりて義とせられ（もちろん可視的儀式ではないカトリック神学のいわゆるのぞみの洗礼もあることに注意せられよ。しかしそれは可視的の洗礼を除外するものでも、またそれに反対するものでもない）、共同の幹たるキリストに接木《つぎき》される。ゆえにその接《つ》がれた幹であるキリストの生命に与り、彼のごとく復活するのである（ロマ書第十一章一七―二四）。かくて「我等多くの人は、キリストにおいて一の体にして、おのおの互いに肢たるなり」（同第十二章五）。すなわち我等は、「あるいはユダヤ人、あるいはギリシャ人、あるいは奴隷、あるいは自由の身なるも、一体とならんために、悉《ことごと》く一の霊において洗せられ、皆一の霊に飲み飽かしめられたり……これ身の中に分裂ある事なく、肢の相一致して扶《たす》け合《あ》わんがためにして、一の肢苦しめば諸《もろもろ》の肢共に苦しみ、一の肢尊ばれれば諸の肢共に喜ぶなり。今汝等はキリストの身にして、その幾分の肢なり。かくて神は教会においてある人々を置き給うに、第一に使徒等、第二に預言者、第三に教師……云々」（コリント前書第十二章一三―二八）と。

ハルナックも指摘するごとく（*Mission und Ausbreitung*, I. S. 232.）、初代の信者は自分等がユダヤ人にもギリシャ人にもあらざる、以上のごとき第三の国民（tertium genus）たるの自覚を有していた。旧約の律法遵守によりては義とせられずとせる彼等は、ユダヤ人たり得ないと同時に、偶像崇拝とそれに付随する敗徳汚行を是認《ぜにん》し得ざる以上、ギリシャ人に伍する事もまた許されざる所であった。彼等はユダヤ人とギリシャ人との両世界に跨《また》って、キリストの使徒等の福音宣伝によって産み出された、霊的にしてかつまた同時に可視的な絆によって結ばれた、新しきディアスポラ（Diaspora）であった。而《しこう》して彼等自らその団体を、アンチオキアのギリシャ人が彼等を「クリスチアノイ」と名付くる以前に、もはや「エクレジア」と呼んでいたのである。

初代キリスト教における聖書と聖伝

不可視教会論者や、旧約の律法と純人間的の道徳とを混淆《こんこう》して、信仰と道徳とを無関係なりとする「ただ信仰のみ」論者の誤謬《ごびゅう》は、さらに原始キリスト教の伝道運動を正視することによっても、明らかにされ得る。

キリスト教の宣伝は、古代の哲学学派の弘布や、ユダヤ教が異邦人の世界に一種の一神論的叡智として浸潤《しんじゅん》して行ったような行き方をしたのではない。なるほどキリスト教を思想体系的に特異の神観と倫理観とを具備《ぐび》するものとして観じ、その一神教的主張と多神教および偶像崇拝の排撃と、高尚な犠牲的愛に基づく道徳とにひきつけられた高尚な人達もあったろうけれども、たとえばパウロのアテネのアレオパグにおいてなせる演説のごとく、聴衆の好意を挑発せんとする護教論的態度は、決して伝道者の常の態度ではなかった。それはむしろ確乎《かっこ》たる信仰箇条と、権威をもって臨む道徳的教訓との口授口伝であった。「偶像の世に何物《なにもの》にもあらざる事、また一の外に神あらざる事、我等これを知る。いわゆる神々は天にも地にも在りて、多くの神多くの主あるがごとくなれども、我等には父にて在《まし》ます神唯一つあるのみ、万物彼に由《よ》りて成り、我等もまた彼のためなり。また独りの主イエズス・キリストあるのみ、万物これに由《よ》りて成り、我等もこれに由る」（コリント前書第八章四―六）。「不義者は神の国を得る事なしと知らずや。誤ることなかれ、私通者も、偶像崇拝者も、姦淫者も、男娼《だんしょう》も、男色者も、盗賊も、貪欲者も、酩酊《めいてい》者も、侮辱者も、掠奪《りゃくだつ》者も、神の国を得ざるべし」（同第六章九―一〇）との主張である。

　当時の哲学者はこれに対して「何故に」との質問を発したであろうし、理想家は直《ただ》ちに賛同の意を表したかもしれぬ。しかし唯一神論の理論的樹立や、純潔なる道徳の讃美が信者を作ったのではなかった。信仰は上述の主張を口授する使徒を、まことのキリストの使者、神の言葉の分配者と認め、その権威の前に跪いた者にのみ与えられた恩寵《おんちょう》であった。使徒もまたその「受けしところ」を語るのであった。信者は教えられしがままにこれを保ち、かつ守らねばならぬ。「伝えられし信仰」（depositum fidei）、「聖伝」（traditio）の観念は、後世の神学者がこれを体系化する以前に、すでに活ける事実であったのである。

「兄弟等よ、我がすでに伝えし所の福音を今更に汝等に告ぐ、汝等はさきにこれを受けてなおこれに拠《よ》りて立てり、もし徒《いたず》らに信じたるにあらずして、わが伝えしままにこれを守らば、汝等はこれによりて救わるるなり。すなわちわが第一に汝等に伝えしは、我自らも受けし事にて、キリストが聖書に応じて我等の罪のために死し給いし事、葬られ給いしこと……三日目に復活し給いしこと」（コリント前書第十五章一―四）云々と。

かくのごとく、伝えられかつ守らるべき福音はまず第一に信仰の対象となるべき歴史的事実に根拠している。それは理論でもなく、架空の主観的肯定でもない。霊的意義を含蓄《がんちく》する歴史である。而《しこう》して「聖書に応じて」とあるごとく、キリストの事蹟を預言せる聖書が、まず第一の信仰の保証として提出される。

第二の保証は、復活を目撃せる使徒自身の証言である。第三はその証言を裏書きする奇蹟、特に初代信徒の間に顕然《けんぜん》たりし「霊的賜物《カリスマタ》」の作用である。「神は宣教の愚をもって信者を救うを善《よ》しとし給えり。すなわちユダヤ人は徴《しるし》を求め、ギリシャ人は智慧を探ぬるに、我等は十字架に釘《くぎづ》けられ給えるキリストを宣べ伝うるなり。これユダヤ人にとりてはつまずくもの、ギリシャ人にとりては愚なる事なれども、召されしユダヤ人およびギリシャ人にとりては神の大能、神の智慧たるキリストなり」（同第一章二二—二四）とは、この謂《いい》である。すなわち「人もしキリストに在れば、新たに造られたる者となりて、旧《ふる》き所はすでに去り、何事も新たになりたるなり。これ等の事は皆神より出ず。すなわち神はキリストをもって我等を己と和睦《わぼく》せしめ、かつ和睦の務めを我等に授け給えり。蓋《けだ》し神はキリストの中に在《ましま》して世を己と和睦せしめ、また人々にその罪を負わせず、我等に委《ゆだ》ぬるに和睦の言をもってし給えり。然れば我等はキリストのために使節たり、あたかも神が我等をもって汝等に勧め給うに斉し。」（コリント後書第五章一七—二〇）

であるからこの超自然的の神秘たる福音は、神の権威を帯びたるものとして受け容れられねばならない。使徒は単に伝道者として神の言を媒介するに止らず、さらに神的権威を帯びた神の言の保証者である。パウロは「人の心を迎えんとするがごとくにせず……神より認められて福音を托せられ奉りしままに語る。……ゆえにまた汝等が、神の御言《みことば》を我等に聞きし時、これをもって人の言となさず、事実然《しか》あるごとく、信じたる汝等の中に働き給う神の御言として受けし事を、絶えず神に感謝し奉る」（テサロニケ前書第二章四、同一三）と言うている。

神の言たる福音を信ずるは、これに服従する事である。パウロは反対者に向って、断乎《だんこ》として宣言する。

「我等の戦いの武器は肉的にあらずして、城塞を破るほど神によりて強きなり。これをもって謀計と神の智識に逆いて驕る計略と堡塁とをことごとく壊し、凡《すべ》ての理性を虜《とりこ》にしてキリストに服従せしむ。また汝等の服従完全になりたらん時、一切の悖逆《はいぎゃく》を罰せんとす」（コリント後書第十章四―六）と。

かるがゆえにパウロは、自ら伝道せるにはあらざるローマの信徒等の福音に対する服従を、神に感謝して曰く、「汝等は罪の奴隷たりしに、交付されて学びたる教えの法に心よりしたがい、かつ罪より救われて義の奴隷となりたるなり」（ロマ書第六章一七―一八）と。

以上のパウロの言を綜合するに、信仰は神の権威に対する服従的行為であって、その対象もまたこの同じ神的権威によって規定せられている事がわかる。而《しこう》してかかる福音を宣伝する使徒の権威は、神のそれに基づくものなのである。

霊的現実の秘蹟的表現

さて然《しか》らば、かかる信仰は各人が個人的に心の中だけで行う内的服従たるに止るかというに、もちろんそうでない。この信仰は行為となって表現される。福音の信仰に入ることは、洗礼をうくる事によって具体化される。たとえばコリント前書に「不義者は神の国を得る事なしと知らずや……汝等の中のある人々、さきにはかくのごとき者なりしかど、我が主イエズス・キリストの御名により、また我が神の霊によりて、すでに洗い潔められ、聖とせられ、義とせられたり」（第六章九—一一）とあるはすでにこれを暗示するものであるが、さらにこれを明示する例として、同前書中の信徒間の分裂を咎《とが》めて、「汝等それぞれ、我はパウロのもの、我はアポルロのもの、我はケファのもの、我はキリストのものなりと云う。キリスト豈《あに》分割せられ給いし者ならんや、パウロは汝等のために十字架に釘《くぎづ》けられしか、あるいは汝等はパウロの名に由《よ》りて洗せられしか」（第一章一二—一三）とあるを挙げる事ができる。

而《しこう》してこの洗礼たるや、単なる表徴的または儀式的の潔めではなく、超自然的な恩寵を賦与するものである。「そは汝等、キリスト・イエズスにおける信仰によりて、皆神の子等なればなり。すなわちキリストに由《よ》りて洗せられたる汝等は、ことごとくキリストを着せるなり。かくてユダヤ人もなく、ギリシャ人もなく、奴隷も自由の身もなく、男も女もなし、そは汝等キリスト・イエズスにおいて皆一人なればなり。」（ガラチア書第三章二六—二八）

のみならずユダヤ人が安息日に会堂に集ったごとく、キリスト信者も一週の始めの日に集会を催して、聖餐《せいさん》に与《あずか》ったのである。而《しこう》してこの聖晩餐は、この新しき信仰の宗教生活の中心をなしていた（コリント前書第十六章二）。それは一致の具体化であり、主の御体と御血との拝領であった。

「我等が祝する祝聖の杯は、キリストの御血を相共に授かるの義にあらずや。また我等が擘《さ》く所の麪《パン》は、相共に主の御体に与《あずか》るの義にあらずや。蓋《けだ》し総て一の麪《パン》を授かる我等は、多人数なりといえども、一の麪《パン》一の体なり。」（同第十章一六―一七）

可視的団体たる教会の生活

信者は一の団体を形成していた。信者ならざるものとは截然《せつぜん》と区別され、信者同志は相互に家族的の親愛をもって結ばれた団体である。信者間に事あらば、不信者の前に訴訟を起すよりむしろ「教会内の卑しき人々を立てて審《さば》かしめよ」（コリント前書第六章四）とパウロは苦言を呈している。そこには信者にふさわしき道徳的標準が確保されねばならぬ。而《しこう》してその標準に達せざるものは排斥《はいせき》さるべきである。信徒に向っては神の権威をもって臨み、破門すら辞せざるパウロも、教会「外に在る者は審かず」という。

パウロは不可視的教会論なぞいうものを知らない。彼は信者たる私通者に関して「わが主イエズス・キリストの権力をもってかかる輩をサタンに付す」と宣言したが、さらに語をついで曰く、「我かつて書簡にて私通者と交るなかれと書き贈りしが、これはこの世の私通者、貪欲者《どんよく》、あるいは掠奪者《りゃくだつ》、あるいは偶像崇拝者に交るなかれとにはあらず、もし然《しか》らば汝等この世を去らざるを得ざりしならん。しかれども交るなかれと今書き贈るは、もし兄弟と名づけらるる人にして、私通者、あるいは貪欲者、あるいは偶像崇拝者、あるいは侮辱者、あるいは酩酊者《めいてい》、あるいは掠奪者ならば、かかる人と食事をも共にする事なかれとなり。そは我争《いか》でか外に在る人を審く事あらんや。汝等の審くは内なる人にあらずや。蓋《けだ》し外に在る人をば神ぞ審き給うべき。悪人を汝等の中より取り除け」(同第五章九―一二)と。兄弟等は相互に戒め諫《いまし》めて《いさ》、道徳的に助け合う義務がある。

「汝《なんじ》兄弟等よ、我も汝等が自ら慈愛に満ち、かつ凡《すべ》ての智識に満ちて、能《よ》く互いに訓誡し得るものなる事を確信す」(ロマ書第十五章一四)。しかし兄弟的勧告も、これを統轄する権威がなくては、反《かえっ》て紊乱《ぶんらん》の因となる。教会内には秩序が必要である。秩序を保つ任に当る者がなくてはならぬ。信者はかかる人々に対して敬愛を捧げねばならない。「兄弟等よ、願くば汝等の中に働き、汝等を主において司り、かつ忠告する人々を識り、その業によりて最も厚くこれを愛せよ。」(テサロニケ前書第五章一二―一三)

初代教会は、無秩序な主観的体験論者の集団ではなかった。

パウロの教会は聖職制度を有した

以上の聖パウロ就縛《しゅうばく》以前の書簡が我等に物語るところの「教会」は、もはやユダヤ教の埒《らち》外《がい》にある独立した教団である。これらの教会の信徒の大部分は、もはやユダヤ人ではない。

従ってユダヤ教的の精神にも、文化にも、直接影響されていない。彼等は政治的にはローマ帝国の民であり、文化的にはヘレニズムの雰囲気の裡に育った人達である。このキリスト教団が、すでに組織されたるカトリック教会そのものに他ならなかった事は、次期の文献がこれを証明している。

すでにパウロのローマ幽閉中の書簡（五七―六二年頃）が権威的教会組織を髣髴《ほうふつ》させているのであるが、アンチオキアのイグナチウスの書簡（一一〇年頃）には、それがもはや判然と現れている。

テサロニケ前書の「汝等の中に働き、汝等を主において司り、かつ忠告する人々を識り、その業によりて最も厚くこれを愛せよ」（第五章一二―一三）の句において、すでに教会における治者と被治者との別が示されているが、フィリッピ書の冒頭においては、それが具体的な形で指示されている。

「イエズス・キリストの僕《しもべ》たるパウロおよびチモテオ、総《すべ》てフィリッピにおいてキリスト・イエズスに在る聖徒、並びに監督、および執事等に（書簡を贈る）」と。

初代のキリスト教文献中に、使徒職について教会を統治するものとして、ここに始めて現れてくる「エピスコポイ」（監督）および「ジアコノイ」（執事）とは、そもそも如何《いか》なる人達であろうか。

コロサイにおける教会は、パウロ自身の宣教に先だち、エパフラの伝道によって成立したものである。エパフラはまたラオジケアとヒエエラポリスにも福音を述べて「はなはだしく心を労した」人である。パウロはこの人について「キリストの僕（ジアコノス）」（コロサイ書第一章七、第四章一二）なる語を用いている。しかしこの語はチキコにも与えられたものであり（同第四章七、エフェゾ書第六章二一参照）、自らについても「我パウロはその（福音）ジアコノスと為られたり」（コロサイ書第一章二三）と録している。これらの場合は何《いず》れもラゲ訳にある通り「教役者」の意であって、聖職階級的の意味の「執事」と訳さるべきではないと思う。

然《しか》らば上掲のエピスコポイも、ギリシャ世界の政治組織より採用せられた共通の一般語であって、キリスト教会において特有の意義を有せざるものであろうか。万一そうであるならば、ここにもまた無教会主義者を始め、凡《すべ》ての聖職制度否定論者の逃げ道がある。多くのプロテスタント史家は、この点においてもその該博《がいはく》なる智嚢《ちのう》を傾けて逃避の道を辿ろうと苦心した。しかし遺憾《いかん》ながら、フィリッピ書冒頭の一句を、しかく簡単に片づけることは許されない。

また監督や執事というがごとき職制は、フィリッピ教会に特有な、単なる地方的の出来事として葬り去らんと試みた批評家もあったけれども、同様な組織がアジアの諸教会にあった証左は、あまりにも明らかであるのを如何《いかん》せん。

使徒行録の著者によれば、ガラチア地方の第一回伝道旅行の際に（四九年頃）、パウロがリストラ、イコニオム、アンチオキア等の諸「教会毎に長老を立て」たことが述べられている（第十四章二三）。エフェゾについても同様であった事は、同書第二十章によって明らかである。五八年の頃、第三回伝道旅行の帰途をイエルザレムへと急いだパウロは、エフェゾに立ち寄らじと決心して、ミレトの港から人を遣《つか》わして、エフェゾ教会の長老等を呼びよせた。

さてこれらの「長老」は、単なる老人であったか。考うるにそれはそうではあるまい。エフェゾ教会の老人共に三十哩《マイル》もあるミレト迄《まで》大急ぎで来いとは、いかに性急のパウロとはいえ、鉄道も自動車もなかった当事の酔興《すいきょう》としては、あまりにひど過ぎた話である。彼等が単なる老人ではなかった事は、パウロ自身が我等に告げている。

「聖霊は神の教会、すなわち御血をもって得給いたる教会を牧せよとて、汝等を立てて群の上に監督たらしめ給いたれば、汝等己にも群全体の上にも省みよ」（使徒行録第二十章二八）と。であるからこれ等の「長老」は監督であって、教会の牧者であり、群全体に対して責任を有する人達である。我等はこれに照らして、フィリッピ書冒頭の句を考えねばならない。使徒行録の出来事が、ローマ幽閉中の書簡たるフィリッピ書に年代的に先だつ事は、言うまでもない事である。

すなわちマケドニアの教会も、ガラチア地方やエフェゾの教会のごとく、司牧的職能を有する長老監督の指導の下にあったのである。

我等はまた、エフェゾ書の「ある人々を使徒とし、ある人々を福音者とし、ある人々を牧師および教師として与え給えり。これ聖徒等の全《まっと》うせられ、聖役の営まれ、キリストの体の成り立たんためなり」（第四章一一―一二）を想起せざるを得ない。ここにいわゆる「聖徒」とは信者を指し、「キリストの体」とはもちろん教会であり、牧師および教師とは、伝道のために移動する使徒等と異なり、教会に定住して教会を牧し教うる人、すなわち前掲の長老監督に該当《がいとう》するのは察するに難くはないのである。牧者の譬喩《ひゆ》は旧約に現れ、福音書中の主の御言葉によって初代教会に膾炙《かいしゃ》せる最も原始的のキリスト教的観念で、その意味するところも説明を要せざるまでに明瞭であるのは、指摘するまでもなき所である。

イグナチウスの書簡の証言

アジアの諸教会に関して以上の所説をまがう方なく裏書きするものは、かの有名な聖イグナチウスの七通の書簡である。このアンチオキアの監督は、一〇七年の頃ローマで殉教した人である。彼の殉教の精確なる年月は、ここの問題には必要でない。我等は彼が二世紀劈頭《へきとう》に処刑のためにローマへ引致さるる途上、出征将軍のごとくに小アジア、マケドニア、アカイア各地の諸教会で大歓迎をうけた結果、これ等の諸教会に感謝しかつこれを激励《げきれい》するために、これ等の七通の書簡を書いた事を知れば足りる。これによってイグナチウスの通過した各地方の諸教会において、すでにパウロの書簡がその輪郭《りんかく》を髣髴《ほうふつ》せしめた監督制度、しかも一教会一監督制度（Monarchical episcopacy）が完全に成立していたのを見るのである。

これ等の書簡はいずれも、聖職制度への服従によって一致を保つべき旨を諭したものである。しかもイグナチウスの語調が熱情にとみ、かつ神秘的信仰に等しく彩られていることは、特にプロテスタントにとってよき教訓である。教会制度をもって神秘的な信仰を枯渇《こかつ》せしめるごとく考うる偏見《へんけん》が、初代教会の文献によってすでに事実の上で打破されている点に、特に注意を促したい。これは聖イグナチウスの性格の然《しか》らしめたことももちろんであろうけれども、エフェゾ書、コロサイ書、コリント書に現れる「教会即キリストの体」なる神秘的信仰が、カトリック聖職制度観の根底なることを思えば、論理的にもかくあるべきである。またこの神秘的信仰があればこそ「見える教会」と「見えざる教会」とが、人間における霊肉の一致のごとく、同一信仰の不可離の両面を形成して、そこに何等の矛盾を感ぜしめざる所以《ゆえん》をも指摘しておきたい。これ等の点について、未完成の遺稿ではあるが、含蓄《がんちく》実に豊富なる H. Clerissac の小冊子 *Le Mystère de l'Eglise* (Paris, 1925, éditions de la vie Spirituelle) を、心ある人に推奨《すいしょう》しておきたい。

余はかつて無教会主義の学者と称せらるる人が、「基督教思想」第一輯中の「無教会主義の研究」と題する論文(?)中に、このイグナチウスの「キリスト・イエズスの在《ましま》す所、そこにカトリックの教会あり」との有名な句を引用して――「カトリック教会」なる語がキリスト教文献に現れたのはこれを以て嚆矢《こうし》とする――それが新教主義の教会観だと平気で書いているのを見て、噴飯《ふんぱん》を禁じ得なかった。彼は巧みにカトリケなるギリシャ語を「普遍的」と訳すことによって、問題をごまかしている。この学者はもちろん、イグナチウスのどの書簡のどこにある句であるかは示されていない。それは彼にとっても、原書を参照する余裕のない読者にとっても、幸いな事である。上掲の一句の重要な意義を抹殺《まっさつ》するために、ゾームを始めハルナック(たとえば *Kirchenverfassung*. S. 60–75. 特に六一頁を見よ)、カッテンブッシュのごとき諸大家の苦心惨憺《くしんさんたん》たりし跡を見た後に、この極東日本の無教会主義学者の朗かなる断定を読んで、余は三嘆して「光明は東より来る」所以《ゆえん》を悟ったのである。

上述の学者は、かつてハルナックの研究によって、マテオ聖福音書第十六章一八節が後代の加筆なることが証明され、ために教会主義の磐石《ばんじゃく》がゆるぎ始めたといって随喜した人であるから、参考までにハルナックのイグナチウス書簡観をちょっと紹介しておこう。曰く、「この最初のイグナチウスの書簡におけるよりも、信徒のその地方教団への絶対服従が権柄《けんぺい》ずくに要求された例がない。またその地方教団が、より以上修辞的に礼讃された例がない」(*Mission*, Bd. I. S. 451.) と。彼はまた監督独裁制度に言及して、「イグナチウスはすでに、監督のその地方教会における地位を、教会全体における神のそれになぞらえている」(*ibid*., S. 454.) と。

第一書簡の証言

イグナチウスはスミルナより「アジアのエフェゾなる教会」に書き送って言う。「我はその教会の凡《すべ》ての信者等を汝等の監督オネジモスにおいて迎えた。汝等にオネジモスのごとき監督を与え給いし者は讃美せられよ」(*Ephes*. 1)。「監督と長老衆への同一の服従によりて一致し、汝等が全く聖成せられんために汝等に栄あらしめ給いしイエズス・キリストに力を尽《つく》して栄光を帰せよ」(2)。「われ汝等が神の霊に従いて歩まんことをすすむ。我等の離すべからざる生命たるイエズス・キリストは父の意志にして、地の極にまで立てられたる監督等は、イエズス・キリストの意志なり」(3)。「されば汝等のなすごとく、汝等の監督と一意同心たせらるべし。またまことに神にふさわしき汝等の長老衆は、絃の竪琴に調和するごとく、その監督と一致せり。かくて汝等の心と愛との完全なる調和によりて、イエズス・キリストは讃美さるるなり。」(4)集会に来らざるものは傲慢《ごうまん》の行為をなすものにして、自らを破門する者である。「神は心おごれる者に抗い給うと録されたればなり。されば、我等神に従わんと欲せば、監督に抗わざらんよう心すべきなり」(5)。主人がその家を治めんとて遣す執事は、迎えられねばならない。「されば監督は主御自らのごとく看做《みな》すべきは明らかなり」(6)。彼が反復してやまざる教会の一致とは、実に「同一の信仰によりてイエズス・キリストにおいて一なること、一同同一のパンを擘き、監督と長老衆への確固《かっこ》不抜《ふばつ》の服従において同心一意たること」(20)である。

第二書簡の証言

同じくスミルナよりメアンドロス河畔のマグネジア教会に書き贈りて曰く、

我は汝等の望みなる監督ダマスおよび貴き長老バリスとアポロニオスおよびわが同伴者執事ゾチオンの身において汝等と相見るの光栄を有したりき。希《ねがわ》くは我ゾチオンをながく伴うの喜びを持たんことを。彼が監督に従うは、神の恩寵に対するがごとくなればなり(2)。汝等の監督の若年なるによりて、これを軽んずるの口実をなすべからず。汝等は彼において、父なる神自らの権力を、心につくして尊まざるべからず。我また汝等の望みなる長老等のかく行えるを知る。すなわち彼等はその外面的若年を濫用せず、反って神自らの叡知《えいち》に従って彼に服従せり。否むしろ彼等の服従は監督にささげられしにあらずして、一切の監督たるイエズス・キリストの父に献げられたるなり。されば我等を愛し給うこの神に対する尊敬のゆえに、我等の服従に偽りあるべからず。何となれば、目に見ゆる監督を欺くは、目に見えざる監督を偽らんと試みるものにして、この時我等は血肉と事を計るにあらずして、かくれたる事を知り給う神と相対するなり (3)。されば名実共にキリスト者たれ、彼等の頭に監督の名称を奉りながら、彼を無視して一切を行う人々を真似る事なかれ。我にとりて斯《かか》る輩の良心の正しからざるは明らかなり。彼等はキリストの命に反して正しからざる集会を催せばなり (4)。わがこの書簡冒頭に名指《なざし》せる人々において、信仰によりて、汝等の教会全体を見、かつ抱擁せり。ゆえに我はまた、汝等が神の地位を占むる監督と使徒団を代表する長老等を、わが特に愛し、イエズス・キリストの奉仕の責を負う執事等の指導の下に、この神の嘉し給う協調の精神の裡に一切を行わんことを切にすむ……汝等の裡にいかなる分裂の原因をも容るる事なく、汝等の監督と頭等の一致は不朽の模範かつ教訓たれかし (6)。主が共に一体をなし給う父なしには、御自らもまた使徒等によりても、何事をも為し給わざりしごとく、汝等もまた監督および長老等なしに何事をも行うことなかれ…… (7)。されば主と使徒等の御教えを固く執って動かざるよう用意せよ……汝等の尊敬すべき監督と高貴なる霊的の冠なる汝等の長老衆および聖なる執事等と一致して、イエズス・キリストが肉身に在り給いし時その父に対し給いしごとく、使徒等がキリスト、父および聖霊に対せしごとく、汝等監督に、また相互に帰服せよ。かくて汝等の一致は肉的なると同時に、霊的のものたるべし(13)。

第三書簡の証言

トラレス教会宛の第三書簡も、ほとんど同じ内容を有する。

監督ポリピオスは、イエズス・キリストのために桎梏《しっこく》を帯ぶるわが喜びを分たんとスミルナに来れり。我は彼において汝等の教会全体を観る……(1)。汝等がイエズス・キリストに対するごとく監督に服従することにより、汝等の行為がこの世(の主義)によらず、イエズス・キリストに由《よ》ることは明らかに示せり……されば何事にまれ監督なくして企つべからず。これ汝等のすでになす所なり。されど汝等、またイエズス・キリストの使徒に対するごとく、長老衆に従わざるべからず……執事等はまた単なる飲食物の分配者にあらずして、神の教会の僕《しもべ》なり(2)。すべて汝等同じく執事等をイエズス・キリスト御自身のごとく、監督を天父のかたどりとして、長老等を神の衆議所また使徒の集団のごとくに敬わざるべからず。彼等なくして教会あることなし(3)。異端者は、葡萄酒と蜂蜜とのまぜ物に死毒を盛る人々のごとく、信頼を得んとして彼等の謬説《びゅうせつ》にイエズス・キリストをまじゆるなり……かかる種類の輩をさけよ。汝等傲慢《ごうまん》を遠ざくることによりて、また我等の神イエズス・キリストおよび汝等の監督と使徒との訓に離れざるよう一致することによりて、これに成功すべし。聖所の内にあるものは潔く、外なる者は汚れたり。外なる者とは監督長老衆および執事を無視して行動する者の謂《いい》にして、かかる人はきよき良心を有せず（6–7）。

イグナチウスの袂別《べいべつ》の辞は「イエズス・キリストにおいて汝等に別れを告ぐ。神の掟に従うごとく、監督に服せよ。同様にまた長老衆に従え（13）」というのである。

第四書簡の証言

フィラデルフィア教会宛の書簡はトロアスより書き贈られたもので、イグナチウスが護送される途上、親しく立寄った処であるらしい。彼はそこにおいて、ユダヤ教派の人々が分裂を起こさんとしつつあるのを感知した。これに対して極力監督を中心として一致を保てと訓戒する。

　されば汝等まことに光の子等よ、分裂と邪悪なる教説を忌避せよ。いずこにても常に羊のごとく牧者に従え……（2）。（かく言うは）汝等のうちにすでに分裂を見出したるにはあらざれど、淘汰《とうた》（ἀποδιυλισμός＝濾過）の行わるるを見たり。すべて神およびイエズス・キリストに属する者は監督との一致に止る……わが兄弟等よ、誤ることなかれ、分離を企つる者に従わば誰にもあれ、神の国の世継は奪わるべし(3)。わが汝等の間にありし時、神御自らの声をもって高らかに呼びたり、汝等の監督と長老衆と執事等と密接に一致せよと……決して汝等の監督を無視して行うなかれ、汝等の団体を神殿のごとく重んじ、一致を愛し分裂を避けよとは……これ聖霊が声高らかに宣《のたま》いしなり(7)。ゆえに我は一致の味方として能《あた》う限りを尽せしなり。神は分裂と怒りの支配する処に在らず。されど悔い改めによりて(分離者が)神との一致と監督との交りに立ち帰るならば、神は常に悔い改むる者に赦し給わん。

次の句を読む者は、プロテスタンチズムの淵源《えんげん》遠きにあるを知るであろう。イグナチウスは当時の分裂派について言う。「我ある人々が、我等の記録、すなわち福音の中に見出すところのほかは信ぜずと云うをき き、彼等にそは書き録されたる事なりと云いし時、彼等は、それこそ問題なりと答うるを常とせり」(8)と。

最後にまた、当時監督制度が全シリアおよび小アジア地方の諸教会に存せしこと、およびこれ等の諸教会が個々分離せるものにあらずして、一体として杞憂《きゆう》を共にせしことを物語る一節がある。彼は自己の司牧せるシリアのアンチオキア教会が平和を得たるをきき(イグナチウスの捕縛を見たる迫害の終結を意味すと思わる、スミルナ人への書簡第十一章参照)、フィラデルフィアの信徒が一執事を選びてこれを祝賀せんためにアンチオキアに遣《つか》わさんことを勧め、「他の数多の教会が、近きはその監督を、遠きはその長老および執事を遣せるに鑑《かんが》み、汝等あえて欲せば、神の御名のためにこれをなすは不可能にあらざるべし」（10）と述べている。

第五書簡の証言

同じくトロアスより贈れるスミルナ教会宛の書簡に、前述の無教会主義者がプロテスタント教会観を表現するものとして引用した有名な句がある。参考までにその全部をここに訳出しておこう。

汝等はすべてイエズス・キリストがその父に従い給いしごとく監督に従い、使徒のごとく長老衆に従え。執事等をば神の掟のごとく敬え。凡《およ》そ教会に関する事は、何事《なにごと》も監督を離れて行うことなかれ。監督またはその代理者の司会する聖晩餐のほか、確定なるものと看做すべからず。あたかもキリスト・イエズスの在す所、いずくにてもそこにカトリック教会の有するごとく、監督なくして洗礼を施す事も、愛餐を行う事も許されず。監督の認可する事は同じく神の嘉し給う事にして、かくせば（教会において）行わるる事すべて安全確実なるべし（8）。

次章においてさらに付け加えて言う。「監督を敬う者は神に重んぜられ、監督を無視して行うは悪魔に仕うるに等し」(9)と。

イグナチウスの死後千八百余年、極東日本の無教会主義学者によって、彼のこの一部がプロテスタント教会観の標語として引用せらるる事を予知したならば、彼が何と言ったであろうかは、読者の推察に任せておく。

第六書簡の証言

このほかに、イグナチウスがスミルナの監督ポリカルポスへ個人的に宛てた一文と、ローマ教会へ宛てた書簡が残っている。前者中に「肉的および霊的事物に対する細心の注意によって、汝の地位(監督たる)にふさわしかれ」とあるは、監督をもって単に教団の財産管理者にすぎずとするプロテスタント説を覆《くつがえ》すものである。監督の責務は、より遥かに重大なものである。

「最大の宝たる一致を慮《おもんぱか》れ」(1)。「汝の認可なくては、何事もなさざるようにせよ」(6)とイグナチウスは勧告する。

最後のローマ教会に宛てた重要な書簡については後に述べなければならぬから、今はそれに触れない。ここでは各地方教会が神権による唯一の監督の下に、長老衆と執事との輔佐によって統轄され、しかもかかる自治的の各教会は、各自同じ信仰と愛とによって結ばれる可視的世界教会の一部分たるの意識を有したこと、しかしてこの一致の意識は、地方諸教会相互間の頻繁な交渉、相互扶助、文書や使者の交換等によって具体化されている事実を指摘するに止めておこう。単にイグナチウスの書簡だけですら、一世紀初頭においてかかる制度は小アジアとシリアに関して一般的な常態であり、一地方的のものでない事も明らかである。我等はまた彼がエフェゾ書第二章において「全地に立てられたる監督」と言えるを、特に記憶すべきである。それが単なる修辞的の句なるや否やは、他の文献が明らかにしてくれるであろう。

クレメンス第一書の意義

おそくも二世紀の冒頭には、小アジアの各地方において監督制度が確立していたことは、前述のごとくイグナチウスの書簡で明らかである。万一それだけであったならば、プロテスタント史家や比較宗教学者は、カトリック主義の揺籃《ようらん》は小アジアにあるとも言えたであろう。しからばローマの教権主義は、小アジアよりの輸入物であったであろうか。

しかるに、これにも彼等を最も当惑《とうわく》せしむる史料が厳存しているのである。それはゾームが「教会法の出現」と評したところの、かの有名なる聖クレメンス第一書簡(Prima Clementio)である。それは啻《ただ》に教会法の出現であるのみならず、ローマ教会首位《プリマシー》の事実的宣言ですらある。しかしてその時代がイグナチウスの書簡より約二十年近くも古いばかりでなく、イグナチウス自身の「ローマ人へ贈る書簡」がクレメンス第一書の主張の裏書きをしているのである(この事は後述する)。

筆者のクレメンスたる外証

このクレメンス第一書の本文中にクレメンスの名が現れず、冒頭に「ローマに在る神の教会、書をコリントに在る神の教会に贈る」とあり、また筆者が第一人称を用いる時には、必ず複数を使用するを奇貨措《お》く能《あた》わずとなして、筆者のローマの監督クレメンスにあらざることを主張し、そのカトリック的意義を覆さんとした試みのあったのは周知のことであるが、それは結局徒労であった。

（一）現存の原本およびラテン訳もシリア訳も、いずれも末尾にクレメンスの名を録している。アレキサンドリア版写本や翻訳の年代から推して、本書のクレメンスの筆になれることは、第二世紀、その前半においてすら一般に認められていたとせられねばならない。

（二）すでに教会史家ヘゲジポス著の備忘録が「コリント人へ宛てたるクレメンスの書簡」について語ったことは、エウセビウス教会史中の拾遺（*H.E.* IV, 22, 1）によって明らかである。この備忘録の著述年代は、一六〇―一八〇年の間である。

（三）これとほとんど同時代に、コリントの監督ディオニシウスが教皇ソテル（在位一六六―一七五）への返書の中に、「本日日曜に当り、聖日の祭を執行せる際に、貴下の書簡を捧読せり。我等はクレメンスが我等に書き贈れる第一の書簡と同じく、我等を警告するものとして、貴書を今後も引き続き捧読すべし」（Eusebii, *H.E.* VI, 23, 11）と録せるは決定的外証である。

（四）その他イレネウス（cf. *H.E.* V, 6; *Adv. Haereses*, II, 3. 一八〇年頃）も、アレキサンドリアのクレメンスも（*Stromates*, I, 7, 38）、オリゲネス（*De Princip*, II, 3, 6; Select. in *Ezech.*, VIII, 13）も、この書簡の筆者がクレメンスなる事を認めている。

（五）これ等の外証はエウセビウス教会史中の拾遺に拠るのであるが、そのエウセビウスは自身の考証の結果を次のごとく要約している。

「クレメンスに関しては、真銘のものとして認められている長文の感嘆すべき一書簡が存している。この書簡は、当時コリントにおいて起れる内紛に関し、コリント教会へ宛てローマ教会の名によって書き贈られたもので、古来、今日もなお、多くの教会において集会の際に公式に捧読されている」（*H.E.* III, 38, 1）と。

（六）その他この書簡がイグナチウスやポリカルプスに知られていたことと、特に後者がこれを熟知せしことは、本文の対照によって推定することができるし、また本書簡が古きものたることは、アレキサンドリアのクレメンスがこれをもって新約聖書中の一巻に数えしこと、さらにアレキサンドリア版写本やシリア訳写本では、新約諸巻の直後に加えられて伝わってきた事等を考うれば、明らかに分るであろう。最後に古代の教父文献中において本書簡が有名なものたりし結果、クレメンスの名を冠せる偽作、すなわち第二世紀のものたる第二書簡、さらにおくれて「童貞に就《つ》いて」の二書、主の兄弟ヤコブへ贈る二書、二世紀末のいわゆるクレメンス説教集《ホミリア》、*Recognitiones Clementinae* のごとき伝奇的小説すら数多出現せる事実をも、参考のため付記しておこう。

クレメンスの伝記

さて本書の筆者ローマ教会監督聖クレメンスとは、そもそもいかなる人物であるかというに、彼が聖ペトロの最初の後継者中の一人であった事は明らかであるが、その他の事蹟に至っては、本書の内証によって推知しうる以外には余り分っていない。普通イレネウスの叙述に従って、ローマの司教の相承をペトロ、リヌス、アナクレトス、クレメンスとする。教皇エルテロス時代(在位一七五―一八九)にローマに滞在したリオンの司教イレネウスは、教権の使徒相伝という歴史的事実に根拠して異端を排撃せる教父であるが、「至福なる使徒等は、教会を創立かつ聖成せる後に、監督職をリヌスに委託した。これはパウロがチモテオ書中に挙げたるリノである。その後継者はアナクレトスにして、使徒より第三番目のアナクレトスの次に、クレメンス監督職を得たり」と録している(*Adversus Haereses*. III. 3. 3)。同じく二世紀末葉に監督職相伝の事実を確かむべく各地の主要教会を歴訪したヘジェジボスも、「余が訪れしローマにては、エルテロスがその執事たりしアニセトスに至る迄《とこう》の相伝をたしかめたり」(*H.E.* IV. 22. 3)と云えるを、エウセビウスは引用している。而して前掲両者の証言に基づいたものと思われるが、「クレメンスはローマ人の第三番目(使徒より)の監督である」と断言し(*H.E.* III. 4. 9)、さらにその年代をも次のごとく推定している(*H.E.* III. 34)。

リヌス(六八/六九―八〇/八一)、アナクレトス(八〇/八一―九二/九三)、クレメンス

(九二/九三―一〇一)。

この順序と年代の推定が、どこまで精確であるかについて議論の余地があろうが、クレメンスが第一世紀末にローマ監督たりし事実は、疑うべくもない。イレネウスによれば、「クレメンスは至福なる使徒等を目撃し、彼等と物語った。彼は当時なお使徒等の宣教を耳底に止め、その伝えを眼前に見ていた。もっとも他に多くの使徒等によって教えられた人達が彼の時代には生存していたから、これは彼一人のことではなかった」(*Adv. Haereses*, III, 3, 3)と。

この言は、本書中に筆者が自己の権威の深き自覚を示しながら、同時にコリント教会に「使徒の伝え」(第七章二)を掲げて、服従を慫慂《しょうよう》する態度をよく説明している。この言が史実であるためには、当時クレメンスが六十代であったとすればよいので、彼が二十代にペトロやパウロの知遇を得たとの推定は、アレキサンドリアのクレメンスが彼のことを「使徒」と呼び、オリゲネスが「使徒の弟子」と録したことも説明する。さらに一歩をすすめて、パウロのフィリッピ書(第四章三)中のクレメンス、すなわち、エヴォジア、シンチケ両婦人および「生命の書に名を記されたる他のわが助力者と共に、我に伴いて福音のために働きしなり」との讃辞を恵まれし人と同一人なりと考うべきか。これはもちろん不可能ではないが、なんら確証はない。これを同一人とした最初の教父はオリゲネス(in *Joannem*, VI, 36)で、エウセビウスは恐らくこれに追随したものであろう。難を言えば、クレメンスという名はありふれた名であること、また同一人とすれば、当時(六二、六三年の頃)かかる讃辞をうくべくクレメンスはあまりに若年のようにも思われる。またフィリッピの住民らしく思われるパウロの協力者クレメンスが、後年イタリアに移住したと考えさせる積極的の証左もない。

このほかドミチアン帝の従弟で、帝の死する数カ月前（九五、九六年）に斬首された執政官《コンスル》フラビウス・クレメンスと同一人との説もあるが、これはなおさら無理である。これが肯定されれば書簡の年代は少しは古くなるかもしれないが、ローマの貴族として育ち、一世紀後半の文星ユヴェナル、マルシアル、タキッス、小プリニウスと交遊し、その家に二子の教養のために一代の碩儒《せきじゅ》クィンチリアヌスを客とした人が、本書簡をものしたとは考えられぬ事である。書簡は筆者がキケロやギリシャの哲学者詩人、特にプラトンやストア学派についての若干の智識あることを示すほかに、特に当代の文化に親炙《しんしゃ》せる形跡なきに反して、七十人訳旧約聖書および外典に通暁《つうぎょう》せるを示す。これまさに筆者がローマの貴族ではなくて、ヘレニズムの洗礼をうけたユダヤ人たることを暗示する。この想像を裏切るかのごとく見ゆる書中に現されたローマ帝国に対する忠誠と感嘆とは（第三十七章二―三、第六十章二―四、第六十一章一）、ユダヤ人史家ヨセフスの場合のごとく、決して当時に例なきことではない。すでにネロ皇帝の迫害に際して書かれたペトロ前書（第二章一三―二〇）にも先例のあることで、従ってこれをもって筆者のユダヤ人ならぬ反証とするには極めて薄弱である。

書簡の年代

筆者のクレメンスたる事が、かくのごとく、初代において一般に認められているので、書簡の年代を定めることは割合に容易である。クレメンスがローマの監督たる以前にも、ローマの教会において下級の聖職を奉じたことは想像するに難くはないけれども、かかる権威ある書簡をものする際には、彼がすでに監督職に就任していたと考えざるを得ない。もちろんかく言えばとて、私はここでプロテスタント史家等の好まざる一教会一監督制度が、当時すでにローマ教会において行われていたことを前提として論じているのではない。かかる論争とは別に、この書簡の書かれた年代が九二―一〇一年の間に制限されうる確実な根拠がある。

ライトフートは彼のクレメンス研究中に、この書簡とポリカルプスの書簡との本文の詳細なる比較をした結果、後者がその書簡を草《しこう》するに際して、明らかにクレメンスの書簡を知っていたことを明らかにした。而してポリカルプスの書簡十三章によれば、それが前掲のイグナチウスのポリカルプス宛の書簡落手後、程《ほど》なく書かれしことが明らかである。またイグナチウスの書簡の年代が彼の殉教（一〇七年頃）以前たることは申すまでもないから、この点からもクレメンス第一書が、いくらおそく書かれたと考えても、一一〇年以後とすることはできない。

しかし実際は、二世紀に入るに先立って書かれたものとせられねばならない。なぜなれば前述のローマ監督職継承の順序から見ても、クレメンスの永眠は紀元一〇〇年の直前か直後と考えられねばならず、かつ、本書簡が「急に起こった不幸や災厄」（冒頭）のために執筆を阻まれ、今やその迫害のようやく終熄《しゅうそく》したことを告げている点から見て、その迫害がネロ皇帝（在位五四―六八）のそれか、もしくはドミチアヌス帝（在位八一―九六）のそれであると推定される充分の理由があるからである。批評家等の説は、ネロ説とドミチアヌス説とに分れているが、私はここではむしろ年代のおそきドミチアヌス説を採る。それにしても、本書簡は紀元九七年以前のものでなければならないのである。

ネロ説の主張者は、クレメンスが使徒ペトロおよびパウロに言及して、「最近の戦士、現代の高貴なる模範」（第五章一）と讃えているのを引用するけれども、それは前章に書かれた旧約の英雄カイン、アベル、モーセ、アアロン、ダビデ等と対照しての言と見る方が適当であろう。

なお書簡はネロ皇帝迫害の目撃者が、筆者自身のほかにも、当時未だローマに生存していることを暗示するも（第六章）、その記憶が相当の過去に溯《さかのぼ》ることをも暗示する辞句に乏しくない。すなわち使徒等は彼等の存命中すでに監督および執事をたてたが（第四十二章四）、その最初の監督や執事等にすでに後継者があったことを筆者は明言している（第四十四章二—三）。また書簡をコリントへ届ける使者のクラウジオス、エフェブス、ヴァレリウス・ビトンおよびフォルツナトス（第四十五章一）は、ローマ教会の信徒間に「青年時代より老年に至るまで」、「忠実賢明にして非難なき人々として」生活せりと言わるるからには（第四十三章三）、ローマ教会の存在も、書簡の書かれる時までに相当永き歴史を有したと考えられる。

またクレメンスはコリント教会を「古き教会」（ἀρχαία ἐκκλησία）と呼ぶ。これはネロ説を採って、パウロの布教後二十年とはただざる頃の語として適当であろうか。もっとも私はここでこの「古き教会」の句に即して、書簡を遥か後代のものと断定せんとした批評家に左袒《さたん》している訳ではない。ἀρχαῖος は παλαιός のごとく年代の非常に古きことを意味する語ではなくて、元来「起源に溯るところの」義であるから、一世紀末、すなわちパウロの伝道から四十年を経たドミチアヌス帝の時代に、使徒創立のコリント教会を形容した語として ἀρχαία は適切でこそあれ、決して不適当ではないのである。

最後に書簡の冒頭において、ようやく終熄した迫害を形容する句は、ネロのそれよりもドミチアヌスのそれによりよく当《あ》て嵌《はま》る。「急激にかつ繰り返し我等の上に襲いかかれる災厄と障害のゆえに云々」とあるは、ローマ史家スエトニウスがドミチアヌス帝のやり口を評して「啻《ただ》に甚しき残虐をもってせるのみならず、狡猾《こうかつ》意表に出る残忍をもって」と評せる語と相通ずる所がある。実際この皇帝の迫害は、本書簡の第六章に録された皇帝ネロの迫害に比して、流血の惨状を見ること尠《すくな》かりしとは言え、遥かに厄介《やっかい》なものであった。事の起こりは、皇帝がすべて「ユダヤ教的生活」を営める者より徴した二ドラクマ税をキリスト信者が支払うことを拒絶せるに始まり、違反者は、死刑よりもむしろ流罪や財産の没収によって処罰されたのであった。

書簡の贈られし動機

さてこの書簡の書かれた動機は、本文に明言されているごとく、コリント教会内の紊乱《ぶんらん》を取り鎮めるにあったが、この事件に関して光明を投じ得べき史料は他には残存していない。

しかも本文の言う所が委曲《いきょく》に亘っていないので、ここに幾多の仮説を立て、想像を逞《たくま》しゅうし得る余地が存するのである。私はまず本文の明記する所を収録して、プロテスタント史家の想像に批判を加えてみようと思う。

本書簡の送らるる少し前にコリント教会に内紛が起こって、その結果教会が分裂した（第一章一）。そのために「多くの人々の魂が攪乱《かくらん》され、他の多くの者は落胆《らくたん》し、または疑惑に包まるるに至った。」しかも「この意見の衝突は未だに継続され」（第四十六章九）、ユダヤ人、異教徒その他「キリスト教信者と主義を異にする者等は――それを口実として――主の聖名を冒瀆《ぼうとく》しつつある」（第四十七章七）。「傲岸《ごうがん》にして向う見ず」（第一章一）の「一、二の煽動者」（第四十七章五―六）が、信者の大衆を駆って長老等に反抗せしめ、その中の品行方正《ひんこうほうせい》なる者すら、非難さるべき点なきにかかわらず、その職務を奪われてしまった（第四十四章六）というのである。

これ等の煽動者が長老に反対した理由の明記されていないのに乗じて、ここにいわゆる「聖霊か教権か」の争いを見んとする者がある。果してしからばこれは初代教会における霊の働きが教会制度に圧倒されてゆく過程を示す好適の材料であるので、この見解を支持するような箇所もあらばやと、高等批評の鋭きメスが丹念《たんねん》に書簡の全文に対して揮《ふる》われたのであった。彼等はかくのごとくにして、これ等の煽動家を卑しい動機から解放しようとする。またクレメンスが彼等に、平和のために、コリントより遠ざかる事を勧告せる（第五十四章二）趣意が明らかになると主張する。

しかしコリントを去ることは必ずしも「使徒の教え《ディダケ》」第十一章、第十三章に記述されている使徒や預言者の移動的職能をつくすことだとは断定できない。本文のどこにも、不正にもその職務より退けられた長老等の相手が、いわゆる霊の役者たる預言者達であるとは書いてないし、またさる事を暗示するような箇所もない。もちろん「カリスマ」（聖霊の賜物）なる語は使用されているが、それはパウロのコリント前書（第十二章八－一一）に録されたるがごとき特別の恩寵たる霊能をば意味せず、「強き者には弱き者を助け、貧しき者には神に感謝せしむる」（第三十八章一二）神の通常の恩寵を意味する。また「一切の誇りとおごりと無分別」とを去りて謙遜《けんそん》なるべしとの一般的勧告（第十三章一）が、「智識の言を述ぶることを知り、復活の真偽弁別にたけて賢き」（第四十八章五）人々に特にあてられしものとするも、なおそれだけで、コリント教会に長老反対の預言者団があった、との証拠にはならない。

かかるプロテスタント的仮説に最も都合がよいと思われるのは、祭式が一定時一定所に公認せられた教役者によって執行されねばならぬ所以《ゆえん》を、クレメンスが力説する点（第四十章）であろう。しかしその箇所においてすら、「預言者」なる語が一度も出てこないのは不思議である。かかる貴い称号を分裂や反抗の煽動者に与えるのはもったいないと、クレメンスは考えたのかもしれない。要するにコリント教会の内紛を、「聖霊か教権か」の対立によって説明せんとする臆説は、根底なきものとせられねばならない。

書簡の権威的宣言

さてローマ教会は、この原因不明のコリント教会内の内紛と分裂とを調停せんとして本書簡を送ったのであるが、この干渉はコリント教会の懇望によるか、それとも自発的のものかがまず第一に問題になる。冒頭の「*επιφητουμενα*」なる語を、ルナン流に「汝等の質疑」(questions que vous nous avez adresées) と解すれば、もちろんコリントがローマの調停を希望したことになるが、この語は、ライトフートの指摘せるごとく、単に「繫争問題」を意味すると考うる方が適当であろう。また第四十五章一〇のフォルツナトスをもってコリントより来れる使者となす説も臆説《おくせつ》たるに止って、なんら積極的の根拠を見出し得ない。反《かえ》ってこの争いが、第四十七章六—七に明言されているように、噂や評判によってローマ教会に伝わったと考うべきであろう。

「愛する〔兄弟〕達よ、古く堅固なるコリントの教会が一、二の人物に唆《そその》かされて長老衆に反抗するときき及ぶは、恥かしきこと、大いに恥かしきことにして、キリストにおける行状にふさわしからず。のみならずこの噂は、我等のみならず我等と信仰を異にする輩にも伝わり、汝等の無分別は主の御名を冒瀆し、汝等にも危険を招くなり。」

もっとも職務を剝奪《はくだつ》された長老等が、ローマに訴えたこの想像は決して不可能ではなく、その事をクレメンスが書中に政策上明記しなかったとしても、不思議はないのである。

とにかくローマ教会は断乎《だんこ》として教会の頭たる長老等を支持し、反対者の服従によって一致と平和とを恢復せんとする。クレメンスにとっては、総督が軍隊に首領たるごとく、長老や監督は教会の首領であって、書簡には両者に同じ ἡγούμενοι なる語を用いている。しかもこの断乎たる処置について言訳《いいわけ》がましきことは一言も述べず、妥協をすすむるがごとき箇所はすこしもない。信者は長老に従うべきであり、反抗者等は屈伏せしめねばならぬ。ただクレメンスは、この裁判を聖書に取材せる長き説教によって緩和せんと努めているのみである。

クレメンスはもちろん本文中に、ほとんど同様な問題を取り扱っている聖パウロのコリント前書を想起している。「汝等の間に嫉妬と争論とあるは、これ肉的にして人のごとく歩むにあらずや」との使徒の譴責《けんせき》は、紀元五〇年頃のコリント教会にも、一世紀末の同教会の信者等にも当て嵌《は》まるのである。パウロがコリント人を福音に生みたる父として己の代表たるチモテオを遣わし、これに聞かんことを慫慂《しょうよう》せるごとく、クレメンスはキリストによって立てられた使徒等の後継者たる長老に従わん事を警告している。コリントの事情に精通せるパウロの書簡の活々《いきいき》として熱情的なるに較ぶれば、クレメンスのそれの抽象的なるは一段見劣りがするが、一致和合と服従とを要求する点において両者の主張は全然契合している。この差異は、前者において問題は個人的関係に萌せるに反し（我はパウロのもの、我はアポルロのもの）、後者においては然《しか》らずして、ただ原則の実地応用問題であるにも由《よ》るが、しかもクレメンスはパウロのコリント前書を引用して、反抗者を筆誅《ひっちゅう》するを忘れない。

「汝等至福なる使徒パウロの書簡をとりて読むべし。彼はその福音宣布の始めに当って、何をか汝等に書き贈りしぞ。彼が汝等に宛て、ケファとアポルロと己につきて一書をものせるは、まことに聖霊の黙示によれるものにして、そは汝等すでに朋党を構えいたればなり。されど当時においては、汝等は使徒として証せられし人々および彼等によりて認められし一人物にくみせしものなれば、その党派心は罪未だ軽かりしも、今やこれに反して、いかなる人物が汝等の間に紊乱を起こし、汝等の世に聞えたる栄えある兄弟的愛を傷つけしかを反省せよ」（第四十六章一－五）と。これによってクレメンスにとっては、一部のプロテスタント史家によって霊の役者たる預言者の位にまで祭り上げられたコリントの煽動家《せんどうか》等が、あまり尊敬に値する人達ではなかった事が明らかである。

教会における一致と服従

パウロは「身は一なるにその肢は多く、身における一切の肢は多しといえども一の身なるがごとく、キリストもまた然《しか》るなり」（コリント前書第十二章一二）と言って教会を人体の組織に譬えたが、クレメンスはさらにこれをローマ軍団の規律になぞらえて布衍《ふえん》している。「我等の首領の麾下《きか》に服従する兵士等を見よ。その規律、従順、また命令を遂行するに、何ぞそれ唯に諾々たるや。凡《すべ》ての者総督たるにあらず。あるいはまた千夫長、百夫長、五十夫長たるにあらざれども、各自その地位に安んじて、皇帝または首領の命令を行う……我等の身体の例をとらんに、頭は足なくしては何物にもあらず、同じく足も頭なくては益なし。我等の身体の最も小さき肢も、全体に必要有益なり。否《いな》むしろことごとく同心一意の従属によりて全体の安全に協調し、役立つものというべし。されば我等がイエズス・キリストにおいて形作るところの全体を保たんために、各《おのおの》その賦与せられたる賜物に由《よ》りて近き者に服従し、強者は弱者を助け、弱者は強者を敬い、富者は貧者を恵み、貧者はその欠乏を満たす者を賜いし神に感謝すべし。」(第三十七章二―第三十八章二)

コリントの信者等は、この内訌《ないこう》の生ずるまで神の律法に従ってその首領に服従し、長老には当然の尊敬を払っていたが(第一章三、第二十章六参照)、嫉妬《しっと》によって分裂が生じた。クレメンスは種々の実例を引いて、かかる誘惑に陥らざるように警告する。「かかる空しく無益なる心遣いを捨てて、我等の栄ある尊ぶべき聖伝の規矩に準ずべし。」(第七章二)

司祭職は神意神権に基づく

「我等は主が、定められし期に行うことを定め給いし、凡《すべ》ての事を、秩序に従いて行わざるべからず。さて主は献物と祭祀とを、乱雑無雑作《むぞうさ》にはあらで、定められし時期に執《と》り行うことを命じ給い、御自ら至上の御意志もて、何処《いずこ》にいかなる司祭によりて行わるべきかを定め給えり。これ一切がその御思召のままに神聖に行われ、御旨に適わんためなり……すなわち大司祭には特別の職務を、司祭には特殊の地位を、レヴィ人には特有の役目が与えられ、平信者《ライコス》はまた平信者特有の規定に縛さるるなり」(第四十章一―五)。この旧約の規定は、新しい形で新約時代に及んでいる。

「使徒は、主イエズス・キリストによりて、福音の使者として我等に送られたり。さればキリストは神より来り給い、使徒はキリストより来る。この二つの事は、秩序正しく神の聖旨より出ずるなり。使徒等は我等の主イエズス・キリストの命をうけ、その復活によりて確信を得、神の御言葉によりて堅固にせられ、聖霊の証しによりて福音と天国の近づけるを宣《の》べんとて、出立せり。市町と村々に説教しつつ聖霊によりて彼等の初穂を試煉せる後、彼等を将来の信者の監督および執事として立てたり。これ決して新奇の事柄にあらず。聖書が監督および執事につきて語れるやすでに久しく、「われ彼等の監督を正義のうちに、彼等の執事等を信仰において立つべし」と何処にか録されたればなり。」(第四十二章)

クレメンスは再び司祭職をめぐって行われた旧約の紛争の実例を引きたる後、語を継いで言う。

「我等の使徒等も、我等の主イエズス・キリストによりて監督の職位につきて紛争あるべきを予知したり。されば将来の完全なる先見に基づきて、我等のさきに述べたる人々を立て、しかる後、彼等の死後には他の試煉を経たる人々が、彼等の職務を継ぐべきことを規定せり。かくのごとく使徒等によりて、あるいはその後に全教会の賛同を得て他の知名の人物によりて立てられ、謙遜《けんそん》の心もて穏かに品位を保ちつつ、無難にキリストの群に奉仕し、衆人のその善行を証明すること久しき者を聖職より退《しりぞ》くるを、我等は是認する事能《あた》わず。敬虔《けいけん》にかつなんら非難すべき所なく献物を供えたる人々を監督職より退くるは、我等にとりて罪軽からず……(かく云うは)我等は品行方正《ひんこうほうせい》なりし数人が、汝等によりてその無難に栄誉もて尽《つ》せる聖職を奪われしを見たればなり。」(第四十四章)

「汝等のうちに争論、憤怒《ふんぬ》、不和、分裂、争闘のあるは何ぞや。我等は同一の神、同一のキリスト、我等の上に注がれし同一の恩寵の精神、キリストにおける同一の召命を有するにあらずや。何んすれぞキリストの肢を引き裂くや、また己の体に抗《あらが》うや。我等互いに肢たるを忘るるの愚を演ずるや。……汝等の分裂は多くの人々を迷わし、多くの者を落胆《らくたん》せしめ、疑惑に陥らしめ、我等すべてをば悲しませたり。しかるに汝等未だにこの争いをやめざるなり。」（第四十六章）

「されば紛争の原因たり汝等は、須《すべから》く長老等に帰服し、悔い改めの精神をもて譴責《けんせき》をうけ、汝等の心の膝を屈せよ。服従するを学び、汝等の驕慢《きょうまん》にして傲岸《ごうがん》なる言辞を捨てよ。汝等にとりて、小さき者としてキリストの群の中に数えらるるは、優越者と見えてキリストの希望より除かるるより優《まさ》ればなり……。」（第五十七章一―二）

最後にクレメンスは、権威を以て命令する。

「我等の勧告を受け容れよ。しからば汝等悔ゆることなかるべし……。」（第五十八章二）

「我等の口を藉《か》りて神の宣う御言葉に抗うものあらば、自ら重大なる罪と危険とに迷い入るものなるを知るべし」（第五十九章一）と。而《しこう》してこの干渉が私利私情に出でしにあらざることを明らかにせんとして、

「我等は青年より老年に至るまで、我等の間に非難なく生活せる忠実賢明なる人物を汝等に遣せり。彼等は、汝等と我等との間に立ちて、証人たるべし。我等がこれをなせるは、我等の希う所が汝等を速かに平和に導くにありしこと、また今もかく希いつつあることを、汝等の知らんがためなり」（第六十三章三―四）と結んでいる。

以上の引証によりて、

（一）　クレメンスにとりては監督、長老、執事等は教会の首領であって、信者はこれに服従すべきこと、あたかも兵士がその将帥の命を奉ずるがごとくでなければならぬ事。

（二）　教会の司牧が専《もっぱ》ら彼等に委ねられ、祭祀は規定に従い、彼等によって行わるべき事。

（三）　而《しこう》してその教会における権威は、使徒を通じて、キリストより神に溯る事。

（四）　従って神意と神権に基づく聖職は、理由なくして剝奪《はくだつ》し得ざるものなる事。

以上のクレメンスの確信については、疑う余地がない。しかもこの見解はローマ教会を代表して述べられ、コリント教会も受け容れるべき当然のことと考えられている。而《しこう》してその結論として、断乎《だんこ》たる権威をもって服従を命令している。

クレメンスはいささかも書簡の主張を論証したり、弁護する様子がない。また自らが他教会の内訌《ないこう》に干渉する権利の有無などについては、一言も費しておらぬ。彼は当然のこと、否《いな》義務として、私情を離れてこの書簡をものせる旨を言明している。しかもこの干渉は単なる好意的勧告ではなくて、神の名によって服従を要求せる命令なのである。而《しこう》してこの命令は、コリントにおいて服従されたのであった。

ここにおいて我等は、クレメンス第一書のかくも忌憚《きたん》なく表現する権威意識と、これに対するコリント教会の態度について、カトリック的解釈を否定するプロテスタント史家に説明を要求する権利がある。序《ついで》にこの書簡の書かれた時代においては小アジアのエフェゾには、パウロのいわゆる「教会の柱とも見えたる」主の最愛の弟子使徒聖ヨハネがまだ生存せしこと、またコリント人がローマに訴えたとすれば、何故《なにゆえ》エフェゾに訴えなかったか、地理的文化的関係から言っても、エフェゾの方がローマより遥かにコリントと接近していたことを注意したい。

ゾーム氏はローマの聖クレメンスの書簡が、カトリシズムの歴史とローマ教会の首位に対してもたらす証明の重要性を認め、この書簡において、彼が目してカトリシズムの骨梁なりとする、かの有名なる教会法《キルヘンレヒト》の声明書を見た。彼に云わすれば、カトリシズムの根本観念は、教皇と司教等によって統治される眼に見ゆる教会が、全キリスト信者の団体またはキリストの教会と同一であるというに存する。何となれば、キリスト信者の団体は神御自ら一定の法的組織を与えられ、神権なるものが存するからである。クレメンスのコリント人に宛てた書簡の中に最初に言明されたのが、如上の教理である。クレメンス以前には、これに近似する何物も存在しなかった。従ってクレメンスの書簡は、キリスト信者団の原始状態を終結せしめ、「教会発展史上における最も重大な変革」(Sohm; *Kirchenrecht*, S. 160.)を惹起《じやつき》したというも過言ではない。

以上の見解は、クレメンス第一書の教義を非常に正確に特徴づける点において、真理の重要な要素を含むものである。もちろんクレメンス第一書は、使徒等によって賦与《ふよ》された聖職制度の神権を声明しており、この聖職制度の神権は、たしかにカトリシズムの構成要素である。——しかしクレメンス第一書はコリント事件を機会に聖職制度の神権を無より創造したのか、それともこの神権は以前より、既存制度とそれに関して到る処で有していた観念中に先在したのではあるまいか。ゾーム氏はクレメンスの書簡の現るるまでは、信者の団体はその熱情的信仰において、ただ愛と霊との力を知れるのみであったという(*ibid.*, S. 163–164)。何という小説だろう!

かかる完全なる混沌《こんとん》状態の中から、いかにしてクレメンスの干渉とその法的精神が生れ出でたかの説明をする必要に迫られて、ゾーム氏は信仰の衰退、聖晩餐式を規定する必要、会計管理なぞを持ち出す。「実際的利益がクレメンスの書簡を書かしめ、次にその思想に勝利を与えた」と。カトリシズムは信仰の衰微と罪悪の増加の宿命的産物である。さてプロテスタント教授の言であるからには、この説は無条件に信じてもよいであろう。(*L'Eglise naissante et le catholicisme*, 1909, pp. 155–156)

以上がピエル・バチフォルの評論の一節である。彼はゾームの「教会法の出現」と言えるをもじって、クレメンス第一書を「ローマ教会首位の示現」(l'épiphanie de la primauté romaine)と評したが、それはさらに適評であると言わねばならない。

イグナチウスとローマ教会

クレメンス第一書が、年代的にはイグナチウスの書簡に先立ち、而《しこう》してイグナチウスの書簡の中にローマ教会に宛てたる一書が残存している事は、研究者に大きな期待を懐かせ、またその好奇心を唆《そそ》る。何となれば、クレメンス第一書を果してローマ教会上位の宣明と看做すべきであるならば、かかる主張はシリアの司教イグナチウスによっても認容されていたのであろうかどうかが問題となる。さてその書簡は、かかる疑念と期待に、いかなる光明または解釈を与えるのであろうか。

たとえ創立者が使徒パウロであり、遠からぬ小アジアのエフェゾに使徒ヨハネが未だ生存していたにせよ、征服せられたギリシャの一都市にすぎぬコリントの教会が、分裂と内訌《ないこう》によって混乱せる際に、ローマ大帝国の首都の教会の諫言《かんげん》をうけたとしても、それは大して不自然ではなかろう。況《いわん》やかりに筆者のクレメンスがなんらかの特殊の事情で、コリント人に特に認められた当時の大人物でもあったとしたら、ローマ教会上位説の典拠として、クレメンス第一書の価値はそれ程重大なものではないかも知れぬ。しかしイグナチウスの場合は、これとは少し違う。彼は自称するごとく「シリアの監督」――シリアにおいて他に彼に比肩《ひけん》し得る者なき唯一のエピスコポスである。

「汝等の祈禱において、シリアの教会を記念せよ。そは我去れる後は、牧者として神を有するのみなればなり。シリアの教会はイエズス・キリストと汝等の愛のほかに監督を有せざるべし」(ローマ人への書簡九)とローマ教会に書き送った彼である。彼はまた信仰の証人として、生命を捧ぐる者の誇りと自覚とを充分に有する。「わが汝等に願う唯一のことは、祭壇のすでに用意せられている間に、わが血を捧げ物として神に供うるを許されん事のみ。かくて汝等愛によりて唱和しつつ、神がシリアの監督を東方より西方へ送り給えることを、キリスト・イエズスによりて父に讃美し得ん」（同書二）と、自らを高く矜持《きょうじ》している。

彼の司牧せるアンチオキアの教座は、ペトロによって創設されたものと、夙《つと》に初代教会において信ぜられており、従って後にローマ、アレキサンドリアと共に、三大教長区（Patriarchate）の中心となった。彼のかくのごとき高き地位の自覚は、前掲小アジアの諸教会宛書簡においても、スミルナの監督ポリカルプス宛の書簡にも、明らかに現れている。彼は地方教会の自治を認めつつも、しかも先輩が後進を指導する態度をもって、激励かつ警告している。


かかる境遇にありし彼は、その醜聞を咎《とが》められしコリント人のごとく、ローマ教会に叩頭するの要は少しもなかったのである。彼はすでにキリストの証人として、凱旋《がいせん》将軍のごとくローマへの途上、小アジアの諸教会より歓迎され、尊敬された。而《しこう》してその凱旋旅程の到着点は、当のローマであったのである。彼は己がすでにローマ教会の一同の崇敬の的となっていることを知っていた。彼等の尽力によって皇帝より赦され、折角《せっかく》の殉教の栄冠を奪われはせぬかとさえ懸念して、さる尽力をなさざるよう懇請《こんせい》していた程であった。このイグナチウスのローマ教会宛の書簡が、その冒頭の慇懃《いんぎん》なる挨拶において、その一般的語調において、他の書簡の訓戒的なるとは頗《すこぶ》る趣を異にするは、そもそも何を物語るのであろうか。

「テオフォロスとも呼ばるるイグナチウス、いと高き御父およびその御独子イエズス・キリストの御稜威《みいつ》によりて御憐みを蒙《こうむ》り、我等の神イエズス・キリストの愛によりて、一切万有を意志し給える御者の聖旨によりて愛され、かつ光明を与えられ、ローマ人の地を司り、聖にして尊ぶべく、至福にして賞讃と成功とに値し、汚れなくして愛の司たり、キリストの法《のり》と御父の御名とをうけし教会へ、御父の子たるイエズス・キリストの名によりて挨拶す。

また肉と霊によりて主の凡《すべ》ての掟《おきて》に従い、とこしえに神の恩寵に充《み》たされ、すべての異分子より潔《きよ》められし信徒等に、我等の神イエズス・キリストにおける、かくるるなき聖なる歓びあれかしと祈る。

我祈りて、汝等の聖なる面をみるの恵を得んとす。我は求めし以上を神より得たり。そはキリスト・イエズスの囚人として、汝等に至りて挨拶せんと希望すればなり……、我は汝等の愛が、我に損失を与えんことを恐る。そは汝等にとりて欲する所を行うは容易なれども、もし汝等われを憐まずば、我にとりて神に至るは困難なるべし。」(一―二)

「汝等は誰をも羨みし事なく、反って他人を教えたりき。さてわが望む所は、まさに汝等の教訓を実行せんことなり……。」(三)

小アジアの諸教会とその監督等に訓戒せるイグナチウスが、かかる懇願的態度をもって、「ローマ人への書簡」を書き綴れるは、パウロが己れのロマ書の冒頭に「汝等の信仰全世界に吹聴《ふいちょう》せらる」との讃辞を呈しつつも、しかもなお「蓋《けだ》し我が汝等を見ん事を望むは、いささか霊の恩寵を汝等に分け与えて汝等を堅固ならしめんため」と言えるのに較べて、著しき対照をなすものである。

今ここで私はフンクの顰《ひそみ》に倣《なろ》うて、学者の間にその信義について論議せらるる、前掲の「ローマ人の地を司る教会」、「愛の司たる教会」の語において、ローマの首位があからさまに表示せられていると主張する必要を認めない。それは必ずしもそうでなくとも差《さ》し支《つか》えないのである。私はもちろんイグナチウスの信仰はローマ教会をもって彼のいわゆる「エクレジア・カトリケ」の中心と看做すものであった事を認むるに少しも躊躇《ちゅうちょ》しないけれども、それを認むることと、上掲の二句が彼のこの信仰を論議の余地なき程度に明示していると主張する事とは、自ら別であると思う。論者がかりにハルナック流に、ローマ教会は最も愛徳においてすぐれ、その慈善の業においてローマ帝国に冠たりしものと評するならば――これとても先入観念なき解釈ではないけれども――私はそれを強いてあらがわない。ただその論者はこれに対して、フンクが「司る」というギリシャ語の動詞が場所や国体に関してのみ用いられることや、「愛《アガペ》」という語が、同じイグナチウスの書簡中に（トラレス教会宛一三ノ一、フィラデルフィア教会宛一一ノ二）、教会と同意義に使用されている実例を指摘しうるのを、忘れてはならない。であるから「愛の司たり」とは、教会を司ることであるとフンクは主張する。いずれにしても、イグナチウスにとってローマ教会は他の教会と同一視するを許さぬ特権を有している。それは「主の凡《すべ》ての掟に従い、とこしえに神の恩寵に充たされ、すべての異分子より潔められた」教会である。ローマ教会はまた「誰をも羨みし事なく、反って他人を教えた」（我等はこの一句においてクレメンス第一書を想起するを禁じ得ない）。而《しこう》してイグナチウス自身ローマ教会の「教訓を実行せん」ことを期する。

「我はペトロとパウロのごとく汝等に命を下さず。彼等は使徒たりしが、我は囚人たるにすぎず。彼等は自由なりしも、我は今に至るまで奴隷たり。然《しか》れども我もし殉教せば、イエズス・キリストの解放人となりて、彼において自由者として蘇《よみがえ》らん。今われは桎梏《しっこく》の苦をうけて、何物をも望まざることを学びつつあるなり。」(ローマ人への書簡四ノ三)

シリアの大監督をして、その前にかく卑下せしめしローマ教会の権威は、そも何処《いずこ》より来れるか。そが帝国首都の教会にして、たまたま物質的富の大まかなる分配者たりしためか、また然《しか》るがゆえにコリント教会の内訌《ないこう》に対して権威的干渉をなせしかは、読者が自問自答すべきである。結局如上の歴史を、首都の金と権勢《けんせい》とがものを言ったのだと解するか、もしくはカトリック的に見るか、二途に一つを選ばねばならぬ。コリント教会は権勢の前に跪《ひざまず》き、殉教者イグナチウスは金の前に叩頭《こうとう》したというのが、結局プロテスタント的解釈である。しかし史実も史料も、よりよくカトリック的見方と調和するを如何《いかん》せんである。

本講義の前半において検討したパウロの主要書簡とイグナチウスのそれとの間には、年代において約五十年の懸隔《けんかく》がある。前者の髣髴《ほうふつ》せしめた教会組織の輪郭《りんかく》が、後者において判然と具体化してきたのを相対照することが、読者の理解を助くるに最も便利であろうと考えたので、年代的にはその中間に位する他の史料を暫時論外に置いたのであるが、以下それらについても数言を費す必要があろう。

我等が史実に基づいて主張してきた事は、福音宣伝とそれに対する信仰が使徒団に発して、到る処「教会」(エクレジア)を形成したこと、而《しこう》してその教会とは単に同一の信仰または体験所持者の抽象的名称ではなく、共同的宗教生活であり、可視的礼拝でもあったこと、最初の使徒の伝道旅行によって生まれた各地の信徒の集団は、やがて同じ使徒の権威と指揮とによって規定された祭祀と説教と、また教会内の秩序と経済とを司る聖職制度によって支配さるるに至り、これ等の地方教会は相互に交通援助して、キリストにおいて一体たるの実を挙げていたこと、特に信仰の対象は権威的に提供される使徒の証言に基づき、これに反するものは異端として却《しりぞ》けられた事等であった。「托されし信仰または教え」(depositum fidei)の観念は最も初代的であり、それに関聯して聖伝の忠実なる保持者、擁護者としてのローマ教会の権威と地位とは漸次高まってくるであろう。我等はすでに、その最初の権力行使の実例と紛う方なき承認とについて語ることができた。かかる大規模な宗教運動の中に働いた霊的の力は、強大なものであったに相違ない。しかしそれは決して奔放かつ盲目的なものではなく、同等に強力な権威——それはもちろん神的権威として受け容れられたものであった——によって秩序づけられ、統制されていた。それには不可視的なものと具体的なもの、霊と形との驚くべき聯関と調和とがあった。であるからイグナチウスの言えるごとく、「監督のある処、そこに地方教会が成立し、その共同体たるカトリック教会のある所、そこに主イエズス・キリストが臨在し給うた」のである。

十二使徒の教え

前述の中間の史料、具体的にいえば新約聖書の末尾を形成する教会書簡、ペトロ書、ヨハネ書等に加えて、近年再発見された典外の「十二使徒の教え」なぞは、かかる綜合的初代教会観を肯定してくれるであろうかどうかを研究してみよう。

上掲諸書のうち一八八三年にフィロテオス・ブリエニオスによってコンスタンチノープルにおいて再発見されたこの最後の貴重なる文献は、研究者を熱中せしめた。この書が極めて古きものであり、かつその後半において初代の教会生活を比較的詳らかに叙述するものである事が、当時暴威を逞《たくま》しゅうしつつあった、いわゆる高等批評に基づくキリスト教の起原研究家等の興味を唆《そそ》ったのである。しかしこの古き記録――一世紀後半、紀元七〇―八〇年頃の編述とする説が最も有力である――は、プロテスタント・イデオロギーを裏書きしてくれなかった。「十二使徒の教え」に現れるキリスト教は、霊的熱狂に燃える無軌道な宗教運動ではない。それは「主の言」に基づき、明確に規定され、権威をもって臨む「教え」である。「主の掟を棄てることなく、汝の受けしこと、これに何物をも加えあるいは除くことなく守るべし」（第四章一三）。「汝等の祈りも、施しも、行為も、我等の主の福音に録されしままに行うべし」（第十五章四）。「何人か来りてここに録されし凡《すべ》てのことを教えなば、彼を受け容れよ。されど、もし説教者語りて異なれる教えを説き〔正しき教えを〕破壊せば、これに聴くなかれ。正義と主の智識とを増すものならば、彼を主のごとく受け容れよ。」（第十一章一―二）

この書はまた宗教生活や礼拝の規定を示している。「汝等の断食《だんじき》は偽善者（ユダヤ人）と共にすべからず。彼等は月曜日と木曜日とに断食すれば、汝等は水曜日と金曜日にすべし。また偽善者のごとく祈らず、主が福音中に命じ給いしごと《ごと》く祈れ」（第八章一―二）とて主禱文を掲げ、「汝等かく日毎に三度祈るべし」（第八章三）と命じている。その他洗礼の授け方

（第七章）や日曜毎《ごと》の集会における聖餐式（第九―第十章、第十四章）の詳説があるから、彼等はもちろん秘蹟を有していた。秘蹟があるからには、聖職制度も当然あった。

「柔和無私にして真実かつ試煉されし人々を、主にふさわしき監督および執事として選挙せよ。そは彼等もまた汝等のために、預言者および教師の聖役を務むればなり。されば彼等を軽んずるなかれ。彼等は預言者および教師と共に、汝等の中に尊敬せらるる人々なり」（第十五章一―二）とあるから、天来の霊感が教会の指導者を決定するのではない。のみならず監督や執事は、道徳的に非難のない、試煉を経た人々でなければならない。もちろんこれらの土着の聖職者のほかに、なお巡回伝道者たる預言者や第二義の使徒が残っているが、主の言を親しくきいた狭義の使徒等は、もはや本書の書かれし頃には生存していなかったと想像される。ハルナックがこれらの人々は選挙によったのではないことを指摘するのは正しいが、説教がこれ等の巡回伝道者の専有であったと考うるのは誤りである。それは上掲の引用によって明らかである。かかる状況は、ちょうどパウロの主要書簡の時代と、一教会一監督制度が確立したイグナチウス時代との、中間期に該当《がいとう》すると考えられる。その残存する巡回伝道者の預言者すら、もはや地方教会の監督を免れない。

「使徒および預言者に関しては、福音の訓戒に従い次のごとくすべし。汝等に至るすべての使徒は、主のごとく迎うべし。されど一日、必要あらば二日以上、滞在すべからず。三日滞在せば、偽《にせ》預言者と知るべし。出発に際して使徒たる者は、一日の糧《かて》のほかを受くべからず。金銭を求むる者は、偽預言者なり。汝等霊において語る預言者を、試み批評すべからず。すべての罪赦《ゆる》さるれど、この罪は赦されざるべければなり。されど霊において語る人すべて預言者にあらずして、主の道を行う者に限らる……。」（第十一章）

以上はパウロのコリント前書第十四章の霊的賜物《たまもの》に関する勧告と同一轍をゆくものであるが、パウロの主要書簡時代にはまだ存在せざりし地方教会自治権の確立を意味する。しかし自治は、もちろん各教会の独立分離を意味するのではない。

エクレジアは地方教会を意味すると同時に、福音の生める新しき民の全体をも指す。「十二使徒の教え」の中にも、この全信者の一致一体に関する明確な意識は、次の祈禱によく現れている。

「聖餐式に際してはかく感謝すべし……

かつて山上に散乱せるこの擘《さ》かれしパンが、一つとならんために集められしごとく、汝の教会も、地の諸々の極より汝の王国に集められん事を……」（第九章四）

「主よ、汝の教会をすべての悪より救い、汝の愛において完全ならしむるを忘れ給わざれ。この聖化せられたる教会を、四方よりそのために備え給える汝の国に集め給え……」（第十一章六）

ペトロ前書

ペトロ前書も、この信者の特殊の共同体たる自覚を明白に録している。神は「イエズスの死者の中よりの復活をもって、我等を新たに生れしめて、活ける希望を懐かしめ、天において汝等に備わりたる、屈せず穢れざる、しかも萎まざる世嗣を得させんとし給う」（第一章三―四）。信者は「霊的家屋」、「聖なる司祭衆」、「神の御意に適《かな》える霊的犠牲を献ぐる者」（第二章五）、「選抜の人種、王的司祭衆、聖なる人民、儲けられたる国民」（第二章九）を形成し、「偽りならざる兄弟的相愛を生ぜしめんために、真理に服従する事によりて魂を深め、一層深く心より相愛せよ。」（第一章二二）

かかる信者の団体は烏合《うごう》の衆ではない。「汝等かつては迷える羊のごとくなりしかども、今は魂の牧者監督者にて在《ましま》すものに立ち帰り奉りたり。」（第二章二五）

而《しこう》して長老はこの大牧者の羊を牧する者である。

「汝等の中の長老には、我も共に長老として、またキリストの苦難の証人として、将来顕るべき光栄に与る者として希《こいねが》う。汝等の中に在る所の神の羊の群を牧せよ、これを監督するに、強《し》いられてせずして喜びて神の御ためにし、恥かしき利のためにせずして特志をもって行い、託せられたる人々を圧制せずして、心より群の模範と成るべし。しからば大牧者の顕れ給わん時、汝等凋《しぼ》まざる光栄の冠を得べし。若き者よ、汝等もまた長老に服せよ。」（第五章一―五）

牧会書簡

牧会書簡は、この教会の監督長老たるものが聖伝保持の大任を負えることを力説する。

「ああチモテオよ、託せられしものを守りて、世俗の空言と有名無実なる学識の反論とを避けよ。」（チモテオ前書第六章二〇）「汝我に聞きし健全なる言の法を守るに、キリスト・イエズスにおける信仰と愛とをもってし、依托せられし善《よ》きものを、我等に宿り給う聖霊によりて保て。」（チモテオ後書第一章一三―一四）「汝は学びし事、確信せる事に止れ、そはいかなる人々よりこれを学びしかを知り、また幼少より聖書を知ればなり。」（同第三章一四―一五）

聖伝は聖書と同格に大切であって、変更し得ぬものである。「数多の証人の前に我より聞きし事を、他人に教うるに足るべき、忠実なる人々に托せよ。」（同第二章二）チモテオは、ヒメネオとフィレトのごとく、教会内に謬説を流布《るふ》する者と戦い、これに対するに権威ある保証をもってせねばならぬ。教会は「真理の柱かつ墓」（チモテオ前書第三章一五）である。

「主の御前に保証して、口論する事を戒めよ。口論はなんらの益する所なく、聞く人をして亡《つ》に至らしむるのみなればなり」（チモテオ後書第二章一四）。「汝御言を宣べ伝えて、時なるも時ならざるも切に勧め、忍耐を尽し、教理を尽してかつ戒めかつ希いかつ威せ。蓋《けだ》し時至らば、人々健全なる教えに堪えず、耳痒くして、私欲のままに、己がため教師を蓄え（牧師を傭う教会の預言?）、耳を真理に背《そむ》け、身を寓言《ぐうげん》に委ぬるに至らん。」（同第四章二―四）

かかる「従わずして贅弁《ぜいべん》を弄《ろう》し、もって人を惑わす者……教うべからざる事を教え、全家をも覆《くつがえ》す彼等をして閉口せしむるを要す」（チト書第一章一〇―一一）。これ等の信仰によって破船せしもの、「その中にヒメネオとアレキサンデルとありしを、冒瀆《ぼうとく》せざる事を学ばしめんとて我これをサタンに付せり」（チモテオ前書第一章二〇）。何となれば「人ありてもし異なる事を教え、わが主イエズス・キリストの健全なる談話と敬虔《けいけん》に適える教えとに服せずば、是何事をも識らずして自ら驕る者」（同第六章三―四）であり、「異説者を一度二度訓戒して後は之に遠ざかれ。」（チト書第三章一〇）

健全なる教えについで、牧会書簡の関心は聖職者の選抜とその責務とに存する。ここでは教会は、監督と執事との統率の下に現れてくる。我等はここで始めて監督と執事の団体を意味する長老衆なる語を見出す（チモテオ前書第四章一四）。

「我が汝をクレタ〔島〕に置きしは、なお欠けたる所を整え、かつ我が汝に命ぜしごとく町々に長老を立てしめんためなり」（チト書第一章五）。長老の任務は教会を司り、かつ教うるにある。「長老にして善く司る人、殊に言と教えとに労する人は、倍して尊ばるべき者」（チモテオ前書第五章一七）であり、その権は按手《あんしゅ》によって賦与さるる霊的賜《たまもの》であるが、永久的のものであり、うけし者はさらに按手によってこれを他者に伝え得るものである。チモテオの撰には預言さえ加わっている。

「預言により、長老等の按手をもって賜わりし、汝の衷《うち》なる賜《たまもの》を忽《ゆるがせ》にするなかれ」（チモテオ前書第四章一四）。「これゆえに我按手によりて、汝の衷《うち》なる神の賜《たまもの》をさらに熱せしめん事を勧告す。そは神の我等に賜いたるは、臆する霊にあらずして、能力と慈愛と節制との霊なればなり。」（チモテオ後書第一章六―七）

監督も執事も素《もと》より好評ある有徳の士で、特に統率と教育の才がなくてはならぬ。己が家を治め得ぬもの、いかにして神の家を司り得よう。また監督の務めを欲するはよき事なれども、驕《おご》りて悪魔の罠に陥らざらんために、新信徒であってはならない。執事等もまず試しをうけて、咎《とが》むべき所なくば、就職さすべきである（チモテオ前書第三章、チト書第一章参照）。

ホルツマンは牧会書簡の内容を点検して、そこに聖伝、善人と悪人との混淆《こんこう》する可視的教会、教権およびキリストと信者との仲介機関たる教会、また信仰の対象としての教会等の観念を発見すると言ったそうである。彼の言うごとく、これまさに「全カトリック主義の縮図」である（cf. Batiffol: *L'Eglise naissante*, p. 142, note.）。

私はここで牧会書簡の筆者が、果してパウロであるかどうかの問題には触れなかった。目下の問題に関する限り、これ等の書がイグナチウス以前のものであれば、筆者の何人《なんぴと》なるかはあえて問う所でなく、筆者がパウロであってもなくても、上述のホルツマンのいわゆる「温和なカトリック的パウロ主義」なるものが、プロテスタント史観の裏書きをしない事だけは、結局動かし得ぬところであるからである。

黙示録

最後の黙示録とヨハネの書簡についても、前と同様にその著者については、今ここで論議する必要がない。それらの書が紀元一〇〇年とはあまり隔らざる前後に世に出でしものであれば足りる。我等は黙示録の部分において、イグナチウスの書簡によって知られる、小アジア各地の教会に再び面接し、書簡によって前掲牧会書簡が髣髴《ほうふつ》せしめた教会生活の世界に、再び引き入れられる。これ等の書の示す初代教会の姿は、すでに他の文献によって我等に親しきものである。ただ黙示録の著者たる預言者は、「十二使徒の教え」が滞在三日に及べば偽預言者なり、との厳しい宣告を下しているかの類のいわゆる預言者とは選を異にした、異常の権威ある大人物であることは注目に値する。この点はもちろん、著者のヨハネが使徒ヨハネであるとの推定が一番よく説明する。

預言者等の霊を賜える神は、遠からずして成るべき事をその僕《しもべ》等に示さんために、その天使を遣わす。ヨハネその足下に平伏して礼拝せんとせしに、天使は阻んでいう、然する事なかれ、我は汝および汝の兄弟たる預言者等、並《ならび》にこの書の預言の言を守る人々と同様の僕なり。神をば礼拝し奉れと（黙示録第二十二章六―九）。

この預言者ヨハネが、神の御言のためにパトモス島に派遣せられし時のある主日、気を奪わるるがごとくになりて、大いなる声をきいた。曰く、汝の見る所を書に記してアジアなるエフェゾ、スミルナ、ペルガモ、チアチラ、サルジス、フィラデルフィア、ラオジケアの七教会に贈れと（同第一章九―一一）。彼は幻のうちに七つの星と七つの灯台を見る。「七つの星は七教会の天使にして、七つの灯台は七教会なり。」（同第一章二〇）

ここにいわゆる教会の天使とは監督なり、とする伝統的解釈の当否は別として、以下の七教会に対する譴責《けんせき》または賞讃の辞は、明らかにこれ等の教会の自治を証している。善悪ともに各自の責任である。すなわちエフェゾ教会は悪人を忍び得ず、自ら使徒と称して然《しか》らざる人々の仮面をはぎしこと、ニコライ党の業を憎みしことを認められるが、「汝は最初の愛を離せり」と警告されている。スミルナ教会の上には、自らユダヤ人と称しつつ、実はサタン教会たる人々よりの迫害が迫っているが、忠信にして生命の冠を与えられんと激励され、ペルガモ教会はよく迫害に堪えしも、そこにはサタンの座ありて、バラアムの教えを保つ人とニコライ党の教えを奉ずるもの跡を絶たず、「汝もまた改心せよ」と警告される。チアチラ教会は、預言者と自称する婦人イエザベルの神の僕等を教え、かつ惑すを措いた。しかしかの教えを有たず、サタンの奥義を知らざるものは、罰せられぬであろう（同第二章）。

サルジス教会はかつて受けし所聞きし所のいかなりしかを想起し、これを守りて改心せねばならぬ。さりながらそこにおいて、己が衣裳を汚さざりし者数人あり。彼等は白衣をまといて我と共に歩まんと、主宣《のたま》う。フィラデルフィア教会は力乏しといえども、神の言を守りてこれを否まざりし酬《むく》いとして、サタン教会の人々はその足下に拝伏すべく、ラオジケア教会は冷やかにも熱くもあらずして、生温きがゆえに、神は彼を口より吐き出さんとし給う。「看よ、我門前に立ちて敲く、わが声を聞きて我に門を開く人あらば、我その内に入りて彼と晩餐を共にし、彼もまた我と共にすべし。」「耳ある者は〔聖〕霊の諸教会に曰う所を聞け」（同第三章）と。

　すなわち知る、これ等の諸教会は、当時異端謬説との戦いの最中にありしことを。而《しこう》して彼等は「かつて受けし所聞きし所」を固持して、偽《にせ》預言者、偽ユダヤ人、ニコライ党の異端を排撃し、改心して最初の熱心に帰るべきであった。各教会の天使は、聖伝に基づき「十二使徒の教え」にいわゆる「自ら誤りて異なる教えを説き……主の道を行わざる預言者」を試みて却けなければならないのである。

ヨハネ書簡

ヨハネ書にも、同じく異端に対する排斥《はいせき》と憎悪が、その主題とする所の愛の説教と著しき対照をなして現れる。この憎悪は、真理に対する愛の反面である。「至愛なるものよ、汝等凡《すべ》ての霊を信ぜずして、霊の神よりのものなりや否やを試みよ、そは多くの偽預言者世に出でたればなり。」然《しか》らばこの判断の標準となるものは何か。「神の霊はこれをもって知るべし、すなわち肉身において来り給いしイエズス・キリストを宣言する霊は、総て神よりのものなり」(第一書第四章一―二)。預言者の試金石は、正しき教えである。「神を識り奉る人は我等に聴き、神よりならざる人は我等に聴かず。我等はこれをもって真理の霊と誤謬の霊とを識る。」(同第四章六)

「総てキリストの教えに止まらずして退《しりぞ》く者は神を有し奉らず、教えに止まる者は父および御子を有し奉る。もし汝等に至る者にしてこの教えを齎《もたら》す事なくば、これを家に入るる事なく、これに挨拶することなかれ。」(第二書九―一〇)

またヨハネ書の愛は掟を否むものではない。正しき教えの次に、道徳もまた第二の試金石となる。

「自ら彼を識り奉れりと言いてその掟を守らざる人は、虚言者にして真理衷《うち》に在《あ》らず。その

御言を守る人には、神に対するの愛ありて完全なり。」（第一書第二章四―五）

ガイオ宛の第三書は、黙示録の七教会宛の預言が証明したごとく、地方教会は自治的であっても絶対独立はないこと、これに対する一種の監督の行われた事を示す。パウロがコリント人に、「我は速かに汝等に至り、誇れる人々の言を措きてその実力を知らんとす」（コリント前書第四章一九）と威嚇《いかく》した時代に較ぶれば、地方教会の組織が発達しただけに、各教会自身が自らの責任を負う程度、すなわち自治権が大きくなったのが明らかに看取されると共に、しかもそれは他よりの干渉や監督を全然許さぬ程度のものではなかったことも明らかである。ただ黙示録においては、この干渉は霊によって語る預言者の口をもってせられ、異例に属するが、第三書においては自ら長老と称する書簡の筆者が（第三書冒頭）、その監督下にあったと考えられる一教会の重立ちし者（彼は恐らくその教会の長老であったであろう）の専横を戒めんとするのである。「我教会に宛てて一筆書き賜れり。しかれどその中に頭立つ事を好めるジオトレフェス我等を承け容れざるなり。ゆえにわが至りたらん時、その為《な》す所の業をその心に喚起さんとす」（同九―一〇）と。

結　論

使徒がその創立せる地方教会に対して絶対権を有せし事実は、これをパウロの場合に見た。クレメンスの権威的干渉《かんしょう》に次いで、ヨハネの預言的干渉と長老としての監督権の主張、これに加うるに「十二使徒の教え」の「汝等監督と執事を選挙せよ」との勧告、および教会書簡のチトへの命令等を勘考《かんこう》すれば、本講義で取り扱った最後の時代に属するイグナチウスの書簡に見るがごとき、一監督を中心とする自治的地方教会が、キリスト教会内の一般的制度となるまでにこれを育て上げた超地方的普遍的権威の存在を認めぬ訳に行かぬであろう。かかるものを想定せずして、一なるカトリック教会たる意味を明らかに保ちつつ、ローマ大帝国の版図の内外に亘《わた》って無数の地方教会が発達し、しかもそれらが自らを全然独立せるものとは認めずに相提携し、一致交通した事実を明らかにすることは出来ない。今後の問題は、かかる権威の所在についてである。

第二世紀に至れば、このカトリック教会における普遍的権威の所在がローマである事が明らかに認められるけれども、何がそれをそうさせたかが説明されねばならない。

カトリック者にとっては、素《もと》より議論の余地はない。カトリシズムその物がその説明なのである。我等は主の任命せられた使徒団の権威によって、教会の成立したことを知っている。これキリスト教が単なる宣教運動や、混沌《こんとん》たる霊感者の集団ではなく、一つの法的教団として現れ、福音は信仰箇条に組織され、信仰箇条は使徒よりの聖伝として継承され、その権威は使徒伝来のものとして承《う》け容《い》れられた所以《ゆえん》である。ここに教会成立の「謎」を解く鍵がある。次講に取り扱われるであろうローマ教会の指導的地位は、この最初の与件の内より当然の発展の継続にすぎない。この中心的権威が、自己のより明白な意識に目覚《めざ》めたとしても、それは決して必要に応じて案出された新しき主張ではなかったのである。

これを認めざらんとする以上、ゾームのごとく、カトリック教会という統制ある一大共同体が、自由なる神の霊と拘束《こうそく》する人間の法との混淆《こんこう》の結果だと考えるか、あるいはハルナックのように、歴史に働く必然の論理の作用だと説明するより他はないのである。私の課題は、ただこれ等の説の何《いず》れを史実が最もよく支持するかを、研究者のために史料に基づいて講述したにすぎぬものである。

解説

稲垣良典

一

I　岩下壮一神父――司祭・哲学者

この解説をひとつの詩の引用で始めることにしよう。

「春の庭の草花をわが子に教え　その瞳を輝く蒼空に向け　天にましますす御父について語り
その手を合わせて主に挨拶させ　その子の生涯に信仰の種子をまく　司祭はあたかもその母
親に似ている
じっと黙ってはいても　わが子が名誉を重んじ　家名を敬い　祖先に誇りをもつことを切
に期待している父親　その子らが気づかぬときも　かれは常に　心くだいている　司祭はあ
たかもその父親のようだ
よろこぶ人とともに喜び　かなしむ人とともに悲しみ　若者たちの胸に高遠の気をやしな

い　純潔な生活と　キリストの道へと呼びかける　そのように大いなる友　司祭はあたかもその一人なのだ

司祭はキリストである　キリストは人びとの眠る夜の間《ま》も　星ふる山のいただきで　父なる神に祈り　人びとに福音を告げ　おさな子を祝福し　病める者を癒やし　つみびとを慰めおのが生命を渡して　万人を豊かにする　世の光　生命の糧　よき牧者！

よき人もあしき人も照らし　もえでる種子を急《せ》かさず　見失ったわが子を迎えるに忙《せわ》しい世の父親の遠くおよばぬ父なる神　司祭はそんな天父にも似ている

司祭とはこのすべて　それが君だった」（「司祭――岩下壮一師の思い出に」）

この詩は岩下を最もよく知る友人のひとりであったドイツ人宣教師・イエズス会神父ヘルマン・ホイヴェルス（一八九〇―一九七七）の作で、岩下の死の翌年に発行された『カトリック研究・岩下壮一師追悼号』にドイツ語原文をつけて掲載された。ホイヴェルス神父は岩下がヨーロッパ留学から帰国する二年前に来日し、上智大学でドイツ語を教えながら、日本の精神的伝統を深く尊敬すると共に古典文学や芸能にも関心と造詣の深い卓越した霊的指導者として大きな足跡を残すことになるが、岩下とは特に強い相互信頼・尊敬の絆で結ばれていた。それは学生時代、ほとんど毎週ホイヴェルス神父の「角《かど》部屋」(1)に通って、指導を受けた私にもはっきりと感じとられたことを付記しておきたい。

「司祭――岩下壮一師の思い出に」と題する詩の引用で思想家岩下壮一の解説を始めたのは、「司祭はキリストである」という厳粛に響く一句を中心に据えたこの詩が岩下の生涯と仕事のエッセンスとも言うべきものを見事に表現していると考えたからである。司祭は母親、父親、友人そして天に在《いま》す父に譬《たと》えるのがふさわしいが、それらすべてをふくめて司祭はキリストである。そして君はその司祭だった、とホイヴェルス神父は親しみの籠《こも》った、しかし断固とした口調で証言する。

岩下神父は六年に及んだ欧州留学を終えて帰朝してから静岡県御殿場市のハンセン病療養所の院長となるまでの約十年間、主に東京地区で大学生相手の対話、講演活動を行ったが、その間常に親密な同志として協力し、岩下神父の才能、資質、人格を熟知していたホイヴェルス神父は、ここで単に岩下をキリストに忠実に従って生き、活動した模範的な司祭だった、と証言しているのではない。そうではなく、もっと根元的《ラディカル》な、しかし真実の意味で司祭はキリストであり、そして岩下という一人の人間の本質を言い当てる言葉は司祭だ、と宣言しているのである。

しかし、と、ここで次のような疑問を感じる読者が多いのではなかろうか。現実にわれわれの前にあるのは「思想家」岩下壮一の著作である。その思想家・岩下の生涯と仕事の全体を「司祭」という言葉で言い尽すことができるのか。彼の思想家としての活動の全体が「司祭であること」を中心とするものであり、その実現へと向けられていたと言えるのか。たしかに彼は神の呼びかけ（Call, Ruf）を聴きとり、祈りと熟考を重ねて司祭の天職（Calling, Beruf）を選んだ。そして生涯を通じてその道を忠実に、そして卓越した仕方で歩み続けた、と言えるであろう。それを認めることは、しかし、思想家としての岩下の本質は「司祭である」ことだった、と言明することを正当化するものではないのではないか。しかも岩下をよく知る他の友人、弟子たちの証言はすべてそのような疑問を裏付けているように見える。むしろ哲学者たることが彼の明白な適性であり、しかも終生抱き続けた願望でもあった、というのが彼らの一致した見解だったのである。

岩下自身、東京で著述や講演、講義や出版など多忙を極めていた間も、復生病院の院長という激務を引き受けて静岡に移った後でさえも、「哲学する」ことへの熱望を持ち続けていたことは次の言葉からもはっきりと読み取ることができる。病棟内の礼拝堂の二階——それは重症患者の病棟の屋根裏でもあった——に位置していた書斎兼寝室の自室で起居していた岩下神父は自らの思いをこう記している。「しとしとと降る雨の音の絶え間に、余は彼ら（階下の重症患者）の呻吟をすら聴取することができる。ここへ来た最初の数年間は、哲学することが何の役に立とう、と反覆自問自答せざるをえなかった。併し今や余はこの呻吟こそは最も深き哲学を要求する叫びたることを識るに至ったのである」(2)。このような、生きる意味のかけらすら見出すことの難しいハンセン病患者の被る苦難のうちに哲学することの必要を見てとった彼は、院長をやめることがきまったとき、弟子の吉満義彦《よしみつよしひこ》に「これから本来の自分に返って大いにやろうと思う」と書き送っている。そして吉満もこの知らせを受けた時のことを「師は矢張り真の古典的意味において哲学者であられた」と述懐している(3)。

このように見てくると、岩下壮一という人間が生きた「生」の全体は「司祭」よりはむしろ「哲学者」という言葉で言い表すのがより適当ではないか、と思われてくる。彼が哲学することへの並外れた適性をそなえ、また変ることのない熱望を持ち続けていたことを知っていたからこそ、友人や弟子たちにとって、岩下が誰の目にも大きな犠牲と映った激務から解放され「本来の自分に返って」から三箇月もたたないうちに急逝したことはまさしく悲劇であり、堪え難い損失であって、神の摂理がいずこに在るかを問わずにはいられない不幸だったのである。吉満も師の危篤の報に接した時はそのような思いにとりつかれた、と記している。

しかし師のもとに駆けつけてその最期をつぶさに見届けた吉満は、「哲学者」岩下を襲った時ならぬ突然の死は、「哲学する」ことを暴力的に停止させた不条理な悲劇ではなく、むしろ岩下神父の「生涯をかけた知恵の探求（哲学）の最大の実り」であり、また神父の「最後の最深の神学的哲学的説教」④でもあったことを悟った、と言う。岩下の思想家・哲学者としての仕事の最善の後継者とされる吉満のこの証言は「岩下哲学」の本質的特徴を正しく理解するための鍵であると言っても過言ではないであろう。

吉満は、昭和十五年（一九四〇）十二月三日聖フランシスコ・ザビエルの祝日の早暁、岩下神父が復生病院の居室で、病床の傍《かたわ》らにしつらえられた祭壇で献げられるミサに、枕元の母堂が見守る中、激しい痛苦に喘《あえ》ぎつつ与《あずか》り、その後間もなく自らの魂を神に委ねた情景の委細を目撃したのであった。そしてこの情景を幾度も想い起すうちに、この死が岩下神父の「生の最深最大の意味」を示すものであることが心に刻みつけられた、と告白している。この時、吉満の目に映った、極度の苦しみに堪えつつミサに与りながら臨終を迎える神父の姿は、まさしく祭壇上の十字架のキリストの受難・犠牲に自らを完全に重ね合せる姿勢にほかならなかったことを、吉満は悟ったのである。そしてキリストの救い主としての生涯の最終的完成であった十字架の死に自らを重ね合せることは「キリストの倣《まね》び」(5)の道の究極の完結であるから、吉満は岩下神父の死に様《ざま》において、キリストの倣びの完結がそのまま知恵の探求の最大の実りであることを心に刻みつけられたのであった。

このことについてすこし説明を補足すると、イエス・キリストは人となった永遠の言《ことば》であり、神の知恵そのものであることを信じる(岩下はこの書物で、そのように信じるのが真の意味での「キリスト信仰」である、と述べている)者にとっては、「キリストの倣び」はけっして「哲学すること」すなわち知恵を愛し求めることと別々のことではなく、むしろその内実においで完全に同一のことなのである。そして、もしそうであるならば岩下神父が生きた「生」においては、司祭であること――「キリストの倣び」を、いわば自らを「全焼の犠牲《いけにえ》」(6)として献げるような仕方で実践することを通じて、もう一人のキリストになること――はまさしく「哲学すること」と完全に重なり合っていた、と言うことができるであろう。

II　岩下壮一の思想　(1) 哲学思想

岩下壮一の生涯(7)については彼自身の総括「四十歳をすぎる迄学校と書籍の中にばかり生活した後《のち》、生来夢想だにしなかった私立癩病院の経営を引受け、観念の世界から急転、人生の最悲惨なる一面を日夜凝視すべく迫られた(8)」が或る意味でその全体を語り尽している。そこで次に岩下の思想家としての仕事を解説するにあたって、最初にその哲学的側面、続いて神学的側面に目を向けることにしたい。岩下の哲学者としての仕事を「岩下哲学」と名付けるのが適当かどうかについては、見解が分かれるどころか、私の知るかぎり岩下の哲学思想についての学問的研究はまだ公けにされたものがない状況では問題にもなりえないと言うべきかもしれない。そのことを承知の上で、私が敢て「岩下哲学」という名称を用いることには十分な根拠があり、また現在のわが国における哲学研究に見られるいくつかの顕著な特徴(9)への批判をこめて、意味があると考えている。

吉満義彦は先に触れたように、昭和十五年秋、後に『信仰の遺産』として出版されることになる「カトリック的宗教態度」をめぐる神学的論文を次々と執筆していた岩下が十年に及ぶ復生病院院長の激務から解放されて「これから本来の自分に返って大いにやろうと思う」という心境に在ることを知って「師は矢張り真の古典的意味において哲学者であられた」と改めて確信した。この「真の古典的意味において哲学者」であることに徹して哲学したことが「岩下哲学」という名称を正当化する、と私は考えている。

しかしそれだけでは余りに漠然としているので、「岩下哲学」の独自性についてすこし説明を補足しよう。岩下は留学中に神学生として神学を本格的に学び始めた時に「近世哲学的教養を心窃《ひそ》かに誇りとしていた生意気な私は……現代人の誇りなる全近世哲学が（神学との関係において）単なる質問者の地位を占むるにすぎぬのを発見して驚(10)」いた。その役割は、真理の認識という観点から言えばかつてアウグスティヌスが新《ネオ》アカデミー派について評したように「門前において抗弁するかの如き懐疑論」(11)のそれに過ぎないことがわかった、というのである。岩下はこの時「狐にばかされた様な屈辱を感ぜざるをえなかった。然しこの一事は正にソクラテスの「己れを識れ」であって、寧《むし》ろ真に哲学することの第一歩になった事を感謝している次第である」(12)と述懐している。つまり岩下がそれまで学んできた近世哲学の限界というか根元的な欠陥を見せつけられたことが彼自身の生涯を通じての哲学的探求の出発点となった、というのである。

では岩下の言う近世哲学のそのようにも根元的な限界ないし欠陥とはより厳密にはどのようなことか。それは実在の最も根元的で全体的な探求・認識であるべき哲学が実在を全く不可知な「物自体」ないし「実体」として探求・認識可能な領域から排除し、人間精神を意識の主観性ないし観念の世界という牢獄に閉じこめてしまった、ということである。そしてなぜそのようなことが起ったかと言えば、つとに十四世紀にウィリアム・オッカムが知的探求においては「理性と経験に従う者」(13)の立場に徹すべきことを主張して形而上学を知的探求の領域から排除し、「スコラ哲学」を崩壊させたのを受けて、近世哲学が理性を信仰への従属から切離し、自らを宗教ないしキリスト教から「解放」しようとした試みの帰結としてであった、と岩下は理解する。

この岩下の立場に対しては、なぜ宗教ないし信仰への従属からの解放が哲学を主観性あるいは意識の牢獄に閉じこめることに終るのか、という疑問が当然起るに違いない。それに対する岩下の解答は、人間精神は「ここに・いま」という制約に縛られない働きを為しうる霊的存在であり、自らが霊《スピリトゥス》ないし精神《メンス》であることを認識することができるが、宗教ないし信仰のみが与えうる照明によるのでなければ生き生きとした仕方で霊的存在を経験し認識することは全く不可能ではないにしても、現実には困難だ、というものである。[14] そして諸々の霊的存在の世界が実在的・現実的なものとして経験されない限り、人間精神は自らをとりまく感覚的・物質的な事物の世界のなかで孤立せざるをえず、必然的に自らの意識の主観性のうちに閉じこめられる。言いかえると、近世哲学は自らを宗教から解放したことの帰結として、事実上、超感覚的・超物質的な世界への通路を閉ざしてしまったのであり、そのことによって本来の意味での形而上学《メタ・フィジカ》、すなわち人間精神ないし知性が感覚的・物質的という制約を超えてその固有の対象である存在《エンス》、つまり実在そのものを認識する可能性を排除したのである。

このように人間理性が自らを宗教（あるいは教会の霊的権威ないし教義《ドグマ》）から解放して、独立自由に歩み始めることによって成立したと思われていた近世哲学が、実は自らを意識の主観性ないしは自我のうちに閉じこめる営みであるとしたら、真の意味で「哲学する」ことをめざす者にとってとるべき道は一つしかない。それは人間精神が明確に宗教あるいは超越的な真理の光としての神秘へと再び自らを開くことを通じて、霊的実在についての生き生きとした経験ないし洞察を回復し、それに基づいて人間と世界についての全体的で根元的な理解をめざす道であり、そのような道を開拓し、できる限り完全なものにすることが哲学者岩下にとっての課題であった。

哲学教授としてアカデミックな世界で自らの哲学を講義や学会での討論を通じて構築し、形而上学、認識論あるいは倫理学の体系を練り上げる道を選ばなかった岩下は自らの哲学的洞察や構想をまとめあげて、著作として公けにする暇《いとま》を持ち得ないまま世を去った。しかし本書のいくつかの箇所で彼が理性と信仰の関係をめぐって論じている箇所を読むだけでも、彼の哲学がどのような形で展開されたであろうかを想像することは可能である。ここではそのような「岩下哲学」のいわば片鱗を示すものとして、彼が哲学研究者の資格で行った学会発表である「自然的秩序と超自然的秩序⑮」に目を向けることにしよう。

この論考は表面的には「スコラ哲学」と蔑称される中世哲学の実像を解明する試みであるが、著者の真の意図は、近世哲学は中世哲学を批判・克服した成果というよりは、中世哲学の最善の実りである（古代ギリシア哲学から継承した）自然的秩序の思想と（キリスト教から齎された）超自然的秩序の理念との（トマス・アクィナスによって成就された）束の間の結合・統一が崩壊し解体されたことの帰結して成立したことを示すことにある。つまり、近世哲学は、通説が主張するように中世哲学においては「超自然」という宗教的・神学的桎梏によって妨げられていた、すべての存在するものの総体である「自然」を対象とする哲学的探求の輝かしい再生ではない。むしろ自然を超自然から、理性を信仰から切り離してキリスト教の神を哲学から排除することによって、人間理性を最高の地位に高め、自我を思考と認識の世界の中心に据えたことが、現実には前述したように人間精神を主観性の牢獄に閉じこめることに終ったのが近代哲学の窮状である、と岩下は説く。

すこし説明を補足すると、ギリシア哲学は万物流転と映る世界の根源に理法《ロゴス》を見出すことによって、秩序ある自然《ピュシス》の概念を形成し、そのように認識する人間も理性《ロゴス》を有するという自己認識がこれに加わって、人間と世界を統一的に捉える世界観が成立した。しかしこの世界観はその円熟に伴い自らの内に含まれる矛盾が呼び起した懐疑主義によって崩壊したが、岩下によると近世哲学の現状はそのようなギリシア思想の末期に類似している。但し古代では超自然は問題とされなかったが、近世は超自然の否定から出発した、という違いはあるが、と彼は指摘する。

ここで見落してはならないのは、「だから中世に還れ」と岩下は単純に結論してはいないということである。むしろ彼は超自然の否定が近世哲学の窮状を生みだしたのであるならば、われわれは先ず「自然」に対する自らの態度決定を根本的に見直すべきだと言う。そうすると超自然の肯定は決してキリスト教だけのものではなく、すべての宗教と神秘主義のうちに見出される普遍的な真理であることが確認される。そしてそこから現代人を束縛する二重の桎梏(16)である自我中心の一元論ないし主観主義、および一元論的自然主義を克服する道——真実の知恵の探求としての哲学——が開かれる、というのが「岩下哲学」の根本的洞察であった。

Ⅲ　岩下壮一の思想　(2) 神学思想

岩下神父の神学思想を指すのに「岩下神学」という名称を持ち出す必要はない、そのような名称を正当化する体系的著作は存在しないし、研究書も現れていないではないか、というのが現在の日本の神学研究者の間の共通見解であることは十分承知している。[17] しかし私は岩下神父が構想し、部分的に構築した神学は、古代教父以来の「知解を求める信仰[18]」Fides Quaerens Intellectum、「信仰の知解」Intellectus Fideiという伝統的な神学の理念を忠実に継承した神学的探求として独自の価値を有するものであり、この名称に値すると考える。

それは「キリスト信仰」すなわちイエス・キリストは「われわれの救いのために人間と成り給うた神[19]」であるという受肉（托身）の神秘を信仰をもって肯定することから出発して、この信仰の光の下に、つまりこの神秘中の神秘を可能な限り知解することを通じて、創造をもふくむ救いの歴史に関わる様々の事柄を徹底的に考察した岩下神父の神学的探求――その一つの成果が本書なのであるが――を指している。それは現今の実証的な聖書学的研究に基づく「下からのキリスト論」から出発する神学と較べると、それこそ「中世的」な時代遅れかもしれない。しかし「信仰の知解」――それは決して信仰を知識へと移行もしくは還元させてしまうことを意味するのではなく、知解を進めることによって信仰をどこまでも信仰として完成させる知的探求である――が神学の本質であるとすれば、岩下の神学は稀有と言えるほど純粋な徹底的に遂行された神学的探求であった。このように岩下の神学的探求は神学の普遍的本質を高度に実現したものでありつつ、司祭であること、すなわち「もう一人のキリスト」として生きることに徹しようとした岩下神父自身の反映であるとの理由から、「岩下神学」と呼ぶのがふさわしいと考えた。

いま岩下神学の出発点、そしてその全体を支える基礎は「キリスト信仰」であると述べたが、そのことについて説明を補足したい。普通、「神学とは何か」という問いに対して最初に用意される答えは「神学」*Θεολογία* という言葉（*Θεός*「神」と *λόγος*「言葉」というギリシア語の組合せ）からして「神についての学問」であり、次に人間理性のみによって探求・考察が進められる「哲学的神学」（形而上学）から区別するために、神による真理の啓示、ないし啓示の書である聖書に基づいて探求・考察が進められる神学という意味で「啓示神学」あるいは「聖書神学」であるという説明が付加されることが多い。

しかし、言うまでもなくこのような説明で神学の本質が明確に捉えられるのではない。「神学とは何か」という問いに対する答えは「神学する」者の数だけある、と言うのは誇張かもしれないが、「すべての聖人は神学者であり、聖人たちのみが神学者である」[20]というテーゼから、神学は人間学的方法による歴史的所与の徹底的な探求の究極に、いわば矛盾・逆説的に現れる別のリアリティーの新たな解釈の試みである[21]、という聖書学者の見解までの間にはかなり多様な神学観が見出されることは確実である。

では岩下神学は「信仰の知解」という伝統的な神学の理念を忠実に継承する神学的探求であり、その出発点にして探求全体を導く光は「キリスト信仰」であると言う時の「キリスト信仰」を岩下自身はどのように理解していたのか。キリスト信仰とはキリストを真実に信じることであり、それはキリスト信者には自明の理と言えそうであるが、現実には信仰の対象であるキリストに関しても、信じるという行為の在り方に関しても、極めて多様で、対立的な見解がある。岩下神父は『信仰の遺産』巻頭の「キリストを見直す」ではA・シュヴァイツァーの『イエス伝研究史』を聖書学的実験失敗の記録、次の「キリストを信じうるか」ではR・オイケンの『我等猶《なお》キリスト信者たりうるか』を反面教師として、それら多様な「キリスト信仰」をめぐる諸見解に、それこそ「快刀乱麻を断つ」勢いで迫り、その根底にひそむ根本的誤謬に光を当てている。

最新の科学的方法を駆使して古代資料を正確に理解し、「歴史的イエス」を発見した暁には、反理性的で非科学的な旧来の教会的教義《ドグマ》から彼を解放して、「現代の師表且つ救世主」として迎えようとする「実験」はすべて失敗した。「歴史的人物として」イエスが現代人のもとへと接近したかに見えたのも束の間「彼は現代を素通りして再び彼の時代に帰って行ってしまった」のである。岩下神父によるとそれは次の根本的誤謬に基づくものであった。すなわち、これらイエス伝研究者たちは、真実のイエス・キリストに出会うために必要なのはただ一つのことであるのを忘れていた。それはイエス自身が「わたしと父とは一である」と告げられた言葉そのままに、虚像や幻影ではなくて真の人間であるイエス・キリストは真の神である、と信じ、この信仰をすべての知的探求の出発点、そして探求を導く光とすることである。

「キリストを見直し」、真実のキリストに出会う唯一の道は「キリスト信仰」から出発することであるのなら、次の問題は「キリストを信じうるか」であるが、岩下神父によるとこの問題は何か不可思議で理解し難い謎を解き明してくれる鍵を探すようなことではない。そうではなくキリストの神秘とは「神のこの世を愛し給えるは其御独子を賜える程にして[22]」という神の測り知れない愛の証しであって、それを信じることはここ地上における永遠の生命の始まりであるような大いなる恵みであるから、問題はわれわれがキリストの神秘に近づくのにふさわしい者となるための「人間的準備」は何か、である。

ところで「人間的準備」と言ってもキリストの神秘という宗教的真理は神的なものであるから、何か目に見える物のように「ここに・いま」在るものとして人間の力でつかまえることはできず、「神よりわれわれに与えられることが必要であるから、人間的準備は神と人との「合作」としてのわれわれの信仰である」と岩下神父は言う。この「合作」の意味を正確に理解することがここでの問題の中心であり、岩下神父の説明は簡潔で鮮かである。

「神人合作」といっても信仰は決して恩寵による神の働きかけと自由意思による人間の協力という二つの要素を足して一つにしたものではない。教会の教えは当初から一貫して、信仰は無条件的に神の恩寵の賜物であり、信仰によって罪人《つみびと》が義とされ救われるのはその全体が恩寵によるものであって、神は「すべてにおいて、すべてを働き給う」というものであった。しかし、神が「すべてを働き給う」と言うとき、神によって義とされ救われるのは、神を知り・愛することによって神と結びつくことのできる「人間」なのであるから、義とされ・救われるのがあくまで「人間」である限り「神がすべてを働き給う」のは人間が人間である——理性と自由意志を働かせることを含む——ことを排除するような仕方をもってではなかった[23]。

ところが岩下神父によると近代においてこの教会の教えは「すべてにおいてひとり働き給う神」という形に歪曲された。罪人が義とされるのは神のみの働きによるのであって、罪人の人間本性は罪によって破壊されており、協力はおろか、神の働きかけに同意することさえ不可能だ、というのである。この見解は通説では人間の無力で悲惨な現実を直視し、神の超越性と絶対的他者性を明確にして、「恩寵のみ」「信仰のみ」、更に「聖書のみ」の主張によって、「使徒伝来」を自称する教会は実は神とキリスト信者との直接な交わりを妨げる無用の仲介者であることを示したとされる。しかし、そこで実際に起っているのはキリスト信仰そのものの根拠の崩壊である、と岩下神父は指摘する。

なぜなら、罪によって神から切り離された人間を再び神と和解させ、神と結びつける働きにおいて、働き給うのはひとり神のみであって、「神と人との間には何ら相通ずるものは存在せぬ」というのであれば、「神が人となり給う」ことは本質的な矛盾として斥けられねばならぬからである。すなわち、「神人合一」という受肉の神秘は「神人合作」である「キリスト信仰」の存在論的根拠なのであって、「神人合作」を排除して「すべてにおいてひとり働き給う神」を主張する神学は「われわれの救いのために人となり給うた神」という「キリストの神秘」そのものを排除するものである限り、「キリスト教の自己否定である神学」にほかならない、と岩下神父は結論する。「キリスト信仰は……イエス・キリストが真の人にして真の神なるが如くに、真に神人的所産である。……キリスト信仰こそげにうるわしき地上における神人の相逢の成果である」。「キリストを信じうるか」を結ぶこの一文の珠玉のような美しさに感歎するのは私だけであろうか。

次に「キリスト信仰」についての更なる解明のために、信仰の対象は真理であり、信じる根拠は真理のみである、という主張に目を向けよう。[24]この主張はキリスト教、とくにカトリック教会が独占的・排他的な仕方で真理を所有していると独善的に主張しているかのような誤解にさらされてきた。しかし、この主張が意味しているのは、キリスト信者たちは、自分たちが信じているのは神から直接に教え示されたことであり、神からのものであるから真理なのであって、謙遜かつ忠実に受けいれ、世の終りまで全き形で伝えるべき賜物、遺産であると理解している、ということなのである。神からの真理を信仰をもって受けいれるとは、決して盲目的に従うことではなく、自由に信じるのでなければ真実の信仰ではないのであるから、信者は神が救いの基礎として教え示してくださった真理を自由意思をもって拝受する、つまり感謝にみちた信仰をもって受けいれる、と岩下神父は説明する。そして真理を信仰をもって受けいれることから始まるキリスト信者の「生」は真理の完全な認識、顔と顔を合せて神を見る至福な直観に到りつくべきものなのである。

「キリストの信仰」についてのこのような理解からして、「教会とは何か」という問いにも適切に答えることができる、と岩下神父は考えていた。[25]キリストは自らの救いの業を恒久的なものとするため、すなわち自らが教え示した信仰の真理が世の終りまで全き形で保持され、伝えられるために教会を設立した。教会はすでに存在していた信者たちが集って合意の上で形成したものではなく、われわれ人類の救いのために人間となった神、キリスト自身の作品である。教会を成立させているのは信者たちではなく、むしろ今も生きて働き続けるキリスト自身であり、信者たちはむしろキリストの作品である教会が産み、成育させる果実なのである。「教会の外に救いなし」Extra ecclesiam nulla salus という言葉は教会当局の独善的な態度の表明ではなく、むしろ教会が授ける信仰によって永遠の生命への道を確かな足どりで進む信者たちの感謝にあふれる宣言なのである。このように見てくると、教会は個々の信者の魂と神あるいはキリストとの直接的交わりを妨げる邪魔者であり、教会の聖職制度はキリスト信者の自由を束縛する障壁であるから破壊すべきだ、という主張は根拠を失うように思われる。キリストから託された信仰の真理という遺産を忠実に守り、伝え、信者たちを教導する権威としての教職制度は「信者をしてより親しく、且有効に神、そしてキリストと交わらしめるための、キリストの愛の案出せる機構」であるという岩下神父の議論は大きな説得性を帯びてくる、とひとまずは思われるのである。

しかし、この議論は信者たちがキリストによって教え示された信仰の真理に従うことで、恒久的に誤謬や歪曲から解放されて、自由に安心して救いへの道を歩むことを保証する筈の教会の教導権は、ローマ教皇の不可謬性の主張をふくむ絶対的な権威であることが判明するとき、万人にその正当性を首肯させるような説得性を保つのは困難であることを岩下神父は率直に認める[26]。ところが、教導権および教皇の不可謬性に対する激しい反撥と非難は、実はそれらについての理解が不正確で不十分であったことに由来する、というのが岩下神父の見解である。教会の教導権はキリスト自身によって教え示された事柄、具体的には聖書と聖伝のみに限られており、教皇の不可謬性も謬まりない神であるキリスト自身から来るものなのである。したがって近代人にとって堪え難い不条理な圧制・束縛と映る教会の教導権は、現実にカトリック信者の信仰をあらゆる人間的権威、学識、雄弁、人間的魅力、世俗的圧力などから解放し、健全であり続けるよう守ってくれる。岩下神父によると、教会が世の終りまで「一」であることを保証する教導権は「この世から父のもとへ移る御自分の時が来たことを悟って、世にいる弟子たちを愛し、極みまで愛し抜かれたイエス」[27]が、教会が「一」たるままで存続することを望んだ愛の要求の完成であった。

「主は一、信仰は一」と言われるように、教会が世の終りまで信仰の一致を保って存続することを保証する教導権は「キリストの愛の完成」であったことを認めたとして、やはりそのような「信仰の一致」はその代償として掛け替えのない貴重なものを犠牲にしたのではないか、という疑問を抱く人が多いかもしれない[28]。それは信仰が教義《ドグマ》として固定化され、信仰そのものの変質を齎したのではないかという疑問である。つまり、教導権が人間的言語を通じて行使されるものである限り、キリストによって直接に教え示された信仰の神秘は人間の言語によって明確に定式化される必要があるが、それは信仰を観念体系へと変質化させることではないのか。乱暴な言い方をすると「キリストの福音がギリシア哲学に変質する」のではないか。

これに対する岩下神父の解答の要点は、信仰の真理を誤解や歪曲から守るために人間の言語によって明確に定式化すること、すなわち「信仰の観念的表現」と「信仰そのものの観念化」とを混同してはならない、というものである。それは言いかえると「教義《ドグマ》」という用語の二つの用法、つまり「信仰そのもの」を指す場合と「信仰の観念的表現（人間的言語によって定式化された限りでの信仰）」を指す場合とを混同する誤謬にほかならない。「信仰の観念的表現」としてのドグマは公会議の長い歴史が示すように「発展」する。しかしそれらがその時々の必要に迫られて観念的に表現している「信仰そのもの」としてのドグマは不変であり、それこそがキリスト自身によって教え示され、使徒伝来の教会が守り伝えてきた「信仰の遺産」なのである。信仰そのものとしてのドグマは、岩下神父によると「キリスト教をして活ける宗教たらしめている」ものでありながら、それを守り伝えてきたことのゆえにカトリック教会は近代において激しい攻撃と非難にさらされてきた。そのような攻撃・非難は、ドグマとは「信仰の対象となる神より啓示された真理」であるが、それは現実には人間的言語によって明確に定式化される必要があり、その成果たる「信仰の観念的表現」と「信仰そのもの」との二つの側面で理解されるべきことの見落しに基づくものである。

　ドグマの不変性とドグマの発展[29]という一見自己矛盾的なカトリック教会の主張を可能にするのが右に述べたドグマの二つの側面の区別であることはカトリック神学の基礎的知識であるが、岩下神学の独自性と卓越性は、この一見自己矛盾的なカトリック教会の主張を支え、根拠づけているのは、イエス・キリストは「人となった神」「真《まこと》の神・真《まこと》の人」であると宣言するキリスト信仰であることを洞察し、この洞察に基づいて神学的探求を進めたことに存する。この信仰は「真《まこと》の神が真《まこと》の人となり給うた」という神秘中の神秘、「最も驚くべき不可思議な神の業[30]」である受肉（托身）の神秘は、善そのものであり、「純粋な善性[31]」を本質とする神が「最高の仕方で自己を被造物に与える[32]」神の愛にほかならないことをわれわれが感じとるときに成立する。

真の信仰とは、神の御告げを盲目的に信じこむことでも、神への絶対的依存の感情でもなく、われわれがこの「愛」に動かされて、そこで心に響いてくる神の言葉が真理であり、われわれを救い、すなわち永遠の生命へ導く道であると肯定することに他ならない。そして神学とはこの同じ「愛」に燃え立たされて、「真理・道・生命《いのち》[33]」である神の「言《ことば》」をよりよく知解し、知解によって限りなく強められる神の「言《ことば》」・キリストへの愛、その愛によって完成される信仰の営為である、というのがアウグスティヌス以来のキリスト教神学の伝統であり、それを忠実に受け継いだのが「岩下神学」であった。

Ⅳ　結びにかえて

この解説は昭和五年（一九三〇）に初版が発行され、著者自身が（本書「原本編者序」によると）大学生相手の話がもとになっているため読み辛いと認めている書物を、すこしでも読者に近付けたいと願って書き始めたのであるが、いくつかの予備知識を羅列しただけで、本書の内容を理解するための鍵はおろか、手掛りと言えるものさえ提供できなかったのではないかと危惧している。ただ私自身、解説を書くにあたり、あらためてこの書物を読み返したところ、以前何度か読んだ時には心に浮ばなかった感想を持った点がいくつもあったので、その二、三を記して読者の参考に供したい。

第一に、かつては本書を読む度に著者の博覧強記、そして議論の至るところで示される鋭いひらめきや絶妙なユーモアに感歎したのに対して、今回は難解・複雑で、日々の祈りや信心とは無縁として遠ざけられがちな神学的議論が、実はキリスト信者やキリスト教に関心を有する者にとって極めて親密な現実であることを説明しようとする熱意に感銘を受けた。その一つが三位一体の神秘に関する解説であって、岩下神父によると三位一体の教えは信者の宗教的生活と没交渉な信条では決してなく、むしろ神が自らの心の底を愛する子等に打ち明けねばやまぬ有難い親心なのである。神が話してくださらなければ人間には決して知られえない自らの生命《いのち》の秘密を打ち明け、自らの至福に与らせようとの摂理が三位一体の信条にほかならない、と著者は説く。さらに著者が強調するように、神が最高の知恵と測り難い愛を有するペルソナであることは三位一体の教えによって始めて明らかになるのであってみれば、三位一体の神学を古くさい古代・中世的キリスト教の産物として無視しておいて、神を愛する、神を信じる、と言うのは空虚であり、まして意味のある仕方で「神は愛である」と信仰告白するのは不可能ではないか、と岩下神父は言う。言うまでもなく神の御ひとり子キリスト、という名も、三位一体の信条があって初めて意味をもつのであるから、キリスト信者が三位一体の神秘に関心を示さないのは自己矛盾も甚だしいことなのである。

次に岩下神父が聖母マリアへの信心と崇敬について述べていることも、カトリック神学者の間でさえ見られがちな過度の信心、および適切な信心と崇敬の欠落という両極端から自由な、極めて卓越した聖母神学である。岩下神父は彼が傾倒していたカーディナル・ニューマンと同じく、「イエス・キリストゆえの聖母マリアの栄光」という原則を一貫して重視しているが、それに劣らず「神の母マリアゆえの正しいキリスト信仰」という教会の古い伝統に忠実である。四三一年のエフェソス公会議においてネストリオス派の異端説に対して「神の母マリア」の信仰宣言が確定されて以来、聖母崇敬は「人となり給うた神なるイエス・キリストの正統的信仰」へ人々を導かねばやまぬ、と著者は述べ、「汝ひとりにて凡ての異端を亡《ほろぼ》し給えり」という讃美歌の一節を引用する。まことに「聖母に関する信条は決してあってもなくてもよいキリスト教の付加物ではなくて、これなくしては真のキリスト教は成立しない神的啓示の一部をなすものである」。

最後に本書で繰り返し行われるプロテスタンティズム批判、とくに無教会主義者との聖書学的論争に関しては、十六世紀宗教改革運動の歴史的研究、プロテスタント神学の多様な展開、実証的・批判的な方法で進められる聖書学の豊かな成果（聖書の歴史的・批判的な研究方法はもはや「高等批評」Higher Criticism とは呼ばれない）などの現状にてらして、否定的な評価を下す読者が多いかもしれない。しかし私は岩下神学の出発点・根本原理である「キリスト信仰」——その中心はイエス・キリストは人類の救いのために真《まこと》の人となり給うた真《まこと》の神であるという「受肉の神秘」——を回避もしくは拒否して「ただの人イエス」の主張に傾く風潮は本書原本の出版当時と変ってはいないと思う。したがって本書で為されているような、必要であれば論争をも避けない真剣な対話は今日なお、というより今日こそ重要な意味を持つと言えるのではないだろうか。

(1) ホイヴェルス神父がカトリック麴町教会関係の執務および信徒や求道者の面接指導のために長年にわたって使用した仕事場。H・ホイヴェルス『時間の流れに』ユニヴァーサル文庫、聖パウロ女子修道会、一九五九年、一〇九頁。
(2) ジャック・マリテン著・岩下壮一訳『近代思想の先駆者』同文館、一九三六年、序文。
(3) 吉満義彦「恩師永遠の面影」『哲学者の神』みすず書房、一九四七年。
(4) 同右。
(5) 参照。岩下壮一「キリストに倣いて」『信仰の遺産』岩波文庫、二〇一五年。
(6) ホロコースト。ユダヤ教で獣を丸焼きして神前に供える全燔祭の供物。カトリック神学で清貧・貞潔・従順の誓願を立てて、自己のすべてを神に献げて修道生活に入ることを全焼の犠牲《いけにえ》にたとえることがある。
(7) 岩下の生涯については次を参照。小林珍雄『岩下神父の生涯』中央出版社、一九六一年。小坂井澄『人間の分際』聖母の騎士社、一九九六年。輪倉一広『司祭平服と癩菌』吉田書店、二〇一五年。なお巻末の「略年譜」参照。
(8) 註(2)と同じ。
(9) 参照。拙著『トマス・アクィナス《存在《エッセ》》の形而上学』春秋社、二〇一三年、とくに

Ⅰ・Ⅱ。

（10）岩下壮一「カトリック的宗教態度」『信仰の遺産』（岩波文庫版）八四頁。

（11）アウグスティヌス／服部英次郎訳『信仰・希望・愛――エンキリディオン』増進堂、一九四四年、第20章。

（12）註（10）と同じ。

（13）参照。拙著『抽象と直観――中世後期認識理論の研究』創文社、一九九〇年、第一章。

（14）註（10）と同じ。

（15）『中世哲学思想史研究』岩波書店、一九四二年、四〇九―四三八頁。

（16）「二重の桎梏」というのは、近世哲学が人間精神を実在そのものとの知性認識による合一ないし一体化から切り離し、意識の主観性ないし観念の牢獄という牢獄に閉じこめたこと、およびより一般的に近世思想においては神を除外する人間中心主義的な世界観の影響の下に「超自然」が排除され、人間精神が実証的経験科学の対象である「自然」の世界に閉じこめられたことを意味する。

（17）私が知る限りでの唯一の例外は今道友信「神学書としての『信仰の遺産』の現代性」『続キリスに倣いて』（モニック・原山編、学苑社、一九九三年）である。

（18）この言葉はアンセルムスが後に『プロスロギオン』という書名を付けた著作に、当初与えた表題である。

（19）Thomas Aguinas, *Summa Theologiae*, Ⅲ, Prologus.

（20）参照。拙著『トマス・アクィナスの神学』創文社、二〇一三年、序論。

(21) 参照。佐藤研「真に人、真に神――カルケドン信条考」『史的イエスと《ナザレのイエス》』上智大学キリスト教文化研究所編、リトン、二〇一〇年。

(22)『ヨハネ福音書』3・16。

(23) クレルヴォーのベルナルドゥス(一〇九〇―一一五三)はアウグスティヌスからアンセルムスを経て伝えられた恩寵と自由意思の問題に極めて簡潔で明快な解答を与えた。すなわち、私の救いは神(の恩寵)のみによるa solo Deoものであり、神(の恩寵)のみが私の救いの「原因・作者」(auctor)であるのなら、いったい私、つまり私の自由意思の為すことが何か残っているのか? ベルナルドゥスの答えは、救いは神のみによってa solo Deo為されるのであるが、それは私において為される、であった。つまり「私」という(自由意思を持つ)人間は救いにおいて不可欠の役割を果している。救いの全体が神の恩寵によって、全体が自由意思において為されるのである。

(24)「カトリック的宗教態度」を参照。

(25)「愛の要求としての教権」を参照。

(26)「信仰の遺産」を参照。

(27)『ヨハネ福音書』13・1。

(28)「ドグマと理性及び道徳との関係」を参照。註(24)―(26)および(28)はいずれも『信仰の遺産』に収載。

(29) この問題に関してJohn Henry (Cardinal) Newman. *Essay on the Development of Christian Doctrine*. 1845. を参照。ちなみに岩下神父はニューマンに深く傾倒していた。

(30) Thomas Aquinas, *Liber de Veritate Catholicae Fidei*, IV, 27.

(31) 存在《エッセ》そのものである神の本質を言い表す用語としての「純粋な善性」bonitas pura は、トマスの時代にはアリストテレスの著作とされていた『原因論』Liber de Causis の第九命題の註釈において用いられており、トマスは彼の最初期の著作『在るものと本質について』第五章でこれに言及し、その後も何度かこの用語に言及している。

(32) Thomas Aquinas, *Summa Theologiae*, III, 1, 1.

(33)『ヨハネ福音書』14・6。

（九州大学名誉教授）

略年譜

一八八九（明治二十二）年　岩下清周《せいしゅう》、幽香子《ゆかこ》の長男として東京に生れる。父清周は著名な実業家。清周は聖公会、幽香子はカトリック信徒。

一九一二（明治四十五）年　暁星小、中学校、第一高等学校を経て東京帝国大学文学部哲学科卒業、大学院に進学。暁星中時代に受洗。

一九一五（大正四）年　第七高等学校英語教授。

一九一九（大正八）年　文部省在外研究留学生としてフランス、ベルギー、イギリス、イタリアの諸大学で学び、この間、カトリック司祭に叙品され一九二五（大正十四）年帰国。東京で著述、出版活動を行いつつ、対話・宣教活動に従事。

一九三〇（昭和五）年　静岡県御殿場市のハンセン病療養所・神山復生病院《こうやまふくせい》の院長に就任。

一九四〇（昭和十五）年　院長を辞任。研究・著述生活への復帰を期したが、三カ月後に死去。

本書は『カトリックの信仰』(一九九四年六月十日刊、講談社学術文庫)を底本とし、解説を改め、略年譜を加えた。

事物のしるし
ジョルジョ・アガンベン
岡田温司／岡本源太訳
パラダイム・しるし・哲学的考古学の鍵概念のもと、「しるし」の起源や特権的領域を探求する。私たちを西洋思想史の彼方に誘うユニークかつ重要な一冊。

アタリ文明論講義
ジャック・アタリ
林昌宏訳
歴史を動かすのは先を読む力だ。混迷を深める現代文明の行く末を見通し対処するにはどうすればよいのか。「欧州の知性」が危難の時代を読み解く。

時間の歴史
ジャック・アタリ
蔵持不三也訳
日時計、ゼンマイ、クオーツ等。計時具から見えてくる人間社会の変遷とは？　J・アタリが「時間と暴力」「暦と権力」の共謀関係を大柄に描く大著。

風水
エルネスト・アイテル
中野美代子／中島健訳
中国の伝統的思惟では自然はどのように捉えられているのか。陰陽五行論・理気二元論から説き起こし、風水の世界を整理し体系づける。（三浦國雄）

コンヴィヴィアリティのための道具
イヴァン・イリイチ
渡辺京二／渡辺梨佐訳
破滅に向かう現代文明の大転換はまだ可能だ！　人間本来の自由と創造性が最大限活かされる社会をどう作るか。イリイチが遺した不朽のマニフェスト。

メディアの文明史
ハロルド・アダムズ・イニス
久保秀幹訳
粘土板から出版・ラジオまで。メディアの深奥部に潜むバイアス＝傾向性が、社会の特性を生み出す。大柄な文明史観を提示する必読古典。（水越伸）

重力と恩寵
シモーヌ・ヴェイユ
田辺保訳
「重力」に似たものから、どのようにして免れればよいのか……ただ「恩寵」によって。苛烈な自己無化への意志に貫れた、独自の思索の断想集。ティボン編。

工場日記
シモーヌ・ヴェイユ
田辺保訳
人間のありのままの姿を知り、愛し、そこで生きたい——女工となった哲学者が、極限の状況で自己犠牲と献身について考え抜き、克明に綴った、魂の記録。

青色本
L・ウィトゲンシュタイン
大森荘蔵訳
「語の意味とは何か」。端的な問いかけで始まるこのコンパクトな書は、初めて読むウィトゲンシュタインとして最適な一冊。（野矢茂樹）

価値があるとはどのようなことか
ジョセフ・ラズ
森村進／奥野久美恵訳

価値の普遍性はわれわれの偏好といかに調和されるか――。愛着・価値・尊重をめぐってなされる入念な考察。現代屈指の法哲学者による比類ない講義。

カリスマ
C・リンドホルム
森下伸也訳

集団における謎めいた現象「カリスマ」について多面的な考察を試み、ヒトラー、チャールズ・マンソンらを実例として分析の俎上に載せる。（大田俊寛）

自己言及性について
ニクラス・ルーマン
土方透／大澤善信訳

国家、宗教、芸術、愛……。私たちの社会を形づくるすべてを動態的・統一的に扱う理論は可能か？20世紀社会学の頂点をなすルーマン理論への招待。

中世の覚醒
リチャード・E・ルーベンスタイン
小沢千重子訳

中世ヨーロッパ、一人の哲学者の著作が人々の思考様式と生活を根底から変えた――。「アリストテレス革命」の衝撃に迫る傑作精神史。（山本芳久）

レヴィナス・コレクション
エマニュエル・レヴィナス
合田正人編訳

人間存在と暴力について、独創的な倫理にもとづく存在論哲学を展開し、現代思想に大きな影響を与えているレヴィナス思想の歩みを集大成。

実存から実存者へ
エマニュエル・レヴィナス
西谷修訳

世界の内に生きて「ある」とはどういうことか。存在は「悪」なのか。初期の主著にしてアウシュヴィッツ以後の哲学的思索の極北を示す記念碑的著作。

倫理と無限
エマニュエル・レヴィナス
西山雄二訳

自らの思想の形成と発展を、代表的著作にふれながら語ったインタビュー。平易な語り口で、自身によるレヴィナス思想の解説とも言える魅力的な一冊。

仮面の道
C・レヴィ＝ストロース
山口昌男／渡辺守章／渡辺公三訳

北太平洋西岸の原住民が伝承する仮面。そこに反映された神話世界を、構造人類学のラディカルな理論で切りひらいて見せる。増補版を元にした完全版。

黙示録論
D・H・ロレンス
福田恆存訳

抑圧が生んだ歪んだ自尊と復讐の書「黙示録」を読みとき、現代人が他者を愛することの困難とその克服を切実に問うた20世紀の名著。（高橋英夫）

ちくま学芸文庫

カトリックの信仰《しんこう》

二〇一五年七月　十　日　第一刷発行
二〇二五年五月十五日　第二刷発行

著　者　岩下壮一（いわした・そういち）
発行者　増田健史
発行所　株式会社　筑摩書房
東京都台東区蔵前二―五―三　〒一一一―八七五五
電話番号　〇三―五六八七―二六〇一（代表）
装幀者　安野光雅
印刷所　大日本法令印刷株式会社
製本所　加藤製本株式会社

ISBN978-4-480-09681-4　C0116